Primäres Gemeinschaftsrecht
und direkte Steuern

Europäische Hochschulschriften

Publications Universitaires Européennes
European University Studies

Reihe II
Rechtswissenschaft

Série II Series II
Droit
Law

Bd./Vol. 3215

PETER LANG
Frankfurt am Main · Berlin · Bern · Bruxelles · New York · Oxford · Wien

Susanne Fischer

Primäres Gemeinschaftsrecht und direkte Steuern

Die Bindung des Steuergesetzgebers an die Grundfreiheiten des EG-Vertrages

PETER LANG
Europäischer Verlag der Wissenschaften

Die Deutsche Bibliothek - CIP-Einheitsaufnahme

Fischer, Susanne:

Primäres Gemeinschaftsrecht und direkte Steuern : die Bindung des Steuergesetzgebers an die Grundfreiheiten des EG-Vertrages / Susanne Fischer. - Frankfurt am Main ; Berlin ; Bern ; Bruxelles ; New York ; Oxford ; Wien : Lang, 2001
(Europäische Hochschulschriften : Reihe 2, Rechtswissenschaft ; Bd. 3215)
Zugl.: Augsburg, Univ., Diss., 2001
ISBN 3-631-38085-2

D 384
ISSN 0531-7312
ISBN 3-631-38085-2

www.peterlang.de

Vorwort

Die Arbeit lag der Juristischen Fakultät der Universität Augsburg im Wintersemester 2000/2001 als Dissertation vor. Sie berücksichtigt die Gesetzeslage, Rechtsprechung und Literatur bis einschließlich Oktober 2000.

Mein ganz besonderer Dank gilt meinem Doktorvater, Herrn Professor Dr. Wolfgang Jakob, der mir die Anregung zu dieser Arbeit gegeben, ihren Fortgang mit großem Interesse begleitet und mich über die Betreuung der Dissertation hinaus in vielfältiger Weise gefördert hat.

Herrn Professor Dr. Klaus Offerhaus gebührt mein Dank für die Erstellung des Zweitgutachtens.

Erwähnen möchte ich auch all jene, die mich bei meinem Promotionsvorhaben stets unterstützt haben. Genannt sei an dieser Stelle – neben meiner Familie – ganz besonders mein Lebensgefährte, Herr Dr. Hagen Kobor.

Augsburg, im Mai 2001 *Susanne Fischer*

Inhaltsverzeichnis

Abkürzungsverzeichnis

a.A.	anderer Ansicht
a.a.O.	am angegebenen Ort
ABl. EG	Amtsblatt der Europäischen Gemeinschaften
Abs.	Absatz
a.E.	am Ende
a.F.	alter Fassung
Alt.	Alternative
AO	Abgabenordnung
AöR	Archiv des öffentlichen Rechts (Z)
Art.	Artikel
Aufl.	Auflage
BayVBl.	Bayerische Verwaltungsblätter (Z)
BB	Betriebsberater (Z)
Bd.	Band
BewG	Bewertungsgesetz
BFH	Bundesfinanzhof
BFHE	Sammlung der Entscheidungen des Bundesfinanzhofs
BGBl.	Bundesgesetzblatt
BGH	Bundesgerichtshof
BMF	Bundesminister der Finanzen
BRD	Bundesrepublik Deutschland
BR-Drucks.	Bundesratsdrucksache
BStBl.	Bundessteuerblatt
BT-Drucks.	Bundestagsdrucksache
BVerfG	Bundesverfassungsgericht
BVerfGG	Bundesverfassungsgerichtsgesetz
BVerwG	Bundesverwaltungsgericht
BVerwGE	Amtliche Sammlung der Entscheidungen des Bundesverwaltungsgerichts
bzw.	beziehungsweise
CIR	Code des impôts sur les revenues
DB	Der Betrieb (Z)
DBA	Doppelbesteuerungsabkommen
ders.	derselbe
dies.	dieselben
d.h.	das heißt
DM	Deutsche Mark
DStJG	Deutsche Steuerjuristische Gesellschaft
DStR	Deutsches Steuerrecht (Z)
DStZ	Deutsche Steuer-Zeitung (Z)
DVBl.	Deutsche Verwaltungsblätter (Z)
EAG	Europäische Atomgemeinschaft
EC	European Community
EEA	Einheitliche Europäische Akte
EG	Europäische Gemeinschaft(en)

EGBGB	Einführungsgesetz zum Bürgerlichen Gesetzbuche
EGKS	Europäische Gemeinschaft für Kohle und Stahl
EGKSV	Vertrag zur Gründung der Europäischen Gemeinschaft für Kohle und Stahl
EGV	Vertrag zur Gründung der Europäischen Gemeinschaft
Einl.	Einleitung
endg.	endgültig
EStG	Einkommensteuergesetz
etc.	et cetera
EU	Europäische Union
EuGH	Europäischer Gerichtshof
EuGHE	Sammlung der Rechtsprechung des Europäischen Gerichtshofs und des Gerichts erster Instanz
EuGRZ	Europäische Grundrechte-Zeitschrift (Z)
EuR	Europarecht (Z)
EUV	Vertrag zur Gründung der Europäischen Union
EuZW	Europäische Zeitschrift für Wirtschaftsrecht (Z)
evtl.	eventuell
EWG	Europäische Wirtschaftsgemeinschaft
EWGV	Vertrag zur Gründung der Europäischen Wirtschaftsgemeinschaft
EWS	Europäisches Wirtschafts- und Steuerrecht (Z)
f./ff.	folgende(r)/fortfolgende
FA	Finanzamt
FAG	Gesetz über den Finanzausgleich zwischen Bund und Ländern
FG	Finanzgericht
FGO	Finanzgerichtsordnung
FR	Finanz-Rundschau (Z)
GA	Generalanwalt
gem.	gemäß
GewStG	Gewerbesteuergesetz
GG	Grundgesetz
Gr.	Gruppe
h.M.	herrschende Meinung
Hrsg.	Herausgeber
Hs.	Halbsatz
i.d.F.	in der Fassung
i.d.R.	in der Regel
insbes.	insbesondere
IPRax	Zeitschrift für Internationales Privatrecht (Z)
i.S.	im Sinne
IStR	Internationales Steuerrecht (Z)
IWB	Internationale Wirtschaftsbriefe (Z)
Jura	Juristische Ausbildung (Z)
JZ	Juristenzeitung (Z)
KStG	Körperschaftsteuergesetz
LIR	Loi sur l'impôts sur les revenues
lit.	littera, Buchstabe

lt.	laut
m.E.	meines Erachtens
m.w.N.	mit weiteren Nachweisen
NJW	Neue Juristische Wochenschrift (Z)
Nr.	Nummer
NVwZ	Neue Zeitschrift für Verwaltungsrecht (Z)
NWB	Neue Wirtschaftsbriefe (Z)
OECD	Organisation for economic cooperation and development
OECD-MA	OECD-Musterabkommen zur Vermeidung der Doppelbesteuerung des Einkommens und des Vermögens
OFD	Oberfinanzdirektion
o.g.	oben genannt/e
RAO	Reichsabgabenordnung
Rdnr.	Randnummer
RIW	Recht der Internationalen Wirtschaft (Z)
RL	Richtlinie
Rs.	Rechtssache
Rspr.	Rechtsprechung
RStBl.	Reichssteuerblatt
S.	Seite
sog.	sogenannt
StÄndG	Steueränderungsgesetz
StbJb	Steuerberater-Jahrbuch
SteuerStud	Steuern und Studium (Z)
str.	strittig
StuW	Steuer und Wirtschaft (Z)
u.	und
u.a.	unter anderem
Überbl.	Überblick
usw.	und so weiter
v.	vom
verb.	verbundene
Verf.	Verfasser
vgl.	vergleiche
VO	Verordnung
Vorbem.	Vorbemerkung
WRV	Weimarer Reichsverfassung
Z	Zeitschrift
z.B.	zum Beispiel
ZHR	Zeitschrift für das gesamte Handelsrecht und Wirtschaftsrecht (Z)
z.T.	zum Teil

1. Teil: Einführung

§ 1 Problemstellung

Im Jahr 1987 verpflichteten sich die Mitgliedstaaten der Europäischen Gemeinschaft (EG), ihre Volkswirtschaften zu einem Binnenmarkt[1] zu vereinen. Hinter diesem Vorhaben stand – vereinfacht gesagt – die Absicht, die wirtschaftliche Betätigung in diesem Gebiet dergestalt zu gewährleisten, dass alle wirtschaftlich tätigen Personen dort ungehindert agieren können, ohne dabei durch die Staatsgrenzen der Mitgliedstaaten behindert zu werden. Handel, Dienstleistungen und Kapitalverkehr sollen sich ungehindert von Binnengrenzen entfalten können. Behinderungen für den grenzüberschreitenden Wirtschaftsverkehr resultieren nicht nur aus dem physischen Übertritt einer Staatsgrenze, sondern letztlich auch aus der unterschiedlichen Ausgestaltung der innerstaatlichen Steuerrechtsordnungen der Mitgliedstaaten und deren Zusammenwirken.[2] Hinzu kommt, dass mit dem endgültigen Eintritt in die Wirtschafts- und Währungsunion[3] die steuerlichen Anpassungszwänge zur Verwirklichung des Binnenmarktes zugenommen haben, da fiskalische Belastungsunterschiede, Diskriminierungen und Mobilitätshindernisse durch eine einheitliche Währung (noch) transparenter geworden sind. Durch den Wegfall der Wechselkurse entsteht nicht nur eine Zone mit völliger Preistransparenz bei Waren und Dienstleistungen, sondern auch eine Zone völliger Steuertransparenz.[4] Dies fördert den Wettbewerb und ermöglicht

---

[1] Vgl. Art. 14 EG. Zur Zitierweise der vorliegenden Arbeit: Aufgrund der Umnummerierung der Artikel des Vertrages über die Europäische Union (EU-Vertrag) und des Vertrages zur Gründung der Europäischen Gemeinschaft (EG-Vertrag), die gemäß dem Vertrag von Amsterdam erfolgt ist, hat der EuGH zum 01.05.1999 eine neue Zitierweise für die Bestimmungen der Europäischen Verträge eingeführt. Wird in der vorliegenden Arbeit auf einen Artikel des EG-Vertrages in der vor dem 01.05.1999 geltenden Fassung Bezug genommen, so folgt der Zahl des Artikels die Angabe „EGV". Für den EU-Vertrag gilt entsprechendes: Hier folgt dem Buchstaben des Artikels die Bezeichnung „EUV". Wird dagegen auf einen Artikel des EG-Vertrages bzw. des EU-Vertrages in der nach dem 01.05.1999 geltenden Fassung Bezug genommen, so folgt nach der Nennung der Zahl die Bezeichnung „EG" bzw. „EU".

[2] Vgl. *Kokott*, Die Bedeutung der europarechtlichen Diskriminierungsverbote und Grundfreiheiten für das Steuerrecht der EU-Mitgliedstaaten, in: Lehner, Grundfreiheiten im Steuerrecht der EU-Staaten, S. 1.

[3] Vgl. Art. 105 ff. EG.

[4] Vgl. zu den unterschiedlichen Beiträgen, die die Steuer- und die Währungspolitik zur Europäischen Integration geleistet haben *Zeitler*, Verantwortung für Stabilität – auf dem Wege zur Europäischen Währungsunion, DStZ 1996, S. 289 ff.

den effektiven Einsatz aller Produktionsfaktoren.[5] Gleichzeitig wird eine Steigerung der Mobilität sämtlicher Wirtschaftsfaktoren impliziert, wobei die steuerliche Belastung zu einem der wichtigsten Standortfaktoren der einzelnen Mitgliedstaaten zählt.[6]

Lösungsmöglichkeiten zur Beseitigung steuerlich bedingter Mobilitätshindernisse im Europäischen Binnenmarkt eröffnen sich zum einen über den Wettbewerb der Steuersysteme zum anderen über eine Steuerharmonisierung. Der Systemwettbewerb fügt sich jedoch nicht nahtlos in das Integrationsziel eines hindernisfreien Binnenmarktes ohne Wettbewerbsbeschränkungen[7] ein. Außerdem kann ein Wettstreit der Mitgliedstaaten unter Beibehaltung der unterschiedlichen Steuersysteme weder Doppelbesteuerungen noch Mobilitätshindernisse beim Übertritt von einer Steuerrechtsordnung zur anderen beseitigen. Auf dem Gebiet des Steuerrechts besteht demnach ein Harmonisierungs- bzw. Angleichungsbedarf.[8]

Die EG besitzt eine Kompetenz für die Harmonisierung der Steuersysteme der Mitgliedstaaten. Während für die indirekten Steuern mit Art. 93 EG eine ausdrückliche Kompetenzgrundlage besteht, muss im Rahmen der Harmonisierung der direkten Steuern auf die allgemeine Rechtsangleichungsvorschrift des Art. 94 EG[9] zurückgegriffen werden. Im Hinblick auf die mitunter weit fortgeschrittene Rechtsangleichung auf zahlreichen unternehmensrelevanten Rechtsgebieten erscheint der heutige Stand der Harmonisierung der direkten Steuern vergleichsweise rudimentär. Außer der EG-Amtshilferichtlinie aus dem Jahr 1976[10], der EG-Fusionsrichtlinie[11], der EG-Mutter-Tochter-Richtlinie[12], jeweils

---

5 Vgl. *Zeitler*, Verantwortung für Stabilität – auf dem Wege zur Europäischen Währungsunion, DStZ 1996, S. 289 (294).

6 Vgl. *Ohler*, Mehr Mut zur Steuerpolitik in Europa, EuZW 1997, S. 370; *Kokott*, Die Bedeutung der europarechtlichen Diskriminierungsverbote und Grundfreiheiten für das Steuerrecht der EU-Mitgliedstaaten, in: Lehner, Grundfreiheiten im Steuerrecht der EU-Staaten, S. 1 (4); *Thömmes*, Stand und Entwicklungstendenzen der EuGH-Rechtsprechung zu den direkten Steuern, StbJb 1998/1999, S. 173.

7 Vgl. Art. 3 lit. c) und lit. g) EGV.

8 Vgl. *Kokott*, Die Bedeutung der europarechtlichen Diskriminierungsverbote und Grundfreiheiten für das Steuerrecht der EU-Mitgliedstaaten, in: Lehner, Grundfreiheiten im Steuerrecht der EU-Staaten, S. 1 (4 f.).

9 Nach Art. 94 EG erlässt der Rat auf Vorschlag der Kommission und nach Anhörung des Europäischen Parlaments und des Wirtschafts- und Sozialausschusses Richtlinien für die Angleichung derjenigen Rechts- und Verwaltungsvorschriften der Mitgliedstaaten, die sich unmittelbar auf die Errichtung oder das Funktionieren des Gemeinsamen Marktes auswirken. In verfahrensrechtlicher Hinsicht muss die Entscheidung des Rates einstimmig erfolgen.

10 Vgl. RL 77/779/EWG v. 19.12.1977 (ABl. EG Nr. L 336 v. 27.12.1997, S. 15).

aus dem Jahr 1990, und dem im gleichen Jahr unterzeichneten EG-Schiedsabkommen[13] hat die europäische Rechtsangleichung auf dem Gebiet der direkten Steuern in mehr als 40 Jahren keine Erfolge aufzuweisen.[14]

Dass die Gemeinschaft von ihren Harmonisierungsbefugnissen im Bereich der im EG-Vertrag nicht ausdrücklich angesprochenen direkten Steuern bislang nur zurückhaltend Gebrauch gemacht hat, liegt zum einen an der verfahrensrechtlichen Voraussetzung in Form einer einstimmigen Ratsentscheidung – über die einzelne Maßnahme muss zuerst ein politischer Konsens aller fünfzehn Mitgliedstaaten erzielt werden. Zum anderen steht für die Mitgliedstaaten nicht zuletzt die Hoheit und Kontrolle über ihr Steueraufkommen auf dem Spiel.[15] Diese sind nicht ohne weiteres bereit, auf die autonome Ausübung ihres gewichtigsten Instruments der Staatsfinanzierung, Wirtschaftslenkung und sozialen Gestaltung zu verzichten.[16] Daher beharrt jeder der Mitgliedstaaten auf seiner Fiskalhoheit und sieht sich nicht bereit, das politische Leitungsinstrument der nationalen Steuerpolitik aus der Hand zu geben. Zur Zeit stehen sich damit fünfzehn nationale Steuerrechtsordnungen in einem weitgehend vereinheitlichten Rechts- und Wirtschaftsraum Europa in bunter Vielfalt und ungebrochener Eigenständigkeit gegenüber. In diesem Konflikt zwischen der europarechtlichen Verpflichtung und Verantwortung einerseits und dem Beharren auf gewohnten, historisch gewachsenen Strukturen des nationalen Steuerrechts andererseits und nicht zuletzt im Hinblick auf das Fehlen einer auf eine möglichst weitgehende Harmonisierung ausgerichteten Steuerpolitik der EG-Kommission hat eine andere Institution eine faktische Bedeutung erlangt, die ihr nach dem Grundverständnis der Europäischen Verträge nicht unmittelbar zukommen sollte. Die Rede ist vom Europäischen Gerichtshof (EuGH) und seiner Rechtsprechung auf dem Gebiet der direkten Steuern.[17] Der Gerichtshof hat – so eine Feststellung, aber auch ein vereinzelt vorgebrachter Vorwurf – seine eigentliche „Wächterrolle" über die justizielle Einhaltung und einheitliche Auslegung der EG-Verträge abgestreift und

---

11 Vgl. RL 90/434/EWG v. 23.07.1990 (ABl. EG Nr. L 225 v. 20.08.1990, S. 1).

12 Vgl. RL 90/435/EWG v. 23.07.1990 (ABl. EG Nr. L 225 v. 20.08.1990, S. 6).

13 Vgl. Konvention 90/436/EWG v. 23.07.1990 (ABl. EG Nr. L 225 v. 20.08.1990, S. 10.).

14 Vgl. *Thömmes*, Stand und Entwicklungstendenzen der EuGH-Rechtsprechung zu den direkten Steuern, StbJb 1998/1999, S. 173; *Selling*, Steuerharmonisierung im europäischen Binnenmarkt – Ein Überblick, IStR 2000, S. 417.

15 Vgl. *Ohler*, Mehr Mut zur Steuerpolitik in Europa, EuZW 1997, S. 370.

16 Vgl. *Birk*, Besteuerungsgleichheit in der Europäischen Union, in: Lehner, Steuerrecht im Europäischen Binnenmarkt, DStJG 1996, S. 63 (72); *Kokott*, Die Bedeutung der europarechtlichen Diskriminierungsverbote und Grundfreiheiten für das Steuerrecht der EU-Mitgliedstaaten, in: Lehner, Grundfreiheiten im Steuerrecht der EU-Staaten, S. 1 (3).

17 Vgl. *Thömmes*, Stand und Entwicklungstendenzen der EuGH-Rechtsprechung zu den direkten Steuern, StbJb 1998/1999, S. 173 (174).

ist (nicht nur auf dem Gebiet des Steuerrechts) zum „Motor der Europäischen Integration“ geworden. [18]

Im Jahr 1986 erging die Grundsatzentscheidung des EuGH im Bereich der direkten Steuern. Sie wurde unter der Bezeichnung „avoir fiscal“[19] bekannt. Seither hat die Vielzahl und Tragweite der ergangenen Urteile alles bislang auf dem Gebiet der Steuerharmonisierung Erreichte in den Schatten gestellt. Das Gericht wendet die Diskriminierungs- und Beschränkungsverbote des Vertrages in Form der garantierten Grundfreiheiten (Warenverkehrs-, Personenverkehrs-, Dienstleistungs- und Kapitalverkehrsfreiheit) konsequent auf das nationale Steuerrecht mit folgender Begründung an:

> „Die direkten Steuern fallen zwar in die Zuständigkeit der Mitgliedstaaten, doch müssen diese ihre Zuständigkeit unter Wahrung des Gemeinschaftsrechts ausüben.“[20]

Auch wenn der Gerichtshof die Zuständigkeit der Mitgliedstaaten für deren eigene – und damit unterschiedliche – Steuersysteme anerkennt, so trägt er in der Praxis dadurch zu einer „schleichenden“ Harmonisierung bei, als er die nationalen Steuerordnungen an deren „kleinsten gemeinsamen Nenner“ in Gestalt der vertraglich festgeschriebenen Grundfreiheiten misst.

Die Entscheidungen des EuGH auf dem Gebiet der direkten Steuern haben allerdings eines gemeinsam: Sie betreffen lediglich Einzelfälle, die ihren Ursprung im Konflikt einzelner Vorschriften des nationalen Steuerrechts mit den Vorgaben des Vertrages zur Gründung der Europäischen Gemeinschaft (EG-Vertrag) haben. Der Grund für die Einzelfallbezogenheit der Urteile des EuGH liegt darin, dass dieser entweder auf Grund eines sog. Vertragsverletzungsverfahrens, welches die Kommission nach Art. 226 EG einleitet, oder auf Grund eines Vorlagebeschlusses eines nationalen Gerichts nach Art. 234 EG tätig wird. Beiden Verfahren liegen festgelegte Sachverhaltskonstellationen zugrunde und der EuGH muss sich im Rahmen der jeweils entscheidungsrelevanten Rechtsfragen bewegen. Dies hat zur Konsequenz, dass die Auswirkungen der EuGH-Rechtsprechung auf das nationale Steuerrecht – auf den ersten Blick – unsystematisch sind, teilweise gar zufälligen Charakter haben und ein in sich geschlossenes System vermissen lassen. Dieser Umstand trägt dazu bei, dass sich die zu-

---

18 Vgl. *Kokott*, Die Bedeutung der europarechtlichen Diskriminierungsverbote und Grundfreiheiten für das Steuerrecht der EU-Mitgliedstaaten, in: Lehner, Grundfreiheiten im Steuerrecht der EU-Staaten, S. 1 (5).

19 Vgl. EuGH v. 28.01.1986, Rs. 270/83 (*Kommission/Frankreich*), EuGHE 1986, S. 273.

20 Vgl. mit Hinweisen zur früheren Rechtsprechung EuGH v. 16.07.1998, Rs. C-264/96 (*ICI*), EuGHE 1998, S. I-4695 (4721), Rdnr. 19.

künftig zu erwartenden Einflüsse auf die mitgliedstaatlichen Steuerrechtsordnungen nur schwerlich abschätzen lassen. Insbesondere aus dem Verständnis der Grundfreiheiten nicht nur als Diskriminierungs- sondern auch als Beschränkungsverbote können sich weitreichende Einwirkungen auf die nationale Steuerhoheit ergeben.[21]

§ 2 Untersuchungsgegenstand

Untersuchungsgegenstand der vorliegenden Arbeit ist der Einfluss des primären Gemeinschaftsrechts, insbesondere der Grundfreiheiten des EG-Vertrages, auf die nationale Steuergesetzgebungshoheit bezogen auf die Bundesrepublik Deutschland. Ausgangspunkt des Erkenntnisprozesses bildet hierbei eine eingehende Analyse der Rechtsprechung des EuGH auf dem Gebiet der direkten Steuern. Es werden die Aussagen ausgewählter Urteile dogmatisch untersucht und aus ihnen – soweit möglich – verallgemeinerungsfähige Prinzipien abgeleitet. Die gewonnenen Ergebnisse bilden die Grundlage für die Darstellung, mit welcher Intensität und in welchem Umfang die Grundfreiheiten des EG-Vertrages auf die Steuerhoheit der Bundesrepublik Deutschland einwirken und inwieweit ein Vergleich mit der Bindung des Steuergesetzgebers an die steuerspezifisch konkretisierten Vorgaben aus den Grundrechten des Grundgesetzes (GG) gezogen werden kann.

§ 3 Gang der Darstellung

Bei der Arbeit handelt es sich schwerpunktmäßig um eine systematische Aufarbeitung der einschlägigen Rechtsprechung des EuGH. Die Tragweite der Entscheidungen für das nationale deutsche Steuerrecht lässt sich jedoch erst in vollem Umfang ermessen, wenn man sich dabei die finanzverfassungsrechtliche Konzeption der Bundesrepublik Deutschland vergegenwärtigt. Daher beschäftigt sich die vorliegende Untersuchung zunächst mit den finanzverfassungsrechtlichen Grundlagen der deutschen Steuerrechtsordnung. Die Ausführungen stehen unter der Prämisse, dass der deutsche Verfassungsstaat seinem Wesen nach ein Steuerstaat ist. Das Grundgesetz garantiert durch seine grundrechtlichen und rechtsstaatlichen Gewährleistungen eine privatwirtschaftliche Ordnung und setzt die Finanzierung des notwendigen Finanzbedarfs durch Steuerleistungen der

---

[21] Vgl. *Thömmes*, Stand und Entwicklungstendenzen der EuGH-Rechtsprechung zu den direkten Steuern, StbJb 1998/1999, S. 173 (175 f.); *Kokott*, Die Bedeutung der europarechtlichen Diskriminierungsverbote und Grundfreiheiten für das Steuerrecht der EU-Mitgliedstaaten, in: Lehner, Grundfreiheiten im Steuerrecht der EU-Staaten, S. 1 (5).

Bürger voraus.[22] Die Finanzverfassung, die auch als „Kern der bundesstaatlichen Ordnung“[23] bezeichnet wird, regelt die Steuerhoheit in kompetenzieller Hinsicht: die Steuergesetzgebungshoheit (Art. 105 GG), die Steuerertragshoheit (Art. 106, 107 GG) und die Steuerverwaltungshoheit (Art. 108 GG). Die materielle Verfassungsmäßigkeit einer Steuernorm bestimmt sich dagegen nach den allgemeinen verfassungsrechtlichen Regeln, insbesondere nach den Grundrechten und den Strukturprinzipien der Verfassung. Vor diesem Hintergrund gewinnt das Schlagwort von der „Domestizierung des Steuerrechts“ durch die geltende Verfassungsordnung seine Bedeutung.[24]

Vom deutschen Verfassungsrecht wird die Brücke zum Europäischen Gemeinschaftsrecht geschlagen. Im Mittelpunkt steht hier zunächst die Vorschrift des Art. 23 GG, die aus deutscher Sicht die Teilnahme der Bundesrepublik Deutschland an dem Prozess der Europäischen Integration verfassungsrechtlich absichert und die Übertragung von Hoheitsrechten auf die Europäische Union (EU) ermöglicht. Außerdem wird die Rechtsnatur der EG und des Gemeinschaftsrechts dargestellt und die Berührungspunkte mit dem deutschen Finanzverfassungsrecht aufgezeigt.

Bevor im Fortgang der Arbeit die materiell-rechtlichen Aussagen der wichtigsten EuGH-Urteile untersucht werden, wird zunächst abstrakt die Frage geklärt, warum und in welcher Weise den Urteilen des EuGH Bedeutung für das deutsche Steuerrecht zukommt. Diese Frage ist angesichts des oben angesprochenen Einzelfallcharakters der Urteile und aufgrund des Umstandes gerechtfertigt, dass viele der Urteile auf Vorlagen ausländischer Gerichte beruhen. Zentraler Untersuchungsgegenstand ist hier die Bindungswirkung der Entscheidungen des EuGH. Nach der Darstellung der Bedeutung und Wirkung der EuGH-Rechtsprechung auf dem Gebiet der direkten Steuern für das nationale deutsche Steuerrecht wird auf die materiellen Aspekte der EuGH-Rechtsprechung auf steuerlichem Gebiet eingegangen. Die ausgewählten Entscheidungen stützen sich auf die relevanten Grundfreiheiten des EG-Vertrages (Niederlassungsfreiheit (Art. 43 ff. EG), Freizügigkeit der Arbeitnehmer (Art. 39 ff. EG), Dienstleistungsfreiheit (Art. 49 ff. EG) sowie deren Auslegung.

---

22 Vgl. *Friauf*, Verfassungsrechtliche Anforderungen an die Gesetzgebung über die Steuern vom Einkommen und vom Ertrag, in: ders., Steuerrecht und Verfassungsrecht, DStJG 1986, S. 1.

23 Vgl. *Wendt*, in: Isensee/Kirchhof, Handbuch des Staatsrechts, Bd. IV, § 104, Rdnr. 1.

24 Vgl. *Friauf*, Verfassungsrechtliche Anforderungen an die Gesetzgebung über die Steuern vom Einkommen und vom Ertrag, in: ders., Steuerrecht und Verfassungsrecht, DStJG 1986, S. 1.

Der letzte Teil der Arbeit schließt den Kreis, indem erneut ein Bezug zum deutschen Finanzverfassungsrecht hergestellt wird. Im Mittelpunkt steht hier der Begriff der rechtlichen „Bindung“, wie er auch in Art. 1 Abs. 3 GG genannt wird. Danach ist der deutsche Gesetzgeber, und damit auch der Steuergesetzgeber, an die Grundrechte des GG gebunden. Nach der Darstellung der Grundrechtsbindung des deutschen Steuergesetzgebers auf nationaler Ebene, sollen die gewonnenen Ergebnisse auf die supranationale Ebene übertragen und für die Frage der „Bindung“ des deutschen Steuergesetzgebers an die Grundfreiheiten des EG-Vertrages fruchtbar gemacht werden.

2. Teil: Deutsches Finanzverfassungsrecht und Europäisches Gemeinschaftsrecht

Die Europäische Integration, d.h. die Errichtung und Tätigkeit der durch den Vertrag über die Europäische Union (EUV) ergänzten Europäischen Gemeinschaften, lässt fast keinen Bereich staatlichen Wirkens unberührt. In der Bundesrepublik Deutschland ist hiervon auch die Finanzverfassung des Grundgesetzes (GG) betroffen.[25] In den folgenden Ausführungen werden daher die übergreifenden Bezüge des Gemeinschaftsrechts zum Finanzverfassungsrecht der Bundesrepublik Deutschland aufgezeigt.

Die Ausführungen beginnen mit den Grundlagen der deutschen Steuerrechtsordnung. Es werden zunächst die Bedeutung und Funktion der Steuern als wichtigstes Finanzierungsmittel des öffentlichen Haushalts dargestellt. Anschließend werden die Grundzüge der Finanzverfassung näher beleuchtet. Die Ausführungen beschäftigen sich zunächst mit den in den Art. 105 bis Art. 108 GG normierten Steuerhoheiten. Danach werden die verfassungsrechtlichen Grundlagen des deutschen Steuerrechts behandelt.

Neben diesen Grundlagen ist ein Blick auf das Integrationsprogramm des GG notwendig. Im Mittelpunkt steht die Vorschrift des Art. 23 GG, die aus bundesdeutscher Sicht den Prozess der Europäischen Integration verfassungsrechtlich absichert und die „Übertragung von Hoheitsrechten" auf die Europäische Union ermöglicht. Vor diesem Hintergrund stellt sich jedoch die Frage, wie die föderalistische Struktur der Bundesrepublik Deutschland mit einem Integrationsprozess auf supranationaler Ebene in Einklang zu bringen ist. Die Übertragung von Hoheitsrechten bewirkt in einem föderal gegliederten Bundesstaat einen tiefen Eingriff in die verfassungsrechtlich festgelegte Verteilung der Zuständigkeiten zwischen Bund und Ländern.[26] Die Finanzverfassung des GG ist ein besonderer

---

[25] Vgl. *Vogel/Waldhoff*, in: Dolzer/Vogel, Bonner Kommentar, Bd. 9, Vorbem. z. Art. 104a-115, Rdnr. 642.

[26] Nach Altbundespräsident *von Weizsäcker* können hierin jedoch gerade die Chancen für das Gelingen der Europäischen Einigung liegen: „Nicht die Zentralstaatsnation, sondern der föderale Gedanke prägt unseren Staat. Er ist es, der uns auch den Weg zu den Zielen unserer Verfassung ebnet. Wir wissen aus der Erfahrung unseres Volkes, dass die Eigenart seiner selbstbewußten föderalen Glieder nicht wegintegriert, sondern um der Heimatwurzeln der Menschen willen stärker werden kann, wenn das Land aus eigener Einsicht in neue Notwendigkeiten Befugnisse an höhere Ebenen abgibt. Wir werden es deshalb leichter haben als andere, wenn nach einem ähnlichen Modell eine neue politische Ar-

Ausdruck dieser bundesstaatlichen Ordnung der Bundesrepublik Deutschland, weil sie eine in sich differenzierte, Gesamtstaat und Gliedstaaten in ihrem Anteil am Gesamtertrag der Volkswirtschaft sorgsam ausbalancierende Regelung darstellt. Das Bundesverfassungsgericht (BVerfG) bezeichnet sie auch als den „Eckpfeiler" der bundesstaatlichen Ordnung.[27] Daher sind die Auswirkungen des europäischen Einigungsprozesses auf das deutsche Finanzverfassungsrecht besonders bedeutsam. Nicht zuletzt deswegen werden diejenigen Stellen aufgezeigt, an denen die Speerspitze des Europäischen Gemeinschaftsrechts den Souveränitätspanzer der Bundesrepublik Deutschland durchstößt und auf deutsches Finanzverfassungsrecht trifft.

§ 1 Grundlagen der deutschen Steuerrechtsordnung

Die Grundlagen der deutschen Steuerrechtsordnung werden weitgehend durch das Verfassungsrecht bestimmt. Das Steuerrecht wird zunächst durch den einfachgesetzlichen Steuerbegriff abgegrenzt. Dieser ist zwar in der Abgabenordnung (§ 3 Abs. 1 AO) normiert, er hat jedoch hauptsächlich für die Anwendung desjenigen Verfassungsrechts Bedeutung, das für die Steuern gilt. Dort werden in den Art. 105 bis Art. 108 GG die Aufteilung der steuerlichen Staatsgewalten, d.h. der Steuerhoheiten, zwischen Bund und Ländern geregelt. Außerhalb der finanzverfassungsrechtlichen Vorschriften gibt es keine steuerspezifischen Bestimmungen im GG. Da es sich beim Steuerrecht jedoch um öffentliches Eingriffsrecht handelt, tragen die Grundrechte (insbesondere die Art. 1, 3, 6, 12 und 14 GG) und die Strukturprinzipien der Verfassung (insbesondere das Rechtsstaatsprinzip und das Sozialstaatsprinzip) das rechtsstaatliche System des Steuerrechts.[28]

A. Finanzverfassungsrechtliche Grundlagen

Das Recht des Staates, zur Deckung seines Finanzbedarfs und zur Erfüllung der ihm verfassungsmäßig zugewiesenen Aufgaben und Funktionen zwangsweise Abgaben zu erheben, ist Ausfluss und Bestandteil der Staatshoheit. Die Mittel zur Finanzierung öffentlicher Leistungen sind grundsätzlich von der Gesamtheit der Bürger im Verhältnis ihrer wirtschaftlichen Leistungsfähigkeit oder nach anderen gesetzlich legitimierten Maßstäben aufzubringen. Wichtigstes Finanzie-

---

chitektur in Europa entsteht [...]." Vgl. *von Weizsäcker*, Ansprache des Bundespräsidenten: Vierzig Jahre Grundgesetz in der Bundesrepublik Deutschland, Staatsakt am 24.05.1989, Bulletin der Bundesregierung Nr. 51 v. 25.05.1989, S. 445 (452).

27 Siehe BVerfG v. 08.06.1988, 2 BvL 9/85, 3/86, BVerfGE 78, S. 249 (266 f.).

28 Vgl. *Tipke/Lang*, Steuerrecht, § 2, Rdnr. 3.

rungsmittel der öffentlichen Haushalte und damit das Rückgrat der Finanzwirtschaft des modernen Staates sind die Steuern. Der Staat erhebt sie nach dem Prinzip der staatsbürgerlichen Lastengleichheit als Geldleistungsbeitrag zur Finanzierung öffentlicher Aufgaben, deren Nutzen alle Abgabenschuldner aufgrund ihrer Teilhabe an der staatlichen Daseinsvorsorge in prinzipiell gleicher Weise begünstigt.[29]

I. Das Prinzip des Steuerstaates

Jeder Staat benötigt zur Erfüllung seiner Sachaufgaben Finanzmittel. Die Dekkung des staatlichen Finanzbedarfs kann dabei auf verschiedene Weise erfolgen: durch eigene ertragswirtschaftliche Betätigung, durch Erhebung von Abgaben, durch Kreditaufnahme oder durch eigene Geldschöpfung.[30] Nach der verfassungsrechtlichen Grundentscheidung des GG werden öffentliche Aufgaben durch Steuern finanziert. Dadurch kommt die überragende Bedeutung zum Ausdruck, die der moderne Finanzstaat der Steuergewalt als Belastungs-, Differenzierungs-, Lenkungs- und Interventionsinstrument sowie als Mittel zur Sicherung des Gemeinwohls und des sozialen Ausgleichs beimisst.[31]

1. Strukturelemente des Steuerstaates

Ein Staat ist ein Steuerstaat, wenn er seinen Finanzbedarf im wesentlichen durch Steuern deckt. Er verzichtet somit darauf, sich in großem Umfang erwerbswirtschaftlich zu betätigen. Wegen der elementaren Bedeutung der Steuern in einem Steuerstaat bedarf daher die Erhebung nichtsteuerlicher Abgaben einer besonderen Rechtfertigung.[32] Der moderne Steuerstaat ist signifikant souverän gegenüber dem Abgabenschuldner. Um seinen Finanzbedarf zu decken, setzt er seine Forderungen in einem Über-Unterordnungsverhältnis durch hoheitlichen, einseitigen und zwingenden Akt fest.[33] Da die Steuer von keiner Gegenleistung abhängig[34] ist, kann der Staat grundsätzlich über die Verwendung seiner Mittel im

---

29 Vgl. *Fischer-Menshausen*, in: v. Münch/Kunig, Grundgesetz, Bd. 3, Art. 105, Rdnr. 1.

30 Vgl. *Kirchhof*, Die Finanzierung des Leistungsstaates, Jura 1983, S. 505.

31 Vgl. *Isensee*, in: Isensee/Kirchhof, Handbuch des Staatsrechts, Bd. IV, § 98, Rdnr. 244.

32 Vgl. *Friauf*, Öffentliche Sonderlasten und Gleichheit der Steuerbürger, in: Festschrift für Jahrreiß, S. 50 (54 f.).

33 Vgl. *Isensee*, Der Steuerstaat als Staatsform, in: Festschrift für Ipsen, S. 409 (415).

34 § 3 Abs. 1 Satz 1 AO 1977 lautet: „Steuern sind Geldleistungen, die nicht eine Gegenleistung für eine besondere Leistung darstellen und von einem öffentlich-rechtlichen Gemeinwesen zur Erzielung von Einnahmen allen auferlegt werden, bei denen der Tatbe-

Rahmen finanzverfassungsrechtlicher und insbesondere haushaltsrechtlicher Vorschriften und Grundsätze selbst bestimmen und wählen. Dadurch wird die Unbefangenheit und materielle Gleichheit staatlichen Handelns gegenüber jedermann unabhängig von vorherigen Finanzleistungen gewährleistet.[35]

Durch die Steuerstaatlichkeit ist jedoch nicht nur die Finanzierungsform festgelegt, sondern gleichzeitig das Verhältnis des Staates zur produzierenden Wirtschaft bestimmt. In einem Steuerstaat sind – im Gegensatz zu kommunistischen und sozialistischen Staatsformen – Staat und Wirtschaft voneinander getrennt. Der Staat schafft durch das private und öffentliche Wirtschaftsrecht und nach dem Leitbild der sozialen Marktwirtschaft einen rechtlichen Rahmen, innerhalb dessen sich die Wirtschaft im freien Zusammenspiel der Kräfte selbst organisiert und steuert.[36] Der Staat selbst verzichtet darauf, sich durch eigene ökonomische Betätigung Finanzquellen zu erschließen. Der moderne Steuerstaat verkörpert damit die Absage an das historische System der Eigenwirtschaft.[37] Er ist darauf beschränkt, am ökonomischen Erfolg der freien Wirtschaftssubjekte indirekt teilzuhaben, indem er finanzielle Mittel durch öffentliche Abgaben abschöpft, um damit seine Aufgaben zu finanzieren. Damit ist die Steuer nicht nur eine Belastung, sondern gleichzeitig auch ein Garant der Wirtschaftsfreiheit.[38]

2. Die Bundesrepublik Deutschland als Steuerstaat

Die Bundesrepublik Deutschland ist durch ihr Verfassungsrecht auf das Prinzip der Steuerstaatlichkeit festgelegt und gewährleistet somit die wesentliche Finanzausstattung der öffentlichen Hand durch das Steueraufkommen.[39] Dies ergibt sich daraus, dass das GG in den Vorschriften der Art. 105 ff. GG nur die Verteilung der Finanzzuständigkeit zwischen Bund und Ländern bezüglich der Steuern normiert. Andere Abgaben finden im Text der Verfassung nur beiläufige Erwähnung.[40] Dies besagt zwar noch nicht, dass andere Einnahmen ausgeschlossen sind. Die Finanzverfassung der Art. 104a ff. GG wäre jedoch funkti-

---

stand zutrifft, an den das Gesetz die Leistungspflicht knüpft; die Erzielung von Einnahmen kann Nebenzweck sein."

35 Vgl. *Kirchhof*, Die Finanzierung des Leistungsstaates, Jura 1983, S. 505 (506); *Isensee*, Steuerstaat als Staatsform, in: Festschrift für Ipsen, S. 409 (416).

36 Vgl. *Vogel/Waldhoff*, in Dolzer/Vogel, Bonner Kommentar, Bd. 9, Vorbem. z. Art. 104a-115, Rdnr. 331 ff.

37 Vgl. *Isensee*, Der Steuerstaat als Staatsform, in: Festschrift für Ipsen, S. 409 (416).

38 Vgl. *Vogel*, in: Isensee/Kirchhof, Handbuch des Staatsrechts, Bd. I, § 27, Rdnr. 51 f.; *Isensee*, Steuerstaat als Staatsform, in: Festschrift für Ipsen, S. 409 (417). Der Gewährleistungsrahmen erstreckt sich dabei nicht nur allgemein auf die Wirtschaftsfreiheit, sondern auch auf deren spezielle Ausformungen, wie z.B. der Berufsfreiheit nach Art. 12 GG.

39 Vgl. *Vogel*, in: Isensee/Kirchhof, Handbuch des Staatsrechts, Bd. I, § 27, Rdnr. 69 f.; *Kirchhof*, Die Finanzierung des Leistungsstaates, Jura 1983, S. 505 (506).

40 Vgl. Art. 74 Nr. 22, Art. 80 Abs. 2 GG.

onslos, wenn die Steuern nicht die Haupteinnahmequelle des Staates darstellten.[41]

Dieser verfassungsrechtlichen Grundsatzentscheidung entspricht auch die Haushaltswirklichkeit: Steuern sind die Haupteinnahmequelle von Bund und Ländern[42] und demzufolge das wichtigste Rückgrat der Finanzwirtschaft[43] der Bundesrepublik Deutschland. Die andere Seite der Steuerstaatlichkeit, die Existenz einer selbständigen und leistungsfähigen Privatwirtschaft, wird im GG durch die Garantie des privatnützigen Eigentums (Art. 14 Abs. 1 GG) und der privatnützigen Berufstätigkeit (Art. 12 Abs. 1 GG) gewährleistet.[44] Funktion des privatnützigen Eigentums ist es, dem einzelnen einen Freiraum im vermögensrechtlichen Bereich zu sichern, der ihm eine eigenverantwortliche Gestaltung seiner Lebensverhältnisse ermöglicht (Grundsatz der Privatautonomie).[45] Das Grundrecht der Berufsfreiheit garantiert dem Unternehmer einen grundsätzlich freien Wettbewerb als Bestandteil seiner Berufsausübung.[46]

---

41 Dies hat auch das BVerfG in seiner Rechtsprechung festgestellt: „Die grundgesetzliche Finanzverfassung (Art. 104a bis 108 GG) stellt eine in sich differenzierte, Gesamtstaat und Gliedstaaten in ihrem Anteil am Gesamtertrag der Volkswirtschaft sorgsam ausbalancierende Regelung dar, die ein Eckpfeiler der bundesstaatlichen Ordnung ist (BVerfGE 55, 274 [300]). Sie verlöre ihren Sinn und ihre Funktion, wenn unter Rückgriff auf die Sachgesetzgebungskompetenzen von Bund und Ländern daneben beliebig Abgaben unter Umgehung der bundesstaatlichen Verteilung der Finanzen erhoben werden könnten [...]. Ihr liegt die Vorstellung zugrunde, daß die Finanzierung der staatlichen Aufgaben in Bund und Ländern einschließlich der Gemeinden grundsätzlich aus dem Ertrag der in Art. 105 ff. GG geregelten Einnahmequelle erfolgt [...].“ Siehe BVerfG v. 08.06.1988, 2 BvL 9/85, 3/86, BVerfGE 78, S. 249 (266 f.).

42 Vgl. *Fleischer*, Das System der Abgaben, SteuerStud 1997, S. 113 (114).

43 Vgl. *Tipke*, Die Steuerrechtsordnung, Bd. I, S. 1. Einnahmen aus Krediten und aus staatlicher Geldschöpfung stehen dem Bund nur begrenzt zur Verfügung. Er darf sich jährlich allenfalls in Höhe der im Haushaltsplan veranschlagten Ausgaben für Investitionen verschulden (Art. 115 Abs. 1 Satz 2 GG). Somit kann er aus Kreditaufnahmen keine über seine Investitionstätigkeit hinausgehenden Finanzmittel zur Erfüllung allgemeiner Staatsaufgaben gewinnen. Auch die Möglichkeit des Staates, sich seine Einkünfte durch Geldschöpfung mit Hilfe der Zentralbank selbst zu beschaffen, ist gering. Wenn er auf Grund seiner Hoheitsgewalt in das Verhältnis von Angebot und Nachfrage eingreift, gefährdet er über den Effekt der Inflation langfristig die Erwerbsfreiheit und die Gewährleistung des Erworbenen. Vgl. hierzu *Kirchhof*, Die Finanzierung des Leistungsstaates, Jura 1983, S. 505.

44 Vgl. *Kirchhof*, Die Finanzierung des Leistungsstaates, Jura 1983, S. 505.

45 Vgl. BVerfG v. 01.03.1979, 1 BvR 532, 533/77, 419/78, 1 BvL 21/78, BVerfGE 50, S. 290 (339).

46 Siehe hierzu BVerfG v. 08.02.1972, 1 BvR 170/71, BVerfGE 32, S. 311 (317): „Die bestehende Wirtschaftsverfassung enthält den grundsätzlich freien Wettbewerb der als Anbieter und Nachfrager auf dem Markt auftretenden Unternehmer als eines ihrer Grundprinzipien. Das Verhalten der Unternehmer in diesem Wettbewerb ist Bestandteil ihrer Berufsausübung, die, soweit sie sich in erlaubten Formen bewegt, durch Art. 12 Abs. 1

II. Ausformung der Steuerhoheit

Der Abschnitt X des GG (Das Finanzwesen) umfaßt zwei Komplexe: das bundesstaatliche Finanzverfassungsrecht (Art. 104a bis Art. 108 GG) und das Haushaltsverfassungsrecht (Art. 109 bis Art. 115 GG). Hauptbestandteil der Finanzhoheit – d.h. der Kompetenz, Abgaben zu erheben, zu verwalten und zu vereinnahmen – ist die Steuerhoheit.[47] In den Art. 105 bis Art. 108 GG sind demzufolge nur die Zuständigkeiten für Steuern, die sog. Steuerhoheiten, normiert. Art. 105 GG trifft spezielle Regelungen über die Gesetzgebungshoheit, Art. 106 und Art. 107 GG für die Ertragshoheit und Art. 108 GG für die Verwaltungshoheit.[48] Die Beantwortung der Frage, welche finanziellen Belastungen der Zuständigkeitsverteilung nach den Art. 105 ff. GG unterliegen, hängt daher zunächst davon ab, wie der Begriff der Steuer definiert bzw. verfassungsrechtlich determiniert ist.

1. Der Steuerbegriff und seine Abgrenzung von anderen Abgaben

Steuern sind nicht die einzigen hoheitlichen finanziellen Belastungen, die der Bürger zu tragen hat. Unter dem Oberbegriff der Abgaben werden alle von der Bevölkerung zu leistenden öffentlichen Lasten verstanden, die in Geld zu entrichten sind.[49] Nach der Konzeption des GG gibt es vier Abgabentypen: die Steuer, die Gebühr, den Beitrag und die Sonderabgabe.[50] Eine Abgrenzung der Typen ist aus verschiedenen Gründen notwendig: Da öffentliche Aufgaben grundsätzlich nur aus Steuern finanziert werden sollen (Prinzip des Steuerstaates), dürfen andere staatliche Einnahmen dieses Prinzip weder aushöhlen noch unterlaufen. Für Abgaben, die keine Steuern sind, richtet sich die Gesetzgebungskompetenz nicht nach Art. 105 GG, sondern nach den allgemeinen Regeln

---

GG geschützt ist.“ Vgl. auch *Vogel*, in: Isensee/Kirchhof, Handbuch des Staatsrechts, Bd. I, § 27, Rdnr. 71.

47 Vgl. *Stern*, Das Staatsrecht der BRD, Bd. II, S. 1090; *Birk*, in: Birk, Handbuch des Europäischen Steuer- und Abgabenrechts, § 5, Rdnr. 1.

48 Vgl. *Tipke/Lang*, Steuerrecht, § 3, Rdnr. 1; *Pieroth*, in: Jarass/Pieroth, GG, Art. 105, Rdnr. 1.

49 Vgl. *Stern*, Das Staatsrecht der BRD, Bd. II, S. 1095. Öffentliche Lasten sind alle öffentlich-rechtlichen Leistungsverpflichtungen, unabhängig davon, ob es sich um Geld- oder Naturalleistungen handelt. Dagegen sind öffentliche Abgaben nur solche Lasten, die in Geld zu entrichten sind. Folglich ist die „öffentliche Last“ der Oberbegriff, unter den die „öffentliche Abgabe“ fällt. Vgl. hierzu *Tipke/Kruse*, AO/FGO, Bd. I, § 3 AO, Rdnr. 5.

50 Vgl. *Kirchhof*, Die Finanzierung des Leistungsstaates, Jura 1983, S. 505 (508).

der Art. 70 ff. GG. Darüber hinaus bedürfen nicht-steuerliche Abgaben einer besonderen sachlichen Rechtfertigung.[51]

a) Rechtfertigung, Begriff und Wesen der Steuern

Zu unterscheiden sind der einfachgesetzliche und der verfassungsrechtliche Steuerbegriff.[52] Nach der Legaldefinition von § 1 Reichsabgabenordnung (RAO) waren Steuern „einmalige oder laufende Geldleistungen, die nicht eine Gegenleistung für eine besondere Leistung darstellen und von einem öffentlich-rechtlichen Gemeinwesen zur Erzielung von Einkünften allen auferlegt werden, bei denen der Tatbestand zutrifft, an den das Gesetz die Leistungspflicht knüpft". Bezogen auf die Einführung des GG mit der Neuregelung des Finanzverfassungsrechts vertrat das BVerfG zunächst die Auffassung, dass der Verfassungsgeber den einfachgesetzlichen Steuerbegriff aus § 1 RAO übernommen habe.[53] Dieses Begriffsverständnis konnte jedoch der Tatsache nicht Rechnung tragen, dass die Steuer des modernen Finanzstaates auch ein Lenkungs- und Interventionsinstrument darstellt.[54] Das BVerfG erkannte denn auch Lenkungssteuern als Steuern im verfassungsrechtlichen Sinn an[55] und relativierte das Rezeptionsargument:[56]

> „An den Begriff des allgemeinen Abgabenrechts knüpft der Steuerbegriff des Grundgesetzes an, wenngleich er über das ‚Konzentrat einfachgesetzlicher Normen' (vgl. Lerche, Werbung und Verfassung, 1967, S. 33 f.) hinausreicht. [...] Der verfassungsrechtliche Steuerbegriff muss darüber hinaus dem Funktionszusammenhang der bundesstaatlichen Finanzverfassung ebenso Rechnung tragen, wie der Notwendigkeit, dass die Steuer in der modernen Industriegesellschaft zwangsläufig auch zum zentralen Lenkungsinstrument aktiver staatlicher Wirtschafts- und Gesellschaftspolitik geworden ist, wobei der Zweck, Einkünfte zu erzielen, sogar als Nebenzweck nicht selten völlig in den Hintergrund tritt."[57]

---

51 Vgl. *Pieroth*, in: Jarass/Pieroth, GG, Art. 105, Rdnr. 7.

52 Vgl. zum staatstheoretischen Steuerbegriff *Vogel*, in: Isensee/Kirchhof, Handbuch des Staatsrechts, Bd. I, § 27, Rdnr. 51 ff.

53 Vgl. BVerfG v. 16.06.1954, 1 PBvV 2/52, BVerfGE 3, S. 407 (435 f.); *Birk*, Steuerrecht I, § 4, Rdnr. 3.

54 Vgl. *Fischer-Menshausen*, in: v. Münch/Kunig, Grundgesetz, Bd. 3, Art. 105, Rdnr. 1; zum Ganzen auch *Jakob*, Zwischen Ertragsrelevanz und Lenkung – die Zukunft des Steuerinterventionismus, in: Festschrift für Offerhaus, S. 65 ff.

55 Vgl. BVerfG v. 22.05.1963, 1 BvR 78/56, BVerfGE 16, S. 147 (160 f.).

56 Vgl. *Birk*, Steuerrecht I, § 4, Rdnr. 4.

57 Siehe BVerfG v. 10.12.1980, 2 BvF 3/77, BVerfGE 55, S. 274 (299).

Bei der Neuregelung der AO hat der Gesetzgeber dem Lenkungscharakter der Steuer durch Hinzufügung eines zweiten Halbsatzes an § 3 Abs. 1 Satz 1 AO Rechnung getragen und einfachgesetzlich normiert.[58] Dieser einfachgesetzliche Steuerbegriff hat damit gleichzeitig die Funktion einer Interpretationshilfe für die entsprechende Verfassungsauslegung.[59]

aa) Rechtfertigung

Finanzwissenschaft, Staatsrecht und Staatsphilosophie haben eine Fülle von Steuerrechtfertigungslehren entwickelt, die heute als überholt gelten.[60] Danach gibt es zwei verschiedene Hauptansätze zur Rechtfertigung der Steuern. Nach der „Opfertheorie" muss der Bürger finanzielle Opfer bringen, damit der Staat die Mittel erhält, die zu seinem Funktionieren erforderlich sind. Nach der „Assekuranztheorie" ist die Steuer die Gegenleistung des Bürgers dafür, dass der Staat Freiheit und Eigentum des Bürgers schützt.[61]

Die Steuer ist kein bloßes Opfer. Der einzelne Bürger ist zu einem erheblichen Teil vom Staat abhängig, der ihm Straßen, Schulen, Krankenhäuser etc. zur Verfügung stellt. Erst die Steuern ermöglichen es dem Staat, für ein gedeihliches Zusammenleben seiner Bürger, für die innere und äußere Sicherheit und die nötige Infrastruktur zu sorgen, Bildung, Wissenschaft und Kultur zu fördern und alle sonstigen Aufgaben im Interesse des Allgemeinwohls zu erfüllen.[62] Der Staat, der nicht selbst wirtschaftet, ist zur Erfüllung seiner Aufgaben auf Steuern ange-

---

58 Vgl. *Tipke/Lang*, Steuerrecht, § 3, Rdnr. 10. Der Gesetzgeber kann die Definition des § 3 Abs. 1 AO jedoch mit einfacher Mehrheit ändern, wodurch es zu zwei verschiedenen Steuerbegriffen käme, dem des GG und dem der AO. Vgl. *Tipke/Kruse*, AO/FGO, Bd. I, § 3 AO, Rdnr. 2.

59 Vgl. *Stern*, Das Staatsrecht der BRD, Bd. II, S. 1098, mit dem Hinweis, dass die Interpretation aus der Verfassung selbst erfolgen muss. Vgl. ebenso *Vogel*, in: Isensee/Kirchhof, Handbuch des Staatsrechts, Bd. IV, § 87, Rdnr. 44.

60 Vgl. *Stern*, Das Staatsrecht der BRD, Bd. II, S. 1092; zu neueren Tendenzen *Jachmann*, Ökologie versus Leistungsfähigkeit – Gilt es neue Wege in der Steuerrechtfertigung zu gehen?, StuW 2000, S. 239 ff.

61 Vgl. *Fleischer*, Das System der Abgaben, SteuerStud 1997, S. 113 (114). Ein Überblick über die Entwicklung der Rechtfertigungslehren findet sich bei *Vogel*, in: Isensee/Kirchhof, Handbuch des Staatsrechts, Bd. I, § 27, Rdnr. 64 ff. Das BVerfG übernimmt beide Theorien und argumentiert folgendermaßen: „Das – auch strafrechtlich sanktionierte – Verlangen des Staates nach steuerlichen Abgaben begründet sich aus dem Umstand, dass der Betroffene am öffentlichen Leben teilnimmt, ihm insbesondere Schutz, Ordnung und Leistung der staatlichen Gemeinschaft zugute kommen. Deshalb darf ihm ein Anteil an den finanziellen Lasten zur Aufrechterhaltung des staatlichen Lebens auferlegt werden." Siehe BVerfG v. 17.07.1984, 2 BvE 11, 15/83, BVerfGE 67, S. 100 (143).

62 Vgl. *Tipke*, Die Steuerrechtsordnung, Bd. I, S. 5, 255.

wiesen. Soweit der Finanzbedarf daher legitim ist, muss es auch die Steuer als Finanzquelle sein.[63]

bb) Begriff und Wesen

§ 3 Abs. 1 AO bestimmt folgende Wesensmerkmale des Steuerbegriffs: Geldleistung, hoheitliche Auferlegung, Erzielung von Einnahmen oder Verhaltenslenkung, keine Gegenleistung, Gleichmäßigkeit und Tatbestandsmäßigkeit.

(1) Geldleistung

Die Steuer besteht in einer Geldleistung.[64] Keine Geldleistungen sind damit sog. Naturalleistungen. Sach- und Dienstleistungen erfüllen den Steuerbegriff ebenfalls nicht.[65]

(2) Hoheitliche Auferlegung

Eine Geldleistungspflicht ist eine Steuer, wenn sie von einem öffentlich-rechtlichen Gemeinwesen[66] auferlegt wird, d.h. wenn der Rechtsgrund der Verpflichtung einseitig und ohne Rücksicht auf den Willen des Verpflichteten durch hoheitlichen Akt bestimmt ist. Der Rechtsgrund für die Verpflichtung ist das Gesetz, das die Leistungspflicht begründet.[67]

---

63 Vgl. *Tipke*, Die Steuerrechtsordnung, Bd. I, S. 254, 257. Nach *Tipke* kann man daher von einer Rechtfertigungs-Äquivalenz sprechen, weil die Steuern der Finanzierung des Staates dienen.

64 Geldleistungen sind auf die Zahlung von Geldbeträgen gerichtete Leistungen. Vgl. *Tipke/Kruse*, AO/FGO, Bd. I, § 3 AO, Rdnr. 6.

65 Vgl. *Tipke/Kruse*, AO/FGO, Bd. I, § 3 AO, Rdnr. 6.

66 Öffentlich-rechtliche Gemeinwesen sind alle Arten von juristischen Personen des öffentlichen Rechts (Körperschaften, Anstalten, Stiftungen), sofern sie das Recht haben, eine Steuerpflicht zu begründen. So haben z.B. Religionsgemeinschaften mit dem Status einer Körperschaft des öffentlichen Rechts nach Art. 140 GG i.V.m. Art. 137 Abs. 6 der Weimarer Reichsverfassung (WRV) das Recht, Kirchensteuern zu erheben. Vgl. *Tipke/Kruse*, AO/FGO, Bd. I, § 3 AO, Rdnr. 8.

67 Vgl. *Tipke/Kruse*, AO/FGO, Bd. I, § 3 AO, Rdnr. 7. Dadurch unterscheidet sich die Steuer von vertraglichen oder freiwilligen Zahlungen. Vgl. *Tipke/Lang*, Steuerrecht, § 3, Rdnr. 15.

(3) Erzielung von Einnahmen oder Verhaltensbeeinflussung

Die Geldleistung muss der Erzielung von Einnahmen dienen. Nach § 3 Abs. 1 Satz 1 Hs. 2 AO kann dies zumindest Nebenzweck sein. Dadurch wird der Steuerbegriff für Lenkungszwecke geöffnet. Dementsprechend ist zwischen Fiskal- und Sozialzwecknormen zu unterscheiden. Fiskalzwecknormen dienen der Deckung des notwendigen Finanzbedarfs.[68] Sozialzwecknormen lassen dagegen Wert- und Zielvorstellungen des Gesetzgebers erkennen.[69]

In der Entscheidung zur Investitionshilfeabgabe[70] hat das BVerfG den verfassungsrechtlichen Steuerbegriff hinsichtlich des Merkmals der Einnahmeerzielungsabsicht weiter eingeengt. Bei der Investitionshilfeabgabe wurde dem Abgabenpflichtigen ein Rückzahlungsanspruch eingeräumt. Hierzu entschied das BVerfG, dass Abgaben, deren Rückzahlung von vornherein vorgesehen sei, nicht zu den Steuern im verfassungsrechtlichen Sinn gehören, da diese Abgaben dem Fiskus nicht endgültig zufließen.[71]

(4) Keine Gegenleistung

Die Steuer dient der Deckung des öffentlichen Finanzbedarfs, also der Erfüllung öffentlicher Aufgaben. Daher ist die Steuer keine Gegenleistung für eine besondere Leistung einer öffentlich-rechtlichen Körperschaft und damit nicht auf individuelle Äquivalenz angelegt.[72] Erbringt das öffentliche Gemeinwesen eine dem Abgabenpflichtigen individuell zurechenbare Gegenleistung, so handelt es sich nicht um eine Steuer, sondern um eine Vorzugslast (Gebühr oder Beitrag).[73]

---

68 Hierzu zählen nicht: Geldstrafen, Bußgelder, Zwangsanleihen, Säumnis- und Verspätungszuschläge, Zinsen und Kosten. Vgl. *Tipke/Lang*, Steuerrecht, § 3, Rdnr. 16.

69 Vgl. *Tipke/Kruse*, AO/FGO, Bd. I, § 3 AO, Rdnr. 9. Ein klassisches Beispiel für Lenkungssteuern sind Steuern zum Schutz der Umwelt (Ökosteuern). Vgl. *Tipke/Lang*, Steuerrecht, § 3, Rdnr. 11; *Jakob/Zugmaier*, Grundfragen zur Einführung von Umweltabgaben – zugleich ein Beitrag zur finanzverfassungsrechtlichen Abgabentypologie, in: dies., Rechtliche Probleme von Umweltabgaben, S. 11 (14).

70 Vgl. BVerfG v. 06.11.1984, 2 BvL 19, 20/83, 2 BvR 363, 491/83, BVerfGE 67, S. 256 ff.

71 Vgl. BVerfG v. 06.11.1984, 2 BvL 19, 20/83, 2 BvR 363, 491/83, BVerfGE, 67, S. 256 (282 f.); *Birk*, Steuerrecht I, § 4, Rdnr. 7.

72 Vgl. *Tipke/Lang*, Steuerrecht, § 3, Rdnr. 14.

73 Vgl. *Tipke/Kruse*, AO/FGO, Bd. I, § 3 AO, Rdnr. 14. Hierbei entstehen Abgrenzungsprobleme bezüglich der sog. Zwecksteuern, bei denen das Steueraufkommen dem Abgabenpflichtigen aufgrund einer Zweckbindung unmittelbar zugute kommt (z.B. die Verwendung des Aufkommens der Mineralölsteuer zugunsten des Straßenbaus). Vgl. *Birk*, Steuerrecht I, § 4, Rdnr. 6.

(5) Gleichmäßigkeit und Tatbestandsmäßigkeit

Nach § 3 Abs. 1 Satz 1 Hs. 1 AO muss die Geldleistung allen auferlegt werden, bei denen der Tatbestand zutrifft, an den das Gesetz die Leistungspflicht knüpft.[74] Darin kommt der Grundsatz der Tatbestandsmäßigkeit und der Gleichmäßigkeit der Besteuerung zum Ausdruck.[75]

b) Direkte und indirekte Steuern

Zu unterscheiden sind die direkten von den indirekten Steuern. In der deutschen Terminologie sind bei den direkten Steuern Steuerschuldner und Steuerträger identisch. Dagegen werden die indirekten Steuern vom Steuerschuldner auf einen anderen Steuerträger übergewälzt, so dass Steuerschuldner und Steuerträger verschiedene Personen sind.

Allgemein gilt, dass Steuern auf das Einkommen als direkte Steuern ausgestaltet sind, während Steuern auf die Verwendung von Einkommen (Umsatzsteuer, Verbrauchsteuern, Verkehrsteuern) als indirekte Steuern im Preis der umsatz-, verbrauch- oder verkehrsteuerbelasteten Ware übergewälzt werden.[76] Mit anderen Worten: Zufluss und Bestand von Einkommen werden von den direkten Steuern erfasst, die Verwendung des Einkommens dagegen von den indirekten Steuern.[77]

2. Die Steuergesetzgebungshoheit – Art. 105 GG

Art. 105 GG verteilt die Steuergesetzgebungszuständigkeit zwischen Bund und Ländern. Art. 105 GG ist insofern eine Spezialregelung zu den Art. 70 ff. GG. Die Verteilung der steuerlichen Gesetzgebungskompetenz hat sowohl verfassungspolitische als auch volkswirtschaftliche Auswirkungen. Sie bestimmt das Ausmaß der finanziellen Selbständigkeit der im Bundesstaat vereinigten Gebietskörperschaften und den Grad der Einheitlichkeit des Steuerrechts und der

---

74 Nur wenn die Abgabe diese Merkmale erfüllt, unterliegt sie den steuerlichen Verfassungsvorschriften, unabhängig von ihrer Bezeichnung und organisatorischen Einordnung. Vgl. *Fischer-Menshausen*, in: v. Münch/Kunig, Grundgesetz, Bd. 3, Art. 105, Rdnr. 6a.

75 Vgl. *Tipke/Lang*, Steuerrecht, § 4, Rdnr. 65. Dies ist jedoch kein Kriterium dafür, ob eine Steuer vorliegt oder nicht, denn eine Abgabe ist auch dann eine Steuer, wenn sie die Anforderungen der Gleichmäßigkeit und Gesetzmäßigkeit nicht erfüllt. Allerdings handelt es sich in diesem Fall wegen des Verstoßes gegen Art. 20 Abs. 3, Art. 3 Abs. 1 GG oder die Freiheitsgrundrechte um eine verfassungswidrige Steuer. Vgl. *Birk*, Steuerrecht I, § 4, Rdnr. 6.

76 Vgl. *Tipke/Lang*, Steuerrecht, § 8, Rdnr. 20.

77 Vgl. *Jakob*, Umsatzsteuer, § 1, Rdnr. 1.

Steuerbelastung.[78] Das GG weist den Schwerpunkt der Steuergesetzgebungszuständigkeit dem Bund zu, indem es den Ländern nach Ausübung der konkurrierenden Gesetzgebung durch den Bund verbietet, eine gleichartige Steuer zu erheben.[79] Diese (konkurrierende) Kompetenz hat der Bund für alle wichtigen Steuern ausgeschöpft. Damit sichert die verfassungsrechtliche Kompetenzverteilung nicht nur die steuerliche Rechts- und Wirtschaftseinheit in einem föderalen Bundesstaat, sie bedeutet auch eine hohe Abhängigkeit der Länderhaushalte von der Steuergesetzgebung des Bundes.[80]

Art. 105 GG bestimmt jedoch nur die kompetenzielle Seite der Ausübung der Besteuerungshoheit, d.h. seine Anwendung entscheidet über die formelle Verfassungsmäßigkeit einer vom Bund oder von den Ländern erlassenen Steuernorm, nicht aber über ihre materielle Verfassungsmäßigkeit. Die materiellen Grundwertungen der Steuerrechtsordnung sind nicht dem Finanzverfassungsrecht, sondern den Grundrechten und den Strukturprinzipien der Verfassung zu entnehmen.[81]

a) Gesetzgebungszuständigkeit des Bundes

Der Bund hat nach Art. 105 Abs. 1 GG die ausschließliche Gesetzgebungszuständigkeit für die Zölle und Finanzmonopole.[82] Nach der Definition der BVerfG sind Zölle „Abgaben, die nach Maßgabe des Zolltarifs von der Warenbewegung über die Zollgrenze erhoben werden."[83] Zölle belasten – wie die Verbrauchsteuern – den Endverbraucher, sind also auf Überwälzung der finanziellen Belastung vom Steuerschuldner auf einen wirtschaftlich Belasteten angelegt. Deshalb hat der Gesetzgeber in § 3 Abs. 1 Satz 2 AO Zölle ausdrücklich als Steuern bezeichnet.[84] Unter einem Finanzmonopol versteht man das Exklusivrecht des Staates, zur Erzielung von Einnahmen bestimmte Waren herzustellen oder zu vertreiben.[85]

---

78 Vgl. *Fischer-Menshausen,* in: v. Münch/Kunig, Grundgesetz, Bd. 3, Art. 105, Rdnr. 2.

79 Vgl. *Birk,* in: Wassermann, AK-GG, Bd. 2, Art. 105, Rdnr. 2.

80 Vgl. *Fischer-Menshausen,* in: v. Münch/Kunig, Grundgesetz, Bd. 3, Art. 105, Rdnr. 2.

81 Vgl. *Birk,* in: Wassermann, AK-GG, Bd. 2, Art. 105, Rdnr. 4; *Tipke/Lang*, Steuerrecht, § 3, Rdnr. 7.

82 Die Länder haben in diesem Bereich auch dann kein Gesetzgebungsrecht, wenn der Bund von seiner Befugnis keinen Gebrauch macht. Umstritten ist, ob Art. 71 GG in diesem Bereich Anwendung findet, der Bund also die Länder zur Gesetzgebung ermächtigen kann. Vgl. *Birk*, Steuerrecht I, § 7, Rdnr. 3 (m.w.N.).

83 Vgl. BVerfG v. 29.10.1958, 2 BvL 19/56, BVerfGE 8, S. 260 (269).

84 Vgl. *Birk*, Steuerrecht I, § 7, Rdnr. 4.

85 Zur Zeit gibt es, nachdem das Zündwarenmonopol durch Gesetz vom 27.08.1982 (BGBl. I 1982, S. 1241) abgeschafft wurde, nur noch das Branntweinmonopol (Gesetz v.

Die konkurrierende Gesetzgebungszuständigkeit hat der Bund über die „übrigen Steuern, wenn ihm das Aufkommen dieser Steuern ganz oder zum Teil zusteht oder die Voraussetzungen des Art. 72 Abs. 2 GG vorliegen".[86] Die Frage der Kompetenzabgrenzung, also wann der Bund seine konkurrierende Gesetzgebungsbefugnis ausgeübt hat und damit die Wahrnehmung der Länderkompetenz sperrt, entscheidet sich nach dem Merkmal der Gleichartigkeit.[87] Diese Gleichartigkeitssperre[88] soll den Steuerbürger zum einen vor Mehrfachbelastung, vor übermäßiger und unkoordinierter Besteuerung und damit zugleich vor ungleichmäßiger Belastung durch mehrere Steuerberechtigte schützen.[89] Zum anderen soll verhindert werden, dass eine Steuerquelle nicht von mehreren öffentlichen Verbänden in Anspruch genommen und durch die Gefahr des Versiegens von Einnahmequellen die Ausgeglichenheit der öffentlichen Haushalte beeinträchtigt wird.[90]

In der Literatur werden für die Vergleichung einzelner Steuern verschiedene Ansatzpunkte vertreten. So wird an unterschiedliche Komponenten wirtschaftlicher Leistungsfähigkeit,[91] an

---

08.04.1922, RGBl. I 1922, S. 335 (405), zuletzt geändert durch Gesetz v. 26.05.1998, BGBl. I 1998, S. 1121). Vgl. *Tipke/Lang* Steuerrecht, § 3, Rdnr. 28.

86 Vgl. Art. 105 Abs. 2 GG.

87 Der Wortlaut des Art. 105 Abs. 2 GG schweigt zwar über die Gleichartigkeit. Es handelt sich jedoch bei dem ungeschriebenen Gleichartigkeitsverbot um einen traditionellen Rechtsbegriff des deutschen Steuerrechts, der sich mit dem geschriebenen Gleichartigkeitsverbot nach § 2 des Gesetzes über den Finanzausgleich zwischen Bund und Ländern (FAG) inhaltlich deckt. Vgl. *Bultmann*, Das Gleichartigkeitsverbot des Art. 105 Abs. 2 und Abs. 2a GG, DStZ 1996, S. 760.

88 Rechtsfolge der Gleichartigkeit ist, dass die Länder keine Gesetzgebungskompetenz besitzen. Vgl. *Bultmann*, Das Gleichartigkeitsverbot des Art. 105 Abs. 2 und Abs. 2a GG, DStZ 1996, S. 760 (765).

89 Vgl. *Tipke/Lang*, Steuerrecht, § 3, Rdnr. 33.

90 In diesem Sinne ist das Gleichartigkeitsverbot sowohl eine Schutz- als auch eine Kollisionsnorm. Vgl. *Bultmann*, Das Gleichartigkeitsverbot des Art. 105 Abs. 2 und Abs. 2a GG, DStZ 1996, S. 760.

91 Siehe *Tipke*, Über die Gleichartigkeit von Steuern, StuW 1975, S. 242 (245): „Die Vergleichung von Steuern, die Steuergleichartigkeitsprüfung, braucht einen Vergleichsmaßstab. Der Vergleichsmaßstab muss sich am Zweck des Gleichartigkeitsverbots orientieren. [...] Wenn der Zweck der Vergleichung darin besteht, zu verhindern, dass mehrere Steuerberechtigte die gleiche Steuerquelle ausschöpfen, ferner (und zwar nicht nur nebenzwecklich) darin, den Steuerpflichtigen (Steuerträger) vor übermäßiger Besteuerung zu schützen, kann es für die Vergleichung nicht auf den steuertechnischen, äußeren Tatbestand ankommen, sondern nur darauf, an welche Komponente der wirtschaftlichen Leistungsfähigkeit eine Steuer anknüpft, und wie sich diese Anknüpfung beim Steuerpflichtigen auswirkt."

die Wirkungsstruktur der Steuer[92] oder an einen Gesamtvergleich der gesetzlichen Steuertatbestände angeknüpft.[93] Diese Polarisierung in der Literatur zwischen formal-juristischer Betrachtung und dem Abstellen auf die wirtschaftlichen Wirkungen versucht, die Rechtsprechung des BVerfG mit einer Verknüpfung der beiden Komponenten aufzulösen. Sie bejaht die Gleichartigkeit dann, wenn Steuern in ihren wesentlichen Merkmalen übereinstimmen und die gleiche Quelle wirtschaftlicher Leistungsfähigkeit beansprucht wird.[94]

b) Gesetzgebungszuständigkeit der Länder

Die Länder haben die Befugnis zur konkurrierenden Gesetzgebung, solange und soweit der Bund von seiner Gesetzgebungszuständigkeit nach Art. 105 Abs. 2 GG keinen Gebrauch macht. Desweiteren haben die Länder nach Art. 105 Abs. 2a GG die ausschließliche Gesetzgebungszuständigkeit über die örtlichen Verbrauch- und Aufwandsteuern, „solange und soweit sie nicht mit bundesrechtlich geregelten Steuern gleichartig sind".

Verbrauch- und Aufwandsteuern sollen den Privatkonsum belasten. Ihr Gegenstand sind örtliche Vorgänge des Verbrauchs von Gütern und Diensten oder die Aufwendungen für den Erwerb von Gebrauchsgegenständen.[95] Maßgebend für den Charakter einer Steuer als Aufwand- oder Verbrauchsteuer ist, dass durch sie die in der Einkommensverwendung zum Ausdruck kommende wirtschaftli-

---

92 Siehe *Birk*, in: Wassermann, AK-GG, Bd. 2, Art. 105, Rdnr. 14: „Auch hier bietet es sich an, [...] auf die Wirkungsstruktur der Steuer abzustellen und die Belastungs- und Gestaltungswirkungen der Normen miteinander zu vergleichen. Zu fragen ist danach, welche Ausprägung der Zahlungsfähigkeit durch den Geldentzug belastet wird, und welche mikro- und makroökonomischen Auswirkungen die Steuer entfaltet."

93 Siehe *Vogel*, in: Isensee/Kirchhof, Handbuch des Staatsrechts, Bd. IV, § 87, Rdnr. 59: „Die Steuerbeziehungen der Art. 105 ff. GG lassen sich deshalb nur als Verweisungen auf historisch – durch die ‚Vorbilder' der genannten Steuern – bestimmte Steuertypen verstehen. Es gibt kein Verfahren, nachdem man vorab die Vielzahl der Merkmale eines Steuergesetzes als ‚artbestimmend' besonders aussondern könnte. Für die Zuordnung oder Nichtzuordnung einer konkreten Steuer unter die Steuertypen der Art. 105 ff. GG ist deshalb jeweils ein Gesamtvergleich der gesetzlichen Steuertatbestände im weitesten Sinne vorzunehmen, das heißt der Gesamtheit aller Voraussetzungen, von denen Art und Höhe der Steuerpflicht positiv oder negativ abhängen. Häufig wird dabei zu fragen sein, welchem von mehreren verfassungsrechtlichen Steuertypen die zu prüfende Steuer ‚näher steht'. Auf dieselbe Weise ist zu bestimmen, ob eine landesrechtlich geregelte Steuer einer bundesrechtlich geregelten ‚gleichartig' ist."

94 Vgl. BVerfG v. 04.06.1975, 2 BvR 824/74, BVerfGE 40, S. 56 (62).

95 Vgl. *Fischer-Menshausen*, in: v. Münch/Kunig, Grundgesetz, Bd. 3, Art. 105, Rdnr. 24.

che Leistungsfähigkeit belastet werden soll.[96] Das Merkmal der Örtlichkeit bedeutet „Steuern mit örtlich bedingtem Wirkungskreis“.[97]

Aber auch die Kompetenzzuweisung nach Art. 105 Abs. 2a GG ist durch das Gleichartigkeitsverbot eingeschränkt. Was darunter zu verstehen ist, ist umstritten. Dies liegt daran, dass der Wortlaut der Vorschrift keinen Aufschluß über den Inhalt des Verbots gibt. Nach *Jakob* wohnt dem Verbot ein „funktionell konkurrierendes Element“ inne, denn der Bund muss nur eine gleichartige Steuer normieren, um die Kompetenz der Länder zur Erhebung von örtlichen Verbrauch und Aufwandsteuern zu sperren.[98] Die Rechtsprechung zu diesem Problemkreis ist ebenfalls uneinheitlich. Das Bundesverwaltungsgericht (BVerwG) konkretisiert Art. 105 Abs. 2a GG dahin, dass eine Gleichartigkeit zwischen Bundes- und Landessteuer besteht, sofern die Landessteuer überörtliche steuerliche Wirkungen entfaltet.[99] Dagegen wird vorgebracht, dass der Verfassungsgesetzgeber offensichtlich davon ausging, dass auch örtliche Steuern den bundesgesetzlich geregelten gleichartig sein können. Demnach könne sich die Ungleichartigkeit der Steuer nicht bereits aus ihrer Örtlichkeit ergeben.[100]

Das BVerfG ist der Ansicht des BVerwG nicht gefolgt. Die örtliche Radizierbarkeit sei schon durch den Begriff der „örtlichen“ Verbrauch- und Aufwandsteuern ausgedrückt. Deshalb müsse das Gleichartigkeitsverbot im Sinne des Art. 105 Abs. 2a GG über das Erfordernis der örtlichen Radizierung hinaus die Befugnisse der Landesgesetzgeber zusätzlich einschränken.[101] Es müsse folglich ein Unterschied zu dem im Bereich der konkurrierenden Gesetzgebung verwen-

---

96 Siehe BVerfG v. 06.12.1983, 2 BvR 1275/79, BVerfGE 65, S. 325 (347): „Ausschlaggebendes Merkmal ist der Konsum in Form eines äußerlich erkennbaren Zustandes, für den finanzielle Mittel verwendet werden“. Vgl. hierzu auch *Birk*, in: Wassermann, AK-GG, Bd. 4, Art. 105, Rdnr. 18.

97 Vgl. BVerfG v. 06.12.1983, 2 BvR 1275/79, BVerfGE 65, S. 325 (349).

98 Vgl. *Jakob*, Die Zulässigkeit kommunaler „Bagatellsteuern“ nach der neuen Finanzverfassung, BayVBl. 1971, S. 249, 294 (295).

99 Vgl. BVerwG v. 28.06.1974, VII C 97.72, BVerwGE 45, S. 264 (267 f., 272); *Bultmann*, Das Gleichartigkeitsverbot des Art. 105 Abs. 2 und Abs. 2a GG, DStZ 1996, S. 760 (767).

100 Vgl. *Tipke*, Die Steuerrechtsordnung, Bd. II, S. 1103.

101 Siehe BVerfG v. 04.06.1975, 2 BvR 824/74, BVerfGE 40, S. 56 (61): „Das Bundesverwaltungsgericht hat in seinem angegriffenen Urteil versucht, den Begriff der Gleichartigkeit von der Schranke des ‚örtlichen‘ Bereichs her, auf den die Gesetzgebungskompetenz der Länder insoweit bezogen ist, zu erschließen. Dem steht entgegen, dass nach dem eindeutigen Gesetzeswortlaut das Gleichartigkeitsverbot über das Erfordernis der ‚örtlichen Radizierbarkeit‘ hinaus die Befugnisse des Landesgesetzgebers zusätzlich beschränkt und daher nur als weitere, selbständig neben das Element der ‚Örtlichkeit‘ tretende Voraussetzung für die Steuerschöpfung durch die Länder begriffen werden kann.“ Vgl. auch *Bultmann*, Das Gleichartigkeitsverbot des Art. 105 Abs. 2 und Abs. 2a GG, DStZ 1996, S. 760 (767).

deten Gleichartigkeitsbegriff bestehen.[102] Im Hinblick auf seine Entstehungsgeschichte komme Art. 105 Abs. 2a GG eine Art „Garantiefunktion" hinsichtlich traditioneller Verbrauch- und Aufwandsteuern zu, so dass sich das Gleichartigkeitsverbot im Ergebnis nur auf neu eingeführte Steuern beziehe.[103] In der Entscheidung zur Kasseler Verpackungssteuer führte das BVerfG aus:

> „Das Gleichartigkeitsverbot des Art. 105 IIa GG verbietet eine Doppelbelastung derselben Steuerquelle. Art. 105 IIa GG läßt die [...] üblichen örtlichen Verbrauch- und Aufwandsteuern unberührt und verlangt für die nicht herkömmlichen örtlichen Steuern, dass der steuerbegründende Tatbestand nicht denselben Belastungsgrund erfaßt wie eine Bundessteuer, sich also in Gegenstand, Bemessungsgrundlage, Erhebungstechnik und wirtschaftlicher Auswirkung von der Bundessteuer unterscheidet (vgl. BVerfGE 65, 325 (351) = NJW 1984, 785)."[104]

Die Literatur geht mit der Auffassung des BVerfG insoweit konform, als das Örtlichkeitsmerkmal und das Gleichartigkeitsverbot nicht miteinander vermengt werden dürfen und auch auf die wirtschaftlichen Wirkungen der Steuer abgestellt wird. Es wird jedoch kritisiert, dass der Vergleich durch Merkmale wie Steuergegenstand, Steuermaßstab, Art der Erhebung und Belastungsgrund so spezifiziert wird, dass das Merkmal der Gleichartigkeit gegenüber bestehenden Bundessteuern weitgehend leerläuft.[105]

---

[102] Siehe BVerfG v. 04.06.1975, 2 BvR 824/74, BVerfGE 40, S. 56 (63): „Indessen stimmt der vom Bundesverfassungsgericht zur Abgrenzung der Kompetenzen von Bund und Ländern im Bereich der konkurrierenden Gesetzgebung verwendete Begriff der Gleichartigkeit mit dem in Art. 105 Abs. 2a GG aufgenommenen Begriff inhaltlich nicht überein. Dem Gleichartigkeitsverbot des Art. 105 Abs. 2a GG kommt vielmehr [...] eine auf die Besonderheiten der Norm zugeschnittene und auf ihren Anwendungsbereich beschränkte eigenständige Bedeutung zu." Siehe demgegenüber BVerfG v. 06.12.1983, 2 BvR 1275/79, BVerfGE 65, S. 325 (350): „Allerdings stimmt der Begriff der Gleichartigkeit in Art. 105 Abs. 2a GG mit dem vom Bundesverfassungsgericht zur Abgrenzung der Kompetenzen von Bund und Ländern im Bereich der konkurrierenden Steuergesetzgebung verwendeten Begriff der Gleichartigkeit nicht überein."

[103] Vgl. BVerfG v. 26.02.1985, 2 BvL 14/84, BVerfGE 69, S. 174 (183 f.); BVerfG v. 06.12.1983, 2 BvR 1275/79, BVerfGE 65, S. 325 (350 f.); *Fischer-Menshausen*, in: v. Münch/Kunig, Grundgesetz, Bd. 3, Art. 105, Rdnr. 25. Diese Auffassung argumentiert mit der Entstehungsgeschichte der Norm. Kritisch gegenüber diesem Argument der Entstehungsgeschichte *Tipke*, Über die Gleichartigkeit von Steuern, StuW 1975, S. 242 (249 f.).

[104] Siehe BVerfG v. 07.05.1998, 2 BvR 1991, 2004/95, NJW 1998, S. 2341 (2343 f.).

[105] Vgl. *Tipke*, Steuerrecht, § 3, Rdnr. 34.

3. Die Steuerertragshoheit – Art. 106, 107 GG

Die Verteilung der Einnahmen auf den Bund und die Länder ist eine weitere wichtige Aufgabe jeder bundesstaatlichen Finanzverfassung.[106] Denn von der Ausgestaltung der Ertragsverteilung hängt das politische Kräfteverhältnis zwischen Bund und Ländern insofern ab, als die Verfügungsmacht über finanzielle Mittel über den Umfang der politischen Macht entscheidet.[107]

Die Finanzverfassung des GG ist durch die Entkoppelung von Steuergesetzgebungs- und Steuerertragshoheit gekennzeichnet.[108] Dies hat seine Ursache darin, dass bei der Wahrnehmung der Gesetzgebungszuständigkeit das Interesse der Bürger an der Einheitlichkeit der Lebensverhältnisse, mithin an der Einheitlichkeit des steuerlichen Belastungsgefüges die herausragende Rolle spielt, während sich die Einnahmeverteilung an der Aufgabenverteilung zwischen Bund und Ländern zu orientieren hat.[109] Wie die Verteilung des Finanzaufkommens erfolgt, wird durch Art. 106 und Art. 107 GG geregelt. Hierfür hat sich der Begriff des „Finanzausgleichs" eingebürgert.

Beim Finanzausgleich sind folgende Unterscheidungen vorzunehmen: Die Ertragsmassen müssen zunächst zwischen Bund und Ländern (vertikaler Finanzausgleich), aber auch zwischen den Ländern und Gemeinden untereinander (horizontaler Finanzausgleich) verteilt werden. Nach der zeitlichen Abfolge wird das Aufkommen der einzelnen Steuern dem Bund, den Ländern und den Gemeinden nach einem bestimmten Verteilungsschlüssel zugewiesen (ertragszuweisender Finanzausgleich). Im Anschluß daran ist eine Korrektur nach der unterschiedlichen Finanzkraft erforderlich, um zu verhindern, dass zu große Unterschiede in der Finanzausstattung der einzelnen Mitgliedstaaten entstehen.[110]

---

[106] Vgl. *Vogel/Waldhoff*, in: Dolzer/Vogel, Bonner Kommentar, Bd. 9, Vorbem. z. Art. 104a-115, Rdnr. 57.

[107] Vgl. *Birk*, Steuerrecht I, § 8, Rdnr. 1. Nach dem BVerfG „stehen auch das procedere und der Stil der Verhandlungen, die zwischen dem Bund und seinen Gliedern und zwischen den Ländern im Verfassungsleben erforderlich werden, unter dem Gebot bundesfreundlichen Verhaltens [...]. Es ist der Bundesregierung in diesen Fällen untersagt, nach dem Grundsatz divide et impera zu handeln, d.h. auf die Spaltung der Länder auszugehen." Siehe BVerfG v. 27.05.1992, 2 BvF 1, 2/88, 1/89, 1/90, BVerfGE 86, S. 148 (211 f.).

[108] Vgl. *Vogel/Waldhoff*, in: Dolzer/Vogel, Bonner Kommentar, Bd. 9, Vorbem. z. Art. 104a-115, Rdnr. 58.

[109] Vgl. *Birk*, Grundzüge der Finanzverfassung der Bundesrepublik Deutschland, SteuerStud 1987, S. 290; BVerfG v. 27.05.1992, 2 BvF 1, 2/88, 1/89, 1/90, BVerfGE 86, S. 148 (213).

[110] Vgl. *Birk*, Steuerrecht I, § 8, Rdnr. 2; *ders.*, Grundzüge der Finanzverfassung der Bundesrepublik Deutschland, SteuerStud 1987, S. 290.

a) Ertragszuweisender Finanzausgleich

Der ertragszuweisende Finanzausgleich ist in Art. 106 Abs. 1 bis Abs. 7 GG (vertikal) und Art. 107 Abs. 1 GG (horizontal) geregelt.[111] Art. 106 GG nimmt die Verteilung des Steueraufkommens auf die Ebenen Bund, Länder und Gemeinden vor (vertikaler Finanzausgleich). Dabei wird das Steueraufkommen nach einem Mischsystem verteilt. Die „großen" Steuern (Einkommensteuer, Körperschaftsteuer, Umsatzsteuer) werden nach Art. 106 Abs. 3 und Abs. 4 GG als sog. Gemeinschaftsteuern quotenmäßig nach einem Verbundsystem verteilt. Die übrigen Steuern werden entweder vollständig dem Bund oder den Ländern zugewiesen (Trennsystem).[112]

Art. 107 GG regelt, wie die Länder die ihnen nach Art. 106 GG zugeteilten Finanzmassen untereinander aufzuteilen haben (horizontaler Finanzausgleich). Für die Verteilung ist nach Art. 107 Abs. 1 Satz 1 GG grundsätzlich das „örtliche Aufkommen" maßgebend. Jedes Bundesland bekommt damit – plastisch gesprochen – das in die Finanzkasse, was auf seinem Gebiet ertragswirtschaftlich erzielt wurde.[113]

b) Umverteilender Finanzausgleich

Der umverteilende Finanzausgleich – geregelt in Art. 104a Abs. 4, Art. 106 Abs. 8, Art. 107 Abs. 2 Satz 3 GG (vertikal) und Art. 107 Abs. 2 Satz 1 und Satz 2 GG (horizontal)[114] – sieht eine begrenzte Ertragsumverteilung unter den Ländern vor, um deren unterschiedliche Finanzkraft auszugleichen und um zu vermeiden, dass bestimmte Bevölkerungsteile benachteiligt werden.[115] Es findet eine Korrektur der Ergebnisse des ertragszuweisenden Finanzausgleichs statt, soweit sie auch unter Berücksichtigung der Eigenstaatlichkeit der Länder aus dem bundesstaatlichen Gedanken der Solidargemeinschaft, d.h. des bündischen Einstehens füreinander, unangemessen erscheinen.[116] Zusätzlich kann der Bund nach Art. 107 Abs. 2 Satz 3 GG leistungs- und strukturschwachen Ländern Ergänzungszuweisungen gewähren.[117]

---

[111] Vgl. *Vogel/Waldhoff*, in: Dolzer/Vogel, Bonner Kommentar, Bd. 9, Vorbem. z. Art. 104a-115, Rdnr. 59.

[112] Vgl. *Tipke/Lang*, Steuerrecht, § 3, Rdnr. 2.

[113] Vgl. *Birk*, Steuerrecht I, § 8, Rdnr. 9.

[114] Vgl. *Vogel/Waldhoff*, in: Dolzer/Vogel, Bonner Kommentar, Bd. 9, Vorbem. z. Art. 104a-115, Rdnr. 59.

[115] Vgl. *Birk*, Steuerrecht I, § 8, Rdnr. 12.

[116] Vgl. BVerfG v. 27.05.1992, 2 BvF 1, 2/88, 1/98, 1/90, BVerfGE 86, S. 148 (214).

[117] Die Voraussetzungen der Ergänzungszuweisungen sind ebenfalls im FAG geregelt. Nach dem BVerfG dürfen Bundesergänzungszuweisungen auch über das normale Maß hinaus-

Die Ertragsumverteilung ist im Gesetz über den Finanzausgleich zwischen Bund und Ländern (FAG) geregelt. Dieses sieht Ausgleichsbeträge der „reichen" (ausgleichspflichtigen) Länder vor, aus denen die „armen" (ausgleichsberechtigten) Länder Ausgleichszuweisungen erhalten. Die Regelungen des FAG wurden unlängst durch das BVerfG auf Antrag der Regierung des Landes Baden-Württemberg, der Bayerischen Staatsregierung und der Hessischen Landesregierung auf ihre Verfassungsmäßigkeit geprüft.[118] Das Gericht erklärte die Regelungen für reformbedürftig; ihre Verfassungsmäßigkeit beurteilte es jedoch nicht.[119]

4. Die Steuerverwaltungshoheit

Art. 108 GG ist die Organisations- und Kompetenznorm für die Steuerverwaltung des Bundes und der Länder und insofern eine Spezialregelung zu den Art. 83 ff. GG.[120] Nach Art. 108 Abs. 1 GG werden Steuern entweder von Bundesfinanzbehörden oder von Landesfinanzbehörden verwaltet.[121] Bundesfinanzbehörden verwalten die Zölle, bundesgesetzlich geregelte Verbrauchsteuern und Abgaben im Rahmen der Europäischen Gemeinschaft. Im Auftrag des Bundes verwalten die Landesfinanzbehörden nach Art. 108 Abs. 3 GG Steuern, die ganz oder zum Teil dem Bund zufließen. Ohne Bundesauftrag verwalten die Landesfinanzbehörden alle übrigen Steuern, d.h. solche, die nicht unter Art. 108 Abs. 1 Satz 1 GG fallen.[122]

---

gehen: „Im Fall der extremen Haushaltsnotlage eines Landes [...] ist das bundesstaatliche Prinzip als solches berührt. Aus ihm erwächst den anderen Gliedern der bundesstaatlichen Gemeinschaft die Pflicht, mit konzeptionell aufeinander abgestimmten Maßnahmen dem betroffenen Land beizustehen. Dabei dürfen im Rahmen eines von dem betroffenen Land aufzustellenden Programms zur Haushaltssanierung Bundesergänzungszuweisungen auch in einem über das normale Maß hinausgehenden Umfang geleistet werden, wenn sie innerhalb dieses Konzepts geeignet sind, zur Behebung der Haushaltsnotlage beizutragen." Siehe BVerfG v. 27.05.1992, 2 BvF 1, 2/88, 1/89, 1/90, BVerfGE 86, S. 148 (263 f.). Vgl. *Birk*, Steuerrecht I, § 8, Rdnr. 12.

118 Vgl. BVerfG v. 11.11.1999, 2 BvF 2, 3/98, 1, 2/99, NJW 2000, S. 1097 ff.

119 Vgl. *Pieroth*, Die Missachtung gesetzter Maßstäbe durch das Maßstäbegesetz, NJW 2000, S. 1086 f.; *Schneider/Berlit*, Die bundesstaatliche Finanzverteilung zwischen Rationalität, Transparenz und Politik, NVwZ 2000, S. 841 ff.

120 Vgl. *Birk*, in: Wassermann, AK-GG, Bd. 2, Art. 105, Rdnr. 2.

121 Die Verwaltung durch Landesfinanzbehörden erfolgt teilweise im Auftrag des Bundes (sog. Auftragsverwaltung). Vgl. *Tipke/Lang*, Steuerrecht, § 3, Rdnr. 60.

122 Vgl. *Birk*, Steuerrecht I, § 9, Rdnr. 23, 24; *Tipke/Lang*, Steuerrecht, § 3, Rdnr. 62. Der Aufbau der Behörden ist im Finanzverwaltungsgesetz (FVG) (BGBl. I 1971, S. 1426) geregelt.

B. Verfassungsrechtliche Grundlagen des deutschen Steuerrechts

Da das Steuerrecht originäres Eingriffsrecht[123] ist, unterliegt es nicht nur formellen, sondern auch materiellen Schranken.[124] Die Anwendung des Art. 105 GG entscheidet nur über die formelle Verfassungsmäßigkeit einer vom Bund oder den Ländern erlassenen Steuernorm. Ihre materielle Verfassungsmäßigkeit kann aber erst unter Heranziehung auch des materiellen Verfassungsrechts beurteilt werden.[125] Das GG enthält jedoch kein materielles Steuerverfassungsrecht, d.h. es besitzt keine expliziten Regelungen darüber, wie die einzelnen Steuern auszugestalten sind und wo die verfassungsrechtlichen Grenzen der Besteuerung liegen.[126] Diese Lücke wird ausgefüllt durch die allgemeinen verfassungsrechtlichen Regeln, insbesondere die Grundrechte und die Strukturprinzipien der Verfassung (vor allem das Rechts- und Sozialstaatsprinzip),[127] welche jedoch nicht spezifisch steuerbezogen sind. Erst in ihrer Anwendung auf das staatliche Finanz- und Besteuerungsverhalten erfahren sie ihre finanzrechtsspezifische Konkretisierung.[128]

Bevor auf die einzelnen materiell-verfassungsrechtlichen Vorgaben für die Ausgestaltung der Steuern eingegangen wird, ist allgemein die Bedeutung der Grundrechtsbindung des Gesetzgebers und ihre Kontrolle durch das BVerfG zu beleuchten.

---

[123] Vgl. *Tipke/Lang*, Steuerrecht, § 1, Rdnr. 11.

[124] Vgl. *Stern*, Das Staatsrecht der BRD, Bd. II, S. 1106.

[125] Vgl. *Birk*, in: Wassermann, AK-GG, Bd. 2, Art. 105, Rdnr. 4.

[126] Vgl. *Vogel/Waldhoff*, in: Dolzer/Vogel, Bonner Kommentar, Bd. 9, Vorbem. z. Art. 104a-115, Rdnr. 36. Das Fehlen verfassungsrechtlicher Vorgaben ist in historischer und rechtsvergleichender Hinsicht keineswegs eine Selbstverständlichkeit. So enthielt bereits Art. 134 WRV materielle Schranken und Leitlinien für die Abgabenerhebung und hatte damit eine Vorreiterrolle in der Frage der Bindungswirkung des Steuergesetzgebers inne. Nach Art. 123 Abs. 1 der Verfassung des Freistaates Bayern (BV) sind alle „im Verhältnis ihres Einkommens und Vermögens und unter Berücksichtigung ihrer Unterhaltspflicht zu den öffentlichen Lasten heranzuziehen". Auch eine Vielzahl der Verfassungen europäischer Nachbarländer enthält einen expliziten Gesetzesvorbehalt für Steuern. Vgl. hierzu *Tipke*, Die Steuerrechtsordnung, Bd. I, S. 157 (m.w.N.); *Vogel/Waldhoff*, in: Dolzer/Vogel, Bonner Kommentar, Bd. 9, Vorbem. z. Art. 104a-115, Rdnr. 121 ff., 725 ff.

[127] Vgl. *Tipke/Lang*, Steuerrecht, § 2, Rdnr. 3.

[128] Siehe *Vogel/Waldhoff*, in: Dolzer/Vogel, Bonner Kommentar, Vorbem. z. Art. 104a-115, Rdnr. 36: „In diese Textlücke tritt das ‚ungeschriebene Finanzrecht des Grundgesetzes': die allgemeinen verfassungsrechtlichen Regelungen, vornehmlich die Grundrechte und die Staatszielbestimmungen des Rechts- und Sozialstaatsprinzips erfahren in ihrer Anwendung auf das staatliche Finanzverhalten finanzrechtsspezifische Konkretisierungen. Dabei ist es selbstverständlich, dass es sich insofern um ‚geschriebenes' Verfassungsrecht handelt, als die Grundrechts- oder die Staatszielbestimmungen im Grundgesetz ausdrücklich positiviert sind. ‚Ungeschrieben' sind lediglich die sachspezifischen Konkretisierungen."

I. Grundrechtsbindung des nationalen Steuergesetzgebers

Nach Art. 1 Abs. 3 GG binden die Grundrechte den Gesetzgeber, und damit auch den Steuergesetzgeber, als unmittelbar geltendes Recht.

Grundsätzlich besitzt der Gesetzgeber auf dem Gebiet des Steuerrechts eine weitgehende Gestaltungsfreiheit. Diese beruht auf seinem demokratisch legitimierten Gestaltungsauftrag sowie auf der von der Verfassung vorausgesetzten Grundpflicht des Staatsbürgers, zur Deckung des öffentlichen Finanzbedarfs beizutragen. Unbeschadet dieser eigenständigen Legitimationsgrundlagen kann diese gesetzgeberische Gestaltungsfreiheit aber nicht unbegrenzt sein. Da Steuerlasten stets einen Eingriff in die Sphäre des Bürgers darstellen, kann ihre Ausgestaltung auch mit Grundrechten in Kollision geraten. Im Vordergrund steht dabei der Gleichheitsgrundsatz des Art. 3 Abs. 1 GG. Weitere verfassungsrechtliche Grenzen werden der Besteuerung aber auch durch die Freiheitsrechte des GG, insbesondere durch Art. 12 GG (Verfassungsgarantie der Berufsfreiheit) und Art. 14 GG (Verfassungsgarantie des Eigentums und des Erbrechts) gesetzt.

1. Die Bindungsnorm Art. 1 Abs. 3 GG

Wenn Art. 1 Abs. 3 GG von einer „Bindung" der Gesetzgebung an die Grundrechte spricht, so verwendet er denselben Begriff wie in Art. 20 Abs. 3 GG. Auch § 31 Abs. 1 Bundesverfassungsgerichtsgesetz (BVerfGG) wiederholt das Verbum „binden", um den Entscheidungen des BVerfG gegenüber der Staatsgewalt Verbindlichkeit zu verschaffen. „Bindung" im Rechtssinne bedeutet, dass einem Staatsorgan die Kompetenz genommen wird, vollständig nach eigenem Ermessen oder nach eigenen Erkenntnissen zu entscheiden. Wo rechtliche Bindungen normiert sind, ist das Handeln des anderen im Sinne einer Fremddetermination begrenzt. In rechtlichen Bindungen kommt die den gesamten Rechtsstaat durchziehende Anerkennung der Begrenztheit und Begrenzbarkeit der staatlichen Funktionen in ihren Handlungsspielräumen zum Ausdruck.[129]

In der Bindung sind zwei Elemente vorhanden: Sie hat Verbots- und Gebotswirkung. Wenn also Art. 1 Abs. 3 GG von einer Bindung des Gesetzgebers an die Grundrechte spricht, so bedeutet dies, dass der Gesetzgeber die in den Grundrechten liegenden Verbotsaussagen nicht missachten darf und die in ihnen liegenden Gebotsaussagen beachten muss.[130]

Die Verbotswirkung der Bindungsklausel heißt vor allem, dass der Gesetzgeber kein Gesetz erlassend darf, das den Grundrechten widerspricht. Art. 1 Abs. 3 GG verbietet demnach das grundrechtswidrige Gesetz. Die Grundrechte erweisen sich also als Schranken der Gesetzge-

---

129 Vgl. *Stern*, Das Staatsrecht der BRD, Bd. III/1, S. 1263; *Kunig*, in: v. Münch/Kunig, Grundgesetz, Bd. 1, Art. 1, Rdnr. 50.

130 Vgl. *Stern*, Das Staatsrecht der BRD, Bd. III/1, S. 1257.

bung. Sie bestimmen die Grenzen für die Ausübung der Kompetenzen des Gesetzgebers.[131] Die Bindungsklausel des Art. 1 Abs. 3 GG entfaltet aber nicht nur in negativer Richtung ein Verbot gegenüber dem Gesetzgeber, in die grundrechtlich geschützten Bereiche einzugreifen, sondern auch in positiver Richtung ein Gebot zur grundrechtsgemäßen Ausgestaltung der Gesetze. In diesem Sinne enthalten die Grundrechte ein „Richtmaß" für die gesamte Gesetzgebung.[132]

2. Kontrolle der Grundrechtsbindung durch das BVerfG

Die Einstufung der Grundrechte als unmittelbar geltendes Recht schließt ein, dass ihre Beachtung gerichtlich durchgesetzt werden kann.[133] Zu den Verfassungsorganen und staatlichen Institutionen, denen der Schutz der Grundrechte anvertraut ist, gehört das BVerfG.

a) Stellung und Aufgabe des BVerfG

Das BVerfG bezeichnet sich selbst als „Hüter der Verfassung".[134] Dies ist insofern missverständlich, als das BVerfG nicht außerhalb, sondern im Rang unter der Verfassung steht[135] und die Aufgabe der Wahrung der Verfassung mit anderen Organen teilt.[136] Es unterscheidet sich jedoch insoweit von diesen, als es mit letzter rechtlicher Verbindlichkeit die Grundrechte interpretiert.[137] Es ist dazu berufen, die teilweise sehr weiten und unbestimmten Normen des GG zu konkretisieren und auszulegen, aber auch im Hinblick auf den jeweiligen, sich wandelnden Kontext fortzuentwickeln.[138]

---

131 Vgl. *Denninger*, in: Wassermann, AK-GG, Bd. 1, Art. 1, Rdnr. 20; *Kunig*, in: v. Münch/Kunig, Grundgesetz, Bd. 1, Art. 1, Rdnr. 58 f., *Stern*, Das Staatsrecht der BRD, Bd. III/1, S. 1257.

132 Vgl. *Stern*, Das Staatsrecht der BRD, Bd. III/1, S. 1258 f.

133 In der WRV wurden die Grundrechte noch als bloße Programmsätze eingestuft, deren Verletzung gerichtlich nicht geltend gemacht werden konnte. Vgl. *Jarass*, in: Jarass/Pieroth, GG, Art. 1, Rdnr. 14.

134 Vgl. BVerfG v. 20.03.1952, 1 BvL 12, 15, 16, 24, 28/51, BVerfGE 1, S. 184 (195 ff.); BVerfG v. 30.07.1952, 1 BvF 1/52, BVerfGE 1, S. 396 (408 f.); BVerfG v. 24.02.1953, 1 BvL 21/51, BVerfGE 2, S. 124 (131); BVerfG v. 21.03.1957, 1 BvB 2/51, BVerfGE 6, S. 300 (304); BVerfG v. 10.06.1975, 2 BvR 1018/74, BVerfGE 40, S. 88 (93).

135 Vgl. *Leibholz/Rupprecht*, Bundesverfassungsgerichtsgesetz, Einl., Rdnr. 10.

136 Vgl. *Pieroth*, in: Jarass/Pieroth, GG, Art. 93, Rdnr. 3.

137 Vgl. *Stern*, Das Staatsrecht der BRD, Bd. III/1, S. 1304 f.; *Leibholz/Rupprecht*, Bundesverfassungsgerichtsgesetz, Einl., Rdnr. 1.

138 Vgl. *Schlaich*, Das Bundesverfassungsgericht, Rdnr. 13; *Leibholz/Rupprecht*, Das Bundesverfassungsgerichtsgesetz, Einl., Rdnr. 3.

Zum Kernbereich der Aufgaben des BVerfG gehört die Kontrolle der drei Staatsgewalten (Judikative, Exekutive, Legislative) an Hand der Verfassung. Es prüft, ob ein Gericht in seinem Verfahren oder bei der Auslegung und Anwendung des einfachen Rechts Grundrechte verletzt oder außer Acht gelassen hat. Ebenso kontrolliert es die Exekutive bei ihrem Handeln gegenüber dem Bürger.[139] Besonders konflikt- und problembeladen ist das Verhältnis des BVerfG zur Gesetzgebung. Das BVerfG mit seinen weit gestreckten Kontrollbefugnissen ist immer wieder dem Vorwurf ausgesetzt, die Grenzen zur Gesetzgebung zu verschieben.[140]

b) Die Normenkontrolle

Dem BVerfG ist der Schutz der Grundrechte gegenüber dem Gesetzgeber übertragen. Wenn sich aus der Auslegung eines Grundrechts Grenzen für den Gesetzgeber ergeben, muss es ihre Einhaltung überwachen.[141] Die Bundesverfassungsgerichtsbarkeit, auf Bundesebene institutionalisiert im BVerfGG, überprüft den Gesetzgeber und verweist ihn im Falle eines Verstoßes gegen eine Grundrechtsnorm in die Schranken. Dies geschieht insbesondere im Wege der abstrakten Normenkontrolle (Art. 93 Abs. 1 Nr. 2 GG), der konkreten Normenkontrolle (Art. 100 Abs. 1 GG) sowie der Verfassungsbeschwerde (Art. 93 Abs. 1 Nr. 4a GG).[142]

Allerdings betont das BVerfG regelmäßig, dass dem Gesetzgeber eine sehr weitgehende Gestaltungsfreiheit zukommt.[143] Insbesondere sei eine Zweckmäßigkeitsprüfung des Gesetzes unzulässig:

> „Es ist nicht Sache eines Gerichts, auch nicht des BVerfG, die vom Gesetzgeber gewählte Lösung auf ihre Zweckmäßigkeit zu prüfen oder zu untersuchen, ob sie vom Standpunkt einer beteiligten Interessengruppe aus die ‚gerechteste' denkbare Lösung darstelle. Das BVerfG kann daher nur die Überschreitung gewisser äußerer Grenzen beanstanden."[144]

---

139 Vgl. *Schlaich*, Das Bundesverfassungsgericht, Rdnr. 3 ff.

140 Vgl. *Pieroth*, in: Jarass/Pieroth, GG, Art. 93, Rdnr. 4; *Schlaich*, Das Bundesverfassungsgericht, Rdnr. 467.

141 Vgl. BVerfG v. 11.06.1985, 1 BvR 596/56, BVerfGE 7, S. 377 (410); *Leibholz/Rupprecht*, Bundesverfassungsgerichtsgesetz, Einl., Rdnr. 2.

142 Vgl. *Stern*, Das Staatsrecht der BRD, Bd. III/1, S. 1292.

143 Vgl. BVerfG v. 17.03.1959, 1 BvL 39, 44/56, BVerfGE 9, S. 201 (206); BVerfG v. 16.06.1959, 2 BvL 10/59, BVerfGE 9, S. 334 (336).

144 Siehe BVerfG v. 17.12.1953, 1 BvR 147/52, BVerfGE 3, S. 58 (135); BVerfG v. 16.06.1959, 2 BvL 10/59, BVerfGE 9, S. 334 (337); BVerfG v. 09.05.1961, 2 BvR 49/60, BVerfGE 12, S. 326 (337 f.); BVerfG v. 31.01.1962, 2 BvL 29/60, BVerfGE 13, S. 356

Im Rahmen der Überprüfung des Gleichheitssatzes ist es daher nur bereit zu prüfen, ob der Gesetzgeber die äußeren Grenzen seines Ermessensbereichs überschritten, nicht aber, ob er im einzelnen die zweckmäßigste, vernünftigste oder gerechteste Lösung gefunden hat.[145]

Für das Verhältnis der Verfassungsgerichtsbarkeit zur Gesetzgebung gibt es weder einfache Lösungen noch jederzeit nachkontrollierbare Maßstäbe. Im Kern geht es um die Frage, ob sich das BVerfG konsequent an die sich selbst auferlegte richterlicher Zurückhaltung (judicial self-restraint) hält, oder ob es dem Gesetzgeber abverlangt, dass er die von ihm gesetzten Wertungen und Sachgesetzlichkeiten system- und wertungskonsequent vollzieht (judicial activism).[146] Gerade das Steuerrecht ist ein eindrucksvolles Beispiel für die Zwiespältigkeit des BVerfG in dieser Hinsicht. Auf kaum einem anderen Rechtsgebiet hat es so viel zu Konkretisierung und Fortentwicklung der einschlägigen Grundrechtsnormen im Hinblick auf einen bestimmten Sachbereich beigetragen. Die steuerlichen Entscheidungen schwanken aber zwischen Zurückhaltung gegenüber dem Steuergesetzgeber einerseits und so konkreten Vorgaben andererseits, dass von einer Gestaltungsfreiheit nicht mehr die Rede sein kann. Beispiel für eine zurückhaltende Entscheidung ist die oben erwähnte Entscheidung zum Länderfinanzausgleich. Anstatt die Regelungen des FAG auf ihre Verfassungsmäßigkeit hin zu beurteilen, richtete das BVerfG lediglich einen Appell an den Gesetzgeber, die Regelungen des FAG selbst nachzuprüfen.[147] Ganz anders die sog. Einheitswertbeschlüsse: Hier fühlte sich das BVerfG aufgefordert – nachdem der Gesetzgeber selbst nicht handelte – seine richterliche Zurückhaltung aufzugeben. Die Beschlüsse führten zur Kassation der Vermögensteuer und der Einheitswertbesteuerung.[148]

II. Gesetzmäßigkeit der Besteuerung

Alle Staatsgewalten – und damit auch die Steuergesetzgebung, die Steuerverwaltung und die Steuerrechtsprechung – sind an die rechtstaatliche Ordnung des GG gebunden. Dies ergibt sich aus Art. 20 Abs. 3 GG,[149] wonach die Legislative

---

(361 f.); BVerfG v. 01.07.1964, 1 BvR 375/62, BVerfGE 18, S. 121 (124); BVerfG v. 11.01.1966, 2 BvR 424/63, BVerfGE 19, S. 354 (367 f.).

145 Vgl. BVerfG v. 17.12.1953, 1 BvR 323, 195/51, 138, 283, 319/52, BVerfGE 3, S. 162 (182); BVerfG v. 16.03.1955, 2 BvK 1/54, BVerfGE 4, S. 144 (155); BVerfG v. 17.03.1959, 1 BvL 39, 44/56, BVerfGE 9, S. 201 (206); BVerfG v. 10.05.1960, 1 BvR 190, 363, 401, 409, 471/58, BVerfGE 11, S. 105 (123); BVerfG v. 24.07.1962, 2 BvL 15, 16/61, BVerfGE 14, S. 221 (238); BVerfG v. 27.01.1965, 1 BvR 213, 715/58, 66/60, BVerfGE 18, S. 315 (325); *Stern*, Das Staatsrecht der BRD, Bd. III/1, S. 1307.

146 Vgl. *Tipke/Lang*, Steuerrecht, § 4, Rdnr. 74; *Stern*, Das Staatsrecht der BRD, Bd. III/1, S. 1305.

147 Vgl. BVerfG v. 11.11.1999, 2 BvF 2, 3/98, 1, 2/99, NJW 2000, S. 148 ff.

148 Vgl. BVerfG v. 22.06.1995, 2 BvL 37/91, BVerfGE 93, S. 121 (Vermögensteuer); BVerfG v. 22.06.1995, 2 BvR 552/91, BVerfGE 93, S. 165 (Erbschaftsteuer).

149 Vgl. *Tipke/Lang*, Steuerrecht, § 4, Rdnr. 50.

an die „verfassungsmäßige Ordnung", die Exekutive und Judikative an „Gesetz und Recht" gebunden sind.

1. Bedeutung und Herkunft des Steuergesetzesvorbehalts

In einem demokratischen Rechtsstaat sind alle wesentlichen Entscheidungen dem Gesetzgeber vorbehalten. Der Gesetzesvorbehalt gilt auch für das Steuerrecht.[150]

a) Gesetzesvorbehalt und Vorbehalt des Gesetzes

Der Vorbehalt des Gesetzes bedeutet, dass (bestimmte) Maßnahmen der Exekutive einer ausreichenden gesetzlichen Grundlage bedürfen. Er wird auch als Gesetzesvorbehalt bezeichnet, obwohl dieser Begriff im Zusammenhang mit den Grundrechten benutzt wird: Grundrechtliche Gesetzesvorbehalte ermächtigen zu Grundrechtseinschränkungen, gleichzeitig legen sie aber fest, dass dies nur in Form eines Gesetzes geschehen darf.

aa) Der Gesetzesvorbehalt im Grundrechtsbereich

Art. 20 Abs. 3 GG bindet den Gesetzgeber an die verfassungsmäßige Ordnung. Darunter versteht man den Inbegriff der im GG enthaltenen Bestimmungen. Die Bindung geht jedoch nur soweit, als der einzelne Verfassungssatz sie seinem Inhalt nach selbst in Anspruch nimmt. So enthält das GG – vor allem im Grundrechtsteil – zahlreiche Bestimmungen, die den Gesetzgeber unter bestimmten Voraussetzungen und innerhalb gewisser Grenzen zur Abweichung von den geschützten Standards ermächtigen.[151] Solche grundrechtlichen Gesetzesvorbehalte ermächtigen einerseits zu Grundrechtseinschränkungen, andererseits legen sie fest, dass dies nur in Form eines Gesetzes geschehen darf.[152]

---

[150] Der steuerliche Gesetzesvorbehalt hat seinen Ursprung in der ständischen Steuerbewilligung. Vgl. *Kirchhof*, Die Finanzierung des Leistungsstaates, Jura 1983, S. 505 (507); *Tipke/Lang*, Steuerrecht, § 4, Rdnr. 151; *Tipke/Kruse*, AO/FGO, Bd. I, § 3 AO, Rdnr. 26; *Birk*, Gleichheit und Gesetzmäßigkeit der Besteuerung, StuW 1989, S. 212 (213). Vgl. zur historischen Entwicklung *Vogel/Waldhoff*, in: Dolzer/Vogel, Bonner Kommentar, Bd. 9, Vorbem. z. Art. 104a-115, Rdnr. 472 ff.

[151] Vgl. z.B. Art. 5 Abs. 2, Art. 8 Abs. 2 oder Art. 10 Abs. 2 GG; *Herzog*, in: Maunz/Dürig, Komm. z. GG, Bd. II, Art. 20, VI, Rdnr. 9, 10.

[152] Vgl. *Jarass*, in: Jarass/Pieroth, GG, Art. 20, Rdnr. 28a.

Ursprünglich besagte die Lehre von Gesetzesvorbehalt, dass alle staatlichen Handlungen mit Grundrechtsrelevanz, insbesondere bei Eingriffen in Freiheit und Eigentum, einer gesetzlichen Ermächtigung bedürfen.[153] Diese Formel wurde vom BVerfG jedoch als „überholt“[154] angesehen und um die sog. Wesentlichkeitstheorie erweitert:

> „Heute ist es ständige Rechtsprechung, dass der Gesetzgeber verpflichtet ist, – losgelöst vom Merkmal des ‚Eingriffs' – in grundlegenden normativen Bereichen, zumal im Bereich der Grundrechtsausübung, soweit diese staatlicher Regelung zugänglich ist, alle wesentlichen Entscheidungen selbst zu treffen […].“[155]

Ob eine Maßnahme wesentlich ist und damit dem Parlament vorbehalten bleiben muss, richtet sich nach der Intensität der Wirkung für die Grundrechtsverwirklichung.[156]

Die Wesentlichkeitstheorie führt zu einer Erweiterung der Lehre vom Gesetzesvorbehalt. Geht es um Eingriffe, so folgt der Gesetzesvorbehalt bereits aus dem Grundrechtsartikel, der vorsieht, dass Eingriffe nur durch oder aufgrund eines Gesetzes zulässig sind. Darüber hinaus ist, losgelöst von einem Eingriffserfordernis oder einem ausdrücklichen Gesetzesvorbehalt, eine Maßnahme dann dem Parlament vorbehalten, wenn es sich um grundlegende normative Bereiche handelt, insbesondere dem Bereich der Grundrechtsausübung.[157]

Diese Erweiterung wird jedoch in zweifacher Weise begrenzt: Die Rechtsnorm muss zum einen formell ordnungsgemäß ergangen sein, d.h. sie muss vom Parlament erlassen oder auf eine parlamentarische Entscheidung zurückzuführen

---

153 Vgl. *Stern*, Das Staatsrecht der BRD, Bd. I, S. 802; *Jarass*, in: Jarass/Pieroth, GG, Art. 20, Rdnr. 30.

154 Siehe BVerfG v. 21.12.1977, 1 BvL 1/75, 1 BvR 147/75, BVerfGE 47, S. 46 (78 f.): „Als entscheidender Fortschritt dieser Rechtsauffassung ist es anzusehen, dass der Vorbehalt des Gesetzes von seiner Bindung an überholte Formeln (Eingriff in Freiheit und Eigentum) gelöst und von seiner demokratisch-rechtsstaatlichen Funktion her auf ein neues Fundament gestellt wird.“

155 Siehe BVerfG v. 08.08.1978, 2 BvL 8/77, BVerfGE 49, S. 89 (126).

156 Vgl. BVverfG v. 12.12.1977, 1 BvL 1/75, 1 BvR 147/75, BVerfGE 47, S. 46 (79).

157 So enthalten beispielsweise die im GG aufgeführten Gleichheitsrechte keinen Gesetzesvorbehalt. Bei Diskriminierungen ist jedoch eine gesetzliche Grundlage notwendig, da es sich bei der Verwendung von inkriminierten Kriterien generell um eine für die Grundrechtsausübung wesentliche Frage handelt. Vgl. *Jarass*, in: Jarass/Pieroth, GG, Art. 20, Rdnr. 31a. Vgl. zur Übertragung der Figur des Gesetzesvorbehalts auf Gleichheits-, Leistungs- und Schutzgrundrechte *Jarass*, Bausteine einer umfassenden Grundrechtsdogmatik, AöR 1995, S. 345 (370 ff.).

sein.[158] Zum anderen muss sie auch materiell verfassungsmäßig sein. Dies bedeutet in der Diktion des BVerfG:

> „[Die Norm muss] materiell in Einklang mit den obersten Grundwerten der freiheitlichen demokratischen Grundordnung als der verfassungsrechtlichen Werteordnung stehen, aber auch den ungeschriebenen elementaren Verfassungsgrundsätzen und den Grundentscheidungen des Grundgesetzes entsprechen, vornehmlich dem Grundsatz der Rechtsstaatlichkeit und dem Sozialstaatsprinzip. Vor allem dürfen die Gesetze daher die Würde des Menschen nicht verletzen, die im Grundgesetz der oberste Wert ist, aber auch die geistige, politische und wirtschaftliche Freiheit des Menschen nicht so einschränken, dass sie in ihrem Wesensgehalt angetastet würde [...].“[159]

bb) Der Vorbehalt bzw. Vorrang des Gesetzes

Art. 20 Abs. 3 GG bindet die vollziehende Gewalt an „Gesetz und Recht“. Diese Gesetzmäßigkeit der Verwaltung wird durch die Prinzipien vom Vorrang und Vorbehalt[160] des Gesetzes konkretisiert.[161]

Vorrang des Gesetzes bedeutet, dass der in Form eines Gesetzes geäußerte Staatswille jeder anderen staatlichen Willensäußerung vorgeht. Die Verwaltung darf bei ihrer Tätigkeit nicht gegen Rechtsnormen verstoßen (negative Gesetzmäßigkeit der Verwaltung).[162] Nach dem Vorbehalt des Gesetzes darf die vollziehende Gewalt nur dann handeln, wenn ihr dies durch

---

158 Vgl. *Jarass*, Bausteine einer umfassenden Grundrechtsdogmatik, AöR 1995, S. 345 (370).

159 Siehe BVerfG v. 16.01.1957, 1 BvR 253/56, BVerfGE 6, S. 32 (41).

160 Vgl. zur zweifachen Verwendung des Begriffs „Gesetzesvorbehalt“ *Jarass*, in: Jarass/Pieroth, GG, Art. 20, Rdnr. 28a.

161 Art. 20 Abs. 3 GG bezieht sich nach seinem Wortlaut nur auf den Vorrang des Gesetzes. Der Gesetzesvorbehalt wird zwar insofern vorausgesetzt, als es Gesetze geben muss, die Vorrangwirkung entfalten, die Verankerung des Vorbehalts des Gesetzes ist jedoch unklar. Vgl. *Schnapp*, in: v. Münch/Kunig, Grundgesetz, Bd. 1, Art. 20, Rdnr. 38; *Jarass*, in: Jarass/Pieroth, GG, Art. 20, Rdnr. 29 (m.w.N.); *Herzog*, in: Maunz/Dürig, Komm. z. GG, Bd. III, Art. 20, VI, Rdnr. 33.

162 Vgl. *Stern*, Das Staatsrecht der BRD, Bd. I, S. 802 f.; *Jarass*, in: Jarass/Pieroth, GG, Art. 20, Rdnr. 27a. Vorrang des Gesetzes heißt in der Diktion des BVerfG „die dem Gesetz kraft Verfassungsrechts innewohnende Eigenschaft, staatliche Willensäußerungen niedrigeren Ranges rechtlich zu hindern oder zu zerstören“. Siehe BVerfG v. 06.05.1958, 2 BvL 37/56, 11/57, BVerfGE 8, S. 155 (169).

eine Rechtsnorm gestattet ist.[163] Eine Verwaltungsmaßnahme, die ohne die erforderliche gesetzliche Ermächtigung ergeht, ist damit rechtswidrig.[164]

b) Der steuerspezifische Gesetzesvorbehalt

Die Anwendung des allgemeinen Gesetzesvorbehalts auf die Steuerrechtsetzung kann mit dem Schlagwort „Steuergesetzesvorbehalt" umschrieben werden. Umstritten ist, inwieweit hier Besonderheiten zum allgemeinen Gesetzesvorbehalt bestehen.[165] Das BVerfG hat jedoch den Steuergesetzesvorbehalt ausdrücklich betont:

> „[...] denn das Steuerrecht wird von der Idee der ‚primären Entscheidung des Gesetzgebers über die Steuerwürdigkeit bestimmter generell bezeichneter Sachverhalte' getragen und lebt dementsprechend ‚aus dem Diktum des Gesetzgebers' [...]."[166]

Gesetzmäßigkeit der Besteuerung heißt daher:

- Die Auferlegung von Steuerlasten ist dem Gesetz vorbehalten, sie ist nur zulässig, sofern und soweit sie durch Gesetz angeordnet ist (Vorbehalt des Gesetzes).

- Staatliche Willensäußerungen niedrigeren Ranges (Rechtsverodnungen, Satzungen, Verwaltungsvorschriften, Verwaltungsakte) dürfen dem Gesetz nicht widersprechen (Vorrang des Gesetzes).[167]

2. Rechtsgrundlage des Steuergesetzesvorbehalts

Das GG ordnet den steuerrechtlichen Gesetzesvorbehalt nicht ausdrücklich an.[168] Allgemein wird er jedoch aus Art. 2 Abs. 1 GG hergeleitet. Die allgemei-

---

163 Vgl. *Herzog*, in: Maunz/Dürig, Komm. z. GG, Bd. III, Art. 20, VI, Rdnr. 33; *Stern*, Das Staatsrecht der BRD, Bd. I, S. 805.

164 Vgl. BVerfG v. 27.01.1976, 1 BvR 2325/73, BVerfGE 41, S. 251 (266); *Jarass,* in: Jarass/Pieroth, GG, Art. 20, Rdnr. 37.

165 Vgl. *Vogel/Waldhoff*, in: Dolzer/Vogel, Bonner Kommentar, Bd. 9, Vorbem. z. Art. 104a-115, Rdnr. 476.

166 Siehe BVerfG v. 24.01.1962, 1 BvR 232/60, BVerfGE 13, S. 318 (328).

167 Vgl. *Tipke*, Die Steuerrechtsordnung, Bd. I, S. 151; *Tipke/Lang*, Steuerrecht, § 4, Rdnr. 151; *Kirchhof*, Die Finanzierung des Leistungsstaates, Jura 1983, S. 505 (507).

168 Dies ist als durchaus ungewöhnlich anzusehen, enthalten doch zahlreiche Verfassungen anderer Länder expressis verbis den Grundsatz der Gesetzmäßigkeit der Besteuerung

ne Handlungsfreiheit umfaßt auch die ökonomische Handlungsfreiheit. Da die Besteuerung diese ökonomische Handlungsfreiheit einschränkt, ist sie nur dann mit Art. 2 Abs. 1 GG vereinbar, wenn sie sich im Rahmen der Gesamtheit der Rechtsnormen[169] hält. Eine Besteuerung gegen oder außerhalb des Gesetzes ist verfassungswidrig. Die Vorschriften, aufgrund derer der Bürger zur Steuer herangezogen wird, müssen formell und materiell verfassungsmäßig sein. Materielle Verfassungsmäßigkeit bedeutet in diesem Sinne, dass das Steuergesetz die ökonomische Handlungsfreiheit nicht so einschränken darf, dass sie ihrem Wesen nach angetastet wird.[170]

3. Inhalt des Steuergesetzesvorbehalts

Das BVerfG hat den Gedanken vom „Diktum des Gesetzgebers" nicht weiterverfolgt, sondern später den Grundsatz von der Tatbestandsmäßigkeit der Besteuerung entwickelt:

> „Der Grundsatz der Tatbestandsmäßigkeit als Ausdruck des Rechtsstaatsprinzips im Bereich des Abgabenwesens fordert, dass steuerbegründende Tatbestände so bestimmt sein müssen, dass der Steuerpflichtige die auf ihn entfallende Steuer vorausberechnen kann."[171]

Diese Forderung wird aus dem allgemeinen rechtstaatlichen Bestimmtheitsgebot abgeleitet und nicht als eine spezifisch das Steuerrecht betreffende Anforderung

---

(z.B. Art. 110 der belgischen Verfassung, § 43 der dänischen Verfassung, Art. 99 der luxemburgischen Verfassung). Vgl. *Tipke*, Die Steuerrechtsordnung, Bd. I, S. 157.

169 In Art. 2 Abs. 1 GG wird mit der freien Entfaltung der Persönlichkeit die allgemeine Handlungsfreiheit vor staatlichen Eingriffen geschützt. Eine Einschränkung dieses Grundrechts ist nur im Rahmen der verfassungsmäßigen Ordnung, unter dem Vorbehalt des Sittengesetzes und der Rechte anderer möglich. Seit der „Elfes"-Entscheidung des BVerfG versteht man unter verfassungsmäßiger Ordnung allgemein die Gesamtheit der Rechtsnormen. Ein Eingriff in das Recht aus Art. 2 Abs. 1 GG ist daher nicht zulässig, wenn er sich nicht im Rahmen der Gesamtheit der Rechtsnormen hält. Vgl. BVerfG v. 16.01.1957, 1 BvR 253/56, BVerfGE 6, S. 32 ff.; *Pelka*, Die Verletzung des Grundrechts der freien Entfaltung der Persönlichkeit (Art. 2 Abs. 1 GG) durch einen rechtswidrigen Steuerbescheid, DVBl. 1970, S. 887 (888).

170 Vgl. BVerfG v. 16.01.1957, 1 BvR 253/56, BVerfGE 6, S. 32 (41); BVerfG v. 03.12.1958, 1 BvR 488/57, BVerfGE 9, S. 3 (11); BVerfG v. 14.12.1965, 1 BvR 413, 416/60, BVerfGE 19, S. 206 (215 ff.); BVerfG v. 14.12.1965, 1 BvR 571/60, BVerfGE 19, S. 253 (257 ff.); *Tipke*, Die Steuerrechtsordnung, Bd. I, S. 158; *Tipke/Lang*, Steuerrecht, § 4, Rdnr. 153; *Vogel*, in: Isensee/Kirchhof, Handbuch des Staatsrechts, Bd. IV, § 87, Rdnr. 67, 87.

171 Siehe BVerfG v. 14.12.1965, 1 BvR 571/60, BVerfGE 19, S. 253 (267).

dargestellt.[172] Der Grundsatz der Tatbestandsmäßigkeit der Besteuerung besagt damit, dass Steuern nur dann erhoben werden dürfen, wenn der Tatbestand erfüllt ist, an den das Gesetz die Leistungspflicht knüpft (§ 3 Abs. 1 Satz 1 Hs. 1 AO). Der Steuertatbestand ist in diesem Sinne die Gesamtheit der in der materiellen Steuerrechtsnorm enthaltenen abstrakten Voraussetzungen.[173] Aber nicht nur der Tatbestand, auch die Rechtsfolge muss im Gesetz niedergelegt sein.[174]

III. Gleichmäßigkeit der Besteuerung

Gerechtigkeit wird durch Gleichbehandlung verbürgt.[175] Der Gleichheitssatz des Art. 3 Abs. 1 GG spiegelt die grundlegende Gerechtigkeitsvorstellung des GG wider. Er gebietet Gleichheit vor dem Gesetz, bezieht sich also unmittelbar auf die Gesetzesanwendung.[176] Heute ist anerkannt, dass die Gleichheit vor dem Gesetz sowohl Rechtsanwendungsgleichheit im Bereich des Gesetzesvollzugs, als auch Rechtsetzungsgleichheit im Bereich der Gesetzgebung bedeutet.[177] Auch die Steuergerechtigkeit wird aus dem allgemeinen Gleichheitssatz hergeleitet.[178] Gleichheit vor dem Gesetz heißt demzufolge für das Steuerrecht zum einen die gleichmäßige Anwendung der Steuergesetze durch die Finanzbehörden und Finanzgerichte (Rechtsanwendungsgleichheit), zum anderen die Verwirklichung

---

[172] Vgl. *Vogel*, in: Isensee/Kirchhof, Handbuch des Staatsrechts, Bd. IV, § 87, Rdnr. 69; *Vogel/Waldhoff*, in: Dolzer/Vogel, Bonner Kommentar, Bd. 9, Vorbem. z. Art. 104a-115, Rdnr. 476; *Tipke/Kruse*, AO/FGO, Bd. I, § 3 AO, Rdnr. 25.

[173] Vgl. *Tipke/Kruse*, AO/FGO, Bd. I, § 3 AO, Rdnr. 25.

[174] Vgl. *Tipke/Lang*, Steuerrecht, § 4, Rdnr. 158; zur Besteuerung „nach Wahl" *Birk*, „Besteuerung nach Wahl" als verfassungsrechtliches Problem, NJW 1984, S. 1325 ff.

[175] Vgl. *Tipke*, Die Steuerrechtsordnung, Bd. I, S. 313.

[176] Vgl. *Tipke/Lang*, Steuerrecht, § 4, Rdnr. 70.

[177] Vgl. *Kirchhof*, Steuergleichheit, StuW 1984, S. 297.

[178] Vgl. *Stern*, Das Staatsrecht der BRD, Bd. II, S. 1109; *Schaumburg*, Internationales Steuerrecht, § 4, Rdnr. 4.6; *Tipke*, Die Steuerrechtsordnung, Bd. I, S. 322; *Tipke/Lang*, Steuerrecht, § 4, Rdnr. 40; *Birk*, Gleichheit und Gesetzmäßigkeit der Besteuerung, StuW 1989, S. 212 (213); *Kruse*, Über die Gleichmäßigkeit der Besteuerung, StuW 1990, S. 322; *Vogel/Waldhoff*, in: Dolzer/Vogel, Bonner Kommentar, Bd. 9, Vorbem. z. Art. 104a-115, Rdnr. 500. Der Rückgriff auf Art. 3 Abs. 1 GG ist aus historischer Sicht keineswegs eine Selbstverständlichkeit. Nach Art. 134 WRV mussten „alle Staatsbürger ohne Unterschied im Verhältnis ihrer Mittel zu allen öffentlichen Lasten nach Maßgabe der Gesetze" beitragen. Hier klingt neben dem Grundsatz der Gesetzmäßigkeit der Besteuerung auch die Gleichheit der Besteuerung und das Leistungsfähigkeitsprinzip an. Vgl. hierzu *Kruse*, Über die Gleichmäßigkeit der Besteuerung, StuW 1990, S. 322.

des am Wertesystem des GG orientierten Gerechtigkeitsauftrags für den Steuergesetzgeber (Rechtsetzungsgleichheit).[179]

Der allgemeine Gleichheitssatz ist jedoch ein in allen Bereichen geltender Verfassungsgrundsatz[180] und ohne Konkretisierung im Steuerrecht wenig effektiv.[181] Dies liegt hauptsächlich daran, dass das Steuerrecht keine formal verstandene Gleichbehandlung, sondern eine verhältnismäßige Gleichbehandlung entsprechend den persönlichen und wirtschaftlichen Verhältnissen erfordert. Gleiche Besteuerung impliziert eigentlich eine unterschiedliche Besteuerung je nach der wirtschaftlichen Leistungsfähigkeit.[182] Darin stimmen Rechtsprechung und Literatur überein. Divergenzen ergeben sich jedoch in den jeweiligen Konkretisierungsvorgängen.

1. Der allgemeine Gleichheitssatz in der Rechtsprechung des BVerfG

Das BVerfG interpretiert den Gleichheitssatz in seiner Rechtsprechung als Willkürverbot. Nach der „Willkür"-Formel ist der Gleichheitssatz verletzt, wenn sich ein vernünftiger, aus der Natur der Sache ergebender oder sonstiger sachlicher Grund für die gesetzliche Differenzierung oder Ungleichbehandlung nicht finden lässt. Mit anderen Worten: Die Bestimmung muss als willkürlich bezeichnet werden.[183]

Seit längerer Zeit überträgt der Erste Senat des BVerfG das Willkürverbot auf die Gleichbehandlung von Gruppen. Nach der sog. „neuen" Formel ist der Gleichheitssatz dann verletzt, wenn eine Gruppe von Normadressaten im Vergleich zu anderen Normadressaten anders behandelt wird, obwohl zwischen den beiden Gruppen keine Unterschiede von solcher Art und solchem Gewicht bestehen, dass sie die ungleiche Behandlung rechtfertigen können.[184] Unab-

---

[179] Vgl. *Tipke/Lang*, Steuerrecht, § 4, Rdnr. 70; *Birk*, Gleichheit und Gesetzmäßigkeit der Besteuerung, StuW 1989, S. 212 (213).

[180] Vgl. BVerfG v. 23.01.1957, 2 BvE 2/56, BVerfGE 6, S. 84 (91); *Jarass*, in: Jarass/Pieroth, GG, Art. 3, Rdnr. 1.

[181] Vgl. *Kruse*, Über die Gleichmäßigkeit der Besteuerung, StuW 1990, S. 322 (324).

[182] Vgl. *Stern*, Das Staatsrecht der BRD, Bd. II, S. 1109; *Birk*, Gleichheit und Gesetzmäßigkeit der Besteuerung, StuW 1989, S. 212 (213).

[183] Siehe grundlegend BVerfG v. 17.12.1953, 1 BvR 147/52, BVerfGE 3, S. 58 (135): „Als wichtigste grundrechtliche Schranke war das Gebot des Gleichheitssatzes zu beachten. Dieser bedeutet für den Gesetzgeber die allgemeine Weisung, ‚Gleiches gleich, Ungleiches seiner Eigenart entsprechend verschieden' zu behandeln." Vgl. hierzu auch *Tipke/Lang*, Steuerrecht, § 4, Rdnr. 73; *Jarass*, in: Jarass/Pieroth, GG, Art. 3, Rdnr. 5 ff.

[184] Vgl. zur jüngeren Rechtsprechung BVerfG v. 23.01.1990, 1 BvL 4, 5, 6, 7/87, BVerfGE 81, S. 228 (236); BVerfG v. 30.05.1990, 1 BvL 2/83, 9, 10/84, 3/85, 11, 12, 13/89, 4/90, 1 BvR 764/86, BVerfGE 82, S. 126 (146); BVerfG v. 19.02.1991, 1 BvR 1231/85, BVerfGE 83, S. 395 (401); BVerfG v. 24.04.1991, 1 BvR 1341/90, BVerfGE 84, S. 133 (157); BVerfG v. 26.01.1993, 1 BvL 38, 40, 43/92, BVerfGE 88, S. 87 (96); BVerfG v.

hängig von der Verwendung der einen oder anderen Formel weist das BVerfG aber dem Gesetzgeber einen weiten Beurteilungs- und Gestaltungsspielraum zu. Es liegt im gesetzgeberischen Ermessen, zu bestimmen, was gleich und was ungleich ist. Das BVerfG prüft nicht nach, ob der Gesetzgeber die zweckmäßigste oder gerechteste Lösung gefunden hat, sondern nur, ob er die verfassungsrechtlichen Grenzen seiner Gestaltungsfreiheit eingehalten hat. Diese endet jedoch erst, wenn ein einleuchtender, sachgerechter Grund für die gesetzliche Differenzierung fehlt.[185]

2. Die steuerspezifische Konkretisierung des allgemeinen Gleichheitssatzes durch das BVerfG

Das BVerfG formuliert die „bereichsspezifische" Konkretisierung des allgemeinen Gleichheitssatzes für das Steuerrecht folgendermaßen:

> „Der Gleichheitssatz des Art 3 Abs. 1 GG ist bereichsspezifisch anzuwenden (vgl. BVerfGE 75, 108 [157] 76, 256 [329] 78, 249 [287]). Für den Sachbereich des Steuerrechts gilt: Weder der Zweck der Besteuerung, den staatlichen Haushalt mit Finanzmitteln auszustatten, noch die Verwendung des Steueraufkommens geben der Steuerbelastung Anknüpfungspunkte oder ziehen ihr Grenzen. Die Besteuerungsgleichheit gewinnt erst aus der Eigenart der Steuer deutliche Konturen: Die Steuer ist eine Gemeinlast, die alle Inländer trifft; sie werden zur Finanzierung der allgemeinen Staatsaufgaben herangezogen. [...] Der darin liegende Eingriff in die Vermögens- und Rechtssphäre des Steuerpflichtigen gewinnt seine Rechtfertigung daher auch und gerade aus der Gleichheit der Lastzuteilung. Dadurch unterscheiden sich Gemeinlasten von anderen staatlichen Eingriffen. Im Steuerrecht müssen von Verfassungs wegen sowohl die steuerbegründenden Vorschriften als auch die Regelungen ihrer Anwendung dem Prinzip einer möglichst gleichmäßigen Belastung der Steuerpflichtigen besonders sorgfältig Rechnung tragen (vgl. BVerfGE 35, 324 [335] m.w.N.)."[186]

Diesem Diktum des BVerfG ist zwar in seiner Allgemeinheit wenig entgegenzusetzen, ob es jedoch tauglich ist, im Einzelfall zu einer steuerspezifischen Konkretisierung des allgemeinen Gleichheitssatzes beizutragen, kann bezweifelt werden.

08.06.1993, 1 BvL 20/85, BVerfGE 89, S. 15 (22 f.); *Tipke/Lang*, Steuerrecht, § 4, Rdnr. 73.

[185] Vgl. BVerfG v. 19.02.1991, 1 BvR 1331/85, BVerfGE 83, S. 395 (401); *Tipke/Kruse*, AO/FGO, Bd. I, § 3 AO, Rdnr. 32.

[186] Siehe BVerfG v. 27.06.1991, 2 BvR 1493/89, BVerfGE 84, S. 239 (268 f.). Vgl. ebenfalls BVerfG v. 22.06.1995, 2 BvL 37/91, BVerfGE 93, S. 121 (134).

a) Das Prinzip der Steuergerechtigkeit

Der Beginn der Rechtsprechung des BVerfG zur Steuergerechtigkeit markierte einen deutlichen Einschnitt.[187] In der Entscheidung zum Ehegatten-Splitting im Jahr 1957 führt es aus:

> „Das Grundgesetz enthält – anders als die Weimarer Reichsverfassung in Art. 134 – keine ausdrückliche Bestimmung darüber, nach welchem Grundsatz die Staatsbürger an den öffentlichen Lasten zu beteiligen sind. Es besteht jedoch kein Zweifel daran, dass der Steuergesetzgeber an den Grundsatz der Steuergerechtigkeit gebunden ist, der sich aus Art. 3 Abs. 1 GG ergibt."[188]

Andererseits gesteht das BVerfG dem Gesetzgeber im Bereich des Steuerrechts einen weiten Gestaltungsspielraum zu:

> „Der Gesetzgeber ist an den Grundsatz der Steuergerechtigkeit gebunden, der sich aus Art. 3 Abs. 1 GG ergibt. [...] Die Anwendung dieser Grundrechtsnorm beruht jedoch stets auf einem Vergleich von Lebensverhältnissen, die nie in allen, sondern stets nur in einzelnen Elementen gleich sind, und es ist Sache des gesetzgeberischen Ermessens zu entscheiden, welche Elemente der zu ordnenden Lebensverhältnisse er dafür als maßgebend ansieht, sie im Recht gleich oder verschieden zu behandeln (BVerfGE 9, 3 [10 f.] 6, 273 [280]). [...] Der Gesetzgeber hat hinsichtlich der Erschließung von Steuerquellen eine weitgehende Gestaltungsfreiheit. Er kann sich in der Ausübung seines Steuerfindungsrechts z.B. von finanzpolitischen, volkswirtschaftlichen, sozialpolitischen oder steuertechnischen Erwägungen leiten lassen (vgl. BVerfGE 6, 55 [81])."[189]

Durch die Betonung der Weite des dem Gesetzgeber eingeräumten Gestaltungsspielraums hielt sich das BVerfG lange Zeit an den Grundsatz des sog. judical self-restraint. Dies führte jedoch dazu, dass der Gleichheitssatz zum bloßen Formalprinzip degenerierte.[190] Seine Zurückhaltung gab das BVerfG in den letzten zehn Jahren auf. Zwar läßt es dem Gesetzgeber insbesondere bei der Auswahl des Steuergegenstandes und bei der Bestimmung des Steuersatzes

---

187 Man sprach von einem „Paukenschlag" bzw. einer „Revolution". Vgl. *Tipke*, Steuergesetzgebung und Verfassungsgerichtsbarkeit, StuW 1990, S. 308 (316); *Friauf*, Öffentliche Sonderlasten und Gleichheit der Steuerbürger, in: Festschrift für Jahrreiß, S. 45.

188 Siehe BVerfG v. 17.01.1957, 1 BvL 4/54, BVerfGE 6, S. 55 (70).

189 Siehe BVerfG v. 30.10.1961, 1 BvR 833/59, BVerfGE 13, S. 181 (202 f.). Vgl. ebenso BVerfG v. 29.11.1989, 1 BvR 1402, 1528/87, BVerfGE 81, S. 108 (117); BVerfG v. 27.06.1991, 2 BvR 1493/89, BVerfGE 84, S. 239 (271); BVerfG v. 11.02.1992, 1 BvL 29/87, BVerfGE 85, S. 238 (244).

190 Vgl. *Tipke/Lang*, Steuerrecht, § 4, Rdnr. 74; *Schaumburg*, Internationales Steuerrecht, Rdnr. 4.10.

weiterhin einen weitreichenden Entscheidungsspielraum, einmal getroffene Entscheidungen seien jedoch „gleichheitseffizient“[191] umzusetzen:

> „Aus dem Gebot der möglichst gleichmäßigen Besteuerung aller Steuerpflichtigen folgt: Der Gesetzgeber hat zwar bei der Auswahl des Steuergegenstandes und bei der Bestimmung des Steuersatzes einen weitreichenden Gestaltungsspielraum. Bei der Ausgestaltung dieses Ausgangstatbestandes hat er die einmal getroffene Belastungsentscheidung dann aber folgerichtig im Sinne der Belastungsgleichheit umzusetzen. In der Regel wird der Steuergegenstand zunächst in der Bemessungsgrundlage so verdeutlicht und zählbar gemacht, dass sich die Steuerschuld durch die Anwendung des Steuersatzes berechnen läßt. Sodann sichert das Besteuerungsverfahren, dass jede Bemessungsgrundlage möglichst vollständig festgestellt und die Steuer deshalb prinzipiell gleichmäßig erhoben werden kann (vgl. § 85 AO). In dem von den Grundsätzen der Gleichheit und der Gesetzmäßigkeit geprägten Steuerschuldverhältnis entspricht der Pflicht des Schuldners zur gesetzmäßigen Steuerzahlung die Pflicht des Gläubigers zur gesetzmäßigen Steuererhebung. Die Besteuerungsgleichheit hat mithin als ihre Komponenten die Gleichheit der normativen Steuerpflicht ebenso wie die Gleichheit bei der Durchsetzung der Steuererhebung.“[192]

Beschäftigte sich die bisherige Rechtsprechung überwiegend mit der Verfassungsmäßigkeit der Steuergesetze, rückt hier auch deren Anwendung ins Blickfeld. Das BVerfG arbeitet in steuerspezifischer Konkretisierung des allgemeinen Gleichheitssatzes das Erfordernis der „Gleichheit im Belastungserfolg“[193] heraus. Die Gleichmäßigkeit der Besteuerung ist nicht nur eine Frage verfassungskonformer Normgestaltung, sondern auch eine Frage gleichmäßigen Normvollzugs.[194]

b) Das Prinzip der Besteuerung nach der Leistungsfähigkeit

Nach ständiger Rechtsprechung des BVerfG fordert das im allgemeinen Gleichheitssatz verankerte Prinzip der Steuergerechtigkeit, dass die Steuerlast auf die

---

191 Vgl. *Tipke/Lang*, Steuerrecht, § 4, Rdnr. 70.

192 Siehe BVerfG v. 27.06.1991, 2 BvR 1493/89, BVerfGE 84, S. 239 (271).

193 Vgl. BVerfG v. 27.06.1991, 2 BvR 1493/89, BVerfGE 84, S. 239 (268); *Vogel/Waldhoff*, in: Dolzer/Vogel, Bonner Kommentar, Bd. 9, Vorbem. z. Art. 104a-115, Rdnr. 513.

194 Ein weiteres Beispiel für die Aufgabe richterlicher Zurückhaltung sind die Einheitswertbeschlüsse des BVerfG. Vgl. BVerfG v. 22.06.1995, 2 BvL 37/91, BVerfGE 93, S. 121 (Vermögensteuer); BVerfG v. 22.06.1995, 2 BvR 552/91, BVerfGE 93, S. 165 (Erbschaftsteuer). Hier fühlte sich das BVerfG zum judikativen Eingriff (judical activism) aufgerufen, weil der Gesetzgeber seine Verantwortung für das Recht und den ihm zugewiesenen Handlungsspielraum nicht wahrnahm. Vgl. *Tipke/Lang*, Steuerrecht, § 4, Rdnr. 74.

Steuerpflichtigen im Verhältnis ihrer wirtschaftlichen Leistungsfähigkeit zu verteilen ist:

> „Es ist ein grundsätzliches Gebot der Steuergerechtigkeit, dass die Besteuerung nach der (wirtschaftlichen) Leistungsfähigkeit ausgerichtet wird. Dies gilt insbesondere für die Einkommensteuer (BVerfGE 43, 108 [120] m.w.N.). Denn das moderne Einkommensteuerrecht ist auf die Leistungsfähigkeit des einzelnen Steuerpflichtigen hin angelegt [...].“[195]

Nach dem BVerfG verläuft der Konkretisierungsvorgang folgendermaßen: Gleichheitssatz, Gebot der Steuergerechtigkeit, Grundsatz der Besteuerung nach der Leistungsfähigkeit. Dies wird insbesondere auch in der Entscheidung des Ersten Senats vom 22.02.1984 deutlich:

> „Ob und in welchem Umfang der Gesetzgeber verpflichtet ist, diese Ungleichheit zu mildern oder zu beseitigen, ist am Maßstab des aus Art. 3 Abs. 1 GG zu entnehmenden Gebots der Steuergerechtigkeit zu prüfen, an das der Gesetzgeber gebunden ist [...]. Es ist ein grundsätzliches Gebot der Steuergerechtigkeit, dass die Besteuerung nach der wirtschaftlichen Leistungsfähigkeit ausgerichtet wird. Dies gilt insbesondere für die Einkommensteuer [...]. Aus der Besteuerung nach der Leistungsfähigkeit ergibt sich, dass auch solche Ausgaben einkommensteuerrechtlich von Bedeutung sind, die außerhalb der Sphäre der Einkommenserzielung – also im privaten Bereich – anfallen und für den Steuerpflichtigen unvermeidbar sind.“[196]

Was aber bedeutet der Begriff der „Besteuerung nach der wirtschaftlichen Leistungsfähigkeit“? Dieser Grundsatz verlangt im allgemeinen, dass die individuelle Steuerbelastung nach der Fähigkeit des Steuerpflichtigen bemessen wird, die jeweilige Steuer aufbringen zu können.[197] Daraus resultiert gleichzeitig eine Belastungsfreiheit, soweit der einzelne sämtliche verfügbaren Mittel benötigt, um den eigenen existenznotwendigen Lebensbedarf bzw. den seiner Familie zu

---

195 Siehe BVerfG v. 03.11.1982, 1 BvR 620, 1375/78, 1104/79, 363/80, BVerfGE 61, S. 319 (343 f.). Vgl. auch BVerfG v. 10.12.1980, 2 BvF 3/77, BVerfGE 55, S. 274 (302); BVerfG v. 22.02.1984, 1 BvL 10/80, BVerfGE 66, S. 214 (223); BVerfG v. 17.10.1984, 1 BvR 527/80, 528/81, 441/82, BVerfGE 68, S. 143 (152 f.); BVerfG v. 29.05.1990, 1 BvL 20, 26, 184, 4/86, BVerfGE 82, S. 60 (86 f.).

196 Siehe BVerfG v. 22.02.1984, 1 BvL 10/80, BVerfGE 66, S. 214 (222).

197 *Kirchhof* spricht insofern von einer „Besteuerung nach der Zahlungsfähigkeit“. Vgl. *Kirchhof*, Steuergleichheit, StuW 1984, S. 297 (298); *Kruse*, Über die Gleichmäßigkeit der Besteuerung, StuW 1990, S. 322 (326).

bestreiten. Das eigene Existenzminimum muss dem Steuerpflichtigen also nach Abzug der Steuern erhalten bleiben.[198]

c) Leistungsfähigkeitsprinzip und Wettbewerbsneutralität

Das BVerfG konkretisiert den Gleichheitssatz häufig auch mit dem Postulat einer Wettbewerbsneutralität der Besteuerung. Eine völlig wettbewerbsneutrale Steuer ist zwar kaum denkbar, weshalb geringfügige steuerbedingte Wettbewerbsverschiebungen hingenommen werden müssen. Nach ständiger Rechtsprechung ist jedoch eine Steuer, die eine Gruppe von Steuerpflichtigen in eine empfindlich ungünstigere Wettbewerbslage geraten lässt, verfassungswidrig.[199]

Bei einem Vergleich nur der Steuerrechtswirkungen scheinen das Prinzip der Besteuerung nach der individuellen wirtschaftlichen Leistungsfähigkeit mit der Folge einer progressiven Steuerbemessung und das Prinzip der Wettbewerbsneutralität der Steuer nicht miteinander vereinbar zu sein. Beide Prinzipien verfolgen jedoch unterschiedliche Ziele: Das Leistungsfähigkeitsprinzip fragt, über welche „Zahlungskraft" der einzelne Steuerpflichtige nach seinen individuellen wirtschaftlichen Verhältnissen verfügt. Die Wettbewerbsneutralität dagegen beobachtet den Anbieter am Markt. Während also das Postulat einer Wettbewerbsneutralität eine Gleichheit beim Werben um Nachfrager regelt, bewirkt das Leistungsfähigkeitsprinzip eine Belastungsgleichheit je nach erworbenem Einkommen. Deshalb fordert das BVerfG die Wettbewerbsneutralität stets bei den unmittelbar marktwirksamen indirekten Steuern. Allgemein gilt jedoch das Verbot, planmäßig mit den Instrumentarien des Steuerrechts in die Wettbewerbslage einzugreifen.[200]

IV. Weitere verfassungsrechtliche Schranken

Betrachtet man die Rechtsprechung des BVerfG der letzten Jahre, so kann man eine Intensivierung der Kontrolle des Steuergesetzgebers feststellen. Stand früher die gerechte Lastenverteilung an Hand der steuerspezifischen Prüfung des Art. 3 Abs. 1 GG im Mittelpunkt, so nehmen heute die Freiheitsrechte in ihrer Ausprägung als Abwehrrechte gegen ein Übermaß an Abgaben diese Stellung ein. Die Abgabengleichheit fördert zwar die Bereitschaft zur Erfüllung der Ab-

---

198 Vgl. *Kirchhof*, in: Isensee/Kirchhof, Handbuch des Staatsrechts, Bd. IV, § 88, Rdnr. 117.

199 Vgl. BVerfG v. 20.12.1966, 1 BvR 320/57, 70/63, BVerfGE 21, S. 12 (27 f.); BVerfG v. 28.01.1970, 1 BvL 4/67, BVerfGE 27, S. 375 (389); BVerfG v. 05.03.1974, 1 BvR 712/68, BVerfGE 36, S. 321 (334 f.); BVerfG v. 19.03.1974, 1 BvR 416, 767, 779/68, BVerfGE 37, S. 38 (52 ff.).

200 Vgl. *Kirchhof*, Steuergleichheit, StuW 1984, S. 297 (305 f.).

gabenlast, die Gleichheit im Übermaß[201] wird jedoch nicht durch ein Gleichheits-, sondern durch ein Abwehrrecht verhindert.[202] Die Eigentumsgarantie des Art. 14 GG wird demnach – soweit anwendbar – als die „magna carta" des Steuerpflichtigen gegen ein Abgabenübermaß genannt. Sie schützt den Steuerpflichtigen gegen übermäßige Eingriffe in sein Eigentum.[203]

1. Schutz des Eigentums – Art. 14 GG

Die Besteuerung stellt einen Eingriff in das von der Verfassung garantierte Eigentum (Art. 14 GG) dar. Dieses Diktum war in Rechtsprechung und Literatur nicht immer anerkannt. Das BVerfG selbst aktivierte den Schutzbereich des Art. 14 GG im steuerlichen Bereich bis vor einigen Jahren in nur begrenztem Umfang. Ursprünglich wurde die Steuergewalt aus dem Eigentumsschutz sogar gänzlich herausgenommen. Dazu wurde die Formel verwendet, dass öffentlich-rechtliche Geldleistungspflichten das Eigentumsrecht nicht berührten.[204] Eine Ausnahme ließ das Gericht nur gelten, wenn die Geldleistungspflicht den Steuerpflichtigen übermäßig belastete und seine Vermögensverhältnisse grundlegend negativ beeinträchtigte, d.h. eine erdrosselnde Wirkung entfaltete.[205]

a) Der Beschluss zum steuerlichen Existenzminimum

Der Beschluß des Zweiten Senates zum steuerlichen Existenzminimum vom 25.09.1992[206] leitete eine neue Phase in der verfassungsrechtlichen Kontrolle

---

201 Der Gesetzgeber wird nur an sehr versteckter Stelle verpflichtet, „eine Überbelastung der Steuerpflichtigen" zu vermeiden und zwar in Art. 106 Abs. 3 Satz 4 Nr. 2 GG.

202 Vgl. *Kirchhof*, Die Finanzierung des Leistungsstaates, Jura 1983, S. 505 (507); *Vogel/Waldhoff*, in: Dolzer/Vogel, Bonner Kommentar, Bd. 9, Vorbem. z. Art. 104a-115, Rdnr. 592 ff. Vgl. zur Entwicklung der Rechtsprechung des BVerfG und die Reaktion des Steuergesetzgebers *Kanzler*, Die Umsetzung verfassungsgerichtlicher Entscheidungen durch den Steuergesetzgeber, StuW 1996, S. 215 ff.

203 Vgl. *Kirchhof*, Die Finanzierung des Leistungsstaates, Jura 1983, S. 505 (507).

204 Vgl. *Vogel/Waldhoff*, in: Dolzer/Vogel, Bonner Kommentar, Bd. 9, Vorbem. z. Art. 104a-115, Rdnr. 532.

205 Siehe BVerfG v. 24.09.1965, 1 BvR 228/65, BVerfGE 19, S. 119 (129): „In solchen Fällen könnte ein Verstoß gegen Art. 14 GG allenfalls dann in Betracht kommen, wenn die Geldleistungspflichten den Betroffenen übermäßig belasten und seine Vermögensverhältnisse grundlegend beeinträchtigen." Vgl. ebenso BVerfG v. 28.11.1984, 1 BvR 1157/82, BVerfGE 68, S. 287 (310 f.). Ein Überblick zur Rechtsprechung des BVerfG findet sich bei *Vogel/Waldhoff*, in: Dolzer/Vogel, Bonner Kommentar, Bd. 9, Vorbem. z. Art. 104a-115, Rdnr. 532 ff.

206 Vgl. BVerfG v. 25.09.1992, 2 BvL 5, 8, 14/91, BVerfGE 87, S. 153.

von Steuergesetzen anhand von Freiheitsgrundrechten ein. Ausgehend von der freiheitsbeschränkenden Wirkung der Steuer als Eingriff in die allgemeine Handlungsfreiheit werden zu deren steuerspezifischer Konkretisierung die speziellen Freiheitsrechte der Art. 14 Abs. 1 und Art. 12 Abs. 1 GG herangezogen:

> „Steuergesetze sind in ihrer freiheitsbeschränkenden Wirkung jedenfalls an Art. 2 Abs. 1 GG zu messen. Dabei ist indes zu berücksichtigen, dass Steuergesetze in die allgemeine Handlungsfreiheit gerade in ihrer Ausprägung als persönliche Entfaltung im vermögensrechtlichen und beruflichen Bereich (Art. 14 Abs. 1, Art. 12 Abs. 1 GG) eingreifen. Dies bedeutet, dass ein Steuergesetz keine ‚erdrosselnde Wirkung' haben darf: Das geschützte Freiheitsrecht darf nur so weit beschränkt werden, dass dem Grundrechtsträger (Steuerpflichtigen) ein Kernbestand des Erfolges eigener Betätigung im wirtschaftlichen Bereich in Gestalt der grundsätzlichen Privatnützlichkeit des Erworbenen und der grundsätzlichen Verfügungsbefugnis über die geschaffenen vermögenswerten Rechtspositionen erhalten bleibt."[207]

Am Topos vom „Verbot der erdrosselnden Wirkung der Steuer" wird also festgehalten. Sein Inhalt wird jedoch dahingehend erläutert, dass nicht erst die völlige und generelle Unmöglichkeit der beruflichen Betätigung oder der weitgehende Entzug von Eigentumspositionen als erdrosselnd angesehen werden kann, sondern dass darüber hinaus substantielle Bereiche des Eigentums von der Besteuerung überhaupt verschont bleiben müssen. Diese werden aus der Freiheitsgarantie heraus bestimmt.[208]

b) Die Einheitswertbeschlüsse und der Halbteilungsgrundsatz

Kirchhof entwickelte eine grundlegende steuerspezifische Dogmatik des Art. 14 GG und leitete daraus sowohl Belastungsgrenzen als auch Gestaltungsmaßstäbe für den Steuergesetzgeber ab. In enger Anlehnung an den Wortlaut des Art. 14 Abs. 1 und Abs. 2 GG postulierte er eine abgestufte Sozialpflichtigkeit des Eigentums in Bezug auf die Besteuerung. Die durch Art. 14 Abs. 1 GG geschützte Privatnützigkeit des Eigentums erfasse grundsätzlich sowohl den Bestand als auch die Nutzung des Eigentums. Als Belastungsobergrenze folge aus dem „zu-

---

[207] Siehe BVerfG v. 25.09.1992, 2 BvL 5, 8, 14/91, BVerfGE 87, S. 153 (169). Vgl. auch *Tipke/Lang*, Steuerrecht, § 4, Rdnr. 213; *Vogel/Waldhoff*, in: Dolzer/Vogel, Bonner Kommentar, Bd. 9, Vorbem. z. Art. 104a-115, Rdnr. 538; *Jachmann*, Belastungsgrenzen im Steuersystem, StuW 1996, S. 97 (100).

[208] Vgl. *Vogel/Waldhoff*, in: Dolzer/Vogel, Bonner Kommentar, Bd. 9, Vorbem. z. Art. 104a-115, Rdnr. 538.

gleich" von Privat- und Allgemeinnützigkeit in Art. 14 Abs. 2 Satz 2 GG eine Steuerbelastungsobergrenze von 50% (sog. Halbteilungsgrundsatz).[209]

Die Entscheidungen des Zweiten Senats des BVerfG zur Besteuerung nach Einheitswerten[210] haben diese Ansätze aufgenommen und einen grundlegenden Wandel der steuerlichen Rechtsprechung zu Art. 14 GG vollzogen. Diesem wird nunmehr das von *Kirchhof* entwickelte Prinzip eigentumsschonender Besteuerung entnommen.[211] Die Einheitswertbeschlüsse konkretisieren dieses Prinzip folgendermaßen:

- Das Zusammenwirken von indirekten und direkten Steuern muss die Substanz des Vermögens, den Vermögensstamm, unberührt lassen.[212]

- Nach dem Halbteilungsgrundsatz muss die „steuerliche Gesamtbelastung des Sollertrages bei typisierender Betrachtung von Einnahmen, abziehbaren Aufwendungen und sonstigen Entlastungen in der Nähe einer hälftigen Teilung zwischen privater und öffentlicher Hand" verbleiben.[213]

- Besonderen Schutz genießt das normale oder durchschnittliche persönliche und familiäre Gebrauchsvermögen, da dieses „einen Freiheitsraum für die eigenverantwortliche Gestaltung eines persönlichen Lebensbereichs" ermöglicht. Daher ist es vermögensteuerlich freizustellen und erbschaftsteuerlich zu verschonen.[214]

- Steuerliche Begünstigungen müssen in Sozialzwecknormen „mit hinreichender Bestimmtheit" tatbestandlich normiert und gemeinwohlbezogen gerechtfertigt werden.[215]

- Bei der Unternehmensfortführung durch den Erben hat der Steuergesetzgeber eine „verminderte Leistungsfähigkeit" zu berücksichtigen. Insbesondere mittelständische Betriebe seien als Garant von Produktivität und Arbeitsplätzen „in besondere Weise

---

209 Vgl. *Kirchhof*, in: Isensee/Kirchhof, Handbuch des Staatsrechts, Bd. IV, § 88, Rdnr. 86 ff.; *ders.*, Die Finanzierung des Leistungsstaates, Jura 1983, S. 505 (508); ebenso *Papier*, in: Maunz/Dürig, Komm. z. GG, Bd. II, Art. 14, Rdnr. 171; *Vogel/Waldhoff*, in: Dolzer/Vogel, Bonner Kommentar, Bd. 9, Vorbem. z. Art. 104a-115, Rdnr. 543 ff.

210 Vgl. BVerfG v. 22.06.1995, 2 BvL 37/91, BVerfGE 93, S. 121 (Vermögensteuer); BVerfG v. 22.06.1995, 2 BvR 552/91, BVerfGE 93, S. 165 (Erbschaftsteuer).

211 Vgl. *Tipke/Lang*, Steuerrecht, § 4, Rdnr. 214.

212 Vgl. BVerfG v. 22.06.1995, 2 BvL 37/91, BVerfGE 93, S. 121 (137).

213 Vgl. BVerfG v. 22.06.1995, 2 BvL 37/91, BVerfGE 93, S. 121 (138).

214 Vgl. BVerfG v. 22.06.1995, 2 BvL 37/91, BVerfGE 93, S. 121 (140 f.); BVerfG v. 22. 06. 1995, 2 BvR 552/91, BVerfGE 93, S. 165 (175).

215 Vgl. BVerfG v. 22.06.1995, 2 BvL 37/91, BVerfGE 93, S. 121 (148).

gemeinwohlgebunden und gemeinwohlverpflichtet". Daher muss die Erbschaftsteuer so bemessen werden, dass die Fortführung des Betriebes nicht gefährdet wird.[216]

Diese neue Rechtsprechung zum Steuerverfassungsrecht rief neben Zustimmung auch heftige Kritik hervor.[217] Stimmen im Schrifttum verteidigten die ursprüngliche Judikatur des BVerfG und forderten eine Rückkehr. Auch in der Rechtsprechung finden die Aussagen der Einheitswertbeschlüsse keine ungeteilte Zustimmung. Beispiel hierfür ist die Entscheidung des Elften Senates des BFH vom 11.08.1999, in dem dieser feststellte, dass der Halbteilungsgrundsatz nicht für die Einkommen- und die Gewerbeertragsteuer gelte.[218]

2. Schutz der Berufsfreiheit – Art. 12 GG

Von besonderer Bedeutung ist auch das Verhältnis der Berufsfreiheit zum Abgabenrecht. Das Einkommen ist unmittelbarer Bestandteil der beruflichen Betätigung, weshalb eine diesen Bereich belastende Steuergesetzgebung am Maßstab des Art. 12 GG zu messen ist. Trotzdem aktivierte das BVerfG den Schutzbereich des Art. 12 GG – ebenso wie den des Art. 14 GG – zunächst nur in begrenztem Umfang.

Auftakt der Rechtsprechung zum Verhältnis des Grundrechts der Berufsfreiheit zur Besteuerung (in Form einer „Erlaubnissteuer") war der Beschluß des Ersten Senats des BVerfG zur Schankerlaubnissteuer.[219] Hier stellte das Gericht zunächst klar, dass eine Steuernorm, die an die Erlangung der Erlaubnis zur Ausübung eines bestimmten Berufs knüpft, an Art. 12 Abs. 1

---

216 Vgl. BVerfG v. 22.05.1995, 2 BvR 552/91, BVerfGE 93, S. 165 (175 f.); *Tipke/Lang*, Steuerrecht, § 4, Rdnr. 214 ff. Vgl. zur Reaktion aus dem Schrifttum *Arndt/Schumacher*, Wegfall der Rechtsgrundlage für die Erhebung der Erbschaft- und Vermögensteuer bei Untätigkeit des Gesetzgebers?, DStR 1995, S. 1813 ff.; *Flume*, Die Beschlüsse des BVerfG zu den Einheitswerten in Hinsicht auf die Vermögen- und Erbschaftsteuer, DB 1995, S. 1779 ff.; *Wittmann*, Die „Einheitswert"-Entscheidungen des BVerfG vom 22.6.1995, BB 1995, S. 1933 ff.; *Bareis*, Probleme verfassungsgerichtlicher Vorgaben und ihre Umsetzung am Beispiel der Vermögen- und Erbschaftsteuer, DB 1996, S. 1153 ff.; *Jachmann*, Belastungsgrenzen im Steuersystem, StuW 1996, S. 97 ff.; *Klein*, Das neue Steuerverfassungsrecht, BB 1996, S. 1807 ff.; *Leisner*, Ertragswertverfahren – sachgerechte Bewertung des Grundbesitzes, DB 1996, S. 595 ff.; *Eschenbach*, Steuerrecht und Eigentumsschutz, DStZ 1997, S. 413 ff. Ablehnend *Böckenförde*, BVerfG v. 22.06.1995, BVerfGE 93, S. 149 ff.; *Bull*, Vom Eigentums- zum Vermögensschutz – ein Irrweg, NJW 1996, S. 281 ff. Kritisch auch *Tipke/Lang*, Steuerrecht, § 4, Rdnr. 102 ff.; *Tipke*, Die Steuerrechtsordnung, Bd. II, S. 528 ff.

217 Vgl. auch die abweichende Meinung von *Böckenförde* zum Beschluss des Zweiten Senats des BVerfG v. 22.06.1995, BVerfGE 93, S. 149 ff.

218 Vgl. BFH v. 11.08.1999, XI R 77/97, DStR 1999, S. 1845.

219 Vgl. BVerfG v. 30.10.1961, 1 BvR 833/59, BVerfGE 13, S. 181.

GG gemessen werden könne. Sie sei verfassungsrechtlich grundsätzlich wie eine Ausübungsregelung zu behandeln, die Rückwirkung auf die freie Berufswahl haben könne. Die berufliche Betätigung müsse nicht unmittelbares Regelungsobjekt einer Norm sein. Vielmehr genüge, so das BVerfG, dass der in Art. 12 Abs. 1 GG verbürgte Freiheitsraum durch eine Vorschrift berührt werde, die infolge ihrer tatsächlichen Auswirkungen geeignet sei, die Freiheit der Berufswahl mittelbar zu beeinträchtigen. Bezogen auf steuerliche Vorschriften sei dies dann der Fall, wenn sie infolge ihrer Gestaltung in einem engen Zusammenhang mit der Ausübung eines Berufs stehen und objektiv eine berufsregelnde Tendenz erkennen ließen. Für „Erlaubnissteuern" wurde dann unter Anwendung der die Verhältnismäßigkeitsprüfung des Eingriffs konkretisierenden sog. „Stufenlehre"[220] festgestellt: Eine innere und äußere Verbindung mit der beruflichen Betätigung bestehe dann, wenn ein Steuergesetz gerade die Erlangung der Erlaubnis zur Ausübung eines bestimmten Berufs als steuerbegründenden Tatbestand enthält, also die Berufszulassung als Anfang der Berufsausübung mit wirtschaftlichen Nachteilen verbinde. Entscheidend sei, ob die Norm ihrer wirtschaftlichen Auswirkungen wegen in die Nähe einer Zulassungsvoraussetzung komme.[221] Die Rückwirkung auf die freie Berufswahl bestehe jedoch rechtlich nur dann, wenn eine Steuer es den von ihr betroffenen Berufsbewerbern wirtschaftlich unmöglich mache, den gewählten Beruf zur Grundlage ihrer Lebensführung zu machen.

Im Beschluß vom 11.10.1977 lehnte der Erste Senat des BVerfG die Anwendung des Art. 12 Abs. 1 GG als Prüfungsmaßstab bei „allgemeinen" Steuergesetzen, im konkreten Fall des Einkommensteuergesetzes (EStG), ab:

> „Grundsätzlich sind abgabenrechtliche Vorschriften nur dann an Art. 12 Abs. 1 GG zu messen, wenn sie objektiv eine Tendenz zur Regelung des von der Steuer betroffenen Berufs erkennen lassen [...]. Zwar können rechtliche Normierungen Art. 12 Abs. 1 GG auch dann berühren, wenn sie nicht ‚gezielt' in die Berufsfähigkeit eingreifen, sondern in ihrer tatsächlichen Auswirkung geeignet sind, diese zu beeinträchtigen [...]. Auch dazu genügt aber nicht die allgemeine Möglichkeit der Beeinträchtigung eines nicht näher bestimmbaren Personenkreises. Vielmehr muss sich konkret feststellen lassen, wer von den Auswirkungen der Norm selbst oder ihrer Anwendung unmittelbar in seiner Berufsfreiheit betroffen wird. Bei allgemeinen Steuergesetzen fehlt es in der Regel an diesen Voraussetzungen. Sie knüpfen als Normen mit einem unspezifischen Adressatenkreis ohne unmittelbare Beziehung zu einem Beruf an generelle Merkmale, wie Gewinn, Ertrag, Umsatz und Vermögen an."[222]

---

220 Die Stufenlehre wurde im sog. Apotheken-Urteil entwickelt. Vgl. BVerfG v. 11.06.1958, 1 BvR 596/56, BVerfGE 7, S. 377 ff.

221 Vgl. BVerfG v. 17.07.1974, 1 BvR 51, 160, 285/69, 1 BvL 16, 18, 26/72, BVerfGE 38, S. 61 (79); BVerfG v. 12.10.1976, 1 BvR 197/73, BVerfGE 42, S. 374 (384 ff.); BVerfG v. 12.10.1977, 1 BvR 217, 216/75, BVerfGE 46, S. 120 (137); BVerfG v. 11.10.1977, 1 BvR 343/73, 83/74, 183, 428/75, BVerfGE 47, S. 1 (21).

222 Siehe BVerfG v. 11.10.1977, 1 BvR 343/73, 83/74, 183, 428/75, BVerfGE 47, S. 1 (21).

Diese Rechtsprechung führte zu heftiger Kritik nicht nur in der Literatur.[223] Vor allem die Einengung des Art. 12 Abs. 1 GG als Prüfungsmaßstab auf lenkende oder zumindest tendenziell objektiv berufsregelnde Vorschriften fand keine uneingeschränkte Zustimmung.[224]

Die Entscheidung des Zweiten Senats des BVerfG zum steuerlichen Existenzminimum leitete einen Wandel in der verfassungsrechtlichen Kontrolle von Steuergesetzen am Maßstab des Art. 12 Abs. 1 GG ein.[225] Seither wird Art. 12 GG auch über den Bereich der berufsregelnden Normen hinaus aktiviert. Sein spezieller Freiheitsraum wird demnach nicht nur in dem besonders gravierenden Fall erdrosselnd wirkender Steuern berührt. Das Grundrecht umfasst auch den Schutz wirtschaftlich sinnvoller Arbeit als Grundlage der Existenzsicherung.[226] Dem Steuerpflichtigen muss daher ein Kernbestand des Erfolgs eigener Betätigung im wirtschaftlichen Bereich erhalten bleiben.[227]

3. Sonstige Grundrechte

Weitere Grundrechte, die als verfassungsrechtlicher Maßstab für Steuerrechtsnormen fungieren, sind Art. 1, 2 und Art. 6 GG.

---

223 Siehe die abweichende Meinung von *Simon* zum Beschluss des Ersten Senats des BVerfG v. 11.10.1977, BVerfGE 47, S. 34 (38 f.): „Nach meiner Auffassung wird der spezifische Freiheitsraum, den Art. 12 Abs. 1 GG schützt, nicht nur in dem besonders gravierenden Fall erdrosselnd wirkender Steuern berührt. Neben dem Schutz vor grundlosen oder unverhältnismäßigen Reglementierungen der Berufstätigkeit [...] umfaßt dieses Grundrecht auch den Schutz wirtschaftlich sinnvoller Arbeit als Grundlage der Existenzsicherung (vgl. BVerfGE 7, S. 377 [397]; 30, S. 292 [334]). Es gebietet damit dem Gesetzgeber, bei der an sich zulässigen Besteuerung des Arbeitsertrages so viel übrig zu lassen, dass der Steuerpflichtige davon nach Abzug berufsbedingter Kosten angemessen leben kann."

224 Vgl. *Vogel/Waldhoff*, in: Dolzer/Vogel, Bonner Kommentar, Bd. 9, Vorbem. z. Art. 104a-115, Rdnr. 561 ff.; *Breuer*, in: Isensee/Kirchhof, Handbuch des Staatsrechts, Bd. VI, § 148, Rdnr. 31; *Schuppert*, Verfassungsrechtliche Prüfungsmaßstäbe bei der verfassungsgerichtlichen Überprüfung von Steuergesetzen, in: Festschrift für Zeidler, S. 691 (707 ff.); *Scholz*, in: Maunz/Dürig, Komm. z. GG, Bd. II, Art. 12, Rdnr. 415.

225 Vgl. BVerfG v. 25.09.1992, 2 BvL 5, 8, 14/91, BVerfGE 87, S. 153 ff.

226 Vgl. die abweichende Meinung von *Simon* zum Beschluss des Ersten Senats des BVerfG v. 11.10.1977, BVerfGE 47, S. 34 (38 f.).

227 Vgl. BVerfG v. 25.09.1992, 2 BvL 5, 8, 14/91, BVerfGE 87, S. 153 (169); *Tipke/Lang*, § 4, Rdnr. 213; *Vogel/Waldhoff*, in: Dolzer/Vogel, Bonner Kommentar, Bd. 9, Vorbem. z. Art. 104a-115, Rdnr. 538.

a) Art. 1 GG

In der Werteordnung des GG ist die in Art. 1 Abs. 1 GG geschützte Menschenwürde der oberste Wert. Gesetzte – auch Steuergesetze – dürfen die Würde des Menschen nicht verletzen und die geistige, politische und wirtschaftliche Freiheit des Menschen nicht dergestalt einschränken, dass sie in ihrem Wesensgehalt angetastet wird. Hieraus ergibt sich nach der Rechtsprechung des BVerfG für den Bürger ein unantastbarer Bereich privater Lebensgestaltung, der der gesamten öffentlichen Gewalt entzogen ist.[228] Besondere Bedeutung hat Art. 1 GG im Zusammenhang mit dem steuerlichen Existenzminimum erlangt. In seinem Beschluss vom 29.05.1990 führte das BVerfG aus:

> „Ausgangspunkt der verfassungsrechtlichen Beurteilung ist der Grundsatz, dass der Staat dem Steuerpflichtigen sein Einkommen insoweit steuerfrei belassen muss, als er es zur Schaffung der Mindestvoraussetzungen für ein menschenwürdiges Dasein benötigt. Dieses verfassungsrechtliche Gebot folgt aus Art. 1 Abs. 1 GG in Verbindung mit dem Sozialstaatsgrundsatz des Art. 20 Abs. 1 GG."[229]

b) Art. 2 GG

Die allgemeine Handlungsfreiheit (Art. 2 Abs. 1 GG) kann in doppelter Weise Bedeutung für Besteuerungsvorgänge erlangen: Zum einen fungiert sie als sog. Umschaltnorm für die Individualrüge der Verletzung objektiven Verfassungsrechts durch den einzelnen Steuerbürger vor den Fachgerichten oder vor dem BVerfG. Andererseits ist sie eigenständiger freiheitsrechtlicher Maßstab bei der Prüfung der Ausgestaltung und Begrenzung von Steuernormen.[230] In seiner Funktion als Umschaltnorm bietet Art. 2 Abs. 1 GG nach ständiger Rechtsprechung des BVerfG Schutz gegen die Auferlegung rechtswidriger Abgaben:

> „Insbesondere gehört zur Handlungsfreiheit auch das Grundrecht des Bürgers, nur aufgrund solcher Rechtsvorschriften zu Steuern herangezogen zu werden,

---

228 Siehe BVerfG v. 16.01.1957, 1 BvR 253/56, BVerfGE 6, S. 32 (41): „Hieraus ergibt sich, dass dem einzelnen Bürger eine Sphäre privater Lebensgestaltung verfassungskräftig vorbehalten ist, also ein letzter unantastbarer Bereich menschlicher Freiheit besteht, der den Einwirkungen der gesamten öffentlichen Gewalt entzogen ist." Vgl. ebenso BVerfG v. 15.01.1975, 2 BvR 65/74, BVerfGE 38, S. 312 (320); BVerfG v. 23.05.1983, 2 BvR 854/79, BVerfGE 54, S. 143 (146 f.); BVerfG v. 14.09.1989, 2 BvR 1062/87, BVerfGE 80, S. 367 (373 f.).

229 Siehe BVerfG v. 29.05.1990, 2 BvL 20, 26, 184, 4/86, BVerfGE 82, S. 60 (85).

230 Vgl. *Vogel/Waldhoff*, in: Dolzer/Vogel, Bonner Kommentar, Bd. 9, Vorbem. z. Art. 104a-115, Rdnr. 566.

die formell und materiell der Verfassung gemäß sind und deshalb zur verfassungsmäßigen Ordnung gehören."[231]

Was die Funktion des Art. 2 Abs. 1 GG als freiheitsrechtlichen Prüfungsmaßstab betrifft, so leitete der Beschluss zum Existenzminimum vom 25.09.1992[232] einen Wandel in der Rechtsprechung des BVerfG ein. Das Gericht prüfte die allgemeine Handlungsfreiheit in ihrer Ausprägung als persönliche Entfaltung im vermögensrechtlichen und im beruflichen Bereich (Art. 14 Abs. 1 und Art. 12 Abs. 1 GG). Art. 2 Abs. 1 GG wird also zusammen mit einem speziellen Freiheitsrecht als Prüfungsmaßstab für Steuergesetze herangezogen.

c) Art. 6 GG

Auch der in Art. 6 GG verankerte Schutz von Ehe und Familie stellt besondere Anforderungen an die materielle Verfassungsmäßigkeit von Steuernormen.

Nach Art. 6 Abs. 1 GG stehen Ehe und Familie unter dem besonderen Schutz des Staates. Darüber hinaus enthält Art. 6 Abs. 1 GG einen speziellen Gleichheitssatz im Verhältnis zu Art. 3 Abs. 1 GG, der jede belastende Differenzierung verbietet, die an der Existenz einer Ehe oder die Wahrnehmung des Elternrechts in ehelicher Erziehungsgemeinschaft anknüpft (Benachteiligungsverbot).[233] Daneben erklärt das BVerfG den Schutz des Art. 6 Abs. 1 GG zu einem Förderungsgebot.[234]

Das den Gleichheitssatz konkretisierende Benachteiligungsverbot führt nach dem BVerfG dazu, dass das Steuerrecht Veränderungen der steuerlichen Leistungsfähigkeit zu berücksichtigen hat, die mit der Ehe oder der Familie zusammenhängen. Insbesondere muss der Staat die Steuerfreiheit des Existenzminimums aller Familienmitglieder gewährleisten.[235] Darüber hinaus hat auch der

---

[231] Siehe BVerfG v. 14.12.1965, 1 BvR 413, 416/60, BVerfGE 19, S. 206 (215 f.). Vgl. BVerfG v. 13.12.1966, 1 BvR 512/65, BVerfGE 21, S. 1 (3); BVerfG v. 13.05.1969, 1 BvR 25/65, BVerfGE 26, S. 1 (7 ff.); BVerfG v. 09.06.1971, 2 BvR 225/69, BVerfGE 31, S. 145 (173).

[232] Vgl. BVerfG v. 25.09.1992, 2 BvL 5, 8, 14/91, BVerfGE 87, S. 153 (169).

[233] Vgl. *Tipke*, Die Steuerrechtsordnung, Bd. I, S. 378.

[234] Siehe grundlegend BVerfG v. 17.01.1957, 1 BvL 4/54, BVerfGE 6, S. 55 (76): „Der in Art. 6 Abs. 1 GG statuierte besondere Schutz der staatlichen Ordnung für Ehe und Familie umschließt hiernach zweierlei: positiv die Aufgabe für den Staat, Ehe und Familie nicht nur vor Beeinträchtigungen durch andere Kräfte zu bewahren, sondern auch durch geeignete Maßnahmen zu fördern, negativ das Verbot für den Staat selbst, die Ehe zu schädigen oder sonst zu beeinträchtigen." Vgl. auch BVerfG v. 10.11.1998, 2 BvR 1057, 1226, 980/91, NJW 1999, S. 557 (558).

[235] Vgl. BVerfG v. 29.05.1990, 1 BvL 20, 26, 184, 4/86, BVerfGE 82, S. 60 (85); BVerfG v. 25.09.1992, 2 BvL 5, 8, 14/91, BVerfGE 87, S. 153 (169). Siehe auch BVerfG v.

Vermögensteuerbeschluss eine Garantie des familiären Lebensstandards ausgesprochen.[236]

C. Zwischenergebnis

Die Finanzverfassung des GG ist ein komplexes Gefüge. Um sie zu veranschaulichen, wurde in der vorhergehenden Darstellung die bundesstaatlich-organisationsrechtliche Finanzverfassung der materiellen Finanzverfassung gegenübergestellt. Die gewonnenen Ergebnisse können folgendermaßen zusammengefasst werden.

I. Die Bundesrepublik Deutschland als Steuerstaat

Die Bundesrepublik Deutschland ist ein Steuerstaat. Dies bedeutet, dass der Finanzbedarf zur Erfüllung öffentlicher Aufgaben im wesentlichen durch Steuern gedeckt wird. Weiteres Merkmal eines Steuerstaates ist die prinzipielle Trennung von Staat und Wirtschaft. Der Staat selbst verzichtet auf eigene ökonomische Betätigung und partizipiert lediglich (indirekt) am Ertrag der produzierenden Privatwirtschaft.

II. „Formelle" und „materielle" Finanzverfassung

Die Finanzverfassung der Bundesrepublik Deutschland umfasst zwei Komplexe: Die Art. 104a bis Art. 115 GG enthalten im wesentlichen die bundesstaatliche Kompetenzabgrenzung für die Bereiche der Steuererhebung und des staatlichen Haushaltswesens. Hier finden sich jedoch keine Verfassungsmaßstäbe dafür, wie Steuern inhaltlich zu gestalten sind und wo von Verfassungs wegen Grenzen der Steuerbelastung liegen können. Diese Lücke wird durch das materielle Steuerverfassungsrecht geschlossen.

10.11.1998, 2 BvR 1057, 1226, 980/91, NJW 1999, S. 557 (558): „Bei der Beurteilung der steuerlichen Leistungsfähigkeit muss der Staat daher den Unterhaltsaufwand für Kinder des Steuerpflichtigen in dem Umfang als besteuerbares Einkommen außer Betracht lassen, in dem dieses zur Gewährleistung des Existenzminimums der Kinder erforderlich ist."

[236] Vgl. *Tipke/Lang*, Steuerrecht, § 4, Rdnr. 244. Siehe außerdem BVerfG v. 22.06.1995, 2 BvL 37/91, BVerfGE 93, S. 121: „Soweit Vermögensteuerpflichtige sich innerhalb ihrer Ehe oder Familie auf eine gemeinsame – erhöhte – ökonomische Grundlage individueller Lebensgestaltung einrichten durften, gebietet der Schutz von Ehe und Familie gemäß Art. 6 Abs. 1 GG, dass der Vermögensteuergesetzgeber die Kontinuität dieses Ehe- und Familiengutes achtet."

1. Die bundesstaatlich-organisationsrechtliche Finanzverfassung

Die Art. 104a bis Art. 108 GG regeln die Verteilung der Finanzhoheit zwischen Bund und Ländern. Sie sind bundesstaatlich veranlasste Vorschriften, die die Verbandskompetenz festlegen.[237] Die Finanzhoheit ist die Sammelbezeichnung für die finanzverfassungsrechtlichen Kompetenzen, welche das GG zwischen den verschiedenen Gebietskörperschaften aufteilt. Die Steuerhoheit ist ein Ausschnitt der umfassenden Finanzhoheit und besteht aus den „Unterhoheiten" der Steuergesetzgebungs-, der Steuerverwaltungs- und der Steuerertragshoheit. Die Gebietskörperschaften, die als Bezugssubjekte finanzverfassungsrechtlicher Hoheitsverteilung in den Art. 104a ff. GG genannt sind, sind Bund, Länder und Gemeinden.

2. Das materielle Steuerverfassungsrecht

Das Grundgesetz enthält ausdrücklich kein materielles Steuerverfassungsrecht. Dies bedeutet, dass es keine expliziten Regelungen darüber bereitstellt, wie die einzelnen Steuern zu gestalten sind und wo die verfassungsrechtlichen Grenzen der Steuerbelastung liegen. Die Lücke schließen jedoch die allgemeinen verfassungsrechtlichen Regelungen, insbesondere die Grundrechte und das Rechtsstaatsprinzip, welche nicht zuletzt durch die Rechtsprechung des BVerfG in ihrer Anwendung auf das staatliche Finanzverhalten eine sachbereichsspezifische Konkretisierung erfahren haben.

Die Freiheit des Steuergesetzgebers bei der Ausgestaltung der Steuernormen steht unter dem Einfluss der Bindungsklausel des Art. 1 Abs. 3 GG. Das im allgemeinen Gleichheitssatz verankerte Prinzip der Steuergerechtigkeit fordert, dass die Steuerlast auf die Steuerpflichtigen im Verhältnis ihrer wirtschaftlichen Leistungsfähigkeit zu verteilen ist. Weitere verfassungsrechtliche Grenzen werden der Besteuerung aber auch durch die Freiheitsrechte des GG, insbesondere durch Art. 12 GG (Verfassungsgarantie der Berufsfreiheit) und Art. 14 GG (Verfassungsgarantie des Eigentums und des Erbrechts) gesetzt. Die Kontrolle der Grundrechtsbindung liegt in den Händen des BVerfG. Dieses ist damit nicht nur letztverbindlicher Interpret der Grundrechte, sondern gleichzeitig die Kontrollinstanz, die den Steuergesetzgeber entweder dazu aufruft, seine Handlungsspielräume zur Grundrechtsverwirklichung zu nützen oder ihn in seine Schranken verweist, wenn er Grundrechtsnormen verletzt.

---

237 Vgl. *Vogel/Waldhoff*, in: Dolzer/Vogel, Bonner Kommentar, Bd. 9, Vorbem. z. Art. 104a-115, Rdnr. 34.

§ 2 Europäische Integration und deutsches Finanzverfassungsrecht

Das deutsche Verfassungssystem erfährt durch das Fortschreiten der Europäischen Integration zahlreiche Einwirkungen. Der durch das Gesetz zur Änderung des GG vom 12.12.1992[238] eingefügte Art. 23 GG[239] erklärt nicht nur die Einigung Europas zum Staatsziel, er schafft auch die nötigen Ermächtigungen für die Übertragung von Souveränitätsbefugnissen auf die Institutionen der EG und stellt das Verhältnis der deutschen Bundesstaatlichkeit zum europäischen Einigungsprozess auf neue Grundlagen. Von diesen Einwirkungen des Integrationsprozesses auf die föderale Struktur der Bundesrepublik Deutschland ist auch die Finanzverfassung als „Kern der bundesstaatlichen Ordnung"[240] betroffen.[241]

A. Europäische Integration und Grundgesetz

Das GG zeichnet sich durch seine völkerrechtsfreundliche Ausgestaltung aus. Es ist geprägt durch seine Integrationsfreundlichkeit und das Prinzip der „offenen Staatlichkeit". Während das traditionelle Konzept des „geschlossenen Staates" vorsieht, dass dieser zwar Bindungen mit anderen Staaten eingehen kann, seinen inneren Bereich jedoch ausschließlich durch seine eigene Hoheitsgewalt gestaltet, schafft die „offene Staatlichkeit" des GG die Voraussetzungen für eine Integration der zuvor einzelstaatlich wahrgenommenen Hoheitsrechte in eine mit anderen Staaten errichtete zwischenstaatliche Einrichtung.[242] Dies zeigt sich bereits in der Präambel des GG, in der sich das Deutsche Volk zu dem Willen be-

---

238 BGBl. I 1992, S. 2086 f.

239 Dieser trat an die Stelle des durch Art. 4 Nr. 2 des Einigungsvertrages vom 31.08.1990 (BGBl. II 1990, S. 889) aufgehobenen Art. 23 GG a.F., der den räumlichen Geltungsbereich des GG vor der Wiedervereinigung Deutschlands absteckte. Vgl. *Rojahn*, in: v. Münch/Kunig, Grundgesetz, Bd. 3, Art. 23, Rdnr. 1.

240 Siehe *Wendt*, in: Isensee/Kirchhof, Handbuch des Staatsrechts, Bd. IV, § 104, Rdnr. 1. Das BVerfG bezeichnet die Finanzverfassung auch als „tragenden Eckpfeiler" der bundesstaatlichen Ordnung des GG. Vgl. BVerfG v. 10.12.1980, 2 BvF 3/77, BVerfGE 55, S. 274 (300); BVerfG v. 24.06.1986, 2 BvF 1, 5, 6/83, 1/84, 1, 2/85, BVerfGE 72, S. 330 (388).

241 Vgl. *Scholz*, Europäische Union und deutscher Bundesstaat, NVwZ 1993, S. 817 (817); *Vogel/Waldhoff*, in: Dolzer/Vogel, Bonner Kommentar, Bd. 9, Vorbem. z. Art. 104a-115, Rdnr. 642. Vgl. zur Föderalismusdiskussion *Ress*, Die Europäischen Gemeinschaften und der deutsche Föderalismus, EuGRZ 1986, S. 549 ff.; *Kewenig*, Die Europäischen Gemeinschaften und die bundesstaatliche Ordnung der BRD, JZ 1990, S. 458 ff.; *Pernice*, Europäische Union: Gefahr oder Chance für den Föderalismus in Deutschland, Österreich und der Schweiz?, DVBl. 1993, S. 909 ff.

242 Vgl. *Grabitz*, Die Rechtsetzungsbefugnis von Bund und Ländern bei der Durchführung von Gemeinschaftsrecht, AöR 1986, S. 1 (5 ff.); *Magiera*, Die Grundgesetzänderung von 1992 und die Europäische Union, Jura 1994, S. 1 (2).

kennt, „als gleichberechtigtes Glied in einem vereinten Europa dem Frieden der Welt zu dienen“.[243]

I. Das Integrationsprogramm des GG

Die Entscheidung des Verfassungsgesetzgebers für eine offene Staatlichkeit manifestiert sich in verschiedenen Bestimmungen des GG. Am stärksten drückt sie sich in Art. 24 GG aus, dessen Abs. 1 eine „Übertragung von Hoheitsrechten“ auf eine internationale oder supranationale Organisation ermöglicht.

1. Art. 24 Abs. 1 GG

Art. 24 Abs. 1 GG ermöglicht den Abschluss völkerrechtlicher Verträge zur Übertragung von Hoheitsrechten und damit zur Beteiligung an einer zwischenstaatlichen Einrichtung. Gleichzeitig enthält er die verfassungsrechtliche Gewährleistung für die Erfüllung solcher Verträge. Denn über die Ermächtigung zur Übertragung von Hoheitsrechten auf zwischenstaatliche Einrichtungen hinaus übernimmt er zwei weitere Aufgaben: Er regelt die Öffnung des innerstaatlichen Bereichs gegenüber dem Recht der zwischenstaatlichen Einrichtung und bestimmt zugleich den Rang, den dieses Recht einnimmt.[244] *Ipsen* bezeichnete die Vorschrift deshalb auch als „Integrationshebel“.[245]

a) Übertragung von Hoheitsrechten

Unter Hoheitsrechten i.S. von Art. 24 Abs. 1 GG versteht man die Befugnis, Rechtsverhältnisse im Über- und Unterordnungsverhältnis zwischen öffentlicher Gewalt und Privatpersonen einseitig zu gestalten. Die Gestaltungsrechte können ihrer Form nach Befugnisse der Judikative, der Legislative oder der Exekutive darstellen.[246]

---

243 Vgl. *Ipsen*, Europäisches Gemeinschaftsrecht, S. 52; *Stern*, Das Staatsrecht der BRD, Bd. I, S. 516 ff.; *Scholz*, Europäische Integration und deutscher Bundesstaat, NVwZ 1993, S. 817 (818); *ders.*, in: Maunz/Dürig, Komm. z. GG, Bd. III, Art. 23, Rdnr. 2; *Magiera*, Die Grundgesetzänderung von 1992 und die Europäische Union, Jura 1994, S. 1 (2).

244 Vgl. *Geiger*, Grundgesetz und Völkerrecht, S. 182.

245 Vgl. *Ipsen*, Europäisches Gemeinschaftsrecht, S. 58.

246 Vgl. *Rojahn*, in: v. Münch/Kunig, Grundgesetz, Bd. 2, Art. 24, Rdnr. 19; *Randelzhofer*, in: Maunz/Dürig, Komm. z. GG, Bd. III, Art. 24, Rdnr. 33.

Unbestritten ist, dass der zum Vertragsabschluss ermächtigte Bund dabei nicht nur Hoheitsrechte seines eigenen Kompetenzbereichs übertragen kann, sondern auch solche, die nach der bundesstaatlichen Verteilung der Gesetzgebungszuständigkeit ausschließlich den Ländern zustehen.[247] Geschlossen wird dies aus der ratio essendi des Art. 24 Abs. 1 GG. Diese besteht darin, eine von den Hindernissen binnenstaatlicher Föderalstruktur befreite Integration zu erreichen. Der Eingriff in Länderkompetenzen durch eine Übertragung von Hoheitsrechten ist daher zwecks effektiver Ausstattung der begünstigten Einrichtung unumgänglich.[248] Nach *Ipsen* hat somit die Eingehung der Integrationsverträge die föderale Kompetenzverteilung gleichsam „mutiert“, soweit der Vertragsvollzug auf die Ausübung von Länderkompetenzen angewiesen ist.[249]

Die Übertragung von Hoheitsrechten ist nicht wörtlich dahingehend zu verstehen, dass die Hoheitsrechte als solche von der Bundesrepublik Deutschland auf die zwischenstaatliche Einrichtung übergehen. Vielmehr führt Art. 24 Abs. 1 GG zu einer Öffnung des „Souveränitätspanzers“[250] gegenüber dem Recht der zwischenstaatlichen Einrichtung mit der Folge, dass der ausschließliche Herrschaftsanspruch der Bundesrepublik Deutschland für ihren Herrschaftsbereich zugunsten der zwischenstaatlichen Einrichtung zurückgenommen und der unmittelbaren Geltung und Anwendbarkeit eines Rechts aus anderer Quelle innerhalb des staatlichen Herrschaftsbereichs Raum gelassen wird.[251]

b) Grenzen der Integrationsgewalt

Art. 24 Abs. 1 GG räumt dem Gesetzgeber bei der Verfolgung des Integrationsziels ein weites Ermessen ein. Voraussetzung für eine wirksame Übertragung von Hoheitsrechten ist jedoch, dass sich diese innerhalb der Grenzen der Integrationsgewalt befinden. Hierüber besteht in Rechtsprechung und Literatur Einigkeit. Umstritten ist jedoch, wo diese Grenzen im einzelnen zu ziehen sind.

---

247 Vgl. *Ipsen*, Europäisches Gemeinschaftsrecht, S. 55; *Rojahn*, in: v. Münch/Kunig, Grundgesetz, Bd. 2, Art. 24 , Rdnr. 23; *Jarass*, in: Jarass/Pieroth, GG, Art. 24, Rdnr. 3.

248 Vgl. *Blanke*, Föderalismus und Integrationsgewalt, S. 228 f.

249 Vgl. *Ipsen*, Europäisches Gemeinschaftsrecht, S. 58.

250 Vgl. *Tomuschat*, in: Dolzer/Vogel, Bonner Kommentar, Bd. 4, Art. 24, Rdnr. 102.

251 Vgl. *Geiger*, Grundgesetz und Völkerrecht, S. 183; *Magiera*, Die Grundgesetzänderung von 1992 und die Europäische Union, Jura 1994, S. 1 (2); *Jarass*, in: Jarass/Pieroth, GG, Art. 24, Rdnr. 4; *Rojahn*, in: v. Münch/Kunig, Grundgesetz, Bd. 2, Art. 4, Rdnr. 6; BVerfG v. 29.05.1974, 2 BvL 52/71, BVerfGE 37, S. 271 (280); BVerfG v. 10.11.1981, 2 BvR 1058/79, BVerfGE 59, S. 63 (90); BVerfG v. 18.12.1984, 2 BvE 13/83, BVerfGE 68, S. 1 (90); BVerfG v. 22.10.1986, 2 BvR 197/83, BVerfGE 73, S. 339 (374). Wie weit diese Zurücknahme geht, bestimmt der im Zustimmungs- bzw. Übertragungsgesetz zum Ausdruck kommende Übertragungswille des Gesetzgebers. Vgl. *Kewenig*, Die EG und die bundesstaatliche Ordnung der BRD, JZ 1990, S. 458 (459).

aa) Verfassungsrechtliche Grenzen

Das BVerfG formulierte in seiner Entscheidung vom 12.10.1986 die verfassungsrechtlichen Schranken des Übertragungsaktes folgendermaßen:

> „Die Ermächtigung auf Grund von Art. 24 Abs. 1 GG ist indessen nicht ohne verfassungsrechtliche Grenzen. Die Vorschrift ermächtigt nicht dazu, im Wege der Einräumung von Hoheitsrechten für zwischenstaatliche Einrichtungen die Identität der geltenden Verfassungsordnung der Bundesrepublik Deutschland durch Einbruch in ihr Grundgefüge, in die sie konstituierenden Strukturen aufzugeben [...]. Ein unverzichtbares, zum Grundgefüge der geltenden Verfassung gehörendes Essentiale sind jedenfalls die Rechtsprinzipien, die dem Grundrechtsteil des Grundgesetzes zugrunde liegen (vgl. BVerfGE 37, 271 [279 f.]; 58, 1 [30 f.]). Art. 24 Abs. 1 GG gestattet nicht vorbehaltlos, diese Rechtsprinzipien zu relativieren. Sofern und soweit mithin einer zwischenstaatliche Einrichtung im Sinne des Art. 24 Abs. 1 GG Hoheitsgewalt eingeräumt wird, die im Hoheitsbereich der Bundesrepublik Deutschland den Wesensgehalt der vom Grundgesetz anerkannten Grundrechte zu beeinträchtigen in der Lage ist, muss, wenn damit der nach Maßgabe des Grundgesetzes bestehende Rechtsschutz entfallen soll, statt dessen eine Grundrechtsgeltung gewährleistet sein, die nach Inhalt und Wirksamkeit dem Grundrechtsschutz, wie er nach dem Grundgesetz unabdingbar ist, im wesentlichen gleichkommt."[252]

Das BVerfG sieht also die Schranken der Öffnung der nationalen Rechtsordnung als in Art. 24 Abs. 1 GG immanent enthalten an. Demgegenüber räumt die ganz überwiegende Ansicht im Schrifttum dem Übertragungsgesetz den Rang eines verfassungsändernden Gesetzes im materiellen Sinne ein. Demzufolge werden die Grenzen über Art. 79 Abs. 3 GG (sog. Ewigkeitsgarantie) bestimmt.

Als Argument führen die Anhänger dieser Auffassung folgende Überlegung an: Die Übertragung von Hoheitsrechten erfolge durch ein förmliches Gesetz. Es genüge jedoch ein einfaches Bundesgesetz, das weder einer verfassungsändernden Mehrheit, noch der Zustimmung des Bundesrates bedarf.[253] Wenn es aber dem Verfassungsgesetzgeber versagt sei, die in Art. 79 Abs. 3 GG abschließend aufgezählten Normen zu ändern, so könne es dem einfachen Gesetz-

---

252 Siehe BVerfG v. 22.10.1986, 2 BvR 197/83, BVerfGE 73, S. 339 (375 f.). In der unter der Bezeichnung „Solange I" bekannt gewordenen Entscheidung umschreibt das Gericht die Schranken der Integrationsgewalt noch mit den Worten, dass die „Grundstruktur der Verfassung, auf der ihre Identität beruht", nicht geändert werden und keine Aufhebung der „Identität der geltenden Verfassung der BRD durch Einbruch in die sie konstituierenden Strukturen" stattfinden dürfe. Vgl. BVerfG v. 29.05.1974, 2 BvL 52/71, BVerfGE 37, S. 271 (279).

253 Vgl. *Jarass*, in: Jarass/Pieroth, GG, Art. 24, Rdnr. 6; *Rojahn*, in: v. Münch/Kunig, Grundgesetz, Bd. 2, Art. 24, Rdnr. 29; *Magiera*, Die Grundgesetzänderung von 1992 und die Europäische Union, Jura 1994, S. 1 (2).

geber erst recht nicht erlaubt sein.[254] Es müssten daher Art. 1 GG und die Grundsätze des Art. 20 GG (Prinzipien der Demokratie, des Rechtsstaates und des Sozialstaates) abgesichert sein. Außerdem dürfe die föderative Struktur der Bundesrepublik Deutschland nicht aufgegeben werden.[255]

Losgelöst von der Frage, wo man die Grenzlinien des Übertragungsaktes verlaufen lässt, ist jedoch folgendes festzuhalten: Die Grundentscheidungen der bundesdeutschen Verfassung müssen in der zwischenstaatlichen Einrichtung nicht gleichermaßen wie in der deutschen Rechtsordnung ausgestaltet sein. Eine „strukturelle Kongruenz"[256] der beiden Rechtsordnungen ist nicht erforderlich. Denn dies widerspräche der von Art. 24 Abs. 1 GG gewollten Integrationsbereitschaft. Die Bundesrepublik Deutschland könnte nur mit Staaten kooperieren, deren Grundrechtsschutz, Rechtsschutzsystem, bundesstaatlicher Aufbau etc. ein genaues Spiegelbild der deutschen Rechtsordnung wäre. Dies würde im Ergebnis zur Integrationsunfähigkeit der Bundesrepublik Deutschland führen.[257]

bb) Gebot ausreichender Bestimmtheit

Ein Vertragsgesetz, das Hoheitsrechte auf eine zwischenstaatliche Einrichtung überträgt, ist kein ausschließlicher, den status quo umschreibender Gesetzgebungsakt. In ihm muss vielmehr ein dynamisches Element stecken, das vom gesetzgeberischen Übertragungswillen umfasst wird. Grund hierfür ist, dass die zwischenstaatliche Einrichtung typischerweise im Rahmen eines Integrationsprozesses funktioniert, der einen angestrebten Zustand herbeiführen soll.[258] Auch das BVerfG hat dieses notwendige dynamische Element, das bestimmten internationalen Verträgen und dem entsprechenden nationalen Übertragungsgesetz innewohnt, in seiner Entscheidung vom 23.06.1981 betont:

> „Die sachliche Reichweite des Gesetzesvorbehalts in Art. 24 Abs. 1 GG andererseits ist auch mit Blick auf die Art und Weise zu bestimmen, in der Einrichtungen im Sinne dieser Vorschrift auf der zwischenstaatlichen Ebene errichtet werden und funktionieren. Dies geschieht typischerweise im Rahmen eines Integrationsprozesses, in dessen zeitlichen Verlauf zahlreiche einzelne Vollzugsakte erforderlich sind, um den im Gründungsvertrag angestrebten Zustand herbeizuführen. Die Rechtsformen, in denen sich das vollzieht, können

---

[254] Vgl. *Kewenig*, Die EG und die bundesstaatliche Ordnung der BRD, JZ 1990, S. 458 (460) (m.w.N.).

[255] Vgl. *Jarass*, in: Jarass/Pieroth, GG, Art. 24, Rdnr. 9.

[256] Vgl. *Zuleeg*, in: Wassermann, AK-GG, Bd. 1, Art. 24, Rdnr. 38.

[257] Vgl. *Geiger*, Grundgesetz und Völkerrecht, S. 183 f.

[258] Vgl. *Kewenig*, Die EG und die bundesstaatliche Ordnung der BRD, JZ 1990, S. 458 (459); *Geiger*, Grundgesetz und Völkerrecht, S. 184.

> vielfältig sein; sie reichen von zusätzlichen vertraglichen Instrumenten über Beschlussformen der zwischenstaatlichen Einrichtung und doppelfunktionellen Regelungsakten bis hin zur tatsächlichen Inanspruchnahme einer Kompetenz bei konkurrierenden Kompetenzlagen als dem maßgeblichen Zeitpunkt für den aktuellen Kompetenzzuwachs der zwischenstaatlichen Einrichtung. Auch dort, wo nicht schon der Gründungsvertrag selbst jeden dieser Abläufe nach Inhalt, Form und Zeitpunkt festgelegt hat, bedarf es für derartige Vollzugsschritte nicht von vornherein jeweils eines gesonderten Gesetzes im Sinne des Art. 24 Abs. 1 GG. Ein solches Gesetz ist dort entbehrlich, wo es bereits der Gründungsvertrag, dem durch Gesetz zugestimmt worden ist, diesen Vollzugsverlauf hinreichend bestimmbar normiert hat. Allerdings muss ein derartiger Vollzugsschritt im Gründungsvertragswerk oder in dem dazu ergangenen Gesetz hinreichend bestimmbar angelegt sein; wesentliche Änderungen des dort angelegten Integrationsprogramms und seiner Vollzüge etwa sind nicht mehr von dem ursprünglichen Zustimmungsgesetz nach Art. 24 Abs. 1 GG gedeckt. Dazu kann je nach der Art der zwischenstaatlichen Einrichtung auch die zeitliche Stufe des Kompetenzzuwachses der zwischenstaatlichen Einrichtung gehören."[259]

Damit ist die dem Integrationsprozess immanente Dynamik, die eine Anpassung und Adaption an veränderte Gegebenheiten erlaubt, von dem Übertragungsgesetz erfasst, sofern dieser Verlauf im Vertrags- und Gesetzestext hinreichend bestimmbar angelegt ist. Wesentliche Änderungen des Integrationsprogramms erfordern jedoch eine Vertragsänderung und ein neues Zustimmungsgesetz.

c) Europäische Integration und Art. 24 Abs. 1 GG

Bis ins Jahr 1992 wurde der Prozess der Europäischen Integration auf Grundlage des Art. 24 Abs. 1 GG vollzogen und verfassungsrechtlich abgesichert. Die EG fungierte insoweit als „zwischenstaatliche Einrichtung". Als jedoch der am 07.02.1992 von den damaligen zwölf Mitgliedstaaten der EG unterzeichnete Vertrag zur Gründung der Europäischen Union (EU-Vertrag) ratifiziert werden sollte, führte dies in einigen Vertragsstaaten – auch in der Bundesrepublik Deutschland – zu Schwierigkeiten.

Mehrere Verfassungsbeschwerden stellten die Verfassungsmäßigkeit des bundesdeutschen Zustimmungsgesetzes in Frage und der Bundespräsident setzte bis zum Erlass eines Urteils des BVerfG die Ratifizierung aus. Die Bedenken richteten sich weniger gegen den Unionsvertrag als solchen, als vielmehr dagegen, ob Art. 24 Abs. 1 GG als Grundlage für die Vertragsratifizierung noch ausreiche, da der EU-Vertrag den mit der Gründung der EG eingelei-

---

[259] Siehe BVerfG v. 23.06.1981, 2 BvR 1107, 1124/77, 195/79, BVerfGE 58, S. 1 (36 f.). Vgl. ebenso BVerfG v. 18.12.1984, 2 BvE 13/83, BVerfGE 68, S. 1 (98 ff.); BVerfG v. 08.04.1987, 2 BvR 687/85, BVerfGE 75, S. 223 (241 ff.).

teten Prozess der Europäischen Integration auf eine neue Stufe heben sollte.[260] Um diese Bedenken auszuräumen, wurde im Rahmen der mit der deutschen Einigung vereinbarten Grundgesetzreform eine Teilrevision im Hinblick auf die Ratifizierung des Vertrags von Maastricht beschlossen, die zu einer Ergänzung des GG um den Art. 23 GG führte.[261] Systematisch stellt Art. 23 GG eine lex specialis zu Art. 24 Abs. 1 GG dar. Trotzdem sind beide Bestimmungen im Zusammenhang zu sehen. Obwohl sie sich in vielerlei Hinsicht unterscheiden, knüpft Art. 23 Abs. 1 GG an die Regelung des Art. 24 Abs. 1 GG an.[262]

2. Art. 23 GG

Der Europa-Artikel 23 GG unterscheidet sich von der Integrationsbestimmung des Art. 24 Abs. 1 GG in mehrfacher Hinsicht: Er benennt die Entwicklung der EU als konkretes Staatsziel, erschwert die Übertragung von Hoheitsrechten verfahrensrechtlich und regelt die Mitwirkung von Bundestag und Bundesrat.

a) Die Europäische Union

In Anknüpfung an das Europabekenntnis in der Präambel des GG bestimmt Art. 23 Abs. 1 Satz 1 GG, dass die Bundesrepublik Deutschland zur Verwirkli-

---

260 Vgl. Art. 1 Abs. 2 EU.

261 Zusätzliche Änderungen ergaben sich in den Art. 24, 28, 45, 50, 52, 88 und Art. 115e GG. So wurde in Art. 24 GG ein neuer Abs. 1a eingefügt, wonach die Länder das Recht erhalten, „mit Zustimmung der Bundesregierung Hoheitsrechte auf grenznachbarschaftliche Einrichtungen zu übertragen“. Art. 28 Abs. 1 Satz 3 GG ermächtigt zur Einführung eines kommunalen Ausländerwahlrechts für Unionsbürger. Im Hinblick auf die in Art. 23 GG eingeführten Beteiligungsrechte des Bundesrates wurde Art. 50 GG dahingehend erweitert, dass die Länder nicht nur „bei der Gesetzgebung und Verwaltung des Bundes“, sondern auch „in Angelegenheiten der Europäischen Union mitwirken“. In Art. 52 GG wurde ein neuer Abs. 3a eingefügt, der es dem Bundesrat erlaubt, „für Angelegenheiten der Europäischen Union eine Europakammer“ zu bilden. Für die Beteiligung des Bundestages wurde ein neuer Art. 45 GG eingefügt, nach dem „der Bundestag einen Ausschuss für die Angelegenheiten der europäischen Union bestellt“. In Art. 88 GG wurde ein neuer Satz 2 eingefügt, der die Übertragung von Aufgaben und Befugnissen der Bundesbank auf die Europäische Zentralbank ermöglicht. Schließlich wurde Art. 115e Abs. 2 Satz 2 GG dahingehend geändert, dass der Gemeinsame Ausschuß nicht zum Erlass von Gesetzen nach Art. 23 Abs. 1 Satz 2 GG befugt ist. Vgl. *Magiera*, Die Grundgesetzänderung von 1992 und die Europäische Union, Jura 1994, S. 1; *Scholz*, Europäische Union und deutscher Bundesstaat, NVwZ 1993, S. 817 (819 f.).

262 Vgl. *Scholz*, in: Maunz/Dürig, Komm. z. GG, Bd. II, Art. 23, Rdnr. 3.

chung eines vereinten Europas bei der Entwicklung der EU mitwirkt. Dies wird – wie bereist erwähnt – zu einem konkreten Staatsziel erklärt.[263]

Der Begriff der EU i.S. von Art. 23 Abs. 1 Satz 1 GG ist jedoch nicht identisch mit dem Begriff der EU i.S. des EU-Vertrages. Wenn Art. 23 GG von einer „Entwicklung" der Union spricht, enthält er damit ein offenes Integrationsprogramm. Er erfasst nicht nur den gerade aktuellen status quo der EU, sondern ermöglicht ihre prozesshafte Weiterentwicklung, wie z.B. die Aufnahme neuer Mitgliedstaaten. Solange die EU als Grundziel erhalten bleibt, sieht sich jede verändernde Weiterentwicklung des EU-Vertrages durch die Ermächtigungsnorm des Art. 23 GG gedeckt.[264] Momentan erhält der Begriff der EU i.S. von Art. 23 Abs. 1 GG seine spezifische Ausgestaltung durch den Vertrag von Amsterdam, der einen weiteren Schritt zur Festigung der Union und zur Vorbereitung neuer Erweiterungen begründen soll.

b) Übertragung von Hoheitsrechten

Art. 23 Abs. 1 Satz 2 GG statuiert einen Gesetzesvorbehalt für die Übertragung von Hoheitsrechten[265] und ist insofern lex specialis zu Art. 24 Abs. 1 GG.[266] In formeller Hinsicht genügt ein einfaches, förmliches Gesetz, das neben den völkerrechtlichen Vertrag tritt.[267]

Übertragungsfähig sind – wie bei Art. 24 Abs. 1 GG – auch solche Hoheitsrechte, die innerstaatlich in die Zuständigkeit des Bundes oder der Länder fallen.[268] Um diesen Kompetenzverlust der Länder auszugleichen ist – im Unterschied zu Art. 24 Abs. 1 GG – die Übertragung generell von der Zustimmung des Bundesrates abhängig, und zwar unabhängig davon, ob der Gegenstand des betreffenden Hoheitsrechtes innerstaatlich den Kompetenzbereich des Bundes oder der Länder betrifft.[269]

---

263 So die Bundesregierung in ihrer Begründung zum Änderungsentwurf, BR-Drucks. 501/94, S. 4 (11).

264 Vgl. *Scholz*, in: Maunz/Dürig, Komm. z. GG, Bd. III, Art. 23, Rdnr. 12.

265 Vgl. *Scholz*, in: Maunz/Dürig, Komm. z. GG, Bd. III, Art. 23, Rdnr. 52. Der Begriff „Hoheitsrechte" entspricht dem des Art. 24 Abs. 1 GG, umfaßt also auch im Rahmen von Art. 23 Abs. 1 Satz 2 GG Befugnisse aller drei Staatsgewalten (Legislative, Exekutive, Judikative). Vgl. *Scholz*, in: Maunz/Dürig, Komm. z. GG, Bd. III, Art. 23, Rdnr. 49; *Jarass*, in: Jarass/Pieroth, GG, Art. 23, Rdnr. 17.

266 Vgl. *Jarass*, in: Jarass/Pieroth, GG, Art. 23, Rdnr. 4.

267 Vgl. *Magiera*, Die Grundgesetzänderung von 1992 und die Europäische Union, Jura 1994, S. 1 (8); *Jarass*, in: Jarass/Pieroth, GG, Art. 23, Rdnr. 21.

268 Vgl. *Jarass*, in: Jarass/Pieroth, GG, Art. 23, Rdnr. 17; *Scholz*, in: Maunz/Dürig, Komm. z. GG, Bd. III, Art. 23, Rdnr. 48; *ders.*, Europäische Union und deutscher Bundesstaat, NVwZ 1993, S. 817 (821).

269 Die Gemeinsame Verfassungskommission von Bundestag und Bundesrat rechtfertigte diese weitreichende Abweichung von Art. 24 Abs. 1 GG wie folgt: „Maßgebend für diesen Regelungsvorschlag war die Erwägung, dass sich weitere Übertragungen von Ho-

Der Begriff „Übertragung von Hoheitsrechten" ist auch im Rahmen von Art. 23 Abs. 1 Satz 2 GG nicht in dem Sinne wörtlich zu verstehen, dass die Hoheitsrechte gleichsam „dinglich" auf die EU übergehen. Vielmehr handelt es sich auch hier um einen Ausübungsverzicht mit der Folge, dass die Hoheitsrechte als solche bei der Bundesrepublik Deutschland verbleiben, ihre Wahrnehmung jedoch durch die EU erfolgen kann.[270]

c) Grenzen der Integrationsgewalt

Art. 23 GG räumt dem Integrationsgesetzgeber zwar ein weites Ermessen bei der Übertragung von Hoheitsrechten auf die EU ein, jedoch ist diese nach bundesdeutschem Verfassungsrecht nicht unbegrenzt möglich. Im Unterschied zu Art. 24 Abs. 1 GG sind die Grenzen der Übertragung in Art. 23 Abs. 1 GG ausdrücklich genannt.

aa) Die Struktursicherungsklausel des Art. 23 Abs. 1 Satz 1 GG

Der Auftrag zur Entwicklung der EU setzt voraus, dass diese den Anforderungen des Art. 23 Abs. 1 Satz 1 GG entspricht. Sie muss demokratischen[271], recht-

---

heitsrechten angesichts des erreichten hohen Integrationsniveaus unmittelbar auf die innerstaatlichen Verfassungsstrukturen und damit auch auf die Stellung der Länder im Bundesstaat auswirken." Siehe BT-Drucks. 12/6000, S. 21.

[270] Vgl. *Jarass*, in: Jarass/Pieroth, GG, Art. 23, Rdnr. 8; *Magiera*, Die Grundgesetzänderung von 1992 und die Europäische Union, Jura 1994, S. 1 (2); *Scholz*, in: Maunz/Dürig, Komm. z. GG, Bd. III, Art. 23, Rdnr. 51. Vgl. hierzu auch die Ausführungen zu Art. 24 Abs. 1 GG in: 2. Teil, § 2, A., I., 1., a).

[271] Das demokratische Strukturerfordernis verlangt, dass das Tätigwerden der Union sich auf die Bürger der Mitgliedstaaten zurückführen läßt. Die demokratische Legitimation der Union wird auf verschiedene Weise vermittelt. Sie ruht zum einen institutionell auf den Zustimmungsgesetzen, die von den innerstaatlich demokratisch legitimierten Verfassungsorganen verabschiedet wurden. Rat und Kommission werden personell und sachlich durch Rückkoppelung an die Parlamente der Mitgliedstaaten legitimiert. Außerdem wird das Europäische Parlament direkt gewählt. Vgl. *Jarass*, in: Jarass/Pieroth, GG, Art. 23, Rdnr. 8; *Scholz*, in: Maunz/Dürig, Komm. z. GG, Bd. III, Art. 23, Rdnr. 57; *Rojahn*, in: v. Münch/Kunig, Grundgesetz, Bd. 2, Art. 23, Rdnr. 23. Das BVerfG führt in der sog. „Maastricht"-Entscheidung zum Demokratieprinzip folgendes aus: „Das Demokratieprinzip hindert Deutschland nicht an einer Mitgliedschaft in einer – supranational organisierten – zwischenstaatlichen Gemeinschaft. Voraussetzung ist aber, dass eine vom Volk ausgehende Legitimation und Einflußnahme innerhalb des Staatenverbundes gesichert ist." Siehe BVerfG v. 12.10.1993, 2 BvR 2134, 2159/92, NJW 1993, S. 3047 (3051).

staatlichen[272], sozialen[273] und föderativen[274] Grundsätzen sowie dem Grundsatz der Subsidiarität[275] verpflichtet sein und einen dem GG im wesentlichen vergleichbaren Grundrechtsschutz gewährleisten. Diese sog. Struktursicherungsklausel enthält Gestaltungsvorgaben für die zuständigen Organe der bundesdeut-

---

272 Das Rechtsstaatsprinzip, das mitunter unterschiedliche Begriffsinhalte und entwicklungsgeschichtlich zum Teil verschiedene Variationen kennt, umfasst nach dem heutigen Erkenntnis- und Interpretationsstand folgende Grundpositionen: Schutz der individuellen Freiheit und der Menschenrechte, Gewährleistung von Rechtsschutz durch unabhängige Gerichte und rechtliches Gehör, Verfassungsbindung der öffentlichen Gewalt und Gesetzesbindung von Verwaltung und Rechtsprechung sowie staatliche Gewaltenteilung. Die EU ist eine „Rechtsgemeinschaft, die auf einem gemeinschaftlichen Verständnis von Menschenrechten, Grundrechten und Grundfreiheiten beruht". Das Rechtsstaatsprinzip wird also in seiner durch die Struktursicherungsklausel vorgegebenen Form durch die EU gewahrt. Vgl. *Scholz,* in: Maunz/Dürig, Komm. z. GG, Bd. III, Art. 23, Rdnr. 59.

273 Aber die Ausprägung sozialer Grundsätze finden sich in der Präambel zum EU-Vertrag und EG-Vertrag sowie in Art. 2 EG. Danach ist es Aufgabe der Gemeinschaft, „ein hohes Beschäftigungsniveau, ein hohes Maß an sozialem Schutz, die Hebung der Lebenshaltung und der Lebensqualität, den wirtschaftlichen und sozialen Zusammenhalt und die Solidarität der Mitgliedstaaten zu fördern." Der prinzipielle sozialstaatliche Auftrag er Union findet sich aber auch in konkreten Kompetenzen im Bereich der Sozialpolitik verdeutlicht: Art. 136 ff., 146 ff. und Art. 158 ff. EG. Da sich die EU einer Integration im Bereich der Sozialpolitik damit nicht versagt, genügt sie den verfassungsrechtlichen Anforderungen des Art. 23 Abs. 1 Satz 1 GG. Vgl. *Rojahn*, in: v. Münch/Kunig, Grundgesetz, Bd. 2, Art. 23, Rdnr. 26; *Scholz*, in: Maunz/Dürig, Komm. z. GG, Bd. III, Art. 23, Rdnr. 60.

274 Die Forderung nach einer Verpflichtung zu föderativen Grundsätzen steht einer zentralisierten Organstruktur der EU entgegen. Vielmehr soll das Verhältnis der EU zu ihren Mitgliedstaaten föderativ geprägt sein, ohne einem Bundesstaat gleichzukommen. Dies umfasst auch die Achtung der Staatlichkeit und Verfassungsautonomie der Mitgliedstaaten und damit die Rücksicht auf die bundesstaatliche oder regionalistische Binnengliederung. Dies wird durch Art. 6 Abs. 3 EU verbürgt. Vgl. *Jarass*, in: Jarass/Pieroth, GG, Art. 23, Rdnr. 11; *Scholz*, in: Maunz/Dürig, Komm. z. GG, Bd. III, Art. 23, Rdnr. 62.

275 Das Subsidiaritätsprinzip enthält ganz allgemein und unter Berücksichtigung der unterschiedlichen staats- und gesellschaftspolitischen Wurzeln den Grundsatz, dass in Fragen der Zuständigkeitsverteilung und Freiheitsabgrenzung nach Möglichkeit die jeweils kleinere Einheit den Vorrang vor der jeweils größeren zu beanspruchen hat. Durch den EU-Vertrag wurde das Subsidiaritätsprinzip auf unionsrechtlicher Ebene in Art. 2 Abs. 2 EU verankert. Gleichzeitig wurde es in Art. 5 Abs. 2 EG eingeführt. Es begrenzt die Ausübung der der Gemeinschaft übertragenen Befugnisse und führt damit gleichzeitig zu einer Stärkung der föderativen Elemente der EU. Vgl. *Everling*, Überlegungen zur Struktur der EU und zum neuen Europa-Artikel des GG, DVBl. 1993, S. 936 (940).

schen Integrationsgewalt (Bundesregierung, Bundesrat, Bundestag), die einerseits richtungsweisend, andererseits grenzziehend sind.[276]

Allerdings nennt Art. 23 Abs. 1 Satz 1 GG diese Grundsätze, ohne sie durch einen Hinweis auf ihre spezielle Ausprägung im GG festzulegen. Daraus kann gefolgert werden, dass auch hier keine „strukturelle Kongruenz" gefordert wird.[277] Vielmehr soll die Union „sich in bestimmten, den westeuropäischen Demokratien eigenen Strukturen entwickeln."[278] Die Strukturprinzipien sind daher als Verweisung auf die Kerngehalte jener Prinzipien zu verstehen, die allen Mitgliedstaaten ungeachtet ihrer unterschiedlichen Ausprägung gemeinsam sind.[279]

Die Formel von der „Gewährleistung eines dem GG vergleichbaren Grundrechtsschutzes" knüpft an die „Solange-Rechtsprechung" des BVerfG an.[280] Nachdem die Rechtsprechung des EuGH einen breiten Katalog grundrechtlicher Gewährleistungen mit unmittelbarem Geltungsanspruch für das Gemeinschaftsrecht entwickelte und in Art. 6 Abs. 2 EU die Achtung von Menschenrechten und Grundrechten ausdrücklich auf Unionsebene verankert wurde, ist den Anforderungen des Art. 23 Abs. 1 Satz 1 GG Genüge getan. Soweit sich konkrete Schutzlücken im Grundrechtsstandard ergeben, schließt das BVerfG diese über das von ihr entwickelte „Kooperationsverhältnis" zwischen seiner eigenen Gerichtsbarkeit und der des EuGH.[281]

---

276 Vgl. *Rojahn*, in: v. Münch/Kunig, Grundgesetz, Bd. 2, Art. 23, Rdnr. 17; *Scholz*, in: Maunz/Dürig, Komm. z. GG, Bd. III, Art. 23, Rdnr. 55.

277 Vgl. hierzu die Ausführungen in: 2. Teil, § 2, A., I., 1., b), aa).

278 Siehe die Ausführungen der Bundesregierung zu Art. 23 Abs. 1 GG, BT-Drucks. 12/3338, S. 6.

279 Vgl. *Rojahn*, in: v. Münch/Kunig, Grundgesetz, Bd. 2, Art. 23, Rdnr. 20.

280 In der „Solange I"-Entscheidung hat das BVerfG ausgeführt, dass die EG „noch eines kodifizierten Grundrechtskatalogs [...] entbehre. In diesem Fall einer Kollision von Gemeinschaftsrecht mit den grundgesetzlichen Grundrechtsgarantien setzt sich die Grundrechtsgarantie des GG durch, solange nicht entsprechend dem Vertragsmechanismus die zuständigen Organe der Gemeinschaft den Normenkonflikt behoben haben." Siehe BVerfG v. 29.05.1974, 2 BvL 52/71, BVerfGE 37, S. 271 (280 f.). In der „Solange II"-Entscheidung konnte das BVerfG auf die mittlerweile erfolgte Rechtsprechung des EuGH Bezug nehmen, die inzwischen eine weitreichende „Grundrechtsjudikatur" entwickelt hatte, die – so auch das BVerfG – dem Grundrechtsstandard des GG im Wesentlichen adäquat ist. Folgerichtig gab das Gericht seine frühere Rechtsprechung auf und verzichtete auf eine Überprüfung von Gemeinschaftsrecht am Maßstab des GG. Vgl. BVerfG v. 22.10.1986, 2 BvR 197/83, BVerfGE 73, S. 340 ff.

281 In der „Maastricht"-Entscheidung führt das BVerfG aus: „Allerdings übt das Bundesverfassungsgericht seine Gerichtsbarkeit über die Anwendung von abgeleitetem Gemeinschaftsrecht in Deutschland in einem ‚Kooperationsverhältnis' zum Europäischen Gerichtshof aus, in dem der Europäische Gerichtshof den Grundrechtsschutz in jedem Einzelfall für das gesamte Gebiet der Europäischen Gemeinschaften garantiert, das Bundes-

bb) Die Schranke des Art. 23 Abs. 1 Satz 3 GG

Art. 23 Abs. 1 Satz 3 GG setzt dem Integrationsgesetzgeber für bestimmte Integrationsmaßnahmen eine absolute Schranke: Für die Begründung der EU[282], für Änderungen ihrer vertraglichen Grundlagen sowie für vergleichbare Regelungen, durch die das GG seinem Inhalt nach geändert oder ergänzt wird oder solche Änderungen oder Ergänzungen ermöglicht werden, bedarf es eines Gesetzes mit verfassungsändernder Zweidrittelmehrheit nach Art. 79 Abs. 2 GG, das an die Grenzen des Art. 79 Abs. 3 GG gebunden ist. Keine Anwendung findet Art. 79 Abs. 1 GG, so dass materielle Verfassungsänderungen durch Übertragung von Hoheitsrechten auch künftig zulässig sind, ohne dass der Wortlaut des GG geändert werden muss.[283]

Der Begriff „Änderung der vertraglichen Grundlagen" der EU zielt auf Vertragsänderungen nach Art. 48 EU ab. „Vergleichbare Regelungen" sind sog. Evolutivklauseln. Dies sind vertragliche Bestimmungen, die in einem abgekürzten Verfahren eine Ergänzung des Gemeinschaftsrechts durch einstimmigen Ratsbeschluß mit anschließender Annahme durch die Mitgliedstaaten nach deren verfassungsrechtlichen Bestimmungen vorsehen (Vertragserweiterungen bzw. Vertragsergänzungen wie z.B. Art. 22 Abs. 2, Art. 190 Abs. 3, Art. 269 Abs. 2 EG oder Art. 37 EU).[284] Weitere Voraussetzung ist, dass das GG seinem Inhalt nach geändert oder ergänzt wird. Mit der Vertragsänderung oder der vergleichbaren Regelung muss eine „Verfassungsrelevanz" einhergehen.[285]

Art. 23 Abs. 1 Satz 3 GG unterstellt zudem die Integrationsgewalt in diesem Bereich ausdrücklich den Grenzen des Art. 79 Abs. 3 GG. Damit ist die Diskussion über die immanenten Schranken für die Übertragung von Hoheitsrechten, die sich noch bei Art. 24 Abs. 1 GG stellte, obsolet geworden.[286] Art. 23 Abs. 1 GG stellt nunmehr ausdrücklich klar, dass die in Art. 79 Abs. 3 GG genannten Ver-

---

verfassungsgericht sich deshalb auf eine partielle Gewährleistung des unabdingbaren Grundrechtsstandards beschränken kann." Siehe BVerfG v. 12.10.1993, 2 BvR 2134, 2159/92, NJW 1993, S. 3047 (3049).

282 Art. 23 Abs. 1 Satz 3 Alt. 1 GG („Begründung der Europäischen Union") ist seit der Ratifizierung des EU-Vertrages gegenstandslos geworden.

283 Art. 79 Abs. 1 Satz 1 GG lautet: „Das Grundgesetz kann nur durch ein Gesetz geändert werden, dass den Wortlaut des Grundgesetzes ausdrücklich ändert oder ergänzt."

284 Vgl. *Rojahn*, in: v. Münch/Kunig, Grundgesetz, Bd. 2, Art. 23, Rdnr. 50; *Jarass*, in: Jarass/Pieroth, GG, Art. 23, Rdnr. 22; *Scholz*, in: Maunz/Dürig, Komm. z. GG, Bd. III, Art. 23, Rdnr. 85.

285 Vgl. Gemeinsame Verfassungskommission von Bundestag und Bundesrat, BT-Drucks. 12/6000, S. 21.

286 Vgl. hierzu die Ausführungen in: 2. Teil, § 2, A., I., 1., b); *Kirchner/Haas*, Rechtliche Grenzen für die Kompetenzübertragung auf die EG, JZ 1993, S. 760 (762).

fassungsprinzipien als Mindestgarantien der Verfassungsstrukturen der Bundesrepublik Deutschland zu bewahren sind.[287]

II. Der Prozess der Europäischen Integration

Der Prozess der Europäischen Einigung begann mit dem Vertrag über die Gründung der Europäischen Gemeinschaft für Kohle und Stahl (EGKS) vom 18.04.1951, der am 23.06.1952 in Kraft trat[288] und findet seinen vorläufigen Schlusspunkt mit dem Vertrag von Amsterdam, der am 02.10.1997 von den Außenministern der fünfzehn EU-Mitgliedstaaten unterzeichnet wurde. Die wichtigsten Etappen der Europäischen Integration sind folgende.

1. Die Römischen Verträge

Am 25.03.1957 wurden die Verträge zur Gründung der Europäischen Wirtschaftsgemeinschaft (EWG)[289] und zur Gründung der Europäischen Atomgemeinschaft (EAG)[290] von den Vertretern der damaligen sechs Mitgliedstaaten Belgien, Deutschland, Frankreich, Italien, Luxemburg und Niederlande unterzeichnet. Die Europäischen Gemeinschaften (EWG, EAG, EGKS) waren von Anfang an durch die Strukturprinzipien der Integration, der Autonomie, der Supranationalität und der Interdependenz gekennzeichnet.[291]

---

[287] Daraus folgt gleichzeitig, dass Art. 23 Abs. 1 GG nur die Übertragung einzelner Hoheitsrechte, nicht aber die Übertragung der gesamten Staatsgewalt gestattet. Denn die souveräne Existenz der Bundesrepublik Deutschland ist für die Gewährleistung der in Art. 79 Abs. 3 GG enthaltenen Verfassungsprinzipien notwendig. Vgl. *Magiera*, Die Grundgesetzänderung von 1992 und die Europäische Union, Jura 1994, S. 1 (8).

[288] BGBl. II 1952, S. 978. Mitglied der sog. „Montanunion" waren Deutschland, Frankreich, Italien und die Benelux-Staaten. Grundgedanke war es, die deutsche Produktion von Kohle und Stahl, der eine erhebliche militärische und wirtschaftliche Bedeutung beigemessen wurde, unter eine internationale Kontrolle zu bringen, um eine Bedrohung des europäischen Friedens durch ein wiedererstarkendes Deutschland auszuschließen. Angesichts der negativen Erfahrung mit dem „Versailler Vertrag" erschien es sinnvoll, die Bundesrepublik Deutschland nach dem zweiten Weltkrieg gemeinsam mit anderen europäischen Staaten in ein supranationales System einzugliedern. Vgl. *Wilmowsky*, Einführung in das Recht der Europäischen Gemeinschaften, Jura 1992, S. 337.

[289] BGBl. II 1957, S. 766, in Kraft getreten am 01.01.1958 (BGBl. II 1958, S. 1).

[290] BGBl. II 1957, S. 1014, in Kraft getreten am 01.01.1958 (BGBl. II 1958, S. 1).

[291] Vgl. hierzu die Ausführungen in: 2. Teil, § 2, A., III., 1. a), b), c); *Magiera*, Die Grundgesetzänderung von 1992 und die Europäische Union, Jura 1994, S. 1 (4); *Herdegen*, Europarecht, Rdnr. 43 ff.

2. Die Einheitliche Europäische Akte

Ein wichtiger Fortschritt für die Europäische Integration war die Verabschiedung der Einheitlichen Europäischen Akte (EEA) am 28.02.1986, die am 01.07.1987 in Kraft trat.[292] Durch sie wurde die Verwirklichung eines Europäischen Binnenmarktes als Vertragsziel in den EWG-Vertrag aufgenommen und die Gemeinschaftstätigkeit auf zusätzliche Politikbereiche ausgedehnt (z.B. Umweltschutz). Weitere Änderungen, wie die Einführung weiterer Rechtsgrundlagen zur Harmonisierung der nationalen Rechtssysteme, sollten den Integrationsprozess flexibler gestalten.[293]

3. Der Vertrag von Maastricht

Mit der Unterzeichnung des Vertrages über die Europäische Union (EU-Vertrag)[294] am 07.02.1992 in Maastricht bekannten sich die Vertragsstaaten zu dem Ziel, „den mit der Gründung der Europäischen Gemeinschaften eingeleiteten Prozess der europäischen Integration auf eine neue Stufe zu heben“[295] und gründeten untereinander die Europäische Union (Art. 1 Abs. 2 EU). Der Vertrag enthält wesentliche Änderungen des EWG-Vertrages, der seither nach Art. 8 EU nur noch „Vertrag zur Gründung der Europäischen Gemeinschaft“ (EG-Vertrag) heißt. Grundlage der Union sind die Europäischen Gemeinschaften (EG, EAG, EGKS), die durch die Politiken und Formen der Zusammenarbeit ergänzt wurden (vgl. Art. 1 Abs. 3 Satz 1 EU).[296] Durch den Maastricht-Vertrag wurde somit die rechtliche Selbständigkeit der drei Europäischen Gemeinschaften nicht berührt (vgl. Art. 47 EU). Ihnen wurden nur zwei weitere Bereiche intergouvernementaler Zusammenarbeit[297] hinzugefügt: die gemeinsame Außen- und Sicherheitspolitik (GASP, Art. 11 ff. EU) und die Zusammenarbeit in den Bereichen Justiz und Inneres (ZBJI, Art. 29 ff. EU). Lediglich als „gemeinsames Dach“ dieser drei Pfeiler fungiert die Bezeichnung „Europäische Union“.[298]

---

292 BGBl. II 1987, S. 1102.

293 Vgl. *Herdegen*, Europarecht, Rdnr. 47.

294 BGBl. II 1992, S. 1253 (1286).

295 Vgl. Art. 1 Abs. 2 EU.

296 Vgl. *Scholz*, in: Maunz/Dürig, Komm. z. GG, Bd. II, Art. 23, Rdnr. 11.

297 Dies sind solche Politikbereiche, die keinen integrierenden Bestandteil des Gemeinschaftsrechts darstellen und für die damit die Besonderheiten des Gemeinschaftsrechts nicht gelten.

298 Vgl. *Streinz*, Europarecht, Rdnr. 121; *Magiera*, Die Grundgesetzänderung von 1992 und die Europäische Union, Jura 1994, S. 1 (6); *Pieper*, in: Birk, Handbuch des Europäischen Steuer- und Abgabenrechts, § 1, Rdnr. 29; *Herdegen*, Europarecht, Rdnr. 48.

Außer seiner Bezeichnung erfuhr der EG-Vertrag durch den EU-Vertrag zahlreiche Neuerungen. Durch die Aufnahme neuer Aufgaben und Ziele wurde die Gemeinschaftstätigkeit auf neue Politikbereiche ausgeweitet. Hierzu zählen insbesondere die Verwirklichung einer „Wirtschafts- und Währungsunion" (Art. 4 und Art. 98 ff. EG), die Einführung einer „Unionsbürgerschaft" (Art. 17 bis Art. 22 EG) und die Aufnahme der Politikbereiche Bildung, Kultur, Gesundheit, Verbraucherschutz, transeuropäische Netze oder Entwicklungszusammenarbeit (Art. 152 ff. EG). Weiterhin sind die Stärkung des Europäischen Parlaments durch die Einführung des Verfahrens der Mitentscheidung (Art. 251 EG) und die Schaffung des Ausschusses der Regionen (Art. 263 ff. EG) hervorzuheben.[299]

4. Der Vertrag von Amsterdam

Art. N Abs. 2 EUV a.F. sah die Revision des Unionsvertrages für das Jahr 1996 vor. Dementsprechend wurde am 09.03.1996 eine Regierungskonferenz eröffnet, die am 17.06.1997 in Amsterdam in eine politische Einigung der Staats- und Regierungschefs über einen neuen Unionsvertrag mündete. Nach Art. 6 bis Art. 8 des Amsterdamer Vertrages[300] werden die Gemeinschaftsverträge mit dem Ziel geändert, „hinfällig gewordene Bestimmungen" zu streichen und andere Bestimmungen entsprechend anzupassen.

In formaler Hinsicht erhielten sowohl der EG-Vertrag als auch der EU-Vertrag eine neue Numerierung (Art. 12 des Amsterdamer Vertrages). Die wichtigsten materiellen Änderungen sind folgende: Der Pfeiler „Zusammenarbeit in den Bereichen Justiz und Inneres" der Union geht mit dem Inkrafttreten des Vertrages in die Gemeinschaftsverträge über. Dies bedeutet, dass dieser Bereich von der rein intergouvernementalen Zusammenarbeit zum integrierenden Bestandteil des Gemeinschaftsrechts überführt wird. Der EG-Vertrag erhält Bestimmungen über „Visa, Asyl, Einwanderung und andere Politiken betreffend den freien Warenverkehr" (Art. 61 ff. EG). Im EU-Vertrag verbleibt nur der Bereich der polizeilichen und justiziellen Zusammenarbeit in Strafsachen. Bemerkenswert ist weiterhin die Einführung des sog. „Prinzips der Flexibilität", das sowohl für die Politikbereiche des EU-Vertrages (Art. 40, 43 ff. EU)[301] als auch für die Politikbereiche des EG-Vertrages (Art. 11 EG) vorgesehen ist. Dadurch kann in bestimmten Sachgebieten und unter bestimmten Voraussetzungen eine Mehrheit der Mitgliedstaaten eine engere Zusammenarbeit vereinbaren, auf die dann ebenfalls das institutionelle Gemeinschaftsgefüge Anwendung findet. Auf diesem Wege soll eine verstärkte Integration nur einiger Mitgliedstaaten ermöglicht werden, da in der Vergangenheit zahlreiche

---

[299] Vgl. *Magiera*, Die Grundgesetzänderung von 1992 und die Europäische Union, Jura 1994, S. 1 (6).

[300] Der gesamte Titel lautet: „Vertrag von Amsterdam zur Änderung des Vertrages über die Europäische Union, der Verträge zur Gründung der Europäischen Gemeinschaften sowie einiger damit zusammenhängender Rechtsakte" (ABl. EG 1997, C 340 v. 10.11.1997, S. 1). Vgl. auch BGBl. II 1998, S. 387.

[301] Ausnahme ist die GASP. Vgl. zu diesem Begriff die Ausführungen in: 2. Teil, § 2, A., II., 3.

Integrationsschritte oftmals am Erfordernis der Übereinstimmung der Mitgliedstaaten gescheitert sind.[302]

III. Rechtsnatur der EG, der EU und des Gemeinschaftsrechts

Der EG-Vertrag wurde als völkerrechtlicher Vertrag zwischen den damaligen sechs Vertragsstaaten geschlossen. Gleichzeitig wurden auf die Gemeinschaft Hoheitsrechte übertragen. In der Bundesrepublik Deutschland geschah dies ursprünglich auf der Grundlage des Art. 24 Abs. 1 GG, später auf der des Art. 23 GG.[303] Damit ist das Europäische Gemeinschaftsrecht zwar völkerrechtlichen Ursprungs, es weist aber Besonderheiten auf, die über die völkerrechtliche Qualifikation hinausgehen.[304] Bevor man die Rechtsnatur des Gemeinschaftsrechts festlegt, ist zunächst die Rechtsnatur der Gemeinschaft selbst von Bedeutung.

1. Rechtsnatur der EG

Die EG stellt eine Verbindung von Staaten dar, die zwischen einem Staat im herkömmlichen Sinne und einer internationalen Organisation einzuordnen ist. Sie ist ein eigenständiges, keiner Rechtsordnung zuzuordnendes Gebilde, eine Staatenverbindung eigener Art:

> „Die Gemeinschaft ist selbst kein Staat, auch kein Bundesstaat. Sie ist eine im Prozess fortschreitender Integration stehende Gemeinschaft eigener Art."[305]

Die Besonderheiten der Europäischen Gemeinschaft und damit auch des Gemeinschaftsrechts ergeben sich aus den ihr eigenen Strukturprinzipien der Integration, der Supranationalität und der Interdependenz.

---

302 Vgl. *Berg/Karpenstein*, Änderung der rechtlichen Grundlagen der EU durch den Vertrag von Amsterdam, EWS 1998, S. 77 (81).

303 Vgl. hierzu die Ausführungen in: 2. Teil, § 2, A., I., 1., c).

304 Wäre das Gemeinschaftsrecht Völkerrecht, so wäre es nach der in der Bundesrepublik Deutschland vertretenen dualistischen Theorie notwendig, dass jeder europäische Rechtsakt in nationales Recht transformiert werden müßte. Konsequenz hieraus wäre, dass es sich aufgrund des Transformationsaktes weniger um Gemeinschaftsrecht, als vielmehr um nationales Recht handelte. Vgl. zu den in den Mitgliedstaaten vertretenen Theorien zum Verhältnis Völkerrecht/nationales Recht *Bleckmann*, in: Bleckmann, Europarecht, Rdnr. 1045 ff.

305 Vgl. BVerfG v. 29.05.1974, 2 BvL 52/71, BVerfGE 37, S. 271 (278 f.).

a) Prinzip der Integration

Integration ist ein Prozess, der zu einem immer höheren Grad der Einheit gegenüber dem früheren führt.[306] Die dem Integrationsprozess innewohnende Dynamik wird gesteuert und begrenzt durch die Gründungs- und Folgeverträge der EG und den dazugehörigen nationalen Zustimmungsgesetzen. Ziel der EG war ursprünglich die rein wirtschaftliche Integration. Dieses Ziel hat der Vertrag von Maastricht auch beibehalten. Von Anfang an waren die Gründungsverträge aber auch auf eine weitergehende politische Integration angelegt.[307] Deshalb sah auch der EU-Vertrag eine stärker politisch geprägte Verschmelzung der mitgliedstaatlichen Systeme vor.[308]

b) Prinzip der Supranationalität

Durch die Übertragung von Hoheitsrechten ist eine von den Mitgliedstaaten deutlich getrennte supranationale öffentliche Gewalt entstanden. Unter Supranationalität versteht man das Recht einer internationalen Organisation, autonom von der Willensbildung in den Mitgliedstaaten in bestimmten übertragenen Bereichen für diese verbindliche Rechtsakte zu erlassen.[309]

c) Prinzip der Interdependenz

Interdependenz bedeutet die gegenseitige Förderung und Rücksichtnahme zwischen der EG und den Mitgliedstaaten bei der Verfolgung der Vertragsziele. Für die Mitgliedstaaten ist dies ausdrücklich in Art. 10 EG normiert. Danach sind die Mitgliedstaaten verpflichtet, alle Maßnahmen zu treffen, die zur Erfüllung ihrer vertraglichen Pflichten erforderlich sind. Der EuGH hat die Pflichten aus Art. 10 EG jedoch zu einer allgemeinen Verpflichtung zur loyalen Zusammenarbeit erweitert.[310] Die Pflicht zur loyalen Zusammenarbeit muss neben den Mitgliedstaaten aber auch die Gemeinschaft treffen, die auf die Interessen der

---

306 Vgl. *Fischer/Köck*, Europarecht, S. 47.

307 Vgl. die Präambel zum EG-Vertrag: Ziel ist, „die Grundlagen für einen immer engeren Zusammenschluß der europäischen Völker zu schaffen".

308 Vgl. *Bleckmann/Pieper*, in: Bleckmann, Europarecht, Rdnr. 33; *Magiera*, Die Grundgesetzänderung von 1992 und die Europäische Union, Jura 1994, S. 1 (4).

309 Vgl. *Geiger*, Grundgesetz und Völkerrecht, S. 215; *Streinz*, Europarecht, Rdnr. 115 ff.; *Schweitzer/Hummer*, Europarecht, Rdnr. 872 ff.

310 Vgl. EuGH v. 19.11.1989, Rs. 14/88 (*Italien/Kommission*), EuGHE 1989, S. 3677 (3706); EuGH v. 13.07.1990, Rs. C-2/88 Imm. (*Zwartveld u.a.*), EuGHE 1990, S. I-3365 (3372).

Mitgliedstaaten Rücksicht zu nehmen hat. Insbesondere muss sie deren nationale Identität achten.[311]

2. Rechtsnatur des Gemeinschaftsrechts

Aus diesen besonderen Strukturprinzipien ergeben sich für die Rechtsnatur des Gemeinschaftsrechts folgende Konsequenzen: Es ist gekennzeichnet durch seine Autonomie, seine unmittelbare Geltung und den Anwendungsvorrang, den es vor dem nationalen Recht genießt.

a) Integration durch Recht

Die Ziele und Aufgaben der EG werden vor allem durch eine rechtliche Integration erreicht, denn das „Recht ist Motor und Instrument der Integration".[312] Die Gemeinschaft kann kraft der ihr übertragenen Hoheitsrechte Maßnahmen zu einer Angleichung bzw. Harmonisierung der mitgliedstaatlichen Rechtsordnungen erlassen oder neue europäische Normen schaffen. Dies führt gleichsam zu einer europäischen Rechtsordnung.[313]

b) Autonomie der EG-Rechtsordnung

Der EG-Vertrag stellt – im Unterschied zu gewöhnlichen völkerrechtlichen Verträgen – eine „eigene Rechtsordnung" dar, die neben die nationalen Rechtsordnungen getreten ist:

> „Zum Unterschied von gewöhnlichen internationalen Verträgen hat der EWG-Vertrag eine eigene Rechtsordnung geschaffen, die bei seinem Inkrafttreten in die Rechtsordnungen der Mitgliedstaaten aufgenommen worden und von ihren Gerichten anzuwenden ist."[314]

---

[311] Vgl. *Magiera*, Die Grundgesetzänderung von 1992 und die Europäische Union, Jura 1994, S. 1 (5); *Bleckmann*, in: Bleckmann, Europarecht, Rdnr. 677 ff.; *Jarass*, Die Kompetenzverteilung zwischen der EG und den Mitgliedstaaten, AöR 1996, S. 173 (195 f.).

[312] Vgl. *Kirchner/Haas*, Rechtliche Grenzen für die Kompetenzübertragung auf die EG, JZ 1993, S. 760.

[313] Vgl. *Bleckmann/Pieper*, in: Bleckmann, Europarecht, Rdnr. 33; *Fischer/Köck*, Europarecht, S. 40.

[314] Siehe. EuGH v. 15.07.1964, Rs. 6/64 (*Costa/E.N.E.L.*), EuGHE 1964, S. 1259 (1269). Vgl. ebenso BVerfG v. 18.10.1967, 1 BvR 248/63, 216/67, BVerfGE 22, S. 293 (296); BVerfG v. 09.06.1971, 2 BvR 225/69, BVerfGE 31, S. 145 (173).

Für Bürger, Behörden und Gerichte bestehen somit zwei Rechtsordnungen nebeneinander, die beide im innerstaatlichen Bereich Anwendung finden.[315] Die Rechtsakte der Gemeinschaft müssen von den Mitgliedstaaten weder ratifiziert noch können sie aufgehoben werden.[316]

c) Unmittelbare Wirkung des Gemeinschaftsrechts

Die Bestimmungen des EG-Vertrages regeln überwiegend die Rechte und Pflichten der Mitgliedstaaten und der Gemeinschaftsorgane. In der Entscheidung „Van Gend & Loos"[317] stellte der EuGH jedoch den Grundsatz der unmittelbaren Wirkung des Gemeinschaftsrechts in den nationalen Rechtsordnungen auf. Er führte aus, dass die Gemeinschaft nicht nur wechselseitige Verpflichtungen zwischen den vertragschließenden Staaten begründet, sondern „eine neue Rechtsordnung des Völkerrechts darstellt, zu deren Gunsten die Staaten, wenn auch in begrenztem Rahmen, ihre Souveränitätsrechte eingeschränkt haben, eine Rechtsordnung, deren Rechtssubjekte nicht nur die Mitgliedstaaten, sondern auch die einzelnen sind."[318] Mit anderen Worten: Das Gemeinschaftsrecht kann den einzelnen Rechte verleihen und Pflichten auferlegen. Ihre Akte brauchen von den Mitgliedstaaten weder bestätigt, noch können sie aufgehoben werden.[319] Subjekte der Gemeinschaftsrechtsordnung sind also nicht nur die Mitgliedstaaten und die Gemeinschaftsorgane, sondern auch natürliche und juristische Personen.

Ob einer Vorschrift des primären oder sekundären Gemeinschaftsrechts unmittelbare Wirkung zukommt, ist jeweils durch Auslegung zu ermitteln. Nach dem EuGH kann eine Gemeinschaftsnorm nur dann unmittelbare Geltung entfalten, wenn sie eine klare und unbedingte Verpflichtung auferlegt, die zu ihrer Durchführung oder Wirksamkeit keiner weiteren Maßnahme der Gemeinschaftsorgane oder der Mitgliedstaaten bedarf. Unbestritten ist, dass dies für die Grundfreiheiten und die Grundrechte gilt. Besondere Bedeutung hat in diesem Zusammenhang auch die Rechtsprechung des EuGH zur unmittelbaren Wirkung von inhaltlich unbedingten und hinreichend konkreten Bestimmungen in EG-Richtlinien.[320]

---

[315] Vgl. *Magiera*, Die Grundgesetzänderung von 1992 und die Europäische Union, Jura 1994, S. 1 (5).

[316] Vgl. BVerfG v. 18.10.1967, 1 BvR 248/63, 216/67, BVerfGE 22, S. 293 (296).

[317] Vgl. EuGH v. 05.02.1963, Rs. 26/62 (*Van Gend & Loos*), EuGHE 1963, S. 1 ff.

[318] Siehe EuGH v. 05.02.1963, Rs. 26/62 (*Van Gend & Loos*), EuGHE 1963, S. 1 (24 ff.), Rdnr. 10.

[319] Vgl. *Hirsch*, Wichtige Einflüsse der EuGH-Rechtsprechung auf das deutsche Steuerrecht, DStZ 1998, S. 489 (490).

[320] Vgl. *Hirsch*, Wichtige Einflüsse der EuGH-Rechtsprechung auf das deutsche Steuerrecht, DStZ 1998, S. 489 (490).

d) Der Anwendungsvorrang

Da die Gemeinschaftsrechtsordnung neben den nationalen Rechtsordnungen besteht, geht im Konfliktfall, d.h. bei gegenseitig unvereinbaren Rechtsfolgen, das Gemeinschaftsrecht dem nationalen Recht vor (Anwendungsvorrang).[321] Der EuGH hat diesen Anwendungsvorrang mit dem autonomen Charakter des Gemeinschaftsrechts und mit der Notwendigkeit des Vorrangs für die Funktionsfähigkeit des Gemeinschaftsrechts begründet.[322] Dieser Vorrang ist auch vom BVerfG akzeptiert worden. Allerdings wies es auf die Schranken bei der Übertragung von Hoheitsrechten und auf die daraus resultierenden Grenzen des Vorrangs des Gemeinschaftsrechts hin. In der „Maastricht-Entscheidung" führte es aus:

> „Das bedeutet zugleich, dass spätere wesentliche Änderungen des im EU-Vertrag angelegten Integrationsprogramms und seiner Handlungsermächtigungen nicht mehr vom Zustimmungsgesetz zu diesem Vertrag gedeckt sind. [...] Würden etwa europäische Einrichtungen oder Organe den EU-Vertrag in einer Weise handhaben oder fortbilden, die von dem Vertrag, wie er dem deutschen Zustimmungsgesetz zugrundeliegt, nicht mehr gedeckt wäre, so wären die daraus hervorgehenden Rechtsakte im deutschen Hoheitsbereich nicht verbindlich. [...] Dementsprechend prüft das BVerfG, ob Rechtsakte der europäischen Einrichtungen und Organe sich in den Grenzen der ihnen eingeräumten Hoheitsakte halten oder aus ihnen ausbrechen."[323]

Soweit das EG-Recht die Grenzen des Art. 23 Abs. 1 GG überschreitet, kann es nach der Rechtsprechung des BVerfG somit keinen Vorrang vor dem GG beanspruchen.[324]

3. Rechtsnatur der EU

Die EU wurde durch den EU-Vertrag gegründet. Sie ist eine internationale Organisation mit supranationalen und intergouvernementalen Bestandteilen.[325] Sie

---

321 Vgl. *Magiera*, Die Grundgesetzänderung von 1992 und die Europäische Union, Jura 1994, S. 1 (3); *Geiger*, Grundgesetz und Völkerrecht, S. 215.

322 Vgl. EuGH v. 15.07.1964, Rs. 6/64 (*Costa/E.N.E.L.*), EuGHE 1964, S. 1259 (1269 f.).

323 Siehe BVerfG v. 12.10.1993, 2 BvR 2134, 2159/92, NJW 1993, S. 3047 (3052).

324 Vgl. *Jarass*, Grundfragen der innerstaatlichen Bedeutung des EG-Rechts, in: Bleckmann: Völkerrecht – Europarecht – Staatsrecht, S. 1 f.

325 Dies sind solche Politikbereiche, die keinen integrierenden Bestandteil des Gemeinschaftsrechts darstellen und für die damit die Besonderheiten des Gemeinschaftsrechts nicht gelten. Es sind dies die Gemeinsame Außen- und Sicherheitspolitik (Art. 11 bis Art. 28 EU) und die polizeiliche und justizielle Zusammenarbeit in Strafsachen (Art. 29 bis Art. 45 EU).

besteht zur Zeit aus fünfzehn europäischen Staaten.[326] Für das Verhältnis der Union zu den Mitgliedstaaten gilt der Grundsatz der Unionstreue. Die EU achtet die nationale Identität ihrer Mitgliedstaaten (Art. 6 Abs. 3 EU) und das Prinzip der Subsidiarität (vgl. Art. 2 Abs. 2 EU). Im Gegenzug sind die Mitgliedstaaten zur Loyalität gegenüber der Union verpflichtet.[327] Die EU ist jedoch kein Bundesstaat. Dazu fehlen ihr die wesentlichen Staatsmerkmale, wie beispielsweise ein eigenes Staatsgebiet, eine eigenständige Staatsgewalt, eine Verfassungsstruktur und eine Kompetenz-Kompetenz. Dementsprechend qualifiziert sie das BVerfG als „Staatenbund".[328]

B. Berührungspunkte des Gemeinschaftsrechts mit dem deutschen Finanzverfassungsrecht

Das Gemeinschaftsrecht wirkt rechtlich wie faktisch in die Finanzverfassung des GG und die staatliche Finanzwirtschaft hinein. An dieser Stelle werden die einzelnen Berührungspunkte des Gemeinschaftsrechts mit dem deutschen Finanzverfassungsrecht in einem kurzen Abriss dargestellt. Betroffen von den Einwirkungen ist das materielle Steuerverfassungsrecht, die Ertragshoheit und das Steuerverwaltungsrecht.

I. Das materielle Steuerverfassungsrecht

Das Gemeinschaftsrecht tritt als supranationale Rechtsordnung neben die nationale Rechtsordnung und beansprucht unmittelbare Geltung und Anwendungsvorrang im innerstaatlichen Bereich. Dadurch beeinflußt es das nationale Recht in vielfältiger Weise. Auch das deutsche Steuerrecht kann sich diesem Einfluss nicht entziehen. Das Gemeinschaftsrecht wirkt auf die inhaltliche Gestaltung der mitgliedstaatlichen Steuersysteme in doppelter Weise ein: Die Grundfreiheiten des EG-Vertrages und die in ihnen enthaltenen Diskriminierungsverbote beeinflussen das mitgliedstaatliche Steuerrecht in Einzelfällen, die Harmonisierungs-

---

[326] Die Osterweiterung ist die nächste große Herausforderung für die EU. Vorgesehen ist u.a. die Aufnahme Polens, Tschechiens und Ungarns.

[327] Vgl. *Geiger*, Grundgesetz und Völkerrecht, S. 202 f.

[328] Vgl. *Herdegen*, Europarecht, Rdnr. 84 ff.; *Scholz*, in: Maunz/Dürig, Komm. z. GG, Art. 23, Rdnr. 11; BVerfG v. 12. 10.1993, 2 BvR 2134, 2159/92, NJW 1993, S. 3047.

aufträge des EG-Vertrages tangieren über die Zwischenstufe des Sekundärrechts ganze Steuerarten mehr oder weniger grundlegend.[329]

II. Die Ertragshoheit

Die gemeinschaftsrechtlichen Einwirkungen auf die mitgliedstaatliche Ertragshoheit sind gering.[330] Um so größer und wichtiger sind die rein faktischen Einwirkungen in diesem Bereich. Diese sind zunächst darin zu sehen, dass die Finanzmittel, die von den Gemeinschaften vereinnahmt werden oder solche, die ihnen zugeführt werden, der mitgliedstaatlichen Finanzwirtschaft verloren gehen, denn sowohl die Ebene der Gemeinschaft als auch die mitgliedschaftliche Ebene kann sich nur an die wirtschaftliche Leistungsfähigkeit[331] des Steuerpflichtigen halten.[332]

Die Harmonisierung bestimmter Steuern kann zudem das Steueraufkommen beeinflussen, was in der Bundesrepublik Deutschland insbesondere zu Lasten der nachgeordneten Gebietskörperschaften gehen kann.[333] Aber auch die durch das Binnenmarktkonzept erhöhte Mobilität von Kapital und Produktionsstätten kann dazu führen, dass auch bei einer Nichtharmonisierung die Steuereinnahmen bedingt durch das Abwandern von Unternehmen ins EG-Ausland sinken. Dies kann regionalen Steuererosionsprobleme verursachen.[334]

III. Die Verwaltungshoheit

Auch das Steuerverwaltungs- und das Finanzprozessrecht geraten zunehmend in den Sog des Gemeinschaftsrechts.[335] Berührungspunkte ergeben sich zum einen daraus, dass es auf Gemeinschaftsebene keine Abgabenverwaltung gibt und des-

---

[329] Vgl. *Klein*, Der Einfluß des Europarechts auf das deutsche Steuerrecht, in: Lehner, Steuerrecht im Europäischen Binnenmarkt, DStJG 1996, S. 7 (8).

[330] Vgl. *Klein*, Der Einfluß des Europarechts auf das deutsche Steuerrecht, in: Lehner, Steuerrecht im Europäischen Binnenmarkt, DStJG 1996, S. 7 (8).

[331] Vgl. hierzu die Ausführungen in: 2. Teil, § 1, B., III., 2., bb).

[332] Vgl. *Vogel/Waldhoff*, in: Dolzer/Vogel, Bonner Kommentar, Bd. 9, Vorbem. z. Art. 104a-115, Rdnr. 658.

[333] Vgl. zur Umsatzsteuer *Färber*, Regionen in der Finanzverfassung der Europäischen Union, StuW 1996, 379 (384).

[334] Vgl. *Vogel/Waldhoff*, in: Dolzer/Vogel, Bonner Kommentar, Bd. 9, Vorbem. z. Art. 104a-115, Rdnr. 658; *Färber*, Regionen in der Finanzverfassung der Europäischen Union, StuW 1996, S. 379 (386).

[335] Vgl. *Klein*, Der Einfluss des Europarechts auf das deutsche Steuerrecht, in: Lehner, Steuerrecht im Europäischen Binnenmarkt, DStJG 1996, S. 7 (8).

halb Abgaben, die unmittelbar der EG zustehen, durch die nationalen Finanzbehörden erhoben werden.

Enthält das Gemeinschaftsrecht Vorschriften hinsichtlich des anzuwendenden Verfahrens, so richtet sich das Verwaltungshandeln ausschließlich nach den gemeinschaftsrechtlichen Vorgaben. So gilt für das Handeln der Zollbehörden beispielsweise der Zollkodex der EG. Soweit das Gemeinschaftsrecht jedoch – und das ist der Regelfall – keine Regelungen über das mitgliedstaatliche Verwaltungsverfahren enthält, richtet sich dieses nach nationalem Recht (z.B. AO). Allerdings dürfen bei der Anwendung des nationalen Verfahrensrechts keine Unterschiede im Vergleich zu Verfahren gemacht werden, in denen über gleichartige, aber rein innerstaatliche Sachverhalte entschieden wird (Diskriminierungsverbot). Außerdem darf die Anwendung des mitgliedstaatlichen Verfahrensrechts nicht dazu führen, daß die Verwirklichung des Gemeinschaftsrechts praktisch unmöglich gemacht wird (Effizienzgebot).[336]

Eine weitere Verknüpfung zwischen nationalem Recht und Gemeinschaftsrecht besteht bei der Zusammenarbeit der nationalen Finanzverwaltungen. Aufgrund des Wegfalls der Steuergrenzen und um dem Gebot der Gesetzmäßigkeit und Gleichmäßigkeit der Besteuerung zu genügen, sind die nationalen Finanzverwaltungen auf Zusammenarbeit angewiesen. Rechtsgrundlage für die Gewährung von Amtshilfe im Bereich des Steuerrechts ist das EG-Amtshilfegesetz (EG-AHG),[337] das die EG-Amtshilferichtlinie von 1979[338] in nationales Recht transformiert hat. Soweit das EG-AHG nicht vorgeht, gilt subsidiär § 117 AO.[339]

C. Zwischenergebnis

Aus den geschichtlichen Ereignissen in der ersten Hälfte des 20. Jahrhunderts zog der bundesdeutsche Verfassungsgesetzgeber seine Konsequenzen und entschied sich für eine völkerrechtsfreundliche Ausgestaltung des GG. Dieses wendet sich von dem traditionellen Konzept des „geschlossenen“ Staates ab, der

---

336 Siehe EuGH v. 21.09.1983, verb. Rs. 205-215/82 (*Deutsche Milchkontor/Deutschland*), EuGHE 1983, S. 2633 (2666 f.): „Die Anwendung des nationalen Rechts darf erstens die Tragweite und die Wirksamkeit des Gemeinschaftsrechts nicht beeinträchtigen. [...] Bei der Anwendung des nationalen Rechts dürfen zweitens keine Unterschiede zu Verfahren gemacht werden, in denen über gleichartige, aber rein nationale Rechtsstreitigkeiten entschieden wird.“ Vgl. *Streinz*, in: Isensee/Kirchhof, Handbuch des Staatsrechts, Bd. VII, § 182, Rdnr. 25 f.; *Ehrlers*, Die Einwirkungen des Rechts der Europäischen Gemeinschaften auf das Verwaltungsrecht, DVBl. 1991, S. 605 (611 f.). Besondere Bedeutung erlangt dies für die Rückforderung zu Unrecht empfangener, weil gegen Gemeinschaftsrecht verstoßender Beihilfen.

337 BGBl. I 1983, S. 2436.

338 Vgl. RL 79/1070/EWG (ABl. EG 1979, Nr. L 331 v. 27.12.1979, S. 8.).

339 Vgl. *Birk*, in: Birk, Handbuch des Europäischen Steuer- und Abgabenrechts, § 5, Rdnr. 78.

zwar rechtliche Bindungen mit anderen Staaten eingehen kann, seinen inneren Bereich jedoch ausschließlich durch seine eigene Hoheitsgewalt gestaltet. Es bekennt sich vielmehr zu einer „offenen Staatlichkeit“, indem es die Voraussetzungen für eine Integration der zuvor einzelstaatlich wahrgenommenen Hoheitsrechte im Rahmen gemeinsam errichteter zwischenstaatlicher Einrichtungen schafft. Dies ist Voraussetzung und Instrumentarium für die Beteiligung der Bundesrepublik Deutschland am Prozess der Europäischen Integration.

I. Das Integrationsprogramm des GG

Bis zum Jahr 1992 wurde der Prozess der Europäischen Integration auf der Grundlage des Art. 24 Abs. 1 GG vollzogen und verfassungsrechtlich abgesichert. Nach der Unterzeichnung des EU-Vertrages wurde das GG um den sog. Europa-Artikel 23 GG ergänzt, der die Entwicklung der Europäischen Union als konkretes Staatsziel benennt und der zur Übertragung von Hoheitsrechten ermächtigt. Die Übertragung von Hoheitsrechten ist nicht wörtlich dahin zu verstehen, dass die Hoheitsrechte von der Bundesrepublik Deutschland auf die EU übergehen. Vielmehr handelt es sich um den Verzicht auf die Ausübung hoheitlicher Gewalt bundesdeutscher Organe, mit dem Zweck, die Ausübung der Hoheitsgewalt der EU im innerstaatlichen Bereich zu ermöglichen.

II. Rechtsnatur der EG und der EU

Die Europäischen Gemeinschaften, d.h. die Europäische Gemeinschaft (EG), die Europäische Gemeinschaft für Kohle und Stahl (EGKS) und die Europäische Atomgemeinschaft (EAG), stehen seit dem Vertrag über die Europäische Union (Maastricht-Vertrag) unter dem „Dach“ der EU. Es handelt sich hierbei um ein neues Gebilde, das die intergouvernementale Zusammenarbeit auf dem Gebiet der Außen- und Verteidigungspolitik, sowie der Justiz und des Inneren den Gemeinschaften hinzugefügt hat. Die EG und die EU bilden zur Zeit eine supranationale Rechtsgemeinschaft – vom BVerfG als „Staatenbund“ bezeichnet –, die in historisch-vergleichender Perspektive einen einzigartigen Grad an wirtschaftlicher, rechtlicher und politischer Integration in den Mitgliedstaaten erreicht hat. Den vorläufigen Schlusspunkt der Europäischen Integration bildet der am 17.06.1997 unterzeichnete Vertrag von Amsterdam, der die Zusammenarbeit in den Bereichen Justiz und Inneres aus dem intergouvernementalen in den integrierenden Bestandteil des Gemeinschaftsrechts überführte.

III. Rechtsnatur des Gemeinschaftsrechts

Durch die „Übertragung" von Hoheitsrechten auf die EG bzw. auf die EU wurde eine neue, supranationale öffentliche Gewalt geschaffen, die selbständig neben die jeweilige staatliche Herrschaftsgewalt getreten ist. Beide Rechtsordnungen beanspruchen im innerstaatlichen Bereich unmittelbare Geltung und Anwendung. Im Konfliktfall, d.h. bei nicht zu vereinbarenden Rechtsfolgen, geht die gemeinschaftliche der nationalen Rechtsordnung vor. Voraussetzung ist jedoch, dass sich das Gemeinschaftsrecht im Rahmen der vertraglichen Grundlagen hält und von der verfassungsrechtlichen Übertragungsermächtigung gedeckt ist, also nicht gegen die Grenzen der Integrationsgewalt verstößt.

§ 3 Ergebnis

Durch die Europäische Integration erfuhr das deutsche Verfassungssystem – neben den ausdrücklichen Änderungen (z.B. Art. 23 GG) – zahlreiche Einwirkungen. Davon betroffen ist in der Bundesrepublik Deutschland vorrangig die bundesstaatliche Struktur. Föderalismus im nationalen Raum und Integrationsprozess auf nationaler Ebene werfen die Frage der verfassungsrechtlichen und verfassungspolitischen Kompatibilität dieser beiden Vorgänge auf. Vor diesem Hintergrund offenbart sich in der Bundesrepublik Deutschland insbesondere das Problem, dass die Finanzverfassung als „Kern der bundesstaatlichen Ordnung"[340] notwendigerweise von den Einwirkungen mitbetroffen ist. Diese Einwirkungen sind sowohl rechtlicher als auch rein faktischer Natur.[341] Maßgeblich für die vorliegende Arbeit sind die rechtlichen Einwirkungen des Gemeinschaftsrechts auf die Finanzverfassung des GG, speziell die materiellen Einflüsse des Gemeinschaftsrechts auf die inhaltliche Gestaltung des mitgliedstaatlichen Steuersystems. Diese werden im folgenden Teil dargestellt.

---

340 Siehe *Wendt*, in: Isensee/Kirchhof, Handbuch des Staatsrechts, Bd. IV, § 104, Rdnr. 1.
341 Vgl. hierzu die Ausführungen in: 2. Teil, § 2, B.

3. Teil: Vorgaben des Gemeinschaftsrechts für die nationalen direkten Steuern

Das nationale Recht – und damit auch das Steuerrecht – ist in vielerlei Hinsicht offen für die Einwirkungen des Europäischen Gemeinschaftsrechts. Die Steuerhoheit ist zwar im Zuge der fortschreitenden Europäischen Integration grundsätzlich bei den Mitgliedstaaten verblieben, das Gemeinschaftsrecht beeinflußt jedoch die inhaltliche Gestaltung der nationalen Steuervorschriften und entzieht sie der uneingeschränkten Dispositionsbefugnis der Mitgliedstaaten.[342]

Grundsätzlich gibt es zwei Möglichkeiten gemeinschaftsrechtlicher Einflußnahme auf das nationale Steuerrecht: Der erste Weg betrifft die primärrechtliche Einflußnahme über die Grundfreiheiten des EG-Vertrages. Der zweite Weg gemeinschaftsrechtlicher Einflußnahme erfolgt über die Harmonisierungsermächtigungen, die den zuständigen Gemeinschaftsorganen die Befugnis zum Erlass von Rechtsakten erteilen. Ziel des folgenden Teils ist es, den ersten Weg, die gemeinschaftsrechtliche Einflußnahme durch das primäre Gemeinschaftsrecht, darzustellen. Im Mittelpunkt der Untersuchung steht dabei die einschlägige Rechtsprechung des EuGH.

§ 1 Quellen des Gemeinschaftsrechts

Die EG ist eine Rechtsgemeinschaft. Sie wurde mit Mitteln des Rechts, d.h. durch zwischenstaatliche Verträge, errichtet und mit der Befugnis ausgestattet, Recht zu setzen. Sie ist als Gemeinschaft freiheitlicher, demokratischer Rechtsstaaten in all ihren Handlungen dem Recht verpflichtet. Die Gemeinschaftsrechtsordnung als autonome Rechtsordnung verfügt über ein selbständiges Normensystem, in dem – ähnlich wie im innerstaatlichen Recht – ein Stufenaufbau der Rechtsnormen existiert.

An der Spitze der Normenhierarchie steht das vertragliche (primäre) Gemeinschaftsrecht. Dieses bildet die Grundlage des von den Gemeinschaftsorganen erlassenen (sekundären) Gemeinschaftsrechts. Hinzu kommen die von der Gemeinschaft abgeschlossenen völkerrechtlichen Verträge mit anderen Staaten oder internationalen Organisationen.[343]

---

[342] Vgl. hierzu die Ausführungen in: 2. Teil, § 2, B., I.; *Klein*, Der Einfluß des Europarechts auf das deutsche Steuerrecht, in: Lehner, Steuerrecht im Europäischen Binnenmarkt, DStJG 1996, S. 7.

[343] Vgl. *Lenz/Erhard*, Das Gemeinschaftsrecht – System, Entstehung, Anwendung, in: Lenz, EG-Handbuch Recht im Binnenmarkt, S. 51 (53 ff.); *Herdegen*, Europarecht, Rdnr. 160.

A. Das primäre Gemeinschaftsrecht

Zum primären Gemeinschaftsrecht zählen der Vertrag zur Gründung der Europäischen Gemeinschaft (EG-Vertrag) sowie die Verträge zur Gründung der EAG (EAG-Vertrag) und der EGKS (EGKS-Vertrag)[344] samt ihrer Anhänge und Protokolle.[345]

Die Gemeinschaftsverträge wurden seit ihrem Inkrafttreten mehrfach geändert, so etwa durch die Einheitliche Europäische Akte, den Vertrag von Maastricht und den Vertrag von Amsterdam.[346] Die Vertragsänderungen sind in Art. 48 EU geregelt. Sie teilen den Rang des primären Gemeinschaftsrechts, soweit sie Änderungen und Ergänzungen der ursprünglichen Gemeinschaftsverträge enthalten.[347]

Das primäre Gemeinschaftsrecht richtet sich überwiegend an die Mitgliedstaaten und Organe der Gemeinschaft. Nur ausnahmsweise begründet es ausdrückliche Rechte und Pflichten für den einzelnen Bürger. Man spricht in diesem Fall von „unmittelbarer Anwendbarkeit" des Gemeinschaftsrechts.[348]

B. Das sekundäre Gemeinschaftsrecht

Unter sekundärem Gemeinschaftsrecht versteht man das von den Organen der Gemeinschaft nach Maßgabe des EG-Vertrages geschaffene Recht. Da das primäre Gemeinschaftsrecht die Grundlage für die Schaffung des sekundären Gemeinschaftsrechts ist, wird dieses auch als „abgeleitetes" Gemeinschaftsrecht bezeichnet.[349] Hauptrechtsetzungsorgan der Gemeinschaft ist der Rat. Er erlässt alle wesentlichen Rechtsakte, sofern er durch eine spezielle Norm dazu ermäch-

---

344 Vgl. hierzu die Ausführungen in: 2. Teil, § 2, A., II. 1.

345 Vgl. *Lenz/Erhard*, Das Gemeinschaftsrecht – System, Entstehung, Anwendung, in: Lenz, EG-Handbuch Recht im Binnenmarkt, S. 51 (57 ff.); *Bleckmann*, in: Bleckmann, Europarecht, Rdnr. 526; *Pieper*, in: Birk, Handbuch des Europäischen Steuer- und Abgabenrechts, § 3, Rdnr. 1; *Herdegen*, Europarecht, Rdnr. 162.

346 Vgl. hierzu die Ausführungen in: 2. Teil, § 2, A., II., 2., 3., 4.

347 Vgl. *Oppermann*, Europarecht, Rdnr. 423. Vertragsänderungen sind die unter Einhaltung des jeweils vorgeschriebenen Verfahrens systemkonformen Fortentwicklungen des vertraglichen Gemeinschaftsrechts. Sie bedürfen grundsätzlich der Ratifizierung durch alle Mitgliedstaaten. Vgl. die ausführlichen Darstellungen von *Lenz/Erhard*, Das Gemeinschaftsrecht – System, Entstehung, Anwendung, in: Lenz, EG-Handbuch Recht im Binnenmarkt, S. 51 (61 ff.); *Herdegen*, Europarecht, Rdnr. 164 ff.; *Oppermann*, Europarecht, Rdnr. 419 ff.

348 Vgl. hierzu die Ausführungen in: 2. Teil, § 2, A., III., 2., c); *Herdegen*, Europarecht, Rdnr. 160.

349 Vgl. *Pieper*, in: Birk, Handbuch des Europäischen Steuer- und Abgabenrechts, § 3, Rdnr. 8.

tigt ist („Prinzip der begrenzten Ermächtigung", Art. 5 Abs. 1 EG).[350] Um ein demokratisches Defizit der Gemeinschaft auszugleichen, wurden jedoch im Zuge der o.g. Vertragsänderungen die Aufgaben und Befugnisse des Parlaments ständig erweitert.[351] Als gängige Handlungsformen der EG sind in Art. 249 EG aufgezählt: Verordnungen, Richtlinien, Entscheidungen, Empfehlungen und Stellungnahmen.

Die wichtigste Rechtsquelle der EU ist ihre Richtlinienkompetenz. Die Verbindlichkeit der Richtlinie gilt per definitionem lediglich für die Mitgliedstaaten und nur hinsichtlich des genannten Ziels. Die Richtlinie ist somit nicht per se unmittelbar geltendes innerstaatliches Recht.[352] Sie stellt einen Auftrag und eine Verpflichtung an die Mitgliedstaaten dar, diese bei freier Wahl von Form und Mittel in nationales Recht zu transformieren. Sie ermöglicht somit die Harmonisierung der Rechtsordnungen mit möglichst geringer Kompetenzeinbuße der nationalen Gesetzgeber. Die Richtlinie ist daher auch das klassische Instrument für eine Harmonisierung der nationalen Steuervorschriften. Der Harmonisierungsauftrag für alle indirekten Steuern ergibt sich ausdrücklich aus Art. 93 EG.[353] Danach erlässt der Rat Bestimmungen zur Harmonisierung der Rechtsvorschriften über die Umsatzsteuern, die Verbrauchsabgaben und sonstige indirekte Steuern, soweit diese Harmonisierung für die Errichtung und das Funktionieren des Binnenmarktes notwendig ist. Demgegenüber lässt sich für die direkten Steuern eine Harmonisierungsbefugnis nur aus dem allgemeinen Gebot der Rechtsangleichung aller das Funktionieren des Binnenmarktes beeinflussender Rechts- und Verwaltungsvorschriften (namentlich Art. 94 EG) ableiten. Das diesbezügliche Einstimmigkeitserfordernis ist der Grund dafür, dass die Harmonisierung der direkten Steuern bisher nur zögerliche Fortschritte gemacht hat. Ihr Fortgang wird dadurch bestimmt, was jeweils konsensfähig und daher durchsetzbar ist. Dies beschränkt sich bislang auf drei Richtlinien: Die Richtlinie des Rates über das gemeinsame Steuersystem der Mutter- und Tochtergesellschaften verschiedener Mitgliedstaaten vom 23.07.1990 („Mutter-Tochter-Richtlinie")[354] beeinflusst und verändert auf einem wichtigen Teilgebiet die internationale Aufteilung der Besteuerung unter den Staaten, die bisher teils durch Grenznormen des innerstaatlichen Rechts, teils durch die Verteilungsnormen der Doppelbesteuerungsabkommen (DBA) geregelt war. Nicht um die internationale Aufteilung der Besteuerung, sondern mit der Gewährung von „Steueraufschüben" bei grenzüber-

---

[350] Die Aufgaben und Befugnisse des Rates sowie seine Zusammensetzung sind in Art. 202 ff. EG geregelt. Der Rat besteht aus je einem Vertreter jedes Mitgliedstaates, der befugt ist, für die jeweils vertretene Regierung des Mitgliedstaates verbindlich zu handeln. Er besitzt einen Präsidenten, von dem er einberufen wird. Die Präsidentschaft im Rat wird im sechsmonatigen Turnus durch die Mitgliedstaaten nacheinander wahrgenommen. Die Beschlussfassung im Rat erfolgt entweder durch einfache oder durch qualifizierte Mehrheit, je nach dem, welche Beschlussfassung im Vertrag vorgesehen ist.

[351] Vgl. *Pieper*, in: Birk, Handbuch des Europäischen Steuer- und Abgabenrechts, § 2, Rdnr. 29.

[352] Vgl. hierzu die Ausführungen in: 2. Teil, § 2, A., III., 2., c).

[353] Nach Art. 93 EG erlässt der Rat einstimmig die Bestimmungen zur Harmonisierung der Rechtsvorschriften über die Umsatzsteuern, die Verbrauchsabgaben und sonstigen indirekten Steuern, soweit diese Harmonisierung für die Errichtung und das Funktionieren des Binnenmarktes notwendig ist.

[354] RL 90/435/EWG (ABl. EG 1990, Nr. L 225 v. 20.08.1990, S. 6).

schreitenden Umstrukturierungen, die regelmäßig den Übergang von Betriebsvermögen mit sich bringen, geht es in der Richtlinie des Rates vom 23.07.1990 über das gemeinsame System für Fusionen, Spaltungen, die Einbringung von Unternehmensteilen und den Austausch von Anteilen, die Gesellschaften verschiedener Mitgliedstaaten betreffen („Fusionsrichtlinie“).[355] Schließlich besteht auf dem Gebiet des Verfahrensrechts die Richtlinie des Rates über die gegenseitige Amtshilfe im Bereich der direkten Steuern vom 19.12.1977 („EG-Amtshilfe-Richtlinie“).[356]

C. Das ungeschriebene Gemeinschaftsrecht

Das Gemeinschaftsrecht kennt neben kodifizierten auch nicht kodifizierte Rechtsregeln.[357] Auf Gemeinschaftsebene gibt es weder einen kodifizierten Grundrechtskatalog noch ein kodifiziertes Verwaltungsverfahrensrecht. Zur Ergänzung dieser Lücken wurden vom EuGH allgemeine Rechtsgrundsätze entwickelt, die das Gemeinschaftsrecht ergänzen. Bezugspunkt für die Entwicklung solcher Rechtsgrundsätze sind die Rechtsordnungen der Mitgliedstaaten, aus denen im Wege einer – an den Besonderheiten des Gemeinschaftsrechts orientierten – Rechtsvergleichung ein Grundtatbestand übereinstimmender Prinzipien herausgefiltert wurde.[358] Das geschriebene Gemeinschaftsrecht setzt ihre Existenz mittlerweile voraus, wie Art. 6 Abs. 1 und 2 EU zeigt:

> „(1) Die Union beruht auf den Grundsätzen der Freiheit, der Demokratie, der Achtung der Menschenrechte und Grundfreiheiten sowie der Rechtsstaatlichkeit; diese Grundsätze sind allen Mitgliedstaaten gemeinsam.
>
> (2) Die Union achtet die Grundrechte, wie sie in der am 4. November 1950 in Rom unterzeichneten Europäischen Konvention zum Schutze der Menschenrechte und Grundfreiheiten gewährleistet sind und wie sie sich aus den gemeinsamen Verfassungsüberlieferungen der Mitgliedstaaten als allgemeine Grundsätze des Gemeinschaftsrechts ergeben.“[359]

---

[355] RL 90/434/EWG (ABl. EG 1990, Nr. L 225 v. 20.08.1990, S. 1).

[356] RL 77/799/EWG (ABl. EG 1977, Nr. L 336 v. 27.12.1977, S. 15).

[357] Hinzu kommt noch das Gewohnheitsrecht, dessen Existenz auf Gemeinschaftsebene grundsätzlich anerkannt ist. Vgl. *Bleckmann,* in: Bleckmann, Europarecht, Rdnr. 560 ff.

[358] Vgl. GA *Roemer* in seinen Schlussanträgen v. 29.10.1969, Rs. 29/69 (*Stauder/Ulm*), EuGHE 1969, S. 419 (428); *Herdegen*, Europarecht, Rdnr. 169.

[359] Nach dem Vertrag von Amsterdam sind diese Grundsätze nun auch nach Art. 46 lit. d) EG justitiabel.

I. Grundrechte auf Gemeinschaftsebene

In Art. 6 Abs. 2 EU sind die wichtigsten Erkenntnisquellen genannt, die auch der EuGH in seiner Rechtsprechung zur Entwicklung der Gemeinschaftsgrundrechte herangezogen hat. Es sind dies vorrangig die Verfassungsüberlieferungen der Mitgliedstaaten, sowie die internationalen Verträge über den Schutz der Menschenrechte.[360]

Auch wenn kein geschriebener Grundrechtskatalog existiert, werden die Grundrechte auf Gemeinschaftsebene umfassend geschützt. Der vom EuGH gewährte Grundrechtsschutz entspricht im wesentlichen dem Grundrechtsstandard des GG. Dies wurde vom BVerfG auch anerkannt.[361]

II. Rechtsstaats- und Verwaltungsprinzipien

Die andere Gruppe allgemeiner Rechtsgrundsätze sind Rechtsstaatsprinzipien und Verwaltungsgrundsätze. Hierzu zählen vor allem der Grundsatz der Verhältnismäßigkeit[362], des Vertrauensschutzes und der Rechtssicherheit[363] sowie

---

360 Vgl. EuGH v. 14.05.1974, Rs. 4/73 (*Nold/Kommission*), EuGHE 1974, S. 491 (507); EuGH v. 13.12.1979, Rs. 44/79 (*Liselotte Hauer/Land Rheinland Pfalz*), EuGHE 1979, S. 3727 (3744 ff.); *Herdegen*, Europarecht, Rdnr. 170. In seiner Rechtsprechung hat der EuGH folgende Grundrechte anerkannt: Gleichheitsgrundsatz (EuGH v. 19.10.1977, verb. Rs. 117/76, 16/77 (*Ruckdeschel/Hauptzollamt Hamburg St. Annen*), EuGHE 1977, S. 1753 [1769 f.]); Vereinigungsfreiheit (EuGH v. 08.10.1974, Rs 175/73 (*Gewerkschaftsbund, Massa und Kortner/Rat*), EuGHE 1974, S. 917 [924 f.]); Religions- und Bekenntnisfreiheit (EuGH v. 27.10.1976, Rs. 130/75 (*Paris/Rat*), EuGHE 1976, S. 1589 [1599]); Schutz der Privatsphäre (EuGH v. 26.06.1980, Rs. 136/79 (*National Panasonic/Kommission*), EuGHE 1980, S. 2033 [1056 f.]); Eigentumsrecht (EuGH v. 13.12.1979, Rs. 44/79 (*Liselotte Hauer/Land Rheinland Pfalz*), EuGHE 1979. S. 3727 [3745 ff.]); Berufsfreiheit (EuGH v. 08.10.1986, Rs. 234/85 (*Keller*), EuGHE 1986, S. 2897 [2912]); Achtung des Familienlebens (EuGH v. 18.05.1989, Rs. 249/86 (*Kommission/Deutschland*), EuGHE 1989, S. 1263 [1287 ff.]); Unverletzlichkeit der Wohnung (EuGH v. 21.09.1989, verb. Rs. 46/87, 227/88 (*Hoechst/Kommission*), EuGHE 1989, S. 2919 [2924]); Meinungsäußerungsfreiheit (EuGH v. 17.01.1984, verb. Rs. 43, 63/82 (*VBVB und VBBB/Kommission*), EuGHE 1984, S. 19 [62]); Rechtsweggarantie (EuGH v. 15.05.1986, Rs. 222/84 (*Johnston/Chief Constable of Royal Ulster Constabulary*), EuGHE 1986, S. 1651 [1682]). Vgl. zum Inhalt der einzelnen Grundrechte *Lenz*, Der europäische Grundrechtsstandard in der Rechtsprechung des EuGH, EuGRZ 1993, S. 585 ff.

361 Vgl. BVerfG v. 12.10.1993, 2 BvR 2134, 2159/92, NJW 1993, S. 3047 (3049).

362 Vgl. EuGH v. 13.12.1979, Rs. 44/79 (*Liselotte Hauer/Land Rheinland Pfalz*), EuGHE 1979, S. 3727 (1347); EuGH v. 20.02.1979, Rs. 122/78 (*Buitoni/FORMA*), EuGHE 1979, S. 677 (684 f.); EuGH v. 24.09.1985, Rs. 181/84 (*Man (Sugar)/IBAP*), EuGHE 1985, S. 2889 (2903); EuGH v. 26.06.1990, Rs. C-8189 (*Zardi*), EuGHE 1990, S. I-2529 (2532). Der Grundsatz der Verhältnismäßigkeit ist mittlerweile in Art. 10 Abs. 3 EG ausdrücklich enthalten.

der Grundsatz des rechtlichen Gehörs[364]. Diese Prinzipien binden die Organe der Gemeinschaft beim Erlaß von Rechtsakten und sind Rechtmäßigkeitsvoraussetzungen.

D. Völkerrechtliche Verträge

Weiterer Bestandteil des Gemeinschaftsrechts sind völkerrechtliche Verträge. Zu unterscheiden sind solche, die von der EG selbst geschlossen werden, und solche, die zwischen den Mitgliedstaaten bestehen.

Da die EG partielle Völkerrechtsfähigkeit besitzt, kann sie aktiv am internationalen Rechtsverkehr teilnehmen (Art. 300 EG). Sie kann – im Rahmen ihrer Kompetenzen – mit Drittstaaten oder anderen internationalen Organisationen völkerrechtliche Verträge abschließen. Nach Art. 300 Abs. 7 EG sind diese Abkommen sowohl für die Gemeinschaft als auch für die Mitgliedstaaten verbindlich, also Bestandteil des Gemeinschaftsrechts.[365] In nur begrenztem Umfang als Gemeinschaftsrecht zu betrachten sind die Normen, die in Verträgen enthalten sind, die zwischen den Mitgliedstaaten abgeschlossenen werden. Art. 293 EG sieht jedoch einen ausdrücklichen Auftrag zum Abschluß bestimmter Abkommen vor.[366] Wichtig in steuerlicher Hinsicht ist Art. 293 Spiegelstrich 2 EG. Danach sollen die Mitgliedstaaten Übereinkommen treffen, die die Beseitigung der Doppelbesteuerung innerhalb der Gemeinschaft sicherstellen.

§ 2 Primärrechtliche Vorgaben für die direkten Steuern

Der EG-Vertrag enthält keine Regelung, die ausdrücklich das Recht der direkten Steuern in den Mitgliedstaaten aufgreift. Es existieren jedoch zahlreiche Vorschriften, die unmittelbar oder mittelbar auf die direkten Steuern Bezug nehmen.

So ist es nach Art. 163 Abs. 2 EG beispielsweise Ziel der Gemeinschaft, Bestrebungen der Zusammenarbeit von Unternehmen, Forschungszentren und Hochschulen zu fördern, damit die Unternehmen die Möglichkeiten des Binnenmarktes voll nutzen können. Zu diesem Zweck sollen vor allem alle steuerlichen Hindernisse beseitigt werden, die dieser Zusammen-

---

363 Vgl. EuGH v. 21.09.1983, Rs. 205-215/82 (*Deutsche Milchkontor/Deutschland*), EuGHE 1983, S. 2633 (2667 ff.); EuGH v. 14.02.1990, Rs. C-350/88 (*Delacre u.a./Kommission*), EuGHE 1990, S. I-418 (425 f.); EuGH v. 27.03.1980, verb. Rs. 66, 127, 128/79 (*Amministrazoni delle Finance dello Stato/Salumi*), EuGHE 1980, S. 1237 (1261).

364 Vgl. EuGH v. 21.09.1989, verb. Rs. 46/87, 227/88 (*Hoechst/Kommission*), EuGHE 1989, S. 2919 (2923).

365 Vgl. *Lenz/Erhard*, Das Gemeinschaftsrecht – System, Entstehung, Anwendung, in: Lenz, EG-Handbuch Recht im Binnenmarkt, S. 51 (69); *Pieper*, in: Birk, Handbuch des Europäischen Steuer- und Abgabenrechts, § 1, Rdnr. 40.

366 Vgl. *Lenz/Erhard*, Das Gemeinschaftsrecht – System, Entstehung, Anwendung, in: Lenz, EG-Handbuch Recht im Binnenmarkt, S. 51 (68).

arbeit entgegenstehen. Nach Art. 58 Abs. 1 lit. a) EG wird – als Ausnahme vom Diskriminierungsverbot des Art. 56 EG (im Bereich des Kapitalverkehrs) – das Recht der Mitgliedstaaten nicht berührt, ihre einschlägigen steuerrechtlichen Vorschriften anzuwenden. Dies bedeutet, dass die Mitgliedstaaten Steuerpflichtige mit unterschiedlichem Wohnort und Kapitalanlageort unterschiedlich behandeln dürfen.[367] Daneben beeinflusst das Gemeinschaftsrecht das Abkommensrecht.[368] Nach Art. 293 Spiegelstrich 2 EG sind die Mitgliedstaaten befugt und verpflichtet, Verträge zur Vermeidung von Doppelbesteuerungen ihrer Steuerpflichtigen zu schließen. Erfaßt wird die Doppelbesteuerung von Unternehmen und natürlichen Personen im Bereich der Einkommen-, Vermögen- und Erbschaftsteuer.[369]

Die wichtigsten primärrechtlichen Bestimmungen mit Bedeutung für die direkten Steuern sind jedoch die vier Grundfreiheiten des EG-Vertrages. Bevor ihr Einfluss auf die nationalen Steuersysteme exemplarisch anhand von ausgewählter Rechtsprechung des EuGH dargestellt werden kann, ist zunächst erforderlich, die Grundfreiheiten losgelöst von einem bestimmten nationalen Rechtsgebiet zu betrachten und ihre allgemeine Dogmatik herauszuarbeiten.

A. Die Grundfreiheiten des EG-Vertrages

Die Verwirklichung des Gemeinsamen Marktes und die Herstellung des Binnenmarktes sind die Leitziele der wirtschaftlichen Integration der EG. Der Kern des Gemeinsamen Marktes ist die Beseitigung der Handelshemmnisse zwischen den Mitgliedstaaten als Grundlage eines einzigen Marktes.[370] In enger Nähe zum Gemeinsamen Markt steht der Binnenmarkt, der durch die Einheitliche Europäische Akte[371] als weiteres Leitziel in den EG-Vertrag aufgenommen wurde.

I. Das Binnenmarktkonzept

Der EG-Vertrag enthält vier Marktfreiheiten: den freien Warenverkehr (Art. 23 bis Art. 37 EG), den freien Personenverkehr, der die Freizügigkeit von Arbeitnehmern (Art. 39 bis Art. 42 EG) und das Niederlassungsrecht der Selbständigen (Art. 43 bis Art. 48 EG) umfasst, den freien Dienstleistungsverkehr (Art. 49 bis Art. 55 EG) und den freien Kapital- und Zahlungsverkehr (Art. 56 bis

---

367 Vgl. *Birkenfeld*, Einfluss des Gemeinschaftsrechts auf die Rechtsverwirklichung im Steuerrecht, StuW 1998, S. 55 (59); *Kiemel*, in: Groeben/Thiesing/Ehlermann, EUV/EGV, Art. 73d, Rdnr. 14.

368 Vgl. hierzu *Wassermeyer*, Die Vermeidung der Doppelbesteuerung im Europäischen Binnenmarkt, in: Lehner, Steuerrecht im Europäischen Binnenmarkt, DStJG 1996, S. 151 ff.

369 Vgl. *Schwartz*, in: Groeben/Thiesing/Ehlermann, EUV/EGV, Bd. 5, Art. 220, Rdnr. 76; *Birkenfeld*, Der Einfluß des Gemeinschaftsrechts auf die Rechtsverwirklichung im Steuerrecht, StuW 1998, S. 55 (59).

370 Vgl. *Herdegen*, Europarecht, Rdnr. 281.

371 Vgl. hierzu die Ausführungen in: 2. Teil, § 2, A., II., 2.

Art. 60 EG). Diese sind die „Pfeiler des Binnenmarktes".[372] Dieser ist nach der Definition des Art. 14 Abs. 2 EG ein Raum ohne Binnengrenzen, „in dem der freie Verkehr von Waren, Personen, Dienstleistungen und Kapital [...] gewährleistet ist". Wegen ihrer konstituierenden Bedeutung für den freien Wirtschaftsverkehr wurden die Marktfreiheiten in der alten Fassung des EG-Vertrages unter der Überschrift „Wesentliche Grundlagen der Gemeinschaft" geführt. Um dieser Bedeutung auch heute noch gerecht zu werden, bezeichnet man sie als die vier „Grundfreiheiten".[373]

Aus rein ökonomischer Sicht dient die Gewährleistung der Marktfreiheiten der optimalen Allokation von wirtschaftlichen Ressourcen.[374] Die EG ist jedoch spätestens seit der Unterzeichnung des Vertrages von Maastricht über den Status einer reinen Wirtschaftsgemeinschaft hinausgewachsen. Insbesondere die Personenverkehrsfreiheit besaß von Anfang an eine soziale Komponente, die durch die „Gemeinschaftscharta der sozialen Grundrechte der Arbeitnehmer"[375] verdeutlicht wird und durch den Amsterdamer Vertrag in den Art. 136 bis Art. 145 EG rechtlich verfestigt wurde.[376]

Mit der Einführung des Binnenmarktziels wurde das Weißbuch der Kommission „Vollendung des Binnenmarktes" von 1985 umgesetzt. Dieses enthielt rund 300 Vorschläge für Harmonisierungsmaßnahmen, die die Eliminierung der für die Grundfreiheiten hinderlichen materiellen, technischen und steuerlichen Schranken bewirken sollten.

Die sog. materiellen Schranken sind die Binnengrenzkontrollen, deren sichtbarstes Zeichen die Zollgrenzstellen waren. Technische Schranken sind nichttarifäre Handelshemmnisse, die sich aus den unterschiedlichen Regelungen in den einzelnen Mitgliedstaaten ergeben, insbesondere aus Gründen des Gesundheitsschutzes, der Sicherheit und des Umwelt- und Verbraucherschutzes. Die Beseitigung der Steuerschranken umfasst die Angleichung der steuerlichen Rechtsvorschriften. Hinzu kommt nach dem Weißbuch die Verbesserung der sozioökonomischen Rahmenbedingungen für die grenzüberschreitende Betätigung von Unternehmen.[377]

1. Binnenmarkt und Gemeinsamer Markt

Nach der klassischen Definition des EuGH bedeutet der Begriff des Gemeinsamen Marktes „die Beseitigung aller Hemmnisse im innergemeinschaftlichen Handel mit dem Ziel der Verschmelzung der nationalen Märkte zu einem ein-

---

372 Siehe *Herdegen*, Europarecht, Rdnr. 281.
373 Vgl. *Streinz*, Europarecht, Rdnr. 652.
374 Vgl. *Herdegen*, Europarecht, Rdnr. 281.
375 Vgl. Dokument zur sozialen Dimension des Binnenmarktes von 1988, Bulletin der Europäischen Gemeinschaften, Nr. 2-1988, S. 26 ff.; *Streinz*, Europarecht, Rdnr. 904.
376 Vgl. *Streinz*, Europarecht, Rdnr. 653.
377 Vgl. *Henke*, in: Birk, Handbuch des Europäischen Steuer- und Abgabenrechts, § 20, Rdnr. 1; *Dauses*, Die rechtliche Dimension des Binnenmarktes, EuZW 1990, S. 8.

heitlichen Markt, dessen Bedingungen denjenigen eines wirklichen Binnenmarktes möglichst nahe kommen."[378] Diese Formulierung läßt erkennen, dass der EuGH den Gemeinsamen Markt als Markt mit lediglich binnenmarktähnlichen Verhältnissen betrachtet. Er ist eine Vorstufe des Binnenmarktes, dem eine gesteigerte Integrationsintensität zugedacht ist.[379] Binnenmarkt in diesem Sinne bedeutet im wesentlichen die Verwirklichung des Herkunftsstaatsprinzips. Waren, Dienstleistungen und Kapital sollen demnach im gesamten Gemeinschaftsgebiet verkehrsfähig sein, wenn sie den rechtlichen Anforderungen des Herkunftsstaates genügen. Für den Bereich des freien Personenverkehrs bedeutet der Grundsatz beispielsweise, dass Arbeitnehmer und Selbständige in allen Mitgliedstaaten einer Berufstätigkeit nachgehen können, wenn sie über Diplome und Befähigungsnachweise verfügen, die ihr Heimatstaat für die Ausübung der entsprechenden Tätigkeit voraussetzt.[380]

2. Steuern und Binnenmarktkonzept

Voraussetzung für die Verwirklichung des Binnenmarktes ist – wie bereits erwähnt – die Eliminierung der für die Wahrnehmung der Grundfreiheiten hinderlichen Steuergrenzen.

Steuergrenzen bestehen zum einen zwischen zwei Gebieten, in denen unterschiedliche Steuersysteme oder unterschiedliche Steuersätze gelten, zum anderen wenn aus fiskalischen Gründen eine Kontrolle an der Grenze erforderlich ist, um ein Grenzausgleichsverfahren durchzuführen. Bei letzteren handelt es sich sozusagen um „sichtbare" Steuergrenzen, die mit dem Binnenmarkt unvereinbar und daher beseitigt worden sind. Die erstgenannten Steuergrenzen sind „unsichtbare" Grenzbarrieren, die gleichwohl ein Hemmnis für die grenzüberschreitende Tätigkeiten darstellen.

Gegenwärtig existieren in der Gemeinschaft fünfzehn eigenständige Steuersysteme steuerlich souveräner Staaten. Wenn Arbeitnehmer und Unternehmen jedoch in der ganzen Gemeinschaft tätig werden, wenn Waren, Dienstleistung und Kapital frei ausgetauscht werden sollen, dann dürfen die nationalen Steuersysteme die Ausübung der Marktfreiheiten nicht behindern, sie müssen vielmehr gegenüber deren Ausübung neutral sein.[381] Neutralität der Steuergesetzgebung bedeutet damit, dass – bei gegebenen Unterschieden der Systeme und der Steuerbelastungen – die Mitgliedstaaten den wirtschaftlichen Austausch innerhalb

---

[378] Siehe EuGH v. 05.05.1982, Rs. 15/81 (*Schul/Inspecteur der invoerrechten en accijnzen*), EuGHE 1982, S. 1409 (1431).

[379] Vgl. *Dauses*, Die rechtliche Dimension des Binnenmarktes, EuZW 1990, S. 8 (10).

[380] Vgl. *Dauses*, Die rechtliche Dimension des Binnenmarktes, EuZW 1990, S. 8 (10).

[381] Vgl. *Eckhoff*, in: Birk, Handbuch des Europäischen Steuer- und Abgabenrechts, § 17, Rdnr. 3.

der Gemeinschaft durch spezielle Regelungen ihrer Steuergesetze nicht beeinträchtigen dürfen.[382]

Doch die Forderung nach Beeinträchtigungsfreiheit, nach Harmonisierung oder wenigstens nach Beseitigung jeglicher Diskriminierung stößt im Bereich der direkten Steuern an die Grenzen des vereinbarten Integrationskonzepts. Insbesondere die Harmonisierung geht im Bereich der direkten Steuern nur sehr zögerlich voran.[383] Daher hat auf Gemeinschaftsebene eine Trendwende stattgefunden, die durch den Verzicht auf eine möglichst weitgehende Harmonisierung geprägt ist. Statt dessen sollen die Mitgliedstaaten in der Gestaltung ihrer Besteuerungssysteme möglichst frei bleiben, solange keine „Diskriminierungen und Wettbewerbsverzerrungen größeren Ausmaßes" entstehen.[384] Der Verzicht auf eine umfassende Harmonisierung der direkten Steuern läßt die Bedeutung des primären Gemeinschaftsrechts zunehmen. Die steigende Zahl von Urteilen des EuGH zu steuerlichen Diskriminierungen und steuerrechtlichen Beeinträchtigungen belegen diese Tendenz.[385]

II. Dogmatik der Grundfreiheiten

Die einzelnen Grundfreiheiten sind im EG-Vertrag unterschiedlich ausgestaltet. Die Rechtsprechung des EuGH hat sie jedoch weitgehend strukturell einander angeglichen, so dass man durchaus von einer Dogmatik bzw. Systematik der Grundfreiheiten sprechen kann.[386]

1. Grundfreiheiten und Grundrechte

Im Schrifttum werden die Grundfreiheiten teilweise als echte „Grundrechte" verstanden.[387] Die Grundfreiheiten unterscheiden sich jedoch in vielerlei Hinsicht sowohl von den nationalen Grundrechten als auch von den Gemeinschaftsgrundrechten, die auf die nationalen Verfassungsüberlieferungen zurückgehen.[388] Der EuGH bezeichnet die Grundfreiheiten als „fundamentale Grundsät-

---

382 Vgl. *Vogel*, Harmonisierung des internationalen Steuerrechts in Europa, StuW 1993, S. 380 (385).

383 Vgl. hierzu die Ausführungen in: 3. Teil, § 1, B.

384 Vgl. die Schlussfolgerungen und Empfehlungen des Ruding-Ausschusses, DB 1992, Beilage 5/92, S. 1 (6).

385 Vgl. *Eckhoff*, in: Birk, Handbuch des Europäischen Steuer- und Abgabenrechts, § 17, Rdnr. 6.

386 Vgl. *Herdegen*, Europarecht, Rdnr. 282; *Jarass*, Elemente einer Dogmatik der Grundfreiheiten, EuR 1995, S. 202.

387 Vgl. *Bleckmann*, in: Bleckmann, Europarecht, Rdnr. 755 ff.; *ders.*, Die Grundrechte im europäischen Gemeinschaftsrecht, EuGRZ 1981, S. 257 ff.

388 Vgl. hierzu die Ausführungen in: 3. Teil, § 1, C., I.

ze"[389] oder wertet sie als „im Gefüge der Gemeinschaft von grundlegender Bedeutung".[390]

Die Grundfreiheiten weisen gegenüber den Grundrechten einen wesentlich engeren Regelungsgehalt auf. Sie begünstigen die Staatsangehörigen der Mitgliedstaaten und betreffen inhaltlich wirtschaftliche Betätigungen mit grenzüberschreitendem Bezug. Demgegenüber schützen Grundrechte das Individuum umfassend vor unverhältnismäßigen Beeinträchtigungen seiner Handlungsfreiheit.

Trotz dieser Unterschiede zeigen sich aus Sicht des betroffenen Bürgers und des Rechtsanwenders eine Reihe von Ähnlichkeiten zwischen Grundfreiheiten und Grundrechten. Dem nachfolgenden Vergleich wird die deutsche Grundrechtslehre zugrundegelegt. Diese soll jedoch nur als Hilfestellung für die strukturelle Darstellung der Grundfreiheiten dienen.

a) Abwehrfunktion

Nach der deutschen Grundrechtslehre handelt es sich bei den Grundrechten primär um Abwehrrechte. In dieser Funktion dienen sie dazu, „die Freiheit des einzelnen vor Eingriffen der öffentlichen Gewalt zu sichern".[391] Für den Betroffenen ergibt sich aus der Abwehrfunktion das Recht, grundrechtswidrige Vorschriften für unwirksam erklären zu lassen (Normenkontrolle durch das BVerfG).[392]

Auch die Grundfreiheiten sind gewissermaßen Abwehrrechte. Sie schützen die wirtschaftliche Betätigungsfreiheit des einzelnen vor Beeinträchtigungen einer übergeordneten Gewalt. Waren, Dienstleistungen und Kapital sollen im Binnenmarkt frei ausgetauscht, Arbeitnehmer und Unternehmen in der ganzen Gemeinschaft tätig werden können, ohne staatlich behindert zu werden. Andernfalls können sich die Gemeinschaftsbürger vor nationalen Gerichten und Behörden auf den Widerspruch zwischen nationalem Recht und Gemeinschaftsrecht berufen. Die in Art. 10 EG verankerte Treuepflicht[393] sowie der Anwendungs-

---

389 Vgl. EuGH v. 15.12.1995, Rs. C-415/93 (*Union Royale belge des Sociétés de football association ASBL u.a./Jean-Marc Bosman u.a.*), EuZW 1996, S. 82 (88).

390 Vgl. EuGH v. 19.01.1988, Rs. 292/86 (*Gallung/Conseil de l'ordre des avocats du barreau de Collmar et de Saverne*), EuR 1989, S. 75 (77). Nur selten hat der EuGH die Grundfreiheiten als Grundrechte bezeichnet. Vgl. beispielsweise EuGH v. 15.10.1987, Rs. 222/86 (*Unectef/Heylens*), EuGHE 1987, S. 4112 (4117). Dies hat jedoch eine heftige Diskussion im Schrifttum hervorgerufen.

391 Vgl. BVerfG v. 15.01.1958, 1 BvR 400/51, BVerfGE 7, S. 198 (204); BVerfG v. 01.03.1979, 1 BvR 532, 533/77, 419/78, 1 BvL 21/78, BVerfGE 50, S. 290 (336); BVerfG v. 31.10.1984, 1 BvR 35, 356, 794/82, BVerfGE 68, S. 193 (205).

392 Vgl. *Jarass*, in: Jarass/Pieroth, GG, Vorb. vor Art. 1, Rdnr. 5a.

393 Nach Art. 10 EG sind die Mitgliedstaaten verpflichtet, alle geeigneten Maßnahmen zu treffen, um ihre sich aus dem EG-Vertrag ergebenden Verpflichtungen zu erfüllen.

vorrang des Gemeinschaftsrechts[394] verpflichten alle Träger öffentlicher Gewalt, jede mit dem Gemeinschaftsrecht unvereinbare Bestimmung des nationalen Rechts und jede vom Gemeinschaftsrecht abweichende Verwaltungs- und Gerichtspraxis nicht mehr anzuwenden. Insbesondere die Gerichte haben den Rechtsschutz so zu gewährleisten, wie er sich für die einzelnen Adressaten aus der unmittelbaren Wirkung[395] von Vorschriften des Gemeinschaftsrechts ergibt. Dies bedeutet, dass jeder im Rahmen seiner Zuständigkeit angerufene einzelstaatliche Richter verpflichtet ist, dass Gemeinschaftsrecht uneingeschränkt anzuwenden und die Rechte, die es dem einzelnen verleiht, zu schützen.[396]

b) Nichtdiskriminierungsfunktion

Die Nichtdiskriminierungs- oder Gleichbehandlungsfunktion findet sich primär in den sog. Gleichheitsgrundrechten. Sie verbieten dem Staat, ein bestimmtes Differenzierungskriterium zu verwenden oder sonst ohne ausreichende Legitimation eine Ungleichbehandlung vorzunehmen, wenn er sich in bestimmten Fällen anders verhalten will als in gleichartigen Fällen.[397]

Ganz allgemein bergen föderale Systeme die Gefahr in sich, dass jeder Mitgliedstaat den Wettbewerb mit anderen Mitgliedstaaten durch Bevorzugung seiner Bürger zu beeinflussen versucht.[398] Nach ihrer Struktur ist die Gemeinschaft kein föderaler Bundesstaat.[399] Gleichwohl handelt es sich um einen „Bund" von Staaten, die miteinander in Wettbewerb stehen. Daher besteht auch hier die ständige Gefahr der Bevorzugung eigener und Benachteiligung fremder Bürger durch die Mitgliedstaaten. Hier fungieren die Grundfreiheiten als Ausgleichsnormen, die den Mitgliedstaaten verbieten, unter Anwendung eines bestimmten Differenzierungskriteriums Fälle mit rein inländischen Sachverhalten anders zu behandeln als Fälle mit grenzüberschreitendem Bezug. Insofern kommt den Grundfreiheiten eine Nichtdiskriminierungsfunktion zu.

Gleichzeitig müssen sie alles unterlassen, was die Verwirklichung der vertraglichen Ziele gefährden könnte.

394 Vgl. hierzu die Ausführungen in: 2. Teil, § 2, A., III., 2., d).

395 Vgl. hierzu die Ausführungen in: 2. Teil, § 2, A., III., 2., c).

396 Vgl. *Birkenfeld*, Der Einfluss des Gemeinschaftsrechts auf die Rechtsverwirklichung im Steuerrecht, StuW 1998, S. 55 (63).

397 Vgl. *Jarass*, in: Jarass/Pieroth, GG, Vorb. vor Art. 1, Rdnr. 6.

398 Vgl. *Kingreen*, Die Struktur der Grundfreiheiten des Europäischen Gemeinschaftsrechts, S. 27.

399 Vgl. hierzu die Ausführungen in: 2. Teil, § 2, A., III., 3.

c) Teilhabefunktion

Die Leistungsgrundrechte sichern dem Grundrechtsinhaber bestimmte Leistungen des Staates. Für den Vergleich mit den Grundfreiheiten sind insbesondere die derivativen Leistungsrechte von Bedeutung, die sich darauf richten, in gleicher Weise an staatlichen Leistungen beteiligt zu werden.[400]

Auch den Grundfreiheiten ist diese mehr sozialstaatliche Komponente nicht fremd. Insbesondere die Arbeitnehmerfreizügigkeit besaß von Anfang an eine soziale Ausrichtung.[401] Daher umfasst Art. 39 EG nicht nur das Recht auf Zugang zu einem fremden Arbeitsmarkt, den ausländischen Arbeitnehmern sind daneben auch die gleichen sozialen Vergünstigungen zu gewähren wie inländischen Arbeitnehmern. Zusätzlich wurde durch den Vertrag von Amsterdam ein neues Kapitel zur Sozialpolitik der Gemeinschaft in den EG-Vertrag aufgenommen.[402] Hieraus wird deutlich, dass sich die Gemeinschaft nicht mehr nur als reine Wirtschaftsgemeinschaft begreift, sondern zunehmend auch soziale Fragen regeln will. Daher kann man auch von einer Teilhabefunktion der Grundfreiheiten sprechen.

Der Vergleich hat gezeigt, dass zwischen den Grundrechten des nationalen Verfassungsrechts und den Grundfreiheiten eine funktionelle Parallelität besteht. Um eine Struktur der Grundfreiheiten aufzuzeigen ist es daher sinnvoll, sich an der Struktur der Grundrechte zu orientieren.

2. Struktur der Grundfreiheiten

Nach ihrem Wortlaut, kombiniert mit der Rechtsprechung des EuGH sowie unter zu Hilfenahme der gemeinschaftsrechtlichen und nationalen Grundrechtsdogmatik, kann man eine allgemeine Struktur der Grundfreiheiten herausfiltern.[403] Diese besteht aus dem Anwendungsbereich, der Beeinträchtigung des Anwendungsbereichs und der Rechtfertigung der Beeinträchtigung.

a) Eröffnung des Anwendungsbereichs

In der deutschen Grundrechtsprüfung meint der Begriff „Schutzbereich" den Lebensbereich, in dem der einzelne gegen staatliche Eingriffe geschützt ist.[404]

---

[400] Vgl. *Jarass*, in: Jarass/Pieroth, GG, Vorb. vor Art. 1, Rdnr. 7.

[401] Vgl. hierzu die Ausführungen in: 3. Teil, § 2, A., I.

[402] Vgl. Art. 136 ff. EG.

[403] Es werden hier nur die Strukturelemente behandelt, die allen Grundfreiheiten gemeinsam sind. Die zusätzlichen Besonderheiten, die naturgemäß jede Grundfreiheit enthält, werden erst bei der gesonderten Behandlung der einzelnen Grundfreiheiten aufgezeigt.

[404] Vgl. *Pieroth/Schlink*, Grundrechte (Staatsrecht II), Rdnr. 195 ff.

Gegen die Verwendung dieses Begriffs im Rahmen der Struktur der Grundfreiheiten spricht jedoch, dass die Grundfreiheiten vor allem Gleichheitsrechte sind.[405] Außerdem sollte eine zu enge Anlehnung an die Begrifflichkeiten der nationalen Grundrechtsdogmatik vermieden werden, um den bestehenden Unterschieden zwischen den Grundrechten einer nationalen Verfassung und den Grundfreiheiten des Gemeinschaftsrechts Rechnung zu tragen und diese zu verdeutlichen. Bei der Prüfung des Anwendungsbereichs ist zwischen sachlichen, personalen und räumlichen Elementen zu unterscheiden.

aa) Der sachliche Anwendungsbereich

Der sachliche Anwendungsbereich umfaßt die Menge jener Verhaltensweisen, Sachgüter oder Situationen eines Grundfreiheitsbegünstigten, die vom Wortlaut einer Grundfreiheit erfaßt sind,[406] also etwa die Niederlassung nach Art. 43 EG, die Erbringung einer Dienstleistung gemäß Art. 49 EG oder den Handel mit einer Ware i.S. des Art. 23 EG. Soweit keine der in den Grundfreiheiten genannten Verhaltensweisen zutrifft, kommt das allgemeine Diskriminierungsverbot des Art. 12 EG zur Anwendung.[407]

Die Grundfreiheiten schützen bestimmte Komponenten der wirtschaftlichen Handlungsfreiheit. Die Besonderheit der Grundfreiheiten besteht darin, dass sie nur wirtschaftliche Sachverhalte erfassen, die zudem einen grenzüberschreitenden Bezug aufweisen.[408] So setzt beispielsweise der sachliche Anwendungsbereich der Warenverkehrsfreiheit voraus, dass eine Ware i.S. von Art. 23 Abs. 2 EG in einen Mitgliedstaat ein- oder aus einem Mitgliedstaat ausgeführt wird, also eine innergemeinschaftliche Grenze überschreitet.[409] Dies folgt aus Art. 12 Abs. 1 EG, wonach jede Diskriminierung im „Anwendungsbereich" des Vertrages verboten ist. Der EuGH sieht in seiner Rechtsprechung den Anwendungsbereich des Vertrages nur dann als eröffnet an, wenn grenzüberschreitende Sachverhalte betroffen sind.[410]

Daneben gibt es negative Anwendungsvoraussetzungen, die bereits zur Verneinung des sachlichen Anwendungsbereichs führen. So gilt etwa die durch Art. 39 EG gewährleistete Freizügigkeit nach Art. 39 Abs. 4 EG nicht für den Bereich der öffentlichen Verwaltung, die Niederlassungs- und Dienstleistungsfreiheit gilt nach Art. 45 Abs. 1 EG (i.V.m. Art. 55 EG) nicht für die „Ausübung öffentlicher Gewalt". Diese negativen Voraussetzungen sind von den Rechtfertigungsgrün-

---

[405] Vgl. hierzu die Ausführungen in: 3. Teil, § 2, A., II., 1., b).

[406] In Anlehnung an die deutsche Grundrechtsdogmatik nach *Jarass*, in: Jarass/Pieroth, GG, Vorb. vor Art. 1, Rdnr. 15.

[407] Vgl. *Bleckmann*, in: Bleckmann, Europarecht, Rdnr. 1774; *Behrens*, Die Konvergenz der wirtschaftlichen Freiheiten im europäischen Gemeinschaftsrecht, EuR 1992, S. 145 (148).

[408] Vgl. *Eckhoff*, in: Birk, Handbuch des Europäischen Steuer- und Abgabenrechts, § 17, Rdnr. 32; *Jarass*, Elemente einer Dogmatik der Grundfreiheiten, EuR 1995, S. 202 (204).

[409] Vgl. *Jarass*, Elemente einer Dogmatik der Grundfreiheiten, EuR 1995, S. 202 (205).

[410] Vgl. *Eckhoff*, in: Birk, Handbuch des Europäischen Steuer- und Abgabenrechts, § 17, Rdnr. 32.

den abzugrenzen. Nach dem Wortlaut der Art. 39 Abs. 4 und Art. 45 Abs. 1 EG finden die Grundfreiheiten in diesem Bereichen keine „Anwendung". Daher sind sie dogmatisch bereits dem Anwendungsbereich zuzuordnen.[411]

Zum sachlichen Anwendungsbereich gehören auch die für die Wahrnehmung der in der Grundfreiheit gewährleisteten wirtschaftlichen Betätigung notwendigen Begleitrechte. So gibt beispielsweise die Freizügigkeit den ausländischen Arbeitnehmern das Recht, sich um Stellen zu bewerben, sich zu diesem Zweck im Hoheitsgebiet der Mitgliedstaaten frei zu bewegen und aufzuhalten, eine Beschäftigung auszuüben und nach Beendigung der Beschäftigung im Beschäftigungsstaat zu verbleiben (Art. 39 Abs. 3 EG). Sinn und Zweck dieser Begleitrechte ist es, die Mitgliedstaaten dazu zu verpflichten, die wirtschaftliche, soziale und gesellschaftliche Integration von Wirtschaftsteilnehmern aus anderen Mitgliedstaaten zu fördern.[412]

bb) Der personale Anwendungsbereich

Mit dem personalen Anwendungsbereich werden die Personen umschrieben, die durch die betreffende Grundfreiheit begünstigt werden (Grundfreiheitsbegünstigte). Der Anwendungsbereich der Grundfreiheit ist nur dann eröffnet, wenn die vom sachlichen Anwendungsbereich festgelegten Umstände diesen Personen zuzuordnen sind. Dadurch wird festgelegt, wer sich auf die Grundfreiheit berufen und ihre Beeinträchtigung gerichtlich geltend machen kann.[413]

cc) Der räumliche Anwendungsbereich

Der räumliche Anwendungsbereich der Grundfreiheiten ergibt sich aus Art. 299 EG. Damit werden alle Rechtsbeziehungen erfasst, die „aufgrund des Ortes, an dem sie entstanden sind oder an dem sie ihre Wirkung entfalten, einen räumlichen Bezug zur Gemeinschaft aufweisen".[414] Es geht hier also nicht um den grenzüberschreitenden Bezug, sondern um die territoriale Abgrenzung des rechtlichen Wirkungskreises der Gemeinschaft.

b) Beeinträchtigung des Anwendungsbereichs

Nicht jede Einwirkung in den Anwendungsbereich stellt eine Beeinträchtigung der Grundfreiheit dar. Erforderlich ist die Abgrenzung zwischen grundfreiheits-

---

411 Vgl. *Kingreen*, Die Struktur der Grundfreiheiten des Europäischen Gemeinschaftsrechts, S. 76 f.

412 Vgl. *Geiger*, EG-Vertrag, Art. 48, Rdnr. 17.

413 In Anlehnung an die deutsche Grundrechtsdogmatik nach *Jarass*, in: Jarass/Pieroth, GG, Vorb. vor Art. 1, Rdnr. 16.

414 Vgl. EuGH v. 12.12.1974, Rs. 36/74 (*Walrave/Union Cycliste Internationale*), EuGHE 1974, S. 1405 (1420).

relevanten Beeinträchtigungen und sonstigen Verkürzungen der wirtschaftlichen Handlungsfreiheit. Dieser Abgrenzungsbedarf ergibt sich daraus, dass sich die Grundfreiheiten in einem Spannungsfeld zwischen transnationaler Marktfreiheit und nationalen Regelungskompetenzen befinden.[415] Gerade der Bereich der direkten Steuern ist hierfür ein markantes Beispiel: Die Verwirklichung des Binnenmarktes erfordert die volle Verwirklichung der Grundfreiheiten, also der transnationalen Marktfreiheit auch in steuerlicher Sicht.[416] Andererseits sind die Kompetenzen der Mitgliedstaaten im Bereich der direkten Steuern nicht auf die Gemeinschaft übertragen worden, so dass die Mitgliedstaaten weiterhin nationale Steuerregelungen erlassen können. Die Aufgabe der Grundfreiheiten besteht darin, die nationalen Regelungen insoweit zu korrigieren, als diese grenzüberschreitende Wirtschaftstransaktionen im Binnenmarkt behindern.[417]

Diese Prüfungsstufe entspricht in der deutschen Grundrechtsdogmatik der Stufe des „Eingriffs". Hier wurde der Terminus „Beeinträchtigung" gewählt, um eine zu große Nähe zur deutschen Grundrechtslehre zu vermeiden. Bei der Prüfung der Beeinträchtigung erfolgt hier jedoch eine Anlehnung an die herkömmliche Eingriffsprüfung. Daher wird zunächst der Grundfreiheitsverpflichtete, also der Adressat der Grundfreiheit, ermittelt. Sodann wird untersucht, wann eine grundfreiheitsrelevante Beeinträchtigung vorliegt und in welchen Formen diese auftreten kann.[418]

aa) Der Grundfreiheitsadressat

Damit eine Einwirkung als Beeinträchtigung qualifiziert werden kann, muß sie von demjenigen vorgenommen werden, der durch die Grundfreiheit verpflichtet ist.[419] Die Grundfreiheiten binden nach ihrem Wortlaut nur die Mitgliedstaaten. Folglich kommt eine Beeinträchtigung der Grundfreiheiten nur dann in Betracht, wenn ein Mitgliedstaat als Hoheitsträger handelt.[420]

---

415 Vgl. *Kingreen*, Die Struktur der Grundfreiheiten des Europäischen Gemeinschaftsrecht, S. 82.

416 Vgl. hierzu die Ausführungen in: 3. Teil, § 2, A., I., 2.

417 Vgl. *Kingreen*, Die Struktur der Grundfreiheiten des Europäischen Gemeinschaftsrecht, S. 82.

418 In Anlehnung an die deutsche Grundrechtsdogmatik nach *Jarass*, in: Jarass/Pieroth, GG, Vorb. v. Art. 1, Rdnr. 19 ff.

419 In Anlehnung an die deutsche Grundrechtsdogmatik nach *Jarass*, in: Jarass/Pieroth, GG, Vorb. v. Art. 1, Rdnr. 28.

420 Zudem entfalten die Grundfreiheiten unmittelbare Wirkung. In diesem Fall werden auch die innerstaatlichen Stellen durch die Grundfreiheiten gebunden, und zwar unabhängig davon, ob sich der Bürger auf sie beruft. Vgl. hierzu die Ausführungen in: 2. Teil, § 2, A., III., 2., c); *Jarass*, Elemente einer Dogmatik der Grundfreiheiten, EuR 1995, S. 202 (209 f.).

Fraglich ist, ob auch Privatpersonen durch die Grundfreiheiten gebunden werden. Dabei geht es um das Problem der „Drittwirkung" der Grundfreiheiten. Nach der Rechtsprechung des EuGH findet eine solche Drittwirkung dort statt, wo es um den Schutz Einzelner vor der Macht privater Verbände oder Organisationen geht, die sozusagen staatsähnlichen Charakter aufweisen. So hat der EuGH beispielsweise Sportverbandsregelungen, die die grenzüberschreitende Mobilität von Sportlern behindern, an der Freizügigkeitsgarantie des EG-Vertrages gemessen.[421] In der Rechtssache „Walrave" hatte er ausgeführt, dass die Art. 39 und Art. 49 EG nicht nur vor hoheitlichen, die Freizügigkeit und die Dienstleistungsfreiheit beeinträchtigenden Maßnahmen schützen, sondern auch vor nichtstaatlichen Vorschriften, die eine kollektive Regelung im Arbeits- und Dienstleistungsbereich enthalten. Die Beseitigung der Hindernisse für den freien Personen- und Dienstleistungsverkehr sei gefährdet, wenn privatrechtliche Vereinigungen kraft ihrer rechtlichen Autonomie Normen erlassen könnten, die staatlichen Stellen wegen ihrer Bindung an die Grundfreiheiten verboten seien.[422] Gegenüber einer umfassenden Drittwirkung aller Grundfreiheiten ist jedoch Vorsicht geboten. Auch der EuGH ist in seiner Rechtsprechung uneinheitlich und scheint eine umfassende Drittwirkung der Grundfreiheiten abzulehnen. In seiner Judikatur zur Warenverkehrsfreiheit stellte er klar, dass sich die Art. 28 f. EG „nur auf staatliche Maßnahmen, nicht auf Verhaltensweisen von Unternehmen beziehen."[423] Vielmehr bestehe eine Verpflichtung der Mitgliedstaaten, Gefährdungen der Freiheiten durch Private abzuwehren.[424]

bb) Die verschiedenen Beeinträchtigungsformen

Der nächste Prüfungsschritt beschäftigt sich mit der Frage, wann eine Grundfreiheitseinwirkung als eine relevante Beeinträchtigung qualifiziert werden kann. Entsprechend den verschiedenen Grundfreiheitsfunktionen können Grundfreiheitsbeeinträchtigungen in verschiedenen Formen auftreten.

---

421 Der wohl spektakulärste Fall war die Verwerfung der Transferregelungen und Ausländerklauseln von Fußballvereinen im Fall „Bosman". Vgl. EuGH v. 15.12.1995, Rs. C-415/93 (*Union Royale belge des Sociétés de football association ASBL u.a./Jean-Marc Bosman u.a.*), EuZW 1996, S. 82 ff.

422 Vgl. EuGH v. 12.12.1974, Rs. 36/74 (*Walrave/Union Cycliste Internationale*), EuGHE 1974, S. 1405 (1419).

423 Vgl. EuGH v. 01.10.1987, Rs. 311/85 (*VVR/Sociale Dienst vaude Plaatselijke en Gewestelijke Overheidsdiensten*), EuGHE 1987, S. 3801 (3830).

424 Vgl. für die Warenverkehrsfreiheit EuGH v. 09.12.1997, Rs. C-265/95 P (*Tierce' Ladbroke/Kommission*), EuGHE 1997, S. I-6990 (6999); *Herdegen*, Europarecht, Rdnr. 285. Vgl. auch *Kluth*, Die Bindung privater Wirtschaftsteilnehmer an die Grundfreiheiten des EG-Vertrages, AöR 1997, S. 557 ff.

(1) Diskriminierung als Grundform der Beeinträchtigung

Die Grundfreiheiten sind Gleichheitsrechte.[425] Eine Beeinträchtigung der Grundfreiheiten kann daher zunächst in einer Diskriminierung liegen (Grundform der Beeinträchtigung).

Ganz allgemein setzt die Feststellung einer Diskriminierung die Ungleichbehandlung zweier vergleichbarer Sachverhalte oder Personengruppen voraus. Beide Vergleichsfälle müssen vom selben Träger öffentlicher Gewalt gestaltet und geregelt worden sein. Schließlich muss noch eine Benachteiligung einer Personengruppe oder einer Sachverhaltskonstellation hinzutreten, die auf die Verwendung eines bestimmten Differenzierungskriteriums zurückzuführen ist.[426]

(a) Gemeinschaftsspezifische Konkretisierung der Diskriminierung

Für die gemeinschaftsspezifische Konkretisierung der Diskriminierung ist Anknüpfungspunkt das allgemeine Diskriminierungsverbot des Art. 12 Abs. 1 EG:

> „Unbeschadet besonderer Bestimmungen dieses Vertrages ist in seinem Anwendungsbereich jede Diskriminierung aus Gründen der Staatsangehörigkeit verboten."

Der Anwendungsbereich des Vertrages und speziell auch der Anwendungsbereich der Grundfreiheiten ist nur bei wirtschaftlichen Betätigungen mit transnationalem Effekt eröffnet. Dementsprechend kann eine Beeinträchtigung nur dann vorliegen, wenn sich die Ungleichbehandlung nachteilig auf die Verwirklichung eines grenzüberschreitenden Sachverhaltes auswirkt. Verbotene Differenzierungskriterien sind also die Staatsangehörigkeit und der Grenzübertritt. Der Anwendungsbereich der Grundfreiheiten ist daher nur dann beeinträchtigt, wenn die hoheitliche Maßnahme Differenzierungen aufgrund der Staatsangehörigkeit oder des Grenzübertritts enthält, die überdies dazu führen, dass ausländische Staatsangehörige oder grenzüberschreitende wirtschaftliche Betätigungen mit Nachteilen belegt werden, die inländische Sachverhalte oder inländische Staatsangehörige nicht treffen. Dies bedeutet konkret: Ausländische Waren dürfen nicht nachteilig anders behandelt werden als inländische Waren. Arbeitnehmer und Selbständige, die Staatsangehörige anderer Mitgliedstaaten sind, müssen den gleichen Bedingungen unterworfen werden wie inländische Staatsangehörige. Ausländische Dienstleistungen und ihre Erbringer dürfen nicht benachteiligt werden und für ausländisches Kapital dürfen keine anderen, nachteiligen Regelungen gelten als für inländisches (sog. Grundsatz der Inländerbehandlung).

---

425 Vgl. hierzu die Ausführungen in: 3. Teil, § 2, A., II., 1., b).

426 In Anlehnung an die deutsche Grundrechtsdogmatik nach *Jarass*, in: Jarass/Pieroth, GG, Art. 3, Rdnr. 5 ff.

Die in den Grundfreiheiten enthaltenen Diskriminierungsverbote setzen voraus, dass die Ungleichbehandlung der Vergleichsgruppen auf einen Mitgliedstaat zurückzuführen ist. Eine Beeinträchtigung der Grundfreiheiten lässt sich nicht damit begründen, dass ein Mitgliedstaat A ausländischen Staatsangehörigen schwerere Benachteiligungen aufbürdet als ein Mitgliedstaat B. Wer im Mitgliedstaat A tätig ist, soll dies unter den gleichen Bedingungen tun können wie Inländer, nicht aber unter den gleichen Bedingungen wie seine Landsleute im Mitgliedstaat B. Adressat der Grundfreiheit ist also immer nur ein konkreter Mitgliedstaat. Maßgeblich ist, ob dieser in seinem Kompetenzbereich eine Ungleichbehandlung unter Verwendung der verbotenen Differenzierungskriterien vornimmt.[427]

(b) Arten von Diskriminierungen

Es sind zwei Arten von Diskriminierungen zu unterscheiden: die offenen und die versteckten Diskriminierungen. Eine offene Diskriminierung liegt vor, wenn eine rechtliche Regelung ausdrücklich und unmittelbar an das Merkmal der ausländischen Herkunft oder Staatsangehörigkeit anknüpft. Bei einer versteckten Diskriminierung knüpft die rechtliche Regelung zwar an ein anderes Merkmal als das der Staatsangehörigkeit oder der Herkunft an, sie enthält aber andere personen- oder produktbezogene Regelungen, die in den faktischen Auswirkungen zu demselben Ergebnis führen wie die Differenzierung nach der Staatsangehörigkeit.[428] Das Vorliegen einer Diskriminierung wird in diesem Fall nicht nach formalen, sondern nach materiellen Gesichtspunkten ermittelt. Entscheidend ist also im Unterschied zu den offenen Diskriminierungen, dass sich bei diesen die Diskriminierung aus dem Wortlaut der Regelung ergibt, während zur Feststel-

---

[427] In Anlehnung an die deutsche Grundrechtsdogmatik nach *Jarass*, in: Jarass/Pieroth, GG, Art. 3, Rdnr. 7. Davon abzugrenzen ist die Frage, ob die Diskriminierungsverbote eine Ungleichbehandlung verschiedener Ausländer durch einen Mitgliedstaat verbieten. Der dieser Fragestellung zugrundeliegende Sachverhalt betrifft die Situation, in der ein Mitgliedstaat A Angehörige eines Mitgliedstaates B schlechter behandelt als Angehörige eines weiteren Mitgliedstaates C. Diese Frage ist insbesondere vor dem Hintergrund teilweise höchst unterschiedlicher Regelungen in den zwischen den einzelnen Mitgliedstaaten der Gemeinschaft geschlossenen DBA gerade für den Bereich des Internationalen Steuerrechts von Bedeutung. In letzter Konsequenz würde die Anwendung der Diskriminierungsverbote auf differenzierende DBA-Regelungen zu einer Entwicklung eines innereuropäischen Meistbegünstigungsgrundsatzes führen. Vgl. *Thömmes*, Verbote der Diskriminierung von Steuerausländern und Steuerinländern, in: Lehner, Steuerrecht im Europäischen Binnenmarkt, DStJG 1996, S. 81 (101).

[428] Vgl. EuGH v. 12.02.1974, Rs. 152/73 (*Sotgiu/Deutsche Bundespost*), EuGHE 1974, S. 153 (164); *Eckhoff* in: Birk, Handbuch des Europäischen Steuer-und Abgabenrechts, § 17, Rdnr. 38; *Thömmes*, Verbote der Diskriminierung von Steuerausländern und Steuerinländern, in: Lehner, Steuerrecht im Europäischen Binnenmarkt, DStJG 1996, S. 81 (83); *Classen*, Auf dem Weg zu einer einheitlichen Dogmatik der EG-Grundfreiheiten?, EWS 1995, S. 97.

lung einer versteckten Diskriminierung eine Analyse der materiellen Wirkungen erforderlich ist.[429]

(c) Problem der sog. Inländerdiskriminierung

Der Tatbestand einer Inländerdiskriminierung existiert, weil der Schutz der Grundfreiheiten auf grenzüberschreitende Sachverhalte beschränkt ist. Der Verstoß einer nationalen Regelung gegen eine Grundfreiheit führt daher dazu, dass diese nach bislang herrschender Ansicht allein bei transnationalen Sachverhalten unanwendbar ist. Für rein inländische/innerstaatliche Sachverhalte gilt die Norm weiterhin. Dies kann dazu führen, dass nun die inländischen Staatsangehörigen Wettbewerbsnachteilen unterliegen, die für ihre ausländischen Kollegen kraft der Diskriminierungsverbote nicht gelten. Trotz dieser möglichen Benachteiligungen können sich die Inländer gegenüber ihrem Heimatstaat grundsätzlich nicht auf den Schutz der Grundfreiheiten berufen. Ihnen bleibt nur die Geltendmachung nationaler Grundrechte, in der Bundesrepublik Deutschland insbesondere Art. 3 Abs. 1 GG. Etwas anderes gilt nur dann, wenn sich der Inländer „in einer Lage befindet, die mit derjenigen aller anderen Personen, die in den Genuß der durch den Vertrag garantierten Rechte und Freiheiten kommen, vergleichbar ist.“[430] Dies ist dann der Fall, wenn der dem Konflikt zwischen dem Mitgliedstaat und seinem Staatsangehörigen zugrundeliegende Sachverhalt einen grenzüberschreitenden Bezug aufweist. Es sind daher Fälle denkbar, in denen ein Mitgliedstaat seine Bürger daran hindert, ihre wirtschaftliche Tätigkeit ins Ausland zu verlegen oder umgekehrt ihnen die Rückkehr in den Heimatstaat erschwert, wenn sie in einem anderen Mitgliedstaat einer wirtschaftlichen Tätigkeit nachgegangen sind.[431]

(2) Weitere Beeinträchtigungsformen

Neben der offenen und der versteckten Diskriminierung gibt es eine dritte Kategorie von Beeinträchtigungen: Dies sind Regelungen, die keinerlei Diskriminierung enthalten – weder eine offene noch eine versteckte –, aber trotzdem die Wirtschaftsströme innerhalb des Binnenmarktes behindern. Sie werden hier zunächst als „unterschiedslos geltende Maßnahmen“ bezeichnet.

Ob und inwieweit die Grundfreiheiten Schutz vor solchen diskriminierungsfreien Maßnahmen gewähren, ist die Kardinalsfrage der neueren Grundfreiheitsdogmatik. Die Befürworter dieser dritten Beeinträchtigungskategorie argumentieren damit, dass der Grundsatz der Inländerbe-

---

429 Vgl. *Kingreen*, Die Struktur der Grundfreiheiten des Europäischen Gemeinschaftsrechts, S. 38 f.

430 Siehe EuGH v. 07.02.1979, Rs. 115/78 (*Knoors/Staatssekretär für Wissenschaft*), EuGHE 1979, S. 399 (410).

431 Vgl. *Eckhoff*, in: Birk, Handbuch des europäischen Steuer- und Abgabenrechts, § 17, Rdnr. 32.

handlung, der ein traditionelles Regelungsprinzip des Wirtschaftsvölkerrechts ist, nur begrenzte Liberalisierungswirkung entfalte. Außer den Diskriminierungen bestünden jedoch noch weitere Hindernisse für den zwischenstaatlichen Wirtschaftsverkehr, beispielsweise solche, die sich aus der bloßen Unterschiedlichkeit der nationalen Rechtsordnungen ergäben. Dieses integrationspolitische Defizit des Grundsatzes der Inländerbehandlung könne auch nicht durch das Instrument der Rechtsangleichung kompensiert werden, da die Mitgliedstaaten in der Vergangenheit immer wieder – teilweise politisch motivierten – Widerstand gegen bestimmte Harmonisierungsvorhaben geleistet hätten, vor allem dann, wenn – wie etwa bei den direkten Steuern – Kernbereiche nationaler Regulierungsbedürfnisse berührt wurden.[432]

Der EuGH nutzte sein Monopol zu Auslegung des Gemeinschaftsrechts, um zunächst im Bereich der Warenverkehrsfreiheit das Verbot einer benachteiligenden Ungleichbehandlung importierter Waren gegenüber Inlandsprodukten zu einem allgemeinen Verbot der Beschränkung des zwischenstaatlichen Handelsverkehrs zu erweitern.

(a) Beschränkungen der Warenverkehrsfreiheit

Art. 28 EG enthält das Verbot mengenmäßiger Einfuhrbeschränkungen sowie Maßnahmen gleicher Wirkung. Die Maßnahmen gleicher Wirkung definiert der EuGH nach der sog. Dassonville-Formel wie folgt:

> „Maßnahme gleicher Wirkung ist jede Regelung der Mitgliedstaaten, die geeignet ist, den innergemeinschaftlichen Handel unmittelbar oder mittelbar, tatsächlich oder potentiell zu behindern.“[433]

Diese sehr weite Definition erfasst alle Regelungen, die objektiv auf den Handelsverkehr einwirken, unabhängig davon, ob sie Diskriminierungen enthalten oder nicht, und bringt damit erstmals zum Ausdruck, dass grundsätzlich alle Beschränkungen des innergemeinschaftlichen Handels am Maßstab der Grundfreiheiten zu messen sind.[434] In der Folgezeit hat die Formel allerdings Einschränkungen erfahren.

In der Rechtssache „Keck und Mithouard“ hatte der EuGH darüber zu entscheiden, ob das französische Verbot, Waren unter Einkaufspreis zu verkaufen, gegen Art. 28 EG verstößt. Mit der ungewöhnlichen Begründung, dass sich die „Wirtschaftsteilnehmer immer häufiger auf Art. 30 EGV[435] berufen, um jedwede Regelung zu beanstanden, die sich als Beschränkung ihrer geschäftlichen Freiheit

---

[432] Vgl. *Behrens*, Die Konvergenz der wirtschaftlichen Freiheiten im europäischen Gemeinschaftsrecht, EuR 1992, S. 145 (148 f.).

[433] Siehe EuGH v. 11.07.1974, Rs. 8/74 (*Dassonville*), EuGHE 1974, S. 837 (852).

[434] Vgl. *Kingreen*, Die Struktur der Grundfreiheiten des Europäischen Gemeinschaftsrechts, S. 41.

[435] Jetzt Art. 32 EG.

auswirkt"[436], nahm der EuGH eine Einschränkung der weiten Dassonville-Formel vor. Das Gericht differenzierte hinsichtlich staatlicher Vermarktungsregeln zwischen produktbezogenen Regeln und allgemeinen Verkaufsmodalitäten. Hinsichtlich produktbezogener Regeln, wie beispielsweise Form, Etikettierung, Verpackung etc. verbleibt es bei der Anwendung des Art. 28 EG. Bezüglich der Verkaufsmodalitäten[437] führt der EuGH in der Rechtssache „Keck und Mithouard" aus:

> „Demgegenüber ist entgegen der bisherigen Rechtsprechung die Anwendung nationaler Bestimmungen, die bestimmte Verkaufsmodalitäten beschränken oder verbieten, auf Erzeugnisse aus anderen Mitgliedstaaten nicht geeignet, den Handel zwischen den Mitgliedstaaten im Sinne des Urteils Dassonville (Urteil vom 11. Juli 1974 in der Rechtssache 8/74, Slg. 1974, 837) unmittelbar oder mittelbar, tatsächlich oder potentiell zu behindern, sofern diese Bestimmungen für alle betroffenen Wirtschaftsteilnehmer gelten, die ihre Tätigkeit im Inland ausüben, und sofern sie den Absatz der inländischen Erzeugnisse und der Erzeugnisse aus anderen Mitgliedstaaten rechtlich wie tatsächlich in der gleichen Weise berühren."[438]

Zusammenfassend ist daher festzuhalten: Für produktbezogene Regelungen gilt die Dassonville-Formel weiterhin. Offene und versteckte Diskriminierungen sowie alle anderen Regelungen, die zwar unterschiedslos gelten, aber trotzdem auf den innergemeinschaftlichen Handelsverkehr einwirken, werden am Maßstab der Warenverkehrsfreiheit geprüft. Für Regelungen, die bestimmte Verkaufsmodalitäten enthalten, gilt dagegen: Bei den offenen und versteckten Diskriminierungen gibt es keine Veränderungen.[439] Es bleibt bei der Anwendung des Art. 28 EG. Dagegen werden unterschiedslos wirkende, also diskriminierungsfreie Verkaufsbeschränkungen, nicht mehr am Maßstab der Warenverkehrsfreiheit geprüft. Dies gilt insofern, als sie allgemein für alle Wirtschaftsteilnehmer gelten und sich nicht überwiegend zu Lasten eingeführter Erzeugnisse auswirken, also keine „spezifischen Hindernisse" des grenzüberschreitenden Warenverkehrs darstellen.[440]

---

[436] Siehe EuGH v. 24.11.1993, verb. Rs. C-267/91, C-268/91 (*Keck und Mithouard*), EuGHE 1993, S. I-6097 (6131), Rdnr. 14.

[437] Dies sind Regelungen, die den Absatz der Ware betreffen, wie beispielsweise Werbevorschriften etc.

[438] Siehe EuGH v. 24.11.1993, verb. Rs. C-267/91, C-268/91 (*Keck und Mithouard*), EuGHE 1993, S. I-6097 (6131), Rdnr. 16.

[439] Vgl. EuGH v. 24.11.1993, verb. Rs. C-267/91, C-268/91 (*Keck und Mithouard*), EuGHE 1993, S. I-6097 (6131).

[440] Vgl. *Herdegen*, Europarecht, Rdnr. 290; *Classen*, Auf dem Weg zu einer einheitlichen Dogmatik der EG-Grundfreiheiten?, EWS 1995, S. 97 (99).

(b) Beschränkungen des Anwendungsbereichs der übrigen Grundfreiheiten

In seiner Rechtsprechung hat der EuGH die übrigen Grundfreiheiten strukturell auch im Bereich des Beschränkungsverbots an die Warenverkehrsfreiheit angeglichen.[441] Allgemein – und in Anlehnung an die Dassonville-Formel – kann man daher sagen, dass eine Beeinträchtigung der Grundfreiheiten durch jede Regelung der Mitgliedstaaten erfolgen kann, die geeignet ist, die innergemeinschaftliche Ausübung der Grundfreiheiten „zu behindern oder weniger attraktiv“[442] zu machen. Auch diese weite Formel wird durch eine Übertragung der „Keck“-Rechtsprechung eingeschränkt.

Die Grundfreiheiten schützen den Marktteilnehmer – wie bereits mehrfach erwähnt – vor Beeinträchtigungen seiner transnationalen wirtschaftlichen Betätigung. Der Unionsbürger, der seine wirtschaftliche Betätigung über die Grenzen seines eigenen Mitgliedstaates hinaus ausdehnen möchte, braucht jedoch Schutz in zweifacher Hinsicht: Zunächst darf ihm der Zugang zu einem ausländischen Markt nicht verwehrt werden. Wird ihm dieser zwar gewährt, so darf ihm als ausländischem Anbieter aber auch die wirtschaftliche Betätigung auf diesem Markt nicht erschwert werden. Diesen beiden Schutzdimensionen trägt die „Keck“-Rechtsprechung Rechnung: Produktbezogene Anforderungen führen nämlich regelmäßig dazu, dass ein Produkt, das den Anforderungen des Bestimmungsstaates nicht genügt, nicht auf dessen Markt gelangen kann, es sei denn, es wird speziell für diesen Markt und dessen Anforderungen hergestellt. Verkaufsmodalitäten dagegen verhindern nicht den Zugang zu einem ausländischen Markt, sondern die wirtschaftliche Betätigung auf dem Markt.[443] Diese Unterscheidung kann auch für die übrigen Grundfreiheiten fruchtbar gemacht werden. Zu differenzieren ist daher zunächst, ob eine nationale Regelung den Zugang zum nationalen Markt verhindert oder erschwert, oder die wirtschaftliche Betätigung für ausländische Anbieter auf dem nationalen Markt betrifft. Handelt es sich um eine Marktzugangsbeeinträchtigung, so ist der Betroffene durch die Grundfreiheit vor jeder Diskriminierung oder Beschränkung im Sinne der Dassonville-Formel geschützt. Erschwert die Regelung dagegen die wirtschaftliche Betätigung auf dem Markt, so sind die Betroffenen – in Anlehnung an die „Keck“-Rechtsprechung – nur vor verbotenen Diskriminierungen geschützt, sowie vor solchen Beschränkungen, die sich überwiegend zu Lasten von Personen und Produkten aus anderen Mitgliedstaaten auswirken.

Zu unterscheiden ist also zwischen Marktzugangsregelungen und solchen Regelungen, die bestimmte Modalitäten der wirtschaftlichen Betätigung auf dem nationalen Markt näher ausgestalten, ohne eine marktabschottende Wirkung zu entfalten. Für die Abgrenzung zwischen (versteckten) Diskriminierungen und

---

[441] Die Entwicklung vom Diskriminierungsverbot zum allgemeinen Beschränkungsverbot hinsichtlich der einzelnen Grundfreiheiten wird ausführlich bei den gesonderten Ausführungen zu jeder Grundfreiheit dargestellt. An dieser Stelle erfolgt nur die Darstellung einiger grundsätzlicher Gesichtspunkte.

[442] So die gängige Formulierung des EuGH. Vgl. beispielsweise EuGH v. 31.03.1993, Rs. C-19/92 (*Dieter Kraus/Land Baden-Württemberg*), EuGHE 1993, S. I-1663 ff.

[443] Vgl. *Kingreen*, Die Struktur der Grundfreiheiten des Europäischen Gemeinschaftsrechts, S. 124.

Beschränkungen gilt: Die Feststellung einer Diskriminierung ergibt sich durch die Durchführung eines horizontalen Vergleichs. Die Grundfreiheitswidrigkeit einer Maßnahme folgt aus der rechtlichen Ungleichbehandlung zweier Gruppen zum Nachteil der einen.[444] Anders bei der Beschränkung: Hier handelt es sich um unterschiedslos geltende Regelungen, ausländische Produkte und Personen werden rechtlich mit inländischen Produkten und Personen völlig gleich gestellt. Gerade aus dieser rechtlichen Gleichstellung ergeben sich jedoch faktische Nachteile, da die nationalen Regelungen Anforderungen an die wirtschaftliche Betätigung stellen, die für ausländische Staatsangehörige schwerer zu erfüllen sind, als für Inländer und damit für erstere eine zusätzliche Belastung darstellen.[445] Die Erschwernisse für den transnationalen Wirtschaftsverkehr durch diskriminierungsfreie Maßnahmen entstehen damit letztlich durch die Unterschiede zwischen den jeweiligen Rechtsordnungen.[446]

c) Rechtfertigung der Beeinträchtigung

Neben den Stufen des sachlichen und personalen Anwendungsbereichs sowie der Beeinträchtigung weist die Dogmatik der Grundfreiheiten eine dritte Stufe auf: die Rechtfertigung der Beeinträchtigung. In diesen Fällen hat der Grundfreiheitsbegünstigte eine Beeinträchtigung der Grundfreiheit, auf die er sich beruft, hinzunehmen.

Die Prüfung der Beeinträchtigung ist dadurch geprägt, den Zielkonflikt zwischen der Marktfreiheit und der mitgliedstaatlichen Regelungsautonomie durch Herausarbeiten der grundfreiheitsrelevanten Belastungen zu verarbeiten. Auf der Rechtfertigungsebene hingegen wird das durch die Grundfreiheiten geschützte Rechtsgut dem Rechtsgut, das die Beeinträchtigung motiviert hat, gegenübergestellt und mit diesem abgewogen. Dabei hat die Rechtfertigungsprüfung kompetenzielle Auswirkungen, denn jede erfolgreiche Berufung eines Mitgliedstaates auf einen Rechtfertigungsgrund erweitert dessen gesetzgeberischen Entscheidungsspielraum.[447]

---

[444] Vgl. hierzu die Ausführungen in: 3. Teil, § 2, A., II., 2., b), bb), (1), (a).

[445] Vgl. *Knobbe-Keuk*, Niederlassungsfreiheit: Diskriminierungs- oder Beschränkungsverbot?, DB 1990, S. 2573 (2577); *Jarass*, Elemente einer Dogmatik der Grundfreiheiten, EuR 1995, S. 202 (214).

[446] Wenn ein Mitgliedstaat A andere Anforderungen für die wirtschaftliche Betätigung auf seinem Markt stellt, als ein Mitgliedstaat B, wird der Wechsel zwischen den Märkten schwierig, jedenfalls wenn das Bestimmungsstaatsprinzip gilt. Eine umfassende Liberalisierung der Marktverkehrsfreiheit innerhalb des Binnenmarktes erfordert jedoch die Verwirklichung des Herkunftsstaatsprinzips. Dem wird durch die Auslegung der Grundfreiheiten als Beschränkungsverbote Rechnung getragen. Danach sind beispielsweise Waren und Dienstleistungen im gesamten Gemeinschaftsgebiet verkehrsfähig, wenn sie den Anforderungen des Herkunftsstaates genügen.

[447] Vgl. *Kingreen*, Die Struktur der Grundfreiheiten des Europäischen Gemeinschaftsrechts, S. 150.

aa) Die kodifizierten Rechtfertigungsgründe

Der EG-Vertrag sieht für jede Grundfreiheit einen kodifizierten Rechtfertigungsgrund vor. Für die Warenverkehrsfreiheit ist dies Art. 30 EG[448], für die Arbeitnehmerfreizügigkeit Art. 39 Abs. 3 EG[449] und für die Niederlassungsfreiheit Art. 46 Abs. 1 EG[450], der durch Verweisung auch für die Dienstleistungsfreiheit gilt. Alle diese Rechtfertigungsgründe haben gemeinsam, dass sie jeweils bestimmte Rechtsgüter nennen, deren Schutz Beeinträchtigungen der Grundfreiheiten rechtfertigen. Es sind dies insbesondere die öffentliche Ordnung und Sicherheit sowie die Gesundheit. Nach ständiger Rechtsprechung des EuGH handelt es sich hierbei um eng auszulegende Ausnahmevorschriften.[451]

Fraglich ist, welche Anforderungen an die mitgliedstaatlichen Maßnahmen zu stellen sind, die eine Beeinträchtigung der Grundfreiheiten rechtfertigen. Inhaltlich muss sie den Maßgaben der Art. 30, 39 Abs. 3 und Art. 46 Abs. 1 EG entsprechen. Damit ist jedoch noch nicht geklärt, in welcher Form die Maßnahme zu ergehen hat. In Art. 46 Abs. 1 EG ist der Hinweis zu finden, dass es sich um „Rechts- und Verwaltungsvorschriften" der Mitgliedstaaten handeln kann oder muss. Im Kern geht es hier um die Frage, ob für das mitgliedstaatliche Handeln ein Gesetzesvorbehalt gilt. Für Maßnahmen der Gemeinschaft, die geeignet sind, in Gemeinschaftsgrundrechte einzugreifen, erkennt der EuGH den Vorbehalt des Gesetzes ausdrücklich an. Er beruft sich dabei auf die Rechtsordnungen der Mitgliedstaaten, die allesamt vorsähen, dass Eingriffe der öffentlichen Gewalt in die Sphäre der privaten Betätigung jeder Person einer Rechtsgrundlage bedürften.[452] Für die Grundfreiheiten gibt es allerdings keine entsprechende Rechtsprechung. Solange dies so bleibt, ist davon auszugehen, dass für Maßnahmen der Mitgliedstaaten deren Rechtsordnung maßgeblich ist.[453] In der Bundesrepublik Deutschland ist regelmäßig ein förmliches Gesetz erforderlich, um eine Verkürzung des Schutzbe-

---

448 Art. 30 EG lautet: „Die Bestimmungen der Artikel 28 und 29 stehen Einfuhr-, Ausfuhr- und Durchfuhrverboten oder -beschränkungen nicht entgegen, die aus Gründen der öffentlichen Sittlichkeit, Ordnung und Sicherheit, zum Schutz der Gesundheit und des Lebens von Menschen, Tieren und Pflanzen, des internationalen Kulturguts von künstlerischem, geschichtlichem oder archäologischen Wert oder des gewerblichen und kommerziellen Eigentums gerechtfertigt sind. Diese Verbote oder Beschränkungen dürfen jedoch weder ein Mittel zur willkürlichen Diskriminierung noch eine verschleierte Beschränkung des Handels zwischen den Mitgliedstaaten darstellen."

449 Nach Art. 39 Abs. 3 EG steht das Recht auf Freizügigkeit unter dem Vorbehalt der Gründe der öffentlichen Ordnung, Sicherheit und Gesundheit.

450 Art. 46 Abs. 1 EG lautet: „Dieses Kapitel und die aufgrund desselben getroffenen Maßnahmen beeinträchtigen nicht die Anwendbarkeit der Rechts- und Verwaltungsvorschriften, die eine Sonderregelung für Ausländer vorsehen und aus Gründen der öffentlichen Ordnung, Sicherheit oder Gesundheit gerechtfertigt sind."

451 Vgl. *Nettesheim*, in: Grabitz/Hilf, KommEU, Bd. I, Art. 4, Rdnr. 49.

452 Vgl. EuGH v. 21.09.1989, verb. Rs. 46/87, 227/88 (*Hoechst/Kommission*), EuGHE 1989, S. 2859 (2924); *Kingreen*, Die Struktur der Grundfreiheiten des Europäischen Gemeinschaftsrechts, S. 153.

453 Vgl. *Kingreen*, Die Struktur der Grundfreiheiten des Europäischen Gemeinschaftsrechts, S. 154.

reichs eines Grundrechts zu rechtfertigen (Art. 19 Abs. 1 GG). Ob dies auch für die Grundfreiheiten des Europäischen Gemeinschaftsrechts gilt, ist angesichts der Unterschiede zwischen den Grundrechten der bundesdeutschen Verfassung und den Grundfreiheiten des EG-Vertrages[454] jedoch fraglich.

Wenn für die Grundfreiheitsbeeinträchtigung eine entsprechende Grundlage durch einen kodifizierten Rechtfertigungsgrund besteht, so bedeutet dies noch nicht, dass der Grundfreiheitsbeeinträchtigung keine Grenzen gesetzt sind. Die Beeinträchtigung muss vielmehr verhältnismäßig sein.[455] Die Verhältnismäßigkeitsprüfung bildet das Herzstück der Rechtfertigungsprüfung und erfordert eine Abwägung der kollidierenden Rechtsgüter. Auch auf der Gemeinschaftsebene besteht der Grundsatz der Verhältnismäßigkeit aus drei Teilgeboten: der Geeignetheit, der Erforderlichkeit und der Angemessenheit.[456]

bb) Die „Cassis"-Rechtsprechung

Wie oben festgestellt wurde, können die Grundfreiheiten auch durch Einwirkungen beeinträchtigt werden, die keine verbotenen Differenzierungen enthalten und daher nicht als Diskriminierungen einzustufen sind. Die Grundsätze für die Rechtfertigung solcher Beeinträchtigungen entwickelte der EuGH zunächst für die Warenverkehrsfreiheit. Im Urteil „Cassis de Dijon"[457] ging es um eine deutsche Vorschrift, nach der Fruchtliköre nur mit einem Alkoholgehalt von mindestens 25% in den Verkehr gebracht werden durften. Diese Regelung galt unterschiedslos für in- und ausländische Produkte. Der EuGH hat entschieden, dass Beschränkungen des freien Warenverkehrs, die auf unterschiedslos geltenden Regelungen der Mitgliedstaaten beruhen, hingenommen werden müssen, „soweit diese Bestimmungen notwendig sind, um zwingenden Erfordernissen gerecht zu werden, insbesondere den Erfordernissen einer wirksamen steuerlichen Kontrolle, des Schutzes der öffentlichen Gesundheit, der Lauterkeit des Handelsverkehrs und des Verbraucherschutzes."[458]

Aus der Verwendung der Begriffe „notwendig" und „zwingende Erfordernisse" ergibt sich, dass die mitgliedstaatliche Maßnahme am Grundsatz der Verhältnismäßigkeit zu prüfen ist: Sie muss zum Schutz der in der Cassis-Formel enthaltenen Rechtsgüter geeignet, erforderlich und angemessen sein. Der Grundsatz der Verhältnismäßigkeit prägt die Prüfung der Zulässig-

---

454 Vgl. hierzu die Ausführungen in: 3. Teil, § 2, A., II., 1.

455 Vgl. *Jarass*, Elemente einer Dogmatik der Grundfreiheiten, EuR 1995, S. 202 (223).

456 Vgl. EuGH v. 11.07.1989, Rs. 265/87 (*Schräder/Hauptzollamt Gronau*), EuGHE 1989, S. 2237 (2269); *Kingreen*, Die Struktur der Grundfreiheiten des Europäisches Gemeinschaftsrechts, S. 168 f.

457 Vgl. EuGH v. 20.02.1979, Rs. 120/78 (*Rewe/Bundesmonopolverwaltung für Branntwein)*, EuGHE 1979, S. 649 ff.

458 Vgl. EuGH v. 20.02.1979, Rs. 120/78 (*Rewe/Bundesmonopolverwaltung für Branntwein)*, EuGHE 1979, S. 649 (662).

keit der Beeinträchtigung der Grundfreiheiten durch unterschiedslos geltende Maßnahmen der Mitgliedstaaten, daher ist diese Rechtsprechung der Rechtfertigungsstufe zuzuordnen.[459]

Die „Cassis"-Rechtsprechung wurde mittlerweile durch zahlreiche Folgeurteile konsolidiert und auf andere Grundfreiheiten übertragen.[460] Nach der jüngsten Rechtsprechung des EuGH gilt für alle Grundfreiheiten, soweit sie ein allgemeines Beschränkungsverbot enthalten, folgender vierstufiger Rechtfertigungsstandard:

> „Aus der Rechtsprechung des Gerichtshofs ergibt sich jedoch, dass nationale Maßnahmen, die die Ausübung der durch den Vertrag garantierten grundlegenden Freiheiten behindern oder weniger attraktiv machen können, vier Voraussetzungen erfüllen müssen. Sie müssen in nichtdiskriminierender Weise angewandt werden, sie müssen aus zwingenden Gründen des Allgemeininteresses gerechtfertigt sein, sie müssen geeignet sein, die Verwirklichung des mit ihnen verfolgten Zieles zu gewährleisten, und sie dürfen nicht über das hinausgehen, was zur Erreichung dieses Zieles erforderlich ist [...]."[461]

Zusammenfassend kann festgehalten werden: Es gibt zwei Gruppen von Rechtfertigungsgründen. Zum einen die kodifizierten Rechtfertigungsgründe, zum anderen zwingende Gründe des Allgemeininteresses, wobei letztere als Maßstab nur für Beschränkungen fungieren. Beide Gruppen von Rechtfertigungsgründen unterliegen dem Grundsatz der Verhältnismäßigkeit. Die mitgliedstaatliche Maßnahme muss also geeignet, erforderlich und angemessen sein.

Die Maßnahme ist geeignet, wenn sie ein brauchbares Mittel zur Erreichung des angestrebten Zwecks ist.[462] Nach dem EuGH ist es grundsätzlich Sache der Mitgliedstaaten, die aus ihrer Sicht geeigneten Maßnahmen zu ergreifen. Bei der Nachprüfung beschränkt er sich daher auf die Frage, ob die Entscheidung des Mitgliedstaates offensichtliche Beurteilungsfehler aufweist.[463] Das Gebot der Erforderlichkeit ist verletzt, wenn das Ziel der staatlichen Maßnahme auch durch ein anderes, gleich wirksames Mittel erreicht werden kann, das die betreffende Grundfreiheit weniger beeinträchtigt.[464] Die Erforderlichkeit ist insbesondere dann zu verneinen, wenn das Ziel der Maßnahme durch gleichwertige Anforderungen des Herkunftsstaates erreicht werden kann, denn die Einhaltung der nationalen Vorschriften des Bestimmungsstaates würde zu einer unnötigen Doppel- oder Mehrbelastung führen. Nur wenn die in den Rechtfertigungsgründen genannten Rechtsgüter es zwingend erfordern, muss das Herkunfts-

---

459 Vgl. *Jarass*, Elemente einer Dogmatik der Grundfreiheiten, EuR 1995, S. 202 (222).

460 Vgl. *Dauses*, Die rechtliche Dimension des Binnenmarktes, EuZW 1990, S. 8 (10).

461 Siehe EuGH v. 30.11.1995, Rs. C-55/94 (*Gebhard*), EuGHE 1995, S. I-4165 (4187 ff.).

462 Vgl. in Anlehnung an die Geeignetheitsprüfung nach dem Grundsatz der Verhältnismäßigkeit im deutschen Recht *Jarass*, in: Jarass/Pieroth, GG, Art. 20, Rdnr. 59.

463 Vgl. *Kingreen*, Die Struktur der Grundfreiheiten des Europäischen Gemeinschaftsrechts, S. 169.

464 Vgl. in Anlehnung an die Erforderlichkeitsprüfung nach dem Grundsatz der Verhältnismäßigkeit im deutschen Recht *Jarass*, in: Jarass/Pieroth, GG, Art. 20, Rdnr. 60.

staatsprinzip dem Bestimmungsstaatsprinzip weichen.[465] Das Gebot der Angemessenheit verlangt, dass die Beeinträchtigung in einem angemessenen Verhältnis zu dem verfolgten Zweck steht (Zweck-Mittel-Relation). Hierzu bedarf es einer Güterabwägung zwischen der Schwere der Beeinträchtigung und dem Schutzgewinn für das entgegenstehende Rechtsgut. Der Unterschied zur Stufe der Erforderlichkeit besteht darin, dass dort ein sachverhaltsexternes, milderes Mittel zum Vergleich geprüft wird, während hier nur noch sachverhaltsintern eine Zweck-Mittel-Abwägung vorgenommen wird.[466]

cc) Die Missbrauchsrechtsprechung

Der EuGH versagt den Angehörigen der Mitgliedstaaten die Berufung auf die wirtschaftlichen Freiheiten des EG-Vertrages, wenn sie damit ausschließlich das Ziel verfolgen, sich der Anwendung der Rechtsvorschriften eines Mitgliedstaates zu entziehen. Dabei ist jedoch zu bedenken, dass der Sinn der Grundfreiheiten gerade darin besteht, dass Angehörige der Mitgliedstaaten sich ungeachtet der Rechtsunterschiede zwischen den Mitgliedstaaten grenzüberschreitend wirtschaftlich betätigen können. Daher ist es aus Sicht des Gemeinschaftsrechtes legitim, wenn sich die Angehörigen der Mitgliedstaaten das Regelungsgefälle zunutze machen. Eine Grenze ist jedoch dann gegeben, wenn dies in missbräuchlicher und betrügerischer Absicht geschieht. Die Mitgliedstaaten haben daher das Recht, Maßnahmen zu treffen, die verhindern sollen, dass sich die eigenen Staatsangehörigen unter Missbrauch der durch den EG-Vertrag geschaffenen Möglichkeiten der Anwendung des nationalen Rechts entziehen.[467]

3. Unmittelbare Wirkung der Grundfreiheiten

Die Grundfreiheiten sind unmittelbar geltendes Gemeinschaftsrecht. Dies hat der EuGH im Laufe der Zeit für jede einzelne Grundfreiheit entschieden.[468] Die Einstufung der Grundfreiheiten als unmittelbar geltendes Recht bedeutet gleichzeitig, dass es sich um mehr als bloße Programmsätze handelt, deren Verletzung gerichtlich nicht geltend gemacht werden kann. Gerade letzteres ist jedoch für

---

[465] Vgl. *Kingreen*, Die Struktur der Grundfreiheiten des Europäischen Gemeinschaftsrechts, S. 170.

[466] Vgl. *Kingreen*, Die Struktur der Grundfreiheiten des Europäischen Gemeinschaftsrechts, S. 173.

[467] Vgl. EuGH v. 02.05.1996, Rs. C-206/94 (*Paletta*), EuGHE 1996, S. I-2357 (2390 ff.); *Behrens*, Das Internationale Gesellschaftsrecht nach dem Centros-Urteil des EuGH, IPRax 1999, S. 323 (326).

[468] Vgl. zur Warenverkehrsfreiheit EuGH v. 03.07.1974, Rs. 192/73 (*Van Zuylen/Hag*), EuGHE 1974, S. 731 (744); zur Arbeitnehmerfreizügigkeit EuGH v. 04.12.1974, Rs. 41/74 (*van Duyn/Home Office*), EuGHE 1974, S. 1337 (1347); zur Niederlassungsfreiheit EuGH v. 21.06.1974, Rs. 2/74 (*Reyners/Belgien*), EuGHE 1974, S. 631 (652 f.); zur Dienstleistungsfreiheit EuGH v. 03.12.1974, Rs. 33/74 (*van Binsbergen/Bedrijfsvereniging/Metaalnijverheid*), EuGHE 1974, S. 1299 (1311).

die praktische Wirksamkeit des Gemeinschaftsrechts entscheidend. Die Bezeichnung der Grundfreiheiten als unmittelbar geltendes Recht schließt daher ein, dass ihre Verletzung gerichtlich durchgesetzt werden kann. Da eine gerichtliche Kontrolle jedoch nur dann effektiv ist, wenn der betroffene Bürger sie in Gang setzen kann, enthalten die Grundfreiheiten generell subjektive Rechte. Unmittelbare Wirkung des Gemeinschaftsrechts bedeutet demnach, dass alle nationalen Gerichte und Behörden diese Normen zu beachten und anzuwenden haben und dass sie im Kollisionsfall gehalten sind, entgegenstehendes nationales Recht unangewendet zu lassen.[469]

III. Zwischenergebnis

Der EG-Vertrag gewährt nicht eine einheitliche und umfassende wirtschaftliche Freiheit, sondern differenziert nach den unterschiedlichen Varianten wirtschaftlicher Transaktionen. Die Freiheit des Waren-, Personen-, Dienstleistungs- und Kapitalverkehrs wird jeweils gesondert geregelt. Gemeinsam sichern diese Marktfreiheiten im Prinzip die wirtschaftlichen Handlungsspielräume, die von den Mitgliedstaaten nicht beeinträchtigt werden dürfen und die von den Bürgern im Gemeinsamen Markt bzw. Binnenmarkt mit den Mitteln des Privatrechts nach Maßgabe ökonomischer Zweckmäßigkeit ausgefüllt werden können.[470] In diesem Sinne kann man die Grundfreiheiten gewissermaßen als eine Art von „Freiheitsrechten" bezeichnen[471], die die grenzüberschreitende Wahrnehmung der (wirtschaftlichen) Privatautonomie[472] gewährleisten.

Die inhaltliche Dimension der im EG-Vertrag unterschiedlich ausgestalteten Grundfreiheiten wurde in einer prozesshaften Entwicklung der Rechtsprechung des EuGH geklärt. Dies führte zu einer strukturellen Angleichung der Grundfreiheiten aneinander, so dass heute von einer einheitlichen Dogmatik der Grundfreiheiten gesprochen werden kann. Wichtigster Aspekt ist, dass alle Grundfreiheiten ein Diskriminierungsverbot enthalten, das jeweils eine spezialgesetzliche Ausprägung zum allgemeinen Diskriminierungsverbot des Art. 12 EG darstellt. In diesem Sinne stellen die Grundfreiheiten Gleichheitsrechte dar.[473] Darüber hinaus enthält jede Grundfreiheit ein allgemeines Beschränkungsverbot, so dass nicht nur diskriminierende Beeinträchtigungen verboten sind, sondern alle Beschränkungen, die transnationale wirtschaftliche Betätigungen behindern oder weniger attraktiv machen. Aus dieser inhaltlichen Reichweite der Grundfreiheiten ergibt sich für ihre möglichen Beeinträchtigungen eine Trias von Kategorien:[474] offene und versteckte Diskriminierungen sowie sonstige Beschränkungen. Die-

---

469 Vgl. *Bleckmann*, in: Bleckmann, Europarecht, Rdnr. 203.

470 Vgl. *Behrens*, Die Konvergenz der wirtschaftlichen Freiheiten im europäischen Gemeinschaftsrecht, EuR 1992, S. 145 (146 f.).

471 Vgl. *Classen*, Auf dem Weg zu einer einheitlichen Dogmatik der EG-Grundfreiheiten, EWS 1995, S. 87 (104).

472 Vgl. *Müller-Graff*, in: Groeben/Thiesing/Ehlermann, EUV/EGV, Bd. 1, Vorbemerkung zu den Art. 30 bis 37, Rdnr. 3.

473 Vgl. *Jarass*, Elemente einer Dogmatik der Grundfreiheiten, EuR 1995, S. 202 (216).

474 Vgl. *von Bogdany*, in: Grabitz/Hilf, Komm. zum EUV/EGV, Bd. I, Art. 6, Rdnr. 12.

se Beeinträchtigungen können jedoch unter bestimmten Voraussetzungen gerechtfertigt sein. Hierzu gibt es zwei Gruppen von Rechtfertigungsgründen: die kodifizierten Rechtfertigungsgründe und zwingende Allgemeininteressen, die Beeinträchtigungen durch unterschiedslos geltende Maßnahmen der Mitgliedstaaten rechtfertigen können.

B. Die Rechtsprechung des EuGH zu den direkten Steuern

Die bedeutsame Rolle des Europäischen Gerichtshofs im Steuerrecht zeigt sich an der Vielzahl abgeschlossener und anhängiger diesbezüglicher Verfahren. Ausgehend von der Einteilung in primäres und sekundäres Gemeinschaftsrecht ist auch im Bereich der Entscheidungen des EuGH zu den nationalen direkten Steuern folgende Unterscheidung zu treffen: Im Bereich der direkten Steuern gibt es (lediglich) zwei relevante Richtlinien, die Fusionsrichtlinie und die Mutter-Tochter-Richtlinie.[475] Der EuGH hatte sich in mehreren Verfahren mit der Auslegung dieses sekundären steuerlichen Gemeinschaftsrechts zu befassen.[476] Hiervon zu trennen ist die Rechtsprechung des EuGH, die sich mit der Auslegung der Grundfreiheiten des EG-Vertrages im Hinblick auf einzelne nationale Bestimmungen aus dem Bereich der direkten Steuern beschäftigt.

Für die vorliegende Arbeit ist nur letztere von Bedeutung. Bevor jedoch mit der Analyse der Rechtsprechung zum nationalen Steuerrecht begonnen werden kann, sind einige Anmerkungen zur Rolle und den Aufgaben des EuGH innerhalb des institutionellen Systems der EG notwendig.

I. Die Rolle des EuGH im Steuerrecht

Will man der Rechtsprechung des Gerichtshofs in ihren Facetten gerecht werden, so muss man sich zunächst über seine Aufgabenstellung und seine speziellen Rechtsfindungsmethoden klar werden. In dieser Hinsicht unterscheidet sich der EuGH deutlich von den etablierten Rechtsprechungsstrukturen deutscher Gerichte.[477]

---

475 Vgl. hierzu die Ausführungen in: 3. Teil, § 1, B.

476 Die wichtigsten Entscheidungen sind EuGH v. 17.10.1996, verb. Rs. C-283/94, C-291/94, C-292/94 (*Denkavit u.a.*), EuGHE 1996, S. I-5063 ff.; EuGH v. 17.07.1997, Rs. C-28/95 (*Leur-Bloem/Inspecteur der Belastingdienst – ondernemingen Amsterdam 2*), IStR 1997, S. 539 ff.

477 Vgl. *Hirsch*, Wichtige Einflüsse der EuGH-Rechtsprechung auf das deutsche Steuerrecht, DStZ 1998, S. 489.

1. Aufgabenstellung und Rechtsfindungsmethoden des EuGH

Nach Art. 220 EG sichert der Gerichtshof die „Wahrung des Rechts bei der Auslegung und der Anwendung dieses Vertrages". Er besitzt das Entscheidungsmonopol hinsichtlich der letztverbindlichen Auslegung des gesamten Gemeinschaftsrechts und der Verwerfung des sekundären Gemeinschaftsrechts (Art. 234 Abs. 3 EG).[478]

Auf der Grundlage einer völlig neuen, d.h. supranationalen Rechtsordnung[479] ohne Vorbild, musste der EuGH zu Beginn seiner Tätigkeit vor über vierzig Jahren juristisches Neuland betreten. Seine Aufgabe bestand darin, vor dem Hintergrund unterschiedlicher nationaler Rechtsfindungssysteme eine eigene Methodik der Auslegung von Normen einer völlig neuen Qualität zu finden und rechtliche Probleme ohne die umfassende Unterstützung einer etablierten Rechtswissenschaft zu lösen.[480] Er folgte dabei einer dynamischen, an den Vertragszielen und der praktischen Wirksamkeit („effet utile") des Gemeinschaftsrechts orientierten Interpretationsmethode und bediente sich vielfach der richterlichen Rechtsfortbildung zur ständigen Konkretisierung und Lückenfüllung des Gemeinschaftsrechts.[481]

---

478 Durch Art. 24 GG bzw. Art. 23 GG ist auch die Gerichtsbarkeit auf eine zwischenstaatliche Einrichtung übertragbar. Dies ist in Art. 220 ff. EG im Hinblick auf die Überprüfung der Rechtmäßigkeit und Gültigkeit von Gemeinschaftsrecht geschehen. Dementsprechend wurde die Gerichtsbarkeit der deutschen Gerichte einschließlich der des BVerfG beschränkt, soweit es materiell um den gleichen Streitgegenstand geht. Vgl. hierzu die Ausführungen in: 2. Teil, § 2, A., I., 1., a); *Hirsch*, Der EuGH im Spannungsverhältnis zwischen Gemeinschaftsrecht und nationalem Recht, NJW 2000, S. 1817 (1819).

479 Vgl. hierzu die Ausführungen in: 2. Teil, § 2, A., III., 1., b).

480 Vgl. *Hirsch*, Wichtige Einflüsse der EuGH-Rechtsprechung auf das deutsche Steuerrecht, DStZ 1998, S. 489.

481 Daneben wirkt sich zweifellos auch die Binnenstruktur des Gerichts auf seine Rechtsprechung aus. Der EuGH besteht aus fünfzehn Richtern (Art. 221 EG) und acht Generalanwälten (Art. 222 EG), die von den Regierungen der Mitgliedstaaten in gegenseitigem Einvernehmen auf sechs Jahre ernannt werden (Art. 223 EG). Jeder Richter ist geprägt vom Rechtssystem seines Landes. Ein Richter, für den das „case law" Ausgangspunkt seiner Rechtsfindung ist, argumentiert anders als ein Richter aus einem Rechtssystem, das eine gerichtliche Normenkontrolle kennt und damit eine andere juristische Tradition hat. Hinzu kommen sprachliche Probleme. Der Gerichtshof arbeitet intern nur in französischer Sprache. Jedes Urteil wird in französisch formuliert, beraten und beschlossen. Die Übersetzungsabteilung unter der Kontrolle des jeweiligen Richterkabinetts muss das Urteil in die spezielle juristische Tradition, Begrifflichkeit und Struktur des jeweiligen Rechtssystems übertragen, ohne sich vom beschlossenen Text inhaltlich zu weit zu entfernen. Hinzu kommt, dass der Umstand, wonach alle Richter bei der Beratung der Urteile die gleiche Sprache benützen, noch nicht besagt, dass sie identische juristische Inhalte mit den jeweiligen französischen Begriffen verbinden. Vielmehr interpretiert jeder Richter seinen Mikrokosmos juristischer Vorprägungen in den Begriff hinein. Vgl. *Hirsch*, Wichtige Einflüsse der EuGH-Rechtsprechung auf das deutsche Steuerrecht, DStZ 1998, S. 489 (489 f.).

2. Kooperation des EuGH mit den nationalen Finanzgerichten

Der Ausbau der Rechtsgemeinschaft, die Bedingung und Antrieb der Europäischen Integration war und ist, erfolgte wesentlich durch die Kooperation des EuGH mit den nationalen Gerichten.[482] Dies gilt auch für den Bereich des Steuerrechts. In der Regel findet ein Dialog mit den Finanzgerichten der Mitgliedstaaten in der Weise statt, dass diese im Rahmen anhängiger Steuerstreitigkeiten den EuGH im Wege einer Vorabentscheidung um die authentische Auslegung des Gemeinschaftsrechts ersuchen.[483]

a) Das Vorabentscheidungsverfahren – Art. 234 EG

Nach Art. 234 EG können nationale Gerichte den EuGH mit Fragen über die Auslegung und Gültigkeit des Gemeinschaftsrechts befassen. Es handelt sich nicht um eine Klage, sondern um ein Zwischenverfahren, das nur einen Teilausschnitt des vor dem nationalen Gericht beginnenden und endenden Gesamtverfahrens bildet.[484] Sinn und Zweck des Vorabentscheidungsverfahrens ist es, die einheitliche Anwendung und Geltung des Gemeinschaftsrechts im gesamten Gemeinschaftsgebiet zu gewährleisten, indem die letztverbindliche Auslegung und Ungültigkeitserklärung von Gemeinschaftsrecht monolpolartig allein dem EuGH zugewiesen ist.[485]

Das Vorabentscheidungsverfahren trägt der spezifischen Gemengelage von Gemeinschaftsrecht und nationalem Recht und der Aufteilung der Zuständigkeiten der gemeinschaftsrechtlichen und der mitgliedstaatlichen Gerichtsbarkeit Rechnung. Gemeinschaftsrecht wird überwiegend von nationalen Behörden und Gerichten vollzogen; zum Teil wird es vom nationalen Gesetzgeber umgesetzt. Insoweit ist es primär Aufgabe der nationalen Gerichte, den Rechtsschutz zu gewährleisten, der sich aus dem Gemeinschaftsrecht ergibt. Nicht nur der EuGH-Richter, sondern auch der nationale Richter ist daher Gemeinschaftsrichter. Die Europäische Gemeinschaft kann ihrem Anspruch, eine Rechtsgemeinschaft zu sein, jedoch nur gerecht werden, wenn ihr Recht allgemein gilt und einheitlich angewendet wird. Die Sicherstellung dieser Rechtseinheit ist Aufgabe des EuGH im Vorabentscheidungsverfahren nach Art. 234 EG.[486]

---

[482] Vgl. hierzu die Ausführungen in: 3. Teil, § 1; *Hirsch*, Der EuGH im Spannungsfeld zwischen Gemeinschaftsrecht und nationalem Recht, NJW 2000, S. 1817 (1819).

[483] In selteneren Fällen wird der Gerichtshof im Rahmen von Vertragsverletzungsverfahren (Art. 226 EG) mit der Vereinbarkeit nationaler Steuervorschriften mit dem Gemeinschaftsrecht konfrontiert.

[484] Vgl. *Wohlfahrt*, in: Grabitz/Hilf, KommEU, Bd. II, Art. 177, Rdnr. 2.

[485] Vgl. *Pieper*, in: Birk, Handbuch des Europäischen Steuer- und Abgabenrechts, § 9, Rdnr. 31; *Wohlfahrt*, in: Grabitz/Hilf, KommEU, Bd. II, Art. 177, Rdnr. 7.

[486] Vgl. *Hirsch*, Der EuGH im Spannungsverhältnis zwischen Gemeinschaftsrecht und nationalem Recht, NJW 2000, S. 1817 (1819).

aa) Vorlagerecht und Vorlagepflicht

Nach Art. 234 Abs. 3 EG sind alle Gerichte, deren Entscheidungen mit innerstaatlichen Rechtsmitteln[487] nicht mehr angefochten werden können, zur Vorlage verpflichtet, wenn die Gültigkeit oder Auslegung von Gemeinschaftsrecht für ihre Entscheidung erheblich ist.[488] Alle anderen Gerichte sind nach Art. 234 Abs. 2 EG zur Vorlage zulässiger Fragen berechtigt. Auch sie müssen allerdings den EuGH einschalten, wenn sie die Gültigkeit von Gemeinschaftsrecht anzweifeln, weil dieser insoweit das Verwerfungsmonopol besitzt.[489]

Der BFH ist damit als Gericht, dessen Entscheidung nicht mehr mit innerstaatlichen Rechtsmitteln angefochten werden kann, grundsätzlich zur Vorlage verpflichtet. Das Verhältnis des BFH zum EuGH war lange Zeit von einem gewissen Konfrontationskurs geprägt. Der BFH versuchte anfänglich – zum Teil vehement –, die Rechtssouveränität der Bundesrepublik Deutschland zu verteidigen. Der sog. „Krieg der Richter" gehört mittlerweile jedoch der Rechtsgeschichte an. Heute sieht sich der BFH – ähnlich wie das BVerfG – in einem „Kooperationsverhältnis" zum EuGH.[490]

Verletzt ein Gericht seine Vorlagepflicht, so wirft dies verfassungsrechtliche und europarechtliche Probleme auf. Aus der Sicht des Gemeinschaftsrechts liegt darin ein Verstoß gegen Art. 234 EG, so dass die Folge theoretisch die Einleitung eines Vertragsverletzungsverfahrens sein könnte. Aus verfassungsrechtlicher Sicht ist der Gerichtshof gesetzlicher Richter. Wird er pflichtwidrig nicht angerufen, so kann dies einen Verstoß gegen das Recht auf den gesetzlichen Richter (Art. 101 Abs. 1 Satz 2 GG) begründen.[491]

---

[487] Gemeint sind nur ordentliche Rechtsmittel (z.B. Berufung, Revision). Außerordentliche Rechtsbehelfe wie die Verfassungsbeschwerde bleiben außer Betracht. Vgl. *Bleckmann*, in: Bleckmann, Europarecht, § 9, Rdnr. 922.

[488] Zu unterscheiden ist also zwischen Gültigkeitsfragen und Auslegungsfragen. Da für die vorliegende Arbeit nur die Auslegungsfragen von Bedeutung sind, konzentrieren sich die folgenden Ausführungen auch nur hierauf.

[489] Vgl. EuGH v. 22.10.1987, Rs. 314/85 (*Foto-Frost/Hauptzollamt Lübeck-Ost*), EuGHE 1987, S. 4199 (4230 f.); *Bleckmann*, in: Bleckmann, Europarecht, § 9, Rdnr. 921; *Hirsch*, Wichtige Einflüsse der EuGH-Rechtsprechung auf das deutsche Steuerrecht, DStZ 1998, S. 489 (493).

[490] Vgl. *Offerhaus*, Das Verhältnis zwischen dem Bundesfinanzhof, dem Bundesverfassungsgericht und dem Gerichtshof der Europäischen Gemeinschaften, DStZ 1997, S. 501 (503 f.); *Streck/Olgemöller*, Das Recht der Europäischen Gemeinschaft und seine Durchsetzung in der Steuerberaterpraxis, DStR 1993, S. 417 (419).

[491] Vgl. *Hirsch*, Wichtige Einflüsse der EuGH-Rechtsprechung auf das deutsche Steuerrecht, DStZ 1998, S. 489 (493).

bb) Ausnahmen von der Vorlagepflicht

Nach der Rechtsprechung des EuGH entfällt eine Vorlagepflicht nur in ganz engen Grenzen. Eine Vorlage ist nach der „CILFIT"-Entscheidung dann nicht geboten, wenn die entscheidungserhebliche Auslegungsfrage entweder bereits vom EuGH beantwortet wurde oder wenn die richtige Auslegung des Gemeinschaftsrechts derart offenkundig ist, so dass kein Raum für vernünftige Zweifel bleibt.[492]

b) Bindungswirkung der Vorabentscheidung

Hinsichtlich der Wirkung der im Verfahren nach Art. 234 EG ergangenen Urteile enthält der EG-Vertrag keine Regelung. Ausgehend von der ratio des Vorabentscheidungsverfahrens ergibt sich zunächst, dass das vorlegende Gericht sowie alle anderen Gerichte, die innerhalb des Instanzenweges mit demselben Streitgegenstand zu tun haben, an die Entscheidung des EuGH gebunden sind (sog. „inter partes"-Wirkung).[493]

Fraglich ist indes die Bindungswirkung eines Urteils des EuGH im Vorabentscheidungsverfahren für andere Verfahren und künftige Rechtsstreitigkeiten. Was Entscheidungen über die Auslegung von Gemeinschaftsrecht betrifft, so ist davon auszugehen, dass diese zumindest faktisch auch in anderen, nicht mit dem Ausgangsrechtsstreit zusammenhängenden Verfahren Wirkungen entfalten.[494]

Nach der Rechtsprechung des EuGH steht fest, dass die nationalen Gerichte zumindest uneingeschränkt berechtigt sind, das Gemeinschaftsrecht in der Auslegung anzuwenden, die der EuGH in einem Verfahren zwischen anderen Beteiligten vorgenommen hat. Dies folgt aus der ratio der Auslegung, mit der der Sinn und die Tragweite einer Vorschrift seit ihrem Inkrafttreten erläutert und verdeutlicht wird und aus dem Postulat der einheitlichen Anwendung des Gemeinschaftsrechts. Aus diesen Befugnissen ergibt sich jedoch noch kein Schluss dahingehend, ob und inwieweit die nationalen Gerichte verpflichtet sind, Vorlageentscheidungen, die in anderen Verfahren ergangen sind, zu berücksichtigen. Jedenfalls sind die letztinstanzlichen Gerichte nach dem Urteil in der Rechtssache „CILFIT" gehalten, das Gemeinschaftsrecht in der vom EuGH gegebenen Auslegung anzuwenden oder aber erneut vorzulegen.[495] Die Wirkung der Vorabentscheidung erstreckt sich jedoch nicht nur auf Gerichte. Auch innerstaatli-

---

492 Vgl. EuGH v. 06.10.1982, Rs. 283/81 (*C.I.L.F.I.T./Ministero della sanità*), EuGHE 1982, S. 3415 (3430); *Hirsch*, Wichtige Einflüsse der EuGH-Rechtsprechung auf das deutsche Steuerrecht, DStZ 1998, S. 489 (493 f.); *Bleckmann*, in: Bleckmann, Europarecht, § 9, Rdnr. 926; *Streck/Olgemöller*, Das Recht der Europäischen Gemeinschaft und seine Durchsetzung in der Steuerberaterpraxis, DStR 1993, S. 417 (419).

493 Vgl. *Krück*, in: Groeben/Thiesing/Ehlermann, EUV/EGV, Bd. 4, Art. 177, Rdnr. 88.

494 Vgl. *Wohlfahrt*, in: Grabitz/Hilf, KommEU, Bd. II, Art. 177, Rdnr. 71; *Krück*, in: Groeben/Thiesing/Ehlermann, EUV/EGV, Bd. 4, Art. 177, Rdnr. 89.

495 Vgl. EuGH v. 06.10.1982, Rs. 283/81 (*C.I.L.F.I.T./Ministero della sanità*), EuGHE 1982, S. 3415 (3430 f.); *Wohlfahrt*, in: Grabitz/Hilf, KommEU, Bd. II, Art. 177, Rdnr. 72.

che Stellen, wie beispielsweise Finanzbehörden, sind gehalten, das Gemeinschaftsrecht in der vom EuGH vorgegebenen Auslegung anzuwenden.[496]

Demnach kommt den Auslegungsurteilen des EuGH im steuerlichen Bereich nach Art. 234 EG zwar keine unmittelbare Bindungswirkung, aber dennoch mittelbare Wirkung für andere Steuersachverhalte zu. Diese Ausstrahlungswirkung betrifft nicht nur den Steuergesetzgeber in dem Mitgliedstaat, dessen nationales Gericht dem EuGH vorgelegt hat, sondern alle anderen Mitgliedstaaten sowie deren Verfassungsorgane und Gerichte. Dies liegt daran, dass der EuGH im Rahmen seiner Auslegungskompetenz nach Art. 234 EG Europäisches Gemeinschaftsrecht auslegt. Die Auslegung der Vorschriften nationalen Rechts bleibt Sache des nationalen Gerichts. Da die Auslegung des Europäischen Gemeinschaftsrechts aber nur einheitlich für seinen gesamten Geltungsbereich erfolgen kann, muss die vom EuGH in seiner Einzelfallentscheidung zugrundegelegte Auslegung auch alle Verfassungsorgane und Gerichte der Mitgliedstaaten binden. Nur so kann der EuGH seiner Rolle als Garant der Einheitlichkeit der Europäischen Rechtsordnung gerecht werden.[497] Zusammenfassend kann daher zur Präjudizwirkung von Auslegungsurteilen festgehalten werden: Ihnen kommt keine unmittelbar verbindliche Wirkung außerhalb des Ausgangsrechtsstreits zu. Sie entfalten jedoch eine faktisch rechtsbildende Kraft insofern, als ihre Tragweite in der Praxis über den konkreten Einzelfall hinausgeht.[498]

3. Abgrenzung der Vertragsauslegung von der Vertragsänderung

Für die Verbandskompetenz der Europäischen Gemeinschaften gilt das sog. Prinzip der begrenzten Ermächtigung. Danach können die Gemeinschaften nur Aufgaben wahrnehmen, die ihnen die Mitgliedstaaten in den Gründungsverträgen übertragen haben.[499] Dies gilt auch für den EuGH als Organ der Gemeinschaft (Art. 7 Abs. 1 Satz 2 EG). Da die Mitgliedstaaten der EG im steuerlichen Bereich nur begrenzte Kompetenzen übertragen haben, darf diese Entscheidung nicht dadurch umgangen werden, dass der EuGH durch eine extensive Auslegung der vertraglichen Ermächtigungsgrundlagen in Verbindung mit dem Integrationsziel der Gemeinschaften bewußt und zielgerichtet eine Vereinheitlichung der nationalen Steuerrechtssysteme bewirkt.[500] Die Grenzen zwischen der

---

496 Vgl. *Wohlfahrt*, in: Grabitz/Hilf, KommEU, Bd. II, Art. 177, Rdnr. 75.

497 Vgl. *Thömmes*, Stand und Entwicklungstendenzen der EuGH-Rechtsprechung zu den direkten Steuern, StbJb 1998/1999, S. 173 (179).

498 Vgl. in Anlehnung an die Präjudizwirkung von Auslegungsurteilen höchstrichterlicher Entscheidungen im nationalen Recht *Krück*, in: Groeben/Thiesing/Ehlermann, EUV/EGV, Bd. 4, Art. 177, Rdnr. 92.

499 Vgl. *Streinz*, Europarecht, Rdnr. 436; *von Bogdany/Nettesheim*, in: Grabitz/Hilf, KommEU, Bd. I, Art. 3b, Rdnr. 3.

500 Dass die Einzelfallrechtsprechung des EuGH über die Dauer zu einer „schleichenden" Harmonisierung der direkten Steuern beiträgt, ist ein vereinzelt vorgebrachter Vorwurf, liegt aber in der Natur der Sache begründet.

Vertragsauslegung und der Vertragsänderung müssen gewahrt bleiben. Diese dem EuGH gesetzte Grenze ist auch bei der Erörterung der Bedeutung der vertraglichen Diskriminierungs- und Beschränkungsverbote für das Steuerrecht zu beachten.[501]

4. Die Rechtsprechung des EuGH als Harmonisierungsersatz?

Eines der Hauptprobleme der Behinderung grenzüberschreitender wirtschaftlicher Aktivitäten durch die mitgliedstaatlichen Steuersysteme liegt in der Frage, ob diese durch den EuGH im Wege der Einzelfallrechtsprechung in ausreichendem Maße zu lösen sind, wenn hierdurch die Mitgliedstaaten nur mittelbar zu einer Anpassung ihrer Steuersysteme gezwungen werden. Alternativ hierzu könnten die verschiedenen Steuersysteme der Mitgliedstaaten durch Akte der Gemeinschaft in Form von Richtlinien gewissermaßen „von oben" harmonisiert werden.[502]

a) Die Steuerrechtsharmonisierung

Unter Harmonisierung versteht man die Verabschiedung sekundären Gemeinschaftsrechts (insbesondere Richtlinien)[503] durch den Rat, das den Maßstab für die Änderung des einschlägigen nationalen Rechts bildet. Ziel ist, bestimmte mitgliedstaatliche Steuervorschriften, die einen EG-relevanten Bereich betreffen, einander anzunähern, aufeinander abzustimmen und zu assimilieren, um sie mit den vom jeweiligen Integrationsstand abhängigen Erfordernissen des Gemeinsamen Marktes bzw. Binnenmarktes kompatibler zu machen.[504]

b) Abgrenzung zu den Diskriminierungsverboten

Harmonisierung und Diskriminierung wirken grundsätzlich auf zwei verschiedenen Ebenen. Während bei der Harmonisierung sozusagen „mit einem Schlag" alle mitgliedstaatlichen Steuersysteme durch den Rat auf Vorschlag der Kommission den Bedürfnissen des Binnenmarktes angepasst werden, kann der EuGH nur Einzelfallentscheidungen treffen, die punktuell auf die Steuerrechtsordnungen der Mitgliedstaaten einwirken. Dies liegt insbesondere daran, dass für die Frage der Diskriminierung stets nur auf einen einzelnen nationalen Hoheitsträ-

---

501 Vgl. *Kokott*, Die Bedeutung der europarechtlichen Diskriminierungsverbote und Grundfreiheiten für das Steuerrecht der EU-Mitgliedstaaten, in: Lehner, Grundfreiheiten im Steuerrecht der EU-Staaten, S. 1 (5 f.).

502 Vgl. *Eckhoff*, in: Birk, Handbuch des Europäischen Steuer- und Abgabenrechts, § 17, Rdnr. 12.

503 Vgl. hierzu die Ausführungen in: 3. Teil, § 1, B.

504 Vgl. *Constantinesco*, Das Recht der Europäischen Gemeinschaften, S. 250; *Mick*, in: Birk, Handbuch des Europäischen Steuer- und Abgabenrechts, § 24, Rdnr. 16.

ger abzustellen ist. Die Beeinträchtigung der einzelnen grenzüberschreitenden wirtschaftlichen Tätigkeit ist immer nur einem Mitgliedstaat zuzurechnen.[505] Einen gerichtlich einklagbaren Anspruch natürlicher oder juristischer Personen auf Steuerrechtsharmonisierung gibt es nicht. Die Harmonisierung hängt vielmehr von der Einigungsfähigkeit der Vertreter der Mitgliedstaaten im Rat der Europäischen Gemeinschaften ab.[506]

Oben wurde ausgeführt, dass die Entscheidungen des EuGH im Vorabentscheidungsverfahren zumindest faktische Bindungswirkung für vergleichbare Sachverhalte entfalten. Wurde die inhaltliche Ausgestaltung einer Steuervorschrift des Mitgliedstaates A vom EuGH als Verstoß gegen eine Grundfreiheit gewertet, so ist ein letztinstanzliches Gericht des Mitgliedstaates B, dessen Steuersystem eine vergleichbare Rechtsvorschrift enthält, an die vom EuGH entwikkelte Auslegung kraft dessen Autorität gebunden oder zur Vorlage verpflichtet.[507] Wenn daneben ein Mitgliedstaat den Vorgaben des EuGH folgt und sein Steuersystem von Diskriminierungen und Beschränkungen reinigt, entsteht für die anderen Mitgliedstaaten im Rahmen der Standortsicherung ein gewisser Nivellierungsdruck, um im Wettbewerb um Investitionen und Fachkräfte nicht zurückzufallen.[508] Somit ist der Rechtsprechung des EuGH eine gewisse „Harmonisierungswirkung“ nicht abzusprechen.

II. Die Rechtsprechung des EuGH zur Niederlassungsfreiheit

Nach Art. 14 Abs. 2 EG umfasst der Binnenmarkt einen Raum ohne Binnengrenzen, in dem unter anderem der freie Verkehr von natürlichen und juristischen Personen gemäß den Bestimmungen des Vertrages gewährleistet ist. Die Art. 43 ff. EG konkretisieren einen Teilbereich des freien Personenverkehrs: die Niederlassungsfreiheit. Es geht hier im wesentlichen um die Freizügigkeit der unternehmerisch Tätigen und deren Freiheit bei der Standortwahl.[509]

---

505 Vgl. hierzu die Ausführungen in: 3. Teil, § 2, A., II., 2., b), bb), (1), (a).

506 Vgl. *Kokott*, Die Bedeutung der europarechtlichen Diskriminierungsverbote und Grundfreiheiten für das Steuerrecht der EU-Mitgliedstaaten, in: Lehner, Grundfreiheiten im Steuerrecht der EU-Staaten, S. 1 (9).

507 Vgl. hierzu die Ausführungen in: 3. Teil, § 2, B., I., 2., b).

508 Vgl. *Kokott*, Die Bedeutung der europarechtlichen Diskriminierungsverbote und Grundfreiheiten für das Steuerrecht der EU-Mitgliedstaaten, in: Lehner, Grundfreiheiten im Steuerrecht der EU-Staaten, S. 1 (7).

509 Vgl. *Herdegen*, Europarecht, Rdnr. 317; *Troberg*, in: Groeben/Thiesing/Ehlermann, EUV/EGV, Bd. 1, Vorbemerkung zu den Art. 52 bis 58, Rdnr. 3.

1. Dogmatik der Niederlassungsfreiheit

In Anlehnung an die allgemeine Struktur der Grundfreiheiten[510] ergeben sich für die Dogmatik der Niederlassungsfreiheit Spezifizierungen im Rahmen des Anwendungsbereichs, der Beeinträchtigung und der Rechtfertigung einer Beeinträchtigung.

a) Eröffnung des Anwendungsbereichs

Der Anwendungsbereich der Niederlassungsfreiheit erschließt sich aus der Bestimmung des Art. 43 EG. Es ist zwischen dem sachlichen und dem personalen Anwendungsbereich zu differenzieren.

aa) Der sachliche Anwendungsbereich

Der Begriff der Niederlassung ist im EG-Vertrag nicht exakt definiert. Nach Art. 43 Abs. 2 EG „umfasst die Niederlassungsfreiheit die Aufnahme und Ausübung selbständiger Erwerbstätigkeiten sowie die Gründung und Leitung von Unternehmen." Der EuGH versteht den Begriff der Niederlassung in einem weiten Sinn:

> „Der Begriff der Niederlassung im Sinne des Vertrages ist also ein sehr weiter Begriff, der die Möglichkeit für einen Gemeinschaftsangehörigen impliziert, in stabiler und kontinuierlicher Weise am Wirtschaftsleben eines anderen Mitgliedstaates als seines Herkunftsstaates teilzunehmen und daraus Nutzen zu ziehen, wodurch die wirtschaftliche und soziale Verflechtung innerhalb der Gemeinschaft im Bereich der selbständigen Tätigkeiten gefördert wird (vgl. in diesem Sinne Urteil vom 21. Juni 1974 in der Rechtssache 2/74, Reyners, Slg. 1974, 631, Randnr. 21)."[511]

Die selbständige Tätigkeit muß also eine dauerhafte Beteiligung am Wirtschaftsleben des Aufnahmestaates darstellen und Erwerbszwecken dienen. Erforderlich ist eine wirtschaftliche Integration in dem betreffenden Mitgliedstaat.[512] Zusammenfassend ist festzuhalten: Die Niederlassung ist die tatsächli-

---

[510] Vgl. allgemein zur Dogmatik der Grundfreiheiten die Ausführungen in: 3. Teil, § 2, A., II., 2.

[511] Siehe EuGH v. 30.11.1995, Rs. C-55/94 (*Gebhard*), EuGHE 1995, S. I-4165 (4195), Rdnr. 24.

[512] Vgl. *Troberg*, in: Groeben/Thiesing/Ehlermann, EUV/EGV, Bd. 1, Art. 52, Rdnr. 27; *Jarass*, Die Niederlassungsfreiheit in der Europäischen Gemeinschaft, RIW 1993, S. 1 (2 f.); *Geiger*, EG-Vertrag, Art. 52, Rdnr. 5; EuGH v. 21.06.1974, Rs. 2/74 (*Reyners/Belgien*), EuGHE 1974, S. 631 (651 f.); EuGH v. 17.06.1997, Rs. C-70/95 (*Sodemare u.a.*), EuGHE 1997, S. I-3395 (3432 f.).

che Ausübung einer selbständigen wirtschaftlichen Tätigkeit mittels einer festen Einrichtung in einem anderen Mitgliedstaat auf unbestimmte Zeit.[513]

Es gibt zwei Formen der Niederlassung: die primäre und die sekundäre Niederlassung. Eine „primäre Niederlassung" liegt vor, wenn der Übersiedlungsvorgang mit der Neuaufnahme einer Tätigkeit verbunden ist oder wenn er zur Folge hat, dass im Herkunftsland des Erwerbstätigen keine oder nur eine vom Haupthaus abhängige Betriebsstätte verbleibt. Es muß sich also um die Gründung bzw. Verlagerung einer Hauptniederlassung handeln, die den Schwerpunkt der wirtschaftlichen Tätigkeit des Selbständigen darstellt.[514] Die Gründung von Zweigniederlassungen, Agenturen oder Tochtergesellschaften fällt unter die „sekundäre Niederlassung". Auch hier wird ein ständiges Unternehmen in dem Mitgliedstaat errichtet, in dem die Niederlassung stattfindet. Dieses Unternehmen stellt aber nicht den Schwerpunkt der Wirtschaftstätigkeit des Betroffenen dar.[515]

Obwohl nicht ausdrücklich erwähnt, gewährt Art. 43 EG den Begünstigten flankierende Begleitrechte.[516] Hierzu gehört das Recht auf Einreise und Aufenthalt im Aufnahmestaat. Diesen Rechten geht notwendigerweise das Wegzugsrecht aus dem alten Aufenthaltsstaat voraus. Nach Beendigung der selbständigen Erwerbstätigkeit darf der Begünstigte anschließend im Aufnahmestaat verbleiben.[517]

bb) Der personale Anwendungsbereich

Die Niederlassungsfreiheit gilt zunächst nur für natürliche Personen, die Staatsangehörige der Mitgliedstaaten sind (Art. 43 Abs. 1 Satz 1 EG). Diese dürfen in allen Mitgliedstaaten der Gemeinschaft Hauptniederlassungen gründen oder verlagern, unabhängig davon, wo sie selbst ansässig sind. Hinsichtlich „sekundärer Niederlassungen" besteht die Niederlassungsfreiheit für einen Angehöri-

---

513 Vgl. *Randelzhofer*, in: Grabitz/Hilf, KommEU, Bd. II, Art. 52, Rdnr. 3.

514 Vgl. *Troberg*, in: Groeben/Thiesing/Ehlermann, EUV/EGV, Bd. 1, Art. 52, Rdnr. 14; *Randelzhofer*, in: Grabitz/Hilf, KommEU, Bd. II, Art. 52, Rdnr. 2; *Clausnitzer*, Niederlassungs- und Dienstleistungsfreiheit der Selbständigen, in: Lenz, EG-Handbuch Recht im Binnenmarkt, S. 239 (241).

515 Vgl. *Randelzhofer*, in: Grabitz/Hilf, KommEU, Bd. II, Art. 52, Rdnr. 2.

516 Vgl. hierzu die Ausführungen in: 3. Teil, § 2, A., II., 2., a), aa).

517 Das Einreise- und Aufenthaltsrecht ist in der Richtlinie 73/48/EWG (ABl. EG 1973, Nr. L 172 v. 14.05.1973, S. 14) konkretisiert, die in § 4 AufenthaltsG/EWG umgesetzt ist. Familienangehörige partizipieren am Aufenthaltsrecht des Begünstigten. Ihre Rechtsstellung leitet sich aus dessen Status ab. Das Verbleiberecht wird in der Richtlinie 75/34/EWG (ABl. EG 1974, Nr. L 14 v. 17.01.1974, S. 10) näher geregelt. Vgl. *Geiger*, EG-Vertrag, Art. 52, Rdnr. 20 f.; *Randelzhofer*, in: Grabitz/Hilf, KommEU, Bd. II, Art. 52, Rdnr. 31. Die Richtlinie gilt nur für natürliche, nicht für juristische Personen. Vgl. *Clausnitzer*, Niederlassungs- und Dienstleistungsfreiheit der Selbständigen, in: Lenz, EG-Handbuch Recht im Binnenmarkt, S. 239 (242).

gen der Mitgliedstaaten jedoch nur dann, wenn er im Hoheitsgebiet eines anderen Mitgliedstaates ansässig ist (Art. 43 Abs. 1 Satz 2 EG).[518]

Begünstigte der Niederlassungsfreiheit sind daneben auch Gesellschaften, die unter den Voraussetzungen des Art. 48 Abs. 1 EG natürlichen Personen gleichgestellt werden. Da bei diesen keine Unterscheidung nach dem Merkmal der „Staatsangehörigkeit" getroffen werden kann, spricht man hier von der „Staatszugehörigkeit" der Gesellschaft.[519] Die Staatszugehörigkeit der Gesellschaft kann – entsprechend den unterschiedlichen Rechtstraditionen der Mitgliedstaaten – sowohl mit Hilfe der Sitz-, als auch der Gründungstheorie ermittelt werden. Wie bei dem Recht natürlicher Personen auf sekundäre Niederlassungsfreiheit ist jedoch die Ansässigkeit der Gesellschaft in der Gemeinschaft erforderlich.[520] Diese ist dann gegeben, wenn über einen formal begründeten Sitz hinaus eine intensive Verbindung mit dem Wirtschaftsleben des Mitgliedstaates besteht.[521]

Begünstigt werden gem. Art. 48 Abs. 2 EG Gesellschaften des bürgerlichen Rechts und des Handelsrechts einschließlich der Genossenschaften und der sonstigen juristischen Personen des öffentlichen und privaten Rechts mit Ausnahme derjenigen, die keinen Erwerbszweck verfolgen. Aus der Formulierung „und sonstige juristische Personen" könnte geschlossen werden, dass auch die vorgenannten Personengesellschaften zwingend diese Rechtsqualität aufweisen müssen. Dem ist jedoch nicht so. Auch nicht-juristische Personen (OHG und KG) können sich auf Art. 48 EG berufen.[522] Hintergrund dieser weiten Definition ist der Umstand, dass es innerhalb der Gemeinschaft eine Vielfalt von Gesellschaftstypen gibt, die Art. 48 Abs. 2 EG allesamt im Interesse einer umfassenden Gewährleistung der Niederlassungsfreiheit erfassen soll. Der Schutz der Grundfreiheit darf nicht von der einzelstaatlichen Qualifikation einer Personenmehrheit abhängen.[523]

---

518 Vgl. *Eckhoff*, in: Birk, Handbuch des Europäischen Steuer- und Abgabenrechts, § 19, Rdnr. 28.

519 Vgl. *Randelzhofer*, in: Grabitz/Hilf, KommEU, Bd. II, Art. 58, Rdnr. 1; *Eckhoff*, in: Birk, Handbuch des Europäischen Steuer- und Abgabenrechts, § 19, Rdnr. 29.

520 Vgl. *Eckhoff*, in: Birk, Handbuch des Europäischen Steuer- und Abgabenrechts, § 19, Rdnr. 29.

521 Vgl. das Allgemeine Programm zur Aufhebung der Beschränkungen der Niederlassungsfreiheit (ABl. EG 1962, Nr. 62 v. 15.01.1962, S. 36); *Randelzhofer*, in: Grabitz/Hilf, KommEU, Bd. II, Art. 58, Rdnr. 2; *Eckhoff*, in: Birk, Handbuch des Europäischen Steuer- und Abgabenrechts, § 19, Rdnr. 29. Durch das Erfordernis der Ansässigkeit soll vermieden werden, dass Gesellschaften mit lediglich fiktivem Sitz innerhalb der Gemeinschaft in den Genuss der Niederlassungsfreiheit kommen. Vgl. *Bleckmann*, in: Bleckmann, Europarecht, Rdnr. 1619.

522 Vgl. *Bleckmann*, in: Bleckmann, Europarecht, Rdnr. 1609; *Randelzhofer*, in: Grabitz/Hilf, KommEU, Bd. II, Art. 58, Rdnr. 3.

523 Vgl. *Kingreen*, Die Struktur der Grundfreiheiten des Europäischen Gemeinschaftsrechts, S. 80.

cc) Ausnahmebereiche

Nach Art. 43 Abs. 2 EG sind von den Vorschriften der Art. 43 ff. EG ausdrücklich die Vorschriften über den freien Kapitalverkehr (Art. 56 ff. EG) ausgenommen. Daneben findet gem. Art. 45 EG die Niederlassungsfreiheit „auf Tätigkeiten, die in den Mitgliedstaaten dauernd oder zeitweise mit der Ausübung öffentlicher Gewalt verbunden sind [...], keine Anwendung". Art. 45 EG ist als Ausnahmevorschrift restriktiv auszulegen. Der Begriff „öffentliche Gewalt" erfaßt nach einer gemeinschaftsrechtlichen Begriffsbestimmung all jene Tätigkeiten, bei denen derjenige, der sie ausübt, die Befugnis besitzt, dem Bürger gegenüber von Sonderrechten, Hoheitsprivilegien oder Zwangsbefugnissen Gebrauch zu machen.[524]

b) Beeinträchtigung der Niederlassungsfreiheit

Im Bereich der Niederlassungsfreiheit war lange umstritten, ob Art. 43 EG neben einem Diskriminierungsverbot auch ein allgemeines Beschränkungsverbot enthält. Bevor auf die möglichen Beeinträchtigungen der Niederlassungsfreiheit eingegangen werden kann, ist zunächst der Adressat der Grundfreiheit zu bestimmen.

aa) Der Adressat

Verpflichtete des Rechts auf freie Niederlassung sind in erster Linie die Mitgliedstaaten, und zwar sowohl der Aufnahmestaat, als auch der Herkunftsstaat, da ansonsten die Rechte der Art. 43 ff. EG sinnentleert wären, wenn der Herkunftsstaat Unternehmen bzw. selbständig Erwerbstätigen verbieten könnte, auszuwandern.[525] Gegenüber Privaten kann das Recht auf freie Niederlassung grundsätzlich nicht geltend gemacht werden. Eine Ausnahme macht der EuGH

---

[524] Vgl. beispielsweise GA *Mayras* in seinen Schlussanträgen v. 28.05.1974, Rs. 2/74 (*Reyners/Belgien*), EuGHE 1974, S. 631 (665). Der EuGH nimmt hier eine Einzelfallwürdigung vor, ohne auf abstrakte Formeln Rückgriff zu nehmen. Er stellt darauf ab, welche konkrete Tätigkeit der einschlägige Beruf erfordert und prüft dann, ob diese Tätigkeit eine unmittelbare und spezifische Ausübung öffentlicher Gewalt mit sich bringt. Art. 55 EG nimmt also nicht einen Beruf schlechthin von der Niederlassungsfreiheit aus, sondern nur einzelne Tätigkeitsfelder. Vgl. EuGH v. 21.06.1974, Rs. 2/74 (*Reyners/Belgien*), EuGHE 1974, S. 631 (654 f.); *Randelzhofer*, in: Grabitz/Hilf, KommEU, Bd. II, Art. 55, Rdnr. 4; *Jarass*, Die Niederlassungsfreiheit in der Europäischen Gemeinschaft, RIW 1993, S. 1 (4).

[525] Vgl. beispielsweise EuGH v. 27.09.1988, Rs. 81/87 (*The Queen/Treasury and Commissioners of Inland Revenue, ex parte Daily Mail and General Trust PLC*), EuGHE 1988, S. 5483 (5510); *Jarass*, Die Niederlassungsfreiheit in der Europäischen Gemeinschaft, RIW 1993, S. 1 (2).

bisweilen gegenüber solchen Verbänden und Organisationen, die staatsähnlichen Charakter aufweisen.[526]

bb) Diskriminierungen

Nach Art. 43 Abs. 2 EG hat der Begünstigte das Recht auf Aufnahme und Ausübung einer selbständigen Erwerbstätigkeit (einschließlich der Gründung und Führung von Unternehmen) in dem Tätigkeitsstaat seiner Wahl und zwar unter den gleichen Bedingungen und mit den gleichen Rechten, wie dessen eigene Staatsangehörige (Grundsatz der Inländerbehandlung, Art. 43 Abs. 2 EG).[527]

Eine Beeinträchtigung der Niederlassungsfreiheit kann folglich darin liegen, dass die wirtschaftliche Tätigkeit wegen ihres grenzüberschreitenden Bezugs durch eine Rechtsnorm schlechter behandelt und damit offen diskriminiert wird. Belastende Regelungen, die an die Herkunft des Unternehmens bzw. an die Staatsangehörigkeit des Unternehmers anknüpfen, stellen daher eine Beeinträchtigung der Niederlassungsfreiheit dar. Gleiches gilt aber auch für Regelungen, die formal zwar an ein anderes Merkmal als das der Herkunft oder der Staatsangehörigkeit anknüpfen, tatsächlich aber ganz überwiegend Unternehmen oder Unternehmer aus anderen Mitgliedstaaten betreffen (versteckte Diskriminierung).[528]

Nach dem EuGH gibt das vom Rat gem. Art. 44 Abs. 1 EG beschlossene Allgemeine Programm zur Aufhebung der Beschränkungen der Niederlassungsfreiheit[529] nützliche Anhaltspunkte zur Verwirklichung der Grundfreiheit.[530] Das Programm unterscheidet zwei Kategorien von Vorschriften, die unzulässig sind: Regelungen, die sich unmittelbar auf die Aufnahme und Ausübung selbständiger Tätigkeiten durch Staatsangehörige aus anderen Mitgliedstaaten

---

[526] Vgl. EuGH v. 12.12.1974, Rs. 36/74 (*Walrave/Union Cycliste Internationale*), EuGHE 1974, S. 1405 (1419 f.); *Jarass*, Elemente einer Dogmatik der Grundfreiheiten, EuR 1995, S. 202 (210).

[527] Vgl. *Geiger*, EG-Vertrag, Art. 52, Rdnr. 8; *Jarass*, Die Niederlassungsfreiheit in der Europäischen Gemeinschaft, RIW 1993, S. 1 (2).

[528] Vgl. hierzu die Ausführungen in: 3. Teil, § 2, A., II., 2., b), bb), (1), (b); *Jarass*, Die Niederlassungsfreiheit in der Europäischen Gemeinschaft, RIW 1993, S. 1 (5).

[529] ABl. EG 1962, Nr. 62 v. 15.01.1962, S. 36.

[530] Vgl. EuGH v. 18.06.1985, Rs. 197/84 (*Steinhauser/Stadt Biarritz*), EuGHE 1985, S. 1819 (1827).

beziehen[531] und Regelungen, die die Befugnis zur Ausübung von Rechten ausschließen oder beschränken, die normalerweise mit einer selbständigen Tätigkeit verbunden sind.[532]

cc) Beschränkungen

Der Grundsatz der Inländerbehandlung entfaltet nur eine begrenzte Liberalisierungswirkung im Binnenmarkt. Verbleibende Liberalisierungsdefizite werden durch eine weite Auslegung der Niederlassungsfreiheit ausgeglichen – dieser Grundfreiheit wird zu diesem Zweck ein umfassendes Beschränkungsverbot entnommen.[533] Eine solche Ausweitung der Niederlassungsfreiheit war bislang umstritten und insbesondere vom Schrifttum abgelehnt worden.[534] Der EuGH hat allerdings bereits in früheren Entscheidungen auch unterschiedslos geltende Beeinträchtigungen grenzüberschreitender Niederlassungen an den Art. 43 ff. EG gemessen.[535] In der Entscheidung „Kraus“ vom 31.03.1993 führte er aus:

> „Daher stehen Art. 48 und 52[536] jeder nationalen Regelung [...] entgegen, die zwar ohne Diskriminierung aus Gründen der Staatsangehörigkeit anwendbar ist, die aber geeignet ist, die Ausübung der durch den EWG-Vertrag garantierten grundlegenden Freiheiten durch die Gemeinschaftsangehörigen einschließlich der Staatsangehörigen des Mitgliedstaates, der die Regelung erlassen hat, zu behindern oder weniger attraktiv machen. Anders verhielte es sich nur, wenn mit einer solchen Regelungen ein berechtigter Zweck verfolgt würde, der

---

531 Als Beispiele sind genannt: das Verbot der Aufnahme oder Ausübung einer selbständigen Tätigkeit, das Abhängigmachen der Aufnahme oder Ausübung einer selbständigen Tätigkeit von einer Genehmigung oder Bescheinigung, die Bindung einer erforderlichen Genehmigung an zusätzliche Bedingungen, die Erschwernis der Aufnahme oder Ausübung einer selbständigen Tätigkeit durch steuerliche oder andere Lasten etc.

532 Als Beispiele sind genannt: der Abschluß von Verträgen, der Erwerb von Vermögen, die Inanspruchnahme von Beihilfen, der Zugang zu den Gerichten etc. Vgl. *Geiger*, EG-Vertrag, Art. 52, Rdnr. 12 f.

533 Vgl. hierzu die Ausführungen in: 3. Teil, § 2, A., II., 2., b), bb), (2).

534 Vgl. insbesondere *Everling*, Das Niederlassungsrecht in der Europäischen Gemeinschaft, DB 1990, S. 1853 ff. Vgl. zu diesem Streit insgesamt *Nachbaur*, Art. 52 EWGV – Mehr als nur ein Diskriminierungsverbot?, EuZW 1991, S. 470 ff.

535 Es handelte sich dabei jeweils um sehr massive Beeinträchtigungen, die die Niederlassungsfreiheit praktisch ihrer Wirksamkeit beraubten und einer versteckten Diskriminierung sehr nahe kamen. Vgl. EuGH v. 28.04.1977, Rs. 71/76 (*Thieffry/Conseil de l'Ordre des avocats bei der Cour d'appel Paris*), EuGHE 1977, S. 765 (776 f.); EuGH v. 28.06.1977, Rs. 11/77 (*Patrick/Minister für kulturelle Angelegenheiten*), EuGHE 1977, S. 1199 (1205 f.); EuGH v. 12.07.1984, Rs. 107/83 (*Ordre des avocats au barreau de Paris/Klopp*), EuGHE 1984, S. 2971 (2989 f.).

536 Jetzt Art. 39 und Art. 43 EG.

> mit dem EWG-Vertrag vereinbar und aus zwingenden Gründen des Allgemeininteresses gerechtfertigt wäre."[537]

Die Entscheidung vom 30.11.1995 in der Rechtssache „Gebhard" bestätigte die Tendenz des EuGH, auch in der Niederlassungsfreiheit ein allgemeines Beschränkungsverbot zu sehen:

> „Aus der Rechtsprechung des Gerichtshofes ergibt sich jedoch, dass nationale Maßnahmen, die die Ausübung der durch den Vertrag garantierten grundlegenden Freiheiten behindern oder weniger attraktiv machen können, vier Voraussetzungen erfüllen müssen: Sie müssen in nichtdiskriminierender Weise angewandt werden, sie müssen aus zwingenden Gründen des Allgemeininteresses gerechtfertigt sein, sie müssen geeignet sein, die Verwirklichung des mit ihnen verfolgten Zieles zu gewährleisten, und sie dürfen nicht über das hinausgehen, was zur Erreichung dieses Zieles erforderlich ist."[538]

Aufgrund dieser Entscheidungen wird heute davon ausgegangen, dass Art. 43 EG nicht nur ein Diskriminierungs-, sondern ein umfassendes Beschränkungsverbot enthält, das Schutz auch gegenüber diskriminierungsfreien Beeinträchtigungen des Anwendungsbereichs der Niederlassungsfreiheit gewährt.

c) Rechtfertigung der Beeinträchtigung

Die oben dargelegten Beeinträchtigungen müssen in den Fällen vom Begünstigten der Niederlassungsfreiheit hingenommen werden,[539] in denen die Grundfreiheitsbeeinträchtigung gerechtfertigt ist.

aa) Kodifizierte Rechtfertigungsgründe

Diskriminierungen sind grundsätzlich unzulässig, es sei denn, die Vorschrift des Art. 46 EG greift ein. Danach beseitigt die Niederlassungsfreiheit nicht die Anwendbarkeit solcher Rechts- und Verwaltungsvorschriften, die Sonderregelun-

---

[537] Siehe EuGH v. 31.03.1993, Rs. C-19/92 (*Dieter Kraus/Land Baden-Württemberg*), EuZW 1993, S. 322 (324). Bereits zwei Jahre vorher entschied der EuGH im Fall „Vlassopoulou", in dem es um die abgelehnte Rechtsanwaltszulassung einer griechischen Juristin in Deutschland ging, „dass nationale Qualifikationsvoraussetzungen, selbst wenn sie ohne Diskriminierung aufgrund der Staatsangehörigkeit angewandt werden, sich dahin auswirken können, dass sie die Staatsangehörigen der anderen Mitgliedstaaten in der Ausübung des ihnen durch Artikel 52 EWG-Vertrag gewährleisteten Niederlassungsrechts beeinträchtigen." Siehe EuGH v. 07.05.1991, Rs. C-340/89 (*Vlassopoulou*), EuGHE 1991, S. I-2357 (2383), Rdnr. 15.

[538] Siehe EuGH v. 30.11.1995, Rs. C-55/94 (*Gebhard*), EuGHE 1995, S. I-4165 (4187 f.).

[539] Vgl. hierzu die Ausführungen in: 3. Teil, § 2, A., II., 2., c).

gen für Ausländer vorsehen und aus Gründen der öffentlichen Ordnung, Sicherheit oder Gesundheit gerechtfertigt sind. Die Begriffe „öffentliche Ordnung, Sicherheit oder Gesundheit“ sind wegen der Erforderlichkeit einer einheitlichen Anwendung und praktischen Wirksamkeit des Gemeinschaftsrechts allein aus einem gemeinschaftsrechtlichen Blickwinkel zu bestimmen und als Ausnahme vom Grundsatz der Freizügigkeit der selbständig Erwerbstätigen eng auszulegen.[540] Trotzdem verfügen die Mitgliedstaaten über einen gewissen Beurteilungsspielraum, da die jeweiligen nationalen Bedürfnisse von Mitgliedstaat zu Mitgliedstaat verschieden sein können. Es müssen allerdings die Grenzen des Vertrages eingehalten werden, was durch die EG-Organe nachgeprüft werden kann.[541]

Der Vorbehalt der öffentlichen Ordnung, Sicherheit und Gesundheit ist in der Richtlinie 64/221/EWG,[542] die auf der Grundlage des Art. 46 Abs. 2 EG erging, näher geregelt. Danach darf beispielsweise der Vorbehalt nicht für wirtschaftliche Zwecke geltend gemacht werden (Art. 2 Abs. 2 der RL). Bei Maßnahmen der öffentlichen Ordnung und Sicherheit darf ausschließlich das persönliche Verhalten der in Betracht kommenden Einzelperson ausschlaggebend sein (Art. 3 Abs. 1 der RL). Strafrechtliche Verurteilungen allein rechtfertigen keine Ausweisung (Art. 3 Abs. 2 der RL).

bb) Zwingende Gründe des Allgemeininteresses

Regelungen, die wirtschaftliche Sachverhalte mit und ohne Auslandsbezug rechtlich gleich behandeln, tatsächlich aber die Wahrnehmung der Niederlassungsfreiheit behindern oder weniger attraktiv machen, sind zulässig, wenn sie aus zwingenden Gründen des Allgemeininteresses gerechtfertigt sind. Sie müssen jedoch dem Verhältnismäßigkeitsgrundsatz entsprechen.[543]

---

540 Vgl. EuGH v. 28.10.1975, Rs. 36/75 (*Rutili/Minister des Inneren*), EuGHE 1975, S. 1219 (1231); *Kingreen*, Die Struktur der Grundfreiheiten des Europäischen Gemeinschaftsrechts, S. 154 f.; *Randelzhofer*, in: Grabitz/Hilf, KommEU, Bd. II, Art. 52, Rdnr. 2, 3. Eine Beeinträchtigung der Niederlassungsfreiheit aus Gründen der öffentlichen Ordnung darf nur angeordnet werden, wenn außer der Störung der öffentlichen Ordnung – die jede Gesetzesverletzung darstellt – eine tatsächliche und hinreichende Gefährdung vorliegt, die ein Grundinteresse der Gesellschaft berührt. Vgl. EuGH v. 27.10.1977, Rs. 30/77 (*Bouchereau*), EuGHE 1977, S. 1999 (2031).

541 Vgl. EuGH v. 04.12.1974, Rs. 41/74 (*van Duyn/Home Office*), EuGHE 1974, S. 1337 (1350).

542 ABl. EG 1964, Nr. 56 v. 04.04.1964, S. 850. Die Richtlinie wurde in § 12 AufenthaltsG/EWG umgesetzt.

543 Vgl. hierzu die Ausführungen in: 3. Teil, § 2, A., II., 2., c), bb); *Jarass*, Die Niederlassungsfreiheit in der Europäischen Gemeinschaft, RIW 1993, S. 1 (6). Vgl. speziell zur Niederlassungsfreiheit EuGH v. 30.11.1995, Rs. C-55/94 (*Gebhard*), EuGHE 1995, S. I-4165 (4197 f.).

2. Binnenmarktkonzept, Niederlassungsfreiheit und direkte Besteuerung

An anderer Stelle wurde bereits festgestellt, dass die Beseitigung der Steuergrenzen wesentliche Voraussetzung für die Verwirklichung des Binnenmarktes ist.[544] Im Folgenden wird der Frage nachgegangen, welche Bedeutung der Niederlassungsfreiheit – losgelöst von dogmatischen Erörterungen – für die wirtschaftliche Betätigung innerhalb der Gemeinschaft zukommt bzw. welche Chancen sie Selbständigen, Freiberuflern und Unternehmen eröffnet.

Ein einheitlicher Binnenmarkt als Raum ohne Binnengrenzen (Art. 14 Abs. 2 EG) existiert für Selbständige, Freiberufler und Unternehmen nur, wenn sie innerhalb der Gemeinschaft den Standort für ihre wirtschaftliche Betätigung frei, d.h. weitestgehend unbeeinflußt von staatlich gesetzten Faktoren, wählen können.[545] Die Gründe für eine unternehmerische Entscheidung, die wirtschaftliche Tätigkeit auf das Hoheitsgebiet mehrerer Volkswirtschaften zu erstrecken, lassen sich im wesentlichen in zwei Gruppen teilen:

Es sind dies zunächst betriebswirtschaftliche Gründe und Ziele. Zu nennen sind beispielsweise Marktziele (Ausweitung des Absatzgebietes, Sicherung von Beschaffungsgebieten), Produktionsziele (Ausnutzung günstiger Rohstoffbedingungen) sowie finanzwirtschaftliche Ziele (Rentabilitätserhöhung durch Auslandsinvestitionen, Ausnutzung von Finanzierungshilfen und besonderen Steuervergünstigungen). Zum anderen sind es meta-ökonomische Ziele, wie etwa die Prestigeerlangung durch internationales Engagement.[546]

Will ein Unternehmen international tätig werden, so stellen sich ihm zwei zentrale Probleme: das Standortproblem und das Problem, in welcher Rechtsform die transnationale wirtschaftliche Betätigung vorgenommen werden soll. Beim ersten Problem, dem Standortproblem, geht es um die Frage, in welchem Land die beabsichtigten Ziele maximal verwirklicht werden können.[547] Bei dem Pro-

---

544 Vgl. hierzu die Ausführungen in: 3. Teil, § 2, A., I., 2.

545 Vgl. *Eckhoff*, in: Birk, Handbuch des Europäischen Steuer- und Abgabenrechts, § 19, Rdnr. 2.

546 Vgl. *Kluge*, Das deutsche Internationale Steuerrecht, S. 64.

547 Die Lösung des Problems setzt Untersuchungen der Standortgegebenheiten verschiedener Länder voraus. Das Verfahren, mit dem Konzerne den für sie günstigsten Standort wählen, heißt „Benchmarking". Einer der wichtigsten Standortfaktoren, den ein Staat beeinflussen kann, ist die Besteuerung der unternehmerischen Betätigung. Dies darf aber nicht zu der Annahme verleiten, dass andere, nicht-steuerliche Bedingungen in den Hintergrund treten. Auch Sozialstandards, das Bildungsniveau, politische Stabilität, Infrastruktur usw. werden verglichen. Im EG-Bereich hängt der Stellenwert der Besteuerung stark vom Fortschritt der wirtschaftlichen Integration ab: Je stärker Handelshemmnisse abgebaut werden und je umfassender die Niederlassungsfreiheit gewährt wird, um so entscheidender wirken sich steuerliche Belastungsunterschiede zwischen den einzelnen Mitgliedstaaten auf die Standortentscheidung aus. Nicht zuletzt legt auch die durch die Einführung des Euro als europaweite Währung entstehende Transparenz die Vor- und Nach-

blem der (Rechts-)Form der Auslandstätigkeit geht es dagegen regelmäßig um den institutionellen Rahmen, innerhalb dessen die Auslandsaktivität erfolgen soll.[548]

Die erste Möglichkeit einer Betätigung im Ausland besteht in der Form des sog. Direktgeschäfts. Dieses wird als der grenzüberschreitende Leistungsaustausch ohne feste Einrichtung im Abnehmerland definiert.[549] Eine intensivere Form wirtschaftlichen Engagements über eine Grenze hinweg ist die Errichtung einer Betriebsstätte im Ausland. Darunter versteht man die Geschäftsentfaltung im Ausland mittels einer festen Geschäftseinrichtung, welche allerdings nicht mit rechtlicher Selbständigkeit ausgestattet ist. Die Betriebsstätte verkörpert nur einen Betriebsteil des investierenden Unternehmens mit mehr oder weniger starker wirtschaftlicher Selbständigkeit.[550] Will sich das Unternehmen dagegen in rechtlich selbständiger Form in einem anderen Staat wirtschaftlich integrieren, so kann es eine Tochtergesellschaft mit Sitz im Aufnahmestaat gründen.[551] Die intensivste Form grenzüberschreitenden wirtschaftlichen Engagements besteht schließlich darin, entweder mit einem ausländischen Unternehmen zu fusionieren oder aber den eigenen Sitz in ein anderes Land zu verlegen.[552]

Will demnach ein im Gemeinschaftsgebiet ansässiges Unternehmen[553] über eine innergemeinschaftliche Grenze hinweg tätig werden, so kann es sich auf die Niederlassungsfreiheit berufen, wenn es eine primäre oder sekundäre Niederlassungsform wählt.[554] Hierzu gehört die Errichtung einer Betriebsstätte, die Gründung einer Tochtergesellschaft oder die Sitzverlegung ins Ausland. Die Ausübung von Direktgeschäften fällt hingegen nicht in den Anwendungsbereich der Art. 43 ff. EG, da hier keine feste Geschäftseinrichtung auf unbestimmte Dauer in einem anderen Mitgliedstaat errichtet wird.[555]

---

teile eines Steuersystems verstärkt offen. Vgl. *Kluge*, Das deutsche Internationale Steuerrecht, S. 65; *Eckhoff*, in: Birk, Handbuch des Europäischen Steuer- und Abgabenrechts, § 19, Rdnr. 2.

548 Vgl. *Kluge*, Das deutsche Internationale Steuerrecht, S. 65.

549 Vgl. *Jacobs*, Internationale Unternehmensbesteuerung, S. 56; *Eckhoff*, in: Birk, Handbuch des Europäischen Steuer- und Abgabenrechts, § 19, Rdnr. 5.

550 Vgl. *Jacobs*, Internationale Unternehmensbesteuerung, S. 63; *Jakob*, Einkommensteuerrecht, § 9, Rdnr. 14.

551 Vgl. *Eckhoff*, in: Birk, Handbuch des Europäischen Steuer- und Abgabenrechts, § 19, Rdnr. 7.

552 Vgl. *Eckhoff*, in: Birk, Handbuch des Europäischen Steuer- und Abgabenrechts, § 19, Rdnr. 8.

553 Vgl. hierzu die Ausführungen in: 3. Teil, § 2, B., II., 1., a), bb).

554 Vgl. hierzu die Ausführungen in: 3. Teil, § 2, B., II., 1., a), aa).

555 Vgl. hierzu die Ausführungen in: 3. Teil, § 2, B., II., 1., a), aa); *Eckhoff*, in: Birk, Handbuch des Europäischen Steuer- und Abgabenrechts, § 19, Rdnr. 5.

3. Die Rechtsprechung des EuGH

Die nachfolgende Rechtsprechungsanalyse enthält eine zusammenfassende Darstellung der Urteile des Gerichtshofs, die sich mit der Auslegung der Bestimmungen des EG-Vertrages über die Niederlassungsfreiheit im Hinblick auf die direkten Steuern beschäftigen. Damit ist bezweckt, anhand der dogmatischen Aussagen die steuerspezifische Konkretisierung der Niederlassungsfreiheit in der Ausprägung, die sie durch den EuGH in seiner Einzelfallrechtsprechung erfahren hat, darzustellen und zu verallgemeinern.

Die Untersuchung der einzelnen Urteile erfolgt in einer Drei-Stufen-Prüfung: Vorangestellt ist einleitend eine kurze Sachverhaltszusammenfassung, sodann werden die wesentlichen Aussagen der Entscheidungsgründe dargestellt. Unter dem Prüfungspunkt „Die steuerlichen Kernaussagen“ werden die Entscheidungsgründe dogmatisch analysiert und aus ihnen – soweit möglich – verallgemeinerungsfähige Prinzipien abgeleitet.

a) Die Grundsatzentscheidung „avoir fiscal“

Die unter der Bezeichnung „avoir fiscal“ bekannt gewordene Entscheidung[556] aus dem Jahre 1986 war die erste, die sich mit der Beeinträchtigung der Grundfreiheiten des EG-Vertrages durch nationale Regelungen aus dem Bereich der direkten Steuern beschäftigte.

aa) Der Sachverhalt

Nach dem seinerzeit geltenden französischen Steuerrecht wurde die kumulative Besteuerung der von Gesellschaften ausgeschütteten Gewinne dadurch abgemildert, dass dem Empfänger von Dividenden, die von französischen Gesellschaften ausgeschüttet wurden, eine als „avoir fiscal“ bezeichnete Steuergutschrift gewährt wurde (Art. 158a des Code général des impôts). Eine doppelte Besteuerung ergab sich daraus, dass diese Gewinne zuerst bei der Gesellschaft mit Körperschaftsteuer und anschließend beim Dividendenempfänger entweder mit Einkommen- oder Körperschaftsteuer belegt wurden. Das Steuerguthaben wurde daher auf die vom Empfänger geschuldete Steuer angerechnet. Art. 158b Abs. 2 des Code général des impôts gewährte das Steuerguthaben jedoch nur Personen, die ihren tatsächlichen Wohnsitz oder ihren Gesellschaftssitz in Frankreich hatten. Andere Personen kamen nur dann in den Genuss der Gutschrift, wenn sie ihren Wohnsitz in einem Staat hatten, mit dem Frankreich ein DBA abgeschlossen hatte (Art. 242c des Code général des impôts). Zum damaligen Zeitpunkt waren dies Deutschland, Luxemburg, die Niederlande und Großbritannien. Diese DBA sahen jedoch vor, dass nur einer Gesellschaft mit Sitz in diesen Mitgliedstaaten, die Aktien französischer Gesellschaften im Vermögen ihrer Hauptniederlassung hielt, die Steuergutschrift gewährt wurde. Hingegen war die Gewährung des Steuerguthabens für Aktien im Vermögen von Betriebsstätten, Zweigniederlassungen oder Agenturen von Gesellschaften, die ihren Sitz

---

556 Vgl. EuGH v. 28.01.1986, Rs. 270/83 (*Kommission/Frankreich*), EuGHE 1986, S. 273 ff.

nicht in Frankreich hatten, ausgeschlossen. Die Kommission leitete ein Vertragsverletzungsverfahren gem. Art. 226 EG ein und beantragte die Feststellung, dass die Französische Republik dadurch gegen die Niederlassungsfreiheit verstoße habe.

bb) Die Entscheidung des EuGH

Im Ergebnis stellte der EuGH fest, dass die französischen Steuervorschriften über die Gewährung der Steuergutschrift „avoir fiscal" gegen den EG-Vertrag verstoßen. Die Entscheidung lautete:

> **„Die Französische Republik hat dadurch gegen ihre Verpflichtung aus Artikel 52 EWG-Vertrag[557] verstoßen, dass sie den in Frankreich gelegenen Zweigniederlassungen und Agenturen von Versicherungsgesellschaften mit Sitz in einem anderen Mitgliedstaat nicht unter den gleichen Bedingungen wie Versicherungsgesellschaften mit Sitz in Frankreich ein Steuerguthaben für die von diesen Zweigniederlassungen und Agenturen bezogenen Dividenden französischer Gesellschaften gewährt hat."[558]**

In seiner Urteilsbegründung setzte sich der EuGH ausführlich mit dem Verteidigungsvorbringen der beklagten französischen Republik auseinander, erachtete es aber unter keinem Aspekt als geeignet, die durch die Versagung des „avoir fiscal" eingetretene Benachteiligung ausländischer Aktionäre zu rechtfertigen.

Die französische Regierung machte zunächst geltend, dass die Unterscheidung zwischen „Gebietsansässigen" und „Gebietsfremden" im Steuerrecht unerlässlich sei. Die Ungleichbehandlung sei wegen der objektiven Unterschiede zwischen der Situation einer Gesellschaft mit Sitz in Frankreich und derjenigen einer Zweigniederlassung oder Agentur einer Gesellschaft mit Sitz in einem anderen Mitgliedstaat gerechtfertigt. Diese seien in verschiedener Weise besser gestellt als französische Gesellschaften, wodurch Nachteile bezüglich des Steuerguthabens ausgeglichen würden. Ferner bestünde die Möglichkeit, die Verweigerung des „avoir fiscal" durch die Gründung einer Tochtergesellschaft zu vermeiden.

Zur Frage der Diskriminierung durch die Versagung der „avoir fiscal" führte der EuGH aus:

> „Hierzu ist zunächst darauf hinzuweisen, dass mit der Niederlassungsfreiheit, die Artikel 52[559] den Staatsangehörigen eines anderen Mitgliedstaates zuerkannt und die für seine Aufnahme und Ausübung selbständiger Erwerbstätigkeiten nach den gleichen Bestimmungen wie den im Niederlassungsstaat für

---

[557] Jetzt Art. 43 EG.

[558] Siehe EuGH v. 28.01.1986, Rs. 270/83 (*Kommission/Frankreich*), EuGHE 1986, S. 273 (308).

[559] Jetzt Art. 43 EG.

> dessen eigene Angehörigen festgelegten umfasst, gemäß Artikel 58 EWG-Vertrag[560] das Recht für die nach den Rechtsvorschriften eines Mitgliedstaates gegründeten Gesellschaften, die ihren satzungsmäßigen Sitz, ihre Hauptverwaltung oder ihre Hauptniederlassung innerhalb der Gemeinschaft haben, verbunden ist, ihre Tätigkeit in dem betreffenden Mitgliedstaat durch eine Zweigniederlassung oder eine Agentur auszuüben. In Bezug auf die Gesellschaften ist in diesem Zusammenhang hervorzuheben, dass ihr Sitz im genannten Sinn ebenso wie die Staatsangehörigkeit bei natürlichen Personen dazu dient, ihre Zugehörigkeit zur Rechtsordnung eines Staates zu bestimmen. Würde man also zulassen, dass der Mitgliedstaat der Niederlassung nach seinem Belieben eine ungleiche Behandlung allein deshalb vornehmen kann, weil sich der Sitz einer Gesellschaft in einem anderen Mitgliedstaat befindet, so würde diese Vorschrift ausgehöhlt."[561]

Eine Diskriminierung bejahte der EuGH mit folgenden Überlegungen: Die streitige französische Regelung stelle die Gesellschaften mit Sitz in Frankreich und die in Frankreich gelegenen Zweigniederlassungen und Agenturen von Gesellschaften mit Sitz im Ausland bei der Besteuerung ihrer Gewinne auf die gleiche Stufe. Daher könne sie diese nicht ohne Schaffung einer Diskriminierung im Rahmen dieser Besteuerung hinsichtlich der Gewährung einer damit zusammenhängenden Vergünstigung („avoir fiscal") ungleich behandeln. Der EuGH wörtlich:

> „Der französische Gesetzgeber hat nämlich dadurch, dass er die beiden Niederlassungsformen im Rahmen der Besteuerung der von ihnen erzielten Gewinne gleichbehandelt, anerkannt, dass zwischen beiden Formen in Bezug auf die Modalitäten und Voraussetzungen dieser Besteuerung kein Unterschied in der objektiven Situation besteht, der eine unterschiedliche Behandlung rechtfertigen könnte."[562]

Den Hinweis, betroffene Gesellschaften könnten für ihre Niederlassung eine andere Rechtsform zu wählen, lehnte der EuGH ab. Ein Unternehmen mit Sitz innerhalb der EG dürfe nicht darauf verwiesen werden, dass bei einem Wechsel der Rechtsform in eine selbständige Tochtergesellschaft die steuerlichen Vergünstigungen gewährt würden. Art. 43 Abs. 2 EG lasse den Wirtschaftsteilnehmern ausdrücklich die Möglichkeit offen, die geeignete Rechtsform[563] für die Ausübung ihrer Tätigkeit in einem anderen Mitgliedstaat frei zu wählen.[564]

---

560 Jetzt Art. 48 EG.

561 Siehe EuGH v. 28.01.1986, Rs. 270/83 (*Kommission/Frankreich*), EuGHE 1986, S. 273 (304), Rdnr. 18.

562 Siehe EuGH v. 28.01.1986, Rs. 270/83 (*Kommission/Frankreich*), EuGHE 1986, S. 273 (305), Rdnr. 20.

563 Vgl. hierzu die Ausführungen in: 3. Teil, § 2, B., II., 1., a), bb).

564 Vgl. EuGH v. 28.01.1986, Rs. 270/83 (*Kommission/Frankreich*), EuGHE 1986. S. 273 (305), Rdnr. 22; *Thömmes*, Verbote der Diskriminierung von Steuerausländern und

Auch das Verteidigungsvorbringen der französischen Regierung, dass die steuerlichen Nachteile durch mögliche Vorteile kompensiert werden könnten, ließ der EuGH nicht gelten. Die Nachteile, die einem Unternehmen bei der Ausübung seiner Niederlassungsfreiheit in einem anderen Mitgliedstaat aufgrund einer für nicht ansässige Unternehmen vorgesehenen steuerlichen Behandlung erwachsen, könnten nicht durch mögliche Vorteile ausgeglichen werden, in deren Genuss nichtansässige Steuerpflichtige generell gelangen können.[565]

In einer zweiten Argumentationsreihe brachte die französische Regierung vor, dass die Ungleichbehandlung in Wirklichkeit auf die Besonderheiten und die Unterschiede der Steuersysteme der Mitgliedstaaten sowie auf die DBA zurückzuführen sei. Da in dem betroffenen Bereich noch keine Harmonisierung stattgefunden habe, seien unterschiedliche Maßnahmen notwendig, um dem Unterschied zwischen den nationalen Steuerregelungen Rechnung zu tragen. Die französische Regelung sei insbesondere erforderlich, um eine Steuerflucht zu vermeiden.[566]

Auch diesen Argumenten folgte der EuGH nicht. Vielmehr stellte er fest, dass die Gleichbehandlung von Steuerausländern und Steuerinländern weder unter dem Vorbehalt einer Harmonisierung noch unter dem Vorbehalt gegenseitiger Vereinbarungen im Rahmen eines DBA stehe. Auch die Gefahr einer Steuerflucht ließ der EuGH nicht gelten.[567]

cc) Die steuerlichen Kernaussagen

Die Grundsatzentscheidung „avoir fiscal" enthält neben Ausführungen zur Niederlassungsfreiheit auch wichtige und grundlegende Kernaussagen zur Vereinbarkeit nationaler Rechtsvorschriften der direkten Besteuerung mit den Grundfreiheiten des EG-Vertrages.

(1) Kein Harmonisierungsvorbehalt

Die durch die Niederlassungsfreiheit garantierten Rechte stehen nach dem EuGH nicht unter dem Vorbehalt einer Steuerharmonisierung. Die Argumenta-

---

Steuerinländern, in: Lehner, Steuerrecht im Europäischen Binnenmarkt, DStJG 1996, S. 81 (87).

565 Vgl. EuGH v. 28.01.1986, Rs. 270/83 (*Kommission/Frankreich*), EuGHE 1986, S. 273 (305), Rdnr. 21; *Thömmes*, Verbote der Diskriminierung von Steuerausländern und Steuerinländern, in: Lehner, Steuerrecht im Europäischen Binnenmarkt, DStJG 1996, S. 81 (87).

566 Vgl. EuGH v. 28.01.1986, Rs. 270/83 (*Kommission/Frankreich*), EuGHE 1986, S. 273 (305 f.), Rdnr. 23.

567 Vgl. EuGH v. 28.01.1986, Rs. 270/83 (*Kommission/Frankreich*), EuGHE 1986, S. 273 (306), Rdnr. 24 f.

tion des Gerichtshofs basierte auf einer Auslegung der unterschiedlichen Ziele von Grundfreiheiten und Harmonisierungsbefugnis. Die Grundfreiheiten richten sich an die Mitgliedstaaten und schützen die Gemeinschaftsbürger vor jeder Ungleichbehandlung bei der Ausübung grenzüberschreitender wirtschaftlicher Betätigungen. Die Harmonisierung des nationalen Steuerrechts ist dagegen Sache des Gemeinschaftsgesetzgebers. Sie bezweckt die Beseitigung aller für die Freiheitsausübung bestehenden Hindernisse, die sich aus den Unterschieden der Rechtsordnungen ergeben. Würden die Grundfreiheiten unter einen solchen Vorbehalt gestellt, so wären sie ihres Inhalts weitestgehend beraubt. Denn aufgrund der bisher erst punktuell erfolgten Harmonisierung im Bereich der direkten Steuern wäre der größte Teil des nationalen Steuerrechts von der Schutzwirkung der Grundfreiheiten ausgenommen.[568]

(2) Beeinträchtigung der Niederlassungsfreiheit

Das Recht auf freie Niederlassung wurde nach dem EuGH durch die französischen Steuervorschriften in zweierlei Hinsicht beeinträchtigt.

(a) Beeinträchtigung der Wahlfreiheit

Unternehmen können im Rahmen der Niederlassungsfreiheit ihren Sitz in einen anderen Mitgliedstaat verlegen (primäre Niederlassungsform). Sie können aber auch sekundäre Niederlassungen, also Tochtergesellschaften sowie Zweigniederlassungen und Agenturen (Betriebsstätten im steuerrechtlichen Sinn) gründen und leiten.[569] Hierzu stellte der EuGH fest, dass Art. 43 Abs. 1 Satz 2 EG den Wirtschaftsteilnehmern ausdrücklich die Möglichkeit offen läßt, die geeignete Rechtsform für die „Ausübung" ihrer Tätigkeit in einem anderen Mitgliedstaat frei zu wählen.[570] Die Wahlfreiheit ist also nicht nur bei der Gründung gegeben, sondern während des gesamten Zeitraums der sekundären Niederlassung bis zu deren Beendigung.[571] Diese Wahl darf nicht durch diskriminierende Steuerbestimmungen eingeschränkt werden. Im vorliegenden Fall versuchte der französi-

---

568 Vgl. *Dautzenberg*, Der Europäische Gerichtshof und die direkten Steuern, BB 1992, S. 2400 (2401). Hinzu kommt folgende Überlegung: Nach der Rechtsgrundlage für die Harmonisierung der direkten Steuern (Art. 94 EG) muss der Rat einstimmig entscheiden. Der Rat besteht aus den Vertretern der Mitgliedstaaten, die – im Gegensatz zu den Mitgliedern der Kommission – an die Weisungen der Regierungen der Mitgliedstaaten gebunden sind. Wenn sich die Regierungen gegen eine Harmonisierung sperren und dadurch im Rat keine Verständigung zustande kommt, so kann eine mangelnde Harmonisierung von den Regierungen nicht als Verteidigungsvorbringen ins Feld geführt werden.

569 Vgl. hierzu die Ausführungen in: 3. Teil, § 2, B., II., 1., a), aa).

570 Vgl. EuGH v. 28.01.1986, Rs. 270/83 (*Kommission/Frankreich*), EuGHE 1986, S. 273 (305), Rdnr. 22.

571 Vgl. auch den Wortlaut des Art. 43 Abs. 2 EG: „... die Gründung und Leitung von Unternehmen ...".

sche Aufnahmestaat dem niederlassungswilligen Unternehmen eine bestimmte Form der Niederlassung aufzudrängen, indem er eine andere Form steuerlich benachteiligte.[572] Dies wertete der EuGH als eine Einschränkung der Wahlfreiheit bei der sekundären Niederlassungsform.[573]

(b) Diskriminierung bei Sitzanknüpfung

Der EuGH setzte sich auch mit dem Einwand der französischen Regierung auseinander, die steuerliche Ungleichbehandlung beruhe nicht auf dem Kriterium der „Staatsangehörigkeit“, sondern auf dem in den meisten Staaten maßgeblichen Unterscheidungsmerkmal der „Ansässigkeit“.

Anstelle der Staatsangehörigkeit natürlicher Personen legt Art. 48 Abs. 1 EG die Kriterien fest, die die Zugehörigkeit einer Gesellschaft zur Rechtsordnung eines Mitgliedstaates und damit auch die Zugehörigkeit zur Gemeinschaft bestimmen. Die Gesellschaft muss zum einen nach dem Recht eines Mitgliedstaates gegründet worden sein und zum anderen ihren Sitz innerhalb der Gemeinschaft haben. Als Gesellschaftssitz gelten alternativ der satzungsmäßige Sitz, die Hauptverwaltung[574] oder die Hauptniederlassung.[575] Zur Bestimmung der Zugehörigkeit einer Gesellschaft zu einem Staat werden drei Theorien vertreten: die vornehmlich im angelsächsischen Rechtskreis vertretene Gründungs- bzw. Inkorporationstheorie[576], die überwiegend kontinental-europäischen Vorstellungen entsprechende Sitztheorie[577] und die Kon-

---

572 Vgl. *Eckhoff*, in: Birk, Handbuch des Europäischen Steuer- und Abgabenrechts, § 19, Rdnr. 33.

573 A.A. GA *Mancini* in seinen Schlussanträgen v. 16.10.1985, Rs. 270/83 (*Kommission/Frankreich*), EuGHE 1986, S. 275 (283), Rdnr. 11. Der GA vertrat die Auffassung, dass es nach dem Wortlaut des Art. 43 Abs. 1 Satz 2 EG („... Agenturen, Zweigniederlassungen oder Tochtergesellschaften ...“) genüge, wenn eine Form der sekundären Niederlassung ohne Nachteile gewährleistet wird.

574 Dies ist der Ort, an dem die unternehmerische Leitung erfolgt. Vgl. *Troberg*, in: Groeben/Thiesing/Ehlermann, EUV/EGV, Bd. 1, Art. 58, Rdnr. 7.

575 Dies ist der Ort des tatsächlichen Wirtschaftsschwerpunkts. Vgl. *Troberg*, in: Groeben/Thiesing/Ehlermann, EUV/EGV, Bd. 1, Art. 58, Rdnr. 7.

576 Danach bestimmt die Gründung einer Gesellschaft nach den Rechtsvorschriften eines Staates ihre Zugehörigkeit zu eben diesem Staat. Die einmal wirksam errichtete Gesellschaft kann ihren Verwaltungssitz, der für die Gründungstheorie gerade kein Anknüpfungspunkt ist, von einem Staat in einen anderen verlegen, ohne ihre Identität zu verlieren. Vgl. *Großfeld/König*, Das Internationale Gesellschaftsrecht in der EG, RIW 1992, S. 433 (433).

577 Nach der Sitztheorie stellt der Satzungssitz bzw. der tatsächliche Gesellschaftssitz in Form der Hauptverwaltung oder Hauptniederlassung die Verbindung zu einer Rechtsordnung her. Vgl. *Scheuer*, in: Lenz, EG-Vertrag, Art. 48, Rdnr. 2. Vgl. zur Vereinbarkeit der Sitztheorie mit dem Gemeinschaftsrecht *Schümann*, Die Vereinbarkeit der Sitztheorie mit dem europäischen Recht, EuZW 1994, S. 269 ff.

trolltheorie.[578] Die Kriterien des Art. 48 Abs. 1 EG stellen eine Verbindung aus Gründungs- und Sitztheorie dar.[579]

Der EuGH hob hervor, dass im Bereich der Niederlassungsfreiheit den Staatsangehörigen der Mitgliedstaaten solche Gesellschaften gleich gestellt sind, die nach den Vorschriften eines Mitgliedstaates gegründet sind und die ihren Sitz, ihre Hauptverwaltung oder ihre Hauptniederlassung innerhalb der Gemeinschaft haben.[580] Daraus folgt für die nachteilige steuerliche Behandlung ausländischer Gesellschaften: Sofern sie nach dem Recht eines Mitgliedstaates gegründet wurden und ihren Sitz innerhalb der Gemeinschaft haben, sind sie durch das Diskriminierungsverbot der Niederlassungsfreiheit geschützt.[581]

Bemerkenswert ist die Aussage, dass die Unterscheidung zwischen Ansässigen und Nichtansässigen auf dem Gebiet des Steuerrechts unter bestimmten Umständen angebracht sein kann. Das Urteil ebnete also nicht schlechthin die komplexen Unterschiede zwischen der beschränkten und der unbeschränkten Steuerpflicht ein. Der EuGH verwendet in diesem Zusammenhang das Verb „rechtfertigen". Dies darf nicht zu der Annahme verleiten, dass es hier einen speziellen Rechtfertigungsgrund gäbe. Vielmehr geht es um die Vergleichbarkeit der steuerlichen Situation, in der sich Ansässige und Nichtansässige befinden. Ob die steuerliche Differenzierung nach dem Sitz einer Gesellschaft zu einer offenen oder versteckten Diskriminierung führt, lässt sich der Entscheidung „avoir fiscal" noch nicht eindeutig entnehmen.[582] Eine Konkretisierung erfolgte erst etwas später in der „Commerzbank"-Entscheidung.[583] Hier ging es um die Verzinsung bei der Rückzahlung zuviel einbehaltener Steuern. Diese wurde nach den britischen Steuervorschriften nur solchen Gesellschaften gewährt, die in Großbritannien ihren steuerlichen Sitz hatten. Bezüglich der Diskriminierung von Gesellschaften stellte der EuGH fest, dass die Differenzierung nach dem gesellschaftsrechtlichen Sitz oder nach dem Ort der Gründung zu einer offenen Diskriminierung[584] führt, die im Steuerrecht

---

578 Nach dieser Theorie ist die Staatsangehörigkeit der die Gesellschaft kontrollierenden Personen maßgeblich. Vgl. *Scheuer*, in: Lenz, EG-Vertrag, Art. 48, Rdnr. 2.

579 Vgl. hierzu die Ausführungen in: 3. Teil, § 2, B., II., 1., a), aa). Art. 48 EG impliziert damit eine Absage an die Kontrolltheorie. Da es folglich nicht auf die Staatsangehörigkeit der Gesellschafter ankommt, bietet die Niederlassungsfreiheit der Gesellschaften natürlichen Personen eine weitere Dimension, indem auch Drittstaatenangehörige von ihr Gebrauch machen können. Vgl. *Scheuer*, in: Lenz, EG-Vertrag, Art. 48, Rdnr. 2.

580 Vgl. EuGH v. 28.01.1986, Rs. 270/83 (*Kommission/Frankreich*), EuGHE 1986, S. 273 (304), Rdnr. 18.

581 Vgl. *Saß*, Verstößt die Versagung des Schachtelprivilegs bei inländischen Betriebsstätten von Unternehmen anderer Mitgliedstaaten gegen das Prinzip der Niederlassungsfreiheit des EG-Vertrages?, FR 1991, S. 705 (706).

582 Der EuGH setzt den Sitz einer Gesellschaft einmal mit der Staatsangehörigkeit einer natürlichen Person und ein andermal mit deren Wohnsitz gleich. Vgl. EuGH v. 28.01.1986, Rs. 270/83 (*Kommission/Frankreich*), EuGHE 1986, S. 273 (304), Rdnr. 18 f.

583 Vgl. EuGH v. 13.07.1993, Rs. C-330/91 (*Commerzbank*), EuGHE 1993, S. I-4017 ff.

584 Vgl. EuGH v. 13.07.1993, Rs. C-330/91 (*Commerzbank*), EuGHE 1993, S. I-4017 (4043), Rdnr. 14.

anzutreffende Differenzierung nach dem Kriterium der Ansässigkeit der Gesellschaft dagegen zu einer versteckten Diskriminierung.[585]

(3) Der Anerkennungsgrundsatz

Das Urteil enthält desweiteren wesentliche Aussagen zu der Frage, wann inhaltlich eine Diskriminierung vorliegt. Der EuGH erkennt zwar an, dass eine Unterscheidung je nach dem Sitz einer Gesellschaft oder je nach dem Wohnsitz einer natürlichen Person nicht per se gegen das Gemeinschaftsrecht verstößt. Behandelt der nationale Steuergesetzgeber Gesellschaften mit Sitz im Inland und die im Inland gelegenen Betriebsstätten von Gesellschaften mit Sitz im Ausland im Grundsatz – insbesondere im Hinblick auf die Besteuerung der von ihnen erzielten Gewinne – jedoch gleich, dann erkennt er dadurch an, dass zwischen beiden Niederlassungsformen in Bezug auf die Voraussetzungen und Modalitäten der Besteuerung kein Unterschied besteht, der eine unterschiedliche Behandlung hinsichtlich der Gewährung einer steuerlichen Vergünstigung rechtfertigen könnte.[586]

Voraussetzung einer Diskriminierung ist, dass eine bestimmte Personengruppe gegenüber einer Vergleichsgruppe aufgrund der Anwendung eines verbotenen Differenzierungskriteriums zu ihrem Nachteil ungleich behandelt wird.[587] Da Frankreich die in Frankreich gelegenen Zweigniederlassungen und Agenturen von Gesellschaften mit Sitz im Ausland gegenüber der Vergleichsgruppe „Gesellschaften mit Sitz in Frankreich" bei der Besteuerung der Gewinne gleich behandelte, musste es sich entgegenhalten lassen, dass aufgrund seines eigenen Besteuerungsverhaltens eine vergleichbare Situation bestand, so dass jede benachteiligende Ungleichbehandlung unweigerlich zu einer Diskriminierung führte. Denn in Bezug auf die Besteuerungsgrundlagen wurden französische Gesellschaften und Nebenstellen ausländischer Unternehmen gleich, bei der Berechnung der konkreten Höhe der Steuerschuld dagegen wurden die Nebenstellen ausländischer Unternehmen zu ihrem Nachteil ungleich behandelt. Der Anerkennungsgrundsatz bedeutet demnach, dass in den Fällen, in denen sich die

---

585 Siehe EuGH v. 13.07.1993, Rs. C-330/91 (*Commerzbank*), EuGHE 1993, S. I-4017 (4043), Rdnr. 16: „Zwar ist das Kriterium des steuerlichen Sitzes im Inland für die Gewährung eines Zuschlags zur Rückzahlung nicht geschuldeter Steuern unabhängig vom Sitz der Gesellschaft anwendbar, es droht sich jedoch besonders zu Lasten der Gesellschaften auszuwirken, die ihren Sitz in einem anderen Mitgliedstaat haben. Es werden nämlich zumeist diese sein, die ihren steuerlichen Sitz außerhalb des fraglichen Mitgliedstaates haben."

586 Vgl. hierzu die Ausführungen in: 3. Teil, § 2, A., II.; *von Bogdany*, in: Grabitz/Hilf, KommEU, Bd. I, Art. 6, Rdnr. 8 ff. Um die Bedeutung dieser Feststellung ermessen zu können, ist der dogmatische Prüfungsaufbau hinsichtlich des Vorliegens einer Diskriminierung zu vergegenwärtigen.

587 Vgl. hierzu die Ausführungen in: 3. Teil, § 2, A., II., 2., b), bb), (1).

Nachteile der Ausländerbesteuerung bei ansonsten gleicher Behandlung deutlich heraustrennen lassen, eine Diskriminierung vorliegt.

(4) Das Kompensationsverbot

Nachteile, die einem Unternehmen bei der Ausübung seiner Niederlassungsfreiheit in einem anderen Mitgliedstaat entstehen, können nicht durch anderweitige Vorteile ausgeglichen werden. Eine Kompensation steuerlicher Vor- und Nachteile findet nicht statt.[588] Der EuGH prüft einen Verstoß gegen das Gemeinschaftsrecht nur an Hand der Auswirkungen der in Frage stehenden Normen, die auf eine konkrete, vergleichbare Situation angewandt oder nicht angewandt werden. Auswirkungen von Vorschriften, die inhaltlich oder faktisch nichts mit der zu prüfenden Regelung zu tun haben, müssen dagegen außer Betracht bleiben, auch wenn sie geeignet sind, eine diskriminierende Behandlung im Ergebnis auszugleichen.[589]

(5) Rechtfertigung der Beeinträchtigung

Das von der französischen Regierung vorgebrachte Argument der Gefahr der Steuerflucht wurde vom EuGH abgelehnt, allerdings mit der Einschränkung, dass dies nur „in diesem Zusammenhang“ gelte.[590] Er begründete seine Entscheidung lediglich damit, dass Art. 43 EG explizit keine Ausnahmen aus solchen Gründen zulasse. Gemeint ist wohl der kodifizierte Rechtfertigungsgrund des Art. 46 EG, der keine wirtschaftlich motivierte Rechtfertigung zulässt. Aus dieser Einschränkung kann jedoch bereits entnommen werden, dass die Vermeidung der Gefahr der Verringerung des Steueraufkommens ein berechtigtes Interesse der Mitgliedstaaten sein kann, das Beeinträchtigungen der Grundfreiheiten grundsätzlich zu rechtfertigen vermag.

(6) Kein DBA-Vorbehalt

Völkerrechtlichen Verträgen muss von den beteiligten Staaten im innerstaatlichen Bereich Geltung verschafft werden. Dies geschieht entweder durch Transformation[591] oder durch eine Geltungsanordnung.[592] Der völkerrechtliche Ver-

---

[588] Vgl. *Thömmes*, Verbote der Diskriminierung von Steuerausländern und Steuerinländern, in: Lehner, Steuerrecht im Europäischen Binnenmarkt, DStJG 1996, S. 81 (87).

[589] Vgl. *Dautzenberg*, Der Europäische Gerichtshof und die direkten Steuern, BB 1992, S. 2400 (2403).

[590] Siehe EuGH v. 28.01.1986, Rs. 270/83 (*Kommission/Frankreich*), EuGHE 1986, S. 273 (306), Rdnr. 25.

[591] So beispielsweise in der Bundesrepublik Deutschland gem. Art. 59 Satz 2 GG.

trag wird also innerstaatliches Recht, mit der Konsequenz, dass er – wie vor jeder innerstaatlichen Norm – Vorrang genießt. Für Abkommen zwischen den Mitgliedstaaten gilt dies unabhängig davon, ob sie zeitlich vor oder nach dem Inkrafttreten des EG-Vertrages abgeschlossen wurden. Die sog. „Unberührbarkeitsklausel“ des Art. 307 EG gilt jedoch nur für völkerrechtliche Verträge mit Drittstaaten. Bei der innerstaatlichen Wirkung eines DBA zwischen Mitgliedstaaten ist daher vom Vorrang des Gemeinschaftsrechts gegenüber dem nationalen Steuerrecht auszugehen.[593]

Im vorliegenden Fall machte die französische Regierung den Vorschlag, die DBA, die Frankreich mit seinen Partnerstaaten in der Gemeinschaft abgeschlossen hatte, mit Zusatzprotokollen zu versehen. In diesen Protokollen sollte jedoch die Erweiterung der Gewährung des Steuerguthabens auf Gegenseitigkeit beruhen.

Dem hielt der EuGH jedoch entgegen:

> „Außerdem sind die Rechte, die sich für die Begünstigten aus Artikel 52 EWG-Vertrag[594] ergeben, unbedingt, und ein Mitgliedstaat kann ihre Beachtung nicht vom Inhalt eines mit einem anderen Mitgliedstaat geschlossenen Abkommens abhängig machen. Insbesondere erlaubt es dieser Artikel nicht, diese Rechte einer Gegenseitigkeitsbedingung zu unterwerfen, um in einem anderen Mitgliedstaat entsprechende Vorteile zu erhalten.“[595]

Damit stellt der EuGH klar, dass den Mitgliedstaaten keine bilaterale Dispositionsbefugnis über das Gemeinschaftsrecht zukommt.[596] Eine Diskriminierung kann nicht dadurch ausgeschlossen oder begründet werden, dass zwei Mitgliedstaaten sie im Rahmen eines DBA hinnehmen oder festlegen.[597]

---

592 Nach der sog. Vollzugslehre gibt der innerstaatliche Rechtsakt den Befehl, die betreffenden Völkerrechtsregel innerstaatlich zu vollziehen. Vgl. *Geiger*, Grundgesetz und Völkerrecht, S. 159 f.

593 Vgl. *Bachmann*, Diskriminierungsverbote bei den direkten Steuern im Bereich des EG-Vertrages, RIW 1994, S. 849 (858); *Schwartz*, in: Groeben/Thiesing/Ehlermann, EUV/EGV, Bd. 4, Art. 220, Rdnr. 29. Vgl. allgemein zum Verhältnis DBA/EG-Vertrag *Herzig/Dautzenberg*, Der EWG-Vertrag und die Doppelbesteuerungsabkommen, DB 1992, S. 2519 ff.

594 Jetzt Art. 43 EG.

595 Vgl. EuGH v. 28.01.1986, Rs. 270/83 (*Kommission/Frankreich*), EuGHE 1986, S. 273 (307), Rdnr. 26.

596 Eine Vertragsänderung kann nur durch das Vertragsänderungsverfahren i.S. des Art. 48 EU erfolgen.

597 Vgl. *Saß*, Zum Einfluß der Rechtsprechung des EuGH auf die beschränkte Einkommen- und Körperschaftsteuerpflicht, DB 1992, S. 857 (858).

b) „Daily Mail“

Schon kurze Zeit nach der „avoir fiscal“-Entscheidung hatte der EuGH in der Rechtssache „Daily Mail“[598] erneut Gelegenheit, in einem steuerrechtlichen Fall zur Auslegung des Art. 43 EG Stellung zu nehmen.

aa) Der Sachverhalt

Die britische Holdinggesellschaft Daily Mail and General Trust PLC wollte ihren Verwaltungssitz in die Niederlande verlegen. Hauptziel dieser nur kurzfristigen Sitzverlegung war, in den Niederlanden einen erheblichen Teil diverser Beteiligungen an anderen Gesellschaften unter Inanspruchnahme des niederländischen Schachtelprivilegs zu veräußern, um aus dem Erlös eigene Aktien zurückkaufen zu können. Damit wäre es möglich gewesen, die Steuern, die nach dem britischen Steuerrecht angesichts des erheblichen Wertzuwachses der zu verkaufenden Papiere zu zahlen gewesen wären, zu umgehen. Das britische Steuer- und Gesellschaftsrecht sah für die Sitzverlegung ins Ausland folgende Regelungen vor: Es gestattete einer Gesellschaft, die nach britischem Recht gegründet worden war und die im Vereinigten Königreich ihren satzungsgemäßen Sitz hatte, ihre Geschäftsleitung außerhalb des Vereinigten Königreichs einzurichten, ohne ihre Rechtspersönlichkeit oder ihre Eigenschaft als Gesellschaft britischen Rechts zu verlieren. Nach dem britischen Steuerrecht unterlagen nur die Gesellschaften, die ihren steuerlichen Sitz im Vereinigten Königreich hatten, der britischen Körperschaftsteuer. Der steuerliche Sitz war als Ort des Sitzes der Geschäftsleitung definiert. Das britische Einkommen- und Körperschaftsteuergesetz verbat den Gesellschaften mit steuerlichem Sitz im Vereinigten Königreich jedoch, diesen Sitz ohne die Zustimmung des Finanzministeriums aufzugeben. Im Jahre 1984 beantragte die Holdinggesellschaft die Zustimmung zur Verlegung des Sitzes ihrer Geschäftsleitung in die Niederlande, um damit ihren steuerlichen Sitz im Vereinigten Königreich aufgeben zu können. Das britische Finanzministerium schlug vor, zumindest einen Teil der fraglichen Beteiligungen vor der Verlegung des steuerlichen Sitzes zu verkaufen. 1986 erhob die Gesellschaft Klage zum High Court of Justice, Queen's Bench Division. Dort machte sie geltend, die Art. 52, 58 EWGV[599] gäben ihr das Recht, den Sitz ihrer Geschäftsleitung ohne Zustimmung in einen anderen Mitgliedstaat zu verlegen oder eine solche Zustimmung ohne Bedingung zu erhalten. Das Gericht setzte das Verfahren aus und legte dem EuGH vier Fragen zur Vorabentscheidung vor. Im wesentlichen wollte es wissen, ob die Bestimmungen über die Niederlassungsfreiheit einem Mitgliedstaat verbieten, die Verlegung der Geschäftsleitung von einer vorherigen Zustimmung abhängig zu machen, falls dadurch die Zahlung von Steuern auf bereits eingetretene Gewinne möglicherweise unterbleibt bzw. Steuern, die möglicherweise entstünden, wenn die Gesellschaft ihre Geschäftsleistung in diesem Mitgliedstaat behielte, nicht anfallen.

---

598 Vgl. EuGH v. 27.09.1988, Rs. 81/87 (*The Queen/Treasury and Commissioners of Inland Revenue, ex parte Daily Mail and General Trust PLC*), EuGHE 1988, S. 5483 ff.

599 Jetzt Art. 43 und Art. 48 EG.

bb) Die Entscheidung des EuGH

Der EuGH bestätigte im Grundsatz die Auffassung des britischen Finanzministeriums. Die Entscheidung lautete:

> **„Die Artikel 52 und 58 EWG-Vertrag[600] gewähren beim derzeitigen Stand des Gemeinschaftsrechts einer Gesellschaft, die nach dem Recht eines Mitgliedstaates gegründet ist und in diesem ihren satzungsmäßigen Sitz hat, nicht das Recht, den Sitz ihrer Geschäftsleitung in einen anderen Mitgliedstaat zu verlegen.“[601]**

Zum ersten Teil der Frage machte die Klägerin des Ausgangsverfahrens geltend, dass die Verlegung des Sitzes der Geschäftsleitung einer Gesellschaft in einen anderen Mitgliedstaat eine Niederlassung dieser Gesellschaft darstelle, da die Gesellschaft dort ihr Entscheidungszentrum errichte, was einer tatsächlichen und echten wirtschaftlichen Tätigkeit entspreche. Dagegen wandte das Vereinigte Königreich ein, dass der Vertrag Gesellschaften kein allgemeines Recht gewähre, den Sitz ihrer Geschäftsleitung in einen anderen Mitgliedstaat zu verlegen, da dies nicht notwendig eine tatsächliche und echte wirtschaftliche Tätigkeit in diesem Mitgliedstaat nach sich ziehen müsse.[602] Hierzu stellte der EuGH zunächst fest, dass die Art. 43 ff. EG auch den Herkunftsstaat binden:

> „Zwar sollen diese Bestimmungen ihrer Fassung nach insbesondere die Inländerbehandlung im Aufnahmemitgliedstaat sicherstellen, sie verbieten es aber auch dem Herkunftsstaat, die Niederlassung seiner Staatsangehörigen oder einer nach seinem Recht gegründeten, der Definition des Art. 58[603] genügenden Gesellschaft in einem anderen Mitgliedstaat zu behindern. Wie die Kommission zu Recht ausgeführt hat, wären die in Art. 52 ff.[604] gewährten Rechte sinnentleert, wenn der Herkunftsstaat Unternehmen verbieten könnte, auszuwandern, um sich in einem anderen Mitgliedstaat niederzulassen.“[605]

Dann wurde auf die britischen Rechtsvorschriften eingegangen. Diese würden – so der EuGH – die oben genannten Niederlassungsvorgänge in keiner Weise beschränken:

---

[600] Jetzt Art. 43 und Art. 48 EG.

[601] Siehe EuGH v. 27.09.1988, Rs. 81/87 (*The Queen Treasury and Commissioners of Inland Revenue, ex parte Daily Mail and General Trust PLC*), EuGHE 1988, S. 5483 (5514).

[602] Vgl. EuGH v. 27.09.1988, Rs. 81/87 (*The Queen/Treasury and Commissioners of Inland Revenue, ex parte Daily Mail and General Trust PLC*), EuGHE 1988, S. 5483 (5509 f.), Rdnr. 12 f.

[603] Jetzt Art. 48 EG.

[604] Jetzt Art. 43 ff. EG.

[605] Siehe EuGH v. 27.09.1988, Rs. 81/87 (*The Queen/Treasury and Commissioners of Inland Revenue, ex parte Daily Mail and General Trust PLC*), EuGHE 1988, S. 5483 (5510), Rdnr. 16.

> „Die britische Rechtsvorschrift, um die im Ausgangsverfahren gestritten wird, beschränkt solche Niederlassungsvorgänge in keiner Weise. Sie verhindert auch nicht die teilweise oder selbst vollständige Übertragung des Kapitals einer Gesellschaft britischen Rechts auf eine in einem anderen Mitgliedstaat neu gegründete Gesellschaft, gegebenenfalls nach Liquidierung und damit nach Abschluß der Steuerrechnung der britischen Gesellschaft. Die Zustimmung des Finanzministeriums ist nur für den Fall vorgeschrieben, dass diese Gesellschaft unter Beibehaltung ihrer Rechtspersönlichkeit und ihrer Eigenschaft als Gesellschaft britischen Rechts den Sitz ihrer Geschäftsleitung aus dem Vereinigten Königreich verlegen will.“[606]

Im Anschluß untersuchte das Gericht die national bedingten Rechtsunterschiede in der gesellschafts- und steuerrechtlichen Handhabung bei der Gründung und Verlegung von Gesellschaftssitzen:

> „Hinsichtlich dessen, was für die Gründung einer Gesellschaft an Verknüpfung mit dem nationalen Gebiet erforderlich ist, wie hinsichtlich der Möglichkeit einer nach einem nationalen Recht gegründeten Gesellschaft, diese Verknüpfung nachträglich zu ändern, bestehen erhebliche Unterschiede im Recht der Mitgliedstaaten. [...] In einigen Staaten muß nicht nur der satzungsmäßige, sondern auch der wahre Sitz, also die Hauptverwaltung der Gesellschaft, im Hoheitsgebiet liegen; die Verlegung der Geschäftsleitung aus diesem Gebiet hinaus setzt somit die Liquidierung der Gesellschaft mit allen Folgen voraus, die eine solche Liquidierung auf gesellschafts- und steuerrechtlichem Gebiet mit sich bringt. Andere Staaten gestehen den Gesellschaften das Recht zu, ihre Geschäftsleitung ins Ausland zu verlegen, aber einige, unter ihnen auch das Vereinigte Königreich, beschränken dieses Recht; die rechtlichen Folgen der Verlegung, insbesondere auf steuerlichem Gebiet, sind in jedem Mitgliedstaat anders.“[607]

Der Vertrag – so der EuGH weiter – trage diesen Unterschieden im nationalen Recht Rechnung. In Art. 48 EG komme dem satzungsmäßigen Sitz, der Hauptverwaltung und der Hauptniederlassung einer Gesellschaft als Anknüpfung gleiche Bedeutung zu. Die Unterschiede der Rechtsordnungen der Mitgliedstaaten hinsichtlich der für ihre Gesellschaften erforderlichen Anknüpfung sowie der Möglichkeit und der Modalitäten einer Verlegung des satzungsmäßigen oder wahren Sitzes einer Gesellschaft nationalen Rechts von einem Mitgliedstaat in einen anderen seien nicht durch die Bestimmungen der Niederlassungsfreiheit zu lösen. Vielmehr bedürfe es hierzu eines Abkommens gem. Art. 293 EG oder

---

606 Siehe EuGH v. 27.09.1988, Rs. 81/87 (*The Queen/Treasury and Commissioners of Inland Revenue, ex parte Daily Mail and General Trust PLC*), EuGHE 1988, S. 5483 (5511), Rdnr. 18.

607 Siehe EuGH v. 27.09.1988, Rs. 81/87 (*The Queen/Treasury and Commissioners of Inland Revenue, ex parte Daily Mail and General Trust PLC*), EuGHE 1988, S. 5483 (5511), Rdnr. 20.

einer Richtlinie gem. Art. 44 Abs. 2 lit. g) EG.[608] Zusammenfassend stellte der EuGH fest:

> „Nach alledem betrachtet der EWG-Vertrag die Unterschiede, die die Rechtsordnungen der Mitgliedstaaten hinsichtlich der für ihre Gesellschaften erforderlichen Anknüpfungen sowie der Möglichkeit und gegebenenfalls der Modalitäten einer Verlegung des satzungsmäßigen oder wahren Sitzes einer Gesellschaft nationalen Rechts von einem Mitgliedstaat in einen anderen aufweisen, als Probleme, die einer Lösung im Wege der Rechtssetzung oder des Vertragsschlusses bedürfen; eine solche wurde jedoch noch nicht gefunden."[609]

cc) Die steuerlichen Kernaussagen

Die vorliegende Entscheidung des EuGH stößt ins Zentrum der Auseinandersetzungen um das Spannungsverhältnis zwischen den rechtlichen Hindernissen einer grenzüberschreitenden Sitzverlegung von Kapitalgesellschaften einerseits und der gemeinschaftsrechtlich verbürgten Niederlassungsfreiheit andererseits.[610]

(1) Gesellschafts-, steuer- und gemeinschaftsrechtliche Aspekte einer grenzüberschreitenden Sitzverlegung

Die Problematik einer grenzüberschreitenden Sitzverlegung von Gesellschaften hat drei Aspekte, die sich überschneiden: solche des Gesellschaftsrechts, des Steuerrechts und des Gemeinschaftsrechts.

Die gesellschaftsrechtliche Bedeutung grenzüberschreitender Sitzverlegungen ist äußerst umstritten. Es stehen sich die „Sitztheorie" und die „Gründungstheorie" gegenüber.

---

608 Vgl. EuGH v. 27.09.1988, Rs. 81/87 (*The Queen/Treasury and Commissioners of Inland Revenue, ex parte Daily Mail and General Trust PLC*), EuGHE 1988, S. 5483 (5512), Rdnr. 21 f.

609 Siehe EuGH v. 27.09.1988, Rs. 81/87 (*The Queen/Treasury and Commissioners of Inland Revenue, ex parte Daily Mail and General Trust PLC*), EuGHE 1988, S. 5483 (5512), Rdnr. 23.

610 Um die Aussagen des Gerichts richtig bewerten zu können, ist zunächst erforderlich, die rechtliche Problematik einer grenzüberschreitenden Sitzverlegung näher zu betrachten. Anhand dieses Hintergrundes sind sodann die Aussagen des Gerichts einzuordnen und zu bewerten. Anschließend ist die Aktualität der Entscheidung nach einer neueren Entscheidung des EuGH in der Rechtssache „Centros" zu überprüfen. Vgl. hierzu EuGH v. 09.03.1999, Rs. C-212/97 (*Centros Ltd/Erhvervsog Selskabsstyrelsen*), NJW 1999, S. 2027 ff.

Nach der Sitztheorie bestimmt sich das Gesellschaftsstatut („lex societatis") nach dem Recht des Staates, in dem die Gesellschaft ihren tatsächlichen Verwaltungssitz hat. Jede geographische Verlegung des Geschäftssitzes von einem Staat in einen anderen führt zu einem Statutenwechsel. Die materiellrechtlichen Wirkungen der Sitzverlegung bestimmen sich nach dem alten und neuen Gesellschaftsstatut. Davon hängt ab, ob die Gesellschaft zunächst aufzulösen und anschließend neu zu gründen ist oder ob die Gesellschaft unter Wahrung ihrer Identität aus- bzw. einwandern kann. Diese materiellrechtlichen Fragen sind im nationalen Gesellschaftsrecht der Mitgliedstaaten durchaus unterschiedlich geregelt. Die Sitztheorie selbst hat materiellrechtliche Konsequenzen für den Fall, dass eine Gesellschaft zwar ihren Geschäftssitz verlegt, ohne gleichzeitig ihren Satzungssitz mitzuverlegen. Die Divergenz beider Sitze wird von der Sitztheorie mit der Nichtanerkennung der Gesellschaft als juristische Person belegt.[611] Nur bei gleichzeitiger Verlegung beider Sitze kommt es für den Fortbestand der Gesellschaft auf die materiellrechtlichen Regelungen der beteiligten Gesellschaftsstatute an.[612] Die Gründungstheorie knüpft das Gesellschaftsstatut hingegen nicht an den Geschäftssitz, sondern an den Gründungsort, d.h. an den Ort der Registrierung. Die Verlegung des Geschäftssitzes berührt daher in keiner Weise die Existenz und Identität der Gesellschaft nach ihrem bisherigen Gesellschaftsstatut.[613]

Der Geschäftssitz ist auch im Steuerrecht kollisionsrechtlich von Bedeutung. Viele Rechtsordnungen knüpfen die unbeschränkte Einkommen- bzw. Körperschaftsteuerpflicht an die Ansässigkeit der Gesellschaft im Inland. Ein wesentliches Merkmal, durch das die steuerliche Ansässigkeit oft definiert wird, ist der „Geschäftssitz im Inland".[614]

Die Verlegung des Sitzes ins Ausland führt zur Beendigung der unbeschränkten Steuerpflicht, d.h. zur „Steuerentstrickung".[615] Dies hat das Problem der steuerlichen Behandlung der bis

---

611 Dies liegt daran, dass zur Erlangung der Rechtsfähigkeit grundsätzlich eine Registereintragung erforderlich ist, die aber nur vorgenommen wird, wenn sich der Satzungssitz der Gesellschaft in dem Staat befindet, in dem das Register geführt wird. Liegt der Geschäftssitz in einem anderen Staat als dem Registerstaat, so verliert die für die Erlangung der Rechtsfähigkeit konstitutive Registereintragung ihre Wirkung, da die Sitztheorie die Frage nach der Rechtsfähigkeit nicht nach dem Recht des Registerstaates beurteilt. Vgl. *Behrens*, Die grenzüberschreitende Sitzverlegung von Gesellschaften in der EWG, IPRax 1989, S. 354 (355).

612 Vgl. *Großfeld/König*, Das Internationale Gesellschaftsrecht in der EG, RIW 1992, S. 433; *Thömmes*, Identitätswahrende Sitzverlegung von Gesellschaften in Europa, DB 1993, S. 1021 (1022); *Behrens*, Die grenzüberschreitende Sitzverlegung von Gesellschaften in der EWG, IPRax 1989, S. 354 (354 f.); *Troberg*, in: Groeben/Thiesing/Ehlermann, EUV/EGV, Bd. 1, Art. 58, Rdnr. 13.

613 Vgl. *Behrens*, Die grenzüberschreitende Sitzverlegung von Gesellschaften in der EWG, IPRax 1989, S. 354 (355); *Großfeld/König*, Das Internationale Gesellschaftsrecht in der EG, RIW 1992, S. 433 (433).

614 Vgl. beispielsweise § 1 Abs. 1 KStG. Aber auch das auf den vorliegenden Fall anwendbare britische Steuerrecht knüpft an den Sitz der Geschäftsleitung an.

615 Vgl. *Tipke/Lang*, Steuerrecht, § 9, Rdnr. 406.

zur Sitzverlegung gebildeten stillen Reserven zur Folge.[616] Denn spätestens zum Zeitpunkt der Auflösung und Liquidation der Gesellschaft werden solche stillen Reserven aufgedeckt, die entsprechenden Gewinne werden durch die Veräußerung der Wirtschaftsgüter realisiert und dann versteuert.[617] Die gleichen Rechtsfolgen treten in den meisten Rechtsordnungen für den Fall der steuerlichen Entstrickung durch Aufgabe der Ansässigkeit ein. Auch dann kommt es zur Besteuerung der bis dahin entstandenen stillen Reserven.[618] Im Ergebnis müssen die stillen Reserven im Fall der Verlegung des Geschäftssitzes ins Ausland auch dann aufgedeckt werden, wenn aus zivilrechtlicher Sicht die Sitzverlegung nicht zur Auflösung oder Liquidation führt. Dadurch soll vermieden werden, dass die Gesellschaft ihre stillen Reserven ins Ausland mitnimmt und dadurch einer Besteuerung durch den bisherigen Sitzstaat entgeht.[619]

Aus gemeinschaftsrechtlicher Sicht stellen sich im Hinblick auf die grenzüberschreitende Verlegung des Geschäftssitzes zwei Probleme: Zum einen geht es darum, ob die gemäß Art. 48 EG auch den Gesellschaften eingeräumte Niederlassungsfreiheit des Art. 43 EG die Verlegung des Geschäftssitzes erfasst, zum anderen, ob Art. 43 EG über das Verbot jeglicher Diskriminierung auch ein allgemeines Beschränkungsverbot enthält.

(2) Primärniederlassungsrecht von Gesellschaften

Die Aussage des EuGH, die von Rechtsordnung zu Rechtsordnung divergierenden Anknüpfungsmerkmale zur Bestimmung der Zugehörigkeit einer Gesellschaft zu einer bestimmten nationalen Rechtsordnung und die von Staat zu Staat divergierenden Rechtsfolgen einer internationalen Sitzverlegung seien Probleme, die nicht durch die Art. 43 ff. EG zu lösen seien, bedeutet letztlich:[620] Für

---

616 Unter stillen Reserven versteht man Wertzuwächse im Gesellschaftsvermögen, die durch Unterschiede zwischen den Buchwerten der Wirtschaftsgüter und ihren höheren Veräußerungswerten entstehen. Vgl. *Tipke/Lang*, Steuerrecht, § 9, Rdnr. 410; *Jakob*, Einkommensteuer, § 4, Rdnr. 172.

617 Dies zeigt, dass es bei der steuerlichen Behandlung der stillen Reserven nicht um eine Steuerbefreiung geht, sondern um einen in den Prinzipien des Steuerrechts – hier des Realisationsprinzips – angelegten Aufschub der Besteuerung. Vgl. *Behrens*, Die grenzüberschreitende Sitzverlegung von Gesellschaften in der EWG, IPRax 1989, S. 354 (355).

618 Vgl. § 12 Abs. 1 Satz 1 KStG.

619 Vgl. *Thömmes*, Identitätswahrende Sitzverlegung von Gesellschaften in Europa, DB 1993, S. 1021 (1021); *Behrens*, Die grenzüberschreitende Sitzverlegung von Gesellschaften in der EWG, IPRax 1989, S. 354 (355); *Troberg*, in: Groeben/Thiesing/Ehlermann, EUV/EGV, Bd. 1, Art. 58, Rdnr. 14.

620 Der EuGH hat die erste Frage des vorlegenden Gerichts in zwei Teile aufgespalten: Im ersten Teil behandelte das Gericht die Frage der Primärniederlassung von Gesellschaften, im zweiten die Rechtmäßigkeit des Zustimmungsvorbehalts. Vgl. EuGH v. 27.09.1988, Rs. 81/87 (*The Queen/Treasury and Commissioners of Inland Revenue, ex parte Daily Mail an Trust PLC*), EuGHE 1988, S. 5483 (5509), Rdnr. 11. Beide Teile werden in der Analyse getrennt behandelt.

alle Regelungsbereiche, in denen die Harmonisierung durch sekundäres Gemeinschaftsrecht oder multilaterale Abkommen überhaupt nicht oder noch nicht hinreichend fortgeschritten ist, besteht ein Vorrang des nationalen Gesellschaftskollisions- und Unternehmenssteuerrechts in den EG-Mitgliedstaaten vor dem primären Gemeinschaftsrecht.[621]

Die Bedeutung der „Daily Mail"-Entscheidung erschließt sich erst, wenn man die kollisionsrechtliche und die materiellrechtliche Ebene voneinander trennt. Kollisionsrechtlicher Natur ist nur die Frage nach dem Wechsel des auf eine Gesellschaft anwendbaren Gesellschaftsstatuts. Ein solcher Statutenwechsel wird dadurch bewirkt, dass das maßgebliche Anknüpfungsmerkmal, das nach der Gründungstheorie der Satzungssitz und nach der Sitztheorie der Verwaltungssitz ist, über die Grenze verlegt wird. Dagegen ist die Frage nach den Folgen eines solchen Statutenwechsels für die Existenz einer Gesellschaft materiellrechtlicher Natur.[622]

Vor diesem Hintergrund bedeuten die Feststellungen des EuGH zweierlei: Die Frage der Anknüpfung des Gesellschaftsstatuts ist dem nationalen Recht der Mitgliedstaaten überlassen. Daher handelt es sich bei Art. 48 EG um keine internationalgesellschaftsrechtliche Anerkennungsnorm, d.h. nicht um eine Kollisionsnorm.[623] Gleiches gilt in materiellrechtlicher Hinsicht für die Konsequenzen („Modalitäten"[624]) eines Statutenwechsels durch die Verlegung des satzungsmäßigen oder wahren Sitzes der Gesellschaft von einem Mitgliedstaat in einen anderen. Auch diese könnten durch das Gemeinschaftsrecht nicht gelöst werden, sondern bedürfen – nach dem EuGH – der Rechtsetzung auf gemeinschaftsrechtlicher oder mitgliedstaatlicher Ebene.[625]

(3) Steuerliche Wegzugsschranken und Niederlassungsfreiheit

Der eigentliche Kern der ersten Vorlagefrage betraf die Vereinbarkeit des steuerrechtlichen Zustimmungsvorbehalts, den das britische Steuerrecht für den Fall der Verlegung des Geschäftssitzes ins Ausland vorsah, mit der gemeinschafts-

---

621 Vgl. *Troberg*, in: Groeben/Thiesing/Ehlermann, EUV/EGV, Bd. 1, Art. 58, Rdnr. 16; *Eyles*, Das Niederlassungsrecht der Kapitalgesellschaften in der Europäischen Gemeinschaft, S. 352.

622 Vgl. *Behrens*, Das Internationale Gesellschaftsrecht nach dem Centros-Urteil des EuGH, IPRax 1999, S. 323 (329).

623 Vgl. *Behrens*, Das Internationale Gesellschaftsrecht nach dem Centros-Urteil des EuGH, IPRax 1999, S. 323 (329).

624 Siehe EuGH v. 27.09.1988, Rs. 81/87 (*The Queen/Treasury and Commissioners of Inland Revenue, ex parte Daily Mail and General Trust PLC*), EuGHE 1988, S. 5483 (5512), Rdnr. 23.

625 Siehe EuGH v. 27.09.1988, Rs. 81/87 (*The Queen/Treasury and Commissioners of Inland Revenue, ex parte Daily Mail and General Trust PLC*), EuGHE 1988, S. 5483 (5512), Rdnr. 23; *Behrens*, Das Internationale Gesellschaftsrecht nach dem Centros-Urteil des EuGH, IPRax 1999, S. 323 (329).

rechtlichen Niederlassungsfreiheit. In der „Fearon"-Entscheidung[626] hatte der EuGH noch die Auffassung vertreten, dass eine irische Gesellschaft sich gegenüber dem irischen Staat nicht auf die Bestimmungen über die Niederlassungsfreiheit berufen könne.[627] In der vorliegenden Entscheidung vertrat er – in Anlehnung an die Auffassung der Kommission – eine andere Auffassung. Er stellte sich auf den Standpunkt, dass die Bestimmungen über die Niederlassungsfreiheit auch dem Herkunftsstaat verbieten, die Niederlassung seiner eigenen Staatsangehörigen oder einer nach seinem Recht gegründeten und den Erfordernissen des Art. 48 EG genügenden Gesellschaft in einem anderen Mitgliedstaat zu behindern.

Sowohl (steuerliche) Zuzugs- als auch Wegzugsschranken sind demnach an den Bestimmungen über die Niederlassungsfreiheit zu messen. Dies entspricht dem Schutzzweck der Grundfreiheiten, transnationale wirtschaftliche Betätigungen innerhalb des Europäischen Binnenmarktes frei von nationalen Beeinträchtigungen zu gewährleisten. Hindert ein Mitgliedstaat seine eigenen Staatsangehörigen oder nach seinem Recht gegründete Gesellschaften, ihre wirtschaftlichen Aktivitäten in einen anderen Mitgliedstaat zu verlegen, so befinden sich diese in einer vergleichbaren Lage mit jenen, die in den Genuss der Inländerbehandlung im Aufnahmestaat kommen.[628] Daher kommt es weniger auf die Staatsangehörigkeit bzw. Staatszugehörigkeit als vielmehr auf den grenzüberschreitenden Bezug des Sachverhalts an, der grundsätzlich zu einer Eröffnung des Anwendungsbereichs der Grundfreiheit führt.[629]

(4) Kritik an der Entscheidung

Die „Daily Mail"-Entscheidung hatte eine Vielzahl von positiven, aber auch sehr kritischen Reaktionen hervorgerufen. Die Kritik bezog sich weniger auf die Konsequenzen der Entscheidung – die Wegzugsbesteuerung wurde ganz überwiegend begrüßt – als vielmehr auf ihre Begründung. Anstoß wurde insbesondere daran genommen, dass der EuGH in seiner Entscheidung vorwiegend auf vom nationalen Gericht gar nicht erfragte gesellschaftsrechtliche Probleme des Personal- und Gesellschaftsstatuts einging und nicht die davon möglicherweise unabhängige Frage entschieden hat, ob die britische Steuerverwaltung aus steuerrechtlichen Gründen die Genehmigung der Sitzverlegung verweigern durfte. Denn da sowohl im Vereinigten Königreich als auch in den Niederlanden die Gründungstheorie gilt, wäre die Sitzverlegung gesellschaftsrechtlich ohne Verlust der Rechtspersönlichkeit möglich gewesen. Ein Eingehen auf die Sitztheorie

---

626 Vgl. EuGH v. 06.11.1984, Rs. 182/83 (*Fearon/Irish Land Commission*), EuGHE 1984, S. 3677 ff.

627 Vgl. EuGH v. 06.11.1984, Rs. 182/83 (*Fearon/Irisch Land Commission*), EuGHE 1984, S. 3677 (3685), Rdnr. 8.

628 Vgl. hierzu die Ausführungen in: 3. Teil, § 2, A., II., 2., b), bb), (c).

629 Vgl. hierzu die Ausführungen in: 3. Teil, § 2, A., II., 2., a), aa).

war insofern überflüssig.[630] Als extrem „integrationsfeindlich" wurde auch gewertet, dass der EuGH – im Gegensatz zur „avoir fiscal"-Entscheidung[631] – in diesem Fall die Wahrnehmung der Grundfreiheit unter einen Harmonisierungsvorbehalt stellte. Schon in früheren Entscheidungen hatte der EuGH immer wieder betont, dass die grundfreiheitlich verbürgten Rechte nicht vom Erlass sekundären Gemeinschaftsrechts abhängig sind.[632] Die in der Entscheidung vorgenommene Kehrtwende behindere insoweit die integrative Kraft der Niederlassungsfreiheit, die das Harmonisierungsdefizit eigentlich überwinden sollte. Aber auch die Ausführungen zum Abkommensvorbehalt sorgten insoweit für Verwirrung, als daraus von einigen Autoren geschlossen wurde, dass die von Art. 293 EG erfassten Sachbereiche aus dem Anwendungsbereich des EG-Vertrages ausgeklammert seien.[633] Dies entspricht jedoch weder dem subsidiären Charakter des Art. 293 EG noch der früheren Rechtsprechung des EuGH.[634]

In Anlehnung an die „avoir fiscal"-Entscheidung hätte der Gerichtshof zunächst hervorheben können, dass Art. 48 Abs. 1 EG die Kriterien festlegt, die die Zugehörigkeit der Gesellschaft zur Rechtsordnung eines Mitgliedstaates bestimmen und damit die Zugehörigkeit zur Gemeinschaft: Sie muß nach dem Recht eines Mitgliedstaates gegründet und in der Gemeinschaft ansässig sein. Eine primäre Niederlassung kann sowohl durch Neugründung einer Gesellschaft erfolgen, als auch durch die Verlegung des Geschäftssitzes. Letzteres setzt jedoch voraus, dass – nach einer angemessenen Würdigung des Gesamtzusammenhangs – feststeht, dass dadurch ein dauerhaftes, tatsächliches und wirtschaftliches Band zum Aufnahmestaat geknüpft wird.[635] Sodann hätte der EuGH im Rahmen seiner Ausführungen zum Herkunftsstaat als Normadressat deutlicher hervorheben müssen, dass Art. 43 EG über das Verbot der Diskriminierung von EG-Ausländern hinaus ein allgemeines Beschränkungsverbot enthält und dass auch Wegzugsschranken dem Prüfungsmaßstab der Art. 43 ff. EG unterliegen. Unter diesen Voraussetzungen stellen die britischen Steuerregelungen eine Beeinträchtigung der Niederlassungsfreiheit dar. Allerdings – so hätte der EuGH argumentieren können – ist diese

---

630 Vgl. *Knobbe-Keuk*, Niederlassungsfreiheit: Diskriminierungs- oder Beschränkungsverbot?, DB 1990, S. 2573 (2579); *Voss*, Europäisches und Internationales Steuerrecht, StuW 1993, S. 155 (165); *Behrens*, Die grenzüberschreitende Sitzverlegung von Gesellschaften in der EWG, IPRax 1989, S. 354 (360).

631 Vgl. hierzu die Ausführungen in: 3. Teil, § 2, B., II., 3., a), cc), (1).

632 Vgl. EuGH v. 21.06.1974, Rs. 2/74 (*Reyners/Belgien*), EuGHE 1974, S. 631 (655).

633 Vgl. beispielsweise *Großfeld*, Die ‚ausländische juristische Person & Co KG', IPRax 1986, S. 351 (353).

634 Vgl. EuGH v. 10.07.1986, Rs. 79/85 (*Manchester Steel/Kommission*), EuGHE 1986, S. 2351 (2357); EuGH v. 11.07.1985, Rs. 137/84 (*Institut national d'assurances sociales pour travailleurs indépentants/Cantisani*), EuGHE 1985, S. 2671 (2687); EuGH v. 28.01.1986, Rs. 270/83 (*Kommission/Frankreich*), EuGHE 1986, S. 273 (307), Rdnr. 26.

635 Vgl. GA *Darmon* in seinen Schlussanträgen v. 07.06.1988, Rs. 81/87 (*The Queen/Treasury and Commissioners of Inland Revenue, ex parte Daily Mail and General Trust PLC*), EuGHE 1988, S. 5500 (5501 ff.), Rdnr. 5 ff. An dieser Stelle hätte der EuGH die Sitzverlegung als nicht von der Niederlassungsfreiheit gedeckt feststellen können, da diese im vorliegenden Fall nur aus rein steuerlichen Motivationen erfolgte, bei denen der wirtschaftliche Zweck eindeutig untergeordnet war.

durch ein Allgemeininteresse gerechtfertigt, da ein legitimes Interesse des Fiskus des Herkunftsstaates besteht, die bei ihm gebildeten stillen Reserven beim Wegzug steuerlich zu erfassen.[636] Damit hätte er sich nicht in Widerspruch zur „avoir fiscal"-Entscheidung gesetzt, da er nur „in diesem Zusammenhang" die Gefahr der Steuerflucht nicht gelten ließ. Es blieb dort also durchaus offen, welchen Stellenwert steuerliche Gesichtspunkte im Hinblick auf Niederlassungsbeschränkungen haben.[637] Desweiteren hätte der EuGH feststellen können, dass grenzüberschreitende Steuerkonstruktionen, bei denen die wirtschaftlichen Aktivitäten den steuerlichen Motiven und Gestaltungen untergeordnet sind, nicht von den Bestimmungen über die Niederlassungsfreiheit geschützt sind.[638]

(5) Aktualität der Entscheidung

Der EuGH traf seine Entscheidung ausdrücklich nach dem „gegenwärtigen Stand des Gemeinschaftsrechts".[639] Der Aussagewert der Entscheidung wurde in ihr selbst zeitlich beschränkt.[640] Insofern erscheint es angebracht, die Aktualität der Entscheidung an Hand der neueren „Centros"-Entscheidung[641] zu überprüfen.

Ein dänisches Ehepaar hatte in Großbritannien eine Kapitalgesellschaft gegründet und dort ins Register eintragen lassen, wobei sich nur ihr statuarischer Sitz im Vereinigten Königreich befand. Der Verwaltungssitz wurde dagegen nach Dänemark verlegt, wo die Gesellschaft ihre Geschäftstätigkeit entfalten sollte. Hintergrund dieser Gestaltung war, die strengen dänischen Kapitalaufbringungsregelungen zu umgehen. Die zuständige Stelle lehnte deshalb die Eintragung der Zweigniederlassung ab, worauf die Gesellschafter Klage erhoben. Sie beriefen sich

---

636 Vgl. GA *Darmon* in seinen Schlussanträgen v. 07.06.1988, Rs. 81/87 (*The Queen/Treasury and Commissioners of Inland Revenue, ex parte Daily Mail and General Trust PLC*), EuGHE 1988, S. 5500 (5503), Rdnr. 13; *Knobbe-Keuk*, Niederlassungsfreiheit: Diskriminierungs- oder Beschränkungsverbot?, DB 1990, S. 2573 (2579); *Behrens*, Die grenzüberschreitende Sitzverlegung von Gesellschaften in der EWG, IPRax 1989, S. 354 (360).

637 Vgl. *Behrens*, Die grenzüberschreitende Sitzverlegung von Gesellschaften in der EWG, IPRax 1989, S. 354 (360).

638 Vgl. *Wouters*, Case Law of the European Court of Justice on direct Taxes: Variations upon a Theme, MJ 1994, S. 179 (199). *Wouters* ging davon aus, dass der EuGH befürchtete, dass „a different solution would have risked allowing the treaty rules on establishement to become a favourite refuge for international tax planners, with numerous tax-motivated transfers of corporate seats as a result."

639 Siehe EuGH v. 27.09.1988, Rs. 81/87 (*The Queen/Treasury and Commissioners of Inland Revenue, ex parte Daily Mail and General Trust PLC*), EuGHE 1988, S. 5483 (5511), Rdnr. 19.

640 Vgl. *Thömmes*, Identitätswahrende Sitzverlegung von Gesellschaften in Europa, DB 1993, S. 1021 (1026).

641 Vgl. EuGH v. 09.03.1999, Rs. C-212/97 (*Centros Ltd/Erhvervsog Selskabsstyrelsen*), NJW 1999, S. 2027 ff.

auf ihr Niederlassungsrecht aus Art. 43 und Art. 48 EG. Das letztinstanzliche Gericht setzte das Verfahren aus und leitete ein Vorabentscheidungsverfahren ein.

Der EuGH stellte fest, dass die in Art. 48 EG genannten Gesellschaften das Recht hätten, in den in Art. 43 EG vorgesehenen Formen von der Niederlassungsfreiheit Gebrauch zu machen. Verweigere ein Mitgliedstaat die Eintragung einer Zweigniederlassung einer niederlassungsberechtigten Gesellschaft, so würde die Gesellschaft „an der Wahrnehmung ihres Niederlassungsrechtes aus den Art. 52 und Art. 58 EG[642] gehindert.“[643] Zwar seien die Mitgliedstaaten berechtigt, Maßnahmen zu treffen, die verhindern, dass sich einige ihrer Staatsangehörigen unter Missbrauch der durch den EG-Vertrag geschaffenen Möglichkeiten der Anwendung des nationalen Rechtes entziehen. Die in Frage stehenden Rechtsvorschriften seien jedoch „Vorschriften über die Errichtung von Gesellschaften, aber nicht Vorschriften über die Ausübung bestimmter Tätigkeiten.“[644] Im vorliegenden Fall liege keine missbräuchliche Ausnutzung des Niederlassungsrechts vor, sondern eine reguläre Wahrnehmung des Rechts auf freie Niederlassung. Das Recht, eine Gesellschaft nach dem Recht eines Mitgliedstaates zu errichten und in einem anderen Mitgliedstaat eine Zweigniederlassung zu gründen, folge unmittelbar aus dem Recht auf freie Niederlassung.[645] Dabei sei unerheblich, dass das Gesellschaftsrecht in der Gemeinschaft nicht vollharmonisiert sei.[646]

Trennt man auch hier die kollisionsrechtlichen und die materiellrechtlichen Probleme, so gelangt man zu der Erkenntnis, dass die Bedeutung der „Centros“-Entscheidung auf der kollisionsrechtlichen Ebene liegt. Die Weigerung, eine ausländische Gesellschaft für die Zwecke der Eintragung einer Zweigniederlassung anzuerkennen, weil Gründungsrecht und Verwaltungssitz auseinanderfallen, verstößt nach Auffassung des EuGH gegen Art. 48 EG. Ist also eine Gesellschaft in einem Mitgliedstaat wirksam gegründet worden, so sind die Mitgliedstaaten nach dem Gemeinschaftsrecht verpflichtet, diese Gesellschaft als existent zu behandeln, und zwar unabhängig von einer Rechtsetzung der Gemeinschaft.[647] In diesem Sinne betrachtet der EuGH Art. 48 EG nunmehr als eine internationalgesellschaftsrechtliche Anerkennungsnorm, die für die Frage der Existenz einer Gesellschaft auf das Recht des Gründungsstaates verweist.

---

642 Jetzt Art. 43 und Art. 48 EG.

643 Siehe EuGH v. 09.03.1999, Rs. C-212/97 (*Centros Ltd/Erhvervsog Selskabsstyrelsen*), NJW 1999, S. 2027 (2028), Rdnr. 21.

644 Siehe EuGH v. 09.03.1999, Rs. C-212/97 (*Centros Ltd/Erhvervsog Selskabsstyrelsen*), NJW 1999, S. 2027 (2028), Rdnr. 26.

645 Vgl. EuGH v. 09.03.1999, Rs. C-212/97 (*Centros Ltd/Erhvervsog Selskabsstyrelsen*), NJW 1999, S. 2027 (2028), Rdnr. 27.

646 Vgl. EuGH v. 09.03.1999, Rs. C-212/97 (*Centros Ltd/Erhvervsog Selskabsstyrelsen*), NJW 1999, S. 2027 (2028), Rdnr. 28.

647 Vgl. *Behrens*, Das Internationale Gesellschaftsrecht nach dem Centros-Urteil des EuGH, IPRax 1999, S. 323 (325).

Was dagegen die materiellrechtlichen Konsequenzen der Sitzverlegung anbelangt, so machte die „Centros"-Entscheidung keine Vorgaben, so dass hier weiterhin von einer Autonomie der Mitgliedstaaten auszugehen ist.[648] Ähnlich wie die Niederlassungsfreiheit natürlichen Personen die Aufnahme einer selbständigen Erwerbstätigkeit in allen Mitgliedstaaten erlaubt, wenn sie über die Diplome und Befähigungsnachweise verfügen, die ihr Heimatstaat für die Ausübung der Tätigkeit voraussetzt, ist also die wirksame Entstehung im Gründungsstaat eine Art „Befähigungsnachweis" für die Gesellschaft, um im ganzen Gemeinschaftsgebiet tätig zu werden. Es wird davon ausgegangen, dass jede Rechtsordnung für die Gründung von Gesellschaften in der EU gleichrangig und von den anderen Mitgliedstaaten gleichermaßen anzuerkennen ist, selbst wenn diese strengere Anforderungen an die Gesellschaftsgründung stellen.

c) „Wielockx"

Das Urteil in der Rechtssache „Wielockx"[649] gehört ebenfalls zu der langen Reihe von Entscheidungen, in denen der Gerichtshof die Bestimmungen über die Niederlassungsfreiheit im Hinblick auf nationale Rechtsvorschriften aus dem Bereich der direkten Steuern auslegte. Allerdings geht es hier erstmals nicht um die Niederlassungsfreiheit von Gesellschaften, sondern die natürlicher Personen.

aa) Der Sachverhalt

In dem Ausgangsverfahren zwischen Herrn Wielockx, einem in Belgien ansässigen belgischen Staatsangehörigen, der in den Niederlanden einer selbständigen Tätigkeit nachging (Kläger) und dem Inspecteur der directe belastingen (Beklagter) ging es um die Weigerung des Beklagten, das steuerpflichtige Einkommen des Klägers um die Zuführung zur Altersrücklage zu mindern. Das damalige niederländische Einkommensteuergesetz (niederländisches EStG) unterschied in Art. 1 zwischen inländischen Steuerpflichtigen (natürliche Personen mit Wohnsitz im Königreich) und ausländischen Steuerpflichtigen (natürliche Personen ohne Wohnsitz aber mit Einkünften im Königreich). Art. 44d Abs. 1 des niederländischen EStG sah eine steuerliche Altersrücklage zugunsten Selbständiger als freiwillige Regelung vor. Danach konnten die Betroffenen einen Teil des Gewinns ihres Unternehmens für die Bildung einer Altersrücklage verwenden, die den Vorteil bot, dass die in jedem Jahr angesparten Beträge im Unternehmen verblieben. Die Steuer wurde bei inländischen Steuerpflichtigen auf das Einkommen erhoben, das aus dem Gewinn ihres Unternehmens stammte und das um die Zuführung zur Altersrücklage vermindert und um die Bezüge aus der Rücklage erhöht wurde. Nach den Art. 48 und Art. 49 des niederländischen EStG wurde die Steuer der ausländischen Steuerpflichtigen ausschließlich auf das inländische steuerpflichtige Einkommen erhoben, also auf die gesamten, um die Verluste verminderten Einkünfte, die sie während des Kalenderjahres im Gebiet der Niederlande erzielt hatten. Die Altersrücklage allerdings gehörte nicht zu den abzugsfähigen Beträgen. Der Kläger, der als Partner einer Gemeinschaftspraxis seine

---

[648] Vgl. *Behrens*, Das Internationale Gesellschaftsrecht nach dem Centros-Urteil des EuGH, IPRax 1999, S. 323 (330).

[649] Vgl. EuGH v. 11.08.1995, Rs. C-80/94 (*Wielockx*), EuGHE 1995, S. I-2493 ff.

gesamten Einkünfte in den Niederlanden erzielte, beantragte beim Beklagten, das von ihm im Jahre 1987 in den Niederlanden erzielte steuerpflichtige Einkommen aufgrund der Zuführung zur Altersrücklage zu vermindern. Dies lehnte der Beklagte ab. Daraufhin erhob der Kläger Klage bei der Kammer für Steuersachen des Gerichtshof's – Hertogenbosch. Das Gericht zweifelte an der Vereinbarkeit der niederländischen Vorschrift mit der Niederlassungsfreiheit, setzte das Verfahren aus und legte dem EuGH einige Fragen zur Vorabentscheidung vor. Es wollte insbesondere wissen, ob Art. 43 EG einen Mitgliedstaat daran hindert, gebietsfremden Steuerpflichtigen das Recht zur Bildung einer abzugsfähigen Altersrücklage zu verweigern.

bb) Die Entscheidung des EuGH

Der EuGH war der Ansicht, dass die Verweigerung zur Bildung einer abzugsfähigen Altersrücklage für Staatsangehörige anderer Mitgliedstaaten im vorliegenden Fall deren Niederlassungsfreiheit beeinträchtigt. Die Entscheidung lautete:

> **„Eine von einem Mitgliedstaat erlassene Vorschrift, die es den in diesem Staat ansässigen Personen gestattet, vom steuerpflichtigen Einkommen die Gewinne aus unternehmerischer Tätigkeit abzuziehen, die sie zur Bildung einer Altersrücklage verwenden, diesen Vorteil aber steuerpflichtigen Gemeinschaftsangehörigen verweigert, die zwar in einem anderen Mitgliedstaat wohnen, aber im erstgenannten Mitgliedstaat ihre gesamten oder nahezu ihre gesamten Einkünfte erzielen, kann nicht durch den Umstand gerechtfertigt werden, dass die Rentenzahlungen, die der gebietsfremde Steuerpflichtige später aus der Altersrücklage bezieht, nicht in diesem Staat besteuert werden, sondern in dem Staat seines Wohnsitzes – mit dem der erstgenannte Staat ein Doppelbesteuerungsabkommen geschlossen hat –, auch wenn es infolge der generellen Gewährung des Vorteils nicht möglich ist, innerhalb der im erstgenannten Staat geltenden Steuersystems eine genaue Übereinstimmung zwischen der abzugsfähigen Zuführung zur Altersrücklage und der Steuerpflichtigkeit der Bezüge aus dieser Rücklage zu gewährleisten. Eine solche Diskriminierung verstößt gegen Artikel 52 EG-Vertrag[650].“[651]**

Zunächst wies das Gericht darauf hin, dass „die direkten Steuern zwar in die Zuständigkeit der Mitgliedstaaten fallen, dass sie ihre Befugnisse in diesem Bereich jedoch unter Wahrung des Gemeinschaftsrechts ausüben und deshalb jede offene oder versteckte Diskriminierung aufgrund der Staatsangehörigkeit unter-

---

[650] Jetzt Art. 43 EG.

[651] Siehe EuGH v. 11.08.1995, Rs. C-80/94 (*Wielockx*), EuGHE 1995, S. I-2493 (2518).

lassen müssen."[652] Sodann ging der EuGH auf das Problem der Diskriminierung ein:

> „Nach ständiger Rechtsprechung liegt eine Diskriminierung vor, wenn unterschiedliche Vorschriften auf gleichartige Situationen angewandt werden oder wenn dieselbe Vorschrift auf unterschiedliche Situationen angewandt wird. Im Hinblick auf die direkten Steuern befinden sich in einem bestimmten Mitgliedstaat ansässige Personen und Gebietsfremde in der Regel nicht in einer gleichartigen Situation, denn zwischen ihnen bestehen sowohl hinsichtlich der Einkunftsquelle wie auch hinsichtlich der persönlichen Steuerkraft oder der persönlichen Lage und des Familienstandes objektive Unterschiede [...]. Deshalb kann eine unterschiedliche Behandlung dieser beiden Gruppen von Steuerpflichtigen an sich nicht als Diskriminierung im Sinne des Vertrages angesehen werden."[653]

Allerdings – so der EuGH weiter – befände sich derjenige gebietsfremde Steuerpflichtige, der seine gesamten oder nahezu seine gesamten Einkünfte in dem Staat erzielt, in dem er seine berufliche Tätigkeit ausübt, hinsichtlich der Einkommensteuer objektiv in der derselben Situation wie der in diesem Staat Ansässige, der dort die gleiche Tätigkeit ausübt. Beide würden nur in diesem Staat besteuert und die Bemessungsgrundlage für ihre Steuer sei dieselbe.

> „Wenn der gebietsfremde Steuerpflichtige hinsichtlich der Abzüge von seinem steuerpflichtigen Einkommen steuerlich nicht genauso behandelt wird wie der gebietsansässige Steuerpflichtige, wird seine persönliche Lage weder von der Steuerverwaltung des Staates berücksichtigt, in dem er seine berufliche Tätigkeit ausübt – weil er dort nicht ansässig ist – noch von dem Staat seines Wohnsitzes – weil er dort keine Einkünfte erzielt. Folglich unterliegt er einer höheren Gesamtbesteuerung und wird gegenüber dem gebietsansässigen Steuerpflichtigen benachteiligt. Daraus folgt, dass der gebietsfremde Steuerpflichtige, der [...] seine gesamten oder nahezu seine gesamten Einkünfte in dem Staat erzielt, in dem er seine berufliche Tätigkeit ausübt, aber nicht das Recht hat unter denselben steuerlichen Bedingungen wie der Gebietsansässige eine abzugsfähige Altersrücklage zu bilden, eine Diskriminierung erleidet."[654]

Zur Rechtfertigung der steuerlichen Benachteiligung berief sich die niederländische Regierung auf den Grundsatz der Kohärenz, nach dem eine Wechselbeziehung zwischen den von der steuerlichen Bemessungsgrundlage abgezogenen Beträgen und der Besteuerung der Renten bestehe. Bei einem Gebietsfremden,

---

652 Siehe EuGH v. 11.08.1995, Rs. C-80/94 (*Wielockx*), EuGHE 1995, S. I-2493 (2514), Rdnr. 16.

653 Siehe EuGH v. 11.08.1995, Rs. C-80/94 (*Wielockx*), EuGHE 1995, S. I-2493 (2515), Rdnr. 17 f.

654 Siehe EuGH v. 11.08.1995, Rs. C-80/94 (*Wielockx*), EuGHE 1995, S. I-2493 (2515 f.), Rdnr. 21 f.

der in den Niederlanden eine Altersvorsorge bilde und einen Anspruch auf Rente erwerbe, könne die Rente später nicht in den Niederlanden besteuert werden, da eine solches Einkommen aufgrund eines DBA zwischen den Niederlanden und Belgien im Wohnsitzstaat besteuert werde.

Diesem Vorbringen folgte der EuGH nicht. In Bezug auf das DBA führte er aus:

> „Wie der Generalanwalt [...] ausgeführt hat, besteuert der Staat aufgrund der Doppelbesteuerungsabkommen, die, wie das oben erwähnte Abkommen, nach dem Modell des OECD-Musterabkommens gestaltet sind, alle Renten, die in seinem Gebiet ansässige Personen beziehen, unabhängig davon, in welchem Staat Beiträge gezahlt wurden, er verzichtet aber umgekehrt darauf, die im Ausland bezogenen Renten der Besteuerung zu unterwerfen, auch wenn sie auf Beiträgen beruhen, die in seinem Gebiet gezahlt wurden und die er als abzugsfähig angesehen hat. Die steuerliche Kohärenz wird also nicht auf der Ebene der Einzelperson, durch eine strenge Wechselbeziehung zwischen der Abzugsfähigkeit der Beträge und der Besteuerung der Renten, hergestellt, sondern sie wird auf eine andere Ebene, nämlich die der Gegenseitigkeit der in den Vertragsstaaten anwendbaren Vorschriften verlagert. Da die steuerliche Kohärenz auf der Grundlage eines mit einem anderen Mitgliedstaat geschlossenen bilateralen Abkommens gewährleistet wird, kann dieser Grundsatz nicht herangezogen werden, um die Verweigerung einer Abzugsmöglichkeit [...] zu rechtfertigen."[655]

cc) Die steuerlichen Kernaussagen

Mit der Entscheidung in der Rechtssache „Wielockx" hat die Auslegung des EG-rechtlichen Diskriminierungsverbotes auf dem Gebiet der direkten Steuern eine für die Praxis wichtige Fortentwicklung erfahren.

Die bisherigen Urteile des EuGH zur Auslegung des Diskriminierungsverbotes des Art. 43 EG auf dem Gebiet der direkten Steuern sind fast ausnahmslos zu Sachverhalten betreffend die Niederlassungsfreiheit von Gesellschaften ergangen. Mit der vorliegenden Entscheidung hat der EuGH nun erstmals zur Frage der Vereinbarkeit der Nichtberücksichtigung personenbezogener Besteuerungsmerkmale bei einer natürlichen Person mit Art. 43 EG Stellung genommen.[656]

---

[655] Siehe EuGH v. 11.08.1995, Rs. C-80/94 (*Wielockx*), EuGHE 1995, S. I-2493 (2516 f.), Rdnr. 24.

[656] Zwar betraf die Entscheidung „Werner" ebenfalls diese Frage, der EuGH ging jedoch damals davon aus, dass es sich aufgrund der deutschen Staatsangehörigkeit des Klägers um einen rein innerstaatlichen Sachverhalt handle, der nicht in den Anwendungsbereich des Art. 43 EG falle. Zu den eigentlichen materiellen Rechtsfragen drang der EuGH nicht vor. Vgl. EuGH v. 26.01.1993, Rs. C-112/91 (*Werner*), EuGHE 1993, S. I-429 ff. Des-

(1) Diskriminierung beschränkt Steuerpflichtiger

Die direkten Steuern fallen zwar in die Zuständigkeit der Mitgliedstaaten, diese müssen ihre Befugnisse jedoch unter Wahrung des Gemeinschaftsrechts ausüben. Bereits in den Entscheidungen „avoir fiscal"[657] zog der EuGH die Schlussfolgerung, dass Art. 43 EG das Recht eines Mitgliedstaates, die Voraussetzungen und Modalitäten der Besteuerung der in seinem Hoheitsgebiet von Angehörigen anderer Mitgliedstaaten erzielten Einkünfte festzulegen, insoweit beschränkt, als es den Mitgliedstaaten nicht erlaubt ist, Staatsangehörige anderer Mitgliedstaaten bei der Besteuerung zu ihrem Nachteil anders zu behandeln als die eigenen Staatsangehörigen. Die im vorliegenden Verfahren streitigen Steuervorschriften enthielten als Anknüpfungsmerkmal den Wohnsitz. Eine solche Unterscheidung kann nach dem EuGH, auch wenn sie unterschiedslos für Staatsangehörige wie für Ausländer gilt, eine versteckte Diskriminierung aufgrund der Staatsangehörigkeit darstellen, denn es besteht die Gefahr, dass sich solche Vorschriften hauptsächlich zum Nachteil von Angehörigen anderer Mitgliedstaaten auswirken.

In der vorliegenden Entscheidung geht das Gericht im Bereich der Niederlassungsfreiheit erstmals auf die Vergleichbarkeit der Situation von Gebietsansässigen und Gebietsfremden ein: Ein Gebietsansässiger wird in seinem Ansässigkeitsstaat mit seinem Welteinkommen besteuert, ist also unbeschränkt steuerpflichtig. Diese umfassende Besteuerung steht dem Ansässigkeitsstaat deshalb zu, weil der Steuerpflichtige dort den Schwerpunkt seiner Lebensführung und Geschäftstätigkeit innehat. Daher hat dieser den besten Zugriff auf die Gesamtverhältnisse des Steuerpflichtigen und ist somit befähigt, dessen steuerliche Leistungsfähigkeit umfassend zu würdigen und zu besteuern.[658] Anders ist die Situation, wenn der Steuerpflichtige im Ausland residiert. Dann reduziert sich der Zugriff des Staates auf die inländischen Steuergüter des beschränkt Steuerpflichtigen. Im Gegenzug können einkunftsbezogene Aufwendungen nur in beschränktem Maße geltend gemacht werden, personenbezogene Aufwendungen werden überhaupt nicht berücksichtigt.[659] Auch das Internationale Steuerrecht – insbesondere das OECD-Musterabkommen – geht davon aus, dass es grundsätzlich Sache des Wohnsitzstaates ist, den Steuerpflichtigen unter Berücksichtigung seiner persönlichen Lage umfassend zu besteuern. Grund hierfür ist, dass die persönliche Steuerkraft eines Gebietsfremden, die sich aus der Berücksichtigung seiner Gesamteinkünfte sowie seiner persönlichen Lage und seines Familienstandes ergibt, am besten an dem Ort beurteilt werden kann, an dem der Mittelpunkt seiner persönlichen und vermögensbezogenen Interessen liegt. Die beschränkte Besteuerung im Tätigkeitsstaat betrifft von vorne herein nur einen Ausschnitt der Steuerkraft, die sich in den objektiven Elementen der jeweiligen Steuerquelle erschöpft, denn

---

halb stieß die Entscheidung auch auf heftige Kritik. Vgl. beispielsweise *Knobbe-Keuk*, Grenzgängerurteile des EuGH, DStR 1992, S. 425 ff.

657 Vgl. EuGH v. 28.01.1986, Rs. 270/83 (*Kommission/Frankreich*), EuGHE 1986, S. 273 ff.

658 Vgl. *Tipke/Lang*, Steuerrecht, § 2, Rdnr. 37.

659 Vgl. *Jakob*, Einkommensteuer, § 9, Rdnr. 7; *Tipke/Lang*, Steuerrecht, § 2, Rdnr. 37.

das Einkommen, das ein beschränkt Steuerpflichtiger im Hoheitsgebiet eines Staates erzielt, stellt meist nur einen Teil seiner gesamten Einkünfte dar.[660]

Hieraus folgert der EuGH, dass sich Gebietsansässige und Gebietsfremde in Bezug auf ihre persönliche Steuerkraft und ihre persönliche Lage objektiv nicht in einer vergleichbaren Situation befinden, so dass eine unterschiedliche Behandlung in der Regel nicht als Diskriminierung angesehen werden kann. Eine Ausnahme gilt nur dann, wenn der Gebietsfremde im Beschäftigungsstaat seine gesamten oder nahezu seine gesamten Einkünfte erzielt. Denn dann befindet er sich in einer steuerlichen Situation, die mit der des gebietsansässigen Selbständigen vergleichbar ist. Ebenso wie ein Angehöriger des Beschäftigungsstaates wird er nur von diesem Staat besteuert. Wird er in dieser Situation zu seinem Nachteil ungleich behandelt, so liegt eine Diskriminierung vor, denn in diesem Fall hat er in seinem Wohnsitzstaat nicht genügend Einkünfte, damit dieser seine persönlichen Verhältnisse umfassend berücksichtigen könnte.[661] Mit anderen Worten: In dem Fall, dass sämtliche oder nahezu sämtliche Einkünfte im Quellenstaat erwirtschaftet werden, ist dieser verpflichtet, die gesamten Umstände der steuerlichen Leistungsfähigkeit zu berücksichtigen.

(2) Rechtfertigungsgrund der steuerlichen Kohärenz

Das vorliegende Urteil ist aus einem weiteren Grund bemerkenswert. In den Entscheidungsgründen setzt sich der EuGH mit dem Rechtfertigungsgrund der sog. „steuerlichen Kohärenz“ auseinander, den er bereits in einer früheren Entscheidung[662] eingeführt hatte, ohne ihm klare Konturen zu geben. In der „Wielockx“-Entscheidung urteilt das Gericht erstmals inhaltlich zum Kohärenzprinzip.[663] Darunter versteht man eine bestimmte Regelungssystematik im nationalen Steuerrecht, die darin besteht, dass mehrere nationale Steuerregelungen in einem so engen Zusammenhang miteinander stehen, dass sie ein einheitliches Ganzes bilden und nicht losgelöst voneinander betrachtet werden können. Vorliegend machte die niederländische Regierung geltend, dass gerade eine solche

---

660 Vgl. GA *Léger* in seinen Schlussanträgen v. 31.05.1995, Rs. C-80/94 (*Wielockx*), EuGHE 1995, S. I-2495 (2499), Rdnr. 21; *Schön*, Die beschränkte Steuerpflicht zwischen europäischem Gemeinschaftsrecht und deutschem Verfassungsrecht, IStR 1995, S. 119 (123).

661 Die Besonderheit der vorliegenden Entscheidung liegt darin, dass es sich um eine niederländische Sonderregelung handelte, die dem Steuerrecht weitgehend fremd ist. In Belgien hätte der belgische Staatsangehörige Wielockx, sofern er dort Einkünfte erzielt hätte, einen steuerlichen Abzugsbetrag für die Bildung einer Altersrücklage nicht in Anspruch nehmen können. Dies bestätigt jedoch die frühere Prüfungsweise des EuGH, der nur den konkreten Sachverhalt prüft, ohne die „Was wäre wenn“-Frage zu stellen.

662 Vgl. hierzu die Entscheidung in der Rechtssache „Bachmann“, EuGH v. 28.01.1992, Rs. C-204/90 (*Bachmann*), EuGHE 1992, S. I-249 ff.

663 Vgl. *Thömmes*, Das EuGH-Urteil in der Rechtssache Wielockx, IWB Fach 11, Gruppe 2, S. 41 (44 f.).

Wechselbeziehung zwischen der Abzugsfähigkeit der Beiträge und der Besteuerung der Renten bestehe.

Ein Staat – so GA *Léger* – könne die Kohärenz seines Steuersystems auf dem Grundsatz der Korrelation zwischen der Abzugsfähigkeit der Beiträge und der Besteuerung der Renten stützen, von diesem Grundsatz könne er aber auch Abstand nehmen.[664] Nach dem OECD-Musterabkommen werden die Beitragszahlungen für abzugsfähig erklärt und die als Gegenleistung gezahlten Renten im Wohnsitzstaat besteuert. Ein Staat – so der EuGH – der ein DBA nach dem Vorbild des OECD-Musterabkommens geschlossen hat, besteuert alle Renten, die in seinem Gebiet ansässige Personen beziehen, unabhängig davon, wo die Beiträge gezahlt wurden. Er verzichtet umgekehrt darauf, die im Ausland bezogenen Renten der Besteuerung zu unterwerfen, auch wenn sie auf Beiträgen beruhen, die in seinem Staat gezahlt wurden und die er als abzugsfähig angesehen hat. Durch die Wirkung des DBA, das Bestandteil des nationalen Rechts ist und den internen Steuernormen vorgeht, wird die Kohärenz auf eine andere Ebene verlagert. Bemerkenswert ist, dass die Ausführungen des EuGH deutlich über eine Betrachtung nur des im Entscheidungsfall einschlägigen DBA zwischen Belgien und den Niederlanden hinausgehen. Die Argumentation bezieht sich vielmehr allgemein auf die dem OECD-Musterabkommen nachgebildeten Abkommen.[665] Dies deutet darauf hin, dass sich der EuGH bei seiner Interpretation nicht auf die Berücksichtigung des gerade im konkreten Fall einschlägigen DBA eingeschränkt sieht, sondern sich den Blick auch für sonstige DBA freihalten will.[666]

Der EuGH unterscheidet also zwei Ebenen der steuerlichen Kohärenz. Die erste Ebene stellt auf die jeweilige Einzelperson und die Besteuerung im jeweiligen Mitgliedstaat ab. Diese Kohärenz auf nationaler Ebene verlangt nach dem EuGH eine strenge Wechselbeziehung zwischen der Besteuerung der Rente einer bestimmten Einzelperson und der Berechtigung zum steuerlichen Abzug der Zuführung zur Altersrücklage in den Niederlanden. Die zweite Ebene ist die Kohärenz auf der Ebene der DBA. Auf diese stellt der EuGH vorliegend ab. Beruht die steuerliche Kohärenz auf der Gegenseitigkeit der in den Vertragsstaaten anwendbaren Vorschriften, so kann sie nicht als Rechtfertigung einer Diskriminierung herangezogen werden.[667]

---

[664] Vgl. GA *Léger* in seinen Schlussanträgen v. 31.05.1995, Rs. C-80/94 (*Wielockx*), EuGHE 1995, S. I-2495 (2504), Rdnr. 51 f.

[665] Vgl. *Thömmes*, Das EuGH-Urteil in der Rechtssache Wielockx, IWB Fach 11, Gruppe 2, S. 41 (47).

[666] Vgl. *Rainer*, DBA und die EuGH-Rechtsprechung zu den direkten Steuern, IStR 1995, S. 474 (475).

[667] Vgl. *Eilers*, in: Groeben/Thiesing/Ehlermann, EUV/EGV, Bd. 2, Vorbemerkung zu den Artikeln 95 bis 99, Rdnr. 150.

d) „Asscher“

Die Entscheidung „Asscher“[668] betraf zwar das niederländische Einkommensteuergesetz, das Urteil hatte jedoch auch für das deutsche Steuerrecht Bedeutung.

aa) Der Sachverhalt

Herr Asscher, der Kläger des Ausgangsverfahrens, ist niederländischer Staatsangehöriger mit Wohnsitz in Belgien. Er war in den Niederlanden Geschäftsführer einer Gesellschaft mit beschränkter Haftung, deren einziger Gesellschafter er war. Für seine Geschäftsführertätigkeit bezog er ein Entgelt. Zudem leitete er in Belgien eine Gesellschaft belgischen Rechts, für die er nur innerhalb Belgiens tätig war. Nach dem DBA zwischen den Niederlanden und Belgien waren die in den Niederlanden erzielten Einkünfte ausschließlich in den Niederlanden zu versteuern, während die übrigen Einkünfte in Belgien erfasst wurden. Belgien war zudem berechtigt, die in Belgien steuerfreien niederländischen Einkünfte bei der Festsetzung des geltenden Steuersatzes zu berücksichtigen und damit Progressionsbestimmungen anzuwenden. Mit Wirkung zum 01.01.1990 wurde in den Niederlanden sowohl für die Einkommen- als auch für die Lohnsteuer eine kombinierte Erhebung der Steuer- und Sozialversicherungsbeiträge auf einer einheitlichen Bemessungsgrundlage eingeführt. Der aus drei Tranchen bestehende Steuertarif sah in Bezug auf die erste Tranche unterschiedliche Steuersätze für die in den Niederlanden wohnenden Steuerpflichtigen und diesen gleichgestellte Personen sowie für gebietsfremde Steuerpflichtige vor. Die erste Gruppe unterlag einem Steuersatz von 13% und einem Beitrag zur Sozialversicherung in Höhe von 22,1%. Eine Gleichstellung erfolgte, wenn ein Gebietsfremder nachweisen konnte, dass sein Welteinkommen vollständig oder nahezu vollständig, d.h. zu mindestens 90% aus in den Niederlanden zu versteuernden Einkünften bestand, wobei diese Voraussetzung dann als erfüllt galt, wenn der Steuerpflichtige in den Niederlanden nach der allgemeinen niederländischen Pflichtsozialversicherung der Beitragspflicht unterlag. Für Gebietsfremde sah der sog. Ausländertarif einen Steuersatz von 25% vor. Sozialversicherungsbeiträge wurden von diesen nicht erhoben. Daraus ergab sich für den Kläger folgende steuerliche und sozialversicherungsrechtliche Situation: Das Arbeitsentgelt, das er von der niederländischen Gesellschaft in den Niederlanden bezog, wurde in den Niederlanden versteuert. Da er die Gleichstellungsvoraussetzungen nicht erfüllte, wurde auf dieses Gehalt der Steuersatz von 25% angewandt. Da sein Wohnort in Belgien war, war er zur Entrichtung von Beiträgen zur niederländischen allgemeinen Sozialversicherung nicht verpflichtet und unterlag ausschließlich den belgischen Rechtsvorschriften über die soziale Sicherheit. Nachdem sein Einspruch gegen den an seinem Gehalt für den Monat Juni 1990 vorgenommenen Steuerabzug zurückgewiesen wurde, erhob der Kläger Klage vor dem Gerechtshof Amsterdam und anschließend – nachdem dieser die Klage verworfen hatte – Kassationsbeschwerde zum Hoge Raad der Nederlande. Das Gericht suchte wegen Zweifeln bei der Auslegung des EG-Vertrages um Vorabentscheidung beim EuGH nach. Das Gericht wollte insbesondere wissen, ob es mit Art. 39 EG vereinbar sei, dass ein Mitgliedstaat als Tätigkeitsstaat das in diesem Staat bei einem dort ansässigen Arbeitgeber verdiente Arbeitsentgelt mit einer

[668] Vgl. EuGH v. 27.06.1996, Rs. C-107/94 (*Asscher*), EuGHE 1996, S. I-3089 ff.

erheblich höheren Lohn- und Einkommensteuer belegt, wenn der Arbeitnehmer nicht im Tätigkeitsstaat, sondern in einem anderen Mitgliedstaat wohnt.

bb) Die Entscheidung des EuGH

Der EuGH sah im vorliegenden Fall eine versteckte Diskriminierung als gegeben an, die nicht gerechtfertigt sei. Die Entscheidung lautete:

> **„1) Ein Angehöriger eines Mitgliedstaates, der eine selbständige Erwerbstätigkeit in einem anderen Mitgliedstaat, in dem er auch wohnt, ausübt, kann sich gegenüber seinem Herkunftsstaat, in dessen Gebiet er eine andere selbständige Erwerbstätigkeit ausübt, auf die Bestimmungen des Artikels 52 EG-Vertrag[669] berufen, wenn er sich aufgrund der Ausübung einer wirtschaftlichen Tätigkeit in einem anderen Mitgliedstaat als seinem Herkunftsstaat diesem gegenüber in einer Lage befindet, die mit derjenigen anderer Personen vergleichbar ist, die sich gegenüber dem Aufnahmestaat auf die durch den Vertrag garantierten Rechte und Freiheiten berufen können.**
>
> **2) Artikel 52 des Vertrages[670] ist dahin auszulegen, dass er einem Mitgliedstaat verwehrt, auf einen Angehörigen eines Mitgliedstaates, der eine selbständige Erwerbstätigkeit im Gebiet dieses Staates und daneben eine andere selbständiger Erwerbstätigkeit in einem anderen Mitgliedstaat, in dem er auch wohnt, ausübt, einen Einkommensteuersatz anzuwenden, der höher ist als derjenige, der für Gebietsansässige gilt, die die gleiche Tätigkeit ausüben, wenn kein objektiver Unterschied in der Situation dieser Steuerpflichtigen und der diesen gleichgestellten Personen besteht, der geeignet wäre, eine solche Ungleichbehandlung zu rechtfertigen.**
>
> **3) Artikel 52 des Vertrages[671] verwehrt es einem Mitgliedstaat, durch einen erhöhten Einkommensteuersatz der Tatsache Rechnung zu tragen, dass der Steuerpflichtige aufgrund der für die Bestimmungen der anzuwendenden sozialrechtlichen Vorschriften geltenden Vorschriften der Verordnung (EWG) Nr. 1408/71 des Rates vom 14. Juni 1971 zur Anwendung der Systeme der sozialen Sicherheit auf Arbeitnehmer und deren Familien, die innerhalb der Gemeinschaft zu- und abwandern, nicht der Beitragspflicht im nationalen Sozialversicherungssystem unterliegt. Der sich ebenfalls aus der Verordnung Nr. 1408/71 ergebende Umstand, dass**

---

[669] Jetzt Art. 43 EG.
[670] Jetzt Art. 43 EG.
[671] Jetzt Art. 43 EG.

> **der Steuerpflichtige dem System der sozialen Sicherheit seines Wohnstaates angeschlossen ist, ist insoweit unerheblich.“**[672]

Zur Frage, mit welchen Artikeln des EG-Vertrages die Vereinbarkeit der Rechtsvorschriften zu überprüfen ist, führte der EuGH aus:

> „Als Geschäftsführer einer Gesellschaft in den Niederlanden, deren einziger Gesellschafter er ist, übt Herr Asscher seine Tätigkeit nicht im Rahmen eines Unterordnungsverhältnisses aus, so dass er nicht als Arbeitnehmer im Sinne des Artikels 48 des Vertrages[673] anzusehen ist, sondern als eine Person, die eine selbständige Erwerbstätigkeit im Sinne des Artikels 52 des Vertrages[674] ausübt.“[675]

Das Gericht bekräftigte seine bisherige Rechtsprechung, wonach auch der Herkunftsstaat an die Bestimmungen der Art. 43 ff. EG gebunden ist:

> „Demgemäß ist [...] zu antworten, dass sich ein Angehöriger eines Mitgliedstaates, der eine selbständige Erwerbstätigkeit in einem anderen Mitgliedstaat, in dem er auch wohnt, ausübt, gegenüber seinem Herkunftsstaat[676], in dessen Gebiet er eine andere selbständige Erwerbstätigkeit ausübt, auf die Bestimmungen des Artikels 52 des Vertrages[677] berufen kann, wenn er sich aufgrund der Ausübung einer wirtschaftlichen Tätigkeit in einem anderen Mitgliedstaat als seinem Herkunftsstaat diesem gegenüber in einer Lage befindet, die mit derjenigen anderer Personen vergleichbar ist, die sich gegenüber dem Aufnahmestaat auf die durch den Vertrag garantierten Rechte und Freiheiten berufen können.“[678]

Die Rechtsvorschriften, um die es im Ausgangsverfahren ging, würden zwar unabhängig von der Staatsangehörigkeit des Steuerpflichtigen gelten, es könne jedoch eine versteckte Diskriminierung vorliegen:

> „Bei nationalen Rechtsvorschriften dieser Art, die eine insbesondere auf dem Wohnortkriterium beruhende Unterscheidung dahin gehend treffen, dass der für bestimmte Gebietsfremde geltende Lohn- und Einkommensteuersatz höher ist als derjenige, der für gebietsansässige Steuerpflichtige und diesen gleichgestellte Personen gilt, besteht jedoch die Gefahr, dass sie sich hauptsächlich zum

---

672 Siehe EuGH v. 27.06.1996, Rs. C-107/94 (*Asscher*), EuGHE 1996, S. I-3089 (3131 f.).

673 Jetzt Art. 39 EG.

674 Jetzt Art. 43 EG.

675 Siehe EuGH v. 27.06.1996, Rs. C-107/94 (*Asscher*), EuGHE 1996, S. I-3089 (3121), Rdnr. 26.

676 Dies sind hier die Niederlande.

677 Jetzt Art. 43 EG.

678 Siehe EuGH v. 27.06.1996, Rs. C-107/94 (*Asscher*), EuGHE 1996, S. I-3089 (3123), Rdnr. 34.

> Nachteil der Staatsangehörigen anderer Mitgliedstaaten auswirken. Gebietsfremde sind nämlich in den meisten Fällen Nichtstaatsangehörige. Außerdem sind nationale Rechtsvorschriften [...] um so mehr geeignet, vor allem Staatsangehörige anderer Staaten zu betreffen, wenn zusätzlich zum Wohnortkriterium das Kriterium angewandt wird, dass das Welteinkommen zu mindestens 90% in den Niederlanden erzielt wurde."[679]

Eine Diskriminierung liege dann vor, wenn unterschiedliche Vorschriften auf gleichartige Situationen oder wenn dieselben Vorschriften auf unterschiedliche Situationen angewendet werden. Zwar – so der EuGH – befänden sich Gebietsansässige und Gebietsfremde nicht in einer gleichartigen Situation, so dass nicht jede Ungleichbehandlung eine Diskriminierung darstelle, jedoch könne

> „... eine Ungleichbehandlung dieser beiden Gruppen von Steuerpflichtigen als Diskriminierung im Sinne des Vertrages angesehen werden, wenn kein objektiver Unterschied zwischen den beiden Gruppen von Steuerpflichtigen besteht, der eine solche Ungleichbehandlung rechtfertigen könnte."[680]

Wenn ein Gebietsfremder die Gesamtheit oder nahezu die Gesamtheit seines Welteinkommens im Tätigkeitsstaat erziele, so befände er sich mit den Gebietsansässigen im Hinblick auf die Berücksichtigung seiner persönlichen Lage und seines Familienstandes in einer gleichartigen Situation. Eine Ungleichbehandlung stelle dann eine Diskriminierung dar, da die im Wohnsitzstaat erzielten Einkünfte nicht hoch genug seien, um die Berücksichtigung der persönlichen Verhältnisse zu ermöglichen; anders dagegen beim gebietsfremden Steuerpflichtigen, der nicht die Gesamtheit oder praktisch die Gesamtheit seiner Einkünfte in dem Staat erzielt, in dem er arbeitet, ohne zu wohnen. Hier könne eine Ungleichbehandlung im Tätigkeitsstaat gerechtfertigt sein, da im Wohnsitzstaat, dem nach internationalen Steuerrecht die Berücksichtigung der persönlichen Verhältnisse obliege, diese angemessen berücksichtigt werden könnten.[681] Im vorliegenden Fall bestehe die Ungleichbehandlung jedoch darin, dass

> „... auf Gebietsfremde, die in den Niederlanden weniger als 90% ihres Welteinkommens erzielen, in der ersten Tranche ein Steuersatz von 25% angewandt wird, während die in den Niederlanden ansässigen Personen, die dort die gleiche wirtschaftliche Tätigkeit ausüben, in der ersten Besteuerungstran-

---

679 Siehe EuGH v. 27.06.1996, Rs. C-107/94 (*Asscher*), EuGHE 1996, S. I-3089 (3124), Rdnr. 38.

680 Siehe EuGH v. 27.06.1996, Rs. C-107/94 (*Asscher*), EuGHE 1996, S. I-3089 (3125), Rdnr. 42.

681 Vgl. EuGH v. 27.06.1996, Rs. C-107/94 (*Asscher*), EuGHE 1996, S. I-3089 (3126), Rdnr. 45.

> che in den Genuß des Steuersatzes von 13% auch dann kommen, wenn sie dort weniger als 90% ihres Welteinkommens erzielen."[682]

Die niederländische Regierung machte geltend, dass mit dem höheren Steuersatz der Umstand ausgeglichen werden sollte, dass bestimmte Gebietsfremde wegen ihrer beschränkten Steuerpflicht der Steuerprogression entgingen.[683]

Dieses Vorbringen wies der EuGH zurück:

> „Nach Artikel 24 Absatz 2 Nummer 1 des Abkommens, der dem Muster des Artikels 23a Absätze 1 und 3 des OECD-Musterabkommens folgt (Methode der Befreiung mit Progressionsvorbehalt), sind die Einkünfte, die in dem Staat erzielt wurden, in dem der Steuerpflichtige seine wirtschaftliche Tätigkeit ausübt, ohne dort zu wohnen, ausschließlich in diesem Staat zu versteuern und im Wohnstaat von der Steuer befreit. Dieser Staat bleibt jedoch berechtigt, sie bei der Berechnung der Höhe der Steuer von den übrigen Einkünften des betreffenden Steuerpflichtigen, namentlich im Hinblick auf die Anwendung der Progressionsbestimmung, zu berücksichtigen."[684]

Im Ergebnis bejahte der EuGH also eine versteckte Diskriminierung. Als nächstes prüfte er, ob die Diskriminierung gerechtfertigt sein könnte.

Die niederländische Regierung machte zunächst geltend, dass auf den gebietsfremden Steuerpflichtigen ein wesentlich geringerer Steuerdruck laste. Ohne die Anwendung des erhöhten Steuersatzes würden die gebietsfremden, nicht beitragspflichtigen Steuerpflichtigen eine Steuervergünstigung gegenüber den Gebietsansässigen und diesen gleichgestellten Personen erhalten.[685]

Auch dieses Vorbringen wies der EuGH zurück. Die angebliche Vergünstigung für Gebietsfremde ergebe sich aus der Entscheidung des niederländischen Gesetzgebers, die Abzugsfähigkeit der Sozialversicherungsbeiträge abzuschaffen, die naturgemäß nur die Steuerpflichtigen treffe, die zur Entrichtung der Beiträge verpflichtet seien. Dieser Umstand könne aber nicht zu einem steuerlichen Ausgleich zu Lasten derer führen, die nicht beitragspflichtig sind, da dies darauf hinauslaufen würde, sie dafür zu bestrafen, dass sie in den Niederlanden keine Sozialversicherungsbeiträge entrichteten. Es bestünde daher nur folgende Alter-

---

682 Siehe EuGH v. 27.06.1996, Rs. C-107/94 (*Asscher*), EuGHE 1996, S. I-3089 (3126), Rdnr. 44.

683 Vgl. EuGH v. 27.06.1996, Rs. C-107/94 (*Asscher*), EuGHE 1996, S. I-3089 (3126), Rdnr. 46.

684 Siehe EuGH v. 27.06.1996, Rs. C-107/94 (*Asscher*), EuGHE 1996, S. I-3089 (3126), Rdnr. 47.

685 Vgl. EuGH v. 27.06.1996, Rs. C-107/94 (*Asscher*), EuGHE 1996, S. I-3089 (3127), Rdnr. 51.

native: Entweder sei Herr Asscher nur dem belgischen System der sozialen Sicherheit angeschlossen. Dann dürfe er aber auch nicht durch einen steuerlichen Ausgleich dafür bestraft werden, dass er in den Niederlanden keine Sozialversicherungsbeiträge bezahlt. Oder Herr Asscher müßte ausschließlich oder konkurrierend dem niederländischen System der sozialen Sicherheit angeschlossen werden. Dann müßte er Beiträge entrichten, käme jedoch auch in den Genuss des niedrigeren Steuersatzes.[686]

Weiter prüfte der EuGH, ob der unterschiedliche Steuersatz durch die Notwendigkeit gerechtfertigt sei, die Kohärenz der Steuerregelungen zu gewährleisten. Im Ergebnis verneinte der EuGH den Rechtfertigungsgrund der steuerlichen Kohärenz mangels eines unmittelbaren Zusammenhangs zwischen der im Bereich des Steuerrechts liegenden Anwendung des erhöhten Steuersatzes und dem Umstand, dass auf die in den Niederlanden erzielten Einkünfte der Gebietsfremden keine Sozialversicherungsbeiträge erhoben werden. Denn zum einen führe die Anwendung eines erhöhten Steuersatzes nicht zu einem Sozialversicherungsschutz. Zum anderen resultiere der Nichtanschluss an das niederländische System der sozialen Sicherheit aus der Verordnung (EWG) Nr. 1408/71 des Rates vom 14.06.1971 zur Anwendung der Systeme der sozialen Sicherheit auf Arbeitnehmer und ihre Familien, die innerhalb der Gemeinschaft zu- und abwandern.[687]

Abschließend führte der EuGH aus:

> „Nach der Rechtsprechung des Gerichtshofs können die Mitgliedstaaten, da sie verpflichtet sind, die geltenden Vorschriften des Gemeinschaftsrechts zu beachten, nicht bestimmen, inwieweit ihre eigenen Rechtsvorschriften oder die eines anderen Mitgliedstaates anwendbar sind [...]; diese Rechtsprechung verwehrt es einem Mitgliedstaat, mit steuerrechtlichen Maßnahmen in Wirklichkeit den Zweck zu verfolgen, den Nichtanschluss an sein System der sozialen Sicherheit und die Nichterhebung von Beiträgen zu diesem System auszugleichen."[688]

---

686 Vgl. EuGH v. 27.06.1996, Rs. C-107/94 (*Asscher*), EuGHE 1996, S. I-3089 (3128), Rdnr. 53.

687 ABl. EG 1971, Nr. L 149 v. 05.07.1971, S. 2 ff. Vgl. EuGH v. 27.06.1996, Rs. C-107/94 (*Asscher*), EuGHE 1996, S. I-3089 (3129), Rdnr. 60.

688 Siehe EuGH v. 27.06.1996, Rs. C-107/94 (*Asscher*), EuGHE 1996, S. I-3089 (3129 f.), Rdnr. 61.

cc) Die steuerlichen Kernaussagen

Die Entscheidung fasst die grundlegenden Aussagen des EuGH zur beschränkten Steuerpflicht zusammen, wobei sie in einigen Aspekten von der Entscheidung in der Rechtssache „Wielockx"[689] abweicht.

(1) Abgrenzung von Art. 39 zu Art. 43 EG

Die Entscheidung befasst sich zunächst mit der Frage, ob bei einem Gesellschafter-Geschäftsführer, der zugleich zu 100% an seiner Arbeitgeberin beteiligt ist, der Anwendungsbereich des Art. 39 EG (Arbeitnehmer) oder der des Art. 43 EG (Selbständige) eröffnet ist. Dies wollte die niederländische Regierung ausdrücklich geklärt wissen. Sowohl Generalanwalt *Léger*[690] als auch der EuGH betrachteten das Merkmal der Weisungsgebundenheit als maßgebliches Differenzierungskriterium. Da der Geschäftsführer seine Tätigkeit nicht im Rahmen eines Unterordnungsverhältnisses ausübe, sei er nicht als Arbeitnehmer, sondern als Selbständiger anzusehen. Dieses Ergebnis entspricht der tatsächlichen Situation im vorliegenden Fall. Der EuGH hob jedoch ausdrücklich hervor, dass die Niederlassungsfreiheit und die Freizügigkeit der Arbeitnehmer auf denselben Grundsätzen beruhten, so dass die Anwendung des Art. 39 EG zu dem gleichen Ergebnis führen würde.[691]

---

689 Vgl. EuGH v. 11.08.1995, Rs. C-80/94 (*Wielockx*), EuGHE 1995, S. I-2493 ff.

690 GA *Léger* führte aus: „Eines der wesentlichen den Begriff ‚Arbeitnehmer' kennzeichnenden Merkmale ist es, dass eine Partei im Rahmen des Arbeitsverhältnisses der anderen untergeordnet ist. Fehlt dieses Merkmal, so kann eine entgeltliche Tätigkeit für andere Wirtschaftsteilnehmer oder Verbraucher als selbständig angesehen werden. Dieses Fehlen rechtfertigt es nach meinem Dafürhalten, daß auf die diese Tätigkeit ausübende Person Artikel 52 [jetzt Art. 43 EG] und nicht Artikel 48 [jetzt Art. 39 EG] des Vertrages anwendbar ist. Daher ist davon auszugehen, daß der Leiter einer juristischen Person mit Gewinnerzielungsabsicht unabhängig von der Beantwortung der Frage, wie das zwischen diesen beiden Rechtssubjekten bestehende Rechtsverhältnis nach nationalem Recht einzuordnen ist, selbst dann eine selbständige Erwerbstätigkeit im Sinne des Artikels 52 des Vertrages [jetzt Art. 43 EG] ausübt, wenn er während eines bestimmten Zeitraums für die juristische Person Leistungen erbringt, für die er als Gegenleistung eine Vergütung erhält, sofern er nach der gesetzlichen oder satzungsmäßigen Verteilung der Befugnisse in der juristischen Person der Weisung keiner anderen Person und keines Organs, das er nicht selbst kontrolliert, unterliegt." Siehe GA *Léger* in seinen Schlussanträgen v. 15.02.1996, Rs. C-107/94 (*Asscher*), EuGHE 1996, S. I-3091 (3095 f.), Rdnr. 28 f.

691 Vgl. *Saß*, Anmerkungen zum Asscher-Urteil, DB 1996, S. 1604 (1607); ebenso GA *Léger* in seinen Schlussanträgen v. 15.02.1996, Rs. C-107/94 (*Asscher*), EuGHE 1996, S. I-3091 (3094 ff.), Rdnr. 22 ff.

(2) Inländerdiskriminierung

Die zweite Feststellung des Urteils betrifft die Frage, ob ein Staatsangehöriger eines Mitgliedstaates (Niederlande), der in einem anderen Mitgliedstaat wohnt (Belgien), gegenüber seinem Herkunftsstaat (Niederlande) bei der Besteuerung seiner dort ausgeübten Tätigkeit durch die Grundfreiheiten geschützt ist.[692]

Im vorliegenden Fall hatte der Staatsangehörige außer seiner Tätigkeit als GesellschafterGeschäftsführer in seinem Herkunftsstaat auch noch eine Gesellschaft in seinem Wohnsitzstaat geleitet, für die er nur in diesem Staat tätig war. Er war vor wie nach dem Wohnsitzwechsel in beiden Staaten tätig, ohne dass sich etwas an der Ausübung seiner Tätigkeit in beiden Staaten geändert hatte. Nach der Rechtsprechung des EuGH umfassen die Art. 39 und Art. 43 EG nicht nur die Aufnahme und Ausübung einer Erwerbstätigkeit, sondern insbesondere auch einen Wechsel des Wohnortes im Zusammenhang mit der Fortsetzung einer bereits begonnenen Tätigkeit, vorbehaltlich einer Gesetzesumgehung, die ein Staat berechtigterweise verhindern kann.[693] Im vorliegenden Fall begründet die Tätigkeit von Herrn Asscher in seinem Wohnsitzstaat die Anwendung der Schutzvorschriften, als wenn er von seinem Wohnsitzstaat aus in einem anderen Mitgliedstaat tätig gewesen wäre.[694] Dadurch befindet er sich gegenüber seinem Herkunftsstaat in einer Lage, die mit derjenigen anderer Personen, die in den Genuss der durch den Vertrag garantierten Rechte und Freiheiten kommen, vergleichbar ist.[695] Der Angehörige eines Mitgliedstaates, der eine wirtschaftliche Tätigkeit in einem anderen Mitgliedstaat, in dem er auch wohnt, ausübt, kann sich also gegenüber seinem Herkunftsstaat wegen der von ihm in diesem daneben ausgeübten selbständigen Erwerbstätigkeit auf Art. 43 EG berufen.[696]

(3) Ausländerbenachteiligung beim Steuertarif

Einen wesentlichen Beitrag bringt das Urteil für die Beurteilung einer Ausländerbenachteiligung beim Steuertarif. Zunächst bekräftigt der EuGH seine Rechtsprechung zur versteckten Diskriminierung, wonach die Unterscheidung der un-

---

[692] Mit einer ähnlichen Fallgestaltung hatte es der EuGH in der Rechtssache „Werner" zu tun. Dort ging es jedoch um die bloße Wohnsitzverlagerung in einen anderen Mitgliedstaat, ohne dort zugleich eine wirtschaftliche Tätigkeit auszuüben. Der EuGH verneinte in diesem Fall den Schutz der Grundfreiheiten, da hier keine grenzüberschreitende Wirtschaftstätigkeit vorliege. Die Entscheidung, in einem anderen Mitgliedstaat zu wohnen, sei rein privat veranlasst. Vgl. EuGH v. 26.01.1993, Rs. C-112/91 (*Werner*), EuGHE 1993, S. I-429 ff.

[693] Vgl. EuGH v. 07.02.1979, Rs. 115/78 (*Knoors/Staatssekretär für Wirtschaft*), EuGHE 1979, S. 399 (406 ff.), Rdnr. 25.

[694] Vgl. *Kramer*, Beschränkte Steuerpflicht und Europarecht, RIW 1996, S. 951 (952); *Saß*, Anmerkungen zum Asscher-Urteil, DB 1996, S. 1604 (1607).

[695] Vgl. hierzu die Ausführungen in: 3. Teil, § 2, A., II., 2., b), bb), (1), (c).

[696] Vgl. GA *Léger* in seinen Schlussanträgen v. 15.02.1996, Rs. C-107/94 (*Asscher*), EuGHE 1996, S. I-3091 (3098 f.), Rdnr. 48.

beschränkten und beschränkten Steuerpflicht nach der Ansässigkeit die Gefahr in sich birgt, hauptsächlich fremde Staatsangehörige zu benachteiligen.

Wie in der Entscheidung „Wielockx"[697] hebt das Gericht hervor, dass sich Gebietsfremde und Gebietsansässige grundsätzlich nicht in der erforderlichen „vergleichbaren Situation" befänden, da nur die Inländer in ihrem Tätigkeitsstaat nach ihrer wirtschaftlichen Leistungsfähigkeit besteuert werden, weshalb auch nur bei ihnen die persönliche Lage und der Familienstand steuerlich zu berücksichtigen sind. Die Berücksichtigung der persönlichen Lage des Gebietsfremden ist dagegen seinem eigenen Ansässigkeitsstaat überlassen. Es liegt jedoch anders, wenn der Gebietsfremde sein Einkommen fast ausschließlich im Tätigkeitsstaat bezieht. In diesem Fall hat er in seinem Wohnsitzstaat kein hinreichendes Einkommen, das die Berücksichtigung der persönlichen Lage zulassen würde. In diesem Sonderfall muss der Tätigkeitsstaat die persönlichen Verhältnisse des ausländischen Staatsangehörigen steuerlich berücksichtigen.[698]

Die Bedingung der Ausschließlichkeit ist für den EuGH in der vorliegenden Entscheidung nicht maßgeblich. Auf die Einkunftsverhältnisse von Herrn Ascher geht er nicht ein, obwohl dieser weniger als 90% seiner Gesamteinkünfte in den Niederlanden erzielte, so dass Belgien eigentlich seine persönlichen Verhältnisse hätte berücksichtigen könnte. Im vorliegenden Fall ging es jedoch nicht um die Berücksichtigung der persönlichen Verhältnisse des Klägers, sondern um eine Benachteiligung beim Steuersatz. Diese lag darin begründet, dass auf Gebietsfremde, die weniger als 90% ihres Welteinkommens in den Niederlanden erzielten, ein Steuersatz von 25% angewandt wurde, während Gebietsansässige, die ebenfalls weniger als 90% ihres Welteinkommens in den Niederlanden erzielten, einem Steuersatz von nur 13% unterlagen. Der Unterschied im Steuersatz ist also eine Differenzierung besonderer Art, die der EuGH hier strenger sanktioniert, als einen Unterschied in der Bemessungsgrundlage. Eine tarifliche Benachteiligung im Tätigkeitsstaat kann daher auch ohne die Erfüllung der Voraussetzung, dass der Steuerpflichtige seine gesamten oder nahezu seine gesamten Einkünfte im Tätigkeitsstaat erzielt, gemeinschaftsrechtswidrig sein.[699]

(4) Das Kompensationsverbot

Der EuGH lässt den Einwand, dass Inländer noch Beiträge zur Sozialversicherung entrichten mussten, Ausländer hingegen nicht, nicht gelten. Da sich der niederländische Gesetzgeber dazu entschloss, die Abzugsfähigkeit der Sozialversicherungsbeiträge abzuschaffen, führte dies bei unbeschränkt Steuerpflichtigen zu einer Erhöhung des zu versteuernden Einkommens. Die Sozialversiche-

---

[697] Vgl. EuGH v. 11.08.1995, Rs. C-80/94 (*Wielockx*), EuGHE 1995, S. I-2493 ff.
[698] Vgl. hierzu die Ausführungen in: 3. Teil, § 2, B., II., 3., c), cc), (1).
[699] Vgl. *Saß*, Anmerkungen zum Ascher-Urteil, DB 1996, S. 1604 (1608).

rungsfreiheit bei Ausländern könne – so der EuGH – nicht mit steuerlichen Nachteilen „bestraft", d.h. kompensiert werden.[700]

(5) Rechtfertigungsgrund der steuerlichen Kohärenz

Desweiteren prüft der EuGH die Frage, ob nicht der Rechtfertigungsgrund der steuerlichen Kohärenz[701] greift, lehnt dies jedoch zu Recht ab. Zum einen besteht kein unmittelbarer Zusammenhang zwischen der steuertariflichen Benachteiligung und der Sozialversicherungspflichtigkeit:

> „Direkte Steuern und Sozialversicherungsbeiträge gehören nämlich zu zwei grundverschiedenen Belastungsgruppen, die in keinem unmittelbaren Zusammenhang miteinander stehen, die Zahlung von Sozialversicherungsbeiträgen beruht auf einem Versicherungssystem: Es begründet einen Anspruch auf bestimmte Leistungen. Dagegen wird durch die Zahlung von Steuern, die mit einem Versicherungsmechanismus nichts zu tun hat, kein Anspruch auf Leistungen als solche begründet."[702]

Zum anderen ist nach der VO Nr. 1408/71[703] der Ansässigkeitsstaat für die Sozialversicherung zuständig. Nur in diesem Staat tritt der Sozialversicherungsschutz ein.[704]

Damit ist auch nach der Entscheidung „Asscher" klar, dass der EuGH den Rechtfertigungsgrund der steuerlichen Kohärenz auf nationaler Ebene weiterhin prüft. Er gesteht den Mitgliedstaaten grundsätzlich zu, ein inhaltlich in sich geschlossenes Steuersystem zu schaffen.[705] Allerdings stellt er hohe Anforderungen an das Erfordernis der strengen Wechselbeziehung. Nicht jeder Zusammenhang in der steuer- und abgabenrechtlichen Systematik kann als ausreichend herangezogen werden. Erforderlich ist vielmehr, dass sich die Bestimmungen unmittelbar einander bedingen.[706]

---

[700] Vgl. *Bieg*, Der Gerichtshof der Europäischen Gemeinschaft und sein Einfluß auf das deutsche Steuerrecht, S. 277; hierzu auch die Ausführungen in: 3. Teil, § 2, B., II., 3., a), cc), (4).

[701] Vgl. hierzu die Ausführungen in: 3. Teil, § 2, B., II., 3., c), cc), (2).

[702] Siehe GA *Léger* in seinen Schlussanträgen v. 15.02.1996, Rs. C-107/94 (*Asscher*), EuGHE 1996, S. I-3091 (3105), Rdnr. 82.

[703] ABl. EG 1971, Nr. L 149 v. 05.07.1971, S. 2 ff.

[704] Vgl. *Saß*, Anmerkungen zum Asscher-Urteil, DB 1996, S. 1604 (1608).

[705] Vgl. *Dautzenberg*, Der Europäische Gerichtshof und die direkten Steuern, BB 1992, S. 2400 (2404).

[706] Vgl. *Bieg*, Der Gerichtshof der Europäischen Gemeinschaften und sein Einfluß auf das deutsche Steuerrecht, S. 265.

e) „Futura Participations SA und Singer“

Im Verfahren zwischen der Futura Participations SA mit Sitz in Paris (Klägerin zu 1.) und ihrer luxemburgischen Zweigniederlassung Singer (Klägerin zu 2.) gegen die luxemburgische Steuerverwaltung[707] ging es um die Ermittlung der Bemessungsgrundlage für die von der Klägerin zu 2. im Kalenderjahr 1986 zu zahlende Einkommensteuer.

aa) Der Sachverhalt

Zur damals geltenden Steuerrechtslage: Das DBA zwischen Frankreich und Luxemburg sah in Art. 4 Abs. 2 vor, dass die beiden Vertragsstaaten in dem Fall, dass ein Unternehmen in beiden Staaten eine Betriebsstätte unterhielt, jeweils nur die Einkünfte besteuern, die aus der Tätigkeit der festen Niederlassung auf ihrem Gebiet stammten. Im Sinne des DBA galt eine Betriebsstätte als Zweigniederlassung. Das luxemburgische Einkommensteuergesetz (luxemburgisches EStG) unterwarf alle Organisationen mit kollektivem Charakter (Körperschaften, Personenvereinigungen und bestimmte Vermögensmassen) der Körperschaftsteuer. In Luxemburg ansässige Organisationen mit kollektivem Charakter (Steuerinländer) waren in Luxemburg unbeschränkt steuerpflichtig und konnten vom Gesamtbetrag ihrer Einkünfte Verlustvorträge aus früheren Jahren abziehen, sofern sie während des Geschäftsjahres, in dem der Verlust entstanden war, ordnungsgemäß Bücher geführt hatten. Organisationen mit kollektivem Charakter, die nicht in Luxemburg ansässig waren (Steuerausländer) waren mit ihren inländischen Einkünften, d.h. mit Einkünften körperschaftsteuerpflichtig, die unmittelbar oder mittelbar durch ihre Betriebsstätte in Luxemburg erzielt wurden. Grundsätzlich waren Steuerausländer nicht verpflichtet, über ihre Tätigkeit in Luxemburg eigene Bücher zu führen. Sie konnten ihr in Luxemburg steuerbares Einkommen durch proratarische Aufteilung ihres Gesamteinkommens derart ermitteln, dass ein Teil des Einkommens als aus der luxemburgischen Tätigkeit des Steuerpflichtigen herrührend galt. Eine ausnahmsweise Buchführungspflicht bestand jedoch dann, wenn der Steuerausländer Verlustvorträge aus früheren Jahren vom Gesamtbetrag seiner Einkünfte abziehen wollte. Dies konnte er nur, wenn die Verluste mit inländischen Einkünften in wirtschaftlichem Zusammenhang standen und er im Inland Bücher geführt hatte. Dabei mußte die Buchführung über die Tätigkeit des Steuerpflichtigen in Luxemburg dem einschlägigen nationalen Recht entsprechen (ordnungsgemäße Buchführung, Art. 157 Abs. 2 luxemburgisches EStG). Die Klägerin zu 2. verfügte für das Geschäftsjahr 1986 über keine „ordnungsgemäße Buchführung“. Sie hatte daher ihre steuerbaren Einkünfte für dieses Jahr durch Aufteilung der Gesamteinkünfte der Klägerin zu 1. ermittelt. In ihrer Steuererklärung für dieses Geschäftsjahr beantragte sie, von ihren Einkünften aus diesem Jahr bestimmte Verluste abzuziehen, die in den Jahren 1981 bis 1986 entstanden waren. Da die Klägerin zu 2. auch für diesen Zeitraum über keine „ordnungsgemäße Buchführung“ verfügte, wurden auch diese Verluste durch die Aufteilung der Gesamtverluste der Klägerin zu 1. während dieses Zeitraums ermittelt. Die Steuerverwaltung lehnte diesen Antrag ab. Sie machte geltend, dass nach luxemburgischen Recht Steuerausländer einen Verlust nur unter den Voraussetzungen des Art. 157 Abs. 2 vortragen könnten. Die Klägerinnen erhoben Klage zum

---

[707] Vgl. EuGH v. 15.05.1997, Rs. C-250/95 (*Futura Participations und Singer*), EuGHE 1997, S. I-2471 ff.

luxemburgischen Conseil d'État, der dem EuGH folgende Frage zur Vorabentscheidung vorlegte. Er wollte wissen, ob Art. 157 des luxemburgischen EStG und, soweit erforderlich, die Art. 4 und Art. 21 Absatz 2 Unterabsatz 2 des französisch-luxemburgischen DBA mit Art. 43 EG vereinbar seien, soweit sie die Anwendung der Bestimmungen über den Verlustvortrag auf Steuerausländer, die eine Betriebsstätte in Luxemburg unterhalten, von der Voraussetzung abhängig machen, dass die Verluste im Zusammenhang mit inländischen Einkünften stehen und dass im Inland ordnungsgemäße Bücher geführt und aufbewahrt werden.

bb) Die Entscheidung des EuGH

Im Ergebnis bejahte der EuGH einen Verstoß gegen Art. 43 EG. Die Entscheidung lautete:

> **„Es verstößt nicht gegen Artikel 52 EG-Vertrag[708], wenn ein Mitgliedstaat den Verlustvortrag aus früheren Jahren bei einem Steuerpflichtigen, der in seinem Gebiet eine Zweigniederlassung, nicht aber seinen Sitz hat, davon abhängig macht, dass die Verluste in einem wirtschaftlichen Zusammenhang mit Einkünften stehen, die der Steuerpflichtige in diesem Staat erzielt hat, sofern Steuerinländer nicht besser behandelt werden. Es verstößt hingegen gegen Artikel 52 EG-Vertrag[709], wenn Voraussetzung des Verlustvortrags ist, dass der Steuerpflichtige während des Geschäftsjahres, in dessen Verlauf die Verluste entstanden sind, in diesem Staat entsprechend dem einschlägigen nationalen Recht Bücher über seine dortige Tätigkeit geführt und aufbewahrt hat. Der Mitgliedstaat kann jedoch verlangen, dass der Steuerausländer klar und eindeutig belegt, dass die von ihm geltend gemachten Verluste nach dem im fraglichen Geschäftsjahr einschlägigen inländischen Recht über die Berechnung der Einkünfte und der Verluste den dem Steuerausländer in diesem Mitgliedstaat tatsächlich entstandenen Verlusten der Höhe nach entsprechen.“[710]**

In der ersten Voraussetzung, dem wirtschaftlichen Zusammenhang zwischen Verlusten und Einkünften, sah der EuGH weder eine offene noch eine versteckte Diskriminierung. Die Regelung entspreche dem steuerlichen Territorialitätsprinzip. Sowohl bei Steuerinländern als auch bei Steuerausländern würden für die Berechnung der Bemessungsgrundlage die Gewinne und Verluste aus ihrer luxemburgischen Tätigkeit berücksichtigt.[711]

Zur zweiten Voraussetzung, der Buchführungspflicht, führte der EuGH aus:

---

708 Jetzt Art. 43 EG.

709 Jetzt Art. 43 EG.

710 Siehe EuGH v. 15.05.1997, Rs. C-250/95 (*Futura Participations und Singer*), EuGHE 1997, S. I-2471 (2505 f.).

711 Vgl. EuGH v. 15.05.1997, Rs. C-250/95 (*Futura Participations und Singer*), EuGHE 1997, S. I-2471 (2499), Rdnr. 20.

> „[Diese kann] im Sinne des Artikels 52 EG-Vertrag[712] eine Beschränkung der Niederlassungsfreiheit einer Gesellschaft darstellen, die in einem anderen Mitgliedstaat als dem ihres Sitzes eine Zweigniederlassung gründen will [...]. Die Voraussetzung bewirkt nämlich, dass eine solche Gesellschaft, will sie Verluste ihrer Zweigniederlassung vortragen, neben ihren eigenen Büchern, die dem Steuerrecht des Mitgliedstaates ihres Sitzes entsprechen müssen, getrennte Bücher über die Tätigkeit ihrer Zweigniederlassung nach dem Steuerrecht des Staates führen muß, indem sich letztere befindet. Die Bücher müssen zudem am Ort der Zweigniederlassung, nicht am Sitz der Gesellschaft aufbewahrt werden. Damit verstößt diese Voraussetzung, die spezifisch Gesellschaften mit Sitz in einem anderen Mitgliedstaat trifft, grundsätzlich gegen Art. 52 EG-Vertrag[713]. Etwas anderes gilt nur, wenn die Maßnahme ein legitimes Ziel verfolgt, das mit dem EG-Vertrag vereinbar und durch zwingende Gründe des öffentlichen Interesses gerechtfertigt ist. Erforderlich ist zudem, dass die Maßnahme zur Erreichung des fraglichen Ziels geeignet ist und nicht darüber hinausgeht, was hierzu erforderlich ist [...].“[714]

Die luxemburgische Regierung trug vor, dass die Buchführungspflicht unerläßlich sei, damit die Steuerbehörden die Höhe des zu versteuernden Einkommens überprüfen könnten. Außerdem stelle dies eine Beweisregel dar, die gerechtfertigt sei, weil der betroffene Staat überprüfen müsse, ob die Verluste, deren Vortrag beantragt werde, zum einen tatsächlich aus luxemburgischen Tätigkeiten des Steuerpflichtigen stammten und zum anderen der Höhe nach zuträfen.[715] Hierzu meinte die Kommission, dass die luxemburgischen Behörden die Höhe der Verluste anhand der vom Steuerausländer an seinem Sitz geführten Bücher überprüfen könnte. Außerdem verwies sie in diesem Zusammenhang auf die Amtshilferichtlinie, nach der die Behörden aus anderen Mitgliedstaaten um alle Auskünfte ersuchen könnten, die für die Festsetzung der Steuer erforderlich seien.[716]

Sowohl das Verteidigungsvorbringen der Regierung als auch die Auffassung der Kommission wies der EuGH zurück.

> „Der Gerichtshof hat wiederholt entschieden, dass die Wirksamkeit der Steueraufsicht ein zwingender Grund des Allgemeininteresses ist, der eine Beschränkung der vom EG-Vertrag gewährleisteten Grundfreiheiten rechtfertigen kann (siehe z. B. Urteil vom 20. Februar 1979 in der Rechtssache 120/78, Rewe-Zentral – Cassis de Dijon –, Slg. 1979, 649, Randnr. 8). Ein Mitgliedstaat hat damit das Recht zur Anwendung von Maßnahmen, die die klare und eindeutige

---

712 Jetzt Art. 43 EG.

713 Jetzt Art. 43 EG.

714 Siehe EuGH v. 15.05.1997, Rs. C-250/95 (*Futura Participations und Singer*), EuGHE 1997, S. I-2471 (2500), Rdnr. 26.

715 Vgl. EuGH v. 15.05.1997, Rs. C-250/95 (*Futura Participations und Singer*), EuGHE 1997, S. I-2471 (2500 f.), Rdnr. 27 ff.

716 Vgl. EuGH v. 15.05.1997, Rs. C-250/95 (*Futura Participations und Singer*), EuGHE 1997, S. I-2471 (2501), Rdnr. 30.

> Feststellung der Höhe sowohl der in diesem Staat steuerbaren Einkünfte wie eines Verlustvortrags erlauben.“[717]

Im Rahmen der Auseinandersetzung mit der Auffassung der Kommission wies das Gericht darauf hin, dass die nationalen Vorschriften über die Ermittlung der Bemessungsgrundlage für die direkten Steuern nicht harmonisiert seien. Daher stelle jeder Mitgliedstaat seine eigenen Vorschriften für die Ermittlung der Gewinne, Einkünfte, Betriebsausgaben, Abzüge und Befreiungen sowie ihrer jeweiligen Höhe auf, die bei der Berechnung der steuerbaren Einkünfte oder eines Verlustvortrags berücksichtigt werden. Selbst wenn Harmonisierungsvorschriften bzw. Koordinierungsregeln nach Art. 44 Abs. 2 lit. g) EG bestünden, gäbe es keine Gewähr dafür, dass „sich nach den gemeinsamen Koordinierungsregeln erstellten Abschlüssen einer Gesellschaft oder denjenigen Abschlüssen, die erstellt wurden, um die Bemessungsgrundlage für die Steuer im Sitzstaat zu ermitteln, Angaben entnehmen lassen, die für die Höhe der steuerbaren Einkünfte und eines Verlustvortrags in einem anderen Mitgliedstaat, in dem die Gesellschaft eine Zweigniederlassung hat, erheblich sind.“[718]

Zu prüfen sei jedoch – so der EuGH weiter – ob die Buchführungspflicht nicht über das hinausgeht, was zur Überprüfung der Höhe der Verluste erforderlich ist, die von den Einkünften abgezogen werden können, die ein Steuerpflichtiger in einem Geschäftsjahr nach dem Geschäftsjahr erzielt hat, in dem die Verluste entstanden sind. Denn ein Steuerausländer müsse in Luxemburg nur dann Bücher führen, wenn er Verlustvorträge aus einem früheren Geschäftsjahr ansetzen wollte. Zum Sinn und Zweck dieser Regelung führte der EuGH aus:

> „In dem Zeitpunkt, in dem der Verlustvortrag geltend gemacht wird, besteht das einzige Interesse der luxemburgischen Behörden jedoch darin, klar und eindeutig feststellen zu können, ob die Verluste, deren Vortrag beantragt wird, nach dem luxemburgischen Recht über die Berechnung der Einkünfte und der Verluste, das während des Geschäftsjahres galt, in dem die Verluste entstanden sind, den dem Steuerpflichtigen in Luxemburg tatsächlich entstandenen Verlusten der Höhe nach entsprechen. Soweit also der Steuerpflichtige klar und eindeutig die Höhe der fraglichen Verlust belegt, dürfen diese Behörden ihm den Vortrag nicht mit der Begründung verweigern, er habe im fraglichen Geschäftsjahr über seine Tätigkeit in Luxemburg keine ordnungsgemäßen Bücher geführt und dort aufbewahrt.“[719]

---

717 Siehe EuGH v. 15.05.1997, Rs. C-250/95 (*Futura Participations und Singer*), EuGHE 1997, S. I-2471 (2501), Rdnr. 31.

718 Siehe EuGH v. 15.05.1997, Rs. C-250/95 (*Futura Participations und Singer*), EuGHE 1997, S. I-2471 (2502), Rdnr. 32 f.

719 Siehe EuGH v. 15.05.1997, Rs. C-250/95 (*Futura Participations und Singer*), EuGHE 1997, S. I-2471 (2503), Rdnr. 39.

Zusätzlich könnten die zuständigen Behörden aufgrund der Amtshilferichtlinie[720] die Behörden des anderen Mitgliedstaates um Auskunft ersuchen. Abschließend äußerte sich der EuGH noch zur proratarischen Aufteilung. Wenn ein Mitgliedstaat einem Steuerpflichtigen erlaube, sein steuerbares Einkommen durch proratarische Aufteilung seines Einkommens zu ermitteln, so verpflichte ihn das nicht, auch die Ermittlung seines Verlustvortrages auf der Basis einer Aufteilung der Gesamtverluste zu akzeptieren.[721]

cc) Die steuerlichen Kernaussagen

Die Vorlage betraf den Bereich der Einkommensteuer und somit die direkten Steuern. Diese fallen nach ständiger Rechtsprechung des EuGH in die Zuständigkeit der Mitgliedstaaten. Diese müssen jedoch die ihnen verbleibenden Befugnisse unter Wahrung des Gemeinschaftsrechts ausüben. Daher war im vorliegenden Fall der Anwendungsbereich der Niederlassungsfreiheit eröffnet. Aus den luxemburgischen Steuernormen ergaben sich für gebietsfremde Steuerpflichtige, die einen Verlustvortrag geltend machen wollten, drei Voraussetzungen: Die Verluste mussten in wirtschaftlichem Zusammenhang mit Inlandserträgen stehen und es musste eine ordnungsgemäße Buchführung in Luxemburg existieren, die dort ständig aufbewahrt wurde.

(1) Das Territorialitätsprinzip

In der internationalen Staatenpraxis herrscht die gängige Differenzierung zwischen dem Universalitätsprinzip bei der unbeschränkten Steuerpflicht und dem Territorialitätsprinzip bei der beschränkten Steuerpflicht.[722] So auch das luxemburgische Steuergesetz: Es stellt im Bereich der Besteuerung von Betriebsstätteneinkünften auf das Territorialitätsprinzip dahingehend ab, dass die beschränkte Steuerpflicht zunächst das Vorhandensein einer inländischen Betriebsstätte voraussetzt, sodann werden jeweils nur die Einkünfte besteuert, die aus der Tätigkeit der festen Niederlassung auf ihrem Gebiet stammen. Im Gegenzug dürfen Verluste nur dann geltend gemacht werden, wenn sie in wirtschaftlichem Zusammenhang mit Inlandserträgen stehen. Regelungen, die einen

---

[720] Vgl. RL 79/1070/EWG (ABl. EG 1979, Nr. L 331 v. 27.12.1979, S. 8).

[721] Vgl. EuGH v. 15.05.1997, Rs. C-250/95 (*Futura Participations und Singer*), EuGHE 1997, S. I-2471 (2504), Rdnr. 41 f.

[722] „Der persönliche Anknüpfungspunkt wird dadurch konkretisiert, dass eine natürliche Person im Inland einen Lebensmittelpunkt hat [...]. Die daraus resultierende Steuerpflicht umfasst als Rechtsfolge den Zugriff auf jedwedes Einkommen (‚Welteinkommen'), gleichgültig wo sich die Einkommensquelle befindet. [...] Natürliche Personen, die im Inland weder Wohnsitz noch gewöhnlichen Aufenthalt haben, werden aus dem Gesichtspunkt sachlicher Anknüpfung Subjekt eines inländischen Steuerschuldverhältnisses, wenn sie inländische Einkünfte [...] besitzen. (Nur) mit diesen Einkünften sind sie beschränkt steuerpflichtig [...]." Siehe *Jakob*, Einkommensteuer, § 2, Rdnr. 2, 4.

Ausfluss des Territorialitätsprinzips im Steuerbereich darstellen, sah der EuGH schon in seiner früheren Rechtsprechung als mit dem Gemeinschaftsrecht vereinbar an. Er betonte mehrfach, dass nicht jede Ungleichbehandlung von beschränkt und unbeschränkt Steuerpflichtigen zu einer Diskriminierung führt, da sich diese im Hinblick auf die direkten Steuern nicht in einer vergleichbaren Situation befinden.[723]

(2) Erfordernis einer ordnungsgemäßen Buchführung in Luxemburg

Das Gericht bezeichnete das Erfordernis der Buchführungspflicht nach luxemburgischen Regeln als eine „Beschränkung der Niederlassungsfreiheit". GA *Lenz* sah darin hingegen eine versteckte Diskriminierung.[724] Diese unterschiedlichen Ansichten erfordern eine genauere Betrachtung der in Frage stehenden Einkommensteuerregelungen.

(a) Beeinträchtigung der Niederlassungsfreiheit

Sowohl für in- als auch für ausländische Gesellschaften ist ein Verlustvortrag nur dann möglich, wenn für den Zeitraum, in dem die Verluste entstanden sind, eine ordnungsgemäße Buchführung vorliegt. Die Regelung gilt also in formaler Hinsicht unterschiedslos für In- und Ausländer. Rein faktisch wirkt sie sich jedoch überwiegend zu Lasten von Gesellschaften mit Sitz in einem anderen Mitgliedstaat aus. Für eine luxemburgische Gesellschaft ist es selbstverständlich, dass sie ihre Buchführung nach luxemburgischen Regeln erstellt und in Luxemburg aufbewahrt. Eine ausländische Gesellschaft muss hingegen zusätzliche Kosten in Kauf nehmen und eine getrennte Buchführung in Luxemburg einrichten. Dies gilt insbesondere für ausländische Zweigniederlassungen: Auch diese müssen eine zweite Buchführung – getrennt vom Sitz des Unternehmens – führen, obwohl sie keine eigene Rechtspersönlichkeit besitzen. Die Benachteiligung trifft ausländische Gesellschaften also gerade aufgrund der Gleichbehandlung mit luxemburgischen Gesellschaften. Es handelt sich daher um eine Beschränkung.[725]

(b) Schranken der Beschränkung

Im Bereich der Warenverkehrsfreiheit führte der EuGH bereits früher in Bezug auf Maßnahmen, die unterschiedslos für einheimische und eingeführte Waren gelten, aus:

---

[723] Vgl. hierzu die Ausführungen in: 3. Teil, § 2, B., II., 3., c), cc), (1).

[724] Vgl. GA *Lenz* in seinen Schlussanträgen v. 5.11.1996, Rs. C-250 (*Futura Participations und Singer*), EuGHE 1997, S. I-2473 (2480 ff.), Rdnr. 30 ff.

[725] Vgl. hierzu die Ausführungen in: 3. Teil, § 2, A., II., 2., b), bb), (2), (b).

„In Ermangelung einer gemeinschaftlichen Regelung der Herstellung und Vermarktung [...] ist es Sache der Mitgliedstaaten alle die Herstellung und Vermarktung [...] betreffenden Vorschriften für ihr Hoheitsgebiet zu erlassen. Hemmnisse für den Binnenhandel der Gemeinschaft, die sich aus den Unterschieden der nationalen Regelungen ergeben, müssen hingenommen werden, soweit diese Bestimmungen notwendig sind, um zwingenden Erfordernissen gerecht zu werden [...].“[726]

Als zwingendes Erfordernis hatte der EuGH in seinem damaligen Urteil auch die wirksame steuerliche Kontrolle anerkannt. In der hier vorliegenden Entscheidung überträgt er ausdrücklich diese Rechtsprechung auf die Niederlassungsfreiheit und bestätigt damit seine Tendenz, die Grundfreiheiten strukturell an die Warenverkehrsfreiheit anzugleichen.[727]

Die zum Schutz der zwingenden Erfordernisse ergangenen staatlichen Maßnahmen müssen verhältnismäßig, d.h. geeignet und erforderlich sein und in einem angemessenen Verhältnis zu dem verfolgten Ziel stehen. Was das Erfordernis einer ordnungsgemäßen, d.h. nach luxemburgischen Vorschriften angefertigten Buchführung betrifft, so verweist der EuGH zu Recht darauf, dass es hier nicht um die Frage geht, wie eine Buchhaltung zu führen ist, sondern darum, wie man präzise Zahlen bezüglich der luxemburgischen Verluste erhalten kann. Das Anliegen eines Mitgliedstaates, die steuerbaren Einkünfte so präzise wie möglich festzustellen, ist ein legitimes, mit dem EG-Vertrag vereinbares Ziel. Eine Maßnahme, wie die des Großherzogtums Luxemburg, ist grundsätzlich geeignet, dieses Ziel zu erreichen, sie geht jedoch über das erforderliche Maß hinaus. Für die präzise Festlegung der Verluste einer Zweigniederlassung ist nicht erforderlich, eine getrennte Buchführung anzufertigen, denn die für die Besteuerung der Zweigniederlassung in Luxemburg erforderlichen Zahlen gehen aus der Buchhaltung am Sitz des Unternehmens hervor, so dass der Steuerpflichtige sie belegen kann. Auch das Erfordernis, dass die Buchführung nach luxemburgischen Regeln erstellt werden muss, geht über das erforderliche Maß hinaus, da nicht davon ausgegangen werden kann, dass eine Buchführung, die nach den Regeln eines anderen Mitgliedstaates angefertigt ist, weniger präzise ist. Hinzu kommt der Umstand, dass die Regelungen bezüglich des Jahresabschlusses in ausreichendem Maße harmonisiert wurden[728] und daher die Jahresabschlüsse miteinander verglichen werden können.[729] Das Vorbringen der Luxemburger Regierung bezüglich der Aufbewahrungspflicht betrifft das Problem der effizienten Steuerkontrolle. Hier verweist der EuGH auf die Richtlinie über die gegenseitige Amtshilfe zwischen den Behörden der Mitgliedstaaten im Bereich der direkten Steuern.[730] Danach kann die luxemburgische Steuerbe-

---

[726] Siehe EuGH v. 20.02.1979, Rs. 120/78 (*Rewe/Bundesmonopolverwaltung für Branntwein*), EuGHE 1979, S. 649 (662).

[727] Vgl. hierzu die Ausführungen in: 2. Teil, § 2, A., II., 2., b), bb), (2).

[728] Vgl. Vierte RL 78/660/EWG des Rates vom 25.07.1978 aufgrund von Art. 44 Abs. 2 Buchstabe g) EG über den Jahresabschluss von Gesellschaften bestimmter Rechtsformen (ABl. EG 1978, Nr. L 222 v. 14.08.1978, S. 11).

[729] Vgl. GA *Lenz* in seinen Schlussanträgen v. 05.11.1996, Rs. C-250/95 (*Futura Participations und Singer*), EuGHE 1997, S. I-2473 (2484), Rdnr. 44 f.

[730] Vgl. RL 77/799/EWG des Rates v. 19.12.1977 (ABl. EG 1977, Nr. L 336 v. 27.12.1977, S. 15).

hörde die französische Steuerbehörde um Hilfe bitten, wenn es um Auskünfte betreffend die Festsetzung der Steuern vom Einkommen geht.[731] Einmal mehr hat der Gerichtshof damit entschieden, dass eine Rechtfertigung bestimmter steuerlichen Maßnahmen durch die Möglichkeit der Amtshilfe nicht mehr gegeben ist.

(3) Harmonisierung der Vorschriften über die Ermittlung der Bemessungsgrundlage

Das Gericht verweist in seinen Ausführungen darauf, dass die nationalen Vorschriften über die Ermittlung der Bemessungsgrundlage nicht harmonisiert sind.[732] So sehr eine solche Harmonisierung auch im Rahmen einer Gesamtharmonisierung der Unternehmensbesteuerung erforderlich wäre, so groß sind gerade hier die Schwierigkeiten, die ein solches Vorhaben auf Gemeinschaftsebene aufwirft. Grund hierfür ist zunächst, dass viele Mitgliedstaaten über die Vorschriften zur Ermittlung des steuerpflichtigen Gewinns vielfältige, auch nichtsteuerliche Zwecke verfolgen, die sich ihrerseits entweder einer Harmonisierung von vornherein entziehen, etwa weil sie auf die Besonderheiten des jeweiligen Staates zugeschnitten sind (z.B. Förderung des Olivenanbaus), oder aber Materien betreffen, für die bislang noch keine gemeinsamen Regeln auf Gemeinschaftsebene erzielt werden konnten (z.B. Sozialwesen).[733] Schon im Jahre 1988 hatte die Kommission einen ersten Anlauf zu einer gemeinschaftsweiten Lösung unternommen und einen Vorentwurf für eine Gewinnermittlungsrichtlinie erstellt, dessen vorrangiges Ziel darin bestand, die steuerliche Gewinnermittlung zu vereinfachen und transparenter zu machen.[734] Für ein derartiges Vorhaben fehlt jedoch bislang die notwendige politische Bereitschaft der Mitgliedstaaten, auf so elementare nationale Hoheitsrechte zu verzichten.[735]

---

731 Vgl. Art. 1 Abs. 1 der RL 77/799/EWG.

732 Daher soll an dieser Stelle kurz auf die Harmonisierung der steuerlichen Bemessungsgrundlage eingegangen werden.

733 Vgl. *Thömmes*, in: Lenz, EG-Handbuch Recht im Binnenmarkt, Teil 9: Steuerrecht, S. 561 (598).

734 Obwohl es sich hierbei um ein nicht zur Veröffentlichung freigegebenes internes Dokument handelte, ist der Vorentwurf bei *Zeitler/Jüptner*, Europäische Steuerharmonisierung und direkte Steuern, BB 1988, Beilage 17, S. 1 (4 f.), besprochen.

735 In ihren Leitlinien zur Unternehmensbesteuerung von 1990 verfolgte die Kommission das Projekt der Gewinnermittlungsrichtlinie nicht weiter. Allerdings ist es nach Auffassung des Ruding-Ausschusses „dringend erforderlich, die einzelstaatlichen Vorschriften zur Bestimmung der Bemessungsgrundlage anzugleichen, um unzumutbare Wettbewerbsverzerrungen zu vermeiden. Damit würde gleichzeitig mehr Transparenz und eine einfachere Rechtsanwendung erreicht. Dies bedeutet jedoch nicht, dass das Steuerrecht vollständig harmonisiert werden sollte, sondern vielmehr, dass die Gemeinschaft für die Elemente der Bemessungsgrundlage, die sich durch die Marktkräfte nicht ausreichend angleichen lassen, Mindestregeln und Mindeststandards festlegen sollte." Siehe Ruding-Bericht, S. 222. Der Ausschuss verweist dabei auf verschiedene konkrete Kernbereiche der steu-

f) „ICI"

Im Verfahren zwischen der Imperial Chemical Industries plc (ICI) und der Steuerverwaltung des Vereinigten Königreichs[736] ging es um deren Weigerung, der ICI einen Steuervorteil für Verluste zu gewähren, die einer Tochtergesellschaft der Holdinggesellschaft entstanden sind, an der ICI über ein Konsortium im Sinne des Income and Corporation Taxes Act beteiligt war. Der grenzüberschreitende Bezug war dadurch hergestellt, dass einige Tochtergesellschaften ihren Sitz in anderen Mitgliedstaaten innehatten.

aa) Der Sachverhalt

ICI und die Wellcome Foundation Ltd, beide mit Sitz im Vereinigten Königreich, bildeten ein Konsortium, über das sie an der Coopers Animal Health Ltd (Holding) beteiligt waren. Die einzige Tätigkeit der Holding bestand im Halten der Anteile an 23 Tochtergesellschaften, die in zahlreichen Ländern tätig waren. Vier dieser Tochtergesellschaften, darunter die Coopers Animal Health Ltd (CAH), hatten ihren Sitz in Großbritannien, sechs in anderen Mitgliedstaaten und dreizehn in Drittländern. CAH erlitt bei ihrer geschäftlichen Tätigkeit in Großbritannien in den Geschäftsjahren 1985, 1986 und 1987 Verluste. ICI beantrage daher gemäß den Sections 258 bis 264 des Income and Corporation Taxes Act, ihr einen Steuervorteil zu gewähren, indem von den steuerpflichtigen Gewinnen, die sie in diesen Geschäftsjahren erzielt hatte, ein Betrag in der Höhe von 49% (entsprechend ihrem Anteil an der Holding) der in diesen Zeiträumen bei CAH angefallenen Verluste abgesetzt. Bezüglich der Voraussetzungen und Modalitäten eines Steuervorteils, wie ihn ICI beantragte, sah das Gesetz folgendes vor: Eine Gesellschaft, die sog. übertragende Gesellschaft, die zu einem Konzern gehörte, konnte Geschäftsverluste und andere abzugsfähige Beträge übertragen. Auf Antrag einer anderen Gesellschaft, der sog. antragstellenden Gesellschaft, die zum selben Konzern gehören mußte, konnten diese Verluste und Beträge in Form eines sog. Konzernabzugs als Abzug von der Körperschaftsteuer gewährt werden. Der Konzernabzug wurde auch dann gewährt, wenn eine der Gesellschaften Mitglied eines Konsortiums und die andere eine 90%ige Tochtergesellschaft einer Holdinggesellschaft war, an der das Konsortium beteiligt war. Eine Holdinggesellschaft in diesem Sinne mußte eine Gesellschaft sein, deren Geschäftstätigkeit ganz oder hauptsächlich im Halten von Aktien oder Wertpapieren von Tochtergesellschaften bestand. Diese Regelungen galten jedoch nur für Gesellschaften mit Sitz im Vereinigten Königreich. Die Gewährung des von ICI beantragten Steuervorteils wurde von der Steuerverwaltung abgelehnt. Die Tätigkeit der Holding bestehe zwar nur im Halten von Aktien oder Wertpapieren von Handelsgesellschaften, die 90%ige Tochtergesellschaften von ihr seien. Die meisten ihrer Tochtergesellschaften, nämlich 19 von 23, seien jedoch keine Körperschaften mit Sitz im Vereinigten Königreich. Daraufhin kam es zum Rechtsstreit, in dessen Verlauf das House of Lords das Verfahren aussetzte und dem EuGH Fragen zur Auslegung des EG-Vertrages zur

---

erlichen Gewinnermittlung, wie beispielsweise die Höhe von Abschreibungen, die Abzugsfähigkeit bestimmter Rückstellungen und Betriebsausgaben und die Möglichkeit des Verlustvor- und Verlustrücktrags. Bislang hat die Kommission aber keine konkreten Schritte zur Durchführung dieser Vorschläge eingeleitet.

736 Vgl. EuGH v. 16.07.1998, Rs. C-264/96 (*ICI*), EuGHE 1998, S. I-4695 ff.

Vorabentscheidung vorlegte. Im Wesentlichen wurde gefragt, ob die Weigerung der Gewährung des Steuervorteils eine Beschränkung der Niederlassungsfreiheit darstelle.

bb) Die Entscheidung des EuGH

Das Gericht beurteilte die streitige britische Steuernorm als gemeinschaftswidrig. Die steuerrechtlich relevante Passage der Entscheidung lautete:

> **„Artikel 52 EG-Vertrag[737] steht Rechtsvorschriften entgegen, die bei in diesem Mitgliedstaat ansässigen Gesellschaften, die zu einem Konsortium gehören, über das sie eine Holdinggesellschaft kontrollieren, und die von ihrer Niederlassungsfreiheit Gebrauch machen, um über diese Holdinggesellschaft Tochtergesellschaften in anderen Mitgliedstaaten zu gründen, eine spezielle Form des Steuervorteils an die Voraussetzung knüpfen, dass die Tätigkeit der Holdinggesellschaft ganz oder hauptsächlich im Halten von Aktien von in dem betreffenden Mitgliedstaat ansässigen Tochtergesellschaften besteht.“[738]**

Zur Frage der Beeinträchtigung der Niederlassungsfreiheit führte der EuGH aus: Die fraglichen britischen Rechtsvorschriften verweigerten gebietsansässigen Holdinggesellschaften einen Steuervorteil durch Verlustübertragung allein deswegen, weil diese Gesellschaften hauptsächlich Tochtergesellschaften mit Sitz außerhalb des Vereinigten Königreichs kontrollieren.[739]

> „Derartige Rechtsvorschriften verwenden somit das Kriterium des Sitzes der kontrollierten Tochtergesellschaften, um eine unterschiedliche steuerliche Behandlung der im Vereinigten Königreich ansässigen Gesellschaften eines Konsortiums einzuführen. Sie behalten nämlich den für Konsortien vorgesehenen Abzug den Gesellschaften vor, die ausschließlich oder hauptsächlich Tochtergesellschaften mit Sitz im Inland kontrollieren.“[740]

Sodann prüfte das Gericht, ob diese Ungleichbehandlung nach den Bestimmungen des Vertrages zur Niederlassungsfreiheit gerechtfertigt sind.

Die Regierung des Vereinigten Königreichs machte geltend, dass bei den direkten Steuern die Situation der gebietsansässigen und die der gebietsfremden Gesellschaften in der Regel nicht vergleichbar sei. Dies begründete sie mit zwei Gesichtspunkten: Zum einen sollten die in Re-

---

737 Jetzt Art. 43 EG.

738 Siehe EuGH v. 16.07.1998, Rs. C-264/96 (*ICI*), EuGHE 1998, S. I-4695 (4726).

739 Vgl. EuGH v. 16.07.1998, Rs. C-264/96 (*ICI*), EuGHE 1998, S. I-4695 (4721 f.), Rdnr. 22.

740 Siehe EuGH v. 16.07.1998, Rs. C-264/96 (*ICI*), EuGHE 1998, S. I-4695 (4722), Rdnr. 23.

de stehenden Rechtsvorschriften die Gefahr der Steuerumgehung verringern, die im vorliegenden Fall in der Möglichkeit bestehe, die Gründung von Tochtergesellschaften im Ausland dazu zu benutzen, dem Fiskus des Vereinigten Königreichs steuerbares Einkommen zu entziehen. Zum anderen sollten diese Rechtsvorschriften eine Verringerung der Einnahmen verhindern, die nur auf dem Vorhandensein gebietsfremder Tochtergesellschaften beruhe und damit zusammenhänge, dass der Fiskus des Vereinigten Königreichs den aus dem Abzug der Verluste der gebietsansässigen Tochtergesellschaften resultierenden Steuervorteil nicht durch die Besteuerung der Gewinne außerhalb des Vereinigten Königreichs ansässiger Tochtergesellschaften ausgleichen könne.[741]

Der EuGH ließ keines der Argumente gelten. Zur Gefahr der Steuerumgehung führte er aus, dass die fraglichen Rechtsvorschriften nicht speziell bezweckten, künstliche Konstruktionen, die auf eine Umgehung des Steuerrechts des Vereinigten Königreichs gerichtet seien, von einem Steuervorteil auszuschließen, sondern generell jede Situation erfassten, in der die Mehrzahl der Tochtergesellschaften eines Konzerns ihren Sitz – aus welchen Gründen auch immer – außerhalb des Vereinigten Königreichs unterhielten. Die Niederlassung einer Gesellschaft außerhalb des Vereinigten Königreichs impliziere als solche noch keine Steuerumgehung, da die Gesellschaft in jedem Fall dem Steuerrecht eines anderen Mitgliedstaates unterliege. Außerdem hänge die Gefahr der Verlagerung von Belastungen nicht davon ab, ob die Mehrzahl der Tochtergesellschaften ihren Sitz im Ausland habe. Schon die Existenz einer einzigen gebietsfremden Tochtergesellschaft genüge, damit diese Gefahr eintrete.[742]

Zum Argument der Gefahr der Verringerung der Steuereinnahmen wies das Gericht auf den gefestigten Grundsatz hin, dass „Steuermindereinnahmen nicht zu den in Artikel 56 des Vertrages[743] genannten Gründen gehören und nicht als zwingender Grund des Allgemeininteresses anzusehen sind, der zur Rechtfertigung einer mit Artikel 52 des Vertrages[744] grundsätzlich unvereinbaren Ungleichbehandlung angeführt werden kann."[745]

Zum Rechtfertigungsgrund der steuerlichen Kohärenz wurde vom Gerichtshof ausgeführt:

> „Im vorliegenden Fall besteht kein [...] unmittelbarer Zusammenhang zwischen dem Steuervorteil, der dem Konsortium für die Verluste einer im Vereinigten Königreich ansässigen Tochtergesellschaft gewährt wird, und der Besteuerung

---

741 Vgl. EuGH v. 16.07.1998, Rs. C-264/96 (*ICI*), EuGHE 1998, S. I-4695 (4722), Rdnr. 25.

742 Vgl. EuGH v. 16.07.1998, Rs. C-264/96 (*ICI*), EuGHE 1998, S. I-4695 (4723), Rdnr. 27.

743 Jetzt Art. 46 EG.

744 Jetzt Art. 43 EG.

745 Siehe EuGH v. 16.07.1998, Rs. C-264/96 (*ICI*), EuGHE 1998, S. I-4695 (4723), Rdnr. 28.

der Gewinne der außerhalb des Vereinigten Königreichs ansässigen Tochtergesellschaften."[746]

cc) Die steuerlichen Kernaussagen

Eine nationale Steuervorschrift, die die Gewährung eines speziellen Steuervorteils von der Voraussetzung abhängig macht, dass eine Holdinggesellschaft Aktien von kontrollierten Gesellschaften hält, die ihren Sitz im Inland haben, verstößt gegen Art. 43 EG.

(1) Beeinträchtigung der Niederlassungsfreiheit

Bevor auf die Qualifizierung der Beeinträchtigung eingegangen werden kann, ist vorab zu klären, ob Großbritannien im vorliegenden Fall überhaupt Adressat der Grundfreiheit ist.[747]

(a) Adressat der Niederlassungsfreiheit

Die britischen Rechtsvorschriften betreffen Gesellschaften, die in Großbritannien der Steuer unterliegen und machen die Gewährung des Steuervorteils davon abhängig, ob und in welcher Weise das Niederlassungsrecht in einem anderen Mitgliedstaat ausgeübt wird. Es handelt sich also um eine Beeinträchtigung seitens des Herkunftsstaates. Bereits in der „Daily Mail"-Entscheidung[748] hatte des EuGH jedoch festgestellt, dass die Bestimmungen über die Niederlassungsfreiheit auch den Herkunftsstaat binden und ihm verbieten, das Niederlassungsrecht einer nach seinem Recht gegründeten Gesellschaft, die im übrigen der Definition des Art. 48 EG entspricht, zu beeinträchtigen.[749]

(b) Diskriminierung durch Sitzanknüpfung

Die streitige Rechtsvorschrift verbindet mit dem Differenzierungskriterium „Sitz der kontrollierten Tochtergesellschaften" eine unterschiedliche steuerliche Behandlung der in Großbritannien ansässigen Gesellschaften eines Konsortiums. Die Gewährung des Steuervorteils ist in allen Fällen ausgeschlossen, in denen die Tätigkeit der Holdinggesellschaft ganz oder hauptsächlich im Halten von Aktien von Tochtergesellschaften besteht, die ihren Sitz außerhalb Großbritan-

---

[746] Siehe EuGH v. 16.07.1998, Rs. C-264/96 (*ICI*), EuGHE 1998, S. I-4695 (4723), Rdnr. 29.

[747] Vgl. hierzu die Ausführungen in: 3. Teil, § 2, A., II., 2., b), aa).

[748] Vgl. hierzu die Ausführungen in: 3. Teil, § 2, B., II., 3., b).

[749] Vgl. hierzu die Ausführungen in: 3. Teil, § 2, B., II., 3., b), cc), (3).

niens haben. Diese Ungleichbehandlung beeinträchtigt das von Art. 43 und Art. 48 EG gewährleistete Recht britischer Gesellschaften, Tochtergesellschaften in anderen Mitgliedstaaten zu gründen. Die fraglichen Rechtsvorschriften bewirken also eine Diskriminierung zwischen den in Großbritannien ansässigen Gesellschaften, je nach dem, ob und wie sie von der Niederlassungsfreiheit in anderen Mitgliedstaaten Gebrauch gemacht haben. Mit anderen Worten: Die unterschiedliche Behandlung betrifft Gesellschaften, die ihren satzungsmäßigen Sitz im selben Mitgliedstaat haben. Sie folgt aus der Entscheidung, von der durch Art. 43 EG gewährleisteten Möglichkeit Gebrauch zu machen und in einem anderen Mitgliedstaat eine Zweigniederlassung zu eröffnen oder Tochtergesellschaften zu gründen.[750]

(2) Rechtfertigung der Beeinträchtigung

Der EuGH stufte diese Beeinträchtigung als Diskriminierung ein. Diskriminierende Maßnahmen sind dann mit dem Gemeinschaftsrecht vereinbar, wenn sie unter einen der im Vertrag ausdrücklich vorgesehenen Rechtfertigungsgründe fallen. Vorliegend prüfte der EuGH sowohl den kodifizierten Rechtfertigungsgrund des Art. 46 EG[751] als auch zwingende Gründe des Allgemeininteresses, die normalerweise auf unterschiedslos geltende Maßnahmen Anwendung finden.[752]

(a) Verlust von Steuereinnahmen

Erwägungen wirtschaftlicher Art, wie der Verlust von Steuereinnahmen, können eine Beeinträchtigung mit diskriminierendem Charakter nicht rechtfertigen. Sie gehören weder zu den in Art. 46 EG genannten Gründen, noch – so der EuGH – zu den zwingenden Gründen des Allgemeininteresses.

(b) Gefahr der Steuerumgehung

Damit die Gefahr der Steuerumgehung eine Beeinträchtigung der Niederlassungsfreiheit zu rechtfertigen vermag, müssen nach den Ausführungen des EuGH folgende Voraussetzungen erfüllt sein: Es muss sich um eine rein künstliche Konstruktion handeln, die nur bezweckt, ein nationales Steuerrecht zu umgehen und die nationalen Rechtsvorschriften müssen speziell intendieren, solche Umgehungen zu verhindern. Grundsätzlich impliziert jedoch die Inanspruch-

---

750 Vgl. GA *Tesauro* in seinen Schlussanträgen v. 16.12.1997, Rs. 264/96 (*ICI*), EuGHE 1998, S. I-4698 (4706), Rdnr. 21.

751 Vgl. hierzu die Ausführungen in: 3. Teil, § 2, B., II., 1., c), aa).

752 Vgl. hierzu die Ausführungen in: 3. Teil, § 2, A., II., 2., c), bb).

nahme des Rechts auf freie Wahl der Niederlassung innerhalb der Gemeinschaft nicht die Absicht einer Steuerumgehung.[753]

(c) Rechtfertigungsgrund der steuerlichen Kohärenz

Die Notwendigkeit, die Kohärenz eines Steuersystems[754] zu wahren, kann nach der Rechtsprechung des EuGH unter bestimmten Umständen eine Beeinträchtigung der Grundfreiheiten rechtfertigen, die durch nationale Steuermaßnahmen hervorgerufen wird. Allerdings stellt er hohe Anforderungen an die nationalen Normen. Sie müssen auf der Ebene des einzelnen Steuerpflichtigen einen unmittelbaren Zusammenhang zwischen dem steuerlichen Vorteil (Abzugsfähigkeit) und dem hiermit korrespondierenden Nachteil (Besteuerung des Gewinns) stehen. Vorliegend handelt es sich jedoch um die Besteuerung verschiedener Steuersubjekte: zum einen des Konzerns in Großbritannien und zum anderen der Tochtergesellschaften in anderen Mitgliedstaaten. Dementsprechend verneinte der EuGH hier einen unmittelbaren Zusammenhang.

Zweck der britischen Vorschriften war – wie sich auch aus dem Vorbringen der britischen Regierung ergab – weniger die Wahrung der vermeintlichen Kohärenz der Steuerregelungen, als vielmehr zu verhindern, dass sich Steuereinnahmen vermindern. Damit der Rechtfertigungsgrund der Kohärenz greift, muss jedoch die Beeinträchtigung allein wegen der kohärenten Ausgestaltung des mitgliedstaatlichen Steuersystems hingenommen werden und nicht, weil mit dieser Ausgestaltung ein weitergehender Zweck verfolgt wird.

dd) Bestätigung der Rechtsprechung

Diese Rechtsprechung bestätigte der EuGH jüngst in den Urteilen „X und Y“[755] und „Baars“[756], die sachlich der Entscheidung „ICI“ entsprechen.

(1) „X und Y“

X AB und Y AB sind in Schweden ansässige Kapitalgesellschaften. Das schwedische Steuerrecht gestattet bei unmittelbaren oder mittelbaren 100%-Beteiligungen willkürliche Zahlungen einer schwedischen Kapitalgesellschaft an eine andere schwedische Kapitalgesellschaft. Diese sog. Konzernbeiträge sind bei der zahlenden Gesellschaft steuermindernder Aufwand, bei der empfangenden Gesellschaft steuerlicher Ertrag. Die Regelungen zum Konzernbeitrag gelten auch dann, wenn eine oder mehrere der 100%-Tochtergesellschaften ausländische Ge-

---

753 Vgl. EuGH v. 16.07.1998, Rs. C-264/96 (*ICI*), EuGHE 1998, S. I-4695 (4722 f.), Rdnr. 26.
754 Vgl. hierzu die Ausführungen in: 3. Teil, § 2, B., II., 3., c), cc), (2).
755 Vgl. EuGH v. 18.11.1999, Rs. C-200/98 (*X und Y*), EWS 2000, S. 23.
756 Vgl. EuGH v. 13.04.2000, Rs. C-251/98 (*Baars*), EWS 2000, S. 255.

sellschaften sind, ihren Sitz aber in ein und demselben Mitgliedstaat haben und Schweden mit diesem Staat ein DBA geschlossen hat. Das vorlegende Gericht wollte wissen, ob es mit Art. 43 EG vereinbar sei, dass die Konzernregelung nicht gilt, wenn die Tochtergesellschaften ihren Sitz in verschiedenen Mitgliedstaaten unterhalten.

In den Entscheidungsgründen stellte der EuGH heraus, dass die Vorschriften über die Niederlassungsfreiheit dem Herkunftsstaat verbieten, die Niederlassung im Ausland durch nachteilige inländische Steuerrechtsfolgen zu behindern.[757] Die Rechtsvorschriften des Ausgangsverfahrens behandelten verschiedene Typen von Konzernbeiträgen nach Maßgabe des Sitzes der Tochtergesellschaften unterschiedlich. Eine solche Ungleichbehandlung läuft nach dem EuGH der Niederlassungsfreiheit zuwider.[758]

Mit der Bejahung des Verstoßes gegen die Niederlassungsfreiheit durch eine Verweigerung der steuerlichen Anerkennung eines Konzernbeitrags bei bestimmten Konzernbeteiligungsverhältnissen in der EG entspricht das Urteil sachlich der Entscheidung „ICI". In beiden Fällen ging es um eine unterschiedliche steuerliche Behandlung je nach dem Sitz der Tochtergesellschaft, die der EuGH als eine versteckte Diskriminierung wertete.[759]

(2) „Baars"

Herr Baars, der in den Niederlanden wohnt, hält sämtliche Anteile an der Ballyard Foods Limited (Ballyard), einer Gesellschaft irischen Rechts mit Sitz in Dublin. Diese Anteile stellen eine wesentliche Beteiligung an einer Gesellschaft im Sinne des niederländischen Rechts dar. Für solche sieht das niederländische Vermögenssteuergesetz einen Unternehmensfreibetrag vor, den Herr Baars beanspruchte. Er wurde ihm jedoch mit der Begründung versagt, dass Ballyard nicht das in Art. 7 Abs. 3 lit. c) des niederländischen Vermögensteuergesetzes aufgestellte Erfordernis eines Sitzes in den Niederlanden erfülle.

Der EuGH bekräftigte nochmals, dass es dem Herkunftsstaat verboten ist, weder seine eigenen Staatsangehörigen noch die in seinem Hoheitsgebiet ansässigen Angehörigen anderer Mitgliedstaaten durch steuerliche Benachteiligungen daran zu hindern, sich in einem anderen Mitgliedstaat niederzulassen.[760] Die im Ausgangsrechtsstreit maßgebliche Regelung des niederländischen Vermögensteuergesetzes sehe eine unterschiedliche Behandlung je nach Sitz der Gesellschaft

---

757 Vgl. EuGH v. 18.11.1999, Rs. C-200/98 (*X und Y*), EWS 2000, S. 23 (25), Rdnr. 26.

758 Vgl. EuGH v. 18.11.1999, Rs. C-200/98 (*X und Y*), EWS 2000, S. 23 (25 f.), Rdnr. 28.

759 Vor diesem Hintergrund stellt sich die Frage, ob die deutschen Regelungen über die Organschaft (§§ 14 ff. KStG) mit dem Gemeinschaftsrecht vereinbar sind, die die Wirkung der Organschaft auf das Inland beschränken. Diese Beschränkung dürfte nach den Entscheidungen des EuGH in den Rechtssachen „ICI" und „X und Y" gegen die Niederlassungsfreiheit verstoßen.

760 Vgl. EuGH v. 13.04.2000, Rs. C-251/98 (*Baars*), EWS 2000, S. 255 (256), Rdnr. 28 f.

vor, an der die wesentliche Beteiligung bestand. Damit enthalte sie eine nach Art. 43 EG verbotene versteckte Diskriminierung.[761]

Die Entscheidung „Baars" liegt auf einer Linie mit den Entscheidungen „Daily Mail"[762], „ICI"[763] und „X und Y"[764]. Daher kann an dieser Stelle nochmals festgehalten werden: Die Vorschriften über die Niederlassungsfreiheit verbieten es dem Herkunftsstaat, die in seinem Hoheitsgebiet ansässigen natürlichen oder juristischen Personen durch steuerliche Wegzugsschranken daran zu hindern, in einem anderen Mitgliedstaat eine primäre oder sekundäre Niederlassung zu begründen. Eine nachteilige steuerliche Behandlung wegen einer Niederlassung in einem anderen Mitgliedstaat ist nach Art. 43 EG verboten.

g) „Saint-Gobain"

Das Urteil vom 21.09.1999 in der Rechtssache „Saint-Gobain"[765] betraf das deutsche Unternehmens- bzw. Körperschaftsteuerrecht. Es enthält eine weitere Konkretisierung des Verbots der steuerlichen Diskriminierung von EU-Betriebsstätten.

aa) Der Sachverhalt

Die Saint-Gobain ZN ist eine deutsche Zweigniederlassung der Compagnie de Saint-Gobain SA (Saint-Gobain SA), einer Gesellschaft französischen Rechts mit Sitz und Geschäftsleitung in Frankreich. Die Saint-Gobain ZN, die in der Bundesrepublik Deutschland im Handelsregister eingetragen war, wurde in Deutschland steuerrechtlich als Betriebsstätte der Saint-Gobain SA behandelt. Diese war in Deutschland beschränkt steuerpflichtig, da sich weder ihr Sitz noch ihre Geschäftsleitung in diesem Mitgliedstaat befanden. Die beschränkte Steuerpflicht der Saint-Gobain SA erstreckte sich nach § 2 Abs. 1 KStG auf die inländischen Einkünfte ihrer Betriebsstätte und nach Art. 2 Abs. 1 Nr. 2 und Abs. 2 VStG auf das Vermögen, das sie in ihrer Betriebsstätte hielt. In dem im Ausgangsrechtsstreit maßgeblichen Jahr 1988 hielt die Saint-Gobain SA über das Betriebskapital ihrer deutschen Zweigniederlassung Saint-Gobain ZN folgende Beteiligungen: 10,2% der Aktien der in den USA ansässigen Certain Teed Corporation, 98,63% der Aktien der in Deutschland ansässigen Grünzweig + Hartmann AG (Grünzweig), 99% der Anteile an der in Deutschland ansässigen Gevetex Textilglas GmbH (Gevetex). Die in Deutschland ansässigen Tochtergesellschaften der Saint-Gobain SA, Grünzweig und Gevetex, waren durch einen Organvertrag nach § 18 KStG mit der Saint-Gobain ZN verbunden. Die Gewinne von Grünzweig und Gevetex, die 1988 aufgrund von Gewinnabführungsverträgen (§ 14 KStG) an die Saint-Gobain ZN abgeführt wurden, enthiel-

---

761 Vgl. EuGH v. 13.04.2000, Rs. C-251/98 (*Baars*), EWS 2000, S. 255 (256 f.), Rdnr. 30.

762 Vgl. EuGH v. 27.09.1988, Rs. 81/87 (*The Queen/Treasury and Commissioners of Inland Revenue, ex parte Daily Mail and General Trust PLC*), EuGHE 1988, S. 5483.

763 Vgl. EuGH v. 16.07.1998, Rs. C-264/96 (*ICI*), EuGHE 1998, S. I-4695.

764 Vgl. EuGH v. 18.11.1999, Rs. C-200/98 (*X und Y*), EWS 2000, S. 23.

765 Vgl. EuGH v. 21.09.1999, Rs. C-307/97 (*Saint-Gobain ZN*), IStR 1999, S. 592.

ten Schachteldividenden ausländischer Tochtergesellschaften. Ebenfalls 1988 flossen Grünzweig Dividenden der in der Schweiz ansässigen Isover SA und der in Österreich ansässigen Linzer Glasspinnerei Franz Haider AG zu, an denen das Unternehmen 1988 33,34% bzw. 46,67% der Anteile hielt. Im selben Jahr erhielt Gevetex Dividenden aus einer Beteiligung zu 24,8% an der italienischen Tochtergesellschaft Vitrofil SpA. Im Rahmen des Ausgangsrechtsstreits versagte das Finanzamt der Saint-Gobain SA bestimmte Steuervergünstigungen bei der Besteuerung der Dividendeneinkünfte aus den Beteiligungen an ausländischen Kapitalgesellschaften:

1. Das Finanzamt lehnte es ab, die der Saint-Gobain ZN aus den Vereinigten Staaten und aus der Schweiz zugeflossenen Dividenden von der deutschen Körperschaftsteuer zu befreien, und begründete dies damit, dass die zweiseitigen DBA zwischen der BRD und diesen beiden Drittstaaten zwar eine solche Befreiung vorsähen, sie aber den deutschen Gesellschaften bzw. den in Deutschland unbeschränkt steuerpflichtigen Gesellschaften vorbehielten. Es handle sich hierbei um das international körperschaftsteuerliche Schachtelprivileg.

2. Das Finanzamt gewährte der Saint-Gobain SA zwar die Vergünstigung der unmittelbaren Anrechnung nach § 26 Abs. 1 KStG. Es rechnete auf die Körperschaftsteuer, die von der Saint-Gobain SA aufgrund der ihr über die Saint-Gobain ZN zugeflossenen Dividenden geschuldet wurde, die von ihr bereits gezahlte ausländische Quellensteuer an, die in den einzelnen Ansässigkeitsstaaten der ausschüttenden Gesellschaften erhoben worden war. Es lehnte aber die Anrechnung der ausländischen Körperschaftsteuer ab, die auf die Gewinne der Tochter- und Enkelgesellschaften der Saint-Gobain SA in Staaten, in denen diese Gesellschaften ansässig waren, erhoben worden war (indirekte Anrechnung gem. § 26 Abs. 2 KStG), da das Gesetz diese Vergünstigung nur den in der Bundesrepublik Deutschland unbeschränkt steuerpflichtigen Gesellschaften vorbehalte.

3. Das Finanzamt rechnete die Beteiligung an der amerikanischen Tochtergesellschaft dem vermögensteuerpflichtigen Inlandsvermögen der Betriebsstätte zu, versagte also der Betriebsstätte ebenfalls das internationale vermögensteuerliche Schachtelprivileg nach § 102 Abs. 2 BewG mit der Begründung, dass das Gesetz diese Vergünstigung nur den inländischen Kapitalgesellschaften vorbehalte.

Das FG Köln stellte fest, dass die Versagung dieser Vergünstigungen im Fall einer deutschen Betriebsstätte einer ausländischen Kapitalgesellschaft dem im Jahr 1988 geltenden deutschen Recht entsprochen habe. Es war jedoch der Meinung, dass diese Verweigerung – insbesondere unter Berücksichtigung der „avoir fiscal“-Entscheidung – eine gegen Art. 43 EG verstoßende Diskriminierung darstelle. Daher setzte es das Verfahren aus und legte dem EuGH verschiedene Fragen zu Vorabentscheidung vor.

bb) Die Entscheidung des EuGH

Der Gerichtshof bestätigte die Zweifel des vorlegenden Gerichts an der Vereinbarkeit der streitigen deutschen Steuernormen mit dem EG-Recht. Die Entscheidung lautete:

> **„Die Art. 52 EGV[766] und Art. 58 EGV[767] stehen einer Regelung entgegen, nach der einer in Deutschland gelegenen Betriebsstätte einer Kapitalgesellschaft mit Sitz in einem anderen Mitgliedstaat nicht unter den gleichen Voraussetzungen wie Kapitalgesellschaften mit Sitz in Deutschland folgende steuerliche Vergünstigungen gewährt werden:**
>
> **Befreiung von der Körperschaftsteuer für die Dividenden, die in Drittstaaten ansässige Gesellschaften ausgeschüttet haben (internationales körperschaftsteuerliches Schachtelprivileg), aufgrund eines Doppelbesteuerungsabkommens mit einem Drittstaat;**
>
> **Anrechnung der Körperschaftsteuer, die in einem anderen Mitgliedstaat als der der Bundesrepublik Deutschland auf die Gewinne einer dort ansässigen Tochtergesellschaft erhoben worden sind, auf die deutsche Körperschaftsteuer gemäß den nationalen Rechtsvorschriften;**
>
> **Befreiung von der Vermögensteuer für die Beteiligungen an Gesellschaften in Drittstaaten (internationales vermögensteuerliches Schachtelprivileg) ebenfalls gemäß den nationalen Rechtsvorschriften.“[768]**

Zu diesem Ergebnis kam der EuGH aufgrund folgender Erwägungen: Zunächst ging er auf die unterschiedliche Behandlung von Zweigniederlassungen in- und ausländischer Gesellschaften ein:

> „Die Versagung der im Ausgangsverfahren streitigen Vergünstigungen trifft [...] in erster Linie die ausländischen Gesellschaften und gründet sich auf das Kriterium des Sitzes, das bestimmt, nach welcher Regelung die Beteiligungen an Kapitalgesellschaften, die in anderen Mitgliedstaaten als der Bundesrepublik Deutschland ansässig sind, sowie die Dividenden aus diesen Beteiligungen in Deutschland zu besteuern sind. Es ist unstreitig, dass die Steuervergünstigungen des körperschaftsteuerlichen Schachtelprivilegs und der indirekten Anrechnung für die Begünstigten eine Steuererleichterung darstellen, so dass die Betriebsstätten von Gesellschaften mit Sitz in einem anderen Mitgliedstaat (nachstehend: ausländische Gesellschaften), die diese Vergünstigungen nicht erhalten können, gegenüber inländischen Gesellschaften einschließlich der

---

[766] Jetzt Art. 43 EG.

[767] Jetzt Art. 48 EG.

[768] Siehe EuGH v. 21.09.1999, Rs. C-307/97 (*Saint-Gobain ZN*), IStR 1999, S. 592 (592 f.).

> deutschen Tochtergesellschaften ausländischer Gesellschaften benachteiligt sind."[769]

Die Bundesregierung trug zur Vermögensteuer vor, dass die Betriebsstätte einer ausländischen Gesellschaft, der das Schachtelprivileg versagt wird, gegenüber einer inländischen Tochtergesellschaft einer ausländischen Gesellschaft, die diese Steuervergünstigungen erhält, nicht benachteiligt werde, da die vermögensteuerliche Belastung einer ausländischen Gesellschaft (Muttergesellschaft oder Hauptniederlassung) gleich sei, unabhängig davon, ob die Beteiligung über eine Betriebsstätte oder eine Tochtergesellschaft gehalten würde. Dies liege u.a. daran, dass, wenn die Beteiligung an einer ausländischen Enkelgesellschaft aufgrund des Schachtelprivilegs vom Vermögen der Tochtergesellschaft ausgeschlossen sei, das Vermögen der ausländischen Muttergesellschaft gemäß dem im entscheidungserheblichen Zeitraum geltenden § 121 Abs. 2 Nr. 4 BewG den Wert ihrer Beteiligung an der inländischen Tochtergesellschaft umfasse, der unter Berücksichtigung des Wertes der Anteile der Tochtergesellschaft an der Enkelgesellschaft festgestellt werde. Die Beteiligung der deutschen Tochtergesellschaft an einer ausländischen Enkelgesellschaft würde daher ebenfalls bei der ausländischen Muttergesellschaft besteuert.

Diesbezüglich wurde jedoch in der mündlichen Verhandlung festgestellt, dass die Anwendung des § 121 Abs. 2 Nr. 4 BewG im Ausgangsverfahren aufgrund von Art. 19 des DBA zwischen der Bundesrepublik Deutschland und Frankreich[770] ausgeschlossen gewesen sei, wonach die Beteiligung einer deutschen Tochtergesellschaft an einer ausländischen Enkelgesellschaft bei der ausländischen Muttergesellschaft nicht besteuert werde. Demzufolge stellte der EuGH fest, dass die nationalen Rechtsvorschriften über die Gewährung des vermögensteuerlichen Schachtelprivilegs zu einer unterschiedlichen Steuerbelastung der Betriebsstätte und der Tochtergesellschaft einer ausländischen Gesellschaft führen:

> „Wenn danach die im Ausgangsverfahren streitigen Steuervergünstigungen den in Deutschland gelegenen Betriebsstätten ausländischer Gesellschaften versagt werden, sind für letztere Schachtelbeteiligungen über deutsche Betriebsstätten weniger attraktiv, da nach den deutschen Rechtsvorschriften und den Doppelbesteuerungsabkommen nur die deutschen Tochtergesellschaften, die als juristische Person unbeschränkt steuerpflichtig sind, in den Genuß der betreffenden Steuererleichterungen kommen können, wodurch die freie Wahl der für die Ausübung einer Tätigkeit in einem anderen Mitgliedstaat geeigneten Rechts-

---

[769] Siehe EuGH v. 21.09.1999, Rs. C-307/97 (*Saint-Gobain ZN*), IStR 1999, S. 592 (595), Rdnr. 37 f.

[770] BGBl. II 1961, S. 379 i.d.F. des Revisionsprotokolls v. 09.06.1969 (BGBl. II 1970, S. 717).

form, die Art. 52 Abs. 1 Satz 2 EGV[771] den Wirtschaftsteilnehmern ausdrücklich einräumt, eingeschränkt wird."[772]

Sodann ging das Gericht auf die Vergleichbarkeit der Lage ausländischer Gesellschaften mit inländischer Betriebsstätte und inländischen Gesellschaften bezüglich der Steuerbarkeit von Dividenden ein, die aus Beteiligungen an ausländischen Tochter- und Enkelgesellschaften bezogen werden:

> „Zur Steuerbarkeit von Dividenden, die in Deutschland aus Beteiligungen an ausländischen Tochter- und Enkelgesellschaften bezogen werden, und zur Steuerbarkeit solcher Beteiligungen ist festzustellen, dass die ausländischen Gesellschaften mit einer inländischen Betriebsstätte und die inländischen Gesellschaften sich in einer objektiv vergleichbaren Lage befinden. Zum einen ist nämlich der Bezug von Dividenden in Deutschland steuerbar, unabhängig davon, ob es sich um eine inländische oder um eine ausländische Gesellschaft handelt, wenn letztere die Dividenden über eine in Deutschland gelegene Betriebsstätte bezieht. Zum anderen sind Anteile, die in Deutschland an ausländischen Tochter- und Enkelgesellschaften gehalten werden, dort steuerbar, unabhängig davon, ob es sich um eine inländische oder um eine ausländische Gesellschaft handelt, wenn letztere solche Anteile über eine inländische Betriebsstätte hält."[773]

In- und ausländische Gesellschaften befänden sich vor allem deshalb in einer vergleichbaren Lage, weil – so der EuGH weiter – die unterschiedliche Behandlung in Wirklichkeit erst auf der Stufe der Steuervergünstigung auftrete:

> „Die Verweigerung dieser Vergünstigung im Falle ausländischer Gesellschaften, die in Deutschland eine Betriebsstätte unterhalten, hat zur Folge, dass ihre theoretisch auf die ‚inländischen' Einkünfte und das ‚inländische' Vermögen beschränkte Steuerpflicht sich in Wirklichkeit auf die aus dem Ausland stammenden Dividenden und Beteiligungen an ausländischen Kapitalgesellschaften erstreckt. Für die streitigen Fragen sind die sonstigen Unterschiede zwischen beschränkter und unbeschränkter Steuerpflicht ohne Bedeutung, weil das Welteinkommen und das Gesellschaftsvermögen aufgrund der Gewährung der genannten Steuervergünstigungen, die den beschränkt Steuerpflichtigen gerade nicht zugute kommen, weder die von ausländischen Gesellschaften ausge-

---

771 Jetzt Art. 43 Abs. 1 Satz 2 EG.

772 Siehe EuGH v. 21.09.1999, Rs. C-307/97 (*Saint-Gobain ZN*), IStR 1999, S. 592 (595), Rdnr. 42.

773 Siehe EuGH v. 21.09.1999, Rs. C-307/97 (*Saint-Gobain ZN*), IStR 1999, S. 592 (595), Rdnr. 47.

schütteten Dividenden noch die Beteiligungen an diesen Gesellschaften umfassen."[774]

Die Verteidigungsvorbringen der Bundesregierung wies der EuGH zurück: Diese trug zunächst vor, dass die Versagung der Steuervergünstigungen der Vermeidung von Mindereinnahmen des deutschen Fiskus diene. Eine solche Minderung trete ein, weil der deutsche Fiskus den sich aus der Gewährung der genannten Steuererleichterungen ergebenden Steuerausfall nicht durch die Besteuerung der Dividenden ausgleichen könne, die von ausländischen Kapitalgesellschaften mit einer Betriebsstätte in Deutschland ausgeschüttet würden. Hierzu führte das Gericht aus:

> „Die Vermeidung von Mindereinnahmen wegen nicht teilweise ausgleichbarer Steuerausfälle, die entstünden, wenn ausländischen Gesellschaften mit einer Betriebsstätte in Deutschland die einzelnen in Rede stehenden Steuervergünstigungen gewährt würden, findet sich nicht unter den in Art. 56 EGV[775] aufgeführten Gründen und kann nicht als zwingender Grund des Allgemeininteresses angesehen werden, der eine mit Art. 52 EGV[776] grundsätzlich unvereinbare Ungleichbehandlung rechtfertigen könnte."[777]

Desweiteren führte die Bundesregierung an, dass die Versagung der Vergünstigungen auch durch den Vorteil gerechtfertigt sei, den die Betriebsstätten gegenüber den inländischen Tochtergesellschaften bei der Abführung von Gewinnen an die ausländischen Haupt- oder Muttergesellschaften hätten.

Doch auch dieses Vorbringen wies der EuGH zurück:

> „Die unterschiedliche steuerliche Behandlung von inländischen Gesellschaften und Zweigniederlassungen kann jedoch auch nicht durch Vorteile gerechtfertigt werden, die die Zweigniederlassungen gegenüber den inländischen Gesellschaften genießen und die nach Ansicht der deutschen Regierung die sich aus der Versagung der betreffenden Steuervergünstigungen ergebenden Nachteile ausgleichen. Selbst wenn man unterstellen wollte, dass solche Vorteile bestünden, könnten sie keinen Verstoß gegen die Verpflichtung aus Art. 52 EGV[778],

---

774 Siehe EuGH v. 21.09.1999, Rs. C-307/97 (*Saint-Gobain ZN*), IStR 1999, S. 592 (596), Rdnr. 48.

775 Jetzt Art. 46 EG.

776 Jetzt Art. 43 EG.

777 Siehe EuGH v. 21.09.1999, Rs. C-307/97 (*Saint-Gobain ZN*), IStR 1999, S. 592 (596), Rdnr. 50.

778 Jetzt Art. 43 EG.

> die Inländerbehandlung hinsichtlich der betreffenden Steuervergünstigungen zu gewähren, rechtfertigen."[779]

Schließlich führte die deutsche Regierung zur Versagung der Vergünstigung an, dass der Abschluss bilateraler Abkommen mit einem Drittstaat nicht in den Zuständigkeitsbereich der Gemeinschaft falle. Mangels gemeinschaftsrechtlicher Harmonisierungsregelungen für diesen Bereich unterliege die Frage, ob Betriebsstätten im Rahmen eines DBA mit einem Drittstaat das internationale Schachtelprivileg für Dividenden zu gewähren sei, nicht dem Gemeinschaftsrecht.

Dem hielt der EuGH entgegen:

> „In Ermangelung gemeinschaftlicher Maßnahmen zur Vereinheitlichung oder Harmonisierung [...] sind die Mitgliedstaaten weiterhin dafür zuständig, die Kriterien für eine Besteuerung des Einkommens und des Vermögens festzulegen, um gegebenenfalls im Vertragswege die Doppelbesteuerung zu vermeiden. In diesem Zusammenhang steht es den Mitgliedstaaten frei, im Rahmen bilateraler Abkommen die Anknüpfungspunkte für die Aufteilung der Steuerhoheit festzulegen. [...] Bei der Ausübung der auf diese Weise aufgeteilten Steuerhoheit können die Mitgliedstaaten sich jedoch nicht über die gemeinschaftsrechtlichen Rechtsvorschriften hinwegsetzten. Nach ständiger Rechtsprechung des Gerichtshofs fallen die direkten Steuern zwar in die Zuständigkeit der Mitgliedstaaten, doch müssen diese ihre Zuständigkeit unter Wahrung des Gemeinschaftsrechts ausüben [...]. In dem vorliegenden Fall eines Doppelbesteuerungsabkommens zwischen einem Mitgliedstaat und einem Drittland verpflichtet der Grundsatz der Inländerbehandlung den an diesem Abkommen beteiligten Mitgliedstaat, die in diesem Abkommen vorgesehenen Vorteile den Betriebsstätten ausländischer Gesellschaften unter den gleichen Voraussetzungen wie den inländischen Gesellschaften zu gewähren."[780]

cc) Die steuerlichen Kernaussagen

Der EuGH führte im Urteil „Saint-Gobain" seine ständige Rechtsprechung im Bereich der direkten Steuern konsequent fort. Die Parallelen zur Entscheidung „avoir fiscal" sind unübersehbar. Dies gilt insbesondere für die Schlagworte „Freiheit bei der Wahl der Niederlassungsform",[781] „Anerkennungsgrundsatz"[782] und „Kompensationsverbot".[783]

---

[779] Siehe EuGH v. 21.09.1999, Rs. C-307/97 (*Saint-Gobain ZN*), IStR 1999, S. 592 (596), Rdnr. 53.

[780] Siehe EuGH v. 21.09.1999, Rs. C-307/97 (*Saint-Gobain ZN*), IStR 1999, S. 592 (596 f.), Rdnr. 56.

[781] Vgl. EuGH v. 21.09.1999, Rs. C-307/97 (*Saint-Gobain ZN*), IStR 1999, S. 592 (595), Rdnr. 42.

Die Entscheidungsgründe enthalten folgende steuerliche Kernaussage: Art. 43 und Art. 48 EG zwingen die Bundesrepublik Deutschland, einer in Deutschland gelegenen Betriebsstätte einer Kapitalgesellschaft mit Sitz in einem anderen EU-Staat folgende steuerlichen Vergünstigungen zu gewähren:

- das internationale körperschaftsteuerliche Schachtelprivileg nach dem DBA Deutschlands mit einem Drittstaat,

- die mittelbare Anrechnung der Körperschaftsteuer nach § 26 Abs. 2 KStG und

- das internationale vermögensteuerliche Schachtelprivileg.

(1) Beeinträchtigung der Niederlassungsfreiheit

Die Versagung der soeben genannten steuerlichen Vergünstigungen bei der Auslandsbeteiligung einer Betriebsstätte wertete der EuGH als Verstoß gegen die Niederlassungsfreiheit.

(a) Diskriminierung durch Sitzanknüpfung

Die Bestimmungen der Art. 43 und Art. 48 EG gewährleisten, dass die Gemeinschaftsangehörigen, die von ihrer Niederlassungsfreiheit Gebrauch gemacht haben, sowie die ihnen dort gleichgestellten Gesellschaften im Aufnahmestaat wie Inländer behandelt werden. Werden Steuervergünstigungen, die in der Bundesrepublik Deutschland unbeschränkt steuerpflichtigen Gesellschaften entweder aufgrund des nationalen Steuerrechts oder aufgrund von DBA mit Drittländern zustehen, Zweigniederlassungen ausländischer EU-Gesellschaften versagt und knüpft die Versagung der Vergünstigung an das Kriterium des ausländischen Sitzes an, liegt darin eine nach Art. 43 EG verbotene Diskriminierung.[784]

(b) Der Anerkennungsgrundsatz

Ausländische Gesellschaften mit inländischer Betriebsstätte und inländische Gesellschaften befinden sich im Hinblick auf die Steuerbarkeit von Dividenden, die von ausländischen Tochter- und Enkelgesellschaften bezogen werden, in einer

---

782 Vgl. EuGH v. 21.09.1999, Rs. C-307/97 (*Saint-Gobain ZN*), IStR 1999, S. 592 (595), Rdnr. 47 f.

783 Vgl. EuGH v. 21.09.1999, Rs. C-307/97 (*Saint-Gobain ZN*), IStR 1999, S. 592 (596), Rdnr. 53.

784 Vgl. *Eilers/Schmidt*, Diskriminierungsverbot gegenüber ausländischen EU-Kapitalgesellschaften nach dem EuGH-Urteil Saint Gobain vom 21.9.1999, DStR 1999, S. 1977 (1978).

vergleichbaren Lage. Vergleichsmaßstab für die mögliche steuerliche Benachteiligung der Betriebsstätte einer Gesellschaft mit Sitz in einem anderen Mitgliedstaat ist demnach die inländische Besteuerung einer im Inland ansässigen Gesellschaft. Die Vergleichbarkeit der Situation ergibt sich aus der Anwendung des in der Entscheidung „avoir fiscal“ entwickelten Anerkennungsgrundsatzes.

In der Entscheidung „avoir fiscal“[785] traf der EuGH folgende Feststellung: Behandelt der nationale Steuergesetzgeber Gesellschaften mit Sitz im Inland und die im Inland belegenen Betriebsstätten von Gesellschaften mit Sitz im Ausland im Grundsatz gleich, dann erkennt er dadurch an, dass zwischen beiden Niederlassungsformen in Bezug auf die Voraussetzungen und Modalitäten der Besteuerung kein Unterschied besteht, der eine unterschiedliche Behandlung hinsichtlich der Gewährung einer steuerlichen Vergünstigung rechtfertigen könnte.[786]

Zwischen der Entscheidung „avoir fiscal“ und der vorliegenden Entscheidung „Saint-Gobain“ bestehen folgende Parallelen: In beiden Fällen ging es um die Beseitigung einer steuerlichen Doppelbelastung. Die Entscheidung „avoir fiscal“ betraf dabei das Verhältnis der ausschüttenden Gesellschaft zum Anteilsinhaber, im vorliegenden Fall geht es um den zwischengesellschaftlichen Bereich. In beiden Fällen trat die unterschiedliche Behandlung erst auf der Stufe der Gewährung oder Versagung der steuerlichen Vergünstigung ein.

Der Bezug von Dividenden wurde in der Bundesrepublik Deutschland besteuert, unabhängig davon, ob es sich um eine inländische oder um eine ausländische Gesellschaft handelte, wenn letztere die Dividenden über eine in Deutschland gelegene Betriebsstätte bezog. Die Anteile, die in Deutschland an ausländischen Tochter- und Enkelgesellschaften gehalten wurden, waren dort steuerbar, unabhängig davon, ob es sich um eine inländische oder um eine ausländische Gesellschaft handelte, wenn letztere solche Anteile über eine inländische Betriebsstätte hielt.[787] Was die Vermeidung von Mehrfachbelastungen anging, so wurde der inländischen Betriebsstätte für die Anrechnung ausländischer Steuern nach § 26 Abs. 1 KStG die Gleichbehandlung mit inländischen Unternehmen zwar zugestanden, die indirekte Anrechnung nach § 26 Abs. 2 KStG bei Betätigung über ausländische Tochtergesellschaften jedoch verweigert. Gleiches galt für die Gewährung des vermögensteuerlichen Schachtelprivilegs für Auslandsbeteiligungen nach § 102 Abs. 2 BewG an die Betriebsstätte.[788]

In konsequenter Anwendung des Anerkennungsgrundsatzes wertete der EuGH daher die Versagung der Entlastung bei Auslandsbeteiligungen der Betriebsstätte als Verstoß gegen die Niederlassungsfreiheit. Die Entscheidungsgründe enthalten aber noch eine weitere bemerkenswerte Aussage zur Vergleichbarkeit der Situation in- und ausländischer Gesellschaften: Die Verweigerung der Ver-

---

785 Vgl. EuGH v. 28.01.1986, Rs. 270/83 (*Kommission/Frankreich*), EuGHE 1986, S. 273 ff.

786 Vgl. hierzu die Ausführungen in: 3. Teil, § 2, B., II., 3., a), cc), (3).

787 Vgl. EuGH v. 21.09.1999, Rs. C-307/97 (*Saint-Gobain ZN*), IStR 1999, S. 592 (595), Rdnr. 47.

788 Vgl. *Saß*, Schachtelprivileg und Niederlassungsfreiheit in der EG, FR 1991, S. 705 (709).

günstigungen habe – so der EuGH – zur Folge, dass die theoretisch auf das inländische Einkommen und Vermögen beschränkte Steuerpflicht ausländischer Gesellschaften mit inländischer Betriebsstätte sich in Wirklichkeit auf die aus dem Ausland stammenden Dividenden und Beteiligungen an ausländischen Kapitalgesellschaften erstrecke. Inländische und ausländische EU-Gesellschaften bzw. Personen befinden sich dann in einer objektiv vergleichbaren Lage, wenn sich die beschränkte Steuerpflicht der ausländischen Gesellschaft bzw. des EU-Bürgers faktisch nicht ausschließlich auf die inländischen Einkünfte, sondern auch auf die ausländischen Einkünfte erstreckt.[789]

Um die gleichen EG-rechtlichen Probleme ging es in der einige Monate zuvor ergangenen Entscheidung „Royal Bank of Scotland".[790] Die Royal Bank of Scotland plc. ist ein in Großbritannien ansässiges Kreditinstitut, das in Griechenland über eine Betriebsstätte unternehmerisch tätig war. Im Streitjahr betrug der allgemeine Steuersatz nach griechischem Recht 40%. Für in Griechenland ansässige Kreditinstitute war allerdings ein günstigerer Steuersatz vorgesehen, der bei 35% lag. Diesen beanspruchte die Royal Bank of Scotland für ihre Betriebsstätte. Bei einer in Griechenland tätigen Betriebsstätte eines ausländischen Kreditinstituts und einem in Griechenland tätigen Stammhaus sah der EuGH eine „vergleichbare Situation" gegeben, auch wenn die Betriebsstätte auf Basis des Inlandseinkommens und das Stammhaus auf Basis des Welteinkommens besteuert wird.[791] Die vergleichbare Situation nahm der EuGH vor allem deshalb als gegeben an, weil das einschlägige DBA beide gleichstellte. Daher führte die Verweigerung des günstigeren Steuersatzes – gemäß des Anerkennungsgrundsatzes – zu einer Diskriminierung der Zweigniederlassung (Betriebsstätte) eines in einem anderen Mitgliedstaat ansässigen Kreditinstituts.[792]

(2) Rechtfertigung der Beeinträchtigung

Eine sachliche Rechtfertigung der unterschiedlichen Behandlung von deutschen und EU-Gesellschaften kann weder mit den Mindereinnahmen des nationalen Fiskus noch mit der Befugnis der Mitgliedstaaten zum Abschluss von DBA mit Drittstaaten begründet werden.

---

789 Vgl. *Eilers/Schmidt*, Diskriminierungsverbot gegenüber ausländischen EU-Kapitalgesellschaften nach dem EuGH-Urteil Saint Gobain vom 21.9.1999, DStR 1999, S. 1977 (1978).

790 Vgl. EuGH v. 29.09.1999, Rs. C-311/97 (*Royal Bank of Scotland plc.*), EWS 1999, S. 260.

791 Vgl. EuGH v. 29.09.1999, Rs. C-311/97 (*Royal Bank of Scotland plc.*), EWS 1999, S. 260 (263), Rdnr. 29.

792 Vgl. EuGH v. 29.09.1999, Rs. C-311/97 (*Royal Bank of Scotland plc.*), EWS 1999, S. 260 (263), Rdnr. 34.

(a) Verlust von Steuereinnahmen

Der EuGH bestätigte seine bereits in der Entscheidung „ICI"[793] getroffene Feststellung, wonach die Vermeidung von Steuerausfällen, die entstehen, wenn steuerliche Vergünstigungen auch ausländischen Gesellschaften bzw. EU-Bürgern gewährt werden, weder zu den in Art. 46 EG genannten Gründen zählt, noch als zwingender Grund des Allgemeininteresses angesehen werden kann.[794]

(b) Befugnis der Mitgliedstaaten zum Abschluss von DBA mit Drittstaaten

Die Mitgliedstaaten sind weiterhin dafür zuständig, die Kriterien für die Besteuerung des Einkommens und des Vermögens festzulegen. Dies erfasst auch die Befugnis, im Rahmen von DBA die Anknüpfungspunkte für die Aufteilung der Steuerhoheit festzulegen. Diese Befugnis müssen die Mitgliedstaaten jedoch unter Wahrung des Gemeinschaftsrechts ausüben. Dies bedeutet, dass im Falle eines DBA zwischen einem Mitgliedstaat und einem Drittstaaten der Grundsatz der Inländerbehandlung dazu verpflichtet, die in diesem Abkommen vorgesehenen Vorteile den Betriebsstätten ausländischer Gesellschaften unter den gleichen Voraussetzungen wie den inländischen Gesellschaften zu gewähren.

(3) Das Kompensationsverbot

Auch das in der Entscheidung „avoir fiscal"[795] entwickelte Kompensationsverbot wird vom EuGH in der vorliegenden Entscheidung bestätigt. Den Mitgliedstaaten ist es verwehrt, Vorteile, die beschränkt Steuerpflichtigen eventuell anderweitig zustehen, durch Nachteile bei der Besteuerung zu kompensieren.[796]

(4) Gleichstellung einer Betriebsstätte mit einer Person i.S. des DBA

Eine bemerkenswerte Fortentwicklung der bisherigen Rechtsprechung enthält das Urteil insoweit, als nach Ansicht des EuGH die Bundesrepublik Deutschland das körperschaftsteuerliche Schachtelprivileg einer inländischen Betriebsstätte eines im EU-Ausland ansässigen Unternehmens immer dann zu gewähren hat, wenn das von der Bundesrepublik Deutschland als Betriebsstättenstaat mit einem ausländischen Staat abgeschlossene DBA das Schachtelprivileg vorsieht.[797] Damit setzte der EuGH aus abkommensrechtlicher Sicht eine Betriebsstätte mit

---

793 Vgl. EuGH v. 16.07.1998, Rs. C-264/96 (*ICI*), EuGHE 1998, S. I-4695 ff.

794 Vgl. hierzu die Ausführungen in: 3. Teil, § 2, A., II., 2., c), aa), bb).

795 Vgl. EuGH v. 28.01.1986, Rs. 270/83 (*Kommission/Frankreich*), EuGHE 1986, S. 273.

796 Vgl. hierzu die Ausführungen in: 3. Teil, § 2, B., II., 3., a), cc), (4).

797 Vgl. EuGH v. 21.09.1999, Rs. C-307/97 (*Saint-Gobain ZN*), IStR 1999, S. 592 (597), Rdnr. 58.

einer Person gleich, was eine wesentliche Abweichung vom OECD-Musterabkommen darstellt. Danach sind Betriebsstätten keine Personen im abkommensrechtlichen Sinn. Der Grund für diese Abweichung dürfte darin liegen, dass der deutsche Gesetzgeber selbst durch Erlass des § 8b Abs. 4 KStG i.d.F. des Standortsicherungsgesetzes vom 13.09.1993[798] zu erkennen gegeben hat, dass eine Gleichstellung von Betriebsstätte und Kapitalgesellschaft als gerechtfertigt anzusehen ist.[799]

4. Zwischenergebnis

Ein einheitlicher Binnenmarkt als Raum ohne Binnengrenzen existiert für Selbständige, Freiberufler und Unternehmen nur dann, wenn sie innerhalb der Gemeinschaft den Standort für ihre wirtschaftliche Betätigung frei wählen können. Dies wird durch die Bestimmungen über die Niederlassungsfreiheit (Art. 43 ff. EG) gewährleistet. Um die Niederlassungsfreiheit nicht zu beeinträchtigen, müssen die nationalen Steuersysteme gegenüber der Ausübung dieser Grundfreiheit neutral sein. Neutralität der Steuergesetzgebung bedeutet, dass die Mitgliedstaaten die grenzüberschreitende Wahrnehmung der wirtschaftlichen Privatautonomie innerhalb der Gemeinschaft – in ihrer hier maßgeblichen Ausprägung als Ausübung einer selbständigen Erwerbstätigkeit – nicht behindern dürfen.

Die vorstehenden Entscheidungen des EuGH beschäftigen sich mit der Vereinbarkeit einzelner nationaler Rechtsvorschriften aus dem Bereich der direkten Steuern mit den Bestimmungen des EG-Vertrages über die Niederlassungsfreiheit. Die prozesshafte Entwicklung der Rechtsprechung des EuGH, die einen Zeitraum von fast fünfzehn Jahren umfasst, führte zu einer steuerspezifischen Konkretisierung der Bestimmungen des EG-Vertrages über die Niederlassungsfreiheit, die im folgenden noch einmal zusammenfassend dargestellt werden soll.

a) Steuerspezifische Beeinträchtigungen der Niederlassungsfreiheit

Nach ständiger Rechtsprechung des EuGH fällt der Bereich der direkten Steuern als solcher beim gegenwärtigen Stand des Gemeinschaftsrechts nicht in die Zuständigkeit der Gemeinschaft. Die Mitgliedstaaten müssen jedoch die ihnen verbliebenen Befugnisse unter Wahrung des Gemeinschaftsrechts ausüben.[800] Da-

---

[798] BGBl. I 1993, S. 1569.

[799] Vgl. Abschnitt 41 Abs. 12 Satz 4 KStR 1998; EuGH v. 21.09.1999, Rs. C-307/97 (*Saint-Gobain ZN*), IStR 1999, S. 592 (597), Rdnr. 60; *de Weerth*, Das EuGH-Urteil Rs. C-307/97 „Saint Gobain“, IStR 1999, S. 628.

[800] Vgl. EuGH v. 11.08.1995, Rs. C-80/94 (*Wielockx*), EuGHE 1995, S. I-2493 (2514), Rdnr. 16; EuGH v. 27.06.1996, Rs. C-107/94 (*Asscher*), EuGHE 1996, S. I-3089 (3124), Rdnr. 36; EuGH v. 15.05.1997, Rs. C-250/95 (*Futura Participations und Singer*), EuG-

her können sie im Bereich der direkten Steuern keine Maßnahmen erlassen, die zu einer Beeinträchtigung des Rechts auf Freizügigkeit von natürlichen Personen und Gesellschaften, die eine selbständige Erwerbstätigkeit ausüben, führen.

aa) Der Adressat

Auch wenn die Bestimmungen über die Niederlassungsfreiheit ihrem Wortlaut nach die Inländerbehandlung im Aufnahmemitgliedstaat sichern sollen, verbieten sie es – so der EuGH – auch, dass der Herkunftsstaat die Niederlassung seiner Staatsangehörigen oder einer nach seinem Recht gegründeten Gesellschaften behindert.[801] Damit fallen nicht nur steuerliche Zuzugs- sondern auch steuerliche Wegzugsschranken in den Anwendungsbereich der Niederlassungsfreiheit.

bb) Steuerliche Diskriminierungen

Für das in Art. 43 EG enthaltene Diskriminierungsverbot ergeben sich nach der Rechtsprechung des EuGH folgende steuerrechtliche Konkretisierungen:

(1) Versteckte Diskriminierungen

Nach seinem Wortlaut verbietet Art. 43 Abs. 2 EG Diskriminierungen aus Gründen der Staatsangehörigkeit (bei natürlichen Personen) bzw. der Staatszugehörigkeit (bei Gesellschaften). Solche offenen Diskriminierungen kommen im Steuerrecht jedoch selten vor, da die Steuerrechtsordnungen der Mitgliedstaaten nicht nach der Staatsangehörigkeit, sondern nach der Ansässigkeit unterscheiden. Art. 43 Abs. 2 EG erfasst daher auch sog. versteckte Diskriminierungen. Darunter versteht man die Anknüpfung an ein anderes Differenzierungskriterium als das der Staatsangehörigkeit, das aber in der überwiegenden Zahl der Fälle Staatsangehörige anderer Mitgliedstaaten betrifft und somit indirekt zu einer Ungleichbehandlung führt. Im Steuerrecht ist die Anwendung des Differenzierungsmerkmals der Ansässigkeit somit grundsätzlich geeignet, eine versteckte Diskriminierung zu begründen.[802]

HE 1997, S. I-2471 (2499), Rdnr. 19; EuGH v. 21.09.1999, Rs. C-307/97 (*Saint-Gobain ZN*), IStR 1999, S. 592 (596 f.), Rdnr. 56.

801 Vgl. EuGH v. 27.09.1988, Rs. 81/87 (*The Queen/Treasury and Commissioners of Inland Revenue, ex parte Daily Mail and General Trust PLC*), EuGHE 1988, S. 5483 (5510), Rdnr. 16.

802 Vgl. EuGH v. 13.07.1993, Rs. C-330/91 (*Commerzbank*), EuGHE 1993, S. I-4017 (4043), Rdnr. 15.

(2) Gebietsansässige und Gebietsfremde

Vergleichsmaßstab für die Beurteilung, ob eine ungleiche Behandlung ausländischer EU-Bürger oder EU-Gesellschaften und entsprechenden inländischen Rechtsträgern vorliegt, sind die innerstaatlichen Regelungen, denen beide Rechtsträger unterliegen. Eine Diskriminierung liegt nach dem EuGH dann vor, wenn unterschiedliche Rechtsvorschriften auf gleichartige Situationen oder wenn dieselben Rechtsvorschriften auf unterschiedliche Situationen angewendet werden.[803]

Bei der direkten Besteuerung befinden sich Gebietsansässige und Gebietsfremde in der Regel nicht in einer vergleichbaren Situation, denn zwischen ihnen bestehen sowohl hinsichtlich der Einkunftsquelle, als auch hinsichtlich der persönlichen Steuerkraft oder der persönlichen Lage und des Familienstandes objektive Unterschiede. Daher kann – so der EuGH – eine unterschiedliche Behandlung dieser beiden Gruppen von Steuerpflichtigen an sich nicht als Diskriminierung angesehen werden.[804] Etwas anderes gilt nur dann, wenn zwischen der Situation Gebietsansässiger und Gebietsfremder ausnahmsweise keine objektiven Unterschiede bestehen, die eine Ungleichbehandlung rechtfertigen. Dies ist nach dem EuGH dann der Fall, wenn der Gebietsfremde die Gesamtheit oder praktisch die Gesamtheit seines Einkommens im Tätigkeitsstaat erzielt. Dann befindet er sich mit den gebietsansässigen Steuerpflichtigen in einer vergleichbaren Situation, weil er ebenso wie die Angehörigen seines Beschäftigungsstaates nur von diesem besteuert wird.[805] Wird er in dieser Situation bei der Berücksichtigung seiner persönlichen Verhältnisse und seines Familienstandes gegenüber Gebietsansässigen ungleich behandelt, so führt dies zu einer Diskriminierung des gebietsfremden Steuerpflichtigen. Für den Fall, dass ein EG-Bürger sämtliche oder nahezu sämtlich Einkünfte im Quellenstaat erwirtschaftet, ist somit dieser – und nicht der Wohnsitzstaat – verpflichtet, die gesamten Umstände der steuerlichen Leistungsfähigkeit zu berücksichtigen.[806]

Die Vergleichbarkeit der Situation von Gebietsansässigen und Gebietsfremden ergibt sich auch aus der Anwendung des vom EuGH entwickelten Anerkennungsgrundsatzes. Werden in- und ausländische Steuerpflichtige bei der Besteuerung im Grundsatz auf eine Stufe gestellt, so erkennt der Mitgliedstaat dadurch an, dass sich beide Gruppen von Steuerpflichtigen in einer vergleichbaren Situation befinden. Versagt der Mitgliedstaat in dieser Situation dem ausländi-

---

[803] Vgl. EuGH v. 11.08.1995, Rs. C-80/94 (*Wielockx*), EuGHE 1995, S. I-2493 (2515), Rdnr. 17; EuGH v. 27.06.1996, Rs. C-107/94 (*Asscher*), EuGHE 1996, S. I-3089 (3125), Rdnr. 42.

[804] Vgl. EuGH v. 11.08.1995, Rs. C-80/94 (*Wielockx*), EuGHE 1995, S. I-2493 (2515), Rdnr. 19.

[805] Vgl. EuGH v. 27.06.1996, Rs. C-107/94 (*Asscher*), EuGHE 1996, S. I-3089 (3126), Rdnr. 45; EuGH v. 11.08.1995, Rs. C-80/94 (*Wielockx*), EuGHE 1995, S. I-2493 (2515 f.), Rdnr. 21 f.

[806] Vgl. EuGH v. 11.08.1995, Rs. C-80/84 (*Wielockx*), EuGHE 1995, S. I-2493 (2515 f.), Rdnr. 21 f.

schen Steuerpflichtigen bestimmte steuerliche Vorteile, so führt dies unweigerlich zu einer Diskriminierung.[807]

(3) Gesellschaften

Begünstigte der Niederlassungsfreiheit sind auch Gesellschaften, die unter den Voraussetzungen des Art. 48 Abs. 1 EG natürlichen Personen gleichgestellt werden. Da bei diesen keine Unterscheidung nach dem Merkmal der „Staatsangehörigkeit“ getroffen werden kann, spricht man hier von der „Staatszugehörigkeit“ der Gesellschaft. Die Staatszugehörigkeit der Gesellschaft kann – entsprechend den unterschiedlichen Rechtstraditionen der Mitgliedstaaten – sowohl mit Hilfe der Sitz- als auch der Gründungstheorie ermittelt werden. Wie bei dem Recht natürlicher Personen auf sekundäre Niederlassungsfreiheit ist jedoch die Ansässigkeit der Gesellschaft in der Gemeinschaft erforderlich. Diese ist dann gegeben, wenn über einen formal begründeten Sitz hinaus eine intensive Verbindung mit dem Wirtschaftsleben des Mitgliedstaates besteht.[808] Ähnlich wie bei natürlichen Personen führen nachteilige Differenzierungen nach der Staatszugehörigkeit der Gesellschaft zu offenen Diskriminierungen und solche nach der Ansässigkeit zu versteckten Diskriminierungen.

In seiner neueren Rechtsprechung betrachtet der EuGH Art. 48 EG als eine internationalgesellschaftsrechtliche Anerkennungsnorm, die für die Frage der Existenz einer Gesellschaft auf das Recht des Gründungsstaates verweist. Ähnlich wie die Niederlassungsfreiheit natürlichen Personen die Aufnahme einer selbständigen Erwerbstätigkeit in allen Mitgliedstaaten erlaubt, wenn sie über die Diplome und Befähigungsnachweise verfügen, die ihr Heimatstaat für die Ausübung der Tätigkeit voraussetzt, ist die wirksame Entstehung im Gründungsstaat eine Art „Befähigungsnachweis“ für die Gesellschaft, um im ganzen Gemeinschaftsgebiet tätig zu werden. Es wird somit davon ausgegangen, dass jede Rechtsordnung für die Gründung von Gesellschaften in der EU gleichrangig und von den anderen Mitgliedstaaten gleichermaßen anzuerkennen ist, selbst wenn diese strengere Anforderungen an die Gesellschaftsgründung stellen.[809]

Der EuGH betonte insbesondere das durch die Niederlassungsfreiheit verbürgte Recht auf freie Wahl der Rechtsform. Art. 43 Abs. 2 EG lässt den Wirtschaftsteilnehmern ausdrücklich die Möglichkeit offen, die geeignete Rechtsform für die Ausübung ihrer Tätigkeit in einem anderen Mitgliedstaat frei zu wählen. Diese Wahlfreiheit darf nach dem EuGH nicht durch diskriminierende Steuerbestimmungen eingeschränkt werden, in dem der Aufnahmestaat beispielsweise niederlassungswilligen Wirtschaftsteilnehmern eine bestimmte Form der Nie-

---

807 Vgl. EuGH v. 28.01.1986, Rs. 270/83 (*Kommission/Frankreich*), EuGHE 1986, S. 273 (305), Rdnr. 20; EuGH v. 21.09.1999, Rs. C-307/97 (*Saint-Gobain ZN*), IStR 1999, S. 592 (595), Rdnr. 48.

808 Vgl. hierzu die Ausführungen in: 3. Teil, § 2, B., II., 1., a), bb).

809 Vgl. hierzu die Ausführungen in: 3. Teil, § 2, B., II., 3., b), cc), (5).

derlassung vorzuschreiben versucht, indem er eine andere steuerlich benachteiligt. Die Wirtschaftsteilnehmer dürfen auch nicht darauf verwiesen werden, durch einen Wechsel der Rechtsform die erstrebten steuerlichen Vorteile (d.h. eine Inländerbehandlung) zu erlangen.[810]

b) Steuerspezifische Rechtfertigungsgründe

Die Rechtsprechung des EuGH auf dem Gebiet der direkten Steuern zeichnet sich durch eine restriktive Haltung bei der Anerkennung von Rechtfertigungsgründen für eine im übrigen festgestellte Diskriminierung von Staatsangehörigen anderer Mitgliedstaaten aus.

aa) Die steuerliche Kohärenz

Grundsätzlich steht den Mitgliedstaaten die Befugnis zu, Steuervorschriften zu erlassen, die in einem so engen Zusammenhang mit anderen Regelungen stehen, dass sie insgesamt ein einheitliches, in sich geschlossenes System bilden. Ein solcher Zusammenhang kann beispielsweise zwischen der Abzugsfähigkeit einer Altersrücklage und der Besteuerung der später ausgezahlten Rentenbeträge bestehen. Zwischen dem steuerlichen Vor- und dem steuerlichen Nachteil muss jedoch nach dem EuGH auf der Ebene des Steuerpflichtigen ein unmittelbarer Zusammenhang bestehen. Dieser ist dann nicht gegeben, wenn die steuerliche Kohärenz auf der Ebene bilateraler Abkommen – wie die dem OECD-Musterabkommen nachgebildeten Abkommen – hergestellt wird.[811] Ebenso besteht kein unmittelbarer Zusammenhang zwischen Rechtsvorschriften, die verschiedenen Belastungssystemen angehören, wie z.B. Steuern und Sozialversicherungsbeiträge.[812]

bb) Verlust von Steuereinnahmen

Erwägungen wirtschaftlicher Art, wie z.B. Steuermindereinnahmen, können eine Beeinträchtigung der Niederlassungsfreiheit nicht rechtfertigen. Sie gehören weder zu den im kodifizierten Rechtfertigungsgrund des Art. 46 EG genannten

---

[810] Vgl. EuGH v. 28.01.1986, Rs. 270/83 (*Kommission/Frankreich*), EuGHE 1986, S. 273 (305), Rdnr. 22.

[811] Vgl. EuGH v. 11.08.1995, Rs. C-80/94 (*Wielockx*), EuGHE 1995, S. I-2493 (2516 f.), Rdnr. 24.

[812] Vgl. EuGH v. 27.06.1996, Rs. C-107/94 (*Asscher*), EuGHE 1996, S. I-3089 (3129), Rdnr. 60.

Gründen, noch – so der EuGH – zu den zwingenden Gründen des Allgemeininteresses.[813]

cc) Gefahr der Steuerumgehung

Damit die Gefahr der Steuerumgehung eine Beeinträchtigung der Niederlassungsfreiheit zu rechtfertigen vermag, müssen nach den Ausführungen des EuGH folgende strenge Voraussetzungen erfüllt sein: Es muss sich um eine rein künstliche Konstruktion handeln, die nur bezweckt, ein nationales Steuerrecht zu umgehen und die nationalen Rechtsvorschriften müssen intendieren, solche Umgehungen zu verhindern. Grundsätzlich impliziert jedoch die Inanspruchnahme des Rechts auf freie Wahl der Niederlassung innerhalb der Gemeinschaft nicht allein die Absicht einer Steuerumgehung.[814]

c) Harmonisierung der nationalen Steuersysteme

Die durch die Bestimmungen über die Niederlassungsfreiheit garantierten Rechte stehen nicht unter dem Vorbehalt der Steuerharmonisierung.[815] Dies liegt an den unterschiedlichen Zielen und Schutzrichtungen der Grundfreiheiten einerseits und der Harmonisierung andererseits. Die Grundfreiheiten richten sich an die Mitgliedstaaten und schützen den Gemeinschaftsbürger vor jeder Beeinträchtigung (Diskriminierung oder Beschränkung) seiner grenzüberschreitenden wirtschaftlichen Betätigung. Die Harmonisierung des nationalen Steuerrechts ist dagegen Sache des Gemeinschaftsgesetzgebers. Sie zielt auf den Erlass sekundären Gemeinschaftsrechts in Form von Richtlinien und bezweckt die Beseitigung aller für die Grundfreiheitsausübung bestehenden Hindernisse, die sich aus den Unterschieden der nationalen Steuerrechtsordnungen ergeben. Würden die durch die Niederlassungsfreiheit garantierten Rechte unter dem Vorbehalt der Steuerharmonisierung stehen, so hinge der Eintritt ihrer Wirkung von der Bereitschaft der Mitgliedstaaten ab, die Harmonisierung im Bereich der direkten Steuern zügig voranzutreiben und erlassene Richtlinien fristgerecht umzusetzen.

Die praktische Erfahrung zeigt jedoch, dass es hier noch an der Bereitschaft und am Konsens der Mitgliedstaaten fehlt. Bislang gibt es im Bereich der direkten Steuern nur zwei Harmonisierungsrichtlinien: Die sog. Fusionsrichtlinie[816] und die Mutter-Tochter-Richtlinie[817]. Gegen

---

[813] Vgl. EuGH v. 16.07.1998, Rs. C-246/96 (*ICI*), EuGHE 1998, S. I-4695 (4723), Rdnr. 28; EuGH v. 21.09.1999, Rs. C-307/97 (*Saint-Gobain ZN*), IStR 1999, S. 592 (596), Rdnr. 50.

[814] Vgl. EuGH v. 16.07.1998, Rs. C-246/96 (*ICI*), EuGHE 1998, S. I-4695 (4723), Rdnr. 27.

[815] Vgl. EuGH v. 28.01.1986, Rs. 270/83 (*Kommission/Frankreich*), EuGHE 1986, S. 273 (306), Rdnr. 24.

[816] Vgl. Richtlinie des Rates über das gemeinsame System für Fusionen, Spaltungen, die Einbringung von Unternehmensanteilen und den Austausch von Anteilen, die Gesell-

einen Harmonisierungsvorbehalt sprechen daher sowohl dogmatische als auch praktische Gründe.

d) Das Kompensationsverbot

Steuerliche Nachteile, die Selbständigen, Freiberuflern oder Unternehmen bei der Ausübung ihrer Niederlassungsfreiheit in einem anderen Mitgliedstaat erwachsen, können nicht durch mögliche Vorteile ausgeglichen werden, in deren Genuss beschränkt Steuerpflichtige generell gelangen können.[818]

e) Die Grundsätze zu den DBA

Die Rechtsprechung des EuGH enthält auch wichtige Aussagen zum Verhältnis DBA/Gemeinschaftsrecht.

aa) Keine Rechtfertigung einer Diskriminierung aufgrund eines DBA

Die Rechte, die sich für die Begünstigten aus Art. 43 EG ergeben, sind unbedingt und ein Mitgliedstaat kann ihre Beachtung nicht vom Inhalt eines mit einem anderen Mitgliedstaat geschlossenen DBA abhängig machen. Insbesondere erlaubt es Art. 43 EG nicht, diese Rechte einer Gegenseitigkeitsbedingung zu unterwerfen, damit die eigenen Staatsangehörigen in einem anderen Mitgliedstaat entsprechende Vorteile erhalten.[819]

bb) Vorrang des Gemeinschaftsrechts

Hierbei geht es um die Frage, ob und inwieweit inhaltliche Regelungen eines DBA mit dem EG-Recht in Einklang stehen müssen. Nach ständiger Rechtsprechung des EuGH sind die direkten Steuern in der Zuständigkeit der Mitgliedstaaten verblieben, diese müssen jedoch die ihnen verbliebenen Befugnisse unter Wahrung des Gemeinschaftsrechts ausüben. Die Formulierung ist weit genug,

---

schaften verschiedener Mitgliedstaaten betreffen (ABl. EG 1990, Nr. L 225 v. 20.08.1990, S. 1 ff.).

817 Vgl. Richtlinie des Rates über das gemeinsame Steuersystem der Mutter- und Tochtergesellschaften verschiedener Mitgliedstaaten (ABl. EG 1990, Nr. L 225 v. 20.08.1990, S. 6 ff.).

818 Vgl. EuGH v. 28.01.1986, Rs. 270/83 (*Kommission/Frankreich*), EuGHE 1986, S. 273 (305), Rdnr. 21; EuGHE v. 21.09.1999, Rs. C-307/97 (*Saint-Gobain ZN*), IStR 1999, S. 592 (596), Rdnr. 53.

819 Vgl. EuGH v. 28.01.1986, Rs. 270/83 (*Kommission/Frankreich*), EuGHE 1986, S. 273 (307), Rdnr. 26.

um auch die inhaltliche Gestaltung von DBA miteinzubeziehen. In der Entscheidung „Saint-Gobain"[820] stellt der EuGH zusätzlich fest: Die Mitgliedstaaten sind zwar weiterhin dafür zuständig, die Kriterien für die Besteuerung des Einkommens und des Vermögens festzulegen, was auch die Befugnis umfasst, im Rahmen bilateraler DBA die Anknüpfungspunkte für die Aufteilung der Steuerhoheit festzulegen. Bei der Ausübung der auf diese Weise aufgeteilten Steuerhoheit können die Mitgliedstaaten sich jedoch nicht über die Vorschriften des EG-Vertrages hinwegsetzen.[821] Aus der Sicht des EuGH sind die DBA also integraler Bestandteil der nationalen Steuerregelungen der Mitgliedstaaten, die somit auch den Anforderungen der Gemeinschaftsrechts genügen müssen.

cc) DBA mit Drittstaaten

Vergleichsmaßstab für die Beurteilung, ob eine ungleiche Behandlung zwischen Aus- und Inländern vorliegt, sind die innerstaatlichen Rechtsvorschriften. Dazu gehören auch die DBA. Die Bestimmungen der Art. 43 und Art. 48 EG gewährleisten, dass die Gemeinschaftsangehörigen sowie die ihnen gleichgestellten Gesellschaften im Aufnahmestaat wie Inländer behandelt werden. Dies bedeutet, dass ihnen auch diejenigen steuerlichen Vorteile zuteil werden, die unbeschränkt Steuerpflichtigen aufgrund von bilateralen DBA mit Drittländern zustehen. Knüpft die Versagung der Vergünstigung an ein verbotenes Differenzierungskriterium, so liegt darin eine nach Art. 43 EG unzulässige Diskriminierung.[822]

III. Die Rechtsprechung des EuGH zur Arbeitnehmerfreizügigkeit

Die Freizügigkeit der Arbeitnehmer gehört zu den Freiheiten des Personenverkehrs. Ihre Rechtsgrundlagen finden sich in den Art. 39 ff. EG sowie in dem gem. Art. 40 und Art. 42 EG erlassenen Sekundärrecht. Die rein ökonomische Perspektive begreift die Freizügigkeit als freie Allokation des Produktionsfaktors Arbeit.[823] Daneben existiert das allgemeine Recht auf Freizügigkeit (Art. 18 EG), für den rein wirtschaftlich motivierten Aufenthalt in einem anderen Mitgliedstaat ist jedoch Art. 39 EG lex specialis.[824]

---

820 Vgl. EuGH v. 21.09.1999, Rs. C-307/97 (*Saint-Gobain ZN*), IStR 1999, S. 592.

821 Vgl. EuGH v. 21.09.1999, Rs. C-307/97 (*Saint-Gobain ZN*), IStR 1999, S. 592 (596 f.), Rdnr. 56.

822 Vgl. EuGH v. 21.09.1999, Rs. C-307/97 (*Saint-Gobain ZN*), IStR 1999, S. 592 (596 f.), Rdnr. 56.

823 Vgl. *Herdegen*, Europarecht, Rdnr. 306; zu den sozialen und gesellschaftspolitischen Dimensionen die Ausführungen in: 3. Teil, § 2, A., I.

824 Vgl. *Dautzenberg*, Der Vertrag von Maastricht, das neue Grundrecht auf allgemeine Freizügigkeit und die beschränkte Steuerpflicht der natürlichen Personen, BB 1993, S. 1563 (1564).

1. Dogmatik der Arbeitnehmerfreizügigkeit

Auch im Rahmen der Dogmatik der Freizügigkeit sind drei Stufen zu unterscheiden: die Eröffnung des Anwendungsbereichs, die Beeinträchtigung des Anwendungsbereichs und die Rechtfertigung einer Beeinträchtigung.[825]

a) Eröffnung des Anwendungsbereichs

Der Anwendungsbereich der Freizügigkeit der Arbeitnehmer erschließt sich aus Art. 39 EG. Er gliedert sich in einen sachlichen und in einen personalen Teil.

aa) Der sachliche Anwendungsbereich

Art. 39 Abs. 1 EG gilt für die Freizügigkeit der Arbeitnehmer. Der Begriff des Arbeitnehmers ist im EG-Vertrag nicht definiert. Er bestimmt sich jedoch allein nach dem Gemeinschaftsrecht, da die Art. 39 ff. EG ihre Bedeutung verlieren würden, wenn es dem nationalen Gesetzgeber freistünde, den Inhalt des fraglichen Ausdrucks einseitig festzulegen bzw. zu verändern.[826] Nach der Rechtsprechung des EuGH sind Arbeitnehmer Personen, die während einer bestimmten Zeit für einen anderen weisungsgebundene[827] Leistungen erbringen, für die sie als Gegenleistung eine Vergütung erlangen.[828] Es muss sich demnach um eine unselbständige Tätigkeit handeln, die einen Teil des Wirtschaftslebens ausmacht und entgeltlich geleistet wird.[829] Der erforderliche grenzüberschreitende Bezug ergibt sich durch die handelnde Person, indem sie ihre Erwerbstätigkeit in einen anderen Mitgliedstaat verlegt.[830]

---

[825] Vgl. allgemein zur Dogmatik der Grundfreiheiten die Ausführungen in: 3. Teil, § 2, A., II.

[826] Vgl. *Bleckmann*, in: Bleckmann, Europarecht, Rdnr. 1555; *Wölker*, in: Groeben/Thiesing/Ehlermann, EUV/EGV, Bd. 1, Vorbemerkung zu den Art. 48 bis 50, Rdnr. 21.

[827] Vgl. zum Begriff der Weisungsgebundenheit die Ausführungen in: 3. Teil, § 2, B., II., 3., d), cc), (1).

[828] Vgl. EuGH v. 03.07.1986, Rs. 66/85 (*Lawrie-Blum/Land Baden-Württemberg*), EuGHE 1986, S. 2121 (2144). Nach der Rechtsprechung des EuGH können sich im Einzelfall auch Arbeitgeber die durch die Arbeitnehmerfreizügigkeit gewährten Rechte geltend machen. Vgl. EuGH v. 07.05.1998, Rs. C-350/96 (*Clean Car Autoservice*), EuGHE 1998, S. I-2521 (2544 ff.).

[829] Vgl. *Geiger*, EG-Vertrag, Art. 48, Rdnr. 7; *Bleckmann*, in: Bleckmann, Europarecht, Rdnr. 1555 f.

[830] Vgl. *Jarass*, Elemente einer Dogmatik der Grundfreiheiten, EuR 1995, S. 202 (206).

bb) Der personale Anwendungsbereich

Obwohl die Art. 39 ff. EG keine eindeutige Aussage über die Anforderungen an die Staatsangehörigkeit des Begünstigten enthalten, wird davon ausgegangen, dass die unmittelbar Begünstigten der Freizügigkeitsregelungen nur Staatsangehörige der Mitgliedstaaten sind.[831] Staatsangehörige eines Drittstaates können jedoch dann bestimmte Rechte geltend machen, wenn sie Angehörige eines nach Art. 39 EG Begünstigten sind.[832]

cc) Begleitrechte – Art. 39 Abs. 3 EG

Nach Art. 39 Abs. 3 lit. a) bis lit. d) EG hat der Arbeitnehmer flankierend das Recht, sich um tatsächlich angebotene Stellen zu bewerben, sich zu diesem Zweck im Hoheitsgebiet der Mitgliedstaaten frei zu bewegen, sich in einem Mitgliedstaat aufzuhalten, um dort eine Beschäftigung auszuüben, und nach Beendigung einer Beschäftigung im Hoheitsgebiet eines Mitgliedstaates zu verbleiben.

(1) Ausreise-, Einreise- und Aufenthaltsrecht

Obwohl nicht ausdrücklich erwähnt, umfasst Art. 39 Abs. 3 EG notwendigerweise auch das Recht des Arbeitsuchenden, aus seinem Heimatstaat zwecks Aufnahme einer Tätigkeit in einem anderen Mitgliedstaat auszureisen und in den (potentiellen) Beschäftigungsstaat einzureisen. Dieses Recht ergibt sich unmittelbar aus dem EG-Vertrag und ist in der Richtlinie 68/360/EWG[833] näher ausgestaltet. Art. 39 Abs. 3 lit. b) und lit. c) EG geben dem Wanderarbeitnehmer außerdem ein Aufenthaltsrecht. Hierzu ist ihnen gemäß Art. 4 Abs. 2 der RL eine deklaratorische Aufenthaltserlaubnis auszustellen.[834]

---

[831] Vgl. *Wölker*, in: Groeben/Thiesing/Ehlermann, EUV/EGV, Bd. 1, Vorbemerkung zu den Art. 48 bis 50, Rdnr. 41; *Randelzhofer*, in: Grabitz/Hilf, KommEU, Bd. II, Art. 48, Rdnr. 7.

[832] Vgl. Art. 10 ff. VO (EWG) Nr. 1612/68 (ABl. EG 1968, Nr. L 257 v. 19.10.1968, S. 2, geändert durch VO (EWG) Nr. 312/76 v. 09.02.1976, ABl. EG 1976, Nr. L 39 v. 14.02.1976, S. 1, und durch VO (EWG) Nr. 2434/92 v. 27.07.1992, ABl. EG 1992, Nr. L 245 v. 26.08.1992, S. 1); *Geiger*, EG-Vertrag, Art. 48, Rdnr. 9.

[833] Vgl. Richtlinie des Rates v. 15.10.1968 zur Aufhebung der Reise- und Aufenthaltsbeschränkungen für Arbeitnehmer der Mitgliedstaaten und ihre Familienangehörigen innerhalb der Gemeinschaft (ABl. EG 1968, Nr. L 257 v. 19.10.1968, S. 13 ff.). Die Richtlinie wurde durch das AufenthaltsG/EWG (BGBl. I 1969, S. 927) in deutsches Recht umgesetzt. Einzige formelle Voraussetzung für die Einreise ist die Vorlage eines gültigen Personalausweises oder Reisepasses nach §§ 2, 10 AufenthaltsG/EWG. Vgl. auch *Wölker*, in: Groeben/Thiesing/Ehlermann, EUV/EGV, Bd. 1, Art. 48, Rdnr. 17; *Geiger*, EG-Vertrag, Art. 48, Rdnr. 18.

[834] Vgl. *Wölker*, in: Groeben/Thiesing/Ehlermann , EUV/EGV, Bd. 1, Art. 48, Rdnr. 22.

(2) Recht auf Zugang zur Beschäftigung

Das Recht nach Art. 39 Abs. 3 lit. a) EG, sich um jede innerhalb der Gemeinschaft tatsächlich angebotene Stelle zu bewerben, schließt ein Vermittlungsmonopol der Arbeitsbehörden aus. Vielmehr können potentielle Arbeitgeber und Arbeitnehmer frei im Rahmen der allgemeinen Vorschriften „ihre Stellenangebote und Arbeitsgesuche austauschen sowie Arbeitsverträge abschließen.“[835] Demnach kann die Initiative von beiden Seiten ausgehen, nicht nur einseitig vom Arbeitsuchenden durch eine Bewerbung.[836]

(3) Verbleiberecht

Dieses durch Art. 39 Abs. 3 lit. d) EG verbürgte Recht wird durch die VO Nr. 1251/70[837] näher ausgestaltet. Der nach Art. 6 Abs. 1 der VO geforderten Aufenthaltsbescheinigung kommt allerdings nur deklaratorische Bedeutung zu.[838]

dd) Ausnahmebereiche

Nach Art. 39 Abs. 4 EG finden die Regeln über die Arbeitnehmerfreizügigkeit auf die Beschäftigung in der öffentlichen Verwaltung keine Anwendung. EG-Ausländer können daher diesbezüglich allein wegen ihrer Staatsangehörigkeit zurückgewiesen werden. Der Begriff „öffentliche Verwaltung“ ist in allen Mitgliedstaaten gemeinschaftsrechtlich auszulegen.[839] Dem EuGH kommt es dabei nicht auf die institutionelle, sondern auf die funktionelle Sichtweise an.[840] Als Ausnahme vom Grundprinzip der Freizügigkeit ist der Begriff zudem eng auszulegen.[841] Orientierungspunkt ist der Zweck des Vorbehalts. Dieser besteht darin, das berechtigte Interesse der Mitgliedstaaten zu schützen, Inländern solche Stellen vorzubehalten, die ein besonderes Treueverhältnis zum Staat und somit das Band der Staatsangehörigkeit erfordern.[842] Daher sind solche Stellen von der Freizügigkeit ausgenommen, die eine unmittelbare oder mittelbare Teilnahme an der Ausübung hoheitlicher Befugnisse mit sich bringen, welche auf

---

835 Vgl. Art. 2 VO (EWG) Nr. 1612/68 über die Freizügigkeit der Arbeitnehmer innerhalb der Gemeinschaft v. 15.10.1968 (ABl. EG 1968, Nr. L 257 v. 19.10.1968, S. 2.).

836 Vgl. *Wölker*, in: Groeben/Thiesing/Ehlermann, EUV/EGV, Bd. 1, Art. 48, Rdnr. 28.

837 ABl. EG 1970, Nr. L 142 v. 30.06.1970, S. 24 ff., berichtigt in ABl. EG 1975, Nr. L 324 v. 16.12.1975, S. 31 ff.

838 Vgl. *Oppermann*, Europarecht, Rdnr. 1452.

839 Vgl. *Geiger*, EG-Vertrag, Art. 48, Rdnr. 45.

840 Vgl. EuGH v. 12.02.1974, Rs. 152/73 (*Sotgiu/Deutsche Bundespost*), EuGHE 1974, S. 153 (162 f.).

841 Vgl. *Herdegen*, Europarecht, Rdnr. 313.

842 Vgl. EuGH v. 17.12.1980, Rs. 149/79 (*Belgien/Kommission*), EuGHE 1980, S. 3881 (3900); EuGH v. 26.05.1982, Rs. 149/79 (*Kommission/Belgien*), EuGHE 1982, S. 1845 (1851).

die Wahrnehmung der allgemeinen Belange des Staates oder anderer öffentlicher Körperschaften gerichtet sind.[843]

b) Beeinträchtigungen der Arbeitnehmerfreizügigkeit

Auch im Rahmen der Arbeitnehmerfreizügigkeit gibt es eine Trias von Beeinträchtigungsformen: offene Diskriminierungen, versteckte Diskriminierungen und Beschränkungen.

aa) Der Adressat

Adressaten der Freizügigkeit der Arbeitnehmer sind in erster Linie die Mitgliedstaaten. Eine Drittwirkung[844] der Gewährleistung der Arbeitnehmerfreizügigkeit hat der EuGH ausnahmsweise im Hinblick auf bestimmte Verbandsregelungen anerkannt.[845]

bb) Diskriminierungen

Die Gewährleistung der Arbeitnehmerfreizügigkeit umfasst „die Abschaffung jeder auf der Staatsangehörigkeit beruhenden unterschiedlichen Behandlung der Arbeitnehmer der Mitgliedstaaten in Bezug auf Beschäftigung, Entlohnung und sonstige Arbeitsbedingungen.“[846] Die Vorschrift enthält den Grundsatz individueller Gleichbehandlung. Bei ihrer grenzüberschreitenden wirtschaftlichen Betätigung dürfen Arbeitnehmer aus anderen Mitgliedstaaten nicht anders behandelt werden als Arbeitnehmer mit der Staatsangehörigkeit des Tätigkeits-

---

843 Vgl. zum Ganzen *Wölker*, in: Groeben/Thiesing/Ehlermann, EUV/EGV, Bd. 1, Art. 48, Rdnr. 114 ff.; *Randelzhofer*, in: Grabitz/Hilf, KommEU, Bd. II, Art. 48, Rdnr. 59 ff. Nach *Jarass* gehört Art. 39 Abs. 4 EG zu den Vorschriften, die eine Beeinträchtigung der Grundfreiheit rechtfertigen können. Vgl. *Jarass*, Elemente einer Dogmatik der Grundfreiheiten, EuR 1995, S. 202 (221). M.E. ergibt sich jedoch aus der systematischen Stellung – Art. 39 Abs. 1 bis Abs. 3 EG umreissen die Reichweite der Begünstigung –, dass Art. 39 Abs. 4 EG als Grenze des Anwendungsbereiches der Grundfreiheit einzustufen ist.

844 Vgl. hierzu die Ausführungen in: 3. Teil, § 2, A., II., 2., b), aa).

845 Dies hat der EuGH im Fall „Bosman“ klargestellt. Vgl. EuGH v. 15.12.1995, Rs. C-415/93 (*Union Royale belge des Sociétés de football association ASBL u.a./Jean-Marc Bosman u.a.*), EuZW 1996, S. 82. Damit fallen insbesondere Transferregelungen und Ausländerklauseln von Fußballverbänden in diese Kategorie. Vgl. *Herdegen*, Europarecht, Rdnr. 311.

846 Art. 39 Abs. 2 EG untersagt nur die Ungleichbehandlung aufgrund der Staatsangehörigkeit. Vgl. zur Ungleichbehandlung aufgrund des Geschlechts Art. 141 EG; *Randelzhofer*, in: Grabitz/Hilf, KommEU, Bd. II, Art. 48, Rdnr. 28.

staates (Inländerbehandlung).[847] Dieser Grundsatz wird konkretisiert durch die Freizügigkeitsverordnung Nr. 1612/68.[848] Diese regelt die Gleichbehandlung beim Zugang zum Arbeitsmarkt (Art. 1 bis Art. 6 der VO) sowie bei der Ausübung der Beschäftigung (Art. 7 bis Art. 9 der VO). Die wichtigsten Ansprüche auf Gleichbehandlung enthält Art. 7 der VO Nr. 1612/68. Danach darf ein Arbeitnehmer aus einem anderen Mitgliedstaat „hinsichtlich der Beschäftigungs- und Arbeitsbedingungen, insbesondere im Hinblick auf Entlohnung, Kündigung und, falls er arbeitslos geworden ist, im Hinblick auf die berufliche Wiedereingliederung oder Wiedereinstellung nicht anders behandelt werden als inländische Arbeitnehmer“ (Art. 7 Abs. 1 der VO). Ihm sind die gleichen sozialen und steuerlichen Vergünstigungen zu gewähren wie inländischen Arbeitnehmern (Art. 7 Abs. 2 der VO).[849]

cc) Beschränkungen

Nach der Rechtsprechung des EuGH enthält Art. 39 Abs. 2 EG nicht nur den Grundsatz der Inländerbehandlung, sondern darüber hinaus ein allgemeines Beschränkungsverbot.[850] Dies bedeutet, dass die Mitgliedstaaten beim Erlaß von Rechtsvorschriften, die die von der Grundfreiheit erfassten Bereiche berühren, nicht nur den Grundsatz der Inländergleichbehandlung beachten müssen, sondern darüber hinaus die Regelungen so gestalten müssen, dass sie die umfassende Liberalisierung[851] der grenzüberschreitenden Erwerbstätigkeit von Arbeitnehmern gewährleisten:

> „Bestimmungen, die einen Staatsangehörigen eines Mitgliedstaates daran hindern oder davon abhalten, sein Herkunftsland zu verlassen, um von seinem Recht auf Freizügigkeit Gebrauch zu machen, stellen daher Beeinträchtigungen

---

847 Vgl. *Eckhoff*, in: Birk, Handbuch des Europäischen Steuer- und Abgabenrechts, § 18, Rdnr. 21.

848 Vgl. VO (EWG) Nr. 1612/68 vom 15.10.1968 (ABl. EG 1968, Nr. L 257 v. 19.10.1968, S. 2 ff.).

849 Nach der Definition des EuGH gehören zu den sozialen Vergünstigungen i.S. von Art. 7 Abs. 2 der VO Nr. 1612/68 alle Vergünstigungen, die – einerlei ob sie an ein Arbeitsverhältnis anknüpfen oder nicht – den inländischen Arbeitnehmern hauptsächlich wegen ihrer objektiven Arbeitnehmereigenschaft oder wegen ihres Wohnortes im Inland gewährt werden und deren Ausdehnung auf EG-Arbeitnehmer geeignet erscheint, deren Mobilität innerhalb der Gemeinschaft zu erleichtern und ihre soziale Integration im Aufnahmestaat zu fördern. Vgl. EuGH v. 21.06.1988, Rs. 39/86 (*Lair/Universität Hannover*), EuGHE 1988, S. 3161 (3196 f.). Hinsichtlich der Sozialleistungen gilt die speziellere VO Nr. 1408/71 (ABl. EG 1971, Nr. L 149 v. 05.07.1971, S. 2 ff.) in der Neufassung vom 02.06.1983, VO (EWG) Nr. 2001/83 (ABl. EG 1983, Nr. L 230 v. 22.08.1983, S. 6 ff.), die auf der Grundlage des Art. 42 EG ergangen ist.

850 Vgl. EuGH v. 15.12.1995, Rs. C-415/93 (*Union Royale belge des Sociétés de football association ASBL u.a./Jean-Marc Bosman u.a.*), EuZW 1996, S. 82.

851 Vgl. hierzu die Ausführungen in: 3. Teil, § 2, A., II., 2., b), bb), (2).

dieser Freiheit dar, auch wenn sie unabhängig von der Staatsangehörigkeit der betroffenen Arbeitnehmer Anwendung finden [...].“[852]

Überträgt man die „Keck“-Rechtsprechung[853] auf den Bereich der Arbeitnehmerfreizügigkeit, so gilt: Staatliche Maßnahmen, die zwar das Diskriminierungsverbot beachten, aber den Zugang zum inländischen Arbeitsmarkt beschränken, weil sie überwiegend ausländische Arbeitnehmer betreffen und so die Wahrnehmung des Rechts auf Freizügigkeit behindern oder weniger attraktiv machen, sind nicht mit Art. 39 Abs. 2 EG vereinbar. Dagegen führen Berufsausübungsregelungen, die in- und ausländische Arbeitnehmer rechtlich wie tatsächlich in gleicher Weise berühren und von ihrer Zielsetzung her nicht auf die grenzüberschreitende Wahrnehmung des Freizügigkeitsrechts einwirken sollen, zu keiner Beeinträchtigung des Art. 39 Abs. 2 EG.

c) Rechtfertigung der Beeinträchtigung

Beeinträchtigungen der Arbeitnehmerfreizügigkeit müssen unter bestimmten Voraussetzungen hingenommen werden.[854]

aa) Kodifizierte Rechtfertigungsgründe

Das Recht auf Freizügigkeit der Arbeitnehmer steht unter dem Vorbehalt der öffentlichen Ordnung, Sicherheit und Gesundheit (Art. 39 Abs. 3 EG). Die Vorschrift erlaubt es den Mitgliedstaaten, von einer im zwischenstaatlichen Verkehr vereinbarten Regel nach eigenem Ermessen abzuweichen. Es handelt sich „um die Möglichkeit einer Negation der durch den Vertrag gewährten Rechte aus übergeordneten staatlichen Interessen“.[855]

Nach h.M. bezieht sich der Vorbehalt schon seinem Wortlaut nach nur auf die in Art. 39 Abs. 3 EG gewährleisteten Rechte. Daher dürfen die Wanderarbeitnehmer bei der Beschäftigung, Entlohnung und sonstigen Arbeitsbedingungen nicht aus Gründen des „ordre public“ ungleich behandelt werden. Aber auch der Zugang zu einer bestimmten Arbeitsstelle soll nach h.M dem EG-Ausländer nicht unter Berufung auf Art. 39 Abs. 3 EG allein wegen der Staatsangehörigkeit verwehrt werden können. Nach dem EuGH darf beispielsweise die Tätigkeit eines angestellten Arztes nicht aus Gründen der öffentlichen Sicherheit einem Inländer vorbehalten werden. Der Vorbehalt soll vielmehr nur die Möglichkeit schaffen, solchen Personen

---

852 Siehe EuGH v. 15.12.1995, Rs. C-415/93 (*Union Royale belge des Sociétés de football association ASBL u.a./Jean-Marc Bosman u.a.*), EuZW 1996, S. 82 (88). Vgl. auch EuGH v. 07.03.1991, Rs. C-10/90 (*Masgio/Bundesknappschaft*), EuGHE 1991, S. 1119 (1139 f.); *Herdegen*, Europarecht, Rdnr. 310.

853 Vgl. hierzu die Ausführungen in: 3. Teil, § 2, A., II., 2., b), bb), (2), (a).

854 Vgl. hierzu die Ausführungen in: 3. Teil, § 2, A., II., 2., c).

855 Vgl. *Wölker*, in: Groeben/Thiesing/Ehlermann, EUV/EGV, Bd. 1, Art. 48, Rdnr. 91.

die Einreise oder den Aufenthalt zu verweigern, deren Einreise oder Aufenthalt für sich allein genommen eine Gefahr für die öffentliche Ordnung darstellt.[856]

Die Begriffe „öffentliche Ordnung, Sicherheit und Gesundheit" sind wegen der Erforderlichkeit einer einheitlichen Anwendung und der praktischen Wirksamkeit des Gemeinschaftsrechts gemeinschaftsrechtlich zu bestimmen und als Ausnahme vom Grundsatz der Arbeitnehmerfreizügigkeit eng auszulegen.[857] Die Richtlinie 64/221/EWG[858] schränkt die Möglichkeit der Mitgliedstaaten weiter ein, sich auf den Vorbehalt der öffentlichen Ordnung, Sicherheit und Gesundheit zu berufen.[859]

bb) Zwingende Gründe des Allgemeininteresses

Unterschiedslos geltende Regelungen, die die Wettbewerbsfähigkeit betroffener Wirtschaftsteilnehmer beeinträchtigen, können auch im Rahmen der Freizügigkeit aus zwingenden Gründen des Allgemeininteresses gerechtfertigt sein.[860]

---

856 Vgl. EuGH v. 07.05.1986, Rs. 131/85 (*Gul/Regierungspräsident Düsseldorf*), EuGHE 1986, S. 1573 (1589); EuGH v. 04.12.1974, Rs. 41/74 (*Van Duyn/Home Office*), EuGHE 1974, S. 1337 (1351); EuGH v. 18.05.1982, verb. Rs. 115/81, 116/81 (*Adoni und Cornuaille/Belgien*), EuGHE 1982, S. 1665 (1707); *Wölker*, in: Groeben/Thiesing/Ehlermann, EUV/EGV, Bd. 1, Art. 48, Rdnr. 92; *Bleckmann*, in: Bleckmann, Europarecht, Rdnr. 1578, 1634; *Randelzhofer*, in: Grabitz/Hilf, KommEU, Bd. II, Art. 48, Rdnr. 48 ff.

857 Vgl. EuGH v. 04.12.1974, Rs. 41/74 (*Van Duyn/Home Office*), EuGHE 1974, S. 1337 (1350); *Geiger*, EG-Vertrag, Art. 48, Rdnr. 42.

858 Vgl. Richtlinie 64/221/EWG des Rates v. 25.02.1964 zur Koordinierung der Sondervorschriften für die Einreise und den Aufenthalt von Ausländern, soweit sie aus Gründen der öffentlichen Ordnung, Sicherheit oder Gesundheit gerechtfertigt sind (ABl. EG 1964, Nr. 56 v. 04.04.1964, S. 850 ff.). Sie ist in § 12 AufenthaltsG/EWG umgesetzt.

859 Vgl. *Wölker*, in: Groeben/Thiesing/Ehlermann, EUV/EGV, Bd. 1, Art. 48, Rdnr. 99. Danach darf der Vorbehalt nicht für wirtschaftliche Zwecke geltend gemacht werden (Art. 2 Abs. 2 der RL), bei Maßnahmen öffentlicher Ordnung und Sicherheit darf ausschließlich das persönliche Verhalten der in Betracht kommenden Einzelperson ausschlaggebend sein (Art. 3 Abs. 1 der RL), strafrechtliche Verurteilungen allein rechtfertigen keine Ausweisung (Art. 3 Abs. 2 der RL), ebensowenig die nachträglich eintretende Ungültigkeit des Reisepasses (Art. 3 Abs. 3 der RL). Die Richtlinie enthält auch Verfahrensgarantien für das Verwaltungsverfahren (Art. 5 bis Art. 7 der RL) und den Rechtsschutz (Art. 8 bis Art. 9 der RL). Den Schutz der öffentlichen Gesundheit regelt Art. 4 der RL i.V.m. dem Anhang zur Richtlinie.

860 Vgl. hierzu die Ausführungen in: 3. Teil, § 2, A., II., 2., c), bb).

2. Binnenmarktkonzept, Arbeitnehmerfreizügigkeit und direkte Besteuerung

Auch im Rahmen der Bestimmungen über die Freizügigkeit der Arbeitnehmer stellt sich die Frage, wie die mitgliedstaatlichen Steuersysteme beschaffen sein müssen, um gegenüber der Wahrnehmung dieser Grundfreiheit neutral zu sein.[861]

Das Binnenmarktkonzept nach Art. 14 Abs. 2 EG erfordert, dass Arbeitnehmer innerhalb der Gemeinschaft den Ort ihres Arbeitsplatzes frei wählen können, ohne dabei durch staatliche Faktoren behindert oder nachteilig beeinflusst zu werden.[862] Ein zwischenstaatlich nicht abgestimmtes Einkommensteuerrecht beeinträchtigt die Freizügigkeit innerhalb der Gemeinschaft. Dies gilt insbesondere für Gemeinschaftsbürger, die im Laufe eines Jahres ihre Tätigkeit und/oder ihren Wohnsitz von einem Mitgliedstaat in einen anderen verlegen, bzw. für zwischen angrenzenden Ländern pendelnde Grenzgänger. Regelmäßig sind dann die Einkünfte dieser Personengruppe im Tätigkeitsstaat steuerpflichtig.[863]

Gewinne Selbständiger unterliegen nach dem in den Art. 7 und Art. 14 OECD-Musterabkommen verankerten Betriebsstättenprinzip der Besteuerung im Tätigkeitsstaat. Auch die Mehrzahl der Arbeitnehmer ist nach Art. 15 OECD-Musterabkommen im Tätigkeitsstaat steuerpflichtig. Erzielt jemand sowohl im Tätigkeitsstaat als auch in seinem Wohnsitzstaat Einkünfte, so ist es international üblich, dass nur der Wohnsitzstaat persönliche steuerentlastende Merkmale berücksichtigt.[864] Diese Besteuerungspraxis führt jedoch nur bei Personen zu befriedigenden Ergebnissen, deren Einkünfte überwiegend im Wohnsitzstaat anfallen.

Eine Harmonisierung im Bereich der direkten Steuern stösst bislang an die Grenzen des vereinbarten Integrationskonzeptes. Es ist daher zunehmend Aufgabe des EuGH, auch im Bereich der Arbeitnehmerfreizügigkeit die Lücke zu schließen, die sich aus der Diskrepanz zwischen den Vorgaben des EG-

---

861 Vgl. hierzu die Ausführungen in: 3. Teil, § 2, A., I., 2.

862 Die Zahl der sog. Wanderarbeitnehmer, d.h. Angehörige eines Mitgliedstaates, die eine unselbständige Tätigkeit in einem anderen Mitgliedstaat aufnehmen, nimmt seit der Gründung der EG stetig zu. Die Gründe für die Entscheidung, einen Arbeitsplatz im Hoheitsgebiet eines anderen Mitgliedstaates zu suchen, können verschieden sein. Ein wichtiger Aspekt ist die Arbeitsmarktsituation im jeweiligen Inland. Wer in seinem eigenen Mitgliedstaat über längere Zeit arbeitslos ist, kann in einem vereinten Europa seine Bewerbungsaktivitäten – vor allem in Grenzgebieten – auch auf das EG-Ausland erstrecken. Aber auch die persönliche Herausforderung, in einem fremden Land zu arbeiten spielt eine Rolle. Zudem können sich die Karrierechancen im Inland nach einem Auslandsaufenthalt erheblich verbessern.

863 Vgl. *Kaefer*, Steuernachteile für beschränkt steuerpflichtige EG-Bürger, DStR 1991, S. 671.

864 Vgl. *Tipke/Lang*, Steuerrecht, § 2, Rdnr. 37.

Vertrages und der tatsächlichen steuerlichen Situation der Wanderarbeitnehmer ergibt.

3. Die Rechtsprechung des EuGH

Ebenso wie im Bereich der Niederlassungsfreiheit gibt es auch im Bereich der Freizügigkeit der Arbeitnehmer mittlerweile zahlreiche Urteile, die sich mit dem Einfluss der Bestimmungen der Art. 39 ff. EG auf das nationale Steuerrecht beschäftigen. Daher ist auch in diesem Bereich eine systematische Aufarbeitung dieser Rechtsprechung erforderlich. Die Analyse der einzelnen Urteile erfolgt wiederum in einem Drei-Stufen-Aufbau: Nach einer kurzen Sachverhaltsdarstellung folgt eine Zusammenfassung der wesentlichen Aussagen der Entscheidungsgründe. Schließlich werden deren „steuerliche Kernaussagen" herausgearbeitet.

a) „Biehl"

Ausgangspunkt des Vorabentscheidungsverfahrens[865] war ein Rechtsstreit zwischen dem deutschen Staatsangehörigen Klaus Biehl und der Steuerverwaltung des Großherzogtums Luxemburg, in dem es um die Erstattung zuviel erhobener Einkommensteuer ging.

aa) Der Sachverhalt

Herr Biehl lebte vom 15.11.1973 bis zum 31.10.1983 im Großherzogtum Luxemburg. Dort ging er in dieser Zeit einer Beschäftigung als Arbeitnehmer nach. Zum 01.11.1983 verlegte er seinen Wohnsitz in die Bundesrepublik Deutschland, wo er seitdem berufstätig war. Für die Zeit vom 01.01.1983 bis 31.10.1983 behielt der luxemburgische Arbeitgeber von Herrn Biehl von dessen Gehalt Einkommensteuer ein. Bei der endgültigen Festsetzung der Steuer für das Steuerjahr 1983 stellte sich heraus, dass der Betrag der vom luxemburgischen Arbeitgeber einbehaltenen Steuer den Gesamtbetrag der von Herrn Biehl geschuldeten Steuer überstieg. Herr Biehl beantragte daraufhin die Erstattung der zuviel einbehaltenen Steuer, was die zuständige Steuerbehörde unter Verweis auf Art. 154 Abs. 6 der Loi sur l'impôt le revenue (LIR) ablehnte. Art. 154 Abs. 6 LIR bestimmte, dass „die einbehaltenen Steuern auf Löhne und Gehälter zu Lasten der Arbeitnehmer, die nur während eines Teils des Jahres gebietsansässige Steuerpflichtige sind, weil sie sich im Laufe des Jahres im Lande niederlassen oder das Land verlassen" nicht erstattet werden. Herr Biehl focht diese Entscheidung vor dem luxemburgischen Conseil d'État an. Das Gericht setzte das Verfahren aus und legte dem EuGH eine Frage zur Vorabentscheidung vor. Es wollte wissen, ob es Art. 12 oder Art. 39 EG verbieten, dass nach dem Steuerrecht eines Mitgliedstaates die einbehaltenen Steuern auf die Löhne und Gehälter zu Lasten eines Arbeitnehmers aus einem Mitgliedstaat, der nur während

---

865 Vgl. EuGH v. 08.05.1990, Rs. C-175/88 (*Biehl*), EuGHE 1990, S. I-1779.

eines Teils des Jahres gebietsansässiger Steuerpflichtiger ist, weil er sich im Laufe des Steuerjahres im Lande niederlässt oder es verlässt, der Staatskasse verfallen und nicht erstattet werden.[866]

bb) Die Entscheidung des EuGH

Der EuGH konkretisierte in dieser Entscheidung das Recht auf Arbeitnehmerfreizügigkeit und setzte die Grundfreiheit in Bezug zur direkten Besteuerung in den Mitgliedstaaten. Im Ergebnis folgte er dem Vorbringen von Herrn Biehl. Die Entscheidung lautete:

> **„Artikel 48 Abs. 2 EWG-Vertrag[867] verbietet es, dass nach dem Steuerrecht eines Mitgliedstaates die einbehaltenen Steuern auf die Löhne und Gehälter zu Lasten eines Arbeitnehmers aus einem Mitgliedstaat, der nur während eines Teils des Jahres gebietsansässiger Steuerpflichtiger ist, weil er sich im Laufe des Steuerjahres im Lande niederlässt oder das Land verlässt, der Staatskasse verfallen und nicht erstattet werden können."[868]**

Zunächst ging der EuGH auf das Gleichbehandlungsgebot des Art. 39 Abs. 2 EG ein und konstatierte, dass dieses insbesondere auch in Bezug auf die Entlohnung gelte. Der Grundsatz der Gleichbehandlung auf dem Gebiet der Entlohnung wäre seiner Wirkung beraubt, wenn er durch diskriminierende nationale Vorschriften über die Einkommensteuer beeinträchtigt werden könnte. Deshalb sei der Bezug auf das Steuerrecht ausdrücklich in der VO Nr. 1612/68 aufgenommen worden.[869]

Sodann ging das Gericht auf die Unterscheidung zwischen offenen und versteckten Diskriminierungen[870] ein und bejahte im Fall des Art. 154 Abs. 6 LIR eine versteckte Diskriminierung:

> „Das Kriterium der ständigen Ansässigkeit im Inland für eine mögliche Erstattung zuviel einbehaltener Steuern birgt, obwohl es unabhängig von der Staatsangehörigkeit des betroffenen Steuerpflichtigen angewandt wird, die Gefahr, dass es sich besonders zum Nachteil der Steuerpflichtigen auswirkt, die

---

866 Siehe EuGH v. 08.05.1990, Rs. C-175/88 (*Biehl*), EuGHE 1990, S. I-1779 (1792), Rdnr. 9.

867 Jetzt Art. 39 EG.

868 Siehe EuGH v. 08.05.1990, Rs. C-175/88 (*Biehl*), EuGHE 1990, S. I-1779 (1794 f.).

869 Vgl. hierzu die Ausführungen in: 3. Teil, § 2, B., III., 1., b), bb).

870 Vgl. hierzu die Ausführungen in: 3. Teil, § 2, A., II., 2., b), bb), (1), (b).

Angehörige anderer Mitgliedstaaten sind. Oft sind sie es nämlich, die das Land im Laufe des Jahres verlassen oder sich dort niederlassen."[871]

Anschließend ging der EuGH auf das Vorbringen der luxemburgischen Steuerverwaltung zur Rechtfertigung der Steuernorm ein.

Diese machte zunächst geltend, dass Zweck der Bestimmung sei, das System der Steuerprogression zu gewährleisten. Ein zeitweise gebietsansässiger Steuerpflichtiger werde mindestens in zwei Staaten besteuert. Dieser Umstand verfälsche das Besteuerungssystem, da der zeitweise gebietsansässige Steuerpflichtige durch den Umstand, dass er nacheinander Einkünfte in zwei Mitgliedstaaten erzielt habe, im Falle der Erstattung der zuviel einbehaltenen Steuern in den Genuss eines günstigeren Steuersatzes kommt, als er auf die Einkünfte eines gebietsansässigen Steuerpflichtigen angewandt werde, der seine gesamten Einkünfte im Großherzogtum erklären müsse, unabhängig davon, ob sie im Inland erzielt wurden oder nicht.[872]

Der Gerichtshof folgte dieser Argumentation nicht, da die nationale Steuernorm zumindest in anders gelagerten Fällen geeignet sei, den Gleichbehandlungsgrundsatz zu verletzen, so etwa, wenn der nur zeitweise gebietsansässige Steuerpflichtige im Ausland keine Einkünfte erziele.[873]

Desweiteren machte die Steuerverwaltung in der mündlichen Verhandlung geltend, dass es im luxemburgischen Recht ein Einspruchsverfahren gebe, das es den zeitweise gebietsansässigen Steuerpflichtigen erlaube, zuviel gezahlte Steuern erstattet zu erhalten, wenn sie darlegten, dass die Anwendung von Art. 154 Abs. 6 LIR für sie unbillige Folgen nach sich ziehe.[874]

Dem hielt der EuGH entgegen, dass seitens der luxemburgischen Regierung keine Rechtsvorschrift vorgetragen worden sei, die eine Verpflichtung der Steuerverwaltung ausgesprochen hätte, in jedem Fall diskriminierende Folgen zu beseitigen.[875]

---

[871] Siehe EuGH v. 08.05.1990, Rs. C-175/88 (*Biehl*), EuGHE 1990, S. I-1779 (1793), Rdnr. 14.

[872] Vgl. EuGH v. 08.05.1990, Rs. C-175/88 (*Biehl*), EuGHE 1990, S. I-1779 (1793), Rdnr. 15.

[873] Vgl. EuGH v. 08.05.1990, Rs. C-175/88 (*Biehl*), EuGHE 1990, S. I-1779 (1793), Rdnr. 16.

[874] Vgl. EuGH v. 08.05.1990, Rs. C-175/88 (*Biehl*), EuGHE 1990, S. I-1779 (1793), Rdnr. 17.

[875] Vgl. EuGH v. 08.05.1990, Rs. C-175/88 (*Biehl*), EuGHE 1990, S. I-1779 (1794), Rdnr. 18.

cc) Die steuerlichen Kernaussagen

In Anlehnung an die allgemeine Dogmatik der Grundfreiheiten und ihre spezielle Ausformung in den Art. 39 ff. EG ergeben sich aus der Entscheidung „Biehl" folgende steuerliche Kernaussagen.

(1) Die steuerliche Gleichbehandlung

Art. 39 Abs. 1 EG enthält die Verpflichtung der Mitgliedstaaten, die Freizügigkeit der Arbeitnehmer innerhalb der Gemeinschaft herzustellen. Dazu gehört nach Art. 39 Abs. 2 EG die Abschaffung jeder auf der Staatsangehörigkeit beruhenden unterschiedlichen Behandlung der Arbeitnehmer in Bezug auf Beschäftigung, Entlohnung und sonstige Arbeitsbedingungen.[876]

Auf den ersten Blick lässt sich aus den Vorschriften der Art. 39 ff. EG ein Bezug zum Steuerrecht nicht entnehmen. Daher wird die Relevanz auch der steuerlichen Regelungen in der zur Konkretisierung des Art. 39 EG erlassenen VO Nr. 1612/68 angesprochen.[877] Danach müssen einem Arbeitnehmer, der Staatsangehöriger eines anderen Mitgliedstaates ist, die gleichen steuerlichen Vergünstigungen gewährt werden, wie einem inländischen Arbeitnehmer.[878] Der EuGH machte diese Verordnung jedoch nicht zum maßgeblichen Inhalt seiner Entscheidung. Vielmehr sah er die Grundlage der steuerlichen Gleichbehandlung von Arbeitnehmern ausschließlich in Art. 39 Abs. 2 EG. Somit besteht zwar eine sekundärrechtliche Konkretisierung, aber bereits aus den primärrechtlichen Bestimmungen über die Freizügigkeit folgt, dass die steuerliche Behandlung des Arbeitslohns und steuerlicher Arbeitnehmervergünstigungen in den Mitgliedstaaten nicht nach der Staatsangehörigkeit der Arbeitnehmer unterschiedlich geregelt werden dürfen.[879]

(2) Beeinträchtigung der Arbeitnehmerfreizügigkeit

Die streitige luxemburgische Vorschrift gilt formal unterschiedslos für inländische Staatsangehörige wie für Staatsangehörige aus anderen Mitgliedstaaten. Sie enthält damit kein auf der Staatsangehörigkeit beruhendes Kriterium. Dies

---

[876] Der Gleichbehandlungsgrundsatz des Art. 39 Abs. 2 EG verdrängt in seinem Anwendungsbereich als lex specialis das allgemeine Diskriminierungsverbot des Art. 12 EG. Nach dessen Auslegung war im Vorlagebeschluss ebenfalls gefragt. GA *Darmon* wies in seinen Schlussanträgen auf die Nachrangigkeit des Art. 12 EG hin. Vgl. GA *Darmon* in seinen Schlussanträgen v. 24.01.1990, Rs. C-175/88 (*Biehl*), EuGHE S. I-1784 (1788), Rdnr. 21. Der EuGH selbst ging auf diese Frage nicht ein.

[877] Vgl. hierzu die Ausführungen in: 3. Teil, § 2, B., III., 1., b), bb).

[878] Vgl. *Hein*, Steuererstattungsanspruch und Freizügigkeit, EuZW 1990, S. 346 (347).

[879] Vgl. *Hein*, Steuererstattungsanspruch und Freizügigkeit, EuZW 1990, S. 346 (347).

schließt jedoch nicht aus, dass sie zu einer versteckten Diskriminierung führt.[880] In der Entscheidung „Sotgiu“ hatte der EuGH bereits festgestellt:

> „Die Vorschriften über die Gleichbehandlung sowohl des Vertrages als auch des Artikels 7 der Verordnung Nr. 1612/68 verbieten nicht nur offensichtliche Diskriminierungen aufgrund der Staatsangehörigkeit, sondern auch alle versteckten Formen der Diskriminierung, die durch die Anwendung ihrer Unterscheidungsmerkmale tatsächlich zu dem gleichen Ergebnis führen. Diese Auslegung, die geboten ist, um die Wirksamkeit eines der Grundprinzipien der Gemeinschaft zu wahren, ist ausdrücklich anerkannt in der fünften Präambel zur Verordnung Nr. 1612/68, wonach die Gleichbehandlung der Arbeitnehmer ‚tatsächlich und rechtlich‘ sicher gestellt werden muss. Es ist also nicht ausgeschlossen, dass Unterscheidungsmerkmale wie der Herkunftsort oder der Wohnsitz eines Arbeitnehmers in ihren tatsächlichen Auswirkungen je nach den Umständen auf eine Diskriminierung aufgrund der Staatsangehörigkeit hinauslaufen können, die nach dem Vertrag und der Verordnung verboten ist.“[881]

Daher war im vorliegenden Fall zu prüfen, ob das Unterscheidungsmerkmal der Ansässigkeit zu einer versteckten Diskriminierung führte.

Nicht jede unterschiedliche Behandlung stellt eine Diskriminierung dar. Ein konkreter Vergleich der Sachverhalte kann ergeben, dass ein Sachverhalt, der durch eine unterschiedliche Behandlung gekennzeichnet ist, keine verbotene Diskriminierung darstellt, wenn der betreffende Staatsangehörige gegenüber den Angehörigen des Aufnahmestaates im Ergebnis nicht benachteiligt ist.[882] GA *Darmon* wies jedoch an Hand eines Beispiels nach, dass die streitige Regelung gegen das Diskriminierungsverbot verstößt: Eine luxemburgische Firma beschäftigt sowohl inländische Arbeitnehmer, als auch Arbeitnehmer, die die Staatsangehörigkeit eines anderen Mitgliedstaates besitzen. Für den Fall, dass die Firma ihr Personal entlassen muss und dieses nicht sofort eine neue Beschäftigung findet, ist nicht ausgeschlossen, dass Arbeitnehmer, die Angehörige anderer Mitgliedstaaten sind, in ihr Herkunftsland zurückkehren, wo sie bis zum Ende des Jahres keiner Beschäftigung mehr nachgehen. Die inländischen Arbeitnehmer bleiben in Luxemburg und finden im Laufe des Jahres ebenfalls keine neue Beschäftigung mehr. Letztere erhalten jedoch ihre Steuern erstattet, den ausländischen Arbeitnehmern wird dies verweigert.[883]

---

880 Vgl. hierzu die Ausführungen in: 3. Teil, § 2, A., II., 2., b), bb), (1), (b).

881 Vgl. EuGH v. 12.02.1974, Rs. 152/73 (*Sotgiu/Deutsche Bundespost*), EuGHE 1974, S. 153 (164), Rdnr. 11.

882 Vgl. hierzu die Ausführungen in: 3. Teil, § 2, A., II., 2., b), bb), (1), (a); GA *Darmon* in seinen Schlussanträgen v. 24.01.1990, Rs. C-175/88 (*Biehl*), EuGHE 1990, S. I-1784 (1785), Rdnr. 7.

883 Vgl. GA *Darmon* in seinen Schlussanträgen v. 24.01.1990, Rs. C175/88 (*Biehl*), EuGHE 1990, S. I-1784 (1786), Rdnr. 11.

Daraus ergibt sich, dass die streitige Norm in bestimmten Sachverhaltskonstellationen zu einer Benachteiligung ausländischer Wanderarbeitnehmer führen kann. Die Neutralität der streitigen innerstaatlichen Regelung ist daher nur scheinbar. In Wirklichkeit enthält sie ein Unterscheidungsmerkmal („Ansässigkeit"), das tatsächlich Personen aus anderen Mitgliedstaaten in verbotener Weise benachteiligt.

Der EuGH wählte die Formulierung, dass die Vorschrift „geeignet" sei, den Grundsatz der Gleichbehandlung zu verletzen. Dies liegt daran, dass das Vorabentscheidungsverfahren darauf beschränkt ist, dem vorlegenden Gericht Auslegungsleitlinien und Wertungsmaßstäbe an die Hand zu gegeben, nach denen es den konkreten Fall lösen kann. Trotzdem ist die Formulierung insofern bemerkenswert, als der Gerichtshof weitaus abstrakter als sonst das Vorliegen einer Diskriminierung feststellt. Eine „tatsächliche" Diskriminierung wird indessen nicht dargelegt. Auch die Frage, ob quantitativ eine besonders hohe Zahl von Ausländern betroffen ist, wertete der EuGH vorliegend nicht als Beleg für eine Ungleichbehandlung aufgrund der Staatsangehörigkeit. Vielmehr spielt nach dem EuGH der materielle Gehalt des Unterscheidungskriteriums selbst die entscheidende Rolle. Eine versteckte Diskriminierung liegt demnach nicht erst dann vor, wenn nur oder nahezu nur Ausländer tatsächlich beeinträchtigt werden, sondern schon dann, wenn eine Analyse des Unterscheidungsmerkmals ergibt, dass es in bestimmten Fällen zu einer Benachteiligung von Staatsangehörigen anderer Mitgliedstaaten führt.[884]

(3) Rechtfertigung der Beeinträchtigung

Nach dem Vortrag der luxemburgischen Regierung war die umstrittene steuerliche Behandlung desjenigen, der das Großherzogtum während des Jahres verlassen oder sich dort nieder-

---

884 Dieses Konzept ermöglicht es erst, die beschränkte Steuerpflicht als einen Fall der versteckten Diskriminierung einzuordnen. Die meisten Steuerrechtssysteme der Mitgliedstaaten differenzieren nur selten ausdrücklich nach der Staatsangehörigkeit, sondern hauptsächlich nach der Ansässigkeit. Wäre der Anwendungsbereich der versteckten Diskriminierung auf Fälle beschränkt, in denen einzig und allein Ausländer benachteiligt werden, so wäre die beschränkte Steuerpflicht niemals ein Fall der versteckten Diskriminierung. Denn tatsächlich werden von ihr nicht nur Ausländer erfasst, sondern auch im Ausland lebende eigene Staatsangehörige. Würde man die Anwendung der Grundsätze über eine versteckte Diskriminierung davon abhängig machen, dass eine Regelung tatsächlich nur Ausländer betrifft, so würde der Kreis der ohnehin erfassten offenen Diskriminierungen nur geringfügig erweitert. Demgegenüber führt die Rechtsprechung des EuGH dazu, dass der Kreis der durch die Regelung Benachteiligten objektiv bestimmt und im Hinblick auf den Zweck des Diskriminierungsverbots bewertet wird. Vgl. *Eckhoff*, in: Birk, Handbuch des Europäischen Steuer- und Abgabenrechts, § 17, Rdnr. 39, 40. Allerdings gab der Urteilssachverhalt dem EuGH hier keine Veranlassung, zur materiell-steuerlichen Behandlung von beschränkt Steuerpflichtigen Stellung zu nehmen. Vgl. *Thömmes*, Verbote der Diskriminierung von Steuerausländern und Steuerinländern, in: Lehner, Steuerrecht im Europäischen Binnenmarkt, DStJG 1996, S. 81 (91).

gelassen habe, im Ergebnis gerechtfertigt, da mit der steuerlichen Vorschrift eine Progressionsklausel in die Besteuerung des betreffenden Steuerpflichtigen eingeführt wurde. Ansonsten hätte dieser aufgrund der Aufsplittung seiner Einkünfte auf mehrere Staaten, aus seinem Wohnsitzwechsel Vorteile ziehen können.

Diese Argumentation geht jedenfalls in zwei Fällen ins Leere: Ein Unterlaufen der Steuerprogression ist dann nicht zu befürchten, wenn der Steuerpflichtige Luxemburg verlässt und in einem anderen Mitgliedstaat für den Rest des Veranlagungszeitraums keine Beschäftigung mehr aufnimmt. Gleiches gilt im umgekehrten Fall: Ein bislang arbeitsloser Steuerpflichtiger lässt sich im Laufe des Jahres in Luxemburg nieder, um dort einer Beschäftigung nachzugehen.[885]

Auf den Kläger des Ausgangsverfahrens trifft zwar keine dieser Fallkonstellationen zu. Trotzdem ließ der EuGH die luxemburgische Steuernorm auch im Rahmen einer Rechtfertigung scheitern. Ähnlich wie bei der Feststellung der Diskriminierung verzichtete der EuGH auch hier auf die Darlegung einer tatsächlichen Rechtfertigung. Seine Aussagen enthalten keine Wertung darüber, ob die Wahrung eines progressiven Einkommensteuertarifs im Hinblick auf das Gemeinschaftsrecht Bedenken unterliegt. Er traf lediglich die Feststellung, dass eine bestimmte Häufigkeit von Fällen gegeben sei, in denen die festgestellte Diskriminierung nicht gerechtfertigt werden könne. Eine diskriminierende Regelung verstösst demnach dann gegen das Gemeinschaftsrecht, wenn die Diskriminierung nicht oder zumindest häufig nicht zu rechtfertigen ist.

(4) Einfluss des Gemeinschaftsrechts auf das nationale Billigkeitsverfahren

Die luxemburgische Regierung trug vor, dass es im nationalen Recht ein Einspruchsverfahren gebe, das der Steuerverwaltung ermögliche, die Erstattung zu gewähren, wenn die Verweigerung unbillig wäre.

Nach der Aussage des EuGH ist es den Mitgliedstaaten grundsätzlich erlaubt, eigene Korrekturen vorzunehmen, wenn nationale Steuervorschriften Diskriminierungen enthalten. Allerdings – so der EuGH – muss die Steuerverwaltung aufgrund einer Norm verpflichtet sein, diskriminierende Folgen in jedem Fall zu beseitigen.[886] Dies bedeutet: Die Norm muss die praktische Wirksamkeit des Gemeinschaftsrechts gewährleisten. Es muss sich um eine verbindliche innerstaatliche Norm handeln, die den Erfordernissen der Rechtssicherheit und Rechtsklarheit entspricht. Eine bloße Verwaltungspraxis, die durch die Exekuti-

---

[885] Diesem Vorbringen des GA *Darmon* in seinen Schlussanträgen v. 24.01.1990 folgte der EuGH. Vgl. EuGH v. 08.05.1990, Rs. C-175/88 (*Biehl*), EuGHE 1990, S. I-1779 (1793), Rdnr. 16.

[886] Vgl. EuGH v. 08.05.1990, Rs. C-175/88 (*Biehl*), EuGHE 1990, S. I-1779 (1794), Rdnr. 18.

ve beliebig geändert werden kann und die eventuell nur unzureichend bekannt ist, genügt diesen Anforderungen nicht.[887]

b) „Bachmann“

Ausgangspunkt des Vorlageverfahrens in der Rechtssache „Bachmann“[888] war eine Frage nach der Auslegung der Art. 39, 49 und Art. 56 EG. Sie betraf einen deutschen Staatsangehörigen, der in Belgien beschäftigt war.

aa) Der Sachverhalt

Es ging um die Weigerung des Directeur des contributions directes de Bruxelles-I, den Abzug von in der Bundesrepublik Deutschland gezahlten Beiträgen im Rahmen von Kranken- und Invaliditätsversicherungsverträgen sowie eines Lebensversicherungsvertrages, die Herr Bachmann vor seinem Wechsel nach Belgien abgeschlossen hatte, vom Gesamtbetrag seiner Erwerbseinkünfte des Zeitraums 1973 bis 1976 zuzulassen. Die Weigerung wurde auf Art. 54 des belgischen Code des impôts sur les revenues (CIR) gestützt, wonach von den Erwerbseinkünften nur die Beiträge zur freiwilligen Kranken- und Invaliditätsversicherung, die an einen von Belgien anerkannten Versicherungsverein a.G. gezahlt wurden, sowie die in Belgien gezahlten Beiträge zu Versicherungen für den Fall des Alters und des vorzeitigen Todes, abgezogen werden konnten. Nach Abweisung seiner Klage legte Herr Bachmann Rechtsmittel bei der Cour de cassation ein, die das Verfahren aussetzte und dem EuGH eine Frage zur Vorabentscheidung vorlegte. Die Frage ging im wesentlichen dahin, ob die Bestimmungen des belgischen Steuerrechts, die im Bereich der Steuern auf das Einkommen die Abzugsfähigkeit von Beiträgen zu Kranken- und Invaliditäts- oder Alters- und Todesfallversicherungen von der Voraussetzung abhängig machten, dass die Beiträge „in Belgien“ gezahlt wurden, den Bestimmungen des EG-Vertrages über die Freizügigkeit, die Dienstleistungsfreiheit und die Kapitalverkehrsfreiheit entgegenstehen.[889]

---

887 Dieselben Anforderungen gelten für die nationalen Gesetze, durch die Richtlinien nach Art. 249 Abs. 3 EG umgesetzt werden. Vgl. *Jarass*, Grundfragen der innerstaatlichen Bedeutung des EG-Rechts, S. 51 ff. Bedeutung für das deutsche Steuerrecht kommt diesen Aussagen im Hinblick auf §§ 163, 227 AO zu. Zu diesen Bestimmungen äußerte sich der EuGH jedoch ausdrücklich in der Entscheidung „Schumacker“, so dass hierzu erst im Rahmen der Besprechung dieses Urteils eingegangen wird. Vgl. hierzu die Ausführungen in: 3. Teil, § 2, B., III., 3., c), cc), (6).

888 Vgl. EuGH v. 28.01.1992, Rs. C-204/90 (*Bachmann*), EuGHE 1992, S. I-249 ff.

889 Vgl. EuGH v. 28.01.1992, Rs. C-204/90 (*Bachmann*), EuGHE 1992, S. I-249 (278), Rdnr. 4. Auch die Kommission hatte ein Vertragsverletzungsverfahren eingeleitet, das ebenfalls die obige Bestimmung des belgischen Einkommensteuerrechts zum Gegenstand hatte. Gerügt wurde seitens der Kommission ein Verstoß gegen Art. 39 und Art. 49 EG sowie Art. 7 Abs. 2 der VO 1612/68. Vgl. EuGH v. 28.01.1992, Rs. C-300/90 (*Kommis-*

bb) Die Entscheidung des EuGH

Der Gerichtshof hielt im vorliegenden Fall den Eingriff in das Recht auf Arbeitnehmerfreizügigkeit für gerechtfertigt. Die Entscheidung lautete:

> **„Die Artikel 48 und 59 EWG-Vertrag[890] stehen Rechtsvorschriften eines Mitgliedstaates entgegen, die die Abzugsfähigkeit von Beiträgen zu Kranken- und Invaliditäts- oder Alters- und Todesfallversicherungen von der Voraussetzung abhängig machen, dass diese Beiträge in diesem Staat gezahlt werden. Diese Voraussetzung kann jedoch durch die Notwendigkeit gerechtfertigt sein, die Kohärenz der anwendbaren Steuerregelung zu gewährleisten.“[891]**

Zunächst stellte der EuGH in den Entscheidungsgründen mit Bedeutung für Art. 39 EG[892] fest, dass die fragliche belgische Steuernorm ausländische Arbeitnehmer benachteiligt:

> „Insoweit ist festzustellen, dass die Arbeitnehmer, die in einem Mitgliedstaat berufstätig waren und später in einem anderen Mitgliedstaat beschäftigt sind oder dort eine Beschäftigung suchen, ihre Alters- und Todesfall- oder Invaliditäts- und Krankenversicherungsverträge normalerweise bei Versicherern geschlossen haben, die im erstgenannten Staat niedergelassen sind. Folglich besteht die Gefahr, dass sich die fraglichen Bestimmungen besonders zum Nachteil dieser Arbeitnehmer auswirken, die in aller Regel Staatsangehörige anderer Mitgliedstaaten sind.“[893]

Das Verteidigungsvorbringen, dass bei Lebensversicherungsverträgen als Ausgleich für die Nichtabzugsfähigkeit eine Besteuerung des angesammelten Kapitals entfalle, wurde vom EuGH abgelehnt, da der steuerliche Ausgleich allein schon daran scheitere, dass die Staatsangehörigen anderer Mitgliedstaaten in der Regel nach Beendigung der Tätigkeit Belgien verließen. Die fehlende Steuerbefreiung in dem Mitgliedstaat, in dem sich der Steuerpflichtige anschließend niederlasse, beruhe zwar auf einer fehlenden Harmonisierung in diesem Bereich. Dies könne jedoch nicht zur Voraussetzung für die Anwendbarkeit des Art. 39 EG gemacht werden.[894]

---

sion/Belgien), EuGHE 1992, S. I-305 ff. Die Verfahren wurden vom EuGH nicht verbunden, die Urteilsbegründungen sind jedoch weitgehend identisch.

890 Jetzt Art. 39 und Art. 49 EG.

891 Siehe EuGH v. 28.01.1992, Rs. C-204/90 (*Bachmann*), EuGHE 1992, S. I-249 (286).

892 Vgl. zur Vereinbarkeit der belgischen Steuervorschriften mit der Dienstleistungs- und Kapitalverkehrsfreiheit die Ausführungen in: 3. Teil, § 2, B., IV., 3., a).

893 Siehe EuGH v. 28.01.1992, Rs. C-204/90 (*Bachmann*), EuGHE 1992, S. I-249 (279), Rdnr. 9.

894 Vgl. EuGH v. 28.01.1992, Rs. C-204/90 (*Bachmann*), EuGHE 1992, S. I-249 (280), Rdnr. 11.

Auch dem Argument, dass ein Gemeinschaftsbürger, der in Belgien eine Beschäftigung aufnehmen wolle, seinen Vertrag ohne nachteilige Folgen beenden und einen neuen Vertrag mit einem von Belgien anerkannten Versicherungsverein a.G. schließen könne, um die Abzugsfähigkeit in Anspruch zu nehmen, wurde vom Gericht abgelehnt:

> „Die Notwendigkeit, den bei einem in einem Mitgliedstaat niedergelassenen Versicherer geschlossenen Vertrag zu kündigen, um den in einem anderen Mitgliedstaat vorgesehenen Abzug in Anspruch nehmen zu können, obwohl der Betroffene die Fortsetzung dieses Vertrages als in seinem Interesse liegend betrachtet, stellt wegen der damit verbundenen Schritte und Kosten eine Beeinträchtigung der Freizügigkeit dar."[895]

Sodann ging der EuGH auf die Rechtfertigung der Diskriminierung ein. Zwar könnten die Mitgliedstaaten den Abschluss bestehender Versicherungsverträge von der Zulassung des Versicherers abhängig machen, dies bedeute jedoch nicht die Akzeptanz eines Allgemeininteresses dahingehend, dass bestehenden Versicherungsverträgen die Anerkennung versagt werden könnte.[896] Der Rechtfertigungsgrund „Wirksamkeit der steuerlichen Kontrolle" sei unbeachtlich, soweit die Amtshilferichtlinie[897] die gewünschte Kontrolle in Form der Zusammenarbeit der Finanzbehörden untereinander ermögliche. Auch dem Hinweis der belgischen Regierung, dass einige Mitgliedstaaten nicht über die Rechtsgrundlagen verfügten, von dem Versicherer Auskünfte zu verlangen, verwarf der EuGH mit der Begründung, dass zumindest vom Betroffenen der Nachweis entsprechender Belege verlangt und gegebenenfalls bei Nichtvorlage der Abzug verweigert werden könne.[898]

Anders beurteilte das Gericht jedoch das Rechtfertigungsargument, die fraglichen Vorschriften seien zur Wahrung der Kohärenz der Steuerregelungen erforderlich:

> „Zur Notwendigkeit, die Kohärenz der Steuerregelung zu wahren, hat der Gerichtshof in seinem Urteil vom heutigen Tag in der Rechtssache C-300/90 (Kommission/Belgien) festgestellt, dass innerhalb der belgischen Regelung ein Zusammenhang zwischen der Abzugsfähigkeit der Beiträge und der Besteuerung der von den Versicherern in Erfüllung der Versicherungsverträge für den Fall des Alters und des Todes zu zahlenden Beträge besteht. [...] Folglich wird innerhalb einer solchen Steuerregelung der Einnahmenverlust, der sich aus dem Abzug der Beiträge zu Lebensversicherungen, worunter auch Alters- und To-

---

[895] Siehe EuGH v. 28.01.1992, Rs. C-204/90 (*Bachmann*), EuGHE 1992, S. I-249 (280), Rdnr. 13.

[896] Vgl. EuGH v. 28.01.1992, Rs. C-204/90 (*Bachmann*), EuGHE 1992, S. I-249 (281), Rdnr. 16.

[897] Vgl. RL 79/1070/EWG (ABl. EG 1979, Nr. L 331 v. 27.12.1979, S. 8).

[898] Vgl. EuGH v. 28.01.1992, Rs. C-204/90 (*Bachmann*), EuGHE 1992, S. I-249 (282), Rdnr. 20.

> desfallversicherungen fallen, vom Gesamtbetrag der steuerpflichtigen Einkünfte ergibt, durch die Besteuerung der von den Versicherern zu zahlenden Pensionen, Renten oder Kapitalabfindungen ausgeglichen. Ist der Abzug solcher Beiträge nicht erfolgt, so sind diese Beträge von der Steuer befreit. Die Kohärenz einer solchen Steuerregelung, deren Gestaltung Sache des einzelnen Mitgliedstaates ist, setzt also voraus, dass dieser Staat, wäre er verpflichtet, den Abzug der in einem anderen Mitgliedstaat gezahlten Lebensversicherungsbeiträge zuzulassen, die von den Versicherern zu zahlenden Beträge besteuern könnte."[899]

In vorliegenden Fall aber – so der EuGH weiter – sei im Hinblick auf die Wanderarbeitnehmer kein Mittel denkbar, das es dem aufnehmenden Staat ermögliche, die ausgeschütteten Kapitalerträge zu besteuern, wenn der Wanderarbeitnehmer den Aufnahmestaat verlasse und die Ausschüttung später erfolge. Zum einen stelle eine Selbstverpflichtung des Versicherers zur Zahlung dieser Steuer keine ausreichende Garantie dar, da die Erfüllung im Mitgliedstaat der Niederlassung zu erwirken wäre. Abgesehen davon sei vorstellbar, dass Seitens des Sitzstaates der ausschüttenden Versicherung Gründe der öffentlichen Ordnung geltend gemacht würden, um die Einziehung der Steuer zu verhindern.[900] Auch die Möglichkeit der Koppelung der Verpflichtung mit der Leistung einer Sicherheit verwarf der EuGH, da hier die Gefahr einer Kostenüberwälzung auf den Versicherten sowie der Doppelbesteuerung bestehe. Die Sicherung der steuerlichen Abzugsfähigkeit von Beiträgen, die in einem anderen Staat gezahlt worden sind, als dem, der diesen Vorteil gewährt, könne nur durch bilaterale Abkommen oder durch die erforderlichen Koordinierungs- oder Harmonisierungsmaßnahmen erfolgen, die dann das Recht zur Besteuerung der von den Versicherern in Erfüllung ihrer Verträge gezahlten Beträge nur einem Staat einräumten.[901] Daraus ergebe sich, dass

> „... beim derzeitigen Stand des Gemeinschaftsrechts die Kohärenz einer solchen Steuerregelung nicht durch weniger einschränkende Bestimmungen, als sie Gegenstand des Ausgangsrechtsstreits sind, gewährleistet werden kann und dass jede andere Maßnahme, die garantieren könnte, dass der betroffene Staat die in seinen Rechtsvorschriften vorgesehene Steuer auf die von den Versicherern in Erfüllung ihrer Verträge zu zahlenden Beträge einziehen kann, im Er-

---

899 Siehe EuGH v. 28.01.1992, Rs. C-204/90 (*Bachmann*), EuGHE 1992, S. I-249 (282), Rdnr. 21 bis Rdnr. 23.

900 Vgl. EuGH v. 28.01.1992, Rs. C-204/90 (*Bachmann*), EuGHE 1992, S. I-249 (283), Rdnr. 24.

901 Vgl. EuGH v. 28.01.1992, Rs. C-204/90 (*Bachmann*), EuGHE 1992, S. I-249 (283), Rdnr. 26.

gebnis ähnliche Folgen hätte wie die, die sich aus der Nichtabzugsfähigkeit der Beiträge ergeben."[902]

cc) Die steuerlichen Kernaussagen

Die Entscheidung „Bachmann" fand in der Literatur wenig Anklang. Besonders die Bejahung des Rechtfertigungsgrundes der „steuerlichen Kohärenz" wurde überwiegend abgelehnt. Aus dem Urteil ergaben sich jedoch auch durchaus positive steuerliche Kernaussagen in Bezug auf die Gewährleistung der Arbeitnehmerfreizügigkeit.

(1) Kein Harmonisierungsvorbehalt

Nach Ansicht der belgischen Regierung beruhte die Beeinträchtigung der Freizügigkeit weniger auf dem belgischen Gesetz als vielmehr auf dem Fehlen einer Harmonisierung des Steuerrechts der Mitgliedstaaten.[903]

Diesem Vorbringen folgte der EuGH in konsequenter Anwendung seiner Rechtsprechung jedoch nicht: Bereits in der Grundsatzentscheidung „avoir fiscal"[904] wurde ausdrücklich festgestellt, dass eine Harmonisierung des Steuerrechts nicht zur Voraussetzung für die Anwendung der Grundfreiheiten gemacht werden darf.[905]

(2) Das Kriterium „Zahlung der Beiträge in Belgien"

Zunächst ist festzuhalten, dass die fragliche belgische Bestimmung nicht ausdrücklich nach der Staatsangehörigkeit differenziert. Es handelt sich daher keinesfalls um eine offene Diskriminierung.

Die belgische Steuervorschrift behandelt ihrem Anschein nach in- und ausländische Staatsangehörige gleich: Sie betrifft gleichermaßen In- und Ausländer, die ihre Beiträge nicht in Belgien zahlen. Stellt man jedoch nicht auf die Staatsangehörigkeit, sondern auf den grenzüberschreitenden Bezug ab, so ist festzustellen, dass Sachverhalte mit Auslandsbezug anders behandelt werden. Sie sind gegenüber rein innerstaatlichen Sachverhalten benachteiligt, weil bei

---

902 Siehe EuGH v. 28.01.1992, Rs. C-204/90 (*Bachmann*), EuGHE 1992, S. I-249 (283), Rdnr. 27.

903 Vgl. EuGH v. 28.01.1992, Rs. C-204/90 (*Bachmann*), EuGHE 1992, S. I-249 (279), Rdnr. 10.

904 Vgl. EuGH v. 28.01.1986, Rs. 270/83 (*Kommission/Frankreich*), EuGHE 1986, S. 273 ff.

905 Vgl. hierzu die Ausführungen in: 3. Teil, § 2, B., II., 3., a), cc), (1).

diesen der Abzug möglich ist. Die Benachteiligung wird also durch eine Ungleichbehandlung hervorgerufen, so dass Art. 54 CIR zu einer versteckten Diskriminierung führt.[906]

Wie soeben erwähnt, sind jedoch auch belgische Staatsangehörige von den benachteiligenden belgischen Steuerbestimmung betroffen. Das Kriterium „Zahlung der Beiträge in Belgien" betrifft jedoch nach Ansicht des EuGH „normalerweise" Arbeitnehmer, die Staatsangehörige anderer Mitgliedstaaten sind.

Zur Feststellung der Frage, ob die Regelung nun tatsächlich ganz überwiegend ausländische Staatsangehörige betrifft, stellte GA *Mischo* folgende Vergleichserwägungen an: Er legte zunächst fest, welche Personengruppen von der Regelung betroffen waren. Es waren dies ausländische Arbeitnehmer, die ihre Beiträge nicht in Belgien zahlten. Gleichzeitig verweigerte die Norm aber auch belgischen Staatsangehörigen, die im Ausland gearbeitet und dort Versicherungen abgeschlossen hatten, die sie nach ihrer Rückkehr nach Belgien nicht auflösten, ihre Beiträge abzuziehen. Daneben galt sie für belgische Grenzgänger, deren ausländische Arbeitgeber aufgrund eines Gruppenversicherungsvertrages Beiträge an eine Versicherung mit Sitz im Ausland einbehielten. Weiter führte er aus, dass selbst unter der Annahme vergleichbar hoher absoluter Zahlen von benachteiligten belgischen und ausländischen Arbeitnehmern eine Diskriminierung verbleibe. Denn bei einer relativierenden Betrachtung ergebe sich, dass es vor allem Staatsangehörige anderer Mitgliedstaaten waren, die durch die beanstandete Voraussetzung benachteiligt wurden. Gemessen am Teil der gesamten erwerbstätigen Bevölkerung Belgiens, der Zusatzversicherungsverträge im Ausland geschlossen habe, stellten die belgischen Staatsangehörigen, gemessen an der gesamten erwerbstätigen Bevölkerung überhaupt einen viel niedrigeren Prozentsatz dar. Umgekehrt dürften – so der GA weiter – die Staatsangehörigen der anderen Mitgliedstaaten, die solche Versicherungsverträge geschlossen haben, einen Prozentsatz darstellen, der „normalerweise" weit über dem Prozentsatz liege, zu dem sie in der erwerbstätigen Bevölkerung überhaupt vertreten sind.[907]

Der EuGH selbst verzichtete in seinen Entscheidungsgründen auf solch ausführliche Vergleichserwägungen. Wie in der Entscheidung „Biehl"[908] stellte er – zwar nicht ausdrücklich, aber doch inzident – auf das Differenzierungskriterium selbst ab. Wieviele Ausländer tatsächlich betroffen sind, ist für den EuGH nicht entscheidend. Maßgeblich ist allein, dass das Differenzierungskriterium unter Beachtung der realen Lebensumstände der EG-Bürger zu einer Benachteiligung ausländischer Staatsangehöriger führen kann. Die ausdrückliche Verpflichtung zur „Zahlung der Beiträge in Belgien" ist insbesondere für Ausländer mit Schwierigkeiten verbunden, da diese ihren Lebensmittelpunkt auch in einem zusammenwachsenden Europa weiterhin oftmals in ihrem eigenen Mitgliedstaat haben. Daher ist das verwendete Differenzierungskriterium nach seinem materi-

---

906 Vgl. zur Abgrenzung zwischen einer versteckten Diskriminierung und einer Beschränkung die Ausführungen in: 3. Teil, § 2, A., II., 2., b), bb), (2), (b).

907 Vgl. GA *Mischo* in seinen Schlussanträgen v. 17.09.1991, Rs. C-204/90 (*Bachmann*), EuGHE 1992, S. I-260 (263).

908 Vgl. EuGH v. 08.05.1990, Rs. C-175/88 (*Biehl*), EuGHE 1990, S. I-1779 ff.

ellen Gehalt „geeignet“,[909] eine versteckte Diskriminierung aufgrund der Staatsangehörigkeit herbeizuführen.

(3) Rechtfertigung der Beeinträchtigung

Obwohl der EuGH – ebenso wie der GA *Mischo* – offensichtlich von einer versteckten Diskriminierung ausging, prüfte er nicht den kodifizierten Rechtfertigungsgrund des Art. 39 Abs. 3 EG. Vielmehr setzte er sich mit folgenden Gründen des Allgemeininteresses auseinander: dem Schutz der Verbraucher als Versicherungsnehmer, der Wirksamkeit der steuerlichen Kontrolle sowie der Kohärenz des belgischen Steuersystems.

(a) Schutz der Verbraucher als Versicherungsnehmer

Die an dem Verfahren beteiligte bundesdeutsche Regierung trug vor, dass der EuGH selbst im Rahmen seiner früheren Rechtsprechung[910] den Mitgliedstaaten das Recht zuerkannt habe, den Abschluss von Versicherungsverträgen bei einem in einem anderen Staat niedergelassenen Versicherer einer Zulassungsregelung zu unterwerfen, um den Verbraucher als Versicherungsnehmer und Versicherten zu schützen.[911]

Ein solches Allgemeininteresse wurde vom EuGH in der vorliegenden Konstellation verneint, da es gegenüber „bestehenden“ Versicherungsverträgen nicht geltend gemacht werden könne.[912] Der „Schutz der Verbraucher als Versicherungsnehmer und Versicherte“ ist daher vom EuGH grundsätzlich als Allgemeininteresse anerkannt, das Grundfreiheitsbeeinträchtigungen durch nationale Maßnahmen rechtfertigen kann, solange damit keinen bestehenden Versicherungsverträgen die Anerkennung versagt wird. Wie alle Rechtfertigungsgründe unterliegt jedoch auch dieser dem Grundsatz der Verhältnismäßigkeit.[913] Daher hatte der EuGH in seiner früheren, von der bundesdeutschen Regierung angesprochenen, Rechtsprechung ausgeführt:

---

909 Siehe EuGH v. 08.05.1990, Rs. C-175/88 (*Biehl*), EuGHE 1990, S. I-1779 (1793), Rdnr. 16.

910 Vgl. EuGH v. 04.12.1986, Rs. 205/84 (*Kommission/Deutschland*), EuGHE 1986, S. 3755 (3809), Rdnr. 49.

911 Vgl. EuGH v. 28.01.1992, Rs. C-204/90 (*Bachmann*), EuGHE 1992, S. I-249 (281), Rdnr. 15.

912 Vgl. EuGH v. 28.01.1992, Rs. C-204/90 (*Bachmann*), EuGHE 1992, S. I-249 (281), Rdnr. 16.

913 Vgl. hierzu die Ausführungen in: 3. Teil, § 2, A., II., 2., c), bb).

> „Für die Zulässigkeit eines solchen Erfordernisses muss daher nachgewiesen werden, dass es eine unerlässliche Voraussetzung für die Erreichung des verfolgten Zwecks ist."[914]

Die belgische Steuervorschrift hat jedoch nichts mit dem vom EuGH hier bezweckten Schutz der Verbraucher zu tun. Sie bezweckt weniger die Kontrolle der Einhaltung gewerblicher Vorschriften des Bestimmungsstaates durch den Dienstleistungserbringer, sondern vielmehr eine Kontrolle des Steuerpflichtigen.[915]

(b) Die wirksame steuerliche Kontrolle

In der „Cassis"-Entscheidung hatte der EuGH ausgeführt:

> „Hemmnisse für den Binnenhandel der Gemeinschaft, die sich aus den Unterschieden der nationalen Regelungen über die Vermarktung dieser Erzeugnisse ergeben, müssen hingenommen werden, um zwingenden Erfordernissen gerecht zu werden, insbesondere den Erfordernissen einer wirksamen steuerlichen Kontrolle, der öffentlichen Gesundheit, der Lauterkeit des Handelsverkehrs und des Verbraucherschutzes."[916]

Die „Cassis"-Entscheidung unterscheidet sich jedoch vom vorliegenden Fall in mehrfacher Hinsicht. Dort ging es um die Warenverkehrsfreiheit, hier um die Freizügigkeit der Arbeitnehmer. Im vorliegenden Fall wurde die Beeinträchtigung der Grundfreiheit auch nicht durch die Unterschiede der nationalen Regelungen hervorgerufen. Außerdem betraf die „Cassis"-Entscheidung unterschiedslos geltende Maßnahmen, also Beeinträchtigungen in Form von Beschränkungen, vorliegend ging es jedoch um eine versteckte Diskriminierung. Die Tatsache, dass der EuGH diesen Rechtfertigungsgrund trotzdem prüfte, zeigt jedoch, dass er auch für Diskriminierungen gelten kann. Seine Einschlägigkeit verneinte der EuGH hier allerdings: Mit der Amtshilferichtlinie ist den Mitgliedstaaten ein Instrument an die Hand gegeben, um die steuerliche Kontrolle wirksam auszuüben, ohne Grundfreiheiten beeinträchtigen zu müssen. Das Gericht erkannte jedoch an, dass auch die Amtshilferichtlinie die steuerliche Kontrolle nicht lückenlos gewährleistet. In diesen Fällen sind nationale Schutz-

---

914 Vgl. GA *Mischo* in seinen Schlussanträgen v. 17.09.1991, Rs. C-204/90 (*Bachmann*), EuGHE 1992, S. I- 260 (270).

915 Vgl. GA *Mischo* in seinen Schlussanträgen v. 17.09.1991, Rs. C-204 (*Bachmann*), EuGHE 1992, S. I- 260 (269).

916 Siehe EuGH v. 20.02.1979, Rs. 120/78 (*Rewe/Bundesmonopolverwaltung für Branntwein*), EuGHE 1979, S. 649 (662), Rdnr. 8.

maßnahmen gerechtfertigt. Allerdings muss die Maßnahme dann auch verhältnismäßig sein.[917]

Der EuGH verneinte die Erforderlichkeit der belgischen Maßnahme, da das Ziel „wirksame steuerliche Kontrolle" durch weniger einschneidende Mittel zu erreichen sei. Konkret wurde die Möglichkeit der Vorlage von Belegen durch den Steuerpflichtigen genannt.[918]

(c) Rechtfertigungsgrund der steuerlichen Kohärenz

Der EuGH sah die festgestellte Diskriminierung im belgischen Steuerrecht als durch die „Kohärenz" des belgischen Steuersystems gerechtfertigt an.

Das belgische Steuerrecht verknüpfte die Abzugsfähigkeit der Versicherungsprämien mit der Steuerpflicht der später fällig werdenden Versicherungsleistungen. Konnten die Beiträge steuerlich nicht geltend gemacht werden, so hatte dies als Ausgleich die Nichtbesteuerung der Erträge zur Folge. Hatte umgekehrt der Versicherungsnehmer die Versicherungsprämien als Abzugsbetrag bei der belgischen Besteuerung geltend gemacht, so erhob Belgien eine Steuer auf die Auszahlung der Versicherungssumme.

Aufgrund dieser Korrespondenz sah der EuGH das Begehren von Herrn Bachmann nach der Abzugsfähigkeit der Versicherungsprämien nur dann als gerechtfertigt an, wenn Belgien aufgrund der Kohärenz seines Steuersystems die Möglichkeit zustünde, die später fällig werdenden Versicherungsleistungen zu besteuern.[919]

Bemerkenswert ist, dass die Kohärenz der Steuerregelung zum Wert an sich wird. Denn eigentlich wäre zu prüfen gewesen, ob mit der Kohärenz der Steuerregelung ein bestimmtes, über den Regelungszweck hinausgehendes Interesse verfolgt wird. Die Beeinträchtigung der Arbeitnehmerfreizügigkeit muss in konsequenter Deutung des EuGH jedoch allein wegen der Kohärenz der Steuerregelung hingenommen werden und nicht, weil mit der Kohärenz ein anerkanntes Allgemeininteresse verfolgt wird.

Zwar verweis der Gerichtshof darauf, dass die kohärente Ausgestaltung einer Steuerregelung Sache des Mitgliedstaates ist, die daraus resultierende Beein-

---

917 Vgl. hierzu die Ausführungen in: 3. Teil, § 2, A., II., 2., c), bb).

918 Vgl. EuGH v. 28.01.1990, Rs. C-204/90 (*Bachmann*), S. I-249 (282), Rdnr. 20.

919 Vgl. *Thömmes*, Verbote der Diskriminierung von Steuerausländern und Steuerinländern, in: Lehner, Steuerrecht im Europäischen Binnenmarkt, DStJG 1996, S. 81 (97). Die Kohärenz einer Steuerregelung ist demnach dann gegeben, wenn Vor- und Nachteile bei der Besteuerung nicht beziehungslos nebeneinander stehen, sondern sich gegenseitig bedingen. Auf der Ebene der Einzelperson muss eine strenge Wechselbeziehung zwischen der Abzugsfähigkeit der Beiträge und der Besteuerung der Auszahlungssumme bestehen. Vgl. hierzu die Ausführungen in: 3. Teil, § 2, B., II., 3., c), cc), (2).

trächtigung wird jedoch durch den Grundsatz der Verhältnismäßigkeit begrenzt.[920] Im Hinblick auf die Erforderlichkeit der Regelung untersuchte der EuGH, ob das mit ihr verfolge Ziel nicht durch weniger einschneidende Maßnahmen erreicht werden könnte und verneinte dies. Eine Quellenbesteuerung hinsichtlich der Versicherungsleistungen versage aus seiner Sicht wegen der ausländischen Ansässigkeit der zahlenden Versicherungsgesellschaft und die Einbehaltung einer Sicherheitsleistung sei im Ergebnis vermutlich einschneidender als die Versagung der Abzugsfähigkeit der Versicherungsprämie.[921]

(4) Kritik an der Entscheidung

Die Entscheidung war in der Literatur vielfältiger Kritik ausgesetzt, die sich hauptsächlich auf den Rechtfertigungsgrund der steuerlichen Kohärenz focusierte. Folgende Argumente wurden vorgebracht, die anschaulich zeigen, dass die Kohärenz der belgischen Steuerregelung nur in der Theorie bestand und Belgien selbst bei der Handhabung des Zusammenhangs zwischen Besteuerung und Abzugsfähigkeit inkonsequent handelte:

Das Besteuerungsrecht hinsichtlich der von der Versicherung ausgezahlten Versicherungsleistungen steht stets dem Wohnsitzstaat des Versicherungsnehmers zu. Selbst wenn also die Prämien an belgische Versicherer gezahlt und steuerlich geltend gemacht worden sind, bestand keine Garantie dafür, dass die Auszahlungsbeträge auch tatsächlich in Belgien besteuert werden konnten. Denn wenn ein belgischer Steuerzahler seinen Wohnsitz in einen anderen Staat verlegte, so hätte Belgien die Auszahlungssumme nicht besteuern können.[922] Dementsprechend folgten alle DBA, die Belgien mit den anderen Mitgliedstaaten abgeschlossen hatte, in der Zuweisung der Besteuerung dem Wohnsitzprinzip. Hinzu kam, dass Belgien aufgrund bilateraler Vereinbarungen mit Frankreich, den Niederlanden und Luxemburg erlaubte, dass deren Staatsangehörige ihre an im Heimatland sitzende Versicherungen gezahlten Prämien steuerlich in Belgien geltend machen konnten.[923]

In den der Entscheidung „Bachmann" folgenden Urteilen versäumte es der EuGH, eine Präzisierung des Begriffs der steuerlichen Kohärenz vorzunehmen. Erst in der Rechtssache „Wielockx" vom 11.08.1995[924] setzte er sich erstmals

---

920 Vgl. EuGH v. 28.01.1992, Rs. C-204/90 (*Bachmann*), EuGHE 1992, S. I-249 (282), Rdnr. 23.

921 Vgl. EuGH v. 28.01.1992, Rs. C-204/90 (*Bachmann*), EuGHE 1992, S. I-249 (283), Rdnr. 24, 25.

922 Vgl. Art. 18 bzw. Art. 21 OECD-MA; *Knobbe-Keuk*, Restrictions on the Fundamental Freedoms Enshrined in the EC Treaty by Discriminatory Tax Provisions, EC Tax Review 1994, S. 74 (81); *Thömmes*, Verbote der Diskriminierung von Steuerinländern und Steuerausländern, in: Lehner, Steuerrecht im Europäischen Binnenmarkt, DStJG 1996, S. 81 (97).

923 Vgl. *Knobbe-Keuk*, Restrictions on the Fundamental Freedoms Enshrined in the EC Treaty by Discriminatory Tax Provisions, EC Tax Review 1994, S. 74 (80).

924 Vgl. EuGH v. 11.08.1995, Rs. C-80/94 (*Wielockx*), EuGHE 1995, S. I-2493 ff.

eingehend mit dem Kohärenz-Argument auseinander. Er stellte fest, dass dieses von den Mitgliedstaaten selbst durch den Abschluss eines DBA außer Kraft gesetzt wird. Die steuerliche Kohärenz wird dann nämlich nicht mehr auf der Ebene der Einzelperson hergestellt, sondern auf die Ebene der Gegenseitigkeit der in den Vertragsstaaten anwendbaren Vorschriften verlegt.[925]

Der Fall „Bachmann" müsste daher aus heutiger Sicht vom EuGH anders entschieden werden. Denn auch Belgien hat die Kohärenz der Steuerregelung selbst durch seine DBA – u.a. mit Deutschland – außer Kraft gesetzt. Zwischen Mitgliedstaaten, die ein DBA nach dem OECD-Musterabkommen geschlossen haben, gibt es demnach keine Kohärenz.

c) „Schumacker"

Die Entscheidung „Schumacker"[926] beruhte auf einer Vorlage des BFH[927]. Es ging um das Grundproblem der Benachteiligung von Ansässigen anderer Mitgliedstaaten, die auf der Unterscheidung zwischen „unbeschränkter" und „beschränkter" Steuerpflicht beruht.

aa) Der Sachverhalt

Der verheiratete Kläger und Revisionsbeklagte des Ausgangsverfahrens, Herrn Schumacker (Kläger), ist belgischer Staatsangehöriger. Vom 15.05.1988 bis 31.12.1989 übte er eine nichtselbständige Beschäftigung in der Bundesrepublik Deutschland aus, wobei er weiter in Belgien wohnte. Die arbeitslose Ehefrau des Klägers bezog während des Jahres 1988 in Belgien Arbeitslosengeld. Seit 1989 bildete das Gehalt des Klägers das einzige Einkommen der Familie. Nach der damals geltenden deutschen Rechtslage wurden beschränkt Steuerpflichtige ungeachtet ihres Familienstandes in die Steuerklasse I eingereiht. Damit wurden verheiratete Steuerpflichtige wie Ledige behandelt, mit der Folge, dass ihnen das Ehegatten-Splitting nicht zugute kam. Desweiteren unterlagen sie einem vereinfachten Besteuerungsverfahren. Ihre Einkommensteuer galt durch den Abzug, den der Arbeitgeber jeden Monat vom Arbeitslohn vornahm, als endgültig abgegolten. Zudem waren sie vom Lohnsteuerjahresausgleich und von der jährlichen Einkommensteuerveranlagung durch die Verwaltung ausgeschlossen, so dass ihnen zuviel gezahlte Steuern am Jahresende nicht zurückerstattet wurden. Schließlich hatten beschränkt Steuerpflichtige auch nicht die Möglichkeit, ihre Ausgaben im Sozialbereich (Prämien für Alters-, Kranken- und Invaliditätsversicherungen) abzuziehen, die über die in der Steuertabelle enthaltenen Pauschalbeträge hinausgingen. Nach Art. 15 Abs. 1 des deutsch-belgischen DBA[928] stand das Recht zur Besteuerung des Gehalts des Klägers der Bundesre-

---

[925] Vgl. hierzu die Ausführungen in: 3. Teil, § 2, B., II., 3., c), cc), (2).

[926] Vgl. EuGH v. 14.02.1995, Rs. C-279/93 (*FA Köln-Altstadt/Roland Schumacker*), DStR 1995, S. 326 ff.

[927] Vgl. BFH v. 14.04.1993, I R 29/92, IStR 1993, S. 272.

[928] Vgl. Gesetz zu dem Abkommen vom 11. April 1967 zwischen der Bundesrepublik Deutschland und dem Königreich Belgien zur Vermeidung der Doppelbesteuerung und

publik Deutschland als Beschäftigungsstaat zu. Von seinem Gehalt wurde somit in Deutschland vom Arbeitgeber des Klägers Lohnsteuer nach der Steuerklasse I einbehalten. Am 06.03.1989 beantragte der Kläger beim FA Köln-Altstadt den Betrag seiner Steuer gem. § 163 AO im Billigkeitswege nach der Steuerklasse III, die normalerweise auf verheiratete Gebietsansässige anwendbar ist und einen Anspruch auf das Splitting eröffnet, zu berechnen und ihm den Unterschiedsbetrag zur Steuerklasse I zu erstatten. Nachdem das FA den Antrag ablehnte, erhob der Kläger Klage beim FG Köln, das der Klage für die Jahre 1988 und 1989 stattgab und das FA verurteilte, eine Billigkeitsentscheidung nach § 168 AO zu erlassen. Das FA legte gegen das Urteil Revision zum BFH ein. Dieser setzte das Verfahren aus und legte dem EuGH mehrere Fragen zur Auslegung des Art. 39 EG vor.

bb) Die Entscheidung des EuGH

Das Gericht wertete die deutsche Besteuerungspraxis als Verstoß gegen die Regelungen des EG-Vertrages. Die Entscheidung lautete:

> **„1) Art. 48 EWG-Vertrag[929] ist so auszulegen, dass er das Recht eines Mitgliedstaates, die Voraussetzungen und die Modalitäten der Besteuerung der in seinem Hoheitsgebiet von Angehörigen eines anderen Mitgliedstaates erzielten Einkünfte festzulegen, insoweit einschränken kann, als er es einem Mitgliedstaat nicht erlaubt, einen Staatsangehörigen eines anderen Mitgliedstaates, der in Ausübung seines Rechts auf Freizügigkeit im Hoheitsgebiet des erstgenannten Staates eine nichtselbständige Beschäftigung ausübt, bei der Erhebung der direkten Steuern schlechter zu behandeln als einen eigenen Staatsangehörigen, der sich in der gleichen Lage befindet.**
>
> **2) Art. 48 des Vertrages[930] ist so auszulegen, dass er der Anwendung von Rechtsvorschriften eines Mitgliedstaates entgegensteht, nach denen ein Arbeitnehmer, der Staatsangehöriger eines anderen Mitgliedstaates ist, in dem er auch wohnt, und der im Hoheitsgebiet des erstgenannten Staates eine nichtselbständige Beschäftigung ausübt, höher besteuert wird, als ein Arbeitnehmer, der im Hoheitsgebiet des erstgenannten Staates wohnt und dort die gleiche Beschäftigung ausübt, wenn wie im Ausgangsverfahren der Staatsangehörige des zweitgenannten Mitgliedstaates sein Einkommen ganz oder fast ausschließlich aus der Beschäftigung erzielt, die er im ersten Mitgliedstaat ausübt, und im zweitgenannten Mitgliedstaat keine ausreichenden Einkünfte erzielt, um dort einer Besteuerung unterworfen zu**

---

zur Regelung verschiedener anderer Fragen auf dem Gebiete der Steuern vom Einkommen und vom Vermögen einschließlich der Gewerbesteuer und der Grundsteuern v. 06.01.1969 (BGBl. II 1969, S. 18).

[929] Jetzt Art. 39 EG.

[930] Jetzt Art. 39 EG.

werden, bei der seine persönliche Lage und sein Familienstand berücksichtigt werden.

3) Art. 48 des Vertrages[931] ist so auszulegen, dass er Rechtsvorschriften eines Mitgliedstaates im Bereich der direkten Steuern entgegensteht, die Verfahren wie den Lohnsteuer-Jahresausgleich und die Einkommensteuerveranlagung durch die Verwaltung nur für Gebietsansässige vorsehen und natürliche Personen, die im Hoheitsgebiet dieses Mitgliedstaates weder einen Wohnsitz noch ihren gewöhnlichen Aufenthalt haben, dort jedoch Einkünfte aus nichtselbständiger Arbeit erzielen, davon ausschließen.“[932]

Die erste Frage des BFH zielte darauf ab, ob Art. 39 EG so auszulegen sei, dass er das Recht eines Mitgliedstaates, die Voraussetzungen und Modalitäten der Besteuerung der in seinem Hoheitsgebiet von Angehörigen eines anderen Mitgliedstaates erzielten Einkünfte festzulegen, einschränken könne.[933]

Darauf erwiderte der EuGH, dass der Bereich der direkten Steuern zwar nicht in die Zuständigkeit der Gemeinschaft falle, die Mitgliedstaaten jedoch die ihnen verbleibenden Befugnisse unter Wahrung des Gemeinschaftsrechts ausüben müssten. Das Diskriminierungsverbot umfasse insbesondere den Grundsatz der Gleichbehandlung in Bezug auf die Entlohnung.[934] Dieser wäre seiner Wirksamkeit beraubt, wenn er durch diskriminierende Vorschriften über die Einkommensteuer beeinträchtigt werden könnte.[935]

Die zweite Frage befasste sich mit der grundsätzlichen Vereinbarkeit der beschränkten Steuerpflicht mit dem Diskriminierungsverbot. Der BFH fragte, ob Art. 39 EG so auszulegen sei, dass er der Anwendung von Rechtsvorschriften entgegenstehe, nach denen ein Arbeitnehmer, der Staatsangehöriger eines anderen Mitgliedstaates B sei, in dem er auch wohne, und der in einem anderen Mitgliedstaat A einer nichtselbständigen Beschäftigung nachgehe, höher besteuert wird, als ein Arbeitnehmer, der im Mitgliedstaat A wohne und dort gleichzeitig arbeite. Außerdem wollte das Gericht wissen, ob die Antwort dieser Frage davon abhänge, dass der Staatsangehörige des anderen Mitgliedstaates B seine

---

931 Jetzt Art. 39 EG.

932 Siehe EuGH v. 14.02.1995, Rs. C-279/93 (*FA Köln-Altstadt/Roland Schumacker*), DStR 1995, S. 326.

933 Vgl. BFH v. 14.04.1993, I R 29/92, IStR 1993, S. 272 (272 f.).

934 Vgl. hierzu die Ausführungen in: 3. Teil, § 2, B., III., 1., b), bb).

935 Vgl. EuGH v. 14.02.1995, Rs. C-279/93 (*FA Köln-Altstadt/Roland Schumacker*), DStR 1995, S. 326 (327), Rdnr. 24.

Einkünfte fast ausschließlich im Beschäftigungsstaat A erziele.[936] Hierzu stellt der EuGH zunächst fest:

> „Die Rechtsvorschriften, um die es im Ausgangsverfahren geht, gelten zwar unabhängig von der Staatsangehörigkeit des betreffenden Steuerpflichtigen. Es besteht aber die Gefahr, dass sich derartige nationale Rechtsvorschriften, die eine Unterscheidung aufgrund des Kriteriums des Wohnsitzes treffen, indem sie Gebietsfremden bestimmte Steuervergünstigungen verweigern, die sie Gebietsansässigen gewähren, hauptsächlich zum Nachteil der Angehörigen anderer Mitgliedstaaten auswirken, da Gebietsfremde meist Ausländer sind. Unter diesen Umständen können Steuervergünstigungen, die den Gebietsansässigen eines Mitgliedstaates vorbehalten werden, eine mittelbare Diskriminierung aufgrund der Staatsangehörigkeit darstellen."[937]

Eine Diskriminierung – so der EuGH weiter – bestehe nämlich unter anderem darin, dass unterschiedliche Vorschriften auf vergleichbare Situationen angewandt würden. Im Hinblick auf die direkten Steuern befänden sich Gebietsansässige und Gebietsfremde in der Regel nicht in einer vergleichbaren Situation. Das Einkommen eines Gebietsfremden stelle meist nur einen Teil seiner Gesamteinkünfte dar, der Schwerpunkt seiner Einkünfte liege regelmäßig im Wohnsitzstaat. Außerdem verfüge dieser Staat über alle erforderlichen Informationen, um die Steuerkraft des Steuerpflichtigen unter Berücksichtigung seiner persönlichen Lage und seines Familienstandes zu beurteilen. Daher „steht Art. 48 des Vertrages[938] grundsätzlich nicht der Anwendung von Rechtsvorschriften eines Mitgliedstaates entgegen, nach denen das Einkommen eines Gebietsansässigen, der eine nichtselbständige Beschäftigung in diesem Staat ausübt, höher besteuert wird als das eines Gebietsansässigen, der die gleiche Beschäftigung ausübt."[939]

Etwas anderes gelte jedoch, wenn der Gebietsfremde in seinem Wohnsitzstaat keine nennenswerten Einkünfte habe und sein zu versteuerndes Einkommen im wesentlichen aus einer Tätigkeit in einem anderen Mitgliedstaat beziehe, so dass der Wohnsitzstaat nicht in der Lage sei, ihm die Vergünstigungen zu gewähren, die sich aus der Berücksichtigung seiner persönlichen Lage und seines Familienstandes ergäben. Zwischen der Situation eines solchen Gebietsfremden und der eines Gebietsansässigen, der eine vergleichbare Beschäftigung ausübe, bestehe dann kein objektiver Unterschied, der eine Ungleichbehandlung hinsichtlich der Be-

---

936 Vgl. BFH v. 14.04.1993, I R 29/92, IStR 1993, S. 272 (273); EuGH v. 14.02.1995, Rs. C-279/93 (*FA Köln-Altstadt/Roland Schumacker*), DStR 1995, S. 326 (327), Rdnr. 25.

937 Siehe EuGH v. 14.02.1995, Rs. C-279/93 (*FA Köln-Altstadt/Roland Schumacker*), DStR 1995, S. 326 (327), Rdnr. 27 bis Rdnr. 29.

938 Jetzt Art. 39 EG.

939 Vgl. EuGH v. 14.02.1995, Rs. C-279/93 (*FA Köln-Altstadt/Roland Schumacker*), DStR 1995, S. 326 (327), Rdnr. 35.

rücksichtigung der persönlichen Lage und des Familienstandes rechtfertigen könnte.[940] Die Diskriminierung bestehe darin, dass seine persönliche Lage und sein Familienstand weder im Wohnsitzstaat noch im Beschäftigungsstaat berücksichtigt werden könnten.[941]

Sodann ging der EuGH auf die Rechtfertigung der Diskriminierung ein: Den Grundsatz der Kohärenz ließ der EuGH hier nicht als Rechtfertigungsargument gelten. Der Gemeinschaftsgrundsatz der Gleichbehandlung erfordere, dass die persönliche Lage und der Familienstand des Gebietsfremden in derselben Weise berücksichtigt werden, wie bei Gebietsansässigen und dass ihm dieselben Steuervergünstigungen gewährt würden.[942] Den Hinweis des FA auf verwaltungstechnische Schwierigkeiten, die den Beschäftigungsstaat daran hinderten, die Einkünfte zu erfassen, die in seinem Hoheitsgebiet arbeitende Gebietsfremde in ihrem Wohnsitzstaat erzielten, verwarf der EuGH und verwies in diesem Zusammenhang auf die Amtshilferichtlinie.[943] Außerdem wies der EuGH darauf hin, dass die Bundesrepublik Deutschland Grenzgängern, die in den Niederlanden wohnten und eine Beschäftigung in Deutschland ausübten, alle Steuervergünstigungen gewähre, die sich bei der Berücksichtigung der persönlichen Lage und des Familienstandes ergäben. Diese Gemeinschaftsbürger würden nämlich, wenn sie 90% ihrer Einkünfte im deutschen Hoheitsgebiet erzielten, den deutschen Staatsangehörigen gleichgestellt.[944] Dies müsse also für belgische Grenzgänger ebenfalls möglich sein.

Mit seiner vierten Vorlagefrage wollte das vorlegende Gericht wissen, ob durch den Ausschluss vom Lohnsteuerjahresausgleich und der Einkommensteuerveranlagung eine Diskriminierung vorliege.[945]

Hierzu machte die bundesdeutsche Regierung § 39d i.V.m. § 41c EStG geltend, die die Durchführung des Lohnsteuerabzugs für beschränkt steuerpflichtige Arbeitnehmer regeln. Danach könnten gebietsfremde Steuerpflichtige bei der Steuerverwaltung die Erteilung einer Steuerbescheinigung beantragen, in der bestimmte, ihnen zustehende Freibeträge aufgeführt seien, die die Steuerverwaltung nachträglich gleichmäßig auf das gesamte Kalenderjahr verteilen müsse. Der Arbeitgeber sei dann berechtigt, bei der jeweils nächstfolgenden Lohnzah-

---

[940] Vgl. EuGH v. 14.02.1995, Rs. C-279/93 (*FA Köln-Altstadt/Roland Schumacker*), DStR 1995, S. 326 (328), Rdnr. 37.

[941] Vgl. EuGH v. 14.02.1995, Rs. C-279/93 (*FA Köln-Altstadt/Roland Schumacker*), DStR 1995, S. 326 (328), Rdnr. 38.

[942] Vgl. EuGH v. 14.02.1995, Rs. C-279/93 (*FA Köln-Altstadt/Roland Schumacker*), DStR 1995, S. 326 (328), Rdnr. 41.

[943] Vgl. EuGH v. 14.02.1995, Rs. C-279/93 (*FA Köln-Altstadt/Roland Schumacker*), DStR 1995, S. 326 (328), Rdnr. 45; RL 79/1070/EWG (ABl. EG 1979, Nr. L 331 v. 27.12.1979, S. 8).

[944] Vgl. das AGGrenzGNL v. 21.10.1980 (Ausführungsgesetz zum Zusatzprotokoll v. 13.03.1980 zum DBA Deutschland-Niederlande v. 16.06.1959); EuGH v. 14.02.1995, Rs. C-279/93 (*FA Köln-Altstadt/Roland Schumacker*), DStR 1995, S. 326 (328), Rdnr. 46.

[945] Vgl. BFH v. 14.04.1993, I R 29/92, IStR 1993, S. 272 (273 f.).

lung bisher erhobene Lohnsteuer zu erstatten, wenn der Arbeitnehmer ihm eine Bescheinigung mit Rückwirkung vorlege.[946]

Hierzu stellte der EuGH fest, dass diese Vorschriften nicht zwingend seien und dass die Bundesregierung keine Bestimmung aufgeführt habe, nach der die bundesdeutsche Steuerverwaltung verpflichtet wäre, in jedem Fall diskriminierende Folgen zu beseitigen, die sich aus der Anwendung der fraglichen Vorschriften des EStG ergäben.[947] Zum Billigkeitsverfahren nach § 163 AO führte das Gericht aus, dass es den Anforderungen des Art. 39 EG nicht genüge, den ausländischen Arbeitnehmer auf Billigkeitsmaßnahmen der Steuerverwaltung im Einzelfall zu verweisen. Art. 39 EG schreibe auch die verfahrensmäßige Gleichbehandlung gebietsfremder Gemeinschaftsangehöriger mit gebietsansässigen Inländern vor.

cc) Die steuerlichen Kernaussagen

Das Urteil in der Rechtssache „Schumacker“ stellt einen der Höhepunkte in der Rechtsprechung des Gerichtshofs im Bereich der diskriminierenden Regelungen nationaler Einkommensteuerrechte dar. Die oben besprochenen Urteile „Biehl“[948] und „Bachmann“[949] hatten aus der Sicht des deutschen Steuerrechts die Frage aufgeworfen, ob der gesetzliche Ausschluss beschränkt Steuerpflichtiger aus anderen EG-Mitgliedstaaten von einer Vielzahl materiell-rechtlicher und verfahrensrechtlicher Vorteile mit den Grundfreiheiten des EG-Vertrages vereinbar ist. Daher versuchte der BFH mit seiner Vorlage den EuGH zu einer Grundsatzentscheidung zu bewegen.[950] Diesem Wunsch kam der EuGH nach.

(1) Kein Harmonisierungsvorbehalt

In seinem Vorlagebeschluss hatte der BFH noch einmal die grundsätzliche Frage aufgeworfen, ob trotz des Fehlens einer ausdrücklichen Harmonisierungsermächtigung für die direkten Steuern im EG-Vertrag das nationale Einkommensteuerrecht durch das Primärrecht beeinflusst werden könne.[951] Der BFH be-

---

[946] Vgl. EuGH v. 14.02.1995, Rs. C-279/93 (*FA Köln-Altstadt/Roland Schumacker*), DStR 1995, S. 326 (328), Rdnr. 53.

[947] Vgl. EuGH v. 14.02.1995, Rs. C-279/93 (*FA Köln-Altstadt/Roland Schumacker*), DStR 1995, S. 326 (329), Rdnr. 54.

[948] Vgl. EuGH v. 08.05.1990, Rs. C-175/88 (*Biehl*), EuGHE 1990, S. I-1779 ff.

[949] Vgl. EuGH v. 28.01.1992, Rs. C-204/90 (*Bachmann*), EuGHE 1992, S. I-249 ff.

[950] Vgl. *Schön*, Die beschränkte Steuerpflicht zwischen europäischem Gemeinschaftsrecht und deutschem Verfassungsrecht, IStR 1995, S. 119 (119 f.).

[951] Wörtlich führte der BFH aus: „Sollte die erste Vorlage zu bejahen sein, so drohen weitreichende Eingriffe in ein in der Bundesrepublik seit mehr als 100 Jahren geltendes Steuersystem. Die EG-Mitgliedstaaten könnten die Quellenbesteuerung gegenüber sog. EG-Steuerausländern in der gewohnten Form nicht mehr fortführen. Es kann nicht ohne wei-

zweifelte demnach, dass die Einkommensteuerregelungen überhaupt dem Diskriminierungsverbot des Art. 39 EG unterliegen. Der Gerichtshof bestätigte jedoch mit Vehemenz seine frühere Rechtsprechung, nach der auch in den Bereichen ausschließlicher Gesetzgebungskompetenzen der Mitgliedstaaten die Grundfreiheiten des EG-Vertrages Beachtung finden müssen. Eine Bereichsausnahme für die direkten Steuern ist daher nach wie vor nicht gegeben.[952] Der EuGH verwies hierzu auf Art. 7 der VO Nr. 1612/68 vom 15.10.1968, wonach der Rat selbst der Rechtssetzungsbefugnis der Mitgliedstaaten im Hinblick auf steuerliche Diskriminierungen klare Grenzen zieht.[953]

(2) Vereinbarkeit der beschränkten Steuerpflicht mit den Vorgaben des Gemeinschaftsrechts (materielle Diskriminierung)

Die zweite und dritte Vorlagefrage betrafen das Kernproblem des Falls. Es ging um die Klärung der Frage, ob die in Rede stehende steuerliche Behandlung beschränkt steuerpflichtiger Grenzgänger mit ausschließlich oder fast ausschließlich im Inland erzieltem Einkommen mit Art. 39 EG vereinbar ist. Die wichtigste Erkenntnis, die sich aus den Ausführungen des EuGH erschließt, ist, dass die in der Gesetzgebung der Mitgliedstaaten sowie in der Vertragspraxis des internationalen Steuerrechts tradierte Differenzierung zwischen der beschränkten Steuerpflicht von Ausländern mit ihren inlandsradizierten Einkünften und der unbeschränkten Steuerpflicht von Inländern mit ihrem Welteinkommen im Binnenmarkt der EG nicht zu beanstanden ist.[954] Dies begründete der EuGH damit, dass sich beschränkt und unbeschränkt Steuerpflichtige grundsätzlich in einer unterschiedlichen Situation befinden.

Das Wohnsitz-Kriterium ist das Grundprinzip des internationalen Steuerrechts. Es wurde von fast allen Staaten dem Kriterium der Staatsangehörigkeit vorgezogen. Der Sinn und Zweck der Unterscheidung zwischen Ansässigen und Nichtansässigen ist offensichtlich: Wenn eine Person sich entscheidet, in einem Staat zu leben und zu wohnen, verpflichtet sie sich zu den Kosten der öffentlichen Verwaltung und der öffentlichen Dienstleistungen, die dieser Staat ihr und den anderen Bürgern zur Verfügung stellt, beizutragen. Folglich kann dieser Staat sie

---

teres davon ausgegangen werden, dass die EG-Mitgliedstaaten mit dem Abschluss des EG-Vertrages derart weitreichende Einschränkungen ihres Rechts auf Erhebung direkter Steuern hinnehmen wollten. Vieles spricht dafür, dass sich die Mitgliedstaaten das Recht auf Erhebung direkter Steuern uneingeschränkt vorbehalten wollten." Siehe BFH v. 14.04.1993, I R 29/92, IStR 1993, S. 272 (273).

[952] Vgl. EuGH v. 14.02.1995, Rs. C-279/93 (*FA Köln-Altstadt/Roland Schumacker*), DStR 1995, S. 326 (327), Rdnr. 20 ff.; *Schön*, Die beschränkte Steuerpflicht zwischen europäischem Gemeinschaftsrecht und deutschem Verfassungsrecht, IStR 1993, S. 119 (120).

[953] Vgl. hierzu die Ausführungen in: 3. Teil, § 2, B., III., 1., b), bb).

[954] Vgl. *Schön*, Die beschränkte Steuerpflicht zwischen europäischem Gemeinschaftsrecht und deutschem Verfassungsrecht, IStR 1995, S. 119 (120).

hinsichtlich aller ihrer Einkünfte global besteuern.[955] Demgegenüber befindet sich der beschränkt Steuerpflichtige in einer prinzipiell anderen Situation. Der Beschäftigungsstaat besteuert den Nichtansässigen quasi objektiv allein hinsichtlich der Einkünfte, deren Quelle sich in seinem Hoheitsgebiet befindet. Die Beziehung des Steuerpflichtigen zu dem Beschäftigungsstaat gründet sich allein auf die wirtschaftliche Tätigkeit, die er dort ausübt.[956]

Voraussetzung für eine Diskriminierung ist, dass sich die Personengruppen in einer vergleichbaren Situation befinden und dass die eine Gruppe gegenüber der anderen zu ihrem Nachteil ungleich behandelt wird.[957] Im vorliegenden Fall fehlt es bereits an dem ersten Kriterium, der Vergleichbarkeit. Wie soeben dargelegt, befinden sich beschränkt und unbeschränkt Steuerpflichtige nicht in vergleichbaren Situationen. Die Besteuerung des Welteinkommens kann nicht mit der Besteuerung der im Beschäftigungsstaat erzielten Einkünfte verglichen werden. Es liegt daher eine unterschiedliche Behandlung unterschiedlicher Situationen vor. Folglich können – nach dem EuGH – bei der Besteuerung von Ansässigen und Nichtansässigen Unterschiede gemacht werden, ohne dass dies einen Verstoß gegen das Diskriminierungsverbot darstellt.[958]

Daraus folgt gleichzeitig, dass etwas anderes gelten muss, wenn sich beschränkt und unbeschränkt Steuerpflichtige ausnahmsweise doch in einer vergleichbaren Situation befinden. Dies ist dann der Fall, wenn der Gebietsfremde in seinem Wohnsitzstaat keine nennenswerten Einkünfte erzielt und sein zu versteuerndes Einkommen im wesentlichen aus einer Tätigkeit bezieht, die er im Beschäftigungsstaat ausübt. Die Diskriminierung besteht dann darin, dass seine persönliche Lage und sein Familienstand weder im Wohnsitzstaat, noch im Beschäftigungsstaat berücksichtigt werden.[959] Nach *Knobbe-Keuk*, die als Vertreterin der Kommission auftrat, wäre es geradezu „zynisch", den Steuerpflichtigen in die Lücke zwischen Wohnsitz- und Quellenstaat fallen zu lassen.[960] Die Forderung des EuGH ist damit klar: Beschränkt Steuerpflichtige, die in ihrem EG-Wohnsitzstaat keine nennenswerten Einkünfte erzielen, müssen entweder vom Wohnsitzstaat oder vom Quellenstaat diejenigen Steuervorteile erhalten, die einem unbeschränkt Steuerpflichtigen zukommen.

---

955 Dieser Staat ist es auch, in dem der Steuerpflichtige den Mittelpunkt seines Familienlebens begründet hat. Aufgrund dessen werden ihm Abzüge und Freibeträge gewährt. Zwischen dem Steuerpflichtigen und dem Staat besteht also eine enge Verbindung.

956 Vgl. GA *Léger* in seinen Schlussanträgen v. 22.11.1994, Rs. C-279/93 (*FA Köln-Altstadt/Roland Schumacker*), IStR 1995, S. 27.

957 Vgl. hierzu die Ausführungen in: 3. Teil, B., II., 3., a), cc), (3).

958 Vgl. GA *Léger* in seinen Schlussanträgen v. 22.11.1994, Rs. C-279/93 (*FA Köln-Altstadt/Roland Schumacker*), IStR 1995, S. 27 (28); *Schön*, Die beschränkte Steuerpflicht zwischen europäischem Gemeinschaftsrecht und deutschem Verfassungsrecht, IStR 1995, S. 119 (121).

959 Vgl. EuGH v. 14.02.1995, Rs. C-279/93 (*FA Köln-Altstadt/Roland Schumacker*), DStR 1995, S. 326 (327 f.), Rdnr. 36 bis Rdnr. 38.

960 Vgl. Bericht über die mündliche Verhandlung im Fall „Schumacker", FR 1994, S. 705 (707).

Die Besonderheit des Falles lag darin, dass sich – ähnlich wie im Fall „Bachmann“[961] – die Diskriminierung nicht aufgrund einer einseitig diskriminierenden Vorschrift ergab, sondern aus einem Zusammenspiel des Rechts zweier Mitgliedstaaten (Wohnsitz- und Quellenstaat). Nicht alleine die Regelung des deutschen Rechts über die beschränkte Steuerpflicht, sondern der Zusammenhang mit der Steuerfreistellung der deutschen Einkünfte im Wohnsitzstaat begründet die steuerliche Benachteiligung des ausländischen Staatsangehörigen, der in seinem Wohnsitzstaat keine hinreichenden Einkünfte erzielt.[962] GA *Léger* sprach insoweit von einem „negativen Kompetenzkonflikt“, der zu einer „Überbesteuerung“ des Nichtansässigen führt.[963] Durch die Forderung des EuGH, dass entweder vom Wohnsitzstaat oder vom Quellenstaat den persönlichen Verhältnissen des beschränkt Steuerpflichtigen, der nur oder fast nur im Beschäftigungsstaat Einkünfte erzielt, Rechnung getragen werden müsse, tritt eine Abstimmungsbedarf zwischen den Steuerrechtsordnungen hervor, der weit über den einseitigen Abbau von Hemmnissen für die Ausübung von Grundfreiheiten hinausgeht. Dieser Abstimmungsbedarf ist darin begründet, dass sich für die Berücksichtigung der persönlichen Situation des Steuerpflichtigen in den steuerrechtlichen Situationen der Mitgliedstaaten ganz unterschiedliche gesetzgeberische Techniken herausgebildet haben. So ist das Ehegattensplitting nicht in allen Mitgliedstaaten bekannt, Grund- und Freibeträge werden in unterschiedlicher Art, Weise und Höhe gewährt. Schließlich haben auch der Sonderausgabenabzug und die Geltendmachung außergewöhnlicher Belastungen eine schwer vergleichbare Situation angenommen. Aus dem Umstand, dass eine beanstandete Diskriminierung das Ergebnis der unzulänglichen Abstimmung von zwei oder mehreren nationalen Steuerrechtsordnungen ist, erwächst für die Mitgliedstaaten einerseits ein verstärkter Harmonisierungsdruck, andererseits stellt sich die Frage nach einem finanziellen Ausgleich für die steuerrechtliche und sozialrechtliche Gewährung von Vergünstigungen an Angehörige anderer Mitgliedstaaten.[964]

Die nächste Frage ist, von welchem Staat (Wohnsitz- oder Quellenstaat) der beschränkt Steuerpflichtige, der nur oder fast nur Einkünfte im Beschäftigungsstaat erzielt, die steuerlichen Vergünstigungen erhält. Der EuGH entschied sich für den Quellenstaat. Dadurch wird die subjektive Leistungsfähigkeit nach dem Maßstab einer Gesellschaft bestimmt, der der beschränkt Steuerpflichtige eigentlich gar nicht angehört. Dies lässt sich jedoch damit rechtfertigen, dass der Quellenstaat auch über den Steuertarif entscheidet, der auf die inländischen Einkünfte angewendet wird. Der enge Zusammenhang zwischen Tarifgestaltung und subjektiver Leistungsfähigkeit (z.B. beim Splittingtarif) lässt es sinnvoll erscheinen, denjenigen beschränkt Steuerpflichtigen mit überwiegenden Inlandseinkünften nach den Regeln für Gebietsansässige zu behandeln.[965]

---

961 Vgl. EuGH v. 28.01.1992, Rs. C-204/90 (*Bachmann*), EuGHE 1992, S. I-249 ff.

962 Vgl. *Schön*, Die beschränkte Steuerpflicht zwischen europäischem Gemeinschaftsrecht und deutschem Verfassungsrecht, IStR 1995, S. 119 (121).

963 Vgl. GA *Lèger* in seinen Schlussanträgen v. 22.11.1994, Rs. C-279/93 (*FA Köln-Altstadt/Roland Schumacker*), IStR 1995, S. 27 (28 f.).

964 Vgl. *Schön*, Die beschränkte Steuerpflicht zwischen europäischem Gemeinschaftsrecht und deutschem Verfassungsrecht, IStR 1995, S. 119 (121 f.).

965 Vgl. *Schön*, Die beschränkte Steuerpflicht zwischen europäischem Gemeinschaftsrecht und deutschem Verfassungsrecht, IStR 1995, S. 119 (121).

(3) Rechtfertigung der materiellen Diskriminierung

In Bezug auf die Rechtfertigung der Diskriminierung des beschränkt Steuerpflichtigen mit überwiegenden Inlandseinkünften prüfte der EuGH zwei Gesichtspunkte, die von den beteiligten Mitgliedstaaten vorgebracht wurden: die Kohärenz der Steuerregelungen und die verwaltungstechnischen Schwierigkeiten.

(a) Rechtfertigungsgrund der steuerlichen Kohärenz

Nach Auffassung der an dem Verfahren beteiligten Staaten sei die diskriminierende Behandlung durch die Notwendigkeit einer kohärenten Anwendung der Steuerregelungen auf Gebietsfremde gerechtfertigt. Zwischen der persönlichen Lage und der Berücksichtigung des Familienstandes und dem Recht, das Welteinkommen zu besteuern, bestehe ein Zusammenhang.[966]

Damit wurde das Kohärenz-Argument reaktiviert, mit dem die belgische Regierung im Fall „Bachmann“[967] Erfolg hatte. Ohne sich näher mit einer Präzisierung des Begriffs der Kohärenz auseinanderzusetzen, verneinte der EuGH seine Einschlägigkeit im konkreten Fall. Er begnügte sich mit dem Gegenargument, dass der Wohnsitzstaat bei Fehlen nennenswerter Einkünfte die persönliche Lage und den Familienstand des betroffenen Steuerpflichtigen faktisch nicht berücksichtigen könne.

Diese Aussage bedeutet konkret: Die unterschiedliche Behandlung von beschränkt und unbeschränkt Steuerpflichtigen ist gemeinschaftsrechtlich grundsätzlich erlaubt. Die persönliche Lage des Steuerpflichtigen wird nur im Wohnsitzstaat berücksichtigt, um eine Kumulierung der Gewährung von persönlichen Abzügen und Freibeträgen im Wohnsitz- und Beschäftigungsstaat zu vermeiden. Damit können die Regeln auch als „kohärent“ bezeichnet werden. Wenn der Steuerpflichtige aber nur oder fast nur Einkünfte im Beschäftigungsstaat erzielt, besteht die Gefahr der Kumulierung steuerlicher Vergünstigungen jedoch nicht.[968]

---

966 Vgl. EuGH v. 14.02.1995, Rs. C-279/93 (*FA Köln-Altstadt/Roland Schumacker*), DStR 1995, S. 326 (328), Rdnr. 40.

967 Vgl. EuGH v. 28.01.1992, Rs. C-204/90 (*Bachmann*), EuGHE 1992, S. I-249 ff.

968 Es ließen sich noch weitere Gegenargumente anführen: Ähnlich wie im Fall „Bachmann“ die belgische Regierung handelte auch die Bundesrepublik Deutschland bei der Handhabung der steuerlichen Kohärenz nicht konsequent. So wurden auf Grenzgänger aus den Niederlanden, die mindestens 90% ihres Welteinkommens in Deutschland bezogen, die für in Deutschland Ansässige geltende Steuerregelungen, insbesondere das Ehegattensplitting, angewandt. Zudem hatte der bundesdeutsche Gesetzgeber im Grenzpendlergesetz I die Regelung für alle Nichtansässigen, die mindestens 90% ihres Einkommens in der Bundesrepublik Deutschland bezogen, an diejenigen der in Deutschland Ansässigen

(b) Verwaltungstechnische Schwierigkeiten

Das beklagte FA hatte in der mündlichen Verhandlung auf die Schwierigkeiten bei der verfahrensmäßigen Umsetzung der Gleichstellung beschränkt Steuerpflichtiger mit Gebietsansässigen hingewiesen. Die Berücksichtigung der persönlichen Verhältnisse im Beschäftigungsstaat setze verlässliche Informationen über die im Wohnsitzstaat erzielten Einkünfte voraus, um eine doppelte Berücksichtigung der personen- und familienbezogenen Umstände und damit eine Besserstellung der beschränkt steuerpflichtigen gegenüber unbeschränkt steuerpflichtigen Personen zu vermeiden.

Dieses Argument wies der EuGH – lediglich unter Hinweis auf die Amtshilferichtlinie –ohne weitere Begründung zurück:

> „Die Richtlinie 77/799/EWG des Rates vom 19.12.1977 über die gegenseitige Amtshilfe zwischen den zuständigen Behörden der Mitgliedstaaten im Bereich der direkten Steuern (ABl. L 336, 15) bietet nämlich Möglichkeiten zur Erlangung notwendiger Auskünfte, die mit den für die inländischen Steuerverwaltungen im Verhältnis zueinander bestehenden Möglichkeiten vergleichbar sind. Deshalb gibt es keine verwaltungstechnischen Hindernisse für die Berücksichtigung der persönlichen Lage und des Familienstandes des Gebietsfremden in dem Staat, in dem die Tätigkeit ausgeübt wird.“[969]

Das Argument der wirksamen steuerlichen Kontrolle wurde schon in früheren Verfahren vorgebracht und jedesmal vom EuGH mit Hinweis auf die Amtshilferichtlinie zurückgewiesen.[970] Dies ist nur konsequent: Das den Grundfreiheiten

---

angeglichen, mit Ausnahme des Splittingtarifs. Vgl. GA *Léger* in seinen Schlussanträgen v. 22.11.1994, Rs. C-279/93 (*FA Köln-Altstadt/Roland Schumacker*), IStR 1995, S. 27 (28). Außerdem stand nach dem deutsch-belgischen DBA das Recht zur Besteuerung des Gehalts von Herrn Schumacker der Bundesrepublik Deutschland als Beschäftigungsstaat zu. Vgl. EuGH v. 14.02.1995, Rs. C-279/93 (*FA Köln-Altstadt/Roland Schumacker*), DStR 1995, S. 326 (326), Rdnr. 16. Damit hatte die Bundesrepublik Deutschland die Kohärenz seiner Regelungen selbst außer Kraft gesetzt. Die steuerliche Kohärenz wird hierdurch nicht mehr auf der Ebene der Einzelperson hergestellt, sondern auf die Ebene der Gegenseitigkeit der in den Vertragsstaaten geltenden Vorschriften verlegt. Im übrigen besteht zwischen dem Wohnsitz- und dem Welteinkommensprinzip kein zwingender Zusammenhang. In der Literatur gibt es viele Stimmen, die dafür plädieren, dass eine unter individuellen wie zwischenstaatlichen Gesichtspunkten gerecht ausgestaltete Besteuerung nach der Leistungsfähigkeit sich auf die inländische Leistungsfähigkeit, d.h. auf die im Inland erzielen Einkünfte beschränken sollte. Vgl. *Vogel*, Über Besteuerungsrechte und über das Leistungsfähigkeitsprinzip im Internationalen Steuerrecht, in: Festschrift für Klein, S. 361 (371 ff.).

969 Siehe EuGH v. 14.02.1995, Rs. C-279/93 (*FA Köln-Altstadt/Roland Schumacker*), DStR 1995, S. 326 (328), Rdnr. 45.

970 Vgl. EuGH v. 15.05.1997, Rs. C-250/95 (*Futura Participations und Singer*), EuGHE 1997, S. I-2417 (2504), Rdnr. 41 f.

innewohnende Recht auf Gleichbehandlung wäre ausgehöhlt, wenn bloße verwaltungstechnische Schwierigkeiten bei seiner Gewährung eine Einschränkung der Grundfreiheit rechtfertigen würden.[971]

Im vorliegenden Fall wurde das Argument zusätzlich dadurch entkräftet, dass den niederländischen Staatsangehörigen aufgrund des oben erwähnten Abkommens zwischen Deutschland und den Niederlanden die Vergünstigungen einschließlich des Ehegattensplittings gewährt wurden. Wenn sich also der Auslandssachverhalt bei einem niederländischen Staatsangehörigen ermitteln lässt, dann auch bei jedem anderen Staatsangehörigen eines Mitgliedstaates der EG.[972]

(4) Die steuerliche „Meistbegünstigung"

Der Berichterstatter *Joliet* hatte in der mündlichen Verhandlung die Frage aufgeworfen, ob sich ein belgischer Staatsangehöriger kraft Europarechts auf die einem Niederländer im AGGrenzGNL gewährten Vergünstigungen berufen könne. Damit wurde eine steuerliche „Meistbegünstigung" zur Diskussion gestellt.[973] Weder der GA noch der EuGH griffen diesen Aspekt auf. Der EuGH scheute offenbar die weitreichenden Konsequenzen, die eine Bejahung dieser Frage nach sich gezogen hätte: Die Angehörigen eines EG-Mitgliedstaates könnten im Verhältnis zu ihrem Beschäftigungsstaat anstelle der nachteiligen Wirkungen eines für sie geltenden oder fehlenden DBA die günstigeren Regelungen eines anderen vom Beschäftigungsstaat innerhalb der EG geschlossenen DBA in Anspruch nehmen.[974] Durch die Entscheidung des EuGH in der vorliegenden Rechtssache wurde die Freiheit des einzelnen Mitgliedstaates, differenzierende Regelungen in bilateralen DBA zu vereinbaren, nicht in Frage gestellt.[975]

---

[971] Vgl. zu den Schwierigkeiten, zu denen der grenzüberschreitende Auskunftsaustausch in der Praxis führt, vgl. *Thömmes*, Die Behandlung beschränkt Steuerpflichtiger nach der Entscheidung des EuGH in der Rechtssache Schumacker, IWB Fach 11, Gruppe 2, S. 293 (296 f.).

[972] Vgl. EuGH v. 14.02.1995, Rs. C-279/93 (*FA Köln-Altstadt/Roland Schumacker*), DStR 1995, S. 326 (328), Rdnr. 46.

[973] Vgl. hierzu die Ausführungen in: 3. Teil, § 2, A., II., 2., b), bb), (1).

[974] Vgl. *Schön*, Die beschränkte Steuerpflicht zwischen europäischem Gemeinschaftsrecht und deutschem Verfassungsrecht, IStR 1995, S. 119 (122).

[975] Ob und wie sich die Rechtsprechung des EuGH in Richtung auf ein EG-rechtliches Meistbegünstigungsgebot weiterentwickeln wird, bleibt abzuwarten. Denn einerseits laufen die in der Praxis höchst unterschiedlichen Regelungen in den zwischen den Mitgliedstaaten der Gemeinschaft geschlossenen DBA der Idee eines einheitlichen Binnenmarktes zuwider, andererseits sind DBA eine sehr komplexe Materie, so dass einzelne Elemente schwer herausgelöst werden können, wie beispielsweise die Quellensteuern. Vgl. *Thömmes*, Behandlung beschränkt Steuerpflichtiger nach der Entscheidung des EuGH in der Rechtssache Schumacker, IWB Fach 11, Gruppe 2, S. 293 (297); *ders.*, in: Leh-

(5) Ausschluss vom Lohnsteuerjahresausgleich und der Einkommensteuerveranlagung (verfahrensrechtliche Diskriminierung)

Zur vierten Vorlagefrage des BFH führte der EuGH zunächst aus:

> „Die Antwort auf die zweite und die dritte Vorabentscheidungsfrage hat ergeben, dass eine materielle Diskriminierung gebietsfremder Gemeinschaftsbürger gegenüber in Deutschland wohnenden Inländern vorliegt. Zu prüfen ist, ob darin, dass die Durchführung der genannten Ausgleichsverfahren gebietsansässigen Inländern vorbehalten ist und gebietsfremden Gemeinschaftsbürgern versagt wird, eine solche Diskriminierung auch in verfahrensrechtlicher Hinsicht liegt. Gegebenenfalls wird zu prüfen sein, ob diese Diskriminierung gerechtfertigt ist."[976]

Damit betonte der EuGH erstmals in dieser Deutlichkeit, dass die Diskriminierungsverbote im Hinblick auf die nationalen Steuerrechtsordnungen zwei Dimensionen enthalten: eine materielle und eine verfahrensrechtliche Dimension.[977]

Nach der damaligen Rechtslage galt bei Nichtansässigen die durch den Abzug vom Lohn erhobene Lohnsteuer die zu erhebende Einkommensteuer ab. Der Lohnsteuerjahresausgleich oder das Verfahren der Einkommensteuerveranlagung war unbeschränkt Steuerpflichtigen vorbehalten. Die Nichtansässigen kamen daher nicht in den Genuss der Erstattung eventuell zuviel einbehaltener Lohnsteuer. Zwar waren sie auf diese Weise vor eventuellen Nachforderungen geschützt, ihnen wurde aber vor allem die Möglichkeit genommen, Sonderausgaben und außergewöhnliche Belastungen geltend zu machen.[978]

Diese Vorgehensweise verstieß nach dem EuGH gegen das verfahrensrechtliche Diskriminierungsverbot. Damit ist die Frage aufgeworfen, wann eine materielle und wann eine verfahrensrechtliche Diskriminierung vorliegt. Die Unterscheidung richtet sich nach dem Inhalt des Steuerrechtsverhältnisses. Dieses besteht

---

ner/Thömmes u.a., Europarecht und Internationales Steuerrecht, S. 64. Daher weisen die Kritiker des „Meistbegünstigungsgebots" darauf hin, dass europaweit Ungleichbehandlungen nur auf der Grundlage der Angleichungskompetenz des Art. 94 EG beseitigt werden können. Vgl. *Vedder*, Einwirkungen des Europarechts auf das innerstaatliche Recht und auf internationale Verträge der Mitgliedstaaten: die Regelung der Doppelbesteuerung, in: Lehner/Thömmes u.a., Europarecht und Internationales Steuerrecht, S. 62 f.

976 Siehe EuGH v. 14.02.1995, Rs. C-279/93 (*FA Köln-Altstadt/Roland Schumacker*), DStR 1995, S. 326 (328), Rdnr. 49.

977 Der verfahrensrechtliche Aspekt wurde zwar schon in der Rechtssache „Biehl" angesprochen, aber nicht mit der Deutlichkeit wie in der Rechtssache „Schumacker" herausgestellt.

978 Vgl. EuGH v. 14.02.1995, Rs. C-279/93 (*FA Köln-Altstadt/Roland Schumacker*), DStR 1995, S. 326 (328), Rdnr. 50, 51.

aus einem formellen Teil (Verfahrenspflichtverhältnis) und aus einem materiellen Teil (Steuerschuldverhältnis).[979]

Der Inhalt des Steuerschuldverhältnisses wird von § 37 AO umgrenzt. Der wichtigste Anspruch aus dem Steuerschuldverhältnis ist der Steueranspruch, d.h. der steuerschuldverhältnisbegründende Hauptanspruch (§ 37 Abs. 1 AO). Dieser entsteht, sobald der Tatbestand erfüllt ist, an den das Gesetz die Leistungspflicht knüpft (§ 38 AO). Der Steuertatbestand, also der Inbegriff der Tatbestandsmerkmale, die das Entstehen des Steueranspruchs begründen, setzt sich aus positiven (steuerbegründenden, steuererhöhenden) und negativen (steuermindernden) Elementen zusammen: dem Steuersubjekt, dem Steuergegenstand, der Steuerbemessungsgrundlage und dem Steuersatz.[980] Die Ansprüche aus dem Steuerschuldverhältnis müssen aber auch durchgesetzt werden. Das Verfahrenspflichtverhältnis enthält daher die Rechte und Pflichten, die der Durchsetzung von Ansprüchen aus dem Steuerschuldverhältnis dienen.[981]

Für die verfahrensrechtliche und die materielle Dimension des Diskriminierungsverbots folgt daraus: Alle nachteiligen Ungleichbehandlungen, die den materiellen Teil des Steuerrechtsverhältnisses betreffen (Steuerschuldverhältnis) führen zum Vorliegen einer materiellen Diskriminierung. Andere nachteilige Ungleichbehandlungen, die Rechte und Pflichten aus dem Verfahrenspflichtverhältnis (Steuerfestsetzung, Steuererhebung) tangieren, stellen eine verfahrensrechtliche Diskriminierung dar.[982]

---

979 Vgl. *Tipke/Lang*, Steuerrecht, § 6, Rdnr. 1; *Jakob*, Abgabenordnung, § 2, Rdnr. 1 f.

980 Vgl. *Tipke/Lang*, Steuerrecht, § 7, Rdnr. 17 ff.

981 Vgl. *Tipke/Lang*, Steuerrecht, § 6, Rdnr. 3. Das Steuerverfahren lässt sich in drei große Abschnitte gliedern: Die Feststellung von Ansprüchen aus dem Steuerschuldverhältnis wird zunächst vorbereitet. Dies geschieht durch die Erfassung des Steuerpflichtigen (§§ 134 ff. AO). Dem Steuerpflichtigen obliegen hier besondere Mitwirkungspflichten, insbesondere die Pflicht zur Abgabe einer Steuererklärung (§§ 149 ff. AO). Sodann erfolgt die Steuerfestsetzung und schließlich die Steuererhebung. Vgl. *Tipke/Lang*, Steuerrecht, § 2, Rdnr. 17 ff.

982 Von herausragender Bedeutung ist die Tatsache, dass die vierte Vorlagefrage von Anfang an nicht auf Grenzgänger mit ausschließlicher oder fast ausschließlicher Einkünfteerzielung im Tätigkeitsstaat beschränkt war. Sie lautete: „Verstößt es gegen Art. 48 EG-Vertrag (jetzt Art. 39 EG), wenn die Bundesrepublik natürliche Personen ohne Wohnsitz oder Ort des gewöhnlichen Aufenthalts in der Bundesrepublik, die im Inland Einkünfte erzielen, sowohl vom Lohnsteuerjahresausgleich ausschließt als auch ihnen die Möglichkeit verweigert, zu Einkommensteuer unter Einbeziehung der Einkünfte aus nichtselbständiger Arbeit veranlagt zu werden?“ Siehe BFH v. 14.04.1993, I R 29/92, IStR 1993, S. 272. Dementsprechend bezog sich auch die Antwort des EuGH auf alle beschränkt steuerpflichtigen EG-Ausländer, unabhängig von der Höhe ihres im Beschäftigungsstaat erzielten Einkommens. Vgl. *Thömmes*, Behandlung beschränkt Steuerpflichtiger nach der Entscheidung des EuGH in der Rechtssache Schumacker, IWB Fach 11, Gruppe 2, S. 293 (298). Diesem Umstand kommt deshalb Bedeutung zu, weil im Rahmen der materiellen

Der Ausschluss beschränkt Steuerpflichtiger von der Einkommensteuerveranlagung ist demnach als verfahrensrechtliche Diskriminierung zu qualifizieren. Was dagegen den Steuererstattungsanspruch anbelangt, so ist dieser Teil des Steuerschuldverhältnisses, so dass dessen Verweigerung eine materielle Diskriminierung begründet.

(6) Beseitigung der Diskriminierung durch Billigkeitsentscheidungen

Sowohl die nachträgliche Berücksichtigung persönlicher Freibeträge im Rahmen eines vom Arbeitgeber durchzuführenden Lohnsteuerjahresausgleichs, als auch die Möglichkeit einer Billigkeitsentscheidung der Finanzverwaltung nach § 163 AO wurden vom EuGH als unzureichend bezeichnet, um die bestehende verfahrensmäßige Schlechterstellung zu beseitigen.

Bereits in der Rechtssache „Biehl“[983] hatte der EuGH die Möglichkeit der Beseitigung einer Diskriminierung durch Billigkeitserlasse als unzureichend zurückgewiesen.[984] Im vorliegenden Fall ging es explizit um die Vorschrift des § 163 AO. Zusätzlich Bedeutung erlangte in diesem Zusammenhang § 227 AO.[985] Während § 163 AO den Billigkeitserlass im Festsetzungsverfahren regelt, enthält § 227 AO den Billigkeitserlass im Erhebungsverfahren.[986] Welche Konsequenzen ergeben sich nun aus der Rechtsprechung des EuGH für die Anwendung von nationalen Billigkeitsmaßnahmen?

Aus der Entscheidung in der Rechtssache „Biehl“[987] ergab sich, dass es den Mitgliedstaaten grundsätzlich erlaubt ist, eigene Korrekturen vorzunehmen, wenn nationale Steuervorschriften Diskriminierungen enthalten. Allerdings müssten bei der Anwendung des nationalen Rechts gemeinschaftsrechtliche Interessen beachtet werden.[988] Dies erinnert an den Fall des mitgliedstaatlichen Vollzugs von Gemeinschaftsrecht.[989] Der Vollzug des Gemeinschaftsrechts richtet sich – soweit keine gemeinschaftsrechtlichen Regelungen bestehen – allein nach den nationalen Verwaltungsvorschriften, im Bereich des Steuerrechts also nach dem Steuerverfahrensrecht. Für die Rechtsanwendung ist allerdings von Bedeutung, in welchem Maß gemeinschaftsrechtliche Vorgaben das Verfahren beeinflussen können. Hierzu hat der EuGH folgende Grundsätze entwickelt, die bei der Rechtsanwendung zu beachten sind: Erstens gilt das Diskriminierungsverbot. Hiernach dürfen bei der Anwendung nationalen Rechts im Vollzug

---

Diskriminierung der Schwellenwert „wesentlicher Teil der Einkünfte im Beschäftigungsstaat“ überschritten werden muss.

983 Vgl. EuGH v. 08.05.1990, Rs. C-175/88 (*Biehl*), EuGHE 1990, S. I-1779 ff.

984 Vgl. hierzu die Ausführungen in: 3. Teil, § 2, B., III., 3., a), cc), (4).

985 Nach §§ 163, 227 AO kann auf die Erhebung von Abgaben aus Gründen der sachlichen Billigkeit verzichtet werden, wenn es sich um einen Ausnahmefall handelt, der bei Erlass des Gesetzes nicht vorgesehen war und dessen Härte durch die gesetzliche Regelung auch nicht in Kauf genommen werden sollte.

986 Vgl. *Tipke/Kruse*, AO/FGO, Bd. II, § 163 AO, Rdnr. 1.

987 Vgl. EuGH v. 08.05.1990, Rs. C-175/88 (*Biehl*), EuGHE 1990, S. I-1779 ff.

988 Vgl. hierzu die Ausführungen in: 3. Teil, § 2, B., III., 3., a), cc), (4).

989 Vgl. hierzu die Ausführungen in: 2. Teil, § 2, B., III.

des Gemeinschaftsrechts keine Unterschiede im Vergleich zu Verfahren gemacht werden, in denen über gleichartige, aber rein nationale Sachverhalte entschieden wird.[990] Zweitens gilt das Effizienzgebot. Hiernach darf die Anwendung nationalen Rechts die Wirksamkeit des Gemeinschaftsrechts nicht dahingehend beeinträchtigen, dass dessen Verwirklichung „praktisch unmöglich" wird. Dem Interesse des Gemeinschaftsrechts muss zudem in vollem Umfang Rechnung getragen werden. Hierdurch beeinflusst das Gemeinschaftsrecht insbesondere Ermessensentscheidungen und Abwägungsvorgänge.[991]

In den Rechtssachen „Biehl"[992] und „Schumacker" ging es jedoch um den mitgliedstaatlichen Vollzug von nationalem Recht. Würde man die Grundsätze des mitgliedstaatlichen Vollzug des Gemeinschaftsrechts auf den vorliegenden Fall übertragen, so ergäben sich für den Bereich der Billigkeitsmaßnahmen folgende Konsequenzen: Bei der Billigkeitsentscheidung handelt es sich um eine Ermessensentscheidung, bei der Inhalt und Grenzen des pflichtgemäßen Ermessens durch den Begriff der Unbilligkeit bestimmt werden.[993] Dem Interesse des Gemeinschaftsrechts muss bei der Entscheidung in vollem Umfang Rechnung getragen werden. Die Anwendung des nationalen Rechts darf die Wirksamkeit des Gemeinschaftsrecht nicht dahingehend beeinträchtigen, dass dessen Verwirklichung „praktisch unmöglich" wird. Hierdurch wird die Ermessensbetätigung der Verwaltung dahingehend beeinflusst, dass in Fällen mit Grundfreiheitsbezug das Ermessen zu einer gebundenen Entscheidung wird.[994]

Eine Übertragung der Grundsätze des mitgliedstaatlichen Vollzugs von Gemeinschaftsrecht auf den Vollzug von nationalem Recht nahm der EuGH jedoch nicht ausdrücklich vor. Er tendiert eher zu der Annahme, dass eine Billigkeitsmaßnahme den Anforderungen der Grundfreiheiten nicht genügt. Dafür sprechen folgende Gründe: Nichtansässige sind oftmals mit dem materiellen Steuerrecht und dem Steuerverfahrensrecht des Beschäftigungsstaates nicht so vertraut wie Gebietsansässige. Daher bestünde die Gefahr, dass sie die Möglichkeit von Billigkeitsmaßnahmen, die regelmäßig erst auf Anregung des Steuerpflichtigen ergehen, nicht wahrnehmen. Neben die verfahrens-technisch nachteilige Ausgestaltung tritt noch ein weiterer Umstand. Billigkeitsmaßnahmen sind regelmäßig Einzelfallentscheidungen aufgrund einer besonderen Notlage. Hier geht es jedoch nicht um einzelne Personen, die eine besondere Notlage geltend machen, sondern um eine zahlenmäßig erhebliche Personengruppe, die dis-

---

990 Vgl. EuGH v. 21.09.1983, verb. Rs. 205-215/82 (*Deutsche Milchkontor/Deutschland*), EuGHE 1983, S. 2633 (2665 ff.).

991 Vgl. EuGH v. 21.09.1983, verb. Rs. 205-215/82 (*Deutsche Milchkontor/Deutschland*), EuGHE 1983, S. 2633 (2665 ff.); hierzu auch die Ausführungen in: 2. Teil, § 2, B., III.

992 Vgl. EuGH v. 08.05.1990, Rs. C-175/88 (*Biehl*), EuGHE 1990, S. I-1779 ff.

993 Vgl. Beschluss des Gemeinsamen Senats der obersten Gerichtshöfe des Bundes v. 19.10.1971, GmS-OGB 3/70, BStBl. II 1972, S. 603 ff.

994 Vgl. hierzu parallel zum mitgliedstaatlichen Vollzug EuGH v. 24.02.1987, Rs. 310/85 (*Deufil/Deutschland*), EuGHE 1987, S. 901 ff.

kriminiert wird. Hierfür ist nicht eine Billigkeitsentscheidung, sondern eine verbindliche gesetzliche Regelung der angemessene Weg.[995]

(7) Das Grenzpendlergesetz II

Im Jahr 1994 hatte der deutsche Gesetzgeber die Grenzpendlerbesteuerung erstmals durch das sog. Grenzpendlergesetz I novelliert.[996] Dieses war für den vorliegenden Fall insofern von Bedeutung, da es rückwirkend anwendbar war und antragsgemäß zum Gegenstand des Verfahrens gemacht wurde. Mit der Entscheidung des EuGH in der Rechtssache „Schumacker“ stand fest, dass die Kernbestimmungen des Grenzpendlergesetzes I mit dem Freizügigkeitsrecht für Arbeitnehmer (Art. 39 ff. EG) nicht vereinbar waren. Daher wurde eine erneute Novellierung der Grenzpendlerbesteuerung unvermeidlich. Das Ergebnis war das sog. Grenzpendlergesetz II[997], das zusammen mit dem Jahressteuergesetz 1996 verabschiedet wurde.

Im wesentlichen eröffneten die Neuregelungen den beschränkt steuerpflichtigen Gemeinschaftsbürgern wie auch Drittstaatlern die Möglichkeit, auf Antrag als unbeschränkt steuerpflichtig behandelt zu werden, wenn ihr Einkommen ausschließlich oder nahezu ausschließlich der deutschen Besteuerung unterliegt. Der relevante Grenzwert wurde auf 90% festgesetzt; unschädlich sind ausländische Einkünfte bis 12.000 DM pro Jahr. Über dieses Optionsrecht hinaus wurden Gemeinschaftsbürger in dem neuen § 1a EStG mit Inländern völlig gleichgestellt, sofern diese Staatsangehörige eines anderen Mitgliedstaates und im Gemeinschaftsgebiet ansässig sind. Bei Verheirateten wurde die Gleichstellung auch auf den Ehegatten – und in beschränktem Umfang – auf Kinder erstreckt, wenn die 90%-Grenze für die Summe der Einkünfte überschritten wird oder wenn die nicht der deutschen Besteuerung unterliegenden Einkünfte die Bagatellgrenze von 24.000 DM nicht überschreiten.[998]

---

[995] Vgl. *Schön*, Die beschränkte Steuerpflicht zwischen europäischem Gemeinschaftsrecht und deutschem Verfassungsrecht, IStR 1995, S. 119 (123).

[996] Gesetz zur einkommensteuerlichen Entlastung von Grenzpendlern und anderen beschränkt steuerpflichtigen Personen v. 24.06.1994 (BGBl. I 1994, S. 1395). Vgl. auch die Besprechung bei *Krabbe*, Das Grenzpendlergesetz, IStR 1994, S. 377 ff.

[997] BStBl. I 1996, S. 373.

[998] Dies führte für Gemeinschaftsangehörige zu folgenden Entlastungen: Verdoppelung der Höchst- und Pauschalbeträge sowie die Gewährung des Ehegattensplittings bei Verheirateten, Gewährung des Haushaltsfreibetrags für Alleinerziehende, Möglichkeit der Absetzung von Unterhaltsaufwendungen im Rahmen des Realsplittings, Abziehbarkeit von Kinderbetreuungskosten. In verfahrensmäßiger Hinsicht erhielten Arbeitnehmer aus EG-Staaten unabhängig von den o.g. Grenzwerten auch dann einen Anspruch auf Lohnsteuerjahresausgleich (bzw. Arbeitnehmerveranlagung), wenn ihr Einkommen nicht ausschließlich der deutschen Besteuerung unterlag. Es verblieb aber beim Antragserfordernis. Vgl. zum Ganzen *Kaefer*, Neuregelung der Besteuerung Nichtansässiger im Grenzpendlergesetz II, BB 1995, S. 1615 ff.

Um einer weiteren prozessualen Niederlage wie im Fall „Schumacker" vorzugreifen, wurde im Grenzpendlergesetz II auch die Besteuerung von Selbständigen reformiert. Danach gilt die Inländergleichstellung nicht nur für Arbeitnehmer, sondern auch für Selbständige aus anderen Mitgliedstaaten.[999] Im Hinblick auf die inhaltlich gleiche Ausprägung des Diskriminierungsverbots der Art. 39 und Art. 43 EG war dies auch sinnvoll.

d) „Biehl II"

Das unter der Bezeichnung „Biehl II"[1000] bekannt gewordene Vertragsverletzungsverfahren der Kommission gegen das Großherzogtum Luxemburg stellte eine Art Fortsetzung des Verfahrens „Biehl"[1001] dar. Denn Luxemburg sah sich durch die Entscheidung des EuGH im Vorlageverfahren „Biehl" nicht gezwungen, die vom EuGH implizit gerügte Vorschrift des Art. 154 Abs. 6 LIR zu ändern.

aa) Der Sachverhalt

Der Mitgliedstaat Luxemburg glaubte, seinen Verpflichtungen aus dem Urteil in der Rechtssache „Biehl" allein dadurch nachgekommen zu sein, dass die betroffenen Steuerpflichtigen eine Erstattung der zuviel gezahlten Steuern im Wege einer Billigkeitsentscheidung gem. Art. 131 Abs. 1 der luxemburgischen Abgabenordnung beantragen konnten. Danach konnte der Direktor der Steuerbehörde im Einzelfall die Erstattung bereits entrichteter Steuern verfügen, soweit eine unverhältnismäßige Belastung vorlag. Die Kommission leitete daraufhin ein Vertragsverletzungsverfahren wegen der Aufrechterhaltung der nationalen Steuernormen ein, nach denen die zuviel einbehaltenen Steuern auf die Löhne und Gehälter eines Staatsangehörigen eines Mitgliedstaates, der nur während eines Teils des Steuerjahres im Inland niedergelassen und/oder dort im Lohn- oder Gehaltsverhältnis beschäftigt war, der Staatskasse verfielen und nicht – soweit kein Billigkeitsantrag gestellt wurde – erstattet oder berichtigt werden konnten.

bb) Die Entscheidung des EuGH

Wie bereits in der „Schumacker"-Entscheidung sah der EuGH reine Billigkeitsmaßnahmen der Mitgliedstaaten zur Beseitigung von Eingriffen in die Grundfreiheit der Arbeitnehmerfreizügigkeit nicht als ausreichend an. Die Entscheidung lautete:

---

[999] Vgl. *Kaefer*, Neuregelung der Besteuerung Nichtansässiger im Grenzpendlergesetz II, BB 1995, S. 1615.

[1000] Vgl. EuGH v. 26.10.1995, Rs. C-151/94 (*Kommission/Luxemburg*), EuGHE 1995, S. I-3685 ff.

[1001] Vgl. EuGH v. 08.05.1990, Rs. C-175/88 (*Biehl*), EuGHE 1990, S. I-1779.

„Das Großherzogtum Luxemburg hat dadurch gegen seine Verpflichtungen aus Artikel 48 Absatz 2 EG-Vertrag[1002] und aus Artikel 7 Absatz 2 der Verordnung v. 26.10.1995, Rs. C-151/94, EuGHE 1995, S. I-3685 EWG Nr. 1612/68 des Rates vom 15. Oktober 1968 über die Freizügigkeit der Arbeitnehmer innerhalb der Gemeinschaft verstoßen, dass es Rechtsvorschriften aufrechterhält, denen zufolge die zuviel einbehaltenen Steuern auf die Löhne und Gehälter eines Staatsangehörigen eines Mitgliedstaates, der nur während eines Teils des Jahres im Inland niedergelassen oder dort im Lohn- oder Gehaltsverhältnis beschäftigt war, der Staatskasse verfallen und nicht erstattet werden können.“[1003]

Im Rahmen seiner Urteilsbegründung lehnte sich der EuGH eng an die Ausführungen in der Rechtssache „Biehl“ an. Auch das Verteidigungsvorbringen der luxemburgischen Regierung bestand im wesentlichen aus den Argumenten, die sie bereits in diesem Verfahren vorgebracht hatte. So wurde vorgetragen, dass die Möglichkeit eines Billigkeitserlasses nach Art. 131 Abs. 1 AO bestünde. Diesem Vorbringen erwiderte der EuGH:

„Nach ständiger Rechtsprechung kann die Unvereinbarkeit nationaler Rechtsvorschriften mit Bestimmungen des Vertrages, selbst wenn diese unmittelbar anwendbar sind, nämlich abschließend nur durch zwingende innerstaatliche Bestimmungen behoben werden, die dieselbe rechtliche Wirkung besitzen wie die zu ändernden Bestimmungen. Eine bloße Verwaltungspraxis, die die Verwaltung naturgemäß beliebig ändern kann und die nur unzureichend bekannt ist, kann nicht als eine rechtswirksame Erfüllung der Verpflichtung aus dem Vertrag angesehen werden, da die betroffenen Rechtssubjekte bezüglich des Umfangs der ihnen vom Vertrag garantierten Rechte in einem Zustand der Ungewissheit gelassen werden [...].“[1004]

Die luxemburgische Regierung trug weiter vor, dass für die Finanzverwaltung wegen der zu berechnenden Steuererstattung ein Informationsbedarf dahingehend bestehe, wieviel ausländische Einkünfte der Steuerpflichtige erzielt habe, bevor er nach Luxemburg gekommen sei oder nachdem er das Land verlassen habe. Dies sei erforderlich, um den Steuersatz zu bestimmen, der im Rahmen des luxemburgischen Progressionssystems auf die luxemburgischen Einkünfte anzuwenden sei. Dem entgegnete das Gericht:

„Hierzu ist festzustellen, dass die besondere Situation der zeitweise Gebietsansässigen es zwar objektiv rechtfertigen kann, dass spezifische Verfahrensregeln erlassen werden, um es den zuständigen Finanzbehörden zu ermöglichen, den

---

[1002] Jetzt Art. 39 Abs. 2 EG.

[1003] Siehe EuGH v. 26.10.1995, Rs. C-151/94 (*Kommission/Luxemburg*), EuGHE 1995, S. I-3685 (3707 f.).

[1004] Siehe EuGH v. 26.10.1995, Rs. C-151/94 (*Kommission/Luxemburg*), EuGHE 1995, S. I-3685 (3706), Rdnr. 18.

> auf die inländischen Einkünfte anzuwendenden Steuersatz zu bestimmen; sie kann jedoch nicht rechtfertigen, dass diese Gruppe von Steuerpflichtigen von der Erstattung von Steuern – außer im Rahmen des Einspruchsverfahrens – ausgeschlossen wird, während zuviel einbehaltene Steuern den ständig Gebietsansässigen von Rechts wegen erstattet werden."[1005]

cc) Die steuerlichen Kernaussagen

Die luxemburgische Regierung hatte zwar Konsequenzen aus der Entscheidung „Biehl"[1006] gezogen und solchen Steuerpflichtigen, die Luxemburg im Laufe des Jahres verließen oder sich dort niederließen eine Rückerstattung der überzahlten Einkommensteuer gewährt. Dies erfolgt jedoch aufgrund einer Verwaltungspraxis und nicht aufgrund einer bindenden gesetzlichen Vorschrift.[1007] Daher erstrebte die Kommission in der vorliegenden Rechtssache die Feststellung, dass das Großherzogtum Luxemburg gegen seine vertraglichen Verpflichtungen verstoßen habe, indem es Rechtsvorschriften aufrechterhielt, denen zufolge die zuviel einbehaltenen Steuern auf die Löhne und Gehälter von Arbeitnehmern, die nur während eines Teils des Jahres gebietsansässige Steuerpflichtige waren, nicht erstattet wurden. Der EuGH sah in der Aufrechterhaltung der gemeinschaftsrechtswidrigen nationalen Norm einen Verstoß gegen Art. 39 EG.

(1) Aufrechterhaltung gemeinschaftsrechtswidriger Vorschriften

Der Gerichtshof hatte im Urteil „Biehl"[1008] die Feststellung getroffen, dass die Voraussetzungen des Art. 39 EG durch ein Verfahren nicht erfüllt werden, nach dem Wanderarbeitnehmer eine Erstattung zuviel gezahlter Steuern aus Billigkeitsgründen verlangen können. Im Urteil „Schumacker"[1009] wurde die Unzulänglichkeit von Billigkeitserlassen für die Beseitigung von Verstößen gegen das Gemeinschaftsrecht bestätigt.[1010] Nach den Ausführungen des GA *Jacobs* entspricht dies

> „... dem allgemeinen Grundsatz, dass durch das Gemeinschaftsrecht begründete Rechte einzelner eindeutig in verbindlichen Rechtsvorschriften geregelt sein müssen, unabhängig davon, ob sich diese Rechte aus Richtlinien oder, wie im vorliegenden Fall, unmittelbar aus den Bestimmungen des Vertrages ergeben.

1005 Siehe EuGH v. 26.10.1995, Rs. C-151/94 (*Kommission/Luxemburg*), EuGHE 1995, S. I-3685 (3706), Rdnr. 21.

1006 Vgl. EuGH v. 08.05.1990, Rs. C-175/88 (*Biehl*), EuGHE 1990, S. I-1779.

1007 Vgl. *Rainer*, Anmerkung zum „Biehl II"-Urteil, IStR 1995, S. 533.

1008 Vgl. EuGH v. 08.05.1990, Rs. C-175/88 (*Biehl*), EuGHE 1990, S. I-1779.

1009 Vgl. EuGH v. 14.02.1995, Rs. C-279/93 (*FA Köln-Altstadt/Roland Schumacker*), DStR 1995, S. 326.

1010 Vgl. hierzu die Ausführungen in: 3. Teil, § 2, B., III., 3., c), cc), (6).

Demgemäß muss ein Mitgliedstaat, wenn seine Rechtsvorschriften mit dem Gemeinschaftsrecht unvereinbar sind, zur Beseitigung der Unvereinbarkeit eine klare Vorschrift zur Änderung dieser Rechtsvorschriften erlassen."[1011]

Der EuGH folgte in seiner Urteilsbegründung dem GA. Er betonte, dass nach seiner ständigen Rechtsprechung die Kollision nationaler Rechtsvorschriften mit Bestimmungen des Vertrages abschließend nur durch zwingende innerstaatliche Bestimmungen behoben werden, die dieselbe rechtliche Wirkung entfalten, wie die zu ändernden Bestimmungen. Eine bloße Verwaltungspraxis genüge wegen der verbleibenden Rechtsunsicherheit nicht.[1012]

Dies bedeutet: Aus den Feststellungen des EuGH in seiner jeweiligen Entscheidung erwächst eine Umsetzungspflicht für den betroffenen Mitgliedstaat. Für die Umsetzung von Rechten, die sich unmittelbar aus den Bestimmungen des Vertrages ergeben, gelten dieselben Grundsätze wie für die Umsetzung von Rechten aus einer Richtlinie. Hier müssen die Mitgliedstaaten diejenige Handlungsform wählen, die für die Gewährleistung der praktischen Wirksamkeit des Gemeinschaftsrechts („effet utile") am besten geeignet ist. Dies folgt aus Art. 10 EG, wonach die Mitgliedstaaten alle geeigneten Maßnahmen zur Erfüllung der Verpflichtungen, die sich aus diesem Vertrag oder aus den Handlungen der Organe der Gemeinschaft ergeben, treffen müssen.[1013] Diese Grundsätze gelten nach dem EuGH auch dann, wenn eine nationale Rechtsvorschrift gegen eine Bestimmung des primären Gemeinschaftsrechts verstößt. Die Unvereinbarkeit nationaler Rechtsvorschriften mit Bestimmungen des Vertrages kann daher nur behoben werden, wenn der Umsetzungsakt in eine verbindliche innerstaatliche Rechtsvorschrift mündet, die dieselbe rechtliche Qualität aufweist, wie die zu ändernde Bestimmung. Den Erfordernissen der Rechtssicherheit und Rechtsklarheit muss Genüge getan werden. Schlichte Verwaltungspraktiken, die als solche von der Exekutive beliebig geändert werden können, sind nicht ausreichend. Da es um die Verleihung von Rechten geht, muss die nationale Umsetzungsnorm zusätzlich dem einzelnen klare Kenntnis seiner Rechte sowie deren gerichtlicher Durchsetzung ermöglichen.[1014]

(2) Haftung bei unterbliebener Umsetzung

Die Übertragung der Grundsätze für die Umsetzung von Richtlinien auf die Umsetzung von Rechten, die sich unmittelbar aus dem primären Vertragsrecht ergeben, wirft die Frage nach der Haftung der Mitgliedstaaten bei einer unterbliebenen Umsetzung auf.

[1011] Siehe GA *Jacobs* in seinen Schlussanträgen v. 19.09.1995, Rs. C-151/94 (*Kommission/Luxemburg*), EuGHE 1995, S. I-3687 (3691), Rdnr. 17.

[1012] Vgl. EuGH v. 26.10.1995, Rs. C-151/94 (*Kommission/Luxemburg*), EuGHE 1995, S. I-3685 (3705 f.), Rdnr. 18.

[1013] Vgl. EuGH v. 08.04.1976, Rs. 48/75 (*Royer*), EuGHE 1976, S. 497 (511), Rdnr. 19 ff.

[1014] Vgl. EuGH v. 20.03.1997, Rs. C-96/95 (*Kommission/Deutschland*), EuGHE 1997, S. I-1653 (1679), Rdnr. 35.

Der EuGH hat in richterlicher Rechtsfortbildung eine Schadensersatzpflicht der Mitgliedstaaten für den Fall der gänzlich unterbliebenen oder inhaltlich fehlerhaften Richtlinienumsetzung begründet. In der Entscheidung „Francovich und Bonifaci"[1015] hat er ausgeführt, dass es ein „Grundsatz des Gemeinschaftsrechts sei, dass die Mitgliedstaaten zum Ersatz der Schäden verpflichtet sind, die dem einzelnen durch Verstöße gegen das Gemeinschaftsrecht entstehen, die diesen Staaten zuzurechnen sind."[1016] Begründet wurde diese Haftung des Mitgliedstaates mit der Notwendigkeit der Gewährleistung der praktischen Wirksamkeit des Gemeinschaftsrechts („effet utile"), dem gemeinschaftsrechtlichen Rechtsschutzgebot und schließlich Art. 10 EG.[1017] Speziell für den Verstoß gegen die Pflicht zur ordnungsgemäßen Richtlinienumsetzung legte der EuGH im Laufe seiner Rechtsprechung folgende Voraussetzungen fest: Die verletzte Richtlinie muss bezwecken, dem einzelnen Rechte zu verleihen. Der Inhalt dieser Rechte muss auf eine Verbesserung seiner Rechtsstellung abzielen. Der Inhalt dieser Rechte muss hinreichend bestimmbar, d.h. der begünstigte Personenkreis und der Inhalt der Verpflichtung müssen abgrenzbar sein.[1018] Sodann muss zwischen dem Verstoß gegen die Umsetzungspflicht und dem eingetretenen Schaden ein unmittelbarer Kausalzusammenhang bestehen.[1019] Schließlich muss der Mitgliedstaat „hinreichend qualifiziert", d.h. „offenkundig und erheblich" gegen die Pflicht zur ordnungsgemäßen Richtlinienumsetzung verstoßen haben.[1020]

Diese Grundsätze der gemeinschaftsrechtlich begründeten Staatshaftung lassen sich auch auf Verstöße gegen primäres Gemeinschaftsrecht übertragen, denn der EuGH bezeichnet die Haftung der Mitgliedstaaten als einen „Grundsatz des Gemeinschaftsrechts". Folglich sind die Mitgliedstaaten zum Ersatz der Schäden verpflichtet, die dem einzelnen durch Verstöße gegen die Pflicht zur ordnungsgemäßen Umsetzung von Rechten entstehen, die sich unmittelbar aus dem Vertrag – insbesondere aus den Grundfreiheiten – ergeben.[1021] Voraussetzung ist, dass die Gemeinschaftsrechtsnorm hinreichend bestimmbare Individualrechte verleiht, der Verstoß gegen das Gemeinschaftsrecht hinreichend qualifiziert ist und zwischen dem Verstoß und dem Schaden ein unmittelbarer Kausalzusammenhang besteht.

1015 Vgl. EuGH v. 19.11.1991, verb. Rs. C-6/90, C-9/90 (*Francovich u.a.*), EuGHE 1991, S. 5357.

1016 Siehe EuGH v. 19.11.1991, verb. Rs. C-6/90, C-9/90 (*Francovich u.a.*), EuGHE 1991, S. 5357 (5415), Rdnr. 37.

1017 Vgl. EuGH v. 19.11.1991, verb. Rs. C-6/90, C-9/90 (*Francovich u.a.*), EuGHE 1991, S. 5357 (5403 ff.).

1018 Vgl. *Jarass*, Haftung für die Verletzung von EU-Recht durch nationale Organe und Amtsträger, NJW 1994, S. 881 (883).

1019 Vgl. *Jarass*, Haftung für die Verletzung von EU-Recht durch nationale Organe und Amtsträger, NJW 1994, S. 881 (883).

1020 Vgl. EuGH v. 05.03.1996, verb. Rs. C-46/93, C-48/93 (*Brasserie du pêcheur*), EuZW 1996, S. 205.

1021 Vgl. EuGH v. 05.03.1996, verb. Rs. C-46/93, C-48/93 (*Brasserie du pêcheur*), EuZW 1996, S. 205; EuGH v. 23.05.1996, Rs. C-5/94 (*The Queen/Ministery of Agriculture, Fisheries and Food, ex parte Hedley Lomas Ltd*), EuZW 1996, S. 435.

Die Durchsetzung dieses gemeinschaftsrechtlichen Haftungsanspruchs richtet sich nach dem mitgliedstaatlichen Staatshaftungsrecht, wobei allerdings das „Effizienzgebot“ und das „Diskriminierungsverbot“ zu beachten sind.[1022]

Die unmittelbare Anwendbarkeit einer Gemeinschaftsrechtsnorm[1023] schließt eine gemeinschaftsrechtlich gebotene Staatshaftung des Mitgliedstaates grundsätzlich nicht aus, denn die unmittelbare Anwendbarkeit des Gemeinschaftsrechts ist „nur eine Mindestgarantie und reicht für sich allein nicht aus, um die uneingeschränkte Anwendung“ des Gemeinschaftsrechts zu gewährleisten.[1024] Allerdings ist der Vorrang des Primärrechtsschutzes unter dem Aspekt des Mitverschuldens besonders zu beachten. So kann insbesondere die Nichtinanspruchnahme möglichen Primärrechtsschutzes sowie jegliches andere Mitverschulden zum Ausschluss der mitgliedstaatlichen Staatshaftung führen.[1025]

e) „Gilly“

Das Verfahren „Gilly“[1026] beruhte auf einer Vorlage des Tribunal administratif Straßburg. Die Entscheidung wurde damals mit Spannung erwartet, da erstmals vor dem EuGH kein nationales Steuerrecht, sondern Regelungen eines DBA aufgegriffen wurden.

aa) Der Sachverhalt

Dem Ausgangsrechtsstreit zwischen Herrn und Frau Gilly (Kläger) und dem Directeur des services fiscaux du Bas-Rhin (Beklagter) lag folgender Sachverhalt zugrunde: Die Kläger hatten ihren Wohnsitz in Frankreich nahe der deutschen Grenze. Herr Gilly, ein französischer Staatsangehöriger, war Lehrer im öffentlichen Schulwesen in Frankreich. Seine Frau besaß die deutsche Staatsangehörigkeit und hatte durch die Eheschließung auch die französische erworben. Sie unterrichtete an einer öffentlichen Schule im deutschen Grenzgebiet. Das

---

1022 In der Entscheidung „Francovich und Bonifaci“ führte der EuGH hierzu aus: „Mangels gemeinschaftsrechtlicher Regelungen ist es Sache der nationalen Rechtsordnung der einzelnen Mitgliedstaaten, die zuständigen Gerichte zu bestimmen und das Verfahren für die Klagen auszugestalten, die den vollen Schutz der den einzelnen aus dem Gemeinschaftsrecht erwachsenden Rechte gewährleisten sollen [...]. Die im nationalen Schadensrecht festgelegten materiellen und formellen Voraussetzungen dürfen aber nicht ungünstiger sein als bei Verstößen gegen eigenes Recht und sie dürfen den Anspruch nicht praktisch unmöglich machen oder übermäßig erschweren.“ Siehe EuGH v. 19.11.1991, verb. Rs. C-6/90, C-9/90 (*Francovich u.a.*), EuGHE 1991, S. I-5357 (5415), Rdnr. 42.

1023 Vgl. hierzu die Ausführungen in: 2. Teil, § 2, A., III., 2., c).

1024 Vgl. EuGH v. 05.03.1996, verb. Rs. C-46/93, C-48/93 (*Brasserie du pêcheur*), EuZW 1996, S. 205 ff.

1025 Vgl. EuGH v. 05.03.1996, verb. Rs. C-46/93, C-48/93 (*Brasserie du pêcheur*), EuZW 1996, S. 205 ff.

1026 Vgl. EuGH v. 12.05.1998, Rs. C-336/96 (*Gilly*), DStRE 1998, S. 445.

deutsch-französische DBA stellte zur Besteuerung der Einkünfte aus nichtselbständiger Tätigkeit folgende Grundsätze auf: Die Besteuerung der Einkünfte sollte grundsätzlich im Beschäftigungsland erfolgen (Art. 13 Abs. 1). Eine Ausnahme von diesem Grundsatz sah Art. 13 Abs. 5 lit. a) des Abkommens vor, nach dem Grenzpendler in ihrem Wohnsitzstaat besteuert werden sollten. Besondere Regelungen galten für Beschäftigte im öffentlichen Sektor. Deren Gehälter wurden nach dem Abkommen von demjenigen Staat besteuert, von dem sie bezogen wurden (Art. 14 Abs. 1, Kassenstaatsprinzip), es sei denn, die Vergütung wurde an eine Person gezahlt, die die Staatsangehörigkeit eines andern Staates besaß, ohne zugleich Staatsangehörige des Kassenstaates zu sein. In diesem Fall besteuerte der Wohnsitzstaat. Eine Sonderregelung galt allerdings für Gastlehrkräfte. Diese wurden durch den Herkunftsbeschäftigungsstaat besteuert (Art. 16). Für die Vermeidung der Doppelbesteuerung sah das Abkommen die Anrechnungsmethode vor. Danach konnten in Frankreich ansässige Personen, deren Einkünfte aus der Bundesrepublik Deutschland stammten, auch in Frankreich besteuert werden. Die deutsche Steuer war dann zwar nicht abzugsfähig, der Empfänger hatte jedoch Anspruch auf einen Anrechnungsbetrag bei der französischen Steuer, der dem Betrag der auf die deutschen Einkünfte entsprechenden französischen Steuer entsprach (Art. 20 Abs. 2 lit. a) Doppellit. cc)). Die von Frau Gilly in den Jahren 1989 bis 1993 in der Bundesrepublik Deutschland empfangenen Dienstbezüge wurden – da sie deutsche Staatsangehörige war – nach Art. 14 Abs. 1 in der Bundesrepublik Deutschland besteuert und nach Art. 20 Abs. 2 lit. a) auch in Frankreich. Dafür hatte sie einen Anspruch auf die Steueranrechnung. Vor dem Tribunal administratif Straßburg machten die Kläger klageweise geltend, die Anwendung der genannten Bestimmungen des Abkommens hätten zu einer ungerechtfertigten und diskriminierenden Höherbesteuerung geführt. Sie beantragten die Befreiung von den streitigen Steuern und die Erstattung der ihrer Auffassung nach zu Unrecht erhobenen Steuern durch die Finanzverwaltung. Das Gericht setzte das Verfahren aus und legte dem EuGH insgesamt sechs Fragen nach der Auslegung der Art. 12, 39 und Art. 293 EG zur Vorabentscheidung vor.

bb) Die Entscheidung des EuGH

Der Gerichtshof beanstandete im Ergebnis die streitigen Normen des DBA nicht. Die Entscheidung lautete:

> **„Art. 220 zweiter Gedankenstrich EGV[1027] entfaltet keine unmittelbare Wirkung.**
>
> **Art. 48 EGV[1028] ist dahin auszulegen, dass er der Anwendung von Bestimmungen wie den Art. 13 Abs. 5 Buchst. a, 14 Abs. 1 und 16 des am 21.7.1959 unterzeichneten Abkommens zwischen der Französischen Republik und der Bundesrepublik Deutschland zur Vermeidung der Doppelbesteuerungen, geändert durch die in Bonn unterzeichneten Zusatzabkommen vom 9.6.1969 und vom 28.9.1989, nicht entgegensteht, die eine**

[1027] Jetzt Art. 293 EG.
[1028] Jetzt Art. 39 EG.

unterschiedliche Besteuerung zum einen für Grenzgänger vorsehen, je nach dem, ob sie im privaten oder im öffentlichen Sektor beschäftigt sind und, wenn sie im öffentlichen Sektor beschäftigt sind, je nach dem, ob sie die Staatsangehörigkeit des Staates, in dessen Verwaltung sie beschäftigt sind, besitzen oder nicht, und zum anderen für Lehrkräfte, je nachdem, ob ihr Aufenthalt in dem Staat, in dem sie ihre Berufstätigkeit ausüben, von kurzer Dauer ist oder nicht.

Art. 48 des Vertrages[1029] ist dahin auszulegen, dass der Anwendung eines Steueranrechnungsverfahrens wie desjenigen des Art. 20 Abs. 2 Buchst. a Doppelbuchst. cc des Abkommens nicht entgegensteht.“[1030]

Eine Frage des vorlegenden Gerichts betraf die unmittelbare Anwendbarkeit[1031] des Art. 293 EG (mitgliedstaatliche Verhandlungen über den Abschluss von DBA). Diese wurde vom EuGH im vorliegenden Fall verneint:

„Wie der Gerichtshof bereits entschieden hat [...], will Art. 220[1032] keinen unmittelbar geltenden Rechtssatz aufstellen, sondern steckt nur den Rahmen für von den Mitgliedstaaten ‚soweit erforderlich‘ untereinander einzuleitende Verhandlungen ab. Als Ziel dieser etwaigen Verhandlungen wird in einem zweiten Gedankenstrich lediglich die Beseitigung der Doppelbesteuerung innerhalb der Gemeinschaft angegeben. Auch wenn die Beseitigung der Doppelbesteuerung innerhalb der Gemeinschaft also zu den Zielen des Vertrages gehört, ergibt sich aus dem Wortlaut dieser Bestimmung, dass diese dem einzelnen nicht aus sich heraus Rechte gewähren kann, auf die er sich vor den nationalen Gerichten berufen kann.“[1033]

Weiter wollte das Tribunal administratif wissen, ob Art. 39 EG dahin auszulegen sei, dass er der Anwendung von Bestimmungen wie dem Art. 13 Abs. 5 lit. a), Art. 14 Abs. 1 und Art. 16 des Abkommens[1034] entgegenstehe. Der EuGH prüfte zunächst die Eröffnung des Anwendungsbereichs des Art. 39 EG, da die französische Regierung die Auffassung vertrat, Frau Gilly habe in ihrem Herkunftsstaat Deutschland gearbeitet und somit nicht von ihrem Recht auf Freizügigkeit Gebrauch gemacht. Hierzu stellte das Gericht jedoch fest, dass

„... Frau Gilly durch ihre Eheschließung die französische Staatsangehörigkeit erworben hat und ihre berufliche Tätigkeit in Deutschland ausübt, ihren Wohnsitz aber in Frankreich hat. Aufgrund dessen ist sie im letztgenannten Staat als

---

1029 Jetzt Art. 39 EG.
1030 Siehe EuGH v. 12.05.1998, Rs. C-336/96 (*Gilly*), DStRE 1998, S. 445.
1031 Vgl. hierzu die Ausführungen in: 2. Teil, § 2, A., III., 2., c).
1032 Jetzt Art. 293 EG.
1033 Vgl. EuGH v. 12.05.1998, Rs. C-336/96 (*Gilly*), DStRE 1998, S. 445 (447), Rdnr. 15 f.
1034 Vgl. hierzu die obige Sachverhaltsschilderung.

Arbeitnehmer anzusehen, der von seinem durch den Vertrag gewährleisteten Recht auf Freizügigkeit Gebrauch macht, um einer Beschäftigung in einem anderen Mitgliedstaat nachzugehen. Der Umstand, dass sie die Staatsangehörigkeit des Beschäftigungsstaates behalten hat, ändert nichts daran, dass sie für die französischen Behörden als französische Staatsangehörige ihre berufliche Tätigkeit im Hoheitsgebiet eines anderen Mitgliedstaates ausübt [...].“[1035]

Sodann ging das Gericht auf die Vereinbarkeit der steuerlichen Anknüpfungsfaktoren mit Art. 39 EG ein. Die Beseitigung der Doppelbesteuerung sei zwar Ziel des Vertrages, aber – so der EuGH – bisher seien weder auf Gemeinschaftsebene Harmonisierungsmaßnahmen zur Beseitigung der Doppelbesteuerung erlassen worden, noch hätten die Mitgliedstaaten ein multilaterales Abkommen nach Art. 293 EG geschlossen. Daher sei es Sache der Mitgliedstaaten, die Kriterien für die Besteuerung festzulegen, um – gegebenenfalls im Vertragswege – die Doppelbesteuerung zu vermeiden.[1036] Weder das Kriterium der Staatsangehörigkeit, noch das Kassenstaatsprinzip verstoße daher gegen Art. 39 EG.[1037]

Im übrigen ergebe sich die Vorteilhaftigkeit oder Nachteiligkeit der steuerlichen Behandlung nicht so sehr aus der Wahl des Anknüpfungsfaktors, als vielmehr aus dem Niveau der Besteuerung. Diese falle jedoch mangels gemeinschaftsrechtlicher Harmonisierung der Steuersätze für die direkten Steuern in die Zuständigkeit der Mitgliedstaaten.[1038]

Schließlich fragte das Gericht noch nach der Vereinbarkeit des Steueranrechnungsverfahrens mit Art. 39 EG. Hierzu trugen die Kläger des Ausgangsverfahrens vor, dass aufgrund der höheren Progression der deutschen Steuer gegenüber der französischen und des Anteils der Arbeitseinkünfte von Frau Gilly an der Gesamtheit der in Frankreich besteuerten gemeinsamen Einkünfte der Steueranrechnungsbetrag stets niedriger sei als die tatsächlich in Deutschland gezahlte Steuer. Außerdem würde die familiäre Situation von Frau Gilly in der Bundesrepublik Deutschland nicht berücksichtigt. Nur ein Steueranrechnungsbetrag in Höhe der in der Bundesrepublik Deutschland erhobenen Steuer ermögliche eine vollständige Vermeidung der Doppelbesteuerung.[1039]

Dem hielt der EuGH entgegen, dass ein DBA lediglich verhindern solle, dass ein und dieselben Einkünfte in zwei Staaten besteuert würden. Dagegen solle nicht gewährleistet werden, dass die Steuern, die von dem Steuerpflichtigen in einem Staat erhoben werden, nicht höher sind als diejenigen, die von ihm in einem anderen Staat erhoben werden. Die nachteiligen Auswirkungen des Steueranrechnungsverfahrens würden in erster Linie aus den unterschiedlichen Steuersätzen resultieren, deren Festsetzung jedoch in Ermangelung gemeinschaftsrechtlicher

---

1035 Siehe EuGH v. 12.05.1998, Rs. C-336/96 (*Gilly*), DStRE 1998, S. 445 (447), Rdnr. 21.
1036 Vgl. EuGH v. 12.05.1998, Rs. C-336/96 (*Gilly*), DStRE 1998, S. 445 (447), Rdnr. 23 f.
1037 Vgl. EuGH v. 12.05.1998, Rs. C-336/96 (*Gilly*), DStRE 1998, S. 445 (448), Rdnr. 30 ff.
1038 Vgl. EuGH v. 12.05.1998, Rs. C-336/96 (*Gilly*), DStRE 1998, S. 445 (448), Rdnr. 34.
1039 Vgl. EuGH v. 12.05.1998, Rs. C-336/96 (*Gilly*), DStRE 1998, S. 445 (449), Rdnr. 44 f.

Regelungen in die Zuständigkeit der Mitgliedstaaten fiele.[1040] Außerdem sei der Wohnsitzstaat, wenn er als Steueranrechnungsbetrag einen höheren als den den Einkünften aus der ausländischen Quelle entsprechenden Teilbetrag der nationalen Steuer berücksichtigen müßte, gezwungen, seine Steuer auf die übrigen Einkünfte entsprechend zu verringern. Dies würde zu einem Verlust der Steuereinnahmen führen und somit zu einer Beeinträchtigung der Steuersouveränität.[1041] Was die einseitige Berücksichtigung der persönlichen und familiären Situation betrifft, so sei dies die Folge davon, dass sich Gebietsansässige und Gebietsfremde im Hinblick auf die direkten Steuern regelmäßig nicht in einer vergleichbaren Situation befänden, da das Einkommen des Gebietsfremden meist nur einen Teil seiner Gesamteinkünfte darstelle. Der Schwerpunkt seiner Lebensverhältnisse liege im Wohnsitzstaat. Dieser könne die persönlichen Lebensumstände besser berücksichtigen.[1042]

cc) Die steuerlichen Kernaussagen

Die Entscheidungsgründe betreffen die wichtige Frage der europarechtlichen Anforderungen an die Beseitigung der Doppelbesteuerung innerhalb der EG. Folgende steuerlichen Kernaussagen lassen sich den Aussagen des EuGH entnehmen.

(1) Unmittelbare Anwendbarkeit des Art. 293 EG

Nach Art. 293 Spiegelstrich 2 EG leiten die Mitgliedstaaten untereinander Verhandlungen ein, um zugunsten ihrer eigenen Staatsangehörigen die Beseitigung der Doppelbesteuerung innerhalb der Gemeinschaft sicherzustellen. Nach ganz herrschender Meinung führt die Regelung dazu, dass die Kompetenz zum Abschluss von DBA zwischen den Mitgliedstaaten nicht mehr uneingeschränkt bei jedem einzelnen von ihnen verbleibt, sondern europarechtlich eingebunden wird. Aus der indikativen Formulierung „leiten ein" wird zudem gefolgert, dass es sich um eine Verpflichtung der Mitgliedstaaten handelt, sowohl Verhandlungen einzuleiten, als auch Abkommen abzuschließen, so dass ein Unterlassen zu einem gemeinschaftswidrigen Zustand führt.[1043] Vor diesem Hintergrund stellt sich die Frage, ob diese Vorschrift nicht einen unmittelbar geltenden Rechtssatz zugunsten Einzelner enthält. Gegen eine unmittelbare Anwendbarkeit[1044] des

---

[1040] Vgl. EuGH v. 12.05.1998, Rs. C-336/96 (*Gilly*), DStRE 1998, S. 445 (449), Rdnr. 47.

[1041] Vgl. EuGH v. 12.05.1998, Rs. C-336/96 (*Gilly*), DStRE 1998, S. 445 (449), Rdnr. 48.

[1042] Vgl. EuGH v. 12.05.1998, Rs. C-336/96 (*Gilly*), DStRE 1998, S. 445 (449), Rdnr. 49 f.

[1043] Vgl. *Wassermeyer*, Vermeidung der Doppelbesteuerung im Europäischen Binnenmarkt, in: Lehner, Steuerrecht in Europäischen Binnenmarkt, DStJG 1996, S. 150 (158); *Vedder*, Einwirkungen des Europarechts auf das innerstaatliche Recht und auf internationale Verträge der Mitgliedstaaten: die Regelung der Doppelbesteuerung, in: Lehner/Thömmes u.a., Europarecht und Internationales Steuerrecht, S. 1 (9).

[1044] Vgl. hierzu die Ausführungen in: 2. Teil, § 2, A., III., 2., c).

Art. 293 Spiegelstrich 2 EG spricht jedoch: Eine Auslegung der Vorschrift ergibt, dass zwar den Mitgliedstaaten eine Handlungspflicht auferlegt ist, diese ist jedoch inhaltlich nicht so konkret festgelegt, dass ein Einzelner hieraus Rechte ableiten kann.[1045] Zudem sind in der Bestimmung keine Hinweise enthalten, wie die Abkommen inhaltlich ausgestaltet sein müssen, damit die Doppelbesteuerung vermieden wird. Dies liegt im Ermessen und der Verantwortung der Mitgliedstaaten. Daher interpretiert der EuGH Art. 293 Spiegelstrich 2 EG zu Recht nicht als unmittelbar geltenden Rechtssatz zugunsten Einzelner.

(2) Anwendungsbereich des Art. 39 EG

Der Umstand, dass Frau Gilly sowohl die deutsche als auch die französische Staatsangehörigkeit besitzt, ändert nach dem EuGH nichts daran, dass sie aus Sicht ihres Wohnsitzstaates eine berufliche Tätigkeit im Hoheitsgebiet eines anderen Mitgliedstaates ausübt. Dies bedeutet: Besitzt jemand sowohl die Staatsangehörigkeit seines Beschäftigungs- als auch die seines Wohnsitzstaates, kann er sich gegenüber seinem Wohnsitzstaat auf Art. 39 EG berufen. Bezüglich der Diskriminierung eigener Staatsangehöriger im Wohnsitzstaat genügt es, dass der Betroffene seine berufliche Tätigkeit in einem anderen Mitgliedstaat ausübt.[1046]

Die Entscheidung ist jedoch in anderer Hinsicht bemerkenswert. Im Fall „Werner“ [1047] ging es um einen deutschen Staatsangehörigen, der in den Niederlanden wohnte und in der Bundesrepublik Deutschland einer selbständigen Tätigkeit nachging. Ihm versagte der EuGH den Schutz der Grundfreiheiten, da die Entscheidung, im Tätigkeitsstaat keinen Wohnsitz zu begründen, rein privat veranlasst sei. Vorliegend fragte der EuGH nun nicht mehr, ob die Begründung des Wohnsitzes in Frankreich aus beruflichen Gründen motiviert war. Er begnügte sich mit der Feststellung des grenzüberschreitenden Bezugs.

1045 Hierzu wäre beispielsweise erforderlich, dass den Mitgliedstaaten ein zeitliches Limit vorgegeben wäre, so dass nach dem Fristablauf quasi als Sanktion die unmittelbare Anwendbarkeit eintreten könnte.

1046 Konkret geht es hier um eine Variante des Problems der sog. Inländerdiskriminierung. Grundsätzlich kann sich der oder die Begünstigte gegenüber dem Heimatstaat nicht auf die grundfreiheitlichen Bestimmungen berufen, weil die Anwendbarkeit der Grundfreiheiten auf grenzüberschreitende Sachverhalte beschränkt ist. Daher kann sich – nach ständiger Rechtsprechung des EuGH – ein Staatsangehöriger gegenüber seinem Mitgliedstaat auf die Grundfreiheiten nur berufen, wenn er sich „in einer Lage befindet, die mit derjenigen aller anderen Personen, die in den Genuss der durch den Vertrag garantierten Rechte und Freiheiten kommen, vergleichbar ist.“ Siehe EuGH v. 07.02.1979, Rs. 115/78 (*Knoors/Staatssekretär für Wirtschaft*), EuGHE 1979, S. 399 (410). Insofern ist die vorliegende Entscheidung eine konsequente Fortführung dieser Rechtsprechung, denn Frau Gilly pendelte zur Ausübung einer wirtschaftlichen Tätigkeit zwischen Wohnsitz- und Beschäftigungsstaat, womit ein grenzüberschreitender Sachverhalt vorlag.

1047 Vgl. EuGH v. 26.01.1993, Rs. C-112/91 (*Werner*), EuGHE 1993, S. I-429; hierzu auch die Ausführungen in: 3. Teil, § 2, B., II., 3., d), cc), (2).

(3) Das Kassenstaatsprinzip

Während die bisherige Rechtsprechung zu Art. 39 EG vorwiegend zu den Unterschieden zwischen der unbeschränkten und der beschränkten Steuerpflicht erging, geht es vorliegend um die Beseitigung der Doppelbesteuerung, also um die Abgrenzung der Besteuerungszuständigkeit im Verhältnis zweier Staaten. Im konkreten Fall ist die Besteuerung der Einkünfte von Frau Gilly der Bundesrepublik Deutschland zugewiesen. Der Grund für diese Zuweisung des Besteuerungsrechts durch das DBA liegt in der deutschen Staatsangehörigkeit von Frau Gilly, die sie neben der französischen besaß. Wäre sie nur französische Staatsangehörige, wäre sie nicht in Deutschland, sondern in Frankreich steuerpflichtig. Dies ist der Inhalt des in Art. 14 des deutsch-französischen DBA niedergelegten Kassenstaatsprinzips. Da die Zuweisung der Einkünfte aus der Lehrertätigkeit zur deutschen statt zur französischen Besteuerungshoheit im konkreten Fall Nachteile für die Kläger mit sich bringt, hängt die Beurteilung der Rechtslage entscheidend von der Vereinbarkeit der steuerlichen Anknüpfungsfaktoren in Art. 14 des DBA mit dem EG-Vertrag ab. Hierzu stellte der EuGH fest:

> „Auch wenn das Kriterium der Staatsangehörigkeit in Art. 14 Abs. 1 Satz 2 als solches im Zusammenhang mit der Aufteilung der Steuerhoheit aufgeführt wird, können derartige Unterscheidungen nicht so gewertet werden, als begründeten sie eine durch Art. 48 des Vertrages[1048] [...] verbotene unterschiedliche Behandlung. Sie ergeben sich nämlich, in Ermangelung gemeinschaftsrechtlicher Vereinheitlichungs- oder Harmonisierungsmaßnahmen insbesondere nach Art. 220 zweiter Gedankenstrich des Vertrages, aus der Befugnis der Vertragsparteien, die Kriterien für die Aufteilung ihrer Steuerhoheiten untereinander festzulegen, um Doppelbesteuerungen zu vermeiden.“[1049]

Nach dem EuGH betreffen den Steuerpflichtigen die DBA-Regelungen nur insoweit, als darüber entschieden wird, ob er im Wohnsitz- oder im Quellenstaat steuerpflichtig ist. Mit dieser Entscheidung allein ist aber noch keine durch Art. 39 EG verbotene Diskriminierung des Steuerpflichtigen verbunden. Das Auftreten einer Diskriminierung hängt vielmehr davon ab, wie im Rahmen dieser Besteuerungszuständigkeit die Steuerpflicht nach innerstaatlichem Recht ausgestaltet ist. Vorliegend ergibt sich nach dem EuGH die Höherbelastung aus den unterschiedlichen Steuersätzen in den Mitgliedstaten, deren Festlegung vom DBA nicht beeinflusst wird:

> „Außerdem ist im vorliegenden Fall nicht erwiesen, dass die Festlegung des Kassenstaates als des für die Besteuerung [...] zuständigen Staates als solche nachteilige Auswirkungen auf die betroffenen Steuerpflichtigen haben könnte. Wie die Regierungen der Mitgliedstaaten, die Erklärungen abgegeben haben, und die Kommission vorgetragen haben, ergibt sich die Vorteilhaftigkeit oder Nachteiligkeit der steuerlichen Behandlung der betroffenen Steuerpflichtigen

---

[1048] Jetzt Art. 39 EG.

[1049] Siehe EuGH v. 12.05.1998, Rs. C-336/96 (*Gilly*), DStRE 1998, S. 445 (448), Rdnr. 30.

nicht so sehr aus der Wahl des Anknüpfungsfaktors, sondern aus dem Niveau der Besteuerung in dem angesichts der mangelnden gemeinschaftsrechtlichen Harmonisierung der Steuersätze für die direkten Steuern zuständigen Staat."[1050]

Der EuGH prüft also, ob in der Zuteilung der Besteuerungsrechte eine Diskriminierung liegt und verneint dies. Allerdings hatte er in der Grundsatzentscheidung „avoir fiscal"[1051] festgestellt, dass die DBA von den Mitgliedstaaten zwar frei ausgehandelt werden dürfen, diese sich aber in den von den Grundfreiheiten gezogenen Grenzen halten müssen.[1052] In konsequenter Fortführung dieser Rechtsprechung hätte der EuGH daher vorliegend prüfen müssen, ob nicht eine Diskriminierung aufgrund der Staatsangehörigkeit durch das Abkommen zu bejahen gewesen wäre und ob diese gerechtfertigt werden könnte. Art. 14 des vorliegenden DBA differenziert immerhin nach der Staatsangehörigkeit des betreffenden Steuerpflichtigen.

Da Frau Gilly die deutsche und die französische Staatsangehörigkeit besaß, wurde sie in der Bundesrepublik Deutschland besteuert. Die Vermeidung der Doppelbesteuerung erfolgte durch die Anrechnung des Betrages der diesen Einkünften entsprechenden französischen Steuer. Durch diese Methode, die im Ergebnis wie eine Steuerfreistellung mit Progressionsvorbehalt wirkt, wird das höhere deutsche Steuerniveau bei Frau Gilly definitiv.[1053] Dieses liegt insbesondere daran, dass die Bundesrepublik Deutschland Frau Gilly den Splittingtarif vorenthalten durfte. Nach den „Schumacker"-Grundsätzen muss Frau Gilly im Tätigkeitsstaat Deutschland keine Gleichbehandlung zuteil werden, da das Einkommen der Familie Gilly nicht ausschließlich oder fast ausschließlich im Tätigkeitsstaat bezogen wurde.[1054] Frau Gilly kann sich jedoch auch gegenüber ihrem Wohnsitzstaat Frankreich auf ihre Rechte aus Art. 39 EGV berufen. Zwar ist die Argumentation des EuGH einleuchtend, dass der Nachteil, den Frau Gilly erlitten hat, sich insbesondere daraus ergab, dass das deutsche und das französische Steuerrecht nicht identisch sind und jeder Mitgliedstaat das Niveaus seiner Besteuerung – solange keine Diskriminierungen daraus entstehen – selbst bestimmen kann. Für den Fall der DBA gilt jedoch: Jeder beteiligte Staat inkorporiert die Regelung des DBA in sein innerstaatliches Recht. Vorliegend handelt es sich bei der streitigen Regelung um eine solche, die nach dem Kriterium der Staatsangehörigkeit unterscheidet, wer weiterhin mit bestimmten Einkünften der eigenen Steuerhoheit unterworfen bleibt und wer nicht. Die Ursache für die Ungleichbehandlung kann also in der Entscheidung des französischen Gesetzgebers zu sehen sein, französische Staatsangehörige, die zugleich noch eine andere Staatsangehörigkeit besitzen, einer anderen Rechtsordnung zu unterwerfen, während „nur" französische Staatsangehörige weiterhin der französischen Rechtsordnung unterfallen.

1050 Siehe EuGH v. 12.05.1998, Rs. C-336/96 (*Gilly*), DStRE 1998, S. 445 (448), Rdnr. 34.

1051 Vgl. EuGH v. 28.01.1986, Rs. 270/83 (*Kommission/Frankreich*), EuGHE 1986, S. 273.

1052 Vgl. hierzu die Ausführungen in: 3. Teil, § 2, B., II., 3., a), cc), (6).

1053 Vgl. *Kischel*, Vereinbarkeit der Besteuerung von Angehörigen des öffentlichen Dienstes nach dem DBA-Frankreich mit dem EG-Recht, IWB Fach 11, Gruppe 2, S. 289 (292).

1054 Vgl. hierzu die Ausführungen in: 3. Teil, § 2, B., III., 3., c), cc), (2).

(4) Das Steueranrechnungsverfahren

Es wurde festgestellt, dass der EuGH zwischen der Aufteilung der Besteuerungszuständigkeit nach Maßgabe des DBA und der Ausgestaltung der Besteuerung nach innerstaatlichem Recht unterscheidet. Diesen Weg geht er auch bei der Beantwortung der sechsten Vorlagefrage, die sich mit der Vereinbarkeit dieser Methode zur Vermeidung der Doppelbesteuerung mit Art. 39 EG beschäftigte:

> „Nun steht fest, dass die nachteiligen Auswirkungen, die im vorliegenden Fall mit dem durch das bilaterale Abkommen eingeführten Steueranrechnungsverfahren [...] sich in erster Linie aus den unterschiedlichen Steuersätzen der betreffenden Mitgliedstaaten ergeben, deren Festsetzung in Ermangelung einer Gemeinschaftsregelung auf diesem Gebiet in die alleinige Zuständigkeit der Mitgliedstaaten fällt.“[1055]

Die Anrechnungsmethode ist im Gemeinschaftsrecht grundsätzlich zugelassen und vom Gemeinschaftsgesetzgeber mittlerweile anerkannt.[1056] Trotzdem ist sie nicht frei von Kritik, denn zu den Besonderheiten der Methode gehört, dass die Anrechnung der ausländischen Steuern immer nur auf den Steuerbetrag begrenzt ist, der nach inländischem Recht auf die fraglichen Einkünfte anteilig entfiele. Damit werden grenzüberschreitende Tätigkeiten niemals besser, in vielen Fällen aber schlechter gestellt als nur inländische Tätigkeiten – insbesondere, wenn der Steuersatz im Tätigkeitsstaat höher ist als im Wohnsitzstaat.

Hinzu kommt, dass der Wohnsitzstaat (Frankreich) einem grenzüberschreitend tätigen Steuerpflichtigen eine Steuerermäßigung nur anteilig in dem Verhältnis der inländischen Einkünfte zu seinem Gesamteinkommen gewährt. Eine französische Steuerermäßigung wird einem Steuerpflichtigen, der nach Deutschland pendelt und dort 80% seines Gesamteinkommens erzielt, auch nur zu 20% gewährt. Dies wäre allerdings nur dann sachgerecht, wenn der Steuerpflichtige dieselbe Ermäßigung auch im Tätigkeitsstaat (Deutschland) erhält.[1057] Auf diese materiellen Fragen ging der EuGH jedoch nicht ein.

(5) Steuersatzdiskriminierung

Sowohl die nachteiligen Wirkungen des Kassenstaatsprinzips als auch des Anrechnungsverfahrens führte der EuGH auf die unterschiedlichen Steuersätze in den Mitgliedstaaten zurück. Ob die Steuersatzdiskriminierung gegen Art. 39 EG verstösst oder nicht, bleibt jedoch ungeklärt. In der folgenden Entscheidung

---

[1055] Siehe EuGH v. 12.05.1998, Rs. C-336/96 (*Gilly*), DStRE 1998, S. 445 (449), Rdnr. 47.

[1056] Vgl. Art. 4 der Mutter-Tochter-Richtlinie (ABl. EG 1990, Nr. L 225 v. 20.08.1990, S. 6).

[1057] Vgl. *Dautzenberg*, Verpflichtung der Mitgliedstaaten zur Beseitigung der Doppelbesteuerung nach den EG-Grundfreiheiten und Art. 220 EGV, IWB Fach 11, Gruppe 2, S. 299 (306 f.).

„Gschwind“ [1058] hatte der EuGH jedoch die Gelegenheit, hierzu Stellung zu nehmen.

f) „Gschwind“

In der Entscheidung des EuGH in der Rechtssache „Gschwind“[1059] stand die deutsche Umsetzungsregelung zur „Schumacker“-Entscheidung[1060] durch das Jahressteuergesetz 1996[1061] auf dem Prüfstand.

aa) Der Sachverhalt

Der Kläger des Ausgangsrechtsstreits war ein niederländischer Staatsangehöriger, der in den Niederlanden nahe der deutschen Grenze wohnte. In den Jahren 1991 und 1992 war er in der Bundesrepublik Deutschland und seine Frau in den Niederlanden beschäftigt. In jedem dieser Jahre entsprachen seine erzielten Einkünfte etwa 58% der gemeinsamen Einkünfte. Nach Art. 10 Abs. 1 des DBA zwischen der Bundesrepublik Deutschland und den Niederlanden waren die Einkünfte des Klägers in der Bundesrepublik Deutschland und die seiner Frau in den Niederlanden zu versteuern. Nach Art. 20 Abs. 2 des Abkommens waren die niederländischen Steuerbehörden jedoch berechtigt, in die Besteuerungsgrundlage der in der Bundesrepublik Deutschland der Steuer unterliegenden Einkünfte einzubeziehen. Von der so berechneten Steuer wurde jedoch der Teil abgezogen, der den in der Bundesrepublik Deutschland der Steuer unterliegenden Einkünfte entsprach. Nach der seit 1996 geltenden deutschen Steuerrechtslage kann ein verheirateter Steuerpflichtiger, der im Inland weder einen Wohnsitz noch seinen gewöhnlichen Aufenthalt hat und der Angehöriger eines Mitgliedstaates der Europäischen Gemeinschaften oder einer der Vertragsparteien des Abkommens über den Europäischen Wirtschaftsraum ist, gemäß § 1a Abs. 1 Nr. 2 EStG die gemeinsame Besteuerungsgrundlage für Ehegatten und den sich aus dem Splittingverfahren ergebenden Steuersatz in Anspruch nehmen, wenn sein Ehepartner in einem dieser Staaten wohnt und wenn das Gesamteinkommen der Ehegatten mindestens zu 90% der deutschen Einkommensteuer unterliegt oder wenn ihre der deutschen Einkommensteuer nicht unterliegenden Einkünfte im Kalenderjahr 24.000 DM nicht überschreiten. Unter diesen Voraussetzungen gelten die Ehegatten nach deutschem Recht, auch wenn sie in der Bundesrepublik Deutschland weder einen Wohnsitz noch ihren gewöhnlichen Aufenthalt haben, als unbeschränkt Steuerpflichtige. Aufgrund dieser 1996 eingetretenen Änderung des Besteuerungssystems, die eine Reaktion auf die Rechtsprechung des EuGH in den Urteilen „Schumacker“[1062] und „Wielockx“[1063] dar-

---

[1058] Vgl. EuGH v. 14.09.1999, Rs. C-391/97 (*Gschwind*), IStR 1999, S. 597.

[1059] Vgl. EuGH v. 14.09.1999, Rs. C-391/97 (*Gschwind*), IStR 1999, S. 597.

[1060] Vgl. EuGH v. 14.02.1995, Rs. C-279/93 (*FA Köln-Altstadt/Roland Schumacker*), DStR 1995, S. 326.

[1061] BStBl. I 1996, S. 373.

[1062] Vgl. EuGH v. 14.02.1995, Rs. C-279/93 (*FA Köln-Altstadt/Roland Schumacker*), DStR 1995, S. 326; hierzu auch die Ausführungen in: 3. Teil, § 2, B., III., 3., c), cc).

[1063] Vgl. EuGH v. 11.08.1995, Rs. C-80/94 (*Wielockx*), EuGHE 1995, S. I-2493; hierzu auch die Ausführungen in: 3. Teil, § 2, B., II., 3., c), cc), (1).

stellte[1064] und die für die Steuern galt, die zum Zeitpunkt der Änderung noch nicht festgesetzt waren, veranlagte die deutsche Steuerverwaltung den Kläger 1997 hinsichtlich seiner Einkünfte aus den Jahren 1991 und 1992 als unbeschränkt Steuerpflichtigen. Sie behandelte ihn jedoch wie einen Nichtverheirateten, da nach § 1 Abs. 3 und § 1a Abs. 1 Nr. 2 EStG die Einkünfte seiner Ehefrau in den Niederlanden sowohl die absolute Bagatellgrenze von 24.000 DM pro Jahr als auch die Quote von 10% der kumulierten Gesamteinkünfte des Haushalts überstiegen. Diese Veranlagung hatte für den Kläger eine zusätzliche steuerliche Belastung zur Folge. Nach der Zurückweisung seiner Einsprüche gegen die Steuerbescheide 1991 und 1992 erhob der Kläger Klage beim FG Köln und machte geltend, die Verweigerung des Splittingtarifs für verheiratete Gemeinschaftsbürger, die in der Bundesrepublik Deutschland arbeiteten und in einem anderen Mitgliedstaat ansässig seien, verstoße gegen Art. 39 EG. Das FG Köln setzte das Verfahren aus und legte dem EuGH die Frage zur Vorabentscheidung vor.

bb) Die Entscheidung des EuGH

Im Ergebnis sanktionierte der Gerichtshof die entsprechende deutsche Besteuerungspraxis nicht. Die Entscheidung lautete:

> **„Art. 48 Abs. 2 EGV[1065] ist dahin auszulegen, dass er der Anwendung einer Regelung eines Mitgliedstaates nicht entgegensteht, die gebietsansässigen Eheleuten eine Steuervergünstigung wie diejenige, die sich aus der Anwendung des Splitting-Verfahrens ergibt, gewährt, die Gewährung dieser Steuervergünstigung an gebietsfremde Eheleute jedoch davon abhängig macht, dass mindestens 90% ihres Welteinkommens in diesem Staat der Steuer unterliegen oder, wenn dieser Prozentsatz nicht erreicht wird, dass ihre in diesem Staat nicht der Steuer unterliegenden ausländischen Einkünfte einen bestimmten Betrag nicht überschreiten, und damit die Möglichkeit offenhält, ihre persönliche Lage und ihren Familienstand in ihrem Wohnsitzstaat zu berücksichtigen.“**[1066]

Die deutsche, niederländische und belgische Regierung, sowie die Kommission trugen verschiedene Argumente vor.

[1064] Nachdem das Grenzpendlergesetz I (BGBl. I 1994, S. 1395), dem bei einer Vorlaufzeit von acht Jahren lediglich eine Geltungsdauer von acht Monaten zukam und nach dem „Schumacker“-Urteil nicht mehr haltbar war, wurden im Rahmen des Jahressteuergesetzes 1996 neue Regelungen erlassen, die schlagwortartig als „Grenzpendlergesetz II“ oder „lex Schumacker“ (BStBl. I 1996, S. 373) bezeichnet werden. Vgl. *Kaefer*, Regierungsentwurf Grenzpendlergesetz, BB 1995, S. 613 ff.

[1065] Jetzt Art. 39 Abs. 2 EG.

[1066] Siehe EuGH v. 14.09.1999, Rs. C-391/97 (*Gschwind*), IStR 1999, S. 597.

Die deutsche und die niederländische Regierung machten geltend, dass die fragliche nationale Steuerregelung genau den Vorgaben des EuGH aus den Urteilen „Schumacker“[1067] und „Wielockx“[1068] entspreche. Nach Auffassung der belgischen Regierung, die sich an dem Verfahren beteiligte, sei es jedoch aus keinem Grunde gerechtfertigt, einem gebietsfremden Ehepaar den Splittingtarif mit der Begründung zu verweigern, seine im Ausland zu versteuernden Einkünfte übersteigen eine bestimmte Obergrenze oder einen bestimmten Prozentsatz seiner Gesamteinkünfte. Es handle sich hier um eine Methode zur Bestimmung des Steuersatzes, der sich nach der Steuerkraft der von den Eheleuten gebildeten wirtschaftlichen Gemeinschaft richte. Die Kommission vertrat schließlich die Auffassung, nachdem der Wohnsitzstaat (Niederlande) aufgrund eines DBA darauf verzichtet habe, die Einkünfte des Klägers zu besteuern, sei allein der Tätigkeitsstaat in der Lage, die persönlichen und familiären Verhältnisse des Klägers zu berücksichtigen. Außerdem werde ein Steuerpflichtiger immer nur in einem Staat für das Splitting optieren, und zwar in dem, in dem der Ehegatte mit den höheren Einkünften veranlagt wird. Hier sei die Situation mit der eines in Deutschland wohnenden Ehepaars vergleichbar, bei dem einer der Ehegatten in einem anderen Mitgliedstaat Einkünfte aus nichtselbständiger Arbeit erziele, die aufgrund eines DBA von der deutschen Steuer befreit seien, und das Ehepaar trotzdem nach deutschem Recht den Splittingtarif in Anspruch nehmen könne.[1069]

Der EuGH wiederholte zunächst seine Grundsätze aus der Entscheidung „Schumacker“.[1070] Eine diskriminierende Unterscheidung zwischen Gebietsansässigen und Gebietsfremden i.S. des Vertrages liege nur vor, wenn ungeachtet ihres Wohnsitzes in verschiedenen Mitgliedstaaten nachgewiesen sei, dass die beiden Gruppen von Steuerpflichtigen sich in Anbetracht des Zweckes und des Inhalts der fraglichen nationalen Vorschriften in einer vergleichbaren Lage befänden.

> „Nach der Rechtsprechung des Gerichtshofs ist dies der Fall, wenn der Gebietsfremde in seinem Wohnsitzstaat keine nennenswerten Einkünfte hat und sein zu versteuerndes Einkommen im wesentlichen aus einer Tätigkeit bezieht, die er im Beschäftigungsstaat ausübt. In diesem Fall ist der Wohnsitzstaat nämlich nicht in der Lage, ihm die Vergünstigungen zu gewähren, die sich aus der Berücksichtigung seiner persönlichen Lage und seines Familienstandes ergeben, so dass zwischen der Situation eines solchen Gebietsfremden und der eines Gebietsansässigen, der eine vergleichbare nichtselbständige Beschäftigung ausübt, kein objektiver Unterschied besteht, der eine Ungleichbehandlung

---

1067 Vgl. EuGH v. 14.02.1995, Rs. C-279/93 (*FA Köln-Altstadt/Roland Schumacker*), DStR 1995, S. 326.

1068 Vgl. EuGH v. 11.08.1995, Rs. C-80/94 (*Wielockx*), EuGHE 1995, S. I-2493.

1069 Hilfsweise stellte die Kommission in Frage, ob es auf einer kohärenten Erwägung beruhe, bei der Grenze von 90% auf die Einkünfte beider Ehegatten abzustellen. Vgl. EuGH v. 14.09.1999, Rs. C-391/97 (*Gschwind*), IStR 1999, S. 597 (598), Rdnr. 15 ff.

1070 Vgl. EuGH v. 14.02.1995, Rs. C-279/93 (*FA Köln-Altstadt/Roland Schumacker*), DStR 1995, S. 326; hierzu auch die Ausführungen in: 3. Teil, § 2, B., III., 3., c).

hinsichtlich der Berücksichtigung der persönlichen Lage und des Familienstandes des Steuerpflichtigen bei der Besteuerung rechtfertigen könnte [...].“[1071]

Die Situation des Ausgangsverfahrens unterscheide sich – so der EuGH – jedoch von derjenigen, die dem Fall „Schumacker“ zugrunde lag. Die Einkünfte von Herrn Schumacker machten praktisch die Gesamtheit der Einkünfte seines Haushaltes aus. Weder er noch seine Ehefrau erzielten im Wohnsitzstaat nennenswerte Einkünfte, die eine Berücksichtigung ihrer persönlichen Lage und ihres Familienstandes erlaubt hätten. Die Festsetzung einer prozentual oder in absoluten Zahlen ausgedrückten Grenze, wie in der deutschen Steuerregelung, eröffne die Möglichkeit, der persönlichen Lage und dem Familienstand der Steuerpflichtigen im Wohnsitzstaat auf einer ausreichenden Besteuerungsgrundlage Rechnung zu tragen.

Da aber 42% des Welteinkommens des Klägers und seiner Ehefrau im Wohnsitzstaat erzielt werden, könne dieser die persönliche Lage und den Familienstand des Klägers berücksichtigen. Damit sei die objektive Vergleichbarkeit der Situation eines gebietsfremden Ehepaares, bei dem ein Ehepartner in dem fraglichen Besteuerungsstaat arbeite und dessen persönliche Verhältnisse aufgrund des Vorliegens einer ausreichenden Besteuerungsgrundlage im Wohnsitzstaat berücksichtigt werden könne, mit der eines gebietsansässigen Ehepaars, bei dem einer der Ehegatten in einem anderen Mitgliedstaat arbeite, nicht gegeben.[1072]

Zum Argument der Kommission, es sei für die Zwecke der Prüfung der Einkommensgrenze nicht kohärent, die Einkünfte beider Ehegatten zu berücksichtigen, wenn das Splitting nur auf die Einkünfte des gebietsfremden Steuerpflichtigen angewandt werde, genügte dem EuGH folgende Feststellung: Ein Verfahren zur Feststellung des Steuersatzes (Splittingverfahren) beruhe auch dann naturgemäß auf der Berücksichtigung der Einkünfte jedes Ehegatten, wenn im Beschäftigungsstaat der einzelne und nicht das Ehepaar steuerpflichtig sei.[1073]

cc) Die steuerlichen Kernaussagen

Das Urteil „Gschwind“ bestätigt im wesentlichen die Aussagen der Entscheidungen „Schumacker“[1074] und „Wielockx“[1075]. Für das deutsche Steuerrecht ist insbesondere die EG-Rechtmäßigkeit der sog. 90%-Grenze von Bedeutung.

[1071] Siehe EuGH v. 14.09.1999, Rs. C-391/97 (*Gschwind*), IStR 1999, S. 597 (599), Rdnr. 27.
[1072] Vgl. EuGH v. 14.09.1999, Rs. C-391/97 (*Gschwind*), IStR 1999, S. 597 (599), Rdnr. 29 f.
[1073] Vgl. EuGH v. 14.09.1999, Rs. C-391/97 (*Gschwind*), IStR 1999, S. 597 (599), Rdnr. 31.
[1074] Vgl. EuGH v. 14.02.1995, Rs. C-279/93 (*FA Köln-Altstadt/Roland Schumacker*), DStR 1995, S. 326.
[1075] Vgl. EuGH v. 11.08.1995, Rs. C-80/94 (*Wielockx*), EuGHE 1995, S. I-2493.

(1) Bestätigung der „Schumacker“-Grundsätze

Der EuGH erneuerte in der Entscheidung seine Feststellungen aus dem Urteil in der Rechtssache „Schumacker“. Danach befinden sich beschränkt und unbeschränkt Steuerpflichtige nicht in einer vergleichbaren Situation, so dass eine unterschiedliche Behandlung der beiden Gruppen grundsätzlich nicht gegen dass Gemeinschaftsrecht verstößt.

Die Berücksichtigung der persönlichen Lebensumstände einer natürlichen Person im Rahmen der Einkommensbesteuerung obliegt grundsätzlich dem Wohnsitzstaat. Eine Ausnahme gilt nur dann, wenn der beschränkt Steuerpflichtige seine Einkünfte (fast) ausschließlich im Beschäftigungsstaat erzielt. Dann befindet er sich in einer Situation, die der des unbeschränkt Steuerpflichtigen vergleichbar ist, so dass die Verweigerung steuerlicher Vergünstigungen gegen das Diskriminierungsverbot des Art. 39 EG verstößt.

(2) EG-Rechtmäßigkeit der sog. 90%-Grenze

Erst wenn nachgewiesen wird, dass sich der beschränkt Steuerpflichtige in Anbetracht des Zwecks und des Inhalts der fraglichen Vorschrift in einer mit dem unbeschränkt Steuerpflichtigen vergleichbaren Lage befindet, kann eine Diskriminierung vorliegen. Dies ist nach dem EuGH der Fall, wenn der beschränkt Steuerpflichtige in seinem Wohnsitzstaat „keine nennenswerten Einkünfte“ hat und „sein zu versteuerndes Einkommen im wesentlichen aus einer Tätigkeit bezieht, die er im Beschäftigungsstaat ausübt.“[1076] Die Begriffe „nennenswert“ und „wesentlich“ präzisiert der Gerichtshof nicht weiter. Er stellt lediglich fest, dass 42% des Welteinkommens im Wohnsitzstaat ausreichen, um die personen- und familienbezogenen Steuervergünstigungen berücksichtigen zu können. Damit verbleibt es dabei, dass es von der prozentualen Aufteilung der Einkünfte im Wohnsitz- und Beschäftigungsstaat abhängt, ob der Steuerpflichtige vom Schutz des Diskriminierungsverbots profitiert oder nicht.

Der EuGH hätte sich an dieser Stelle damit begnügen können, festzustellen, dass 58% der gemeinsamen Einkünfte nicht ausreichen, um als wesentlicher Teil des Welteinkommens zu gelten. Er ging jedoch noch einen Schritt weiter. Durch die ausdrückliche Aufnahme der 90%-Grenze im Tenor steht jetzt fest, dass die Versagung der steuerlichen Gleichbehandlung bei einem Verhältnis von 89% : 11% nicht gegen Gemeinschaftsrecht verstösst. Damit sprach sich der EuGH gegen die von der Kommission vorgeschlagenen 75%-Schwelle als Einkunftsgrenze aus[1077] und segnete die 90%-Grenze in § 1 Abs. 3 EStG EG-rechtlich ab.[1078]

[1076] Vgl. EuGH v. 14.09.1999, Rs. C-391/97 (*Gschwind*), IStR 1999, S. 597 (599), Rdnr. 27.

[1077] Vgl. *Schön*, Die beschränkte Steuerpflicht zwischen europäischem Gemeinschaftsrecht und deutschem Verfassungsrecht, IStR 1995, S. 119 (120).

[1078] Vgl. *Kischel*, EG-Rechtliche Vereinbarkeit der sog. 90%-Grenze in § 1 Abs. 3 EStG, IWB Fach 11a, S. 389 (390).

(3) Kritik an der Entscheidung

Liest man die Entscheidungsgründe, so gewinnt man den Eindruck, dass der EuGH die staatliche Souveränität der Mitgliedstaaten im Bereich der direkten Steuern wieder mehr stärken und die Restriktionen der bisherigen Rechtsprechung zurücknehmen wollte. Dies mag daran liegen, dass sich der EuGH um eine größere politische Akzeptanz seiner Rechtsprechung bemüht.[1079] Dies ist jedoch nicht der Grund, warum das Urteil „Gschwind" in der Literatur Kritik hervorrief. Zum einen verwarf der EuGH mit der Anknüpfung an das Familieneinkommen Überlegungen, in unterschiedlichen EG-Mitgliedstaaten berufstätigen Ehepartnern eine Optionsmöglichkeit zur Inanspruchnahme von (steuerlichen) Vergünstigungen zu gewähren.[1080] Zum anderen ist eine Auseinandersetzung mit dem „Asscher"-Urteil[1081] gänzlich unterblieben. Dort hatte der Gerichtshof die tarifliche Benachteiligung im Tätigkeitsstaat nicht gelten lassen, und zwar unabhängig davon, ob der Steuerpflichtige seine Einkünfte (fast) ausschließlich im Tätigkeitsstaat erzielt.[1082] Außerdem wurde kritisiert, dass die starre 90%-Grenze – die von einer Familie leicht verfehlt werden kann[1083] – dazu führt, dass einzelne Personen einer Familie von der Aufnahme einer Erwerbstätigkeit im EU-Ausland abgehalten werden. Dieses Ergebnis widerspricht jedoch der Freizügigkeit der Arbeitnehmer und beachtet auch nicht den gemeinschaftsrechtlich geforderten Schutz der Familie.[1084]

1079 Die meisten Mitgliedstaaten wehren sich vehement gegen die Beeinflussung ihres Steuersystems durch das Gemeinschaftsrecht. So war der niederländischen Regierung das Urteil „Asscher" entschieden zu weit gegangen. Der damalige niederländische Finanzstaatssekretär *Vermend* hatte massive Kritik an den Eingriffen in das niederländische Steuerrecht erhoben und diese im Schrifttum und in der Tagespresse verbreitet. Daher mag die vorliegende Entscheidung durch politische Erwägungen bedingt gewesen sein. Vgl. *Kaefer*, Verweigerung des Splittingtarifs für verheiratete Grenzpendler mit EG-Recht vereinbar?, IWB Fach 11a, S. 343 (344).

1080 Vgl. *de Weerth*, EG-Recht und direkte Steuern, RIW 2000, S. 509 (513).

1081 Vgl. EuGH v. 27.06.1996, Rs. C-107/94 (*Asscher*), EuGHE 1996, S. I-3089.

1082 Vgl. hierzu die Ausführungen in: 3. Teil, § 2, B., II., 3., d), cc), (3).

1083 Beispiel: Die Ehefrau eines Grenzpendlers ist im gemeinsamen Wohnsitzstaat beschäftigt und ihre Einkünfte bewegen sich innerhalb der Grenze von 24.000 DM. Erhält nun die Ehefrau eine unerwartete Sonderzuwendung ihres Arbeitgebers, die dazu führt, dass die betragsmäßige Grenze geringfügig überschritten wird, so entfällt der Splittingtarif und ihr Ehemann wird wie ein Unverheirateter besteuert. Zu bedenken ist, dass ein unverheirateter Inländer auch bei hohen ausländischen Einkünften Anspruch auf das Ehegattensplitting hat. Bei konsequenter Durchführung des Inländervergleichs müsste dies auch für einen verheirateten Grenzpendler gelten. Vgl. *Kischel*, EG-rechtliche Vereinbarkeit der sog. 90%-Grenze in § 1 Abs. 3 EStG, IWB Fach 11a, S. 389 (399).

1084 Vgl. *de Weerth*, EG-Recht und direkte Steuern, RIW 2000, S. 509 (513).

Die in den Entscheidungen „Schumacker“[1085] und „Gschwind“ entwickelten Grundsätze bestätigte der EuGH in weiten Teilen in der Entscheidung „Zurstrassen“ vom 16.05.2000.[1086]

Es ging es um eine luxemburgische Steuerregelung, die die Zusammenveranlagung von Ehegatten von der Voraussetzung abhängig machte, dass beide Ehepartner im Inland wohnten. Die steuerliche Vergünstigung wurde dagegen versagt, wenn einer der Ehepartner im EG-Ausland ansässig war. Der Kläger des Ausgangsverfahrens, Herr Zurstrassen, ist belgischer Staatsangehöriger, der in Luxemburg wohnt und arbeitet. Seine Frau und seine Kinder leben dagegen in Belgien, wo Herr Zurstrassen auch seine Wochenenden verbringt. Das Familieneinkommen bestand zu 98% aus dem von Herrn Zurstrassen in Luxemburg erzielten Einkünften. In den Streitjahren 1995 und 1996 wurde er in Luxemburg in die Steuerklasse I (Ledige) eingestuft, da seinen Ehefrau in Belgien wohnte.

Der Unterschied zur Entscheidung „Gschwind“ besteht darin, dass Herr Zurstrassen in dem Staat, in dem er praktisch sein gesamtes Einkommen erzielte, auch wohnte. Anders als Herr Schumacker und Herr Gschwind war er also kein gebietsfremder Steuerpflichtiger. Eine Verletzung der Bestimmungen des EG-Vertrages über die Freizügigkeit der Arbeitnehmer bejahte der EuGH deshalb, weil das Großherzogtum Luxemburg der einzige Staat sei, der die persönliche Lage und den Familienstand des Steuerpflichtigen berücksichtigen könne, da er nicht nur in diesem Staat wohne, sondern darüber hinaus dort das gesamte berufliche Einkommen des Haushalts erziele.[1087]

Eine in Zahlen ausgedrückte prozentuale Grenze taucht in der Entscheidung nicht auf. Der EuGH hält jedoch daran fest, dass die Vergleichbarkeit der Situation zwischen gebietsfremden und gebietsansässigen Steuerpflichten grundsätzlich nicht gegeben ist und eine Ausnahme nur dann besteht, wenn der gebietsfremde Steuerpflichtige seine Einkünfte fast ausschließlich im Tätigkeitsstaat erzielt. Nach der vorliegenden Entscheidung können Vergleichspartner aber auch zwei gebietsansässige Steuerpflichtige sein, von denen einer einen Bezug zum EG-Ausland aufweist.

Zusammenfassend kann nochmals festgehalten werden: Steuerliche Vergünstigungen, die an die persönliche Lage oder den Familienstand eines Steuerpflichtigen anknüpfen, müssen immer von demjenigen Staat gewährt werden, der dazu in der Lage ist. Dies ist regelmäßig derjenige Staat, in dem der Steuerpflichtige praktisch sein gesamtes Einkommen erzielt.

1085 Vgl. EuGH v. 14.02.1995, Rs. C-279/93 (*FA Köln-Altstadt/Roland Schumacker*), DStR 1995, S. 326.

1086 Vgl. EuGH v. 16.05.2000, Rs. C-87/99 (*Zurstrassen*), IStR 2000, S. 335.

1087 Vgl. EuGH v. 16.05.2000, Rs. C-87/99 (*Zurstrassen*), IStR 2000, S. 335 (377), Rdnr. 23.

4. Zwischenergebnis

Wie im Bereich der Niederlassungsfreiheit stellt sich auch im Rahmen der Bestimmungen über die Freizügigkeit der Arbeitnehmer die Frage, wie die mitgliedstaatlichen Steuersysteme beschaffen sein müssen, um gegenüber der Wahrnehmung der Grundfreiheit neutral zu sein.[1088] Einige Antworten finden sich in den vorstehenden Urteilen des EuGH, die sich mit der Vereinbarkeit einzelner nationaler Rechtsvorschriften aus dem Bereich der direkten Steuern mit der Bestimmung des Art. 39 EG beschäftigten. Die prozesshafte Entwicklung der Rechtsprechung führte – ebenso wie im Bereich der Niederlassungsfreiheit – zu einer steuerspezifischen Konkretisierung der allgemeinen Bestimmungen des EG-Vertrages über die Freizügigkeit der Arbeitnehmer.

a) Kein Harmonisierungsvorbehalt

Trotz des Fehlens einer ausdrücklichen Harmonisierungsermächtigung für die direkten Steuern im EG-Vertrag[1089] kann das nationale Einkommensteuerrecht durch die primärrechtliche Bestimmungen des Art. 39 EG beeinflusst werden. Zwar fällt der Bereich der direkten Steuern nicht in die Zuständigkeit der Gemeinschaft. Die Mitgliedstaaten müssen jedoch die ihnen verbliebenen Befugnisse unter Wahrung des Gemeinschaftsrechts und unter Einschluss der Grundfreiheiten ausüben. Eine Harmonisierung der direkten Steuern ist nicht Voraussetzung dafür, dass die Grundfreiheiten des EG-Vertrages in diesem Bereich Beachtung finden.[1090]

b) Steuerspezifische Beeinträchtigungen der Freizügigkeit

Art. 39 Abs. 1 EG enthält die Verpflichtung der Mitgliedstaaten, die Freizügigkeit der Arbeitnehmer innerhalb der Gemeinschaft herzustellen. Dies umfasst nach Art. 39 Abs. 2 EG die Abschaffung jeder auf der Staatsangehörigkeit beruhenden unterschiedlichen Behandlung in Bezug auf Beschäftigung, Entlohnung und sonstige Arbeitsbedingungen.

aa) Die Grundlage der steuerlichen Gleichbehandlung

Aus dem Wortlaut der Art. 39 ff. EG lässt sich ein Bezug zum Steuerrecht nicht entnehmen. Der Grundsatz der Gleichbehandlung auf dem Gebiet der Entlohnung wäre jedoch seiner Wirkung beraubt, wenn er durch diskriminierende na-

---

[1088] Vgl. hierzu die Ausführungen in: 3. Teil, § 2, A., I., 2.

[1089] Vgl. hierzu die Ausführungen in: 3. Teil, § 1, B.

[1090] Vgl. EuGH v. 28.01.1992, Rs. C-204/90 (*Bachmann*), EuGHE 1992, S. I-249 (280), Rdnr. 11; EuGH v. 14.02.1995, Rs. C-279/93 (*FA Köln-Altstadt/Roland Schumacker*), DStR 1995, S. 326 (327), Rdnr. 20 ff.

tionale Vorschriften über die Einkommensteuer beeinträchtigt werden könnte.[1091] Daher schrieb der Rat in Art. 7 seiner Verordnung (EWG) Nr. 1612/68 über die Freizügigkeit der Arbeitnehmer innerhalb der Gemeinschaft[1092] vor, dass ein Arbeitnehmer, der Staatsangehöriger eines Mitgliedstaates ist, im Hoheitsgebiet eines anderen Mitgliedstaates die gleichen steuerlichen Vergünstigungen genießt, wie der inländische Arbeitnehmer. Der EuGH selbst sieht die Grundlage der steuerlichen Gleichbehandlung jedoch nicht nur in dieser sekundärrechtlichen Konkretisierung der Bestimmungen über die Freizügigkeit, sondern vielmehr unmittelbar in Art. 39 Abs. 2 EG. Aus dieser primärrechtlichen Bestimmung selbst folgt, dass die steuerliche Behandlung des Arbeitslohns und der steuerlichen Arbeitnehmervergünstigungen in den Mitgliedstaaten nicht je nach Staatsangehörigkeit der Arbeitnehmer unterschiedlich geregelt werden dürfen.

Daher ist Art. 39 EG nach dem EuGH so auszulegen, dass er das Recht eines Mitgliedstaates, die Voraussetzungen und die Modalitäten der Besteuerung festzulegen, insoweit einschränken kann, als er es einem Mitgliedstaat nicht erlaubt, den Staatsangehörigen eines anderen Mitgliedstaates, der in Ausübung seines Rechts auf Freizügigkeit in seinem Hoheitsgebiet eine nichtselbständige Beschäftigung ausübt, bei der Erhebung der direkten Steuern schlechter zu behandeln, als einen eigenen Staatsangehörigen, der sich in einer vergleichbaren Lage befindet.[1093] Auch im Bereich der Freizügigkeit gilt nach dem EuGH, dass sich beschränkt und unbeschränkt Steuerpflichtige grundsätzlich nicht in einer vergleichbaren Situation befinden. Etwas anderes gilt nur dann, wenn der Gebietsfremde in seinem Wohnsitzstaat keine nennenswerten Einkünfte erzielt und sein Einkommen im wesentlichen aus einer Tätigkeit bezieht, die er im Beschäftigungsstaat ausübt. In diesem Fall ist der Beschäftigungsstaat dazu verpflichtet, die gesamten Umstände der subjektiven Leitungsfähigkeit zu berücksichtigen. Maßstab für die Vergleichbarkeit ist die prozentuale Aufteilung der Einkünfte im Beschäftigungs- und Wohnsitzstaat. Die 90%-Grenze des § 1 Abs. 3 EStG wurde in diesem Zusammenhang vom EuGH als EG-rechtskonform abgesegnet.[1094]

bb) Offene und versteckte Diskriminierungen

Die Vorschrift des Art. 39 EG und des Art. 7 der Verordnung (EWG) Nr. 1612/68 über die Freizügigkeit der Arbeitnehmer innerhalb der Gemein-

---

1091 Vgl. EuGH v. 08.05.1990, Rs. C-175/88 (*Biehl*), EuGHE 1990, S. I-1779 (1792), Rdnr. 12; EuGH v. 14.02.1995, Rs. C-279/93 (*FA Köln-Altstadt/Roland Schumacker*), DStR 1995, S. 326 (327), Rdnr. 24.

1092 ABl. EG 1968, Nr. L 257 v. 19.10.1968, S. 2 ff. Vgl. hierzu die Ausführungen in: 3. Teil, § 2, B., III., 1., b), bb).

1093 Vgl. EuGH v. 14.02.1995, Rs. C-279/93 (*FA Köln-Altstadt/Roland Schumacker*), DStR 1995, S. 326 (327), Rdnr. 24.

1094 Vgl. EuGH v. 14.09.1999, Rs. C-391/97 (*Gschwind*), IStR 1999, S. 597.

schaft[1095] verbieten nicht nur offene Diskriminierungen aufgrund der Staatsangehörigkeit, sondern auch alle Formen der versteckten Diskriminierung, die durch die Anwendung anderer Unterscheidungsmerkmale tatsächlich zu dem gleichen Ergebnis führen. Diese Auslegung ist ausdrücklich in der fünften Präambel zur Verordnung Nr. 1612/68 anerkannt, wonach die Gleichbehandlung der Arbeitnehmer „tatsächlich und rechtlich" sichergestellt werden muss. Daher können auch andere Unterscheidungsmerkmale, wie der Herkunftsort oder der Wohnsitz eines Arbeitnehmers zu einer verbotenen versteckten Diskriminierung führen.[1096] Ebenso wie im Rahmen der Niederlassungsfreiheit führt auch im Bereich der Freizügigkeit der Arbeitnehmer insbesondere die Anwendung des im Steuerrecht gängigen Differenzierungsmerkmals der Ansässigkeit zu einer versteckten Diskriminierung.

Für die Feststellung, ob die Verwendung eines anderen Differenzierungskriteriums als das der Staatsangehörigkeit zu einer Diskriminierung führt, stellt der EuGH auf den materiellen Gehalt des Unterscheidungskriteriums ab. Nicht die quantitativ besonders hohe Zahl betroffener Ausländer dient ihm als Beleg für die Ungleichbehandlung aufgrund der Staatsangehörigkeit, sondern die Analyse des Unterscheidungsmerkmals selbst.

cc) Materielle und verfahrensrechtliche Diskriminierungen

Im Hinblick auf die nationalen Steuerrechtsordnungen zeigen die in den Grundfreiheiten enthaltenen Diskriminierungsverbote zwei Dimensionen: eine materielle und eine verfahrensrechtliche Dimension.[1097] Im Bereich des deutschen Steuerrechts richtet sich die Unterscheidung nach dem Inhalt des Steuerrechtsverhältnisses. Alle nachteiligen Ungleichbehandlungen, die den materiellen Teil des Steuerrechtsverhältnisses betreffen (Steuerschuldverhältnis) führen zu einer materiellen Diskriminierung. Andere nachteilige Ungleichbehandlungen, die Rechte und Pflichten aus dem Verfahrenspflichtverhältnis tangieren, stellen eine verfahrensrechtliche Diskriminierung dar.

c) Beseitigung der Diskriminierung durch Billigkeitserlasse

Den Mitgliedstaaten ist es grundsätzlich erlaubt, eigene Korrekturen vorzunehmen, wenn nationale Steuervorschriften Diskriminierungen enthalten. Soll dies durch Billigkeitserlasse erfolgen, so ist folgende Unterscheidung zu beachten: Will ein Mitgliedstaat bestehende Diskriminierungen durch die Anwendung na-

---

[1095] ABl. EG 1968, Nr. L 257 v. 19.10.1968, S. 2 ff. Vgl. hierzu die Ausführungen in: 3. Teil, § 2, B., III., 1., b), bb).

[1096] Vgl. EuGH v. 12.02.1974, Rs. 152/73 (*Sotgiu/Deutsche Bundespost*), EuGHE 1974, S. 153 (164), Rdnr. 11.

[1097] Vgl. EuGH v. 14.02.1995, Rs. C-279/93 (*FA Köln-Altstadt/Roland Schumacker*), DStR 1995, S. 326 (328).

tionaler Billigkeitsvorschriften abfedern, so muss bei der Ausübung des Ermessens den Interessen des Gemeinschaftsrechts Rechnung getragen werden.[1098] Sollen dagegen die Vorgaben einer Entscheidung des EuGH durch einen Billigkeitserlass umgesetzt werden, so ist dies nach dem EuGH unzureichend. Die Umsetzungsnorm muss der „actus contrarius" zur gemeinschaftsrechtswidrigen Norm sein. Dies bedeutet, dass die Steuerverwaltung aufgrund der Norm verpflichtet sein muss, diskriminierende Folgen in jedem Fall zu beseitigen.[1099] Die Norm muss die praktische Wirksamkeit des Gemeinschaftsrechts gewährleisten und es muss sich um eine verbindliche innerstaatliche Vorschrift handeln, die den Erfordernissen der Rechtssicherheit und Rechtsklarheit entspricht. Eine bloße Verwaltungspraxis, die durch die Exekutive beliebig geändert werden kann und die eventuell nur unzureichend bekannt ist, genügt diesen Anforderungen nicht.[1100]

d) Steuerspezifische Rechtfertigungsgründe

Eine Beeinträchtigung der Freizügigkeit muss unter bestimmten Voraussetzungen hingenommen werden. Für die Feststellung, ob eine Beeinträchtigung, die durch nationale Vorschriften aus dem Bereich der direkten Steuern hervorgerufen wird, gerechtfertigt ist, prüfte der EuGH die nachstehend zusammengefassten zwingenden Gründe des Allgemeininteresses.

aa) Schutz der Verbraucher als Versicherungsnehmer und Versicherte

In der Rechtssache „Bachmann"[1101] ging es um die Abzugsfähigkeit bestimmter Versicherungsbeiträge und um die Frage, ob ein Mitgliedstaat das Recht hat, den Abschluss von Versicherungsverträgen bei einem in einem anderen Mitgliedstaat niedergelassenen Versicherer einer Zulassungsregelung zu unterwerfen. Im Rahmen der Rechtfertigung prüfte der EuGH den „Schutz der Verbraucher als Versicherungsnehmer und Versicherte". Er erkannte dieses Allgemeininteresse grundsätzlich an, allerdings mit Einschränkungen: Er kann gegenüber bestehenden Versicherungsverträgen nicht geltend gemacht werden und für die Zulässigkeit einer Zulassungsregelung muss nachgewiesen werden, dass sie unerlässliche Voraussetzung für die Erreichung des verfolgten Zweckes „Schutz der Verbraucher" ist.[1102]

[1098] Vgl. hierzu die Ausführungen in: 3. Teil, § 2, B., III., 3., c), cc), (6).

[1099] Vgl. EuGH v. 08.05.1990, Rs. C-175/88 (*Biehl*), EuGHE 1990, S. I-1779 (1794), Rdnr. 18.

[1100] Aus diesem Grund können Diskriminierungen nicht aufgrund von Billigkeitsmaßnahmen, wie nach den §§ 163, 227 AO, korrigiert werden.

[1101] Vgl. EuGH v. 28.01.1992, Rs. C-204/90 (*Bachmann*), EuGHE 1992, S. I-249.

[1102] Vgl. hierzu die Ausführungen in: 3. Teil, § 2, A., II., 2., c), bb).

bb) Die wirksame steuerliche Kontrolle

Alle Argumente, die im Zusammenhang mit der wirksamen steuerlichen Kontrolle von den betroffenen Mitgliedstaaten hervorgebracht wurden, wurden vom EuGH unter Hinweis auf die Richtlinie 77/799/EWG[1103] über die gegenseitige Amtshilfe zwischen den zuständigen Behörden der Mitgliedstaaten im Bereich der direkten Steuern entkräftet.[1104] Soweit diese den Informationsbedarf deckt, können daher im Bereich der Arbeitnehmerbesteuerung keine verwaltungstechnischen Schwierigkeiten oder ähnliches eine Beeinträchtigung der Freizügigkeit rechtfertigen.

IV. Die Rechtsprechung des EuGH zur Dienstleistungsfreiheit

Die Dienstleistungsfreiheit stand lange Zeit im Schatten der übrigen Markt- bzw. Grundfreiheiten und galt als bloßer Auffangtatbestand zur Erfassung wirtschaftlichen Vorgänge, die nicht den anderen Marktfreiheiten unterfielen. Unter dem Eindruck der schnell wachsenden gesamtwirtschaftlichen Bedeutung des Dienstleistungssektors setzt sich jedoch zunehmend die Erkenntnis durch, dass auch dem Dienstleistungsverkehr innerhalb der Grundfreiheiten eine eigenständige und gewichtige Rolle zukommt.[1105]

1. Dogmatik der Dienstleistungsfreiheit

Die dogmatische Prüfung der Dienstleistungsfreiheit folgt – nach der einheitlichen Struktur der Grundfreiheiten – der gewohnten Drei-Stufen-Prüfung. Wie bei den bisher untersuchten Grundfreiheiten ist zwischen der Eröffnung des Anwendungsbereichs, dessen Beeinträchtigung und der Rechtfertigung der Beeinträchtigung zu unterscheiden.

a) Eröffnung des Anwendungsbereichs

Auch der Anwendungsbereich der Dienstleistungsfreiheit gliedert sich in einen sachlichen und in einen personalen Teil.

[1103] ABl. EG 1977, Nr. L 336 v. 19.12.1977, S. 15.

[1104] Vgl. EuGH v. 28.01.1992, Rs. C-204/90 (*Bachmann*), EuGHE 1992, S. I-249 (282), Rdnr. 20; EuGH v. 14.02.1995, Rs. C-279/93 (*FA Köln-Altstadt/Roland Schumacker*), DStR 1995, S. 326 (328), Rdnr. 45.

[1105] Vgl. *Hailbronner/Nachbaur*, Die Dienstleistungsfreiheit in der Rechtsprechung des EuGH, EuZW 1992, S. 105.

aa) Der sachliche Anwendungsbereich

Art. 50 Abs. 1 EG definiert Dienstleistungen im Sinne des EG-Vertrages als „Leistungen, die in der Regel gegen Entgelt erbracht werden, soweit sie nicht den Vorschriften über den freien Waren- und Kapitalverkehr und über die Freizügigkeit der Personen unterliegen.“ Aus der Formulierung in Art. 49 Abs. 1 EG („... in einem anderen Staat als demjenigen des Leistungsempfängers ansässig ...“) folgt zudem, dass sich die Dienstleistungsfreiheit wie die anderen Grundfreiheiten nur auf grenzüberschreitende Vorgänge bezieht. Für den gemeinschaftsrechtlichen Dienstleistungsbegriff sind demnach die Subsidiaritätsklausel sowie die Merkmale der Entgeltlichkeit und der Grenzüberschreitung bestimmend.

Der gemeinschaftsrechtliche Dienstleistungsbegriff deckt sich nicht mit dem entsprechenden volkswirtschaftlichen Begriff. Während der volkswirtschaftliche Dienstleistungsbegriff der Beschreibung eines Wirtschaftssektors dient („tertiärer Sektor“), ist der gemeinschaftsrechtliche Dienstleistungsbegriff im Lichte des Vertragsziels „Abbau der Beschränkungen des freien Dienstleistungsverkehrs zur Verwirklichung eines gemeinsamen Binnenmarktes“ zu sehen.[1106]

Nach Art. 50 Abs. 2 EG gelten als Dienstleistungen „insbesondere“ gewerbliche, kaufmännische, handwerkliche und freiberufliche Tätigkeiten. Dieser Aufzählung kommt – wie sich aus dem Wortlaut ergibt – nur Beispielcharakter zu. Von der Dienstleistungsfreiheit werden alle selbständigen, grenzüberschreitenden und entgeltlichen Erwerbstätigkeiten erfasst.[1107]

(1) Grenzüberschreitung

Der grenzüberschreitende Bezug muss nicht unbedingt daher rühren, dass ein im Mitgliedstaat A ansässiger selbständig Erwerbstätiger eine Dienstleistung im Mitgliedstaat B erbringt. Herkömmlich unterscheidet man drei Arten der Dienstleistungsfreiheit.

Zunächst ist der sachliche Anwendungsbereich der Dienstleistungsfreiheit eröffnet, wenn sich der Dienstleistungserbringer zum Dienstleistungsempfänger in einen anderen Mitgliedstaat begibt (sog. „aktive Dienstleistungsfreiheit“). Um aber Lücken im System der personellen Freiheiten zu vermeiden, erfassen Art. 49 und Art. 50 EG auch den Fall, dass sich der Dienstleistungsempfänger in den Mitgliedstaat des Dienstleistungserbringers begibt (sog. „passive Dienstleistungsfreiheit“). Schließlich genügt es auch, wenn nur die Leistung bei-

---

[1106] Vgl. *Hakenberg*, in: Lenz, EG-Vertrag, Art. 49/50, Rdnr. 7; *Hailbronner/Nachbaur*, Die Dienstleistungsfreiheit in der Rechtsprechung des EuGH, EuZW 1992, S. 105 (106).

[1107] Vgl. *Hailbronner/Nachbaur*, Die Dienstleistungsfreiheit in der Rechtsprechung des EuGH, EuZW 1992, S. 105 (106).

spielsweise durch Post- oder Kommunikationsmittel die Grenze überschreitet (sog. „Korrespondenzdienstleistung").[1108]

(2) Entgeltlichkeit

Die Leistung muss in der Regel gegen Entgelt erbracht werden. Mit dem Kriterium der Entgeltlichkeit kommt zum Ausdruck, dass es sich um eine wirtschaftliche Tätigkeit handelt, die auf einen Erwerbszweck gerichtet ist.[1109] Unter „Entgelt" versteht der EuGH die angemessene Gegenleistung für eine mit Gewinnerzielungsabsicht durchgeführte wirtschaftliche Tätigkeit.[1110]

(3) Abgrenzung zu den übrigen Grundfreiheiten

Wegen der negativen Definition der Dienstleistungsfreiheit in Art. 50 Abs. 1 EG muss geprüft werden, ob die Tätigkeit nicht vorrangig einer anderen Grundfreiheit zuzuordnen ist. Die Dienstleistungsfreiheit ist also insofern subsidiär.[1111]

Zum freien Warenverkehr kann eine Abgrenzung notwendig werden, wenn die grenzüberschreitende Lieferung einer Ware mit Dienstleistungen verbunden ist oder wenn bei einer gemischten Leistung nicht klar ist, welche Elemente überwiegen. Sind Lieferung und Dienstleistung „hintereinandergeschaltet", so ist eine Aufspaltung der beiden Bereiche denkbar. Handelt es sich bei der Dienstleistung um eine reine Annex-Tätigkeit, ist sie von der Freiheit des Warenverkehrs mitumfasst. Im Fall der Vermischung beider Elemente stellt der EuGH auf den Schwerpunkt der Tätigkeit ab.[1112] Auch gegenüber den Personenverkehrsfreiheiten ist die Dienstleistungsfreiheit subsidiär. Da die Arbeitnehmerfreizügigkeit (Art. 39 ff. EG) ein abhängiges Beschäftigungsverhältnis voraussetzt, während die Erwerbstätigkeit im Rahmen der Dienstleistungsfreiheit selbständiger Natur sein muss, sind Kollisionen hier kaum denkbar. Für den Fall, dass ein abhängig Beschäftigter für seinen Arbeitgeber in einem anderen Mitgliedstaat eine Dienstleitung erbringen muss, entscheidet die Dauer der Tätigkeit über die Zuordnung zur Dienstleistungsfreiheit oder zur Arbeitnehmerfreizügigkeit. Sind abhängig Beschäftigte als Erbringer von Dienstleistungen auf Dauer in einem anderen Mitgliedstaat tätig, so tritt die Dienstleistungsfreiheit des Arbeitgebers in den Hintergrund und die Arbeit-

---

[1108] Vgl. *Hakenberg*, in: Lenz, EG-Vertrag, Art. 49/50, Rdnr. 18; *Bleckmann*, in: Bleckmann, Europarecht, Rdnr. 1676; *Herdegen*, Europarecht, Rdnr. 324; *Hailbronner/Nachbaur*, Die Dienstleistungsfreiheit in der Rechtsprechung des EuGH, EuZW 1992, S. 105 (108).

[1109] Vgl. *Hakenberg*, in: Lenz, EG-Vertrag, Art. 49/50, Rdnr. 12.

[1110] Vgl. EuGH v. 27.09.1988, Rs. 263/86 (*Belgischer Staat/Humbel*), EuGHE 1988, S. 5365 (5388), Rdnr. 17.

[1111] Vgl. *Hakenberg*, in: Lenz, EG-Vertrag, Art. 49/50, Rdnr. 8.

[1112] Vgl. *Bleckmann*, in: Bleckmann, Europarecht, Rdnr. 1673; *Hakenberg*, in: Lenz, EG-Vertrag, Art. 49/50, Rdnr. 9.

nehmer unterliegen ihrerseits den Regelungen der Art. 39 ff. EG.[1113] Auch im Verhältnis von Dienstleistungs- und Niederlassungsfreiheit, die beide die Liberalisierung selbständiger Erwerbstätigkeiten bezwecken, ist die Tätigkeitsdauer im Ausland das maßgebliche Abgrenzungskriterium. Während im Fall der Niederlassung durch eine feste Einrichtung eine dauerhafte Beziehung zu einem anderen Mitgliedstaat hergestellt wird, die auf die Eingliederung in die Wirtschaft des Staates[1114] abzielt, ist für den Dienstleistungsverkehr der nur vorübergehende Ortswechsel unter Beibehaltung des Standortes im Herkunftsstaat charakteristisch.[1115]

Festzuhalten ist: Bei Dienstleistungen im Sinne des Gemeinschaftsrechts handelt es sich um selbständige Erwerbstätigkeiten, die vorübergehend in einem anderen Mitgliedstaat gegen Entgelt erbracht werden.

bb) Der personale Anwendungsbereich

Der personale Anwendungsbereich erfasst nach Art. 49 Abs. 1 EG die Staatsangehörigen eines Mitgliedstaates, die in der Gemeinschaft ansässig sind. Gleichgestellt sind die in der Gemeinschaft ansässigen juristischen Personen (vgl. Art. 55 i.V.m. Art. 48 EG) sowie deren Beschäftigte.[1116] Daneben gibt Art. 49 Abs. 1 EG dem Rat die Befugnis, die Anwendbarkeit der Art. 49 und Art. 50 EG auch auf Angehörige aus Drittstaaten zu erweitern. Davon wurde bislang jedoch kein Gebrauch gemacht.[1117]

cc) Ausnahmebereiche

Nach Art. 55 i.V.m. Art 45 Abs. 1 EG finden die Bestimmungen über die Dienstleistungsfreiheit auf Tätigkeiten keine Anwendung, die mit der Ausübung öffentlicher Gewalt verbunden sind. Die Ausführungen zur Niederlassungsfreiheit gelten hier entsprechend.[1118]

1113 Vgl. *Hailbronner/Nachbaur*, Die Dienstleistungsfreiheit in der Rechtsprechung des EuGH, EuZW 1992, S. 105 (106).

1114 Vgl. hierzu die Ausführungen in: 3. Teil, § 2, B., II., 1., a), aa).

1115 Vgl. *Bleckmann*, in: Bleckmann, Europarecht, Rdnr. 1672; *Hailbronner/Nachbaur*, Die Dienstleistungsfreiheit in der Rechtsprechung des EuGH, EuZW 1992, S. 105 (106).

1116 Vgl. EuGH v. 27.03.1990, Rs. 113/89 (*Rush Portuguesa*), EuGHE 1990, S. I-1417 (1442 ff.); *Bleckmann*, in: Bleckmann, Europarecht, Rdnr. 1675. Im übrigen gelten die entsprechenden Ausführungen im Bereich der Niederlassungsfreiheit. Vgl. hierzu die Ausführungen in: 3. Teil, § 2, B., II., 1., a), bb).

1117 Vgl. *Hakenberg*, in: Lenz, EG-Vertrag, Art. 49/50, Rdnr. 3.

1118 Vgl. hierzu die Ausführungen in: 3. Teil, § 2, B., II., 1., a), cc).

b) Beeinträchtigung der Dienstleistungsfreiheit

Als Beeinträchtigungen der Dienstleistungsfreiheit kommen entsprechend dem üblichen Muster Diskriminierungen und sonstige Beschränkungen in Betracht. Zunächst ist jedoch der Adressat der Grundfreiheit zu bestimmen.

aa) Der Adressat

Adressaten der Dienstleistungsfreiheit sind in erster Linie die Mitgliedstaaten. Ob ihr auch eine Drittwirkung[1119] zukommt, ist streitig. In der Rechtssache „Walrave"[1120] hatte sich der EuGH mit diesem Problem zu beschäftigen. Er führte aus, dass die Art. 39 und Art. 49 EG nicht nur vor hoheitlichen, die Freizügigkeit und Dienstleistungsfreiheit beschränkenden Maßnahmen schützen, sondern auch vor nichtstaatlichen Maßnahmen, die eine kollektive Regelung im Arbeits- und Dienstleistungsbereich enthalten.[1121] Damit ist insoweit von einer Drittwirkung auszugehen, als der Dienstleistungsverkehr durch private Verbände und Berufsorganisationen geregelt wird.[1122]

bb) Diskriminierungen

Art. 50 Abs. 3 EG bestimmt, dass die Begünstigten Dienstleistungen in einem anderen Mitgliedstaat unter denselben Voraussetzungen wie Inländer erbringen bzw. empfangen können. Es gilt demnach das Gebot der Inländerbehandlung.[1123] Das in den Art. 49 ff. EG enthaltene Diskriminierungsverbot verlangt daher eine absolute Gleichbehandlung von inländischen und ausländischen Dienstleistungserbringern und Dienstleistungsempfängern. Damit ist im Anwendungsbereich der Dienstleistungsfreiheit jede offene wie versteckte Diskriminierung verboten.[1124]

[1119] Vgl. hierzu die Ausführungen in: 3. Teil, § 2, A., II., 2., a), bb).

[1120] Vgl. EuGH v. 12.12.1974, Rs. 36/74 (*Walrave/Union Cycliste Internationale*), EuGHE 1974, S. 1405.

[1121] Vgl. EuGH v. 12.12.1974, Rs. 36/74 (*Walrave/Union Cycliste Internationale*), EuGHE 1974, S. 1405 (1419), Rdnr. 16, 19.

[1122] Vgl. hierzu die Ausführungen in: 3. Teil, § 2, A., II., 2., a), bb); *Kingreen*, Die Struktur der Grundfreiheiten des Europäischen Gemeinschaftsrechts, S. 193 f.; *Hailbronner/Nachbaur*, Die Dienstleistungsfreiheit in der Rechtsprechung des EuGH, EuZW 1992, S. 105 (112).

[1123] Vgl. hierzu die Ausführungen in: 3. Teil, § 2, A., II., 2., b), bb), (a).

[1124] Vgl. *Geiger*, EG-Vertrag, Art. 60, Rdnr. 9; *Hakenberg*, in: Lenz, EG-Vertrag, Art. 49/50, Rdnr. 21 f.

cc) Beschränkungen

Bereits im Jahr 1974 hatte der EuGH im Urteil „van Binsbergen“[1125] entschieden, dass die Dienstleistungsfreiheit nicht nur Diskriminierungen, sondern auch allen sonstigen Beschränkungen, die durch unterschiedslos geltende Regelungen hervorgerufen werden, entgegensteht.[1126] Sie umfasst die Aufhebung aller Beschränkungen, die geeignet sind, die Erbringung oder den Empfang grenzüberschreitender Dienstleistungen zu unterbinden, zu behindern oder weniger attraktiv zu machen.[1127]

c) Rechtfertigung der Beeinträchtigung

Auch im Bereich der Dienstleistungsfreiheit müssen Beeinträchtigungen in bestimmten Fällen hingenommen werden.

aa) Kodifizierte Rechtfertigungsgründe

Nach Art. 55 EG findet auf die Dienstleistungsfreiheit die Schranke des Art. 45 EG, der unmittelbar für die Niederlassungsfreiheit gilt, entsprechende Anwendung.[1128]

bb) Zwingende Gründe des Allgemeininteresses

Beschränkungen der Dienstleistungsfreiheit durch Rechtsvorschriften, die gleichermaßen für Inländer wie für Staatsangehörige anderer Mitgliedstaaten gelten, sind hinzunehmen, soweit sie durch zwingende Gründe des Allgemeininteresses gerechtfertigt sind. Die mitgliedstaatlichen Rechtsvorschriften müssen jedoch verhältnismäßig sein. Insbesondere darf dem betreffenden Allgemeininteresse nicht bereits durch Rechtsvorschriften des Mitgliedstaates Rechnung getragen werden, in dem der Dienstleistungserbringer ansässig ist.[1129]

1125 Vgl. EuGH v. 03.12.1974, Rs. 33/74 (*van Binsbergen/Bedrijfsvereniging/Metaalnijverheid*), EuGHE 1974, S. 1299.

1126 Vgl. EuGH v. 03.12.1974, Rs. 33/74 (*van Binsbergen/Bedrijfsvereniging/Metaalnijverheid*), EuGHE 1974, S. 1299 (1311), Rdnr. 24 ff.

1127 Vgl. *Hakenberg*, in: Lenz, EG-Vertrag, Art. 49/50, Rdnr. 23; *Herdegen*, Europarecht, Rdnr. 324; *Bleckmann*, in: Bleckmann, Europarecht, Rdnr. 1680 f.

1128 Vgl. hierzu die Ausführungen in: 3. Teil, § 2, A., II., 2., c), bb).

1129 Vgl. hierzu die Ausführungen in: 3. Teil, § 2, A., II., 2., c), bb).

2. Binnenmarktkonzept, Dienstleistungsfreiheit und direkte Besteuerung

Bevor auf die maßgeblichen Entscheidungen des EuGH im Bereich der direkten Steuern eingegangen werden kann, muss geklärt werden, welche Bedeutung der Dienstleistungsfreiheit innerhalb des Binnenmarktkonzepts zukommt und welche Rolle in diesem Zusammenhang die direkten Steuern spielen.

Unter dem Eindruck der schnell wachsenden gesamtwirtschaftlichen Bedeutung des Dienstleistungssektors gewinnt die Dienstleistungsfreiheit innerhalb des Gefüges der Grundfreiheiten immer mehr Bedeutung. Nachhaltig beeinflusst wurde diese Entwicklung durch die Rechtsprechung des EuGH. In einigen grundlegenden Entscheidungen – auch in Bezug zur direkten Besteuerung – wurde der freie Dienstleistungsverkehr im System des Vertrages eine gehobenere Stellung zugewiesen.[1130] Der möglichst ungehinderte Austausch von Dienstleistungen innerhalb der Gemeinschaft ist daher für die Schaffung eines Europäischen Binnenmarktes konstitutiv.[1131] Dies umfasst auch die Eliminierung der für die Ausübung der Dienstleistungsfreiheit hinderlichen Steuergrenzen. Wenn Dienstleistungen grenzüberschreitend ausgetauscht werden sollen, dann dürfen die nationalen Steuersysteme die Ausübung dieser Grundfreiheit nicht beeinträchtigen, sie müssen vielmehr gegenüber deren Ausübung neutral sein.[1132]

3. Die Rechtsprechung des EuGH

Die Rechtsprechung des EuGH im Bereich der Dienstleistungsfreiheit und direkten Besteuerung ist nicht annähernd so umfangreich wie im Bereich der Niederlassungsfreiheit und der Arbeitnehmerfreizügigkeit. Bislang gibt es Urteile in den Rechtssachen „Bachmann"[1133], „Svensson und Gustavsson"[1134], „Safir"[1135]

[1130] Vgl. *Hailbronner/Nachbaur*, Die Dienstleistungsfreiheit in der Rechtsprechung des EuGH, EuZW 1992, S. 105.

[1131] So erfordert beispielsweise ein einheitlicher Binnenmarkt, dass es einem Patienten möglich ist, einen Arzt im EU-Ausland zu konsultieren ohne dass seine inländische Krankenkasse die Kostenübernahme verweigern kann. Weiteres Anwendungsbeispiel ist der Banken- und Versicherungsbereich. Die Inanspruchnahme einer Banken- oder Versicherungsdienstleistung eines ausländischen Anbieters darf im Inland nicht mit negativen finanziellen Folgen belegt sein. Ebenfalls in den Anwendungsbereich der Dienstleistungsfreiheit fallen Immobiliengeschäfte, Börsentermingeschäfte und Telekommunikationsdienste. Vgl. *Hakenberg*, in: Lenz, EG-Vertrag, Art. 49/50, Rdnr. 14.

[1132] Vgl. hierzu die Ausführungen in: 3. Teil, § 2, A., I., 2.

[1133] Vgl. EuGH v. 28.01.1992, Rs. C-204/90 (*Bachmann*), EuGHE 1992, S. I-249. Die Entscheidung betraf nicht nur die Freizügigkeit der Arbeitnehmer, sondern auch die Dienstleistungs- und Kapitalverkehrsfreiheit im Versicherungsbereich. Wegen der Kürze der hierzu erfolgten Ausführungen in den Entscheidungsgründen wird jedoch auf eine eingehende Darstellung verzichtet.

und „Eurowings“[1136]. Angesichts der wachsenden Bedeutung der Dienstleistungsfreiheit ist jedoch ein zahlenmäßiger Anstieg zu erwarten.

a) „Safir“

Im Verfahren „Safir“ [1137] ging es um die Beeinträchtigung des freien Dienstleistungs- bzw. Kapitalverkehrs durch verschiedene schwedische Regelungen über die Besteuerung von Kapitallebensversicherungen.

aa) Der Sachverhalt

Nach den schwedischen Regelungen über die Besteuerung der bei Lebensversicherungsgesellschaften eingezahlten Spargeldern konnten Versicherungsnehmer, die Verträge bei in Schweden niedergelassenen Gesellschaften abgeschlossen hatten, die Prämien nicht von ihrem steuerpflichtigen Einkommen abziehen. Im Gegenzug wurden die ausgezahlten Beiträge nicht besteuert. Dies galt auch für Versicherungsnehmer, die Verträge bei im Ausland niedergelassenen Gesellschaften abgeschlossen hatten. Die Sparleistungen im Rahmen von Kapitallebensversicherungen bei im Ausland niedergelassenen Gesellschaften wurden allerdings auf der Grundlage des Gesetzes über die Besteuerung bestimmter Prämienzahlungen (Premieskattelag) besteuert. Nach § 1 Premieskattelag mussten natürliche oder juristische Personen, die in Schweden wohnten oder dort ihren ständigen Aufenthalt hatten und bei nicht in Schweden niedergelassenen Gesellschaften eine Lebensversicherung abgeschlossen hatten, für die gezahlten Prämien eine Steuer in Höhe von 15% der Prämie entrichten. Außerdem mussten sich diese Steuerpflichtigen zentral beim Finanzamt registrieren lassen und die Prämienzahlung angeben. Nach § 5 Premieskattelag wurde dem Versicherungsnehmer auf Antrag eine Steuerbefreiung eingeräumt oder die Steuer auf die Hälfte ermäßigt, wenn die Gesellschaft, bei der die Versicherung abgeschlossen worden war, im Staat ihrer Niederlassung einer Einkommensbesteuerung unterlag, die der Steuerlast der in Schweden niedergelassenen Versicherungsunternehmen vergleichbar war. Frau Safir hatte Anfang 1995 bei der auf dem schwedischen Markt tätigen britischen Versicherungsgesellschaft Skandia Life Assurancs Company Ltd. (Skandia Life) eine Kapitallebensversicherung abgeschlossen. Beim zuständigen Finanzamt beantragte sie die Befreiung von der Prämienbesteuerung. Mit Bescheid vom

---

1134 Vgl. EuGH v. 14.11.1995, Rs. C-484/93 (*Svensson und Gustavsson*), EuGHE 1995, S. I-3955. In der Rechtssache „Svensson und Gustavsson“ ging es um eine staatliche Wohnbauförderung in Form einer Zinsvergütung für Baudarlehen. Diese wurde nur gewährt, wenn das Darlehen bei einer in Luxemburg zugelassenen Bank aufgenommen wurde. Zwar lassen sich die Aussagen der Entscheidungsgründe auch auf den Fall einer staatlichen Wohnbauförderung in Form eines steuerlichen Vorteils übertragen. Da die Entscheidung jedoch nicht unmittelbar Steuer- oder Abgabenvorschriften betraf, wird auf eine ausführliche Darstellung verzichtet.

1135 Vgl. EuGH v. 28.04.1998, Rs. C-118/96 (*Safir*), EuGHE 1998, S. I-1897.

1136 Vgl. EuGH v. 26.10.1999, Rs. C-294/97 (*Eurowings Luftverkehrs AG/FA Dortmund-Unna*), IStR 1999, S. 691.

1137 Vgl. EuGH v. 28.04.1998, Rs. C-118/96 (*Safir*), EuGHE 1998, S. I-1897.

12.04.1995 ermäßigte das Finanzamt die Steuer um die Hälfte und setzte sie auf 7,5 % der 1995 an die Skandia Life entrichteten Prämien fest. Damit gab sich Frau Safir nicht zufrieden. Beim Länsrätten i Dalarnas län erhob sie Klage und beantragte die Aufhebung des Steuerbescheids. Das Gericht setzte das Verfahren aus und legte dem EuGH eine Frage zur Vorabentscheidung vor. Es wollte wissen, ob die Bestimmungen über den freien Dienstleistungs- und Kapitalverkehr die Anwendung einer nationalen Regelung, wie sie im Ausgangsrechtsstreit in Rede stand, verbieten.[1138]

bb) Die Entscheidung des EuGH

Der EuGH wertete die schwedische Steuerregelung zur Behandlung der Versicherungsprämien als Verstoß gegen das Gemeinschaftsrecht. Die Entscheidung lautete:

> **„Artikel 59 EG-Vertrag[1139] verbietet die Anwendung einer nationalen Regelung über die Besteuerung von Kapitallebensversicherungen, wie sie im Ausgangsrechtsstreit in Rede steht.“[1140]**

Nach Ansicht des EuGH weist die schwedische Regelung eine Reihe von Faktoren auf, die geeignet sind, Versicherungsnehmer davon abzuhalten, Kapitallebensversicherungen bei nicht in Schweden niedergelassenen Versicherungsgesellschaften abzuschließen. Außerdem erschwere sie den Versicherungsgesellschaften den Zugang zum schwedischen Markt.[1141]

Erstens schrecke das Erfordernis, sich zentral bei einem Finanzamt registrieren zu lassen und die Prämienzahlungen anzugeben, die Betroffenen davon ab, Kapitallebensversicherungen bei ausländischen Gesellschaften abzuschließen, da sie keinerlei besondere Schritte unternehmen müssen, wenn sie solche Verträge mit in Schweden niedergelassenen Gesellschaften eingingen. Daneben müssten die Versicherungsnehmer die Steuer selbst entrichten und dafür finanzielle Mittel aufbringen, was sich negativ auf ihre Liquidität auswirke. Zweitens könnten größere Schwierigkeiten bei einem nach kurzer Zeit erfolgenden Rückkauf einer Versicherung auftreten, die bei einer nicht in Schweden niedergelassenen Gesellschaft abgeschlossen wurde. Drittens verlange das Finanzamt für die Gewährung der Befreiung genaue Angaben über die Einkommensteuer, der die Gesellschaft in ihrem Niederlassungsstaat unterliege. Ein solches Verfahren überfordere nicht nur den Steuerpflichtigen, es belaste auch die Gesellschaften, da letztere ihren potentiellen Kunden genaue Angaben darüber liefern müssten, welche steuerlichen Regelungen in anderen Mitgliedstaaten auf sie angewendet werden. Viertens hänge die Festsetzung der auf die Versicherungsprämien anwendbaren Steuern davon ab, wie

---

[1138] Vgl. EuGH v. 28.04.1998, Rs. C-118/96 (*Safir*), EuGHE 1998, S. I-1897 (1925), Rdnr. 19.

[1139] Jetzt Art. 49 EG.

[1140] Siehe EuGH v. 28.04.1998, Rs. C-118/96 (*Safir*), EuGHE 1998, S. I-1897 (1930).

[1141] Vgl. EuGH v. 28.04.1998, Rs. C-118/96 (*Safir*), EuGHE 1998, S. I-1897 (1928), Rdnr. 30.

die Verwaltung die steuerliche Regelung für die nicht in Schweden niedergelassenen Versicherer beurteilt. Das Finanzamt hätte beispielsweise im Jahre 1995 in Bezug auf die Freistellungsverträge verschiedener britischer Versicherungsgesellschaften unterschiedlich entschieden. Solche Unterschiede in der Beurteilung seien geeignet, eine Unsicherheit zu erzeugen, die Versicherungsnehmer davon abhalte, bei nicht in Schweden niedergelassenen Versicherern Kapitallebensversicherungsverträge abzuschließen.[1142]

Eine Rechtfertigung der Regelung – wie sie von der schwedischen Regierung vorgebracht wurde – lehnte der EuGH ab.

Die Gründe zielten zum einen auf die Unmöglichkeit, auf Kapitellebensversicherungen bei nicht in Schweden niedergelassenen Gesellschaften die gleiche steuerliche Regelung anzuwenden, wie auf Lebensversicherungen bei dort niedergelassenen Gesellschaften. Zum anderen berief man sich auf die Notwendigkeit, die Steuerlücke zu schließen, die sich aus der fehlenden Besteuerung von Sparleistungen im Rahmen von Kapitallebensversicherungen bei nicht in Schweden niedergelassenen Gesellschaften ergebe.[1143]

Hierauf antwortete der EuGH:

> „Es kommen jedoch andere, transparentere Steuersysteme in Frage, die ebenfalls geeignet sind, die von der schwedischen Regierung geltend gemachte Steuerlücke zu schließen, und die den freien Dienstleistungsverkehr dabei weniger stark beschränken. Dies gilt insbesondere für eine pauschal berechnete Besteuerung der Erträge aus dem Lebensversicherungskapital, die auf sämtliche Versicherungen unabhängig davon gleichermaßen anwendbar ist, ob die Gesellschaften, bei denen Versicherungen abgeschlossen worden sind, in dem betreffenden Mitgliedstaat oder in einem anderen Mitgliedstaat niedergelassen sind.“[1144]

Auf die Prüfung der Vereinbarkeit der schwedischen Regelung mit den Bestimmungen über den freien Kapitalverkehr verwendete der EuGH nur einen Satz: Da Bereits ein Verstoß gegen den freien Dienstleistungsverkehr festgestellt werden konnte, brauche nicht mehr entschieden zu werden, ob auch ein Verstoß gegen die Kapitalverkehrsfreiheit vorliege.[1145]

1142 Vgl. EuGH v. 28.04.1998, Rs. C-118/96 (*Safir*), EuGHE 1998, S. I-1897 (1921 ff.), Rdnr. 26 ff.

1143 Vgl. EuGH v. 28.04.1998, Rs. C-118/96 (*Safir*), EuGHE 1998, S. I-1897 (1929), Rdnr. 34.

1144 Siehe EuGH v. 28.04.1998, Rs. C-118/96 (*Safir*), EuGHE 1998, S. I-1897 (1929), Rdnr. 33.

1145 Vgl. EuGH v. 28.04.1998, Rs. C-118/96 (*Safir*), EuGHE 1998, S. I-1897 (1929), Rdnr. 35.

cc) Die steuerlichen Kernaussagen

Das Urteil „Safir" folgt im wesentlichen den Schlussanträgen des GA *Tesauro* vom 23.09.1997[1146]. Es ging im Kern um die Abgrenzung der Dienstleistungsfreiheit zur Kapitalverkehrsfreiheit im Versicherungsbereich sowie um verschiedene Aspekte der Beeinträchtigung der Dienstleistungsfreiheit und ihrer Rechtfertigung.

(1) Die anwendbaren gemeinschaftsrechtlichen Bestimmungen

Der EuGH beschränkte sich im vorlegenden Fall auf die Auslegung der Bestimmungen über den freien Dienstleistungsverkehr.

Gerade im Banken- und Versicherungsbereich kommt es oftmals auf eine Abgrenzung der Dienstleistungsfreiheit von der Kapitalverkehrsfreiheit an. Eine kumulative Anwendung beider Grundfreiheiten würde ihrer Regelung im EG-Vertrag widersprechen. Dieser regelt den freien Dienstleistungs- sowie den freien Kapital- und Zahlungsverkehr in zwei verschiedenen Kapiteln. Diese bewußte Unterscheidung spiegelt sich auch in Art. 50 EG wider: Danach sind Dienstleistungen nur solche Leistungen, die nicht den Vorschriften über den freien Kapitalverkehr unterliegen. Es ist daher eine klare Abgrenzung erforderlich, ob der fragliche Vorgang eine Dienstleistung oder eine Kapitalbewegung darstellt.[1147] Dem folgte auch der EuGH in seiner bisherigen Rechtsprechung.[1148] Auch in der Entscheidung „Bachmann" nahm er eine klare Haltung ein: Er lehnte die Anwendbarkeit der Bestimmungen über den Kapitalverkehr ab und führte aus, dass Art. 56 EG Beschränkungen nicht untersagt, die nicht die Kapitalverkehrsfreiheit betreffen, sondern sich mittelbar aus Beschränkungen anderer Grundfreiheiten ergäben.[1149]

Die Qualifizierung, ob die nationale Maßnahme die Dienstleistungs- oder die Kapitalverkehrsfreiheit betrifft, erfolgt nach dem EuGH auf der Grundlage folgender Kriterien: Behindert die nationale Maßnahme den Kapital- und Zahlungstransfer unmittelbar, indem sie ihn behindert oder erschwert, so finden die Art. 56 ff. EG Anwendung. Ist die Kapital- und Zahlungsverkehrsfreiheit dagegen nur indirekt betroffen und stellt die Maßnahme eine nicht währungsbezogene Beschränkung des freien Dienstleistungsverkehrs dar, so fällt sie nachrangig unter die Art. 49 ff. EG.[1150] Mit anderen Worten: Ist der Kapitaltransfer nur eine

---

[1146] Vgl. GA *Tesauro* in seinen Schlussanträgen v. 23.09.1997, Rs. C-118/96 (*Safir*), EuGHE 1998, S. I-1899.

[1147] Vgl. GA *Tesauro* in seinen Schlussanträgen v. 23.09.1997, Rs. C-118/96 (*Safir*), EuGHE 1998, S. I-1899 (1902), Rdnr. 8 ff.

[1148] Vgl. EuGH v. 24.10.1978, Rs. 15/78 (*Société générale alsacienne de banque/Koestler*), EuGHE 1978, S. 1971 (1979), Rdnr. 3; desweiteren zur Abgrenzung Dienstleistungsverkehr/Kapitalverkehr EuGH v. 11.11.1981, Rs. 203/80 (*Casati*), EuGHE 1981, S. 2595 (2614), Rdnr. 10; EuGH v. 23.02.1995, verb. Rs. C-358/93, C-416/93 (*Aldo Bordessa u.a.*), EuGHE 1995, S. I-361 (375), Rdnr. 13, 14.

[1149] Vgl. EuGH v. 28.01.1992, Rs. C-204/90 (*Bachmann*), EuGHE 1992, S. I–249 (285), Rdnr. 34.

[1150] Vgl. GA *Tesauro* in seinen Schlussanträgen v. 23.09.1997, Rs. C-118/96 (*Safir*), EuGHE 1998, S. I-1899 (1906 f.), Rdnr. 17.

Hilfsfunktion oder eine notwendige Voraussetzung für die Ausübung der Dienstleistungsfreiheit, so sind staatliche Maßnahmen, die diese Ausübung einschränken, in erster Linie an den Bestimmungen über die Dienstleistungsfreiheit zu messen.

Da es sich bei Versicherungsleistungen um Dienstleistungen im Sinne von Art. 50 EG[1151] handelt, tangiert die schwedische Regelung die Dienstleistungsfreiheit. Sie ist geeignet, diejenigen Versicherungsgesellschaften zu behindern, die ihre Tätigkeit in Schweden ausüben wollen, ohne dort ihren ständigen Sitz zu haben, denn nur deren Kunden unterliegen der streitigen Prämienbesteuerung. Gleichzeitig kann dieser Umstand potentielle Versicherungsnehmer auch davon abschrecken, von nicht in Schweden niedergelassenen Versicherungsgesellschaften Policen zu zeichnen. Was dagegen die mit dem Abschluss von Kapitallebensversicherungen verbundenen Kapitalbewegungen betrifft, so werden diese als bloße Folge der möglichen Behinderung der Dienstleistungsfreiheit beeinträchtigt. Die grenzüberschreitende Bewegung des Kapitals, das in Durchführung der Verträge fließt, wird als solche nicht erschwert.[1152]

(2) Beeinträchtigung der Dienstleistungsfreiheit

Aus der schwedischen Regelung ergeben sich verschiedene Aspekte der Beeinträchtigung der Dienstleistungsfreiheit.

Für den Leistungsempfänger folgt eine Beeinträchtigung der Dienstleistungsfreiheit daraus, dass der Premieskattelag eine zwischen verschiedenen Gruppen von Rechtssubjekten differenzierende Behandlung vorsieht. Versicherungsnehmer werden unterschiedlich behandelt, je nach dem ob sie eine Lebensversicherung bei einem in Schweden niedergelassenen Versicherungsunternehmen abgeschlossen haben oder nicht. Über den Leistungsempfänger wird auch der Dienstleistungserbringer in seinem Recht auf Dienstleistungsfreiheit beeinträchtigt. Die nicht in Schweden niedergelassenen Versicherungsgesellschaften erleiden gegenüber dort niedergelassenen Gesellschaften einen Nachteil, da lediglich die von ihren Versicherungsnehmern gezahlten Prämien einer Besteuerung unterliegen.

Es stellt sich die Frage, ob die streitige Regelung als formal diskriminierend oder als unterschiedslos anwendbar anzusehen ist. Der EuGH sprach insoweit von einer „Erschwerung des Marktzugangs“.[1153]

1151 Vgl. EuGH v. 28.04.1998, Rs. C-118/96 (*Safir*), EuGHE 1998, S. I-1897 (1926), Rdnr. 22.

1152 Dies wäre beispielsweise der Fall, wenn die Regelung besondere Formalitäten, wie Genehmigungserfordernisse oder währungsbezogene Beschränkungen des Transfers von Prämiengeldern vorgesehen hätte. Vgl. GA *Tesauro* in seinen Schlussanträgen v. 23.09.1997, Rs. C-118/96 (*Safir*), EuGHE 1998, S. I-1899 (1907), Rdnr. 18.

1153 Vgl. EuGH v. 28.04.1998, Rs. C-118/96 (*Safir*), EuGHE 1998, S. I-1897 (1928), Rdnr. 30. Dies könnte auf eine Trendwende in der Rechtsprechung des EuGH hindeuten.

(a) Empfang von Dienstleistungen

Art. 49 Abs. 1 EG betrifft seinem Wortlaut nach nur die Erbringung von Dienstleistungen. Die Klägerin des Ausgangsverfahrens ist dagegen als Empfängerin einer Dienstleistung einzustufen. Nach ständiger Rechtsprechung des EuGH verleiht Art. 49 EG jedoch nicht nur dem Dienstleistenden selbst, sondern auch dem Empfänger von Dienstleistungen Rechte.[1154] Frau Safir konnte deshalb als Versicherungsnehmerin die Rechte aus Art. 49 EG geltend machen.

Die schwedischen Regelungen sahen in Fällen, in denen der Dienstleistungserbringern nicht in Schweden ansässig war, eine unterschiedliche, nachteilige steuerliche Regelung vor. Die Leistungsempfänger wurden also nicht deshalb differenzierend behandelt, weil sie selbst Angehörige eines anderen Mitgliedstaates waren, vielmehr knüpften die Regelungen an den „Ort der Niederlassung des Dienstleistungserbringers" an. Einen Ungleichbehandlung nach dem Sitz des Dienstleistenden ist nach Art. 49 EG jedoch untersagt.[1155]

Aus den Entscheidungsgründen ergibt sich demnach: Die Empfänger von Dienstleistungen, die von einem nicht im Empfängerstaat ansässigen EG-Anbieter erbracht werden, dürfen im Empfängerstaat nicht dadurch benachteiligt werden, dass sie einer höheren Steuerbelastung unterworfen werden, als diejenigen Leistungsempfänger einheimischer Anbieter.[1156]

(b) Erbringung von Dienstleistungen

Im sog. „Versicherungsurteil"[1157] hatte der EuGH zu Art. 49 und Art. 50 EGV ausgeführt:

> „Diese Artikel verlangen nicht nur die Beseitigung sämtlicher Diskriminierungen des Leistungserbringers aufgrund seiner Staatsangehörigkeit, sondern auch die Beseitigung aller Beschränkungen des freien Dienstleistungsverkehrs, die

---

Statt der mitunter schwierigen Abgrenzung der Diskriminierung von der Beschränkung könnte sich der Begriff „Erschwerung des Marktzugangs" einbürgern, von dem alle Diskriminierungen und Beschränkungen erfasst werden, die den Zugang zu nationalen Märkten behindern. Vgl. hierzu die Ausführungen in: 3. Teil, § 2, A., II., 2., b), bb), (2), (b); *Hakenberg*, in: Lenz, EG-Vertrag, Art. 49/50, Rdnr. 20.

1154 Vgl. EuGH v. 31.01.1984, verb. Rs. 286/82, 26/83 (*Luisi und Carbone/Ministero del Tesoro*), EuGHE 1984, S. 377 (401), Rdnr. 12.

1155 Vgl. den Wortlaut des Art. 49 EG: „... in einem anderen Staat der Gemeinschaft als demjenigen des Leistungsempfängers ansässig sind ...".

1156 Vgl. *Rainer*, Anmerkung zur Entscheidung „Safir", IStR 1998, S. 300 (301).

1157 Vgl. EuGH v. 04.12.1986, Rs. 205/84 (*Kommission/Frankreich*), EuGHE 1986, S. 3663.

damit zusammenhängen, dass der Leistungserbringer in einem anderen Mitgliedstaat als dem, in dem die Leistung erbracht wird, niedergelassen ist."[1158]

Seitens der Dienstleistungserbringer handelt es sich bei der in Rede stehenden Regelung um eine solche, die den Zugang ausländischer Dienstleistungserbringer auf einen nationalen Markt erschwert, indem sie Anforderungen an die wirtschaftliche Betätigung stellt, die für diejenigen Dienstleistungserbringer, die von außen auf diesen Markt gelangen möchten, schwerer zu erfüllen sind, als für die auf dem Markt bereits tätigen und ansässigen Dienstleistungserbringer.[1159] Der ausländische Dienstleistungserbringer muss in Schweden erst eine feste Niederlassung einrichten, über die der inländische Dienstleistungserbringer bereits verfügt. Das Niederlassungserfordernis, das für alle in Schweden tätigen Versicherungsunternehmer gilt, steht jedoch in so krassem Widerspruch zum Wortlaut des Art. 49 EG, dass es die „Negation der Dienstleistungsfreiheit"[1160] überhaupt ist.

(c) Beeinträchtigung der Dienstleistungsfreiheit in verfahrensrechtlicher Hinsicht

Eine weitere Beeinträchtigung der Dienstleistungsfreiheit sah der EuGH vorliegend auch darin, dass die von den Regelungen betroffenen Steuerpflichtigen sich zentral bei einem Finanzamt registrieren lassen und die Höhe der Prämienzahlung angeben mussten, und dass ein Nachweis über die Einkommensbesteuerung der Versicherungsgesellschaft in ihrem Sitzstaat beizubringen war.

Spätestens seit der Entscheidung „Schumacker"[1161] steht fest, dass im Bereich der direkten Steuern nicht nur materielle, sondern auch verfahrensrechtliche Beeinträchtigungen der Grundfreiheiten mit dem Gemeinschaftsrecht unvereinbar sind. Dementsprechend verstoßen die eben genannten Erfordernisse der schwedischen Regelung gegen die Dienstleistungsfreiheit, denn das Erhebungsverfahren stellt an den Empfänger von Dienstleistungen, die von nicht im Empfängerstaat ansässigen EG-Anbietern erbracht werden, höhere Anforderungen, als bei rein nationalen Sachverhalten. Dies gilt insbesondere für die Verlagerung von Nachweispflichten auf den Dienstleistungsempfänger.[1162]

1158 Siehe EuGH v. 04.12.1986, Rs. 205/84 (*Kommission/Frankreich*), EuGHE 1986, S. 3663 (3708), Rdnr. 25.

1159 Vgl. hierzu die Ausführungen in: 3. Teil, § 2, A., II., 2., b), bb), (2), (b).

1160 Siehe EuGH v. 04.12.1986, Rs. 205/84 (*Kommission/Frankreich*), EuGHE 1986, S. 3663 (3709), Rdnr. 20.

1161 Vgl. EuGH v. 14.02.1995, Rs. C-279/93 (*FA Köln-Altstadt/Roland Schumacker*), DStR 1995, S. 326; hierzu ebenso die Ausführungen in: 3. Teil, § 2, B., III., 3., c).

1162 Vgl. EuGH v. 28.04.1998, Rs. C-118/96 (*Safir*), EuGHE 1998, S. I-1897 (1926), Rdnr. 26 und Rdnr. 28.

(3) Befreiung von der Prämienbesteuerung

Bei der Befreiung von der Prämienbesteuerung handelte es sich um eine Ermessensentscheidung der schwedischen Finanzverwaltung. Schon in früheren Verfahren hatte der EuGH zur Möglichkeit Stellung genommen, Beeinträchtigungen der Grundfreiheiten auf nationaler Ebene zu beseitigen. Dort wurden auch die Anforderungen herausgearbeitet, die an solche nationalen Regelungen zu stellen sind: Die Norm hat die praktische Wirksamkeit des Gemeinschaftsrechts zu gewährleisten. Es muss sich um eine verbindliche innerstaatliche Vorschrift handeln, die den Erfordernissen der Rechtssicherheit und Rechtsklarheit entspricht.[1163] Diesen Anforderungen genügte § 5 Premieskattelag nicht. Vielmehr erzeugte die Norm eine erhebliche Unsicherheit, hatte doch die Finanzverwaltung im Jahr 1995 in Bezug auf die Freistellungsanträge verschiedener britischer Lebensversicherungsgesellschaften unterschiedlich entschieden, obwohl die britischen Steuerregelungen nicht geändert worden waren.[1164]

(4) Rechtfertigung der Beeinträchtigung

Die Beeinträchtigung des freien Dienstleistungsverkehrs könnte aus zwingenden Gründen des Allgemeininteresses gerechtfertigt sein.

(a) Übertragbarkeit des Steuersystems

Aus den Feststellungen des EuGH[1165] geht hervor, dass ein Verstoß gegen Art. 49 EG nicht dadurch gerechtfertigt werden kann, dass – wie die schwedische Regierung vortrug – bestehende, auf rein nationale Sachverhalte zugeschnittene Steuerregelungen nicht auf grenzüberschreitende Sachverhalte übertragen werden können.

(b) Rechtfertigungsgrund der steuerlichen Kohärenz

Anders als GA *Tesauro* ging der EuGH auf den Rechtfertigungsgrund der Gewährleistung der Kohärenz des Steuersystems nicht ausdrücklich ein[1166]. Der vorliegende Sachverhalt ist jedoch so gelagert, dass ein materieller Vorteil des Leistungsempfängers an den Ort seiner Niederlassung geknüpft ist. Die Gewährung der steuerlichen Vergünstigung an ein Steuersubjekt (Versicherungsneh-

---

1163 Vgl. hierzu die Ausführungen in: 3. Teil, § 2, B., III., 3., d), cc), (1).

1164 Vgl. EuGH v. 28.04.1998, Rs. C-118/96 (*Safir*), EuGHE 1998, S. I-1897 (1928), Rdnr. 29.

1165 Vgl. EuGH v. 28.04.1998, Rs. C-118/96 (*Safir*), EuGHE 1998, S. I-1897 (1929), Rdnr. 34.

1166 Vgl. GA *Tesauro* in seinen Schlussanträgen v. 23.09.1997, Rs. C-118/96 (*Safir*), EuGHE 1998, S. I-1899 (1916 f.), Rdnr. 37.

mer) hängt davon ab, ob ein anderes Steuersubjekt (Versicherer) eine bestimmte Voraussetzung erfüllt. Daher ist auch im vorliegenden Fall ein unmittelbarer Zusammenhang zwischen dem steuerlichen Vor- und Nachteil in ein und derselben Person des Steuerpflichtigen zu verneinen.[1167] Zwischen der Prämienbesteuerung und der Nichtbesteuerung von Erträgen aus dem Versicherungskapital der nichtansässigen Versicherungsgesellschaften besteht kein unmittelbarer Zusammenhang.

(c) Schließen von Steuerlücken

Das Argument des Schließens von Steuerlücken lehnte der EuGH auf der Ebene der Verhältnismäßigkeit ab: Diese könnten durch gleich geeignete, aber weniger einschränkende Maßnahmen geschlossen werden.[1168] Konkret bedeutet dies: Die Mitgliedstaaten dürfen zwar Maßnahmen ergreifen, um Steuerausfälle zu vermeiden. Diese müssen jedoch geeignet, erforderlich und angemessen sein.

Anzumerken ist, dass das stärkste Argument gegen die Regelung die schwedische Regierung selbst lieferte. Das umstrittene Gesetz wurde zeitlich nach den dem Rechtsstreit zugrunde liegenden Vorgängen wesentlich geändert. Die Änderung bestand in der Einführung eines nicht differenzierenden, d.h. vom Sitz der Versicherungsgesellschaft unabhängigen Systems der Besteuerung der dem Versicherungsnehmer gewährten Erträge.[1169]

b) „Eurowings"

In dem Grundsatzurteil vom 26.10.1999 in der Rechtssache „Eurowings" [1170] ging es um die Beeinträchtigung der Dienstleistungsfreiheit durch die Regelung über die deutsche gewerbesteuerliche Hinzurechnung nach den § 8 Nr. 7, § 12 Abs. 2 GewStG.

aa) Der Sachverhalt

Die in Deutschland ansässige Eurowings Luftverkehrs AG leaste von der irischen Kapitalgesellschaft Air Tara Ltd. mit Sitz in Shannon für 467.914 DM ein Flugzeug, dessen Teilwert 1.320.000 DM betrug. Als das FA mit Bescheid vom 21.05.1996 die Gewerbesteuer für 1993 festsetzte, rechnete es dem Gewerbeertrag gem. § 8 Nr. 7 GewStG die Hälfte der tatsächlich

---

[1167] Vgl. hierzu die Ausführungen in: 3. Teil, § 2, B., II., 3., c), cc), (2).

[1168] Vgl. EuGH v. 28.04.1998, Rs. C-118/96 (*Safir*), EuGHE 1998, S. I-1897 (1929), Rdnr. 33.

[1169] Vgl. GA *Tesauro* in seinen Schlussanträgen v. 23.09.1997, Rs. C-118/96 (*Safir*), EuGHE 1998, S. I-1899 (1917), Rdnr. 38.

[1170] Vgl. EuGH v. 26.10.1999, Rs. C-294/97 (*Eurowings Luftverkehrs AG/FA Dortmund-Unna*), IStR 1999, S. 691.

entrichteten Leasingraten (233.957 DM) hinzu. Ebenso rechnete es dem Gewerbekapital gem. § 12 Abs. 2 GewStG den Teilwert des gemieteten Flugzeugs in Höhe von 1.320.000 DM hinzu. Hätte Eurowings den Leasingvertrag mit einer Gesellschaft abgeschlossen, bei der die Leasingeinnahmen der deutschen Gewerbesteuer unterlegen hätte, wäre eine Hinzurechnung unstreitig nicht erfolgt (§ 8 Nr. 7 Satz 2 Hs. 1 GewStG). Das FG Münster setzte das Verfahren aus und legte dem EuGH die Frage vor, ob die Bestimmungen über die Dienstleistungsfreiheit (Art. 49 ff. EG) diesem System der gewerbesteuerlichen Hinzurechnung entgegenstehen.[1171]

bb) Die Entscheidung des EuGH

Das System der gewerbesteuerlichen Hinzurechnung wurde vom EuGH (erwartungsgemäß) als Verstoß gegen die Dienstleistungsfreiheit gewertet. Die Entscheidung lautete:

> **„Art. 59 EGV[1172] steht nationalen Rechtsvorschriften über die Gewerbesteuer wie den im Ausgangsverfahren strittigen entgegen.“[1173]**

Der EuGH begann seine entscheidungsrelevanten Ausführungen mit einigen klarstellenden Wiederholungen aus früheren Entscheidungen:

> „Da das Leasing eine Dienstleitung i.S. von Art. 60 EGV[1174] darstellt, ist weiter darauf hinzuweisen, dass Art. 59 EGV[1175] nach der Rechtsprechung des Gerichtshofs nicht nur die Beseitigung jeglicher Diskriminierung des Dienstleistenden aufgrund seiner Staatsangehörigkeit, sondern auch die Aufhebung aller Beschränkungen des freien Dienstleistungsverkehrs verlangt, die darauf beruhen, dass der Dienstleistende in einem anderen Mitgliedstaat als demjenigen niedergelassen ist, in dem die Dienstleistung erbracht wird [...]. Nach ständiger Rechtsprechung verleiht Art. 59 EGV[1176] zudem nicht nur dem Dienstleistenden selbst, sondern auch dem Empfänger der Dienstleistung Rechte. [...] Eurowings kann deshalb als Leasingnehmerin Rechte aus dieser Bestimmung geltend machen.“[1177]

Anschließend legte das Gericht ausführlich dar, dass die streitigen Regelungen eine Ungleichbehandlung je nach dem Sitz des Dienstleistenden enthalten. Die

---

[1171] Vgl. EuGH v. 26.10.1999, Rs. C-294/97 (*Eurowings Luftverkehrs AG/FA Dortmund-Unna*), IStR 1999, S. 691 (691 f.).

[1172] Jetzt Art. 49 EG.

[1173] Siehe EuGH v. 26.10.1999, Rs. C-294/97 (*Eurowings Luftverkehrs AG/FA Dortmund-Unna*), IStR 1999, S. 691.

[1174] Jetzt Art. 50 EG.

[1175] Jetzt Art. 49 EG.

[1176] Jetzt Art. 49 EG.

[1177] Siehe EuGH v. 26.10.1999, Rs. C-294/97 (*Eurowings Luftverkehrs AG/FA Dortmund-Unna*), IStR 1999, S. 691 (693), Rdnr. 33 f.

im Ausgangsverfahren fragliche Hinzurechnung gem. § 8 Nr. 7 und § 12 Abs. 2 GewStG erfolge stets zu Lasten deutscher Unternehmer, die Wirtschaftsgüter von Vermietern mit Sitz oder Wohnsitz in einem anderen Mitgliedstaat mieten, da diese ihrerseits nie der deutschen Gewerbesteuer unterlägen. Hingegen unterbliebe die Hinzurechnung, wenn der Vermieter gleichfalls in Deutschland ansässig sei. Damit würden Fälle, in denen der Dienstleistende in der Bundesrepublik Deutschland ansässig ist, steuerlich anders behandelt als Fälle, in denen der Dienstleistende in einem anderen Mitgliedstaat ansässig ist. Zudem würden die letztgenannten Fälle nicht nur anders, sondern auch ungünstiger behandelt, was deutsche Unternehmen davon abhielte, sich an Vermieter im EG-Ausland zu wenden.[1178]

Schließlich prüfte das Gericht, ob die Ungleichbehandlung zu rechtfertigen sei. Das Kohärenzargument wurde mit der Begründung widerlegt, dass kein unmittelbarer Zusammenhang zwischen einem Steuervorteil (wie der fehlenden Hinzurechnungspflicht bei Unternehmen, die Wirtschaftsgüter bei in Deutschland ansässigen Vermietern mieten) und einem Steuernachteil (wie die Belastung dieser Vermieter mit der Gewerbesteuer, wenn sie bei Vermietern im EG-Ausland mieten) bestehe.[1179]

Das FA hatte zudem vorgebracht, dass die Ungleichbehandlung damit gerechtfertigt sei, dass der in einem anderen Mitgliedstaat ansässige Vermieter möglicherweise einer geringeren steuerlichen Belastung unterliege. Dem entgegnete der EuGH:

> „Ein etwaiger Steuervorteil für Dienstleistende in Form ihrer geringen steuerlichen Belastung in dem Mitgliedstaat, in dem sie ansässig sind, gibt einem anderen Mitgliedstaat nicht das Recht, die in seinem Gebiet ansässigen Empfänger der Dienstleistungen steuerlich ungünstiger zu behandeln [...]. Wie die Kommission zu Recht ausführt, würden solche kompensatorischen Abgaben den Binnenmarkt in seinen Grundlagen beeinträchtigen."[1180]

cc) Die steuerlichen Kernaussagen

Das Urteil in der Rechtssache „Eurowings" brachte das mehr als 60 Jahre alte System der gewerbesteuerlichen Hinzurechnungsvorschriften[1181] stark ins Wanken, streckenweise sogar ganz zu Fall. Es wurde in verschiedenen Aspekten als unvereinbar mit den Grundsätzen des Europäischen Binnenmarktes erklärt. Da-

---

[1178] Vgl. EuGH v. 26.10.1999, Rs. C-294/97 (*Eurowings Luftverkehrs AG/FA Dortmund-Unna*), IStR 1999, S. 691 (693), Rdnr. 35 ff.

[1179] Vgl. EuGH v. 26.10.1999, Rs. C-294/97 (*Eurowings Luftverkehrs AG/FA Dortmund-Unna*), IStR 1999, S. 691 (693), Rdnr. 42.

[1180] Siehe EuGH v. 26.10.1999, Rs. C-294/97 (*Eurowings Luftverkehrs AG/FA Dortmund-Unna*), IStR 1999, S. 691 (693), Rdnr. 44 f.

[1181] RStBl. I 1936, S. 979.

mit wurde die in der Literatur bereits seit längerem vertretene Auffassung[1182] bestätigt, wonach die Vorschriften der § 8 Nr. 7 und § 12 Abs. 2 Nr. 2 GewStG gegen den EG-Vertrag, namentlich gegen die Dienstleistungsfreiheit verstoßen.[1183]

(1) System der gewerbesteuerlichen Hinzurechnung

Nach § 2 GewStG unterliegt jeder stehende Gewerbebetrieb, soweit er im Inland betrieben wird, der Gewerbesteuer.[1184]

Besteuerungsgrundlage für die Gewerbesteuer war bis zum Erhebungszeitraum 1997 der Gewerbeertrag und das Gewerbekapital. Die Gewerbekapitalsteuer wurde jedoch durch das Gesetz zur Fortsetzung der Unternehmenssteuerreform vom 29.10.1997[1185] abgeschafft (vgl. § 37 GewStG).[1186] Der Gewerbeertrag bestimmt sich aus dem nach den Vorschriften des EStG oder des KStG ermittelten Gewinn aus Gewerbebetrieb zuzüglich der Hinzurechnungen nach § 8 GewStG und abzüglich der Kürzungen nach § 9 GewStG.[1187] Nach § 8 Nr. 7 Satz 1 GewStG werden dem Gewinn aus Gewerbebetrieb bei der Ermittlung des Gewerbeertrags die Hälfte der Miet- und Pachtzinsen für die Benutzung der nicht in Grundbesitz bestehenden Wirtschaftsgüter des Anlagevermögens, die im Eigentum eines anderen stehen, hinzugerechnet. Aufgrund einer typisierenden Schätzung geht der Gesetzgeber davon aus, dass der Gewerbebetrieb durch die Benutzung der fremden Wirtschaftsgüter einen Reinertrag in Höhe der Hälfte der Miet- und Pachtzinsen erwirtschaftet.[1188] Die Hinzurechnung findet dagegen nicht statt, wenn die Miet- bzw. Pachtzinsen beim Vermieter oder Verpächter heranzuziehen sind (§ 8 Nr. 7 Satz 2 Hs. 1 GewStG). Dies ist nur der Fall, wenn er im Inland ansässig ist.[1189]

[1182] Vgl. beispielsweise *Meilicke*, Unzulässige Diskriminierung ausländischer Leasinggeber durch § 8 Nr. 7 GewStG, RIW 1985, S. 801 ff.; *Saß/Tillmann*, Gewerbesteuerliche Hinzurechnung nach § 8 Nr. 7 und § 12 Abs. 2 Nr. 2 GewStG EU-verträglich? Schadensersatz?, DB 1996, S. 1744 ff.; *Streu*, Gewerbesteuerliche Hinzurechnungen bei ausländischen Leasinggebern verstoßen (nicht nur) gegen EU-Recht, IStR 1997, S. 555 ff.

[1183] Vgl. *Thömmes*, Das EuGH-Urteil in der Rechtssache Eurowings – nun ist der Gesetzgeber gefordert, IStR 1999, S. 753.

[1184] Die Gewerbesteuer wurde historisch nach dem sog. Äquivalenzprinzip als Ausgleich für die unmittelbaren oder mittelbaren Lasten konzipiert, die Gewerbebetriebe für die Gemeinden verursachen. Es handelt sich um eine Objekt- bzw. Realsteuer, die losgelöst von den persönlichen Verhältnissen des Steuerschuldners an das Objekt „Gewerbebetrieb" anknüpft. Vgl. *Tipke/Lang*, Steuerrecht, § 12, Rdnr. 1.

[1185] BGBl. I 1997, S. 2590.

[1186] Vgl. *Wachter*, Finanzierungsfreiheit im Europäischen Binnenmarkt, IStR 1999, S. 689.

[1187] Vgl. *Tipke/Lang*, Steuerrecht, § 12, Rdnr. 18.

[1188] Vgl. *Tipke/Lang*, Steuerrecht, § 12, Rdnr. 28; *Wachter*, Finanzierungsfreiheit im Europäischen Binnenmarkt, IStR 1999, S. 689.

[1189] Die Verweigerung des gewerbesteuerlichen Abzugs der Mietzahlungen wird mit dem „Objektsteuercharakter" der Gewerbesteuer begründet. Durch die Hinzurechnung soll eine Gleichbehandlung mit Betrieben erreicht werden, die mit eigenem Anlagevermögen

In der Praxis führte das Hinzurechnungsverfahren dazu, dass die Hinzurechnung beim inländischen Gewerbetreibenden im wesentlichen dann erfolgte, wenn er bewegliche Wirtschaftsgüter von einem ausländischen Betrieb mietete (§ 2 Abs. 1 Satz 1 GewStG). Dies stellte – wie der EuGH nun bestätigte – eine Beeinträchtigung des freien Dienstleistungsverkehrs dar.

(2) Eröffnung des sachlichen Anwendungsbereichs der Dienstleistungsfreiheit

Der EuGH qualifizierte das Leasing ausdrücklich als Dienstleistung i.S. von Art. 50 EG.[1190] Dies ist nur konsequent, da der wirtschaftliche Leistungsaustausch, der bei der Miete oder dem Leasing stattfindet, weder unter die Niederlassungsfreiheit noch unter die Warenverkehrsfreiheit subsumiert werden kann. Die Warenverkehrsfreiheit setzt einen grenzüberschreitenden Eigentumswechsel voraus, die Niederlassungsfreiheit die dauerhafte wirtschaftliche Integration in einem anderen Mitgliedstaat. Beides trifft auf die Vertragstypen Miete bzw. Leasing nicht zu, die die bloße Nutzungsüberlassung von Wirtschaftsgütern zum Gegenstand haben. Um daher Lücken im Schutzsystem der Grundfreiheiten zu vermeiden, sind derartige Leistungen dem weit gefassten Tatbestand des Art. 50 EG zuzuordnen.[1191]

(3) Berechtigte

Die Rechte des freien Dienstleistungsverkehrs stehen – wie der EuGH bereits in früheren Entscheidungen[1192] festgestellt hatte – nicht nur dem Dienstleistungserbringer, sondern auch dem Empfänger der Dienstleistung zu. Daher konnte die Firma Eurowings als Leasingnehmerin die Rechte aus Art. 49 und Art. 50 EG geltend machen.[1193]

---

arbeiten. Die Nichthinzurechnung dient der Vermeidung einer gewerbesteuerlichen Doppelerfassung, wenn die Mietzahlungen beim Empfänger der Gewerbesteuer unterliegen. Vgl. *Saß/Tillmann*, Gewerbesteuerliche Hinzurechnung nach § 8 Nr. 7 und § 12 Abs. 2 Nr. 2 GewStG EU-verträglich? Schadensersatz?, DB 1996, S. 1744.

1190 Vgl. EuGH v. 26.10.1999, Rs. C-294/97 (*Eurowings Luftverkehrs AG/FA Dortmund-Unna*), IStR 1999, S. 691 (693), Rdnr. 33.

1191 Vgl. *Saß/Tillmann*, Gewerbesteuerliche Hinzurechnung nach § 8 Nr. 7 und § 12 Abs. 2 Nr. 2 GewStG EU-verträglich? Schadensersatz?, DB 1996, S. 1744 (1746).

1192 Vgl. EuGH v. 14.11.1995, Rs. C-484/93 (*Svensson und Gustavsson*), EuGHE 1995, S. I-3955; EuGH v. 28.04.2998, Rs. C-118/96 (*Safir*), EuGHE 1998, S. I-1897 (1928), Rdnr. 20; hierzu auch die Ausführungen in: 3. Teil, B., IV., 3., a), cc), (2), (a).

1193 Vgl. EuGH v. 26.10.1999, Rs. C-294/97 (*Eurowings Luftverkehrs AG/FA Dortmund-Unna*), IStR 1999, S. 691 (693), Rdnr. 34.

(4) Beeinträchtigung des freien Dienstleistungsverkehrs

Es war vom EuGH zu prüfen, ob die streitige gewerbesteuerliche Bestimmung eine Beeinträchtigung in Form einer Diskriminierung oder einer Beschränkung darstellte. Eine offene Diskriminierung war ausgeschlossen, da die Vorschrift des § 8 Nr. 7 GewStG nicht unmittelbar an die Ausländereigenschaft des Vermieters bzw. Verpächters anknüpfte.[1194] Folglich blieb nur die Möglichkeit einer versteckten Diskriminierung oder einer Beschränkung.[1195]

Die Hinzurechnung erfolgte bzw. unterbleibt je nach dem, ob der Vermieter bzw. Verpächter in der Bundesrepublik Deutschland gewerbesteuerpflichtig war oder nicht. Es galt also eine unterschiedliche steuerliche Regelung je nach dem, wo der Dienstleistende ansässig war. Damit entfaltete die Regelung eine protektionistische Wirkung zugunsten inländischer Dienstleistungserbringer, da die Inanspruchnahme ausländischer Dienstleistender beim Dienstleistungsnehmer mit steuerlichen Nachteilen belegt war. Zusammengefasst: Durch § 8 Nr. 7 GewStG wurden mit dem Differenzierungskriterium der Ansässigkeit rein inländische Miet- bzw. Leasingsachverhalte steuerlich anders, d.h. günstiger behandelt, als Sachverhalte mit grenzüberschreitendem Bezug. Somit wurde die Beeinträchtigung der Dienstleistungsfreiheit durch eine benachteiligende Ungleichbehandlung hervorgerufen und ist daher als versteckte Diskriminierung zu qualifizieren.

(5) Rechtfertigung der Beeinträchtigung

Die mit der steuerlichen Ungleichbehandlung verbundene Beeinträchtigung der Dienstleistungsfreiheit war nach dem EuGH auch nicht zu rechtfertigen.

(a) Rechtfertigungsgrund der steuerlichen Kohärenz

In der Sache berief sich die Bundesregierung auf den Objektsteuercharakter der Gewerbesteuer. Dieser erfordere, dass die Gewerbesteuer, gleich ob die Mietzahlung im In- oder im EU-Ausland fließt, gleichermaßen einmal erhoben wird. Würde die Hinzurechnung bei den abfließenden Leasingzahlungen unterbleiben, so könne die „kohärente Anwendung" des Systems nicht gewahrt werden.[1196]

Der EuGH bestätigte seine in der Rechtssache „Safir"[1197] getroffene Feststellung, dass die Behandlung eines Steuerpflichtigen nicht von den Besteuerungs-

---

[1194] Vgl. *Wachter*, Finanzierungsfreiheit im Europäischen Binnenmarkt, IStR 1999, S. 689 (690).

[1195] Vgl. allgemein zu Abgrenzung der beiden Beeinträchtigungsformen die Ausführungen in: 3. Teil, § 2, A., II., 2., b), bb), (2), (b).

[1196] Vgl. EuGH v. 26.10.1999, Rs. C-294/97 (*Eurowings Luftverkehrs AG/FA Dortmund-Unna*), IStR 1999, S. 691 (693), Rdnr. 31.

[1197] Vgl. EuGH v. 28.04.1998, Rs. C-118/96 (*Safir*), EuGHE 1998, S. I-1897.

merkmalen in der Person eines anderen Steuerpflichtigen abhängig gemacht werden darf.[1198] Die Wahrnehmung der steuerlichen Kohärenz kann eine Beeinträchtigung der Grundfreiheiten nur dann rechtfertigen, wenn zwischen Steuernachteil und Steuervorteil bei demselben Steuerpflichtigen ein zwingender unmittelbarer Zusammenhang besteht.[1199] Der EuGH stellte klar, dass ein solcher unmittelbarer Zusammenhang nicht gegeben ist, wenn der Steuervorteil bei dem einem Steuerpflichtigen (Unternehmer, der Wirtschaftsgüter bei einem in Deutschland ansässigen Vermieter mietet), der Steuernachteil jedoch bei einem anderen Steuerpflichtigen (Belastung des im Inland ansässigen Vermieter mit der Gewerbesteuer) eintritt.[1200]

(b) Kompensation von Steuervor- und Steuernachteilen

Desweiteren hatte die Bundesregierung geltend gemacht: Falls der ausländische Leasinggeber in seinem Heimatstaat keiner Gewerbesteuer oder ähnlichen Abgaben unterliege, würde die Zulassung des Abzugs umgekehrt die Zahlung an inländische Leasinggeber diskriminieren.[1201]

Der EuGH hatte seit jeher die Kompensation einer steuerlichen Bevorzugung durch anderweitige Steuernachteile im gleichen Staat abgelehnt.[1202] Hier stellte er erstmalig ausdrücklich fest, dass die steuerliche Benachteiligung des Dienstleistungsempfängers in einem Mitgliedstaat nicht durch einen etwaigen Steuervorteil des Dienstleistenden in einem anderen Mitgliedstaat gerechtfertigt werden kann. Damit wird auch die Kompensation von Steuervorteilen in einem anderen Mitgliedstaat nicht als Rechtfertigungsgrund anerkannt.[1203]

1198 Vgl. hierzu die Ausführungen in: 3. Teil, § 2, B., IV., 3., a), cc), (4), (b).

1199 Vgl. hierzu die Ausführungen in: 3. Teil, § 2, B., II., 4., b), aa).; EuGH v. 11.08.1995, Rs. C-80/94 (*Wielockx*), EuGHE 1995, S. I-2493 (2516 f.), Rdnr. 24.

1200 Vgl. EuGH v. 26.10.1999, Rs. C-294/97 (*Eurowings Luftverkehrs AG/FA Dortmund-Unna*), IStR 1999, S. 691 (693), Rdnr. 42; *Wachter*, Finanzierungsfreiheit im Europäischen Binnenmarkt, IStR 1999, S. 689 (690); *Thömmes*, Das EuGH-Urteil in der Rechtssache Eurowings – nun ist der Gesetzgeber gefordert, IStR 1999, S. 753.

1201 Vgl. EuGH v. 26.10.1999, Rs. C-294/97 (*Eurowings Luftverkehrs AG/FA Dortmund-Unna*), IStR 1999, S. 691 (693), Rdnr. 43.

1202 Vgl. hierzu die Ausführungen in: 3. Teil, § 2, B., II., 4., d); EuGH v. 28.01.1986, Rs. 270/83 (*Kommission/Frankreich*), EuGHE 1986, S. 273 (305), Rdnr. 21; EuGHE v. 21.09.1999, Rs. C-307/97 (*Saint-Gobain ZN*), IStR 1999, S. 592 (596), Rdnr. 53.

1203 Vgl. *Saß*, Einfluss der Dienstleistungsfreiheit in der EU auf die direkten Steuern, DB 2000, S. 176 (177).

c) „Verstergaard“

Im Urteil „Vestergaard“[1204] bestätigte der EuGH lediglich seine in den Entscheidungen „Safir“[1205] und „Eurowings“[1206] entwickelte Rechtsprechung. Es ging es um die Abzugsfähigkeit beruflicher Aufwendungen.

aa) Der Sachverhalt

Der in Dänemark einkommensteuerpflichtige Herr Vestergaard ist zugelassener Wirtschaftsprüfer und bei einer Wirtschaftsprüfergesellschaft angestellt. Er wollte die Kosten einer Fortbildungsveranstaltung auf Kreta, die von einem dänischen Reisebüro organisiert worden war, steuermindernd geltend machen. Nach den dänischen Einkommensteuerrichtlinien galt jedoch für das Streitjahr 1988 die Vermutung (Beweislastregel), dass eine Fortbildungsveranstaltung, die an einem üblichen Urlaubsort im Ausland stattfand in so erheblichem Umfang Urlaubszwecken diente, dass die Teilnahme nicht als abzugsfähige berufliche Aufwendung betrachtet werden konnte. Eine Ausnahme galt nur dann, wenn sich die Wahl des Ortes aus beruflichen Gründen rechtfertigen ließ. Die Vermutung galt jedoch nicht, wenn die Fortbildung an einem üblichen Urlaubsort in Dänemark durchgeführt wurde.

bb) Die Entscheidung des EuGH

Der EuGH führte in den Entscheidungsgründen aus, dass der Anwendungsbereich der Dienstleistungsfreiheit auch dann eröffnet sei, wenn Leistungserbringer und Leistungsempfänger in demselben Mitgliedstaat ansässig seien, die Leistung aber in einem anderen EG-Mitgliedstaat erbracht werde.[1207] Etwaige Beschränkungen des Leistenden bei der Erbringung seiner Dienstleistung könne auch der Dienstleistungsempfänger geltend machen und so eine für ihn günstigere Rechtslage durchsetzen. Außerdem sei der Leistungsempfänger berechtigt, „sich zur Inanspruchnahme einer Dienstleistung in einen anderen Mitgliedstaat zu begeben, ohne durch irgendwelche Beschränkungen daran gehindert zu werden.“[1208] Die Regelung eines Mitgliedstaates, die den steuerlichen Abzug von Ausgaben für die Teilnahme an Fortbildungsveranstaltungen im Ausland schwieriger mache als den von Ausgaben für solche Veranstaltungen in dem betreffenden Mitgliedstaat, enthalte eine nach Art. 49 EG verbotene Differenzierung nach dem Ort der Dienstleistungserbringung.[1209] Abschließend erinnerte der EuGH daran, dass innerhalb der EU zur Aufklärung von Auslandssachver-

---

1204 Vgl. EuGH v. 28.10.1999, Rs. C-55/98 (*Vestergaard*), BB 2000, S. 288.
1205 Vgl. EuGH v. 28.04.1998, Rs. C-118/96 (*Safir*), EuGHE 1998, S. I-1897.
1206 Vgl. EuGH v. 26.10.1999, Rs. C-294/97 (*Eurowings Luftverkehrs AG/FA Dortmund-Unna*), IStR 1999, S. 691.
1207 Vgl. EuGH v. 28.10.1999, Rs. C-55/98 (*Vestergaard*), BB 2000, S. 288 (289), Rdnr. 19.
1208 Siehe EuGH v. 28.10.1999, Rs. C-55/98 (*Vestergaard*), BB 2000, S. 288 (289), Rdnr. 20.
1209 Vgl. EuGH v. 28.10.1999, Rs. C-55/98 (*Vestergaard*), BB 2000, S. 288 (289), Rdnr. 22.

halten die Möglichkeit der Amtshilfe bestehe.[1210] Damit mahnte der EuGH erneut die Ausschöpfung der durch die Amtshilferichtlinie[1211] ergebenen Erkenntnismöglichkeiten an.

cc) Die steuerlichen Kernaussagen

Die Entscheidung „Vestergaard“ schließt nahtlos an die bisherige Rechtsprechung an. Seit der Entscheidung „Safir“[1212] war eindeutig, dass auch der Dienstleistungsempfänger eine Beeinträchtigung der Dienstleistungsfreiheit geltend machen kann.[1213] Angesichts der einheitlichen Auslegung der Grundfreiheiten überraschen auch die Ausführungen zur verfahrensrechtlichen Gleichstellung von Besteuerungssachverhalten mit EG-Bezug mit inländischen Besteuerungssachverhalten nicht. Bereits in der Entscheidung „Schumacker“ hatte der EuGH bekräftigt, dass sich das Gebot der Inländerbehandlung im steuerlichen Bereich nicht nur auf materiell-rechtliche Fragen, sondern auch auf die Verfahrenspraxis bezieht.[1214] Dementsprechend müssen steuerliche Beweislastregeln, die auf rein innerstaatliche Sachverhalte Anwendung finden, auch für Sachverhalte mit EG-Auslandsbezug gelten. Eine Verlagerung der Feststellungslast auf den Steuerpflichtigen darf hier nicht erfolgen.[1215]

4. Zwischenergebnis

Innerhalb der Grundfreiheiten nahm die Dienstleistungsfreiheit lange Zeit eine eher unbedeutende Rolle ein. Angesichts der wachsenden gesamtwirtschaftlichen Bedeutung des Dienstleistungssektors wird diese Grundfreiheit in Zukunft jedoch mehr Bedeutung gewinnen. Aus den bislang vorliegenden Entscheidungen des EuGH ergeben sich folgende steuerspezifische Konkretisierungen der Dienstleistungsfreiheit.

1210 Vgl. EuGH v. 28.10.1999, Rs. C-55/98 (*Vestergaard*), BB 2000, S. 288 (290), Rdnr. 26 ff.

1211 Vgl. RL 79/1070/EWG (ABl. EG 1979, Nr. L 331 v. 27.12.1979, S. 8).

1212 Vgl. EuGH v. 28.04.1998, Rs. C-118/96 (*Safir*), EuGHE 1998, S. I-1897.

1213 Vgl. hierzu die Ausführungen in: 3. Teil, § 2, B., IV., 3., a), cc), (2), (a).

1214 Vgl. EuGH v. 14.02.1995, Rs. C-279/93 (*FA Köln-Altstadt/Roland Schumacker*), DStR 1995, S. 326; hierzu auch die Ausführungen in: 3. Teil, § 2, B., III., 2., c), cc), (5).

1215 Auch die AO sieht bei Auslandssachverhalten generell und ohne Beschränkung auf Drittländer eine gesteigerte Mitwirkungspflicht vor (vgl. § 90 Abs. 2 AO). Dies dürfte nach der „Vestergaard“-Entscheidung des EuGH gemeinschaftsrechtlich nicht mehr haltbar sein.

a) Anwendungsbereich der Dienstleistungsfreiheit

Im Rahmen des sachlichen und personalen Anwendungsbereichs der Dienstleistungsfreiheit lassen sich nach den vorstehenden Untersuchungen folgende Ergebnisse festhalten.

aa) Der sachliche Anwendungsbereich

Die Prüfung des sachlichen Anwendungsbereichs erfordert zugleich die Abgrenzung der Grundfreiheiten untereinander (Konkurrenzen der Grundfreiheiten).[1216] Für die Dienstleistungsfreiheit ergibt sich ein Abgrenzungsbedürfnis aus Art. 50 EG, wonach Dienstleistungen nur solche Leistungen sind, die nicht unter die Vorschriften über den freien Waren- und Kapitalverkehr und über die Freizügigkeit der Arbeitnehmer fallen. Die Qualifikation, ob eine nationale Maßnahme die Dienstleistungs- oder die Kapitalverkehrsfreiheit betrifft, erfolgt nach dem EuGH auf der Grundlage eines Unmittelbarkeitskriteriums: Behindert die nationale Maßnahme den Kapital- und Zahlungstransfer unmittelbar, indem sie ihn behindert oder erschwert, so finden die Art. 56 ff. EG Anwendung. Ist die Kapital- und Zahlungsverkehrsfreiheit dagegen nur indirekt betroffen und stellt die Maßnahme eine nicht währungsbezogene Beschränkung des freien Dienstleistungsverkehrs dar, so fällt sie unter die Art. 49 ff. EG.[1217]

bb) Der personale Anwendungsbereich

Begünstigte[1218] der Bestimmungen über die Dienstleistungsfreiheit sind nicht nur die Dienstleistungserbringer, sondern auch die Dienstleistungsempfänger. Etwaige Beschränkungen des Leistenden bei der Erbringung seiner Dienstleistung kann daher auch der Dienstleistungsempfänger geltend machen und so eine für ihn günstigere Rechtslage durchsetzen.[1219]

b) Steuerspezifische Beeinträchtigungen der Dienstleistungsfreiheit

Nach ständiger Rechtsprechung des EuGH verlangen die Art. 49 und Art. 50 EG nicht nur die Beseitigung sämtlicher Diskriminierungen des Leistungserbringers

---

[1216] Vgl. *Kingreen*, Die Struktur der Grundfreiheiten des Europäischen Gemeinschaftsrechts, S. 77.

[1217] Vgl. EuGH v. 28.01.1992, Rs. C-204/90 (*Bachmann*), EuGHE 1992, S. I-249 (285), Rdnr. 31; hierzu auch die Ausführungen in: 3. Teil, § 2, B., IV., 3., a), cc), (1).

[1218] Vgl. hierzu die Ausführungen in: 3. Teil, § 2, A., II., 2., a), bb).

[1219] Vgl. hierzu die Ausführungen in: 3. Teil, § 2, B., IV., 3., a), cc), (2), (a); EuGH v. 31.01.1984, verb. Rs. 286/82, 26/83 (*Luisi und Carbone/Ministero del Torso*), EuGHE 1984, S. 377 (401), Rdnr. 12; EuGH v. 26.10.1999, Rs. C-294/97 (*Eurowings Luftverkehrs AG/FA Dortmund-Unna*), IStR 1999, S. 691 (693), Rdnr. 34.

aufgrund der Staatsangehörigkeit, sondern auch die Beseitigung aller Beschränkungen des freien Dienstleistungsverkehrs, die damit zusammenhängen, dass der Leistungserbringer in einem anderen Mitgliedstaat als dem, in dem die Leistung erbracht wird, niedergelassen ist.[1220]

Nach der Rechtsprechung des EuGH darf ein Mitgliedstaat den grenzüberschreitenden Austausch von Dienstleistungen nicht dadurch erschweren, dass er den Empfang von Dienstleistungen je nach Sitz des Dienstleistungserbringers oder Ort der Erbringung der Dienstleistung steuerlich unterschiedlich behandelt. Außerdem darf die Betätigung ausländischer Dienstleistungserbringer auf dem inländischen Markt von keinem Niederlassungserfordernis abhängig gemacht werden.[1221]

Aufgrund der einheitlichen Auslegung der Grundfreiheiten verbieten auch die Vorschriften über die Dienstleistungsfreiheit nicht nur materiell-rechtliche sondern auch verfahrensrechtliche Beeinträchtigungen im steuerlichen Bereich.[1222]

c) Steuerspezifische Rechtfertigungsgründe

Auch steuerspezifische Beeinträchtigungen der Dienstleistungsfreiheit müssen unter bestimmten Voraussetzungen hingenommen werden. Die folgenden Rechtfertigungsargumente ließ der EuGH jedoch nicht gelten.

aa) Wirtschaftliche Erwägungen

Wirtschaftliche Gründe sind in den kodifizierten Rechtfertigungsgründen des Art. 46 Abs. 1 EG, auf den Art. 55 EG verweist, nicht genannt. Wirtschaftliche Erwägungen können eine nationale Regelung daher nicht rechtfertigen, wenn sie den freien Dienstleistungsverkehr beeinträchtigt. Auch wenn diese Rechtsvorschriften auf den ersten Blick aufgrund rein volkswirtschaftlicher Betrachtungsweise gerechtfertigt erscheinen, sind sie trotzdem mit dem Gemeinschaftsrecht unvereinbar, wenn sie eine diskriminierende oder beschränkende Wirkung entfalten. Nationale Maßnahmen, die auch dem Schließen von Steuerlücken dienen, sind hohen Anforderungen unterworfen.[1223]

[1220] Vgl. EuGH v. 04.12.1986, Rs. 220/83 (*Kommission/Frankreich*), EuGHE 1986, S. 3663 (3708), Rdnr. 16.

[1221] Vgl. hierzu die Ausführungen in: 3. Teil, § 2, B., IV., 3., a), cc), (2).

[1222] Vgl. EuGH v. 28.10.1999, Rs. C-55/98 (*Vestergaard*), BB 2000, S. 288 (289), Rdnr. 21 f.

[1223] Vgl. EuGH v. 28.04.1998, Rs. C-118/96 (*Safir*), EuGHE 1998, S. I-1897 (1929), Rdnr. 33.

bb) Die steuerliche Kohärenz

Hängt ein steuerlicher Vorteil des Leistungsempfängers vom Ort der Niederlassung des Leistungserbringers ab, so ist ein unmittelbarer Zusammenhang des steuerlichen Vor- und Nachteils in ein und derselben Person des Steuerpflichtigen zu verneinen.[1224] Dies ist nicht vom Grundsatz der steuerlichen Kohärenz gedeckt, wonach den Mitgliedstaaten lediglich die Befugnis zusteht, Steuervorschriften zu erlassen, die in einem so engen Zusammenhang miteinander stehen, dass sie insgesamt ein einheitliches und in sich abgeschlossenes System bilden.

d) Das Kompensationsverbot

Ein etwaiger Steuervorteil für Dienstleistende in Form einer geringeren steuerlichen Belastung in dem Mitgliedstaat, in dem sie ansässig sind, gibt einem anderen Mitgliedstaat nicht das Recht, die in seinem Gebiet ansässigen Empfänger der Dienstleistung steuerlich ungünstiger zu behandeln. Solche kompensatorischen Abgaben beeinträchtigen nach dem EuGH den Binnenmarkt in seinen Grundlagen.[1225]

§ 3 Ergebnis

Im zweiten Teil der Arbeit wurde festgestellt, dass das GG der Bundesrepublik Deutschland kein materielles Steuerverfassungsrecht enthält. Es bestehen keine ausdrücklichen Regelungen darüber, wie die einzelnen Steuern zu gestalten sind und wo die verfassungsrechtlichen Grenzen der Steuerbelastung liegen. Diese Lücke schließen die allgemeinen verfassungsrechtlichen Regeln, namentlich die Grundrechte und die Strukturprinzipien der Verfassung. Diese haben – insbesondere durch die Rechtsprechung des BVerfG – eine steuerspezifische Konkretisierung erfahren.[1226] Gerade für den Bereich der direkten Steuern ergeben sich auf supranationaler Ebene deutliche Parallelen. Die Steuergewalt ist einer der wichtigsten Bestandteile der Finanzhoheit und zählt zu dem Kernbereich mitgliedstaatlicher Souveränität.[1227] Die Fiskalhoheit der Mitgliedstaaten, die unterschiedliche Steuern und Steuersysteme impliziert, ist jedoch geeignet, das zentrale Integrationsziel eines gemeinsamen Binnenmarktes nachhaltig zu beeinträchtigen.[1228] Diese Spannungslage ist im EG-Vertrag nur teilweise gelöst. So sind nach den Art. 90 bis Art. 92 EG Steuerdiskriminierungen im Binnenhandel verboten und für indirekte Steuern wird in Art. 93 EG eine Harmonisie-

---

1224 Vgl. hierzu die Ausführungen in: 3. Teil, § 2, B., IV., 3., a), cc), (4), (b) und cc), (5), (a).

1225 Vgl. EuGH v. 26.10.1999, Rs. C-294/97 (*Eurowings Luftverkehrs AG/FA Dortmund-Unna*), IStR 1999, S. 691 (693), Rdnr. 44 f.

1226 Vgl. hierzu die Ausführungen in: 2. Teil, § 1, B.

1227 Vgl. *Oppermann*, Europarecht, Rdnr. 1153.

1228 Vgl. hierzu die Ausführungen in: 3. Teil, § 2, A., I., 2.; *Hirsch*, Wichtige Einflüsse der EuGH-Rechtsprechung auf das deutsche Steuerrecht, DStR 1998, S. 489 (491).

rungskompetenz begründet. Die direkten Steuern finden normativ und ausdrücklich dagegen so gut wie keine Beachtung.[1229]

Der EG-Vertrag enthält keine Regelungen darüber, wie die mitgliedstaatlichen Vorschriften im Bereich der direkten Steuern ausgestaltet sein müssen, um dem Integrationsziel eines gemeinsamen Binnenmarktes gerecht zu werden. Diese Lücke wird auf supranationaler Ebene durch die Grundfreiheiten des EG-Vertrages geschlossen. Der EuGH nutzt hier sein Monopol zur Auslegung des Gemeinschaftsrechts, um deren allgemeine Bestimmungen steuerspezifisch zu konkretisieren. Dies ist die wichtigste Schlussfolgerung, die sich aus den bisherigen Untersuchungen ergibt. Daher sollen die einzelnen Stufen der Ergebnisfindung noch einmal dargestellt werden.

A. Steuern und Binnenmarktkonzept

Nach Art. 14 Abs. 2 EG umfasst der Binnenmarkt „einen Raum ohne Binnengrenzen, in dem der freie Verkehr von Waren, Personen, Dienstleistungen und Kapital [...] gewährleistet ist." Die vier Grundfreiheiten des EG-Vertrages sind die „Pfeiler des Binnenmarktes"[1230] und haben konstituierende Bedeutung für den freien Wirtschaftsverkehr innerhalb der Gemeinschaft.[1231] Voraussetzung für die Verwirklichung des Binnenmarktes ist unter anderem die Eliminierung der für die Wahrnehmung der Grundfreiheiten hinderlichen Steuergrenzen. Diese entstehen durch die Unterschiedlichkeit der Besteuerungssysteme und Steuersätze. Wenn Arbeitnehmer und Unternehmen im gesamten Gemeinschaftsgebiet tätig werden, wenn Waren, Dienstleistungen und Kapital frei ausgetauscht werden sollen, dann dürfen die nationalen Steuersysteme die Ausübung der Grundfreiheiten nicht behindern, sie müssen vielmehr gegenüber deren Ausübung neutral sein. Neutralität der Steuergesetzgebung bedeutet, dass die Mitgliedstaaten den wirtschaftlichen Austausch innerhalb der Gemeinschaft nicht durch spezielle Regelungen ihrer Steuergesetze behindern dürfen.[1232]

B. Die Grundfreiheiten des EG-Vertrages

Der EG-Vertrag gewährt keine umfassende wirtschaftliche Freiheit, sondern differenziert nach den unterschiedlichen Varianten der wirtschaftlichen Tätigkeiten. Die Freiheit des Waren-, Personen-, Dienstleistungs- und Kapitalverkehrs ist jeweils gesondert geregelt. Die inhaltliche Dimension der im EG-Vertrag unterschiedlich ausgestalteten Grundfreiheiten wurde in einer prozesshaften Entwicklung der Rechtsprechung des EuGH geklärt. Diese führte zu einer strukturellen Angleichung der Grundfreiheiten aneinander, so dass man heute

---

[1229] Vgl. hierzu die Ausführungen in: 3. Teil, § 1, B.

[1230] Siehe *Herdegen*, Europarecht, Rdnr. 281.

[1231] Vgl. hierzu die Ausführungen in: 3. Teil, § 2, A., I.

[1232] Vgl. hierzu die Ausführungen in: 3. Teil, § 2, A., I., 2.

von einer einheitlichen Dogmatik der Grundfreiheiten sprechen kann. Für die Prüfung, ob eine nationale Vorschrift zu den Grundfreiheiten des EG-Vertrages in Widerspruch steht, empfiehlt sich folgender Drei-Stufen-Aufbau: Eröffnung des Anwendungsbereichs[1233], Beeinträchtigung des Anwendungsbereichs und Rechtfertigung der Beeinträchtigung.[1234]

C. Die steuerspezifische Konkretisierung der Grundfreiheiten durch den EuGH

Wie bereits erwähnt, müssen die allgemeinen Bestimmungen der Grundfreiheiten die Lücke schließen, die dadurch entsteht, dass der EG-Vertrag keine Regelung enthält, wie die nationalen Steuersysteme gestaltet sein müssen, um das Integrationsziel des Binnenmarktes nicht zu beeinträchtigen. Durch die Rechtsprechung des EuGH haben diese im Laufe der Zeit eine steuerspezifische Konkretisierung erfahren.

I. Steuerspezifische Beeinträchtigungen der Grundfreiheiten

Die Rechtsprechung des EuGH ist durchzogen von dem Bekenntnis, dass „zwar der Bereich der direkten Steuern als solcher beim gegenwärtigen Stand des Gemeinschaftsrechts nicht in die Zuständigkeit der Gemeinschaft fällt, die Mitgliedstaaten die ihnen verbliebenen Befugnisse jedoch unter Wahrung des Gemeinschaftsrechts ausüben“[1235] und deshalb jede offene oder verdeckte Diskriminierung aufgrund der Staatsangehörigkeit unterlassen müssen. Für mögliche

---

[1233] Der Anwendungsbereich der Grundfreiheiten gliedert sich in einen sachlichen und einen personalen Teil. Der sachliche Anwendungsbereich umfasst die Menge jener Verhaltensweisen, Sachgüter oder Situationen eines Grundfreiheitsbegünstigten, die vom Wortlaut der Grundfreiheit erfasst ist. Die Besonderheit der Grundfreiheiten besteht darin, dass sie nur wirtschaftliche Sachverhalte erfassen, die einen grenzüberschreitenden Bezug aufweisen. Mit dem personalen Anwendungsbereich werden die Personen umschrieben, die durch die betreffende Grundfreiheit begünstigt werden. Dies sind hauptsächlich Angehörige der Mitgliedstaaten. Vgl. hierzu die Ausführungen in: 3. Teil, § 2, A., II., 2., a).

[1234] Mit der Erweiterung möglicher Beeinträchtigungsformen durch den EuGH geht auch eine Ausdehnung und Vereinheitlichung der Umstände einher, die eine Beeinträchtigung der Grundfreiheiten rechtfertigen können. Außer bei der Einschlägigkeit eines kodifizierten Rechtfertigungsgrundes ist eine nationale Regelung zulässig, wenn sie aus zwingenden Gründen des Allgemeininteresses gerechtfertigt ist, soweit der Grundsatz der Verhältnismäßigkeit gewahrt ist. Vgl. hierzu die Ausführungen in: 3. Teil, § 2, A., II., 2., c).

[1235] Vgl. EuGH v. 11.08.1995, Rs. C-80/94 (*Wielockx*), EuGHE 1995, S. I-2493 (2514), Rdnr. 16; EuGH v. 27.06.1996, Rs. C-107/94 (*Asscher*), EuGHE 1996, S. I-3089 (3124), Rdnr. 36; EuGH v. 15.05.1997, Rs. C-250/95 (*Futura Participations und Singer*), EuGHE 1997, S. I-2471 (2499), Rdnr. 19; EuGH v. 21.09.1999, Rs. C-307/97 (*Saint-Gobain ZN*), IStR 1999, S. 592 (596 f.), Rdnr. 56; EuGH v. 14.02.1995, Rs. C-279/93 (*FA Köln-Altstadt/Roland Schumacker*), DStR 1995, S. 326 (327), Rdnr. 21.

Beeinträchtigungen besteht eine „Trias von Kategorien“: offene Diskriminierungen, versteckte Diskriminierungen und Beschränkungen.[1236]

1. Diskriminierungen

Verboten ist nicht nur die Differenzierung nach der Staatsangehörigkeit (offene Diskriminierung), sondern auch die Anwendung von der Staatsangehörigkeit typologisch gleichgestellten Merkmalen, die zu dem gleichen Ergebnis führen (versteckte Diskriminierung). Die Grundfreiheiten verbieten daher die ungerechtfertigte Diskriminierung Gebietsfremder gegenüber Ansässigen. Dies ist in der Terminologie des EuGH die klassische Ausprägung der Grundfreiheiten als steuerrechtliche Diskriminierungsverbote.

a) Diskriminierung Gebietsansässiger gegenüber Gebietsfremden

Unter einer Diskriminierung versteht man die nachteilige Ungleichbehandlung einer bestimmten Personengruppe gegenüber einer Vergleichsgruppe. Erforderlich ist die Durchführung eines Vergleichs sowie die Feststellung einer nachteiligen Ungleichbehandlung der einen Vergleichsgruppe.

aa) Vergleichsdurchführung

Der Vergleich erfordert eine Gegenüberstellung des konkreten Steuerpflichtigen und eines Vergleichspartners, der sich in einer vergleichbaren wirtschaftlichen Situation befindet.[1237] Der EuGH geht von dem Grundsatz aus, dass sich Nichtansässige und Ansässige grundsätzlich nicht in einer vergleichbaren Situation befinden. Soweit dieser Grundsatz gilt, misslingt bereits die Vergleichspaarbil-

---

[1236] Die Grundfreiheiten verbieten zunächst jede Ungleichbehandlung aufgrund der Staatsangehörigkeit. Aber auch dann, wenn Differenzierungskriterium einer nationalen Regelung nicht die Staatsangehörigkeit ist, sondern ein anderer, für In- und Ausländer gleichermaßen anwendbaren Umstand (wie etwa der Wohnsitz), können Ausländer hierdurch indirekt diskriminiert werden. Dies ist der Fall, wenn das Differenzierungskriterium materiell geeignet ist, sich überwiegend zum Nachteil ausländischer Staatsangehöriger auszuwirken. Vgl. hierzu die Ausführungen in: 3. Teil, § 2, A., II., 2., b). Verboten sind jedoch nicht nur diskriminierende Beeinträchtigungen, sondern alle Beschränkungen, die transnationale wirtschaftliche Betätigungen innerhalb der Gemeinschaft behindern oder weniger attraktiv machen. Dazu gehören alle nationalen Rechtsvorschriften, die zur Anwendung auf alle Wirtschaftsteilnehmer bestimmt sind, gerade durch diese Gleichbehandlung aber zu faktischen Nachteilen für ausländische Wirtschaftsteilnehmer führen, weil sie Anforderungen an die Betätigung stellen, die für diese schwerer zu erfüllen sind als für Inländer.

[1237] Vgl. hierzu die Ausführungen in: 3. Teil, § 2, A., II., 2., b), bb), (1), (a) und B., II., 3., a), cc), (3).

dung, so dass insoweit kein Fall der Diskriminierung Gebietsfremder gegenüber Gebietsansässigen vorliegen kann. Von diesem Grundsatz bestehen jedoch auch Ausnahmen. Wann allerdings eine Vergleichbarkeit der Situation von Gebietsfremden und Ansässigen anzunehmen ist, lässt sich der bisherigen Rechtsprechung nicht allgemein, sondern nur einzelfallbezogen entnehmen.[1238]

Für Unternehmen ist die Gleichartigkeit zu bejahen, wenn der Steuerpflichtige über eine Betriebsstätte in einem anderen Mitgliedstaat tätig wird. Dies begründete der EuGH in der Entscheidung „avoir fiscal“[1239] damit, dass der Steuerpflichtige und sein Vergleichspartner in Bezug auf die „Modalitäten und Voraussetzungen“ der Besteuerung gleich behandelt werden (Anerkennungsgrundsatz).[1240] Demgegenüber nimmt der EuGH in den sog. Grenzpendlerfällen für Privatpersonen grundsätzlich nur dann eine vergleichbare Situation an, wenn der Steuerpflichtige in seinem Wohnsitzstaat keine nennenswerten Einkünfte erzielt und sein Einkommen „im wesentlichen“ aus einer Tätigkeit bezieht, die er im Beschäftigungsstaat ausübt.[1241] Nur in diesem Fall ist nach dem EuGH ein im Tätigkeitsstaat Ansässiger tauglicher Vergleichspartner. Erzielt der Steuerpflichtige dagegen in seinem Heimatstaat Einkünfte in einer Höhe, die ihn bereits dort in den Genuss der üblichen persönlichen Vergünstigungen kommen lassen, so bleibt es bei dem Grundsatz, dass sich Gebietsansässige und Gebietsfremde nicht in einer vergleichbaren Situation befinden.[1242]

bb) Nachteilige Ungleichbehandlung

Eine nachteilige Ungleichbehandlung ist jedenfalls dann gegeben, wenn der Gebietsfremde durch die Besteuerung wirtschaftlich höher belastet wird als der Vergleichspartner. Dabei bleiben einzelfallimmanente Be- oder Entlastungen durch andere Mitgliedstaaten außer Betracht. Bei der Feststellung der nachteili-

---

1238 Vgl. *Reimer*, Die Auswirkungen der Grundfreiheiten auf das Ertragsteuerrecht der Bundesrepublik Deutschland, in: Lehner, Grundfreiheiten im Steuerrecht der EU-Staaten, S. 39 (47).

1239 Vgl. EuGH v. 28.01.1986, Rs. 270/83 (*Kommission/Frankreich*), EuGHE 1986, S. 285.

1240 Vgl. EuGH v. 28.01.1986, Rs. 270/83 (*Kommission/Frankreich*), EuGHE 1986, S. 285 (305), Rdnr. 20; EuGH v. 21.09.1999, Rs. C-307/97 (*Saint-Gobain ZN*), IStR 1999, S. 592 (595 f.), Rdnr. 47 ff.; *Reimer*, Die Auswirkungen der Grundfreiheiten auf das Ertragsteuerrecht der Bundesrepublik Deutschland, in: Lehner, Grundfreiheiten im Steuerrecht der EU-Staaten, S. 39 (47).

1241 Vgl. EuGH v. 14.02.1995, Rs. C-279/93 (*FA Köln-Altstadt/Roland Schumacker*), DStR 1995, S. 326 (328), Rdnr. 36 f.; EuGH v. 14.09.1999, Rs. C-391/97 (*Gschwind*), IStR 1999, S. 597 (599), Rdnr. 27.

1242 Vgl. *Reimer*, Die Auswirkungen der Grundfreiheiten auf das Ertragsteuerrecht der Bundesrepublik Deutschland, in: Lehner, Grundfreiheiten im Steuerrecht der EU-Staaten, S. 39 (47).

gen Ungleichbehandlung sind nur diejenigen Belastungen einzustellen, die dem Beschäftigungsstaat zuzurechnen sind.[1243]

b) Weitere Diskriminierungskonstellationen

Besonders kritisch sind diejenigen Beeinträchtigungen, die durch die Interferenzen zweier nationaler Steuerrechtsordnungen entstehen.[1244] Diese Fallgruppe ist dogmatisch schwer zu fassen, weil die Diskriminierung stets auf das Verhalten ein und desselben Hoheitsträgers bezogen ist.[1245] Das belastende Zusammenwirken zweier Rechtsordnungen lässt sich aber niemals durch eine isolierte, sondern nur durch eine übergreifende und auf beide Rechtsordnungen bezogene Bewertung feststellen.

Das eigentliche Problem bei der Anwendung der Grundfreiheiten auf die spezielle Belastung durch das Zusammenwirken zweier Rechtsordnungen ist jedoch nicht die Feststellung einer Belastung an sich, vielmehr die Ermittlung der Rechtsfolgen, denn eine Rechtsfolge kann nicht zielgenauer sein als der auf sie hinführende Tatbestand. Da die spezielle Belastung nur durch eine synthetische Bewertung erkennbar ist, hat auch die Rechtsfolgenseite nicht nur einen, sondern zwei Adressaten. Damit stoßen die Grundfreiheiten an die Grenze ihrer Leistungsfähigkeit.[1246]

2. Beschränkungen

Die ausdehnende Auslegung der Grundfreiheiten vom reinen Diskriminierungs- zum umfassenden Beschränkungsverbot führt gerade in dem besonders souveränitätssensiblen Bereich des Steuerrechts zu Problemen. In seiner Judikatur ordnet der EuGH die Fälle der Ungleichbehandlung von ausländischen Staatsangehörigen/Gebietsfremden gegenüber Inländern/Ansässigen eindeutig den Grundfreiheiten als Diskriminierungsverboten zu, alle anderen Fälle dem Bereich der Grundfreiheiten als Beschränkungsverbote. Dies führt mitunter (leider) dazu, dass unter dem Begriff „Beschränkungen" eine Vielzahl von Konstellationen abgehandelt werden. Insofern wäre es überlegenswert, die Unterscheidung zwi-

---

[1243] Vgl. hierzu die Ausführungen in: 3. Teil, § 2, B., II., 4., d); EuGH v. 28.01.1986, Rs. 270/83 (*Kommission/Frankreich*), EuGHE 1986, S. 273 (305), Rdnr. 21; EuGHE v. 21.09.1999, Rs. C-307/97 (*Saint-Gobain ZN*), IStR 1999, S. 592 (596), Rdnr. 53; *Reimer*, Die Auswirkungen der Grundfreiheiten auf das Ertragsteuerrecht der Bundesrepublik Deutschland, in: Lehner, Grundfreiheiten im Steuerrecht der EU-Staaten, S. 39 (50).

[1244] Vgl. hierzu die Ausführungen in: 3. Teil, § 2, B., III., 3., c), cc), (2).

[1245] Vgl. hierzu die Ausführungen in: 3. Teil, § 2, A., II., 2., b), bb), (1), (a).

[1246] Vgl. *Reimer*, Die Auswirkungen der Grundfreiheiten auf das Ertragsteuerrecht der Bundesrepublik Deutschland, in: Lehner, Grundfreiheiten im Steuerrecht der EU-Staaten, S. 39 (58).

schen Diskriminierungen und Beschränkungen durch die Unterscheidung zwischen Marktzugangsregelungen und Ausübungsmodalitäten zu ersetzen.[1247]

II. Rechtfertigung steuerspezifischer Beeinträchtigungen

Die Vereinbarkeit der Anwendung einer nationalen Steuervorschrift mit dem Gemeinschaftsrecht steht und fällt mit der Frage der Rechtfertigung.

1. Rechtfertigungsgründe

Die Urteile des EuGH im Bereich der direkten Steuern enthalten eine Reihe von Prinzipien und Rechtsgütern, die als Rechtfertigung steuerspezifischer Beeinträchtigungen geeignet sind.

a) Die steuerliche Kohärenz

Die „Kohärenz der Steuerregelungen" wurde als Rechtfertigungsgrund vom EuGH in der „Bachmann"-Entscheidung[1248] eingeführt und seitdem immer wieder aufgegriffen. Eine steuerliche Kohärenz bejaht der EuGH, wenn zwischen dem steuerlichen Vor- und dem steuerlichen Nachteil ein unmittelbarer Zusammenhang besteht. Dabei unterscheidet er zwei Ebenen: Die erste Ebene, die nationale, betrifft den jeweiligen Steuerpflichtigen. Erfolgt die Verknüpfung des steuerlichen Vor- und Nachteils in der Person des gleichen Steuerpflichtigen, so ist der Rechtfertigungsgrund der Kohärenz beachtlich. Auf der zweiten Ebene, der internationalen, beruht die steuerliche Kohärenz auf der Gegenseitigkeit der in den Vertragsstaaten anwendbaren Vorschriften, namentlich im Anwendungsbereich von DBA. In diesem Fall kann die Kohärenz nicht als Rechtfertigung einer steuerspezifischen Beeinträchtigung herangezogen werden.[1249]

Somit hat das Kohärenzargument nur noch in den Fällen eine Bedeutung, in denen ein Mitgliedstaat bei grenzüberschreitenden Sachverhalten mit einem anderen Mitgliedstaat kein DBA geschlossen hat. In diesem Zusammenhang ist allerdings darauf hinzuweisen, dass das Fehlen eines DBA zwischen zwei Mitgliedstaaten für sich betrachtet einen gemeinschaftswidrigen Zustand darstellt. Ein solcher Umstand kann eine steuerliche Diskriminierung an sich nicht rechtfertigen.[1250]

[1247] Vgl. hierzu die Ausführungen in: 3. Teil, § 2, A., II., 2., b), bb), (2), (b).

[1248] Vgl. EuGH v. 28.01.1992, Rs. C-204/90 (*Bachmann*), EuGHE 1992, S. I-249.

[1249] Vgl. hierzu die Ausführungen in: 3. Teil, § 2, B., II., 4., c), aa); EuGH v. 11.08.1995, Rs. C-80/94 (*Wielockx*), EuGHE 1995, S. I-2493 (2516 f.), Rdnr. 24.

[1250] Vgl. *Thömmes*, Verbote der Diskriminierung von Steuerausländern und Steuerinländern, in: Lehner, Steuerrecht im Europäischen Binnenmarkt, DStJG 1996, S. 81 (100).

b) Missbrauchsgefahr, Steuerflucht und Steuerumgehung

Das Interesse eines Mitgliedstaates an der Bekämpfung der Steuerflucht kann ein tauglicher Rechtfertigungsgrund sein. Die Anwendung dieses Rechtfertigungsgrundes bereitet insofern Schwierigkeiten, als eine Abgrenzung zwischen der legitimen Ausübung innergemeinschaftlicher Mobilitätsgarantien und illegaler Steuerflucht erforderlich ist. Die Steuerflucht kann einerseits auf dem Missbrauch von Gestaltungsmöglichkeiten beruhen, sie kann aber auch andererseits in der Wahrnehmung von Chancen bestehen, die sich dem Steuerpflichtigen durch den globalen Steuerwettbewerb bieten.[1251]

c) Abgelehnte Rechtfertigungsgründe

Folgenden Gesichtspunkten hat der EuGH von vornherein die Anerkennung versagt: Verwaltungstechnische Erwägungen, die Möglichkeit der Wahl einer steuerlich günstigeren Niederlassungsform, der Vorbehalt eines DBA, die mangelnde Harmonisierung der nationalen Steuerrechtsordnungen sowie die Kompensation steuerlicher Nachteile durch die Gewährung von Vorteilen in anderen Bereichen oder durch andere Staaten. Ungleichbehandlungen lassen sich auch nicht durch den Finanzbedarf des Staates bzw. befürchteter Steuermindereinnahmen rechtfertigen.[1252] Der Finanzbedarf des Staates ist absolut und besteht unabhängig von den Verhältnissen einzelner Steuerpflichtiger. Damit kann er auch nicht speziell eine Gruppe von Steuerpflichtigen (z.B. die Nichtansässigen) betreffen, sondern nur alle Steuerpflichtigen gleichermaßen.[1253]

2. Grundsatz der Verhältnismäßigkeit

Alle Rechtfertigungsgründe unterliegen dem Grundsatz der Verhältnismäßigkeit. Die mitgliedstaatliche Maßnahme muss also geeignet, erforderlich und angemessen sein.[1254]

1251 Vgl. zur Missbrauchsrechtsprechung des EuGH die Ausführungen in: 3. Teil, § 2, A., II., 2., c), cc); EuGH v. 16.07.1998, Rs. C-246/96 (*ICI*), EuGHE 1998, S. I-4695 (4723), Rdnr. 27; *Reimer*, Die Auswirkungen der Grundfreiheiten auf das Ertragsteuerrecht der Bundesrepublik Deutschland, in: Lehner, Grundfreiheiten im Steuerrecht der EU-Staaten, S. 39 (63).

1252 Vgl. EuGH v. 16.07.1998, Rs. C-246/96 (*ICI*), EuGHE 1998, S. I-4695 (4723), Rdnr. 28; EuGH v. 21.09.1999, Rs. C-307/97 (*Saint-Gobain ZN*), IStR 1999, S. 592 (596), Rdnr. 50.

1253 Vgl. *Reimer*, Die Auswirkungen der Grundfreiheiten auf das Ertragsteuerrecht der Bundesrepublik Deutschland, in: Lehner, Grundfreiheiten im Steuerrecht der EU-Staaten, S. 39 (64); *Thömmes*, Tatbestandsmäßigkeit und Rechtfertigung steuerlicher Diskriminierungen nach EG-Recht, in: Gedächtnisschrift für Knobbe-Keuk, S. 795 (818 ff.).

1254 Vgl. hierzu die Ausführungen in: 3. Teil, § 2, A., II., 2., c), bb).

Die einschlägige Grundfreiheit ist jedenfalls dann beeinträchtigt, wenn die Maßnahme nicht zur Erreichung des von den Mitgliedstaaten angestrebten Zwecks geeignet ist. Die Grundfreiheit ist außerdem verletzt, wenn dem Mitgliedstaat ein milderes, gleich wirksames Mittel zur Durchsetzung seiner legitimen, fiskalischen Interessen zur Verfügung steht. Auf der letzten Prüfungsstufe, der Verhältnismäßigkeit im engeren Sinn, sind die konkret widerstreitenden Interessen (Beeinträchtigung der Grundfreiheit versus Interesse der Mitgliedstaaten an dem verfolgen Zweck) gegeneinander abzuwägen.

D. Die Umsetzung der Entscheidung des EuGH durch den betroffenen Mitgliedstaat

Der durch die Entscheidung des EuGH betroffene Mitgliedstaat muss den grundfreiheitswidrigen Zustand beseitigen. Aus den Feststellungen erwächst also eine Umsetzungspflicht. Für die Umsetzung von Rechten, die sich unmittelbar aus den Bestimmungen des Vertrages ergeben, gelten dieselben Grundsätze wie für die Umsetzung von Rechten aus einer Richtlinie.[1255]

Bei der Umsetzung von Bestimmungen des Vertrages müssen die Mitgliedstaaten also diejenigen innerstaatlichen Handlungsformen wählen, die für die Gewährleistung der praktischen Wirksamkeit des Gemeinschaftsrechts („effet utile") am Besten geeignet sind. Dies folgt aus Art. 10 EG, wonach die Mitgliedstaaten alle geeigneten Maßnahmen zur Erfüllung der Verpflichtungen, die sich aus diesem Vertrag oder aus den Handlungen der Organe der Gemeinschaft ergeben, treffen müssen. Die Unvereinbarkeit nationaler Rechtsvorschriften mit Bestimmungen des Vertrages kann daher nur behoben werden, wenn der Umsetzungsakt in eine verbindliche innerstaatliche Rechtsvorschrift mündet, die dieselbe rechtliche Qualität aufweist wie die zu ändernde Bestimmung. Den Erfordernissen der Rechtssicherheit und Rechtsklarheit muss Genüge getan werden. Schlichte Verwaltungspraktiken, die von der Exekutive beliebig geändert werden können, genügen nicht. Da es um die Verleihung von Rechten geht muss die nationale Umsetzungsnorm zusätzlich dem Einzelnen klare Kenntnis seiner Rechte sowie deren gerichtlicher Durchsetzung ermöglichen.[1256]

[1255] Vgl. EuGH v. 26.10.1995, Rs. C-151/94 (*Kommission/Luxemburg*), EuGHE 1995, S. I-3685 (3705 f.).

[1256] Vgl. hierzu die Ausführungen in: 3. Teil, § 2, B., III., 3., d), cc).

4. Teil: Die Einwirkungen der Grundfreiheiten auf die nationale Steuergesetzgebungshoheit

Die Frage nach den Einwirkungen der Grundfreiheiten auf die nationale Besteuerungsgewalt berührt die Souveränität der Mitgliedstaaten in einem besonders sensiblen Bereich: in dem der Steuergesetzgebung. Die spezielle Bedeutung der Besteuerungsgewalt liegt darin, dass Staatsgewalt ohne öffentliche Finanzen nicht denkbar ist; sie sichert die Souveränität des Staates. Obwohl die Bundesrepublik Deutschland durch die Mitgliedschaft in der EG den ausschließlichen Herrschaftsanspruch für ihren Hoheitsbereich stark zurückgenommen hat, ist sie – wie die anderen Mitgliedstaaten auch – ein souveräner Staat geblieben.[1257] Dies zeigt sich vor allem daran, dass die EG nicht die Qualitäten eines Bundesstaates aufweist und ihre Befugnisse von den Mitgliedstaaten ableitet. Diese haben ihr Befugnisse nicht global, sondern nach dem Prinzip der begrenzten Ermächtigung übertragen.[1258]

In ihrem am 11. und 12.12.1992 in Edinburgh gefassten Beschluss[1259] betonten die im Europäischen Rat vereinigten Staats- und Regierungschefs, dass im Rahmen des Vertrages über die Europäische Union unabhängige und souveräne Staaten beschlossen haben, im Einklang mit den bestehenden Verträgen einige ihrer Befugnisse gemeinsam auszuüben. Dementsprechend nimmt der EU-Vertrag auf die Unabhängigkeit und Souveränität der Mitgliedstaaten Rücksicht, indem er die Union zur Achtung der nationalen Identität ihrer Mitgliedstaaten verpflichtet (Art. 6 Abs. 3 EU). Die Bundesrepublik Deutschland ist somit Mitglied in einem „Staatenverbund"[1260], dessen Gemeinschaftsgewalt sich von den Mitgliedstaaten ableitet und im bundesdeutschen Hoheitsbereich nur kraft des deutschen Rechtsanwendungsbefehls wirken kann. Damit wahrt die Bundesrepublik Deutschland die Qualität eines souveränen Staates aus eigenem Recht und den Status der souveränen Gleichheit mit anderen Staaten.[1261]

Für das Recht der direkten Steuern gibt der EG-Vertrag den Organen der Gemeinschaft – anders als im Bereich der indirekten Steuern[1262] – keine spezifische Kompetenz. Dieser Umstand führt dazu, dass Einwirkungen des Gemeinschafts-

---

[1257] Vgl. hierzu die Ausführungen in: 2. Teil, § 2, A., I., 1., a).

[1258] Vgl. hierzu die Ausführungen in: 3. Teil, § 1, B.; *Lehner*, Begrenzung der nationalen Besteuerungsgewalt durch die Grundfreiheiten und Diskriminierungsverbote des EG-Vertrages, in: Pelka, Europa- und verfassungsrechtliche Grenzen der Unternehmensbesteuerung, DStJG 2000, S. 263 (264).

[1259] Vgl. BVerfG v. 12.10.1993, 2 BvR 2134, 2159/92, NJW 1993, S. 3047 (3052) (m.w.N.).

[1260] Vgl. hierzu die Ausführungen in: 2. Teil, § 2, A., III., 3.

[1261] Vgl. BVerfG v. 12.10.1993, 2 BvR 2134, 2159/92, NJW 1993, S. 3047 (3052).

[1262] Vgl. hierzu die Ausführungen in: 3. Teil, § 1, B.

rechts in diesem Bereich eine besondere Sprengkraft besitzen. Dies gilt insbesondere auch für die Bundesrepublik Deutschland, die von ihrer Verfassung als sozialer Finanz- und Steuerstaat konzipiert ist. Damit ist sie ein Staat, der den für die Erfüllung seiner Aufgaben notwendigen Finanzbedarf im wesentlichen durch Steuern deckt.[1263] Die Besteuerungsgewalt ist mithin ein sehr sensibles Instrument. Sie ist in sorgsamer Abstimmung mit den Besonderheiten, insbesondere der Ertragskraft des Marktes auszuüben, wobei diese wiederum ganz wesentlich von den Bedingungen und Möglichkeiten der steuerfinanzierten Infrastruktur eines Wirtschaftsraumes abhängig ist.[1264]

Ziel der nun folgenden Ausführungen ist es, die Intensität und das Schema der Einwirkungen der vom EuGH steuerspezifisch konkretisierten Grundfreiheiten des EG-Vertrages auf die nationale Steuergesetzgebungshoheit zu bestimmen. Hierzu wird zunächst noch einmal der Umfang der in Art. 1 Abs. 3 GG manifestierten Grundrechtsbindung des deutschen Steuergesetzgebers aufgegriffen.[1265] Anschließend werden diese grundrechtsdogmatischen Ergebnisse auf die Ebene des Gemeinschaftsrechts projeziert und Parallelen aufgezeigt.

§ 1 Grundfreiheitsbindung des nationalen Steuergesetzgebers

Umfang und Intensität der Einwirkungen der Grundrechte des GG auf die Steuergesetzgebung hängen entscheidend vom Begriff der „Bindung" ab.[1266]

A. Begriff der „Bindung" im Rechtssinne

Der Begriff der „Bindung" im Rechtssinne gehört zum klassischen Thema der Rechtsphilosophie und Rechtstheorie. Wo eine rechtliche Bindung besteht, wird einem Staatsorgan die Kompetenz genommen, vollständig nach eigenem Ermessen oder nach eigenen Erkenntnissen zu entscheiden. Sie begrenzt die Handlungsspielräume der staatlichen Funktionsträger.[1267] So sind die vollziehende und die rechtsprechende Gewalt als gesetzesausführende Gewalten an Gesetz, Recht und Verfassung gebunden, die gesetzgebende Gewalt an die Verfassung

---

[1263] Vgl. hierzu die Ausführungen in: 2. Teil, § 1, A., I.

[1264] Vgl. *Lehner*, Begrenzung der nationalen Besteuerungsgewalt durch die Grundfreiheiten und Diskriminierungsverbote des EG-Vertrages, in: Pelka, Europa- und verfassungsrechtliche Grenzen der Unternehmensbesteuerung, DStJG 2000, S. 263 (264 f.).

[1265] Vgl. hierzu die Ausführungen in: 2. Teil, § 1, B., I.

[1266] Vgl. hierzu die Ausführungen in: 2. Teil, § 1, B., I., 1.

[1267] Vgl. *Stern*, Das Staatsrecht der BRD, Bd. III/1, S. 1263; hierzu auch die Ausführungen in: 2. Teil, § 1, B., I., 1.

und insbesondere an die Grundrechte.[1268] In diesem Sinne begrenzt die Bindungskraft der Grundrechte den Handlungs- und Gestaltungsspielraum des Gesetzgebers, indem sie ihm auferlegt, die in den Grundrechten enthaltenen Ge- und Verbotsaussagen zu beachten.[1269]

Auch der deutsche Steuergesetzgeber ist durch die Bindungskraft der Grundrechte des GG in seinen Handlungsspielräumen begrenzt. Die Grundrechte erweisen sich insoweit als Schranke der Steuergesetzgebung. Sie sind Grenzen für die inhaltliche Ausübung der Kompetenzen des Steuergesetzgebers. Im Vordergrund steht dabei die Vorschrift des Art. 3 Abs. 1 GG. Das im allgemeinen Gleichheitssatz verankerte Prinzip der Steuergerechtigkeit fordert beispielsweise, dass die Steuerlast auf die Steuerpflichtigen im Verhältnis ihrer wirtschaftlichen Leistungsfähigkeit zu verteilen ist.[1270] Weitere verfassungsrechtliche Grenzen werden der Besteuerung aber auch durch die Freiheitsrechte des GG, insbesondere durch Art. 12 GG (Verfassungsgarantie der Berufsfreiheit) und Art. 14 GG (Verfassungsgarantie des Eigentums und des Erbrechts) gesetzt. Beide Vorschriften konkretisieren das Recht auf freie Entfaltung der Persönlichkeit (Art. 2 Abs. 1 GG) in seiner Ausprägung als wirtschaftliche Betätigungsfreiheit.[1271]

B. Rechtlichen Grundlagen und Umfang der Grundfreiheitsbindung des Steuergesetzgebers

Auch die Grundfreiheiten entfalten eine rechtliche Bindungskraft. Zwar enthält der EG-Vertrag keine dem Art. 1 Abs. 3 GG[1272] entsprechende Bindungsnorm, für eine „Bindung" im Rechtssinne sprechen jedoch folgende Aspekte:

Adressat der Grundfreiheiten sind die Mitgliedstaaten.[1273] Diese sind nach Art. 10 EG verpflichtet, alle geeigneten Maßnahmen zu treffen, um ihre Verpflichtungen aus dem EG-Vertrag zu erfüllen und alles zu unterlassen, was die Verwirklichung der Ziele des Vertrages gefährden könnte. Die Mitgliedstaaten sind also für die Gewährleistung der praktischen Wirksamkeit des Gemeinschaftsrechts („effet utile") verantwortlich.[1274] Größere Bedeutung

---

[1268] Vgl. Art. 1 Abs. 3 GG; *Stern*, Das Staatsrecht der BRD, Bd. III/1, S. 1264.

[1269] Vgl. hierzu die Ausführungen in: 2. Teil, § 1, B., I., 1.

[1270] Vgl. hierzu die Ausführungen in: 2. Teil, § 1, B., III., 2., bb); BVerfG v. 27.06.1991, 2 BvR 1493/89, BVerfGE 84, S. 239 (268 f.); BVerfG v. 22.06.1995, 2 BvL 37/91, BVerfGE 93, S. 121 (134).

[1271] Vgl. hierzu die Ausführungen in: 2. Teil, § 1, B., IV., 1., 2. und 3., b); BVerfG v. 14.12.1965, 1 BvR 413/60, BVerfGE 19, S. 206 (215 f.); BVerfG v. 13.12.1966, 1 BvR 512/65, BVerfGE 21, S. 1 (3); BVerfG v. 13.05.1969, 1 BvR 25/65, BVerfGE 26, S. 1 (7 ff.); BVerfG v. 09.06.1971, 2 BvR 225/69, BVerfGE 31, S. 145 (173).

[1272] Vgl. hierzu die Ausführungen in: 2. Teil, § 1, B., I., 1.

[1273] Vgl. hierzu die Ausführungen in: 3. Teil, § 2, A., II., 2., b), aa).

[1274] Vgl. EuGH v. 08.04.1976, Rs. 48/75 (*Royer*), EuGHE 1976, S. 497 (511), Rdnr. 19 ff.; EuGH v. 20.03.1997, Rs. C-96/95 (*Kommission/Deutschland*), EuGHE 1997, S. I-1653 (1679), Rdnr. 35.

kommt in diesem Zusammenhang jedoch dem Umstand zu, dass es sich bei den Grundfreiheiten um keine bloßen Programmsätze, sondern um unmittelbar geltendes Recht handelt, das den Unionsbürgern subjektive Rechte verleiht. Dies schließt ein, dass ihre Beachtung gerichtlich durchgesetzt werden kann.[1275]

In diesem Sinne entfalten die Grundfreiheiten „Bindungswirkung" für den nationalen Gesetzgeber, insbesondere auch für den Steuergesetzgeber. Sie beeinflussen die inhaltliche Ausgestaltung von Normen in zwei Richtungen: Der Gesetzgeber darf die in den Grundfreiheiten enthaltenen Verbotsaussagen nicht missachten und muss die in ihnen liegenden Gebotsaussagen beachten. So darf er beispielsweise die Staatsangehörigen anderer Mitgliedstaaten in Bezug auf Beschäftigung, Entlohnung und sonstige Arbeitsbedingungen nicht zu ihrem Nachteil ungleich behandeln, sondern muss sie ebenso behandeln wie seine eigenen Staatsangehörigen.[1276]

I. Verbotswirkung der Grundfreiheitsbindung

Die Verbotswirkung der Grundfreiheitsbindung bedeutet vor allem, dass der Gesetzgeber keine Gesetze erlassen darf, die den Grundfreiheiten widersprechen. Ein Verstoß gegen dieses Verbot führt zur Grundfreiheitswidrigkeit des Gesetzes.[1277]

In der Verbotswirkung der Bindung entfaltet sich der Vorrang des Gemeinschaftsrechts[1278] vor dem nationalen Recht besonders stringent. Bei der inhaltlichen Ausgestaltung von Normen sind die Vorgaben des Gemeinschaftsrechts vorrangig zu beachten. Die Grundfreiheiten erweisen sich insoweit als Schranken der Gesetzgebung. Sie sind Grenzen für die Ausübung der Kompetenzen des nationalen Gesetzgebers. Dieser darf im Rahmen der bei ihm verbliebenen Zuständigkeiten – und die direkten Steuern sind in der Zuständigkeit der Mitgliedstaaten verblieben[1279] – seine Handlungsspielräume nicht beliebig ausschöpfen.

Auf der Seite des Grundfreiheitsberechtigten[1280] kommt bei der negativen Wirkung der Bindungswirkung vor allem die in den Grundfreiheiten enthaltene Ab-

---

1275 Vgl. hierzu die Ausführungen in: 3. Teil, § 2, A., II., 3.

1276 Vgl. Art. 39 Abs. 2 EG; hierzu auch die Ausführungen in: 3. Teil, § 2, B., III., 1., b).

1277 Vgl. hierzu die Ausführungen in: 2. Teil, § 1, B., I., 1.

1278 Vgl. hierzu die Ausführungen in: 2. Teil, § 2, A., III., 2., d).

1279 Vgl. EuGH v. 11.08.1995, Rs. C-80/94 (*Wielockx*), EuGHE 1995, S. I-2493 (2514), Rdnr. 16; EuGH v. 27.06.1996, Rs. C-107/94 (*Asscher*), EuGHE 1996, S. I-3089 (3124), Rdnr. 36; EuGH v. 15.05.1997, Rs. C-250/95 (*Futura Participations und Singer*), EuGHE 1997, S. I-2471 (2499), Rdnr. 19; EuGH v. 21.09.1999, Rs. C-307/97 (*Saint-Gobin ZN*), IStR 1999, S. 592 (596 f.), Rdnr. 56.

1280 Vgl. hierzu die Ausführungen in: 3. Teil, § 2, A., II., 2., a), bb).

wehrfunktion[1281] zum Tragen. Gegen die Nichtbeachtung der Verbotswirkung der Bindung durch den nationalen Gesetzgeber kann sich der Grundfreiheitsberechtigte wehren, indem er sich auf die Grundfreiheitswidrigkeit der Norm beruft.

Die in Art. 10 EG verankerte Treuepflicht sowie der Anwendungsvorrang des Gemeinschaftsrechts[1282] verpflichten alle Träger öffentlicher Gewalt, jede mit dem Gemeinschaftsrecht unvereinbare Bestimmung des nationalen Rechts und jede vom Gemeinschaftsrecht abweichende Verwaltungs- und Gerichtspraxis nicht mehr anzuwenden.[1283] Insbesondere die Gerichte haben den Rechtsschutz zu gewährleisten, der sich für die einzelnen Adressaten aus der unmittelbaren Wirkung von Vorschriften des Gemeinschaftsrechts ergibt. Jeder im Rahmen seiner Zuständigkeit angerufene einzelstaatliche Richter ist verpflichtet, das Gemeinschaftsrecht uneingeschränkt anzuwenden und die Rechte, die es dem einzelnen verleiht, zu schützen. Daher hat er jede möglicherweise entgegenstehende Bestimmung des nationalen Rechts unangewendet zu lassen.[1284]

II. Gebotswirkung der Grundfreiheitsbindung

Die Grundfreiheitsbindung entfaltet sich auch in positiver Richtung auf eine grundfreiheitsgemäße Ausgestaltung der nationalen Gesetze.[1285] In dieser Funktion ist die Grundfreiheitsbindung nicht defensiver, sondern offensiver Natur. Sie zielt auf die Verwirklichung der Grundfreiheiten durch die nationale Gesetzgebung ab. Damit betrifft die positive Bindungswirkung ein äußerst sensibles Spannungsfeld: Aus europarechtlicher Sicht geht es darum, den Grundfreiheiten die größtmögliche praktische Wirksamkeit zu verleihen. Aus der Sicht des nationalen Gesetzgeber geht es dagegen um den Erhalt eines funktionsadäquaten gesetzgeberischen Gestaltungsspielraums.

Eine Konkretisierung dieses Gestaltungsauftrags enthält die Rechtsprechung des EuGH. Durch die Auslegung der Grundfreiheiten im Hinblick auf bestimmte Lebens- und Rechtsbereiche, wie beispielsweise das Steuerrecht, ergeben sich konkrete Leitlinien, wie Normen in bestimmten Bereichen nicht ausgestaltet werden dürfen, da sie ansonsten mit den Grundfreiheiten des EG-Vertrages nicht vereinbar sind. Damit wirken die Entscheidungen des EuGH in doppelter Richtung: Für den konkret betroffenen Mitgliedstaat enthalten sie die Pflicht zur

---

[1281] Vgl. hierzu die Ausführungen in: 3. Teil, § 2, A., II., 1., a).

[1282] Vgl. hierzu die Ausführungen in: 3. Teil, § 2, A., II., 2., a), bb).

[1283] Vgl. *Birkenfeld*, Der Einfluss des Gemeinschaftsrechts auf die Rechtsverwirklichung im Steuerrecht, StuW 1998, S. 55 (60).

[1284] Vgl. *Birkenfeld*, Der Einfluss des Gemeinschaftsrechts auf die Rechtsverwirklichung im Steuerrecht, StuW 1998, S. 55 (63).

[1285] Vgl. hierzu die Ausführungen in: 2. Teil, § 1, B., I., 1.

Umsetzung der Vorgaben aus der Entscheidung.[1286] Für die anderen Mitgliedstaaten sind die Aussagen des EuGH insofern von Bedeutung, als sie aus ihnen ersehen können, welche ihrer eigenen Normen gegen das Gemeinschaftsrecht verstoßen und wie sie inhaltlich zu gestalten sind. Dies folgt aus der faktischen Bindungswirkung der Entscheidungen des EuGH.[1287]

§ 2 Begrenzung der Kompetenzausübung des nationalen Steuergesetzgebers durch die Grundfreiheitsbindung

Bei der Begrenzung der Kompetenzausübung des nationalen Steuergesetzgebers ist zwischen der Funktion der Grundfreiheiten als primär gleichheitsrechtlich wirkende Diskriminierungsverbote einerseits und als primär freiheitsrechtlich wirkende Beschränkungsverbote andererseits zu unterscheiden.[1288] Diese Differenzierung ist bei der Untersuchung der Intensität der Einwirkungen dieser Vorschriften auf die nationale Steuergesetzgebungshoheit beizubehalten.

A. Grundfreiheiten als Diskriminierungsverbote

Basis der Rechtsprechung des EuGH zu den Grundfreiheiten ist deren Verständnis als primär gleichheitsrechtliche Verbote der Diskriminierung nach der Staatsangehörigkeit bzw. nach der Ansässigkeit. In diesem Sinne bewirken die Grundfreiheiten eine Beschränkung der Souveränität der Mitgliedstaaten, wenn auch eine denkbar geringfügige. Die Gesetzgebungshoheit bleibt nahezu völlig unbeschränkt. Jeder Mitgliedstaat kann die ihm geboten erscheinende gesetzgeberische Maßnahme ergreifen. Die staatliche Souveränität darf lediglich nicht in der Richtung ausgeübt werden, dass Sonderregelungen für Staatsangehörige anderer Mitgliedstaaten getroffen werden. In dieser Hinsicht verhält es sich mit den in den Grundfreiheiten enthaltenen Diskriminierungsverboten ähnlich wie mit dem speziellen Gleichheitssatz des Art. 3 Abs. 3 GG.[1289] Dieser belässt dem

---

[1286] Vgl. hierzu die Ausführungen in: 3. Teil, § 2, B., III., 3., d), cc), (1); EuGH v. 26.10.1995, Rs. C-151/94 (*Kommission/Luxemburg*), EuGHE 1995, S. I-3685 ff.

[1287] Vgl. hierzu die Ausführungen in: 3. Teil, § 2, B., I., 2., b). Diese Transferleistung der von der Entscheidung des EuGH nicht betroffenen Mitgliedstaaten mag angesichts deren Sorge um den Bereich ihrer eigenen Steuersouveränität mitunter schwierig sein – das Bemühen um ein in sich abgeschlossenes nationales Steuersystem verstellt wohl allzu leicht den Blick auf europarechtliche Anforderungen. Dies belegen nicht zuletzt die häufigen Bezugnahmen des EuGH auf grundsätzliche Ausführungen in früheren Entscheidungen.

[1288] Vgl. hierzu die Ausführungen in: 3. Teil, § 2, A., II., 2., b), bb).

[1289] Art. 3 Abs. 3 GG lautet: „Niemand darf wegen seines Geschlechts, seiner Abstammung, seiner Rasse, seiner Sprache, seiner Heimat und Herkunft, seines Glaubens, seiner religiösen oder politischen Anschauung benachteiligt oder bevorzugt werden. Niemand darf wegen seiner Behinderung benachteiligt werden."

Gesetzgeber in positiver Richtung jegliche Gestaltungsfreiheit und verbietet nur punktuell, die genannten Kriterien als Anknüpfungspunkt für rechtliche Differenzierungen zu wählen. Die Einschränkung der Gestaltungsfreiheit ist insofern abschließend formuliert.[1290]

Diese nur begrenzten Einwirkungen auf die nationale Steuergesetzgebungshoheit spiegeln sich auch in der Rechtsprechung des EuGH auf dem Gebiet der direkten Steuern wider, insbesondere auf dem Gebiet der Grenzgängerbesteuerung. Nach dem EuGH umfasst Art. 39 EG das Verbot, den Staatsangehörigen eines anderen Mitgliedstaates bei der Erhebung der direkten Steuern schlechter zu behandeln als einen eigenen Staatsangehörigen, soweit er sich in einer vergleichbaren Lage befindet.[1291] Maßgebend ist in diesem Zusammenhang nicht nur der gleichheitsrechtliche Ansatz als solcher. Ganz entscheidend kommt es für die Intensität der Einwirkungen auf die nationale Besteuerungsgewalt auf die Formulierung der Vergleichsvoraussetzungen an. Der EuGH vergleicht die Position des beschränkt Steuerpflichtigen nicht mit einem nach gemeinschaftsrechtlichen Vorgaben definierten Idealstatus einer beschränkten Steuerpflicht oder mit der Position eines gemeinschaftsweit meistbegünstigten gebietsfremden Steuerpflichtigen. Vielmehr wird der beschränkt Steuerpflichtige mit einem unbeschränkt Steuerpflichtigen in seiner konkreten, durch das Steuerrecht des Wohnsitzstaates des unbeschränkt Steuerpflichtigen gestalteten Rechtsposition verglichen. Ausschlaggebend für die Beurteilung des Ausmaßes, in dem die Grundfreiheiten in ihrer Ausprägung als Diskriminierungsverbote auf die nationale Besteuerungsgewalt einwirken, ist in dieser Grundkonstellation, dass sich die Vorgaben des EuGH systemkonform in das innerstaatliche Steuerrecht einfügen.[1292] Die grundsätzliche Differenzierung zwischen beschränkter und unbeschränkter Steuerpflicht wird nicht angetastet. Aber auch die Rechtsprechung zur Niederlassungsfreiheit bemüht sich um eine möglichst harmonische Abstimmung mit dem mitgliedstaatlichen Steuersystem. Der EuGH orientiert sich immer eng an den Voraussetzungen und Zusammenhängen des innerstaatlichen Steuerrechts. Als Beleg für eine Diskriminierung dient oftmals die Aufdeckung systemimmantenter Widersprüchlichkeiten, die dann korrigiert werden.[1293] Auch die Prüfung der steuerlichen Kohärenz ist ein Beleg dafür, dass sich der EuGH um eine Wirkung der Diskriminierungsverbote bemüht, die mit dem System des innerstaatlichen Steuerrechts in Einklang zu bringen ist.[1294]

[1290] Vgl. *Hahn*, Berührungspunkte zwischen europäischem Recht und dem innerstaatlichen Recht der direkten Steuern, DStZ 1992, S. 663 (667).

[1291] Vgl. hierzu die Ausführungen in: 3. Teil, § 2, B., II., 4., a), bb), (2); EuGH v. 27.06.1996, Rs. C-107/94 (*Asscher*), EuGHE 1996, S. I-3089 (3126), Rdnr. 45; EuGH v. 11.08.1995, Rs. C-80/94 (*Wielockx*), EuGHE 1995, S. I-2493 (2515 f.), Rdnr. 21 f.

[1292] Vgl. *Lehner*, Begrenzung der nationalen Besteuerungsgewalt durch die Grundfreiheiten und Diskriminierungsverbote des EG-Vertrages, in: Pelka, Europa- und verfassungsrechtliche Grenzen der Unternehmensbesteuerung, DStJG 2000, S. 263 (268 f.).

[1293] Vgl. beispielsweise EuGH v. 28.01.1986, Rs. 270/83 (*Kommission/Frankreich*), EuGHE 1986, S. 273 (305), Rdnr. 20.

[1294] Vgl. *Lehner*, Begrenzung der nationalen Besteuerungsgewalt durch die Grundfreiheiten und Diskriminierungsverbote des EG-Vertrages, in: Pelka, Europa- und verfassungsrechtliche Grenzen der Unternehmensbesteuerung, DStJG 2000, S. 263 (270).

B. Grundfreiheiten als Beschränkungsverbote

Obwohl sich die Entfaltung der Grundfreiheiten zu Beschränkungsverboten in der Rechtsprechung des EuGH auf dem Gebiet der direkten Steuern erst in den Anfängen befindet, kann bereits heute festgestellt werden, dass sich hieraus wesentlich intensivere Einwirkungen auf die nationale Steuergesetzgebungshoheit ergeben, als durch das Verständnis der Grundfreiheiten als bloße Diskriminierungsverbote. Während unter der Geltung der Diskriminierungsverbote inhaltlich alles nach innerstaatlichem Verfassungsrecht Zulässige durch einfaches Gesetz angeordnet werden darf – sofern negativ abgegrenzt keine Ungleichbehandlung von Angehörigen anderer Mitgliedstaaten daraus erwächst – bedeutet die in positiver Richtung wirkende freiheitsrechtliche Komponente der Grundfreiheiten als Beschränkungsverbote eine weitreichende inhaltliche Beschränkung der Gesetzgebungshoheit. Eine Beeinträchtigung der Grundfreiheiten kann dann nämlich durch jede nationale Regelung erfolgen, die geeignet ist, die innergemeinschaftliche Ausübung der Grundfreiheiten zu behindern oder weniger attraktiv zu machen.[1295]

Eine Beeinträchtigung des grundfreiheitlichen Anwendungsbereichs im Sinne einer Beschränkung liegt dann vor, wenn die nationale Regelung zwar unterschiedslos für in- und ausländische Wirtschaftsteilnehmer gilt (d.h. keine Diskriminierung vorliegt), in ihren faktischen Auswirkungen jedoch die grenzüberschreitende wirtschaftliche Betätigung behindert oder erschwert.[1296] Ohne solche nachteiligen faktischen Auswirkungen handelt es sich um eine erlaubte Grundfreiheitsausgestaltung bzw. Ausübungsmodalität, die der EuGH nicht am Maßstab der Grundfreiheiten misst.[1297]

C. Begrenzung der Einwirkungen der Grundfreiheiten auf die Steuergesetzgebung

Die Europäische Integration ist ein dynamischer, im Ergebnis offener Prozess.[1298] Der EuGH spielte und spielt wohl auch in Zukunft in diesem Integrationsprozess eine wichtige Rolle. In Wahrnehmung seiner Aufgabe, „die Wahrung des Rechts bei der Auslegung und Anwendung des Vertrages" zu sichern, hat er Lücken des geschriebenen Gemeinschaftsrechts gefüllt und das Recht in erheblichem Maße fortgebildet. Gerade der Bereich der direkten Steuern ist ein

---

1295 Vgl. hierzu die Ausführungen in: 3. Teil, § 2, A., II., 2., b), bb), (2), (b).

1296 Vgl. hierzu die Ausführungen in: 3. Teil, § 2, A., II., 2., b), bb), (2), (b); EuGH v. 03.12.1974, Rs. 33/74 (*van Binsbergen/Bedrijfsvereniging/Metaalnijverheid*), EuGHE 1974, S. 1299 (1311), Rdnr. 24 ff.

1297 Vgl. hierzu die Ausführungen in: 3. Teil, § 2, A., II., 2., b), bb), (2), (a).

1298 Vgl. hierzu die Ausführungen in: 2. Teil, § 2, A., I., 1., b), bb).

eindrucksvolles Beispiel für die rechtsfortbildende Kraft des EuGH.[1299] Diese progressive Rechtsfortbildung eines nur minimal politischen Einflüssen ausgesetzten Organs der EG stieß bei den Mitgliedstaaten teilweise auf erbitterten Widerstand, denn jede Ausdehnung des Anwendungsbereichs des Gemeinschaftsrechts schränkt den rechtspolitischen Handlungsspielraum der Mitgliedstaaten ein.[1300] Die oben beschriebenen weitreichenden Einwirkungen in die inhaltliche Gestaltungsfreiheit des Steuergesetzgebers lassen daher immer wieder den Ruf nach ihrer Begrenzung laut werden.

Diesem Anliegen ist zuzugeben, dass die Gemeinschaft keine spezifische Kompetenz auf dem Gebiet der direkten Steuern besitzt – ein Umstand, der sich auch in dem von den Mitgliedstaaten so oft vorgebrachten Argument des Harmonisierungsvorbehalts widerspiegelt. Die fehlende Kompetenz darf nicht durch eine zu extensive Auslegung der Grundfreiheiten durch den EuGH umgangen werden. Ebenso bedeutsam ist, dass sich die EG-Kommission in den neunziger Jahren gegen eine umfassende Harmonisierung der direkten Steuern und – angesichts des Einstimmigkeitserfordernisses nolens volens – für eine Politik des Wettbewerbs der Steuersysteme entschieden hat. Ins Feld führen lässt sich jedoch auch das Subsidiaritätsprinzip.[1301] Diese Grundentscheidungen dürfen durch die Rechtsprechung des EuGH nicht umgangen werden.

Problematisch ist jedoch die Festlegung, wo die Grenzen der Einwirkung letztlich zu ziehen sind und wie diese dogmatisch begründet werden können.

I. Das Subsidiaritätsprinzip als Schranke

Ein Ansatz, die Einwirkungen der Grundfreiheiten auf das nationale Steuerrecht einzudämmen, liegt darin, den EuGH bei der Auslegung der Grundfreiheiten an den Subsidiaritätsgedanken zu binden.

1. Inhalt und Funktion des Subsidiaritätsprinzips

Das in Art. 5 Abs. 2 EG verankerte Subsidiaritätsprinzip knüpft an das Prinzip der begrenzten Ermächtigung (Art. 5 Abs. 1 EG)[1302] an, erklärt die Zuständigkeit der Mitgliedstaaten zur Regel und formuliert außerdem die inhaltlichen Anfor-

---

[1299] Vgl. *Hirsch*, Der EuGH im Spannungsverhältnis zwischen Gemeinschaftsrecht und nationalem Recht, NJW 2000, S. 1817 (1820).

[1300] Vgl. *Hirsch*, Der EuGH im Spannungsverhältnis zwischen Gemeinschaftsrecht und nationalem Recht, NJW 2000, S. 1817 (1822).

[1301] Vgl. *Eckhoff*, in: Birk, Handbuch des Europäischen Steuer- und Abgabenrechts, § 17, Rdnr. 6.

[1302] Vgl. hierzu die Ausführungen in: 3. Teil, § 1, B.

derungen für die Inanspruchnahme einer Kompetenz durch die Gemeinschaft. Danach darf die Gemeinschaft in Bereichen, die nicht in ihre ausschließliche Zuständigkeit fallen, nur tätig werden, wenn und soweit die Ziele der in Betracht gezogenen Maßnahme auf der Ebene der Mitgliedstaaten nicht ausreichend erreicht und auf Gemeinschaftsebene besser verwirklicht werden können. Die Vorschrift stellt also keine Kompetenzverteilungsnorm dar, sondern setzt – wie der Bezug auf die ausschließliche Zuständigkeit zeigt – eine Kompetenzverteilung bereits voraus. Sie ist nur für den Bereich der konkurrierenden Zuständigkeiten von Bedeutung und wirkt hier als Kompetenzausübungsregel.[1303]

2. Bindung des EuGH an das Subsidiaritätsprinzip

Art. 5 Abs. 2 EG enthält die Richtschnur für die Entscheidung, ob die Gemeinschaft eine an sich bestehende Kompetenz ausüben soll. Als zwingende Rechtmäßigkeitsvoraussetzung jeglicher Handlung der rechtsetzenden Organe der Gemeinschaft unterliegt das Subsidiaritätsprinzip grundsätzlich der Rechtskontrolle durch den EuGH.[1304] Fraglich ist allerdings, ob und inwieweit der EuGH als Organ der EG selbst an das Subsidiaritätsprinzip gebunden ist.

Zu unterscheiden sind also zwei Ebenen: Zum einen die Berücksichtigung des Subsidiaritätsprinzips bei der Entscheidung darüber, ob die Gemeinschaftsorgane im Verhältnis zu den Mitgliedstaaten ihre durch den Vertrag gesetzten Kompetenzen überschritten haben, zum anderen die Bindung des EuGH selbst an den Subsidiaritätsgedanken bei der Auslegung des Primärrechts. Im ersten Fall entscheidet der EuGH allein über die Bindung anderer Organe an die Kompetenzordnung. Dies ist unproblematisch und für den vorliegenden Zusammenhang nicht weiter von Interesse. Schwieriger zu lösen ist das Problem, ob der EuGH bei der Auslegung des Primärrechts selbst an das Subsidiaritätsprinzip gebunden ist.[1305]

Die Bindung des EuGH an das Subsidiaritätsprinzips ist noch weitgehend unerforscht und in der Literatur umstritten.[1306] Der EuGH selbst hat sich bislang

---

[1303] Vgl. *von Bogdany/Nettesheim*, in: Grabitz/Hilf, KommEU, Bd. I, Art. 3b, Rdnr. 19; *Lambers*, Subsidiarität in Europa, EuR 1993, S. 229 (231); *von Borries*, Das Subsidiaritätsprinzip im Recht der Europäischen Union, EuR 1994, S. 263 (279); *Kingreen*, Die Struktur der Grundfreiheiten des Europäischen Gemeinschaftsrechts, S. 106.

[1304] Vgl. *Jarass*, EG-Kompetenzen und das Prinzip der Subsidiarität nach Schaffung der EU, EuGRZ 1994, S. 209 (211); *Pipkorn*, Das Subsidiaritätsprinzip im Vertrag über die EU, EuZW 1992, S. 697 (700); *Zuleeg*, in: Groeben/Thiesing/Ehlermann, EGV/EUV, Bd. 1, Art. 3b, Rdnr. 26.

[1305] Vgl. *Kingreen*, Die Struktur der Grundfreiheiten des Europäischen Gemeinschaftsrechts, S. 108.

[1306] Vgl. zum aktuellen Meinungsstand *Kingreen*, Die Struktur der Grundfreiheiten des Europäischen Gemeinschaftsrechts, S. 108 f. (m.w.N.).

kaum darüber geäußert, ob er sich an das Subsidiaritätsprinzip gebunden fühlt. In der Entscheidung „Bosman" erwähnt er es im Zusammenhang mit der Auslegung der Grundfreiheiten, ohne dessen Einfluss allerdings näher zu konkretisieren.[1307]

Für eine Bindung des EuGH an das Subsidiaritätsprinzip im Sinne des Art. 5 Abs. 2 EG spricht, dass dieses nach Stellung und Wortlaut sämtliche Gemeinschaftsorgane bindet. Zu diesen gehört nach Art. 7 Abs. 1 EG auch der EuGH. Anders als in Art. 72 Abs. 2 GG ist der Subsidiaritätsgedanke nicht auf die Rechtsetzung beschränkt, was dafür spricht, dass er auch für die Rechtsanwendung gelten könnte.[1308] Dagegen wird jedoch vorgebracht, dass der Gerichtshof für die ihm zugewiesenen Rechtsstreitigkeiten eine ausschließliche Kompetenz besitzt, so dass die Voraussetzungen des Art. 5 Abs. 2 EG gar nicht vorlägen.[1309] Nach *Müller-Graff* handelt es sich bei der Auslegung des Primärrechts erst gar nicht um ein „Tätigwerden der Gemeinschaft" im Sinne von Art. 5 Abs. 2 EG. Bei der Bestimmung des Gewährleistungsumfangs gehe es nicht um eine Abgrenzung von Zuständigkeiten, sondern um eine Konkretisierung des Umfangs grenzüberschreitender wirtschaftlicher Handlungsfreiheiten.[1310]

Bejahte man eine Bindung des EuGH an das Subsidiaritätsprinzip des Art. 5 Abs. 2 EG, so würde dieses ein Leitmaß bei der Wahrnehmung seiner Kompetenz zur Auslegung des Gemeinschaftsrechts bilden. Man könnte insofern von einer „subsidiaritätskonformen" Auslegung des Gemeinschaftsrechts sprechen. Dies hätte zur Konsequenz, dass der Grundsatz der Primärzuständigkeit der jeweils kleineren Einheit, d.h. der Mitgliedstaaten, auch bei der Auslegung der Grundfreiheiten fruchtbar gemacht werden müsste.[1311]

1307 Vgl. EuGH v. 15.12.1995, Rs. C-415/93 (*Union Royale belge des Sociétés de football association ASBL u.a./Jean-Marc Bosmann u.a.*), EuGHE 1995, S. 4921 (5065), Rdnr. 81; *Kingreen*, Die Struktur der Grundfreiheiten des Europäischen Gemeinschaftsrechts, S. 109.

1308 Vgl. *Kingreen*, Die Struktur der Grundfreiheiten des Europäischen Gemeinschaftsrechts, S. 109.

1309 Vgl. *Zuleeg*, in: Groeben/Thiesing/Ehlermann, EGV/EUV, Bd. 1, Art. 3b, Rdnr. 26.

1310 Vgl. *Müller-Graff*, Binnenmarktauftrag und Subsidiaritätsprinzip?, ZHR 1995, S. 34 (73 ff.).

1311 Vgl. *Kingreen*, Die Struktur der Grundfreiheiten des Europäischen Gemeinschaftsrechts, S. 110. Ob der EuGH bei Anwendung dieser Grundsätze seine bisher eingenommene Rolle als Motor der Europäischen Integration weiter in dem ausgeübten Maße beibehalten könnte, muss bezweifelt werden.

II. Umsetzung des Subsidiaritätsprinzips bei der Auslegung der Grundfreiheiten

Will man den Einfluss des EuGH auf die nationale Steuersouveränität aufgrund von Subsidiaritätserwägungen einschränken, so stellt sich die Frage nach der praktischen Umsetzung des Subsidiaritätsprinzips bei der Auslegung des primären Gemeinschaftsrechts. Ausgangspunkt für die Erarbeitung eines Anwendungskonzepts ist Art. 2 Abs. 2 EU[1312]. Dieser verweist in Bezug auf das Subsidiaritätsprinzip auf den gesamten Art. 5 EG. Dies spricht dafür, dass das Subsidiaritätsprinzip nicht nur in Art. 5 Abs. 2 EG verankert ist, sondern dass alle drei Absätze des Art. 5 EG in einem engen Zusammenhang mit dem Subsidiaritätsgedanken stehen.[1313] Art. 5 EG besteht aus drei Elementen:

- Art. 5 Abs. 1 EG normiert das Prinzip der begrenzten Kompetenzzuweisung, das eine strikte Grenze für das Tätigwerden der Gemeinschaft bildet. Danach darf die Gemeinschaft nur tätig werden, sofern und soweit der Vertrag ihr bestimmte Befugnisse zuweist und Ziele setzt.

- Art. 5 Abs. 2 EG enthält das Subsidiaritätsprinzip im engeren Sinne. Es betrifft das Verhältnis Gemeinschaft-Mitgliedstaat und dabei die Frage, ob die Gemeinschaft tätig werden soll.

- Art. 5 Abs. 3 EG stellt Richtlinien zur Beantwortung der Frage auf, in welchem Maße und auf welche Weise die Gemeinschaft tätig werden soll. Während also das Subsidiaritätsprinzip das „Ob" der Kompetenzausübung regelt, behandelt der Verhältnismäßigkeitsgrundsatz die Frage des „Wie" der Kompetenzausübung.[1314]

Auch im Rahmen der Europäischen Gerichtsbarkeit ist zwischen dem „Ob" und dem „Wie" der Kompetenzausübung zu differenzieren, wenn man eine Bindung des EuGH an den Subsidiaritätsgedanken des Art. 5 EG herbeiführen will.

Das „Ob" der Kompetenzausübung betrifft das Verhältnis der nationalen Gerichte der Mitgliedstaaten zur Europäischen Gerichtsbarkeit. Hierbei ist anzumerken, dass die Beziehungen des EuGH zu den nationalen Gerichten nicht hierarchisch, sondern kooperativ gestaltet sind. Es handelt sich um eine gleich-

---

[1312] Art. 2 Abs. 2 EU lautet: „Die Ziele der Union werden nach Maßgabe dieses Vertrags entsprechend den darin enthaltenen Bedingungen und der darin vorgesehenen Zeitfolge unter Beachtung des Subsidiaritätsprinzips, wie es in Artikel 5 des Vertrages zur Gründung der Europäischen Gemeinschaft bestimmt ist, verwirklicht."

[1313] Vgl. *Schweitzer/Hummer*, Europarecht, Rdnr. 895.

[1314] Vgl. Europäischer Rat, Gesamtkonzept für die Anwendung des Subsidiaritätsprinzips v. 12.12.1992, Bulletin der Europäischen Gemeinschaften, Nr. 12-1992, S. 13.

berechtigte Zusammenarbeit, beruhend auf der Grundlage einer klaren Aufteilung der Kompetenzen: Während die verbindliche Auslegung sowie die Gültigkeitsprüfung des Gemeinschaftsrechts Sache des EuGH ist, obliegt die Anwendung dieser Normen den nationalen Gerichten.[1315] Der EuGH ist also mit den Aufgaben der rechtsprechenden Gewalt nicht allein betraut, bzw. nicht ausschließlich zuständig. Vielmehr teilt er sich diese Zuständigkeit nicht nur mit dem seit 1989 bestehenden Gericht Erster Instanz[1316], sondern auch und vor allem mit den Gerichten der Mitgliedstaaten. Daher sind die Gemeinschaften im Bereich der Gerichtsbarkeit auf dem Subsidiaritätsprinzip in der Weise aufgebaut, dass dem Rechtsprechungsorgan der Gemeinschaft nur solche Zuständigkeiten übertragen wurden, die nicht den nationalen Gerichten zugewiesen werden konnten. Die rechtsprechende Gewalt ist deshalb entsprechend dem Subsidiaritätsgedanken auf die Organe der Gemeinschaft und auf die Gerichte der Mitgliedstaaten verteilt.[1317]

Offensichtliches Motiv aller Eingrenzungsversuche der Auslegungsfreiheit des EuGH im Bereich der Grundfreiheiten ist jedoch, einen möglichst schonenden Umgang mit dem steuerpolitischen Handlungsspielräumen der Mitgliedstaaten zu erreichen. Diese sollen durch die Rechtsprechung des EuGH möglichst wenig eingeschränkt werden. Es geht also um das „Wie" der Kompetenzausübung. Dies entspricht eher den in Art. 5 Abs. 3 EG verankerten Verhältnismäßigkeitserwägungen und hat nichts mit der Verteilung von Kompetenzen im Sinne des Subsidiaritätsprinzips im engeren Sinne (Art. 5 Abs. 2 EG) zu tun.

Nach Art. 5 Abs. 3 EG dürfen die Maßnahmen der Gemeinschaft nicht über das für die Erreichung der Ziele des Vertrages erforderliche Maß hinausgehen. Übertragen auf die Kompetenzausübung des EuGH bedeutet dies: Der Gerichtshof darf bei der Auslegung der Grundfreiheiten nicht das für die Erreichung des Binnenmarktziels erforderliche Maß überschreiten. Der Binnenmarkt umfasst einen Raum, indem der freie Verkehr von Waren, Personen, Dienstleistungen und Kapital gemäß den Bestimmungen des Vertrages – und damit auch gemäß den Bestimmungen der Grundfreiheiten – gewährleistet ist. Es gilt also Grenzbarrieren abzubauen, die durch unterschiedliche Rechtsordnungen hervorgerufen werden. Die Grundfreiheiten sollen dem einzelnen den Zugang zu den verschiedenen nationalen Märkten öffnen. Es handelt sich daher primär um Marktzugangsrechte. Daher prüft der EuGH nationale Regelungen, die den Marktzugang betreffen umfassend am Maßstab der Grundfreiheiten im Hinblick auf Diskriminierungen und Beschränkungen. Befindet sich der nationale Wirtschaftsteilnehmer dagegen bereits auf dem nationalen Markt, dann nimmt der EuGH seine

---

[1315] Vgl. *Iglesias*, Der EuGH und die Gerichte der Mitgliedstaaten – Komponenten der richterlichen Gewalt in der Europäischen Union, NJW 2000, S. 1889 (1890).

[1316] Vgl. Art. 225 EG.

[1317] Vgl. *Iglesias*, Der EuGH und die Gerichte der Mitgliedstaaten – Komponenten der richterlichen Gewalt in der Europäischen Union, NJW 2000, S. 1889 (1889).

Prüfungskompetenz zurück. Er prüft dann nur noch, ob die nationale Regelung ausländische Wirtschaftsteilnehmer diskriminiert oder übermäßig belastet.[1318]

Eine Begrenzung der Einwirkungen der Grundfreiheiten auf die nationale Steuergesetzgebung über die Bindung des EuGH an den Subsidiaritätsgedanken des Art. 5 Abs. 2 EG ist damit abzulehnen.

§ 3 Kontrolle rechtlicher Bindungen auf nationaler und supranationaler Ebene

Rechtliche Bindungen sind nur dann effektiv, wenn zugleich eine Institution besteht, die den Gesetzgeber überprüft und ihn im Falle eines Verstoßes gegen die Bindungsnormen in die Schranken verweisen kann.[1319]

A. Kontrolle der Grundrechtsbindung durch das BVerfG

Auf nationaler Ebene dient diesem Zweck die Verfassungsgerichtsbarkeit, institutionalisiert durch das BVerfG. Dieses besitzt mehrere Zuständigkeiten zur Gesetzesüberprüfung. Von besonderer Wichtigkeit sind hier die konkrete (Art. 100 Abs. 1 GG) und die abstrakte (Art. 93 Abs. 1 Nr. 2 GG) Normenkontrolle.[1320] Vor diesem Hintergrund haben die gesetzgebenden Organe bei der Ausfüllung ihrer Gestaltungsspielräume stets den verfassungsrechtlichen Kontrollvorbehalt zu beachten und die verfassungsrichterliche Überprüfung in ihre Legislativentscheidungen miteinzubeziehen.[1321]

Bei der konkreten Normenkontrolle handelt es sich gewissermaßen um ein selbständiges Zwischenverfahren. Die Regelung des Art. 100 Abs. 1 GG löst hierbei den Konflikt, der zwischen der Bindung des Richters an die Verfassung und der selbständigen Stellung des Gesetzgebers besteht: Der Richter darf zwar die Verfassungsmäßigkeit eines Gesetzes überprüfen (Prüfungskompetenz), kann aber formelle Gesetze nicht selbst unangewendet lassen. Dies ist allein dem BVerfG vorbehalten (Verwerfungsmonopol).[1322] Dieses entscheidet über die Vereinbarkeit des Prüfungsgegenstandes (Gesetz) mit dem Prüfungsmaßstab (GG).[1323] Die abstrakte Normenkontrolle führt ebenfalls zur Prüfung der Vereinbarkeit von Bundesrecht (und Landesrecht) mit dem höherrangigen GG. Antragsberechtigt sind die Organe Bundesregie-

---

[1318] Vgl. hierzu die Ausführungen in: 3. Teil, § 2, A., II., 2., b), bb), (2), (b).
[1319] Vgl. *Stern*, Das Staatsrecht der BRD, Bd. III/1, S. 1292.
[1320] Vgl. hierzu die Ausführungen in: 2. Teil, § 1, B., I., 2. Ein weiteres Verfahren zur verfassungsgerichtlichen Normenkontrolle ist die Divergenzvorlage nach Art. 100 Abs. 3 GG.
[1321] Vgl. *Stern*, Das Staatsrecht der BRD, Bd. III/1, S. 1292.
[1322] Vgl. *Pieroth*, in: Jarass/Pieroth, GG, Art. 100, Rdnr. 2.
[1323] Vgl. *Pieroth*, in: Jarass/Pieroth, GG, Art. 100, Rdnr. 18.

rung und Landesregierung (Exekutive) bzw. Bundestag (ein Drittel der Mitglieder). Dieser Typus der Normenkontrolle wird als „abstrakt" bezeichnet, da er nicht durch einen bei Gericht anhängigen „konkreten" Rechtsstreit veranlasst ist.[1324]

Stellt das BVerfG einen Verfassungsverstoß des Gesetzgebers fest, so erklärt es die Norm für nichtig. Die Entscheidung wirkt inter omnes und hat Gesetzeskraft (Art. 31 BVerfGG).[1325] Unter bestimmten Voraussetzungen nimmt das BVerfG jedoch von einer Nichtigkeitserklärung Abstand und beschränkt sich auf die Feststellung der Verfassungswidrigkeit der Norm. Dieser Entscheidungstypus wurde ohne gesetzlich Grundlage vom BVerfG sozusagen selbst kreiert und wird immer dann angewendet, wenn die Nichtigerklärung zu unerwünschten Rechtsfolgen führen würde.[1326] Die Verfassungswidrigkeit einer Norm hat also zur Folge, dass das BVerfG die Norm entweder für nichtig erklärt oder ihre Unvereinbarkeit mit höherrangigem Recht feststellt.

Werden Normen mit dem GG für unvereinbar erklärt, so hat dies grundsätzlich zur Folge, dass sie in dem sich aus dem Tenor ergebenden Umfang von Gerichten und Verwaltungsbehörden nicht mehr angewendet werden dürfen (sog. Anwendungssperre).[1327] In bestimmten Fällen lässt das BVerfG die Regelung noch für eine bestimmte Übergangszeit bestehen, verbunden mit dem Auftrag an den Gesetzgeber, in dieser Übergangszeit für eine Neuregelung (evtl. unter Beachtung der vom BVerfG hierfür explizit aufgestellten Grundsätze) zu sorgen.[1328] Dadurch soll verhindert werden, dass ein rechtliches Vakuum entsteht und bei den Betroffenen wie bei den Behörden Unsicherheit über die Rechtslage herrscht.[1329]

B. Kontrolle der Grundfreiheitsbindung durch den EuGH

Auch bei der Beachtung der in den Grundfreiheiten enthaltenen Ge- und Verbotsaussagen unterliegt der nationale Gesetzgeber der gerichtlichen Kontrolle. Dies erfolgt auf supranationaler Ebene durch den EuGH, insbesondere im Wege

---

[1324] Vgl. *Ipsen*, Staatsrecht I (Staatsorganisationsrecht), Rdnr. 906.

[1325] Vgl. *Schlaich*, Das Bundesverfassungsgericht, Rdnr. 220; *Degenhart*, Staatsrecht II, Rdnr. 505.

[1326] *Schlaich*, Das Bundesverfassungsgericht, Rdnr. 360 f.

[1327] Vgl. BVerfG v. 21.05.1974, 1 BvL 22/71, BVerfGE 37, S. 217 (261); BVerfG v. 08.10.1980, 1 BvL 122/78, 61/79, 21/77, BVerfGE 55, S. 100 (110); *Schlaich*, Das Bundesverfassungsgericht, Rdnr. 385.

[1328] Vgl. BVerfG v. 22.06.1995, 2 BvL 37/91, BStBl. II 1995, S. 655 ff.; BVerfG v. 22.06.1995, 2 BvR 552/91, BStBl. II 1995, S. 671 ff.

[1329] Vgl. BVerfG v. 21.05.1974, 1 BvL 22/71, 21/72, BVerfGE 37, S. 217 (261); *Schlaich*, Das Bundesverfassungsgericht, Rdnr. 385.

des Vorlageverfahrens nach Art. 234 EG,[1330] aber auch eines durch die Kommission nach Art. 226 EG eingeleiteten Vertragsverletzungsverfahrens.

I. Das Vorlageverfahren

In nationalen Rechtsstreitigkeiten geht es häufig um die Frage, ob eine mitgliedstaatliche Norm, beispielsweise aus dem Steuerrecht, mit dem Gemeinschaftsrecht unvereinbar und deswegen unanwendbar ist. In diesem Fall setzt das nationale Gericht das Verfahren aus[1331] und legt dem EuGH eine oder mehrere Fragen nach der Auslegung des Gemeinschaftsrechts vor, denn das Monopol zur Auslegung des primären Gemeinschaftsrecht ist allein dem EuGH zugewiesen.[1332]

Im Rahmen des Verfahrens nach Art. 234 EG ist der EuGH nicht befugt, über die Vereinbarkeit nationaler Rechtsvorschriften mit dem Gemeinschaftsrecht zu entscheiden. Ihm ist es auch verwehrt, die nationale Vorschrift auszulegen oder das Gemeinschaftsrecht auf den konkreten Sachverhalt anzuwenden. Dies ist allein Sache des nationalen Gerichts.[1333] Daher wird bei der Formulierung der Auslegungsfrage die konkrete Norm auch nicht genannt, sondern tatbestandsmäßig umschrieben. Sie ist z.B. wie folgt zu formulieren: Ist Art. 39 EG dahin auszulegen, dass er Rechtsvorschriften eines Mitgliedstaates entgegensteht, die die steuerliche Abzugsfähigkeit von Beiträgen zur Krankenversicherung von der Voraussetzung abhängig machen, dass diese Beiträge in diesem Mitgliedstaat gezahlt werden?[1334] Dementsprechend lautet auch der Tenor der Entscheidung des EuGH. Die Antwort auf die soeben formulierte fiktive Vorlagefrage müsste daher lauten: Art. 39 EG ist dahin auszulegen, dass er Rechtsvorschriften eines Mitgliedstaates entgegensteht, die die steuerliche Abzugsfähigkeit von Beiträgen zur Krankenversicherung von der Voraussetzung abhängig machen, dass diese Beiträge in diesem Mitgliedstaat gezahlt werden. Die konkrete Bezeichnung der Norm mit Artikel bzw. Paragraph, Absatz usw. unterbleibt.

1330 Vgl. hierzu die Ausführungen in: 3. Teil, § 2, B., I., 2., a).

1331 Auch das Vorlageverfahren nach Art. 234 EG ist – wie die konkrete Normenkontrolle nach Art. 100 Abs. 1 GG – ein prozessuales Zwischenverfahren, also ein Verfahren „von Gericht zu Gericht“.

1332 Ihren Ausgangspunkt nimmt die Kontrolle mitgliedstaatlicher Normen am Maßstab des Gemeinschaftsrechts ebenfalls auf nationaler Ebene durch die Einleitung eines Vorabentscheidungsverfahrens. Wird jedoch von deutschen Gerichten pflichtwidrig nicht vorgelegt, so impliziert dies einen Verstoß gegen das Recht auf den gesetzlichen Richter (Art. 101 Abs. 1 Satz 2 GG).

1333 Vgl. EuGH v. 30.11.1995, Rs. C-55/94 (*Gebhard*), EuGHE 1995, S. I-4165 (4193), Rdnr. 19; *Bleckmann*, in: Bleckmann, Europarecht, Rdnr. 948 und Rdnr. 950.

1334 Vgl. in Anlehnung an die Vorlagefrage im Verfahren „Bachmann“ EuGH v. 28.01.1992, Rs. C-204/90 (*Bachmann*), EuGHE 1992, S. I-249 (279), Rdnr. 7.

Als Zwischenergebnis kann somit festgehalten werden: Die Kontrolle des nationalen Gesetzgebers im Hinblick auf seine Grundfreiheitsbindung erfolgt überwiegend aufgrund eines Dialogs der nationalen Gerichte mit dem EuGH. Das nationale Gericht bringt mit seiner Entscheidung, dem EuGH eine Frage zur Auslegung des primären Gemeinschaftsrechts vorzulegen, das Kontrollverfahren in Gang. Der EuGH entscheidet dann generell-abstrakt, also losgelöst vom konkreten Sachverhalt des Ausgangsverfahrens, über die Auslegung der betreffenden Normen des primären Gemeinschaftsrechts. Er hat weder die Kompetenz zur Normverwerfung, noch kann er die nationale Norm als mit dem Gemeinschaftsrecht für unvereinbar erklären. Das nationale Gericht wiederum subsumiert den Sachverhalt anschließend unter die vom EuGH bindend ausgelegten einschlägigen Gemeinschaftsrechtsnormen. Während die Auslegung des Gemeinschaftsrechts also Sache des EuGH ist, ist dessen Anwendung Sache des nationalen Gerichts.

Im Fall einer vom EuGH festgestellten Kollision zwischen nationalem Recht und unmittelbar anwendbarem Gemeinschaftsrecht genießt letzteres Anwendungsvorrang. Damit muss das nationale Gericht die Norm unangewendet lassen und statt dessen dem Betroffenen die Rechte sichern, die ihm das Gemeinschaftsrecht gewährleistet.[1335]

Die rechtlichen Folgen diesbezüglicher Entscheidungen ähneln in ihrer Wirkungsweise stark den Rechtsfolgen der Unvereinbarkeitserklärung einer nationalen Norm mit dem GG durch das BVerfG.[1336] In beiden Fällen kommt es zu einer Anwendungssperre der nationalen Norm und in beiden Fällen wird der Gesetzgeber verpflichtet, den rechtswidrigen Zustand zu beseitigen. Der EuGH entscheidet zwar offiziell nur über die Auslegung des primären Gemeinschaftsrechts, faktisch urteilt er jedoch über die Vereinbarkeit des nationalen Rechts mit dem Gemeinschaftsrecht.

II. Das Vertragsverletzungsverfahren

Auch wenn der EuGH im Rahmen des Vorlageverfahrens nach Art. 234 EG auf die Auslegung des Gemeinschaftsrechts beschränkt ist, ergeben sich im nationalen Bereich weitreichendere Folgen. Steht nach dem Vorlageverfahren fest, dass der Inhalt einer nationalen Norm mit dem Gemeinschaftsrecht in Widerspruch steht, so erwächst hieraus für den betroffenen Mitgliedstaat eine Verpflichtung zur Beseitigung des gemeinschaftsrechtswidrigen Zustandes (Art. 10 EG). Tut er dies nicht, so besteht die Gefahr, dass die Kommission nach

---

[1335] Vgl. hierzu die Ausführungen in: 4. Teil, § 1, B., I.
[1336] Vgl. hierzu die Ausführungen in: 4. Teil, § 3, B.

Art. 226 EG ein Vertragsverletzungsverfahren[1337] gegen ihn einleitet. Darüber hinaus macht er sich gegenüber den Betroffenen möglicherweise schadensersatzpflichtig.[1338]

Ein Vertragsverletzungsverfahren kann von der Kommission aber nicht nur im Anschluss an ein Vorlageverfahren eingeleitet werden, das von dem betroffenen Mitgliedstaat nicht entsprechend umgesetzt wurde. Sofern die Kommission eine nationale (Steuer-)Norm für gemeinschaftsrechtswidrig hält, hat sie auf der Grundlage dieses Vorwurfs einer Vertragsverletzung die Befugnis, aus eigenem Antrieb ein Vertragsverletzungsverfahren einzuleiten.[1339]

Der jüngste Fall betrifft die Bundesrepublik Deutschland. Nach § 50a Abs. 7 EStG i.d.F. des Steuerentlastungsgesetzes 1999/2000/2002 vom 24.03.1999[1340] waren die Schuldner von Vergütungen für die Herstellung eines Werkes im Inland für Rechnung eines im Ausland ansässigen Gläubigers verpflichtet, einen Steuerabzug vorzunehmen. Wegen des unzulässigen Differenzierungskriteriums nach der Ansässigkeit des Gläubigers[1341] wurde die Vorschrift allgemein als Verstoß gegen die in Art. 49 ff. EG garantierte Dienstleistungsfreiheit gewertet.[1342] Die Kommission hat daraufhin ein Vertragsverletzungsverfahren gegen die Bundesrepublik Deutschland eingeleitet, worauf die Finanzverwaltung mit einer Verwaltungsanweisung[1343] reagiert und angeordnet hat, dass „im Vorgriff auf die vorgesehene gesetzliche Änderung mit sofortiger Wirkung von der Erhebung des Steuerabzugs nach § 50a Abs. 7 EStG abzusehen [ist]. Die bereits einbehaltene und abgeführte Steuer ist sofort zu erstatten, soweit die Voraussetzungen für eine Freistellung vom Steuerabzug oder für die Erstattung der Steuer (vgl. Tz. 2 und 4 des BMF-Schreib. v. 31.5.1999, BStBl. I 491) erfüllt sind.“ Das vorstehend genannte BMF-Schreiben enthält unter Tz. 2.4 für die Erstattung der Abzugssteuer ein Antragserfordernis für den im Ausland ansässigen Vergütungsgläubiger.[1344] Daneben ist aber auch der Gesetzgeber tätig geworden und hat die Steuerabzugsverpflichtung rückwirkend im Rahmen des Steuerbereinigungsgesetzes 1999 vom 22.12.1999[1345] aufgehoben. Erwartungsgemäß wird das Vertragsverletzungsverfahren von der Kommission ungeachtet des redigierenden BMF-

---

1337 Vgl. Art. 226 EG.

1338 Vgl. hierzu das Verfahren „Biehl II“, EuGH v. 26.10.1995, Rs. C-151/94 (*Kommission/Luxemburg*), EuGHE 1995, S. I-3685 ff.; hierzu auch die Ausführungen in: 3. Teil, § 2, B., III., 3., d), cc), (2).

1339 So geschehen beispielsweise in der Rechtssache „avoir fiscal“. Vgl. EuGH v. 28.01.1986, Rs. 270/83 (*Kommission/Frankreich*), EuGHE 1986, S. 273; hierzu auch die Ausführungen in: 3. Teil, § 2, B., II., 3., a).

1340 BGBl. I 1999, S. 402.

1341 Vgl. hierzu die Ausführungen in: 3. Teil, § 2, B., II., 4., a), bb), (2).

1342 Vgl. beispielsweise *de Weerth*, Neues zum aufgehobenen § 50a Abs. 7 EStG: Erstattung der Abzugssteuer, IStR 2000, S. 210; *ders.*, Anmerkung zum BMF-Schreiben vom 31.5.1999, RIW 1999, S. 638 f.

1343 Vgl. BMF-Schreiben v. 11.08.1999, IStR 1999, S. 510.

1344 Vgl. *de Weerth*, Neues zum aufgehobenen § 50a Abs. 7 EStG: Erstattung der Abzugssteuer, IStR 2000, S. 210.

1345 BGBl. I 1999, S. 2601.

Schreibens vom 11.08.1999 und der mittlerweile durchgeführten Gesetzesänderung weiterverfolgt. Denn nach gefestigter Rechtsprechung des EuGH kann ein Mitgliedstaat den Verstoß einer Norm gegen Gemeinschaftsrecht nicht beseitigen, indem er die von der Grundfreiheitsbeeinträchtigung Betroffenen zu Kompensationszwecken nur auf nicht-bindende Verwaltungsanordnungen verweist, die darüber hinaus ein Antragserfordernis enthalten.[1346] Mit anderen Worten: Solange die Bundesrepublik Deutschland die Erstattung des auf der Grundlage des § 50a Abs. 7 EStG einbehaltenen Steuerabzugsbetrags nicht gesetzlich normiert und in diesem Zusammenhang auf das Antragserfordernis verzichtet, besteht weiterhin aus Sicht der Kommission Anlass zur Durchführung des Vertragsverletzungsverfahrens.

Ist die Klage wegen der Vertragsverletzung durch einen Mitgliedstaat zulässig und begründet, so stellt der EuGH fest, dass der Mitgliedstaat gegen seine vertraglichen Pflichten verstoßen hat. Der Mitgliedstaat ist dann aus dem Gemeinschaftsrecht selbst verpflichtet, die Maßnahmen zu ergreifen, die sich aus dem Urteil ergeben.[1347]

III. Parallelen zwischen der Kontrolle rechtlicher Bindung auf nationaler und supranationaler Ebene

Bei der Kontrolle der Grundfreiheitsbindung des nationalen Steuergesetzgebers wird der EuGH also nicht von sich aus tätig. Er nimmt seine Befugnisse erst dann wahr, wenn ihm ein nationales Gericht eine Vorlagefrage stellt oder die Kommission ein Vertragsverletzungsverfahren gegen einen Mitgliedstaat einleitet. Für eine umfassende Überwachung des (legislativen) Handelns der Mitgliedstaaten bezogen auf die Vorgaben des Gemeinschaftsrechts sind damit die Institutionen, die ein Verfahren vor dem EuGH erst in Gang setzten können, gleichermaßen entscheidend. Dies sind im hier relevanten Bereich die Kommission und die nationalen Gerichte.[1348]

Die nationalen Normenkontrollen finden ihre Entsprechung im europarechtlichen Rechtsschutzsystem. Wie bei einer konkreten Normenkontrolle Gerichte bei Zweifeln über die Verfassungsmäßigkeit einer Norm das BVerfG zu einer Klärung der Rechtsfrage anhalten können, so wird der EuGH in vergleichbarer Weise beim Vorlageverfahren aufgrund eines Vorlagebeschlusses nationaler Gerichte tätig. Eine abstrakte Normenkontrolle wird durch bestimmte Verfassungsorgane (z.B. Bundesregierung) in Gang gesetzt. Auf europarechtlicher

---

[1346] Vgl. beispielsweise EuGH v. 26.10.1995, Rs. C-151/94 (*Kommission/Luxemburg*), EuGHE 1995, S. I-3685 ff.; hierzu auch die Ausführungen in: 3. Teil, § 2, B., III., 3., d), cc), (1).

[1347] Vgl. Art. 228 Abs. 1 EG.

[1348] Letztlich sind es die Parteien des nationalen Rechtsstreits, die den Weg zum EuGH ebnen.

Ebene findet dies seine Entsprechung in dem von der Kommission eingeleiteten Vertragsverletzungsverfahrens.[1349]

Damit läßt sich festhalten: Umfang und Mechanismen der Kontrolle legislativen Handelns (Kontrolldichte) sind auf nationaler wie europarechtlicher Ebene weitgehend deckungsgleich. Dies gilt für die Kontrollbefugnis, die Verfahrensarten und die Beteiligten, die für ein Ingangsetzen des Prüfungsverfahrens sorgen. Im Gegensatz zum BVerfG besitzt der EuGH aber keine Normverwerfungskompetenz hinsichtlich des nationalen Rechts.[1350] Faktisch wird dieses Defizit aber über die Möglichkeit ausgeglichen, ein Vertragsverletzungsverfahren gegen den Mitgliedstaat einzuleiten, der aus einer entsprechenden Entscheidung des EuGH keine Konsequenzen zieht, d.h. einen gemeinschaftsrechtswidrigen Zustand nicht aus eigenem Antrieb durch gesetzliche Änderungen beseitigt.

§ 4 Ergebnis

Aus den obigen Ausführungen zu den Einwirkungen der Grundfreiheiten auf die nationale Steuergesetzgebungshoheit anhand eines Vergleichs mit der Bindungswirkung der Grundrechte lässt sich folgendes festhalten:

A. Grundfreiheitsbindung des nationalen Steuergesetzgebers

Der inhaltliche Gestaltungsspielraum des deutschen Steuergesetzgebers wird durch rechtliche „Bindungen" begrenzt: auf nationaler Ebene durch die Bindung an die Grundrechte des GG (Art. 1 Abs. 3 GG), auf supranationaler Ebene durch die Bindung an die Grundfreiheiten des EG-Vertrages. Diese Grundfreiheitsbindung wirkt in zwei Richtungen. In negativer Hinsicht verbietet sie grundfreiheitswidrige Rechtsvorschriften, in positiver Hinsicht enthält sie einen Gestaltungsauftrag. Sie verpflichtet den nationalen Steuergesetzgeber zur grundfreiheitsgemäßen Ausgestaltung seiner Gesetze.

Bei der Beurteilung der Intensität der Einwirkungen auf die nationale Steuergesetzgebung ist zwischen den Grundfreiheiten in ihrer Ausformung als Diskriminierungsverbote und den Grundfreiheiten in ihrer Auslegung als umfassende Beschränkungsverbote zu unterscheiden. Dabei konnte festgestellt werden, dass die Einwirkungen der Grundfreiheiten als Diskriminierungsverbote auf die mit-

---

[1349] Vgl. hierzu die Ausführungen in: 4. Teil, § 3, A.

[1350] Der EuGH kann lediglich sekundäres Gemeinschaftsrecht bei einem Verstoß gegen primäres Gemeinschaftsrecht verwerfen, da ausschließlich die europarechtliche Ebene betroffen ist und kein Eingriff in die Sphäre der Mitgliedstaaten erfolgt.

gliedstaatliche Steuergesetzgebungszuständigkeit relativ gering sind. Viel weitreichender sind die Einwirkungen, wenn man die Grundfreiheiten auch als umfassende Beschränkungsverbote versteht. Eine Beeinträchtigung der Grundfreiheiten kann dann durch jede nationale Steuervorschrift erfolgen, die unmittelbar oder mittelbar die Grundfreiheitswahrnehmung negativ beeinflussen kann.

Vor diesem Hintergrund stellt sich die Frage, ob und welche Schranken den grundfreiheitlichen Einwirkungen auf die nationale Steuergesetzgebungshoheit gesetzt sind. Ein Ansatz, der hierzu vertreten wird, ist die Bindung des EuGH an den Subsidiaritätsgedanken des Art. 5 EG. Diese Konstruktion ist jedoch für den verfolgten Zweck, den steuerpolitischen Handlungsspielraum der Mitgliedstaaten vor allzu tiefen Einwirkungen durch die primärrechtlich Grundfreiheiten zu schützen, ungeeignet. Es geht hier nicht um die Abgrenzung von Zuständigkeiten, sondern um die Konkretisierung des Umfangs grenzüberschreitender wirtschaftlicher Handlungsfreiheiten durch den EuGH und den Erhalt eines funktionsadäquaten steuergesetzgeberischen Gestaltungsspielraums.

Eine ausreichende Eingrenzung der Einwirkungen der Grundfreiheiten in ihrer steuerspezifischen Konkretisierung, die sie in der Rechtsprechung des EuGH erfahren haben, ergibt sich aus der Struktur der Grundfreiheiten selbst. Deren Anwendungsbereich ist nur bei Sachverhaltskonstellationen mit grenzüberschreitendem Bezug eröffnet.[1351] Dadurch ist der EuGH bei der Auslegung auf Sachfragen beschränkt, die für die Öffnung der Märkte einheitlich geregelt werden müssen. Dem trägt der Gerichtshof dadurch selbst Rechnung, indem er diskriminierungsfreie nationale Regelungen, die die wirtschaftliche Betätigung auf dem nationalen Markt betreffen, nicht am Maßstab der Grundfreiheiten misst.[1352]

In gewisser Weise sieht sich der EuGH hier in einem ähnlichen Dilemma wie das BVerfG. Dieses befindet sich in der Praxis immer wieder in dem Zwiespalt, ob es sich auf die formalrechtsstaatliche Gewaltenteilung beruft, den Grundsatz richterlicher Zurückhaltung (judicial self-restraint) bemüht und damit die Weite des dem Gesetzgeber eingeräumten Gestaltungsspielraums betont, oder ob es dem Steuergesetzgeber abverlangt, dass er die von ihm gesetzten Wertungen und Sachgesetzlichkeiten system- und wertungskonsequent vollzieht (judicial activism).[1353] Ähnlich ergeht es dem EuGH: Legt er zurückhaltend aus und betont er die grundsätzliche Wahrung der Identität der nationalen Rechtssysteme, so wäre die Souveränität der Mitgliedstaaten effektiv gewahrt, das Integrationsziel aber gefährdet und der einzelne Unionsbürger müsste sich fragen, welche Vorteile ihm ein einheitlicher Binnenmarkt bringt. Bemüht sich der EuGH dagegen um eine möglichst integrationsfreundliche, progressive Rechtsfortbildung, setzt er sich der Kritik der Regierungen der Mitgliedstaaten aus. Dieser Konflikt lässt sich aber nicht durch eine Begrenzung der Auslegungskompetenz des EuGH

[1351] Vgl. hierzu die Ausführungen in: 3. Teil, § 2, A., II., 2., a), aa).
[1352] Vgl. hierzu die Ausführungen in: 3. Teil, § 2, A., II., 2., b), bb), (2), (b).
[1353] Vgl. *Tipke/Lang*, Steuerrecht, § 4, Rdnr. 74.

lösen, sondern wohl letztlich nur durch eine positive Einstellung der Mitgliedstaaten gegenüber den Entscheidungen des EuGH – vor allem im Bereich der direkten Steuern.

B. Kontrolle der Grundfreiheitsbindung

Rechtliche Bindungen des deutschen Gesetzgebers unterliegen der gerichtlichen Kontrolle. Auf nationaler Ebene erfolgt dies durch das BVerfG. Dieses überwacht Legislativentscheidungen und verweist den Gesetzgeber im Falle eines Verstoßes gegen seine Grundrechtsbindung (Art. 1 Abs. 3 GG) in die Schranken, indem es die Norm verwirft oder mit dem GG für unvereinbar erklärt. Auch im Hinblick auf seine Grundfreiheitsbindung unterliegt der Gesetzgeber – und damit auch der Steuergesetzgeber – der gerichtlichen Kontrolle. Dies erfolgt insbesondere aufgrund eines Dialogs der nationalen Gerichte mit dem EuGH im Rahmen des Vorlageverfahrens nach Art. 234 EG. Das nationale Gericht bringt mit seiner Entscheidung, dem EuGH eine Frage zur Auslegung des primären Gemeinschaftsrechts vorzulegen, das Kontrollverfahren in Gang. Der EuGH entscheidet dann generell-abstrakt über die Auslegung der betreffenden Normen des primären Gemeinschaftsrechts. Er hat weder die Kompetenz zur Normverwerfung, noch kann er die nationale Norm als mit dem Gemeinschaftsrecht für unvereinbar erklären. Das nationale Gericht wiederum subsumiert den Sachverhalt anschließend unter die vom EuGH ausgelegten einschlägigen Gemeinschaftsrechtsnormen. Während die Auslegung des Gemeinschaftsrechts also Sache des EuGH ist, ist dessen Anwendung Sache des nationalen Gerichts.

Der deutsche Gesetzgeber muss damit bei der Ausfüllung seiner inhaltlichen Gestaltungsspielräume sowohl seine Grundrechtsbindung als auch seine Grundfreiheitsbindung beachten. Verstößt die Norm gegen die Grundrechte des GG, so muss er damit rechnen, dass sie Gegenstand einer Normenkontrolle vor dem BVerfG wird. Verstößt sie gegen die Grundfreiheiten des Gemeinschaftsrechts, so besteht die Gefahr, dass ein nationales Gericht ein Vorlageverfahren vor dem EuGH einleitet. Jede Legislativentscheidung muss damit nicht nur einer verfassungsrechtlichen, sondern auch einer europarechtlichen Prüfung Stand halten.

5. Teil: Schlussbetrachtung

Abschließend können aufgrund der vorstehenden Untersuchungen folgende Ergebnisse festgehalten werden.

- Die Bundesrepublik Deutschland ist ein Steuerstaat; der Finanzbedarf zur Erfüllung öffentlicher Aufgaben wird im wesentlichen durch Steuern gedeckt. Die Steuern sind somit das wichtigste Finanzierungsinstrument des Staates und der deutsche Gesetzgeber besitzt auf dem Gebiet des Steuerrechts eine weitgehende inhaltliche Gestaltungsfreiheit, die jedoch nicht unbegrenzt ist. Zwar enthält das GG kein materielles Steuerverfassungsrecht, d.h. es besitzt keine expliziten Regelungen darüber, wie einzelne Steuern auszugestalten sind und wo die verfassungsrechtlichen Grenzen der Besteuerung liegen. Diese Lücke wird jedoch durch die Grundrechte geschlossen, welche durch die Rechtsprechung des BVerfG eine steuerspezifische Konkretisierung erfahren haben.

- Mit der Gründung der EG wurde eine neue, supranationale öffentliche Gewalt geschaffen, die neben die bundesdeutsche Herrschaftsgewalt getreten ist. Beide Rechtsordnungen beanspruchen im innerstaatlichen Bereich unmittelbare Geltung und Anwendung. Führen beide Rechtsordnungen zu unvereinbaren Rechtsfolgen, genießt die gemeinschaftsrechtliche Rechtsordnung Anwendungsvorrang. Von den Einwirkungen des Gemeinschaftsrechts ist auch die Finanzverfassung – insbesondere die Steuergesetzgebungshoheit – betroffen. Die Grundfreiheiten des EG-Vertrages und die auf der Grundlage der Harmonisierungsermächtigungen des EG-Vertrages erlassenen Steuerrichtlinien beeinflussen die inhaltliche Gestaltung des bundesdeutschen Steuersystems.

- Die Gewährleistung der Grundfreiheiten in Form der Waren-, Personen-, Dienstleistungs- und Kapitalverkehrsfreiheit ist konstitutiv für die Errichtung eines gemeinsamen Binnenmarktes. Die Grundfreiheiten sind unmittelbar anwendbares Recht in allen Mitgliedstaaten. Sie bedürfen keiner weiteren Zustimmungsakte oder Umsetzungsmaßnahmen, um innerstaatliche Wirkung zu beanspruchen. Alle nationalen Gerichte der EG-Mitgliedstaaten sind zu ihrer Anwendung verpflichtet. Wo immer eine Vorschrift des nationalen Rechts mit einer der Grundfreiheiten in Widerspruch steht, muss das nationale Recht den Regelungen des EG-Vertrages weichen. Die inhaltliche Dimension der im EG-Vertrag unterschiedlich ausgestalteten Grundfreiheiten wurde in einer prozesshaften Entwicklung der Rechtsprechung des EuGH geklärt. Diese führte zu einer strukturellen Angleichung der Grundfreiheiten aneinander, so dass heute von einer einheitlichen Dogmatik der Grundfreiheiten gesprochen werden kann. Jede Grundfreiheit folgt einem Drei-Stufen-Aufbau: Eröffnung des sachlichen und personalen Anwendungsbereichs, Beeinträchtigung des Anwendungsbereichs und Rechtfertigung der Beeinträchtigung. Für die Beeinträchtigung des Anwendungsbereichs besteht eine Trias von Kategorien: offene Diskriminierung, versteckte Diskriminierung und Beschränkung.

- Die Fiskalhoheit der Mitgliedstaaten, die unterschiedliche Steuersysteme impliziert, ist geeignet, das Integrationsziel eines gemeinsamen Binnenmarktes nachhaltig zu beeinträchtigen. Wenn Arbeitnehmer und Selbständige im ganzen Gemeinschaftsgebiet tätig werden, wenn Waren, Dienstleistungen und Kapital frei ausgetauscht werden sollen, dann dürfen die nationalen Steuersysteme die Wahrnehmung der Grundfreiheiten nicht behindern, sie müssen vielmehr gegenüber ihrer Wahrnehmung neutral sein. Der EG-Vertrag enthält jedoch keine Regelungen darüber, wie die mitgliedstaatlichen Steuervorschriften ausgestaltet sein müssen, um das Integrationsziel eines gemeinsamen Binnenmarktes nicht zu beeinträchtigen. Dies gilt insbesondere für den Bereich der direkten Steuern, die grundsätzlich in der Zuständigkeit der Mitgliedstaaten verblieben sind. Die Mitgliedstaaten müssen jedoch diese Befugnisse unter Wahrung des Gemeinschaftsrechts, insbesondere der Grundfreiheiten ausüben.

- Auch die Grundfreiheiten des EG-Vertrages sind – ebenso wie die Grundrechte des GG – nicht spezifisch steuerbezogen. Der EuGH nutzte jedoch sein Monopol zur Auslegung des Gemeinschaftsrechts, um die allgemeinen Bestimmungen der Grundfreiheiten steuerspezifisch auszulegen und zu konkretisieren. Eine Vielzahl der diesbezüglichen Verfahren vor dem Gerichtshof beruhte auf Vorlagen nationaler Finanzgerichte und betraf die Freizügigkeit der Arbeitnehmer sowie die Niederlassungsfreiheit. Aber auch die Dienstleistungsfreiheit gewinnt im Bereich der direkten Steuern immer mehr an Bedeutung. Die Grundfreiheiten legte der EuGH so aus, dass ihnen jede nationale Steuerregelung entgegensteht, die eine grenzüberschreitende wirtschaftliche Betätigung behindert, erschwert oder weniger attraktiv macht. Im Rahmen der Rechtfertigung festgestellter Beeinträchtigungen zeichnet sich die Rechtsprechung des EuGH durch eine sehr restriktive Haltung bei der Anerkennung von Rechtfertigungsgründen aus. Es gibt – außer den vertraglich ausdrücklich geregelten – bislang keinen gefestigten Rechtfertigungsgrund, der eine steuerspezifische Beeinträchtigung der Grundfreiheiten hinnehmbar macht.

- Aufgrund ihrer unmittelbaren Geltung im innerstaatlichen Bereich entfalten die Grundfreiheiten eine rechtliche Bindungskraft für den nationalen Steuergesetzgeber. Sie beeinflussen die inhaltliche Ausgestaltung von Steuernormen in zwei Richtungen: Der Steuergesetzgeber darf die in den Grundfreiheiten enthaltenen Verbotsaussagen nicht missachten und muss die in ihnen enthaltenen Gebotsaussagen beachten. Dies bedeutet mit anderen Worten: Der nationale Gesetzgeber darf bei der inhaltlichen Ausgestaltung von Steuernormen nicht gegen die Vorgaben der Grundfreiheiten verstoßen, vielmehr ist er gehalten, durch seine legislative Tätigkeit den Grundfreiheiten zur größtmöglichen Wirksamkeit zu verhelfen. Der inhaltliche Gestaltungsspielraum des deutschen Gesetzgebers wird also in zweifacher Hinsicht eingeschränkt: auf nationaler Ebene durch die Bindung an die Grundrechte des GG, auf supranationaler Ebene durch die Bindung an die Grundfreiheiten des EG-Vertrages.

- Die rechtlichen Bindungen des deutschen Steuergesetzgebers unterliegen der gerichtlichen Kontrolle: Die Kontrolle der Grundrechtsbindung auf nationaler Ebene erfolgt durch das BVerfG im Rahmen seiner Zuständigkeit zur abstrakten und konkreten Normenkontrolle. Beide Verfahren führen zu einer Prüfung der Vereinbarkeit einer Steuernorm mit dem GG. Stellt das BVerfG einen Verfassungsverstoß fest, so erklärt es die Norm für nichtig. Beide Verfahren unterscheiden sich jedoch insofern, als es sich bei der konkreten Normenkontrolle um ein Zwischenverfahren im Rahmen eines konkreten Rechtsstreits handelt, bei dem die fragliche Norm entscheidungserheblich ist. Die abstrakte Normenkontrolle wird dagegen von einem antragsberechtigten Organ – losgelöst von einem konkreten Sachverhalt – eingeleitet. Die Kontrolle der Grundfreiheitsbindung auf supranationaler Ebene erfolgt durch den EuGH im Wege des Vorlageverfahrens nach Art. 234 EG oder des von der Kommission eingeleiteten Vertragsverletzungsverfahrens nach Art. 226 EG. Beide Verfahren weisen Parallelen zur Normenkontrolle auf nationaler Ebene auf. Während das BVerfG jedoch eine Normverwerfungskompetenz besitzt, ist der EuGH bei der Kontrolle der Grundfreiheitsbindung des nationalen Steuergesetzgebers auf die Auslegung des primären Gemeinschaftsrechts bzw. auf die Feststellung einer Vertragsverletzung beschränkt.

Literaturverzeichnis

Arndt, Hans-Wolfgang / *Schumacher*, Andreas: Wegfall der Rechtsgrundlage für die Erhebung der Erbschaft- und Vermögensteuer bei Untätigkeit des Gesetzgebers?, DStR 1995, S. 1813

Bachmann, Birgit: Diskriminierungsverbote bei den direkten Steuern im Regelungsbereich des EG-Vertrages, RIW 1994, S. 849

Bareis, Peter: Probleme verfassungsgerichtlicher Vorgaben und ihre Umsetzung im Steuersystem, StuW 1996, S. 97

Behrens, Peter: Das Internationale Gesellschaftsrecht nach dem Centros-Urteil des EuGH, IPRax 1999, S. 323

Behrens, Peter: Die grenzüberschreitende Sitzverlegung von Gesellschaften in der EWG, IPRax 1989, S. 354

Behrens, Peter: Die Konvergenz der wirtschaftlichen Freiheiten im Europäischen Gemeinschaftsrecht, EuR 1992, S. 145

Berg, Werner / *Karpenstein*, Rolf: Änderungen der rechtlichen Grundlagen durch den Vertrag von Amsterdam, EWS 1998, S. 77

Bieg, Thorsten: Der Gerichtshof der Europäischen Gemeinschaften und sein Einfluss auf das deutsche Steuerrecht, Frankfurt am Main 1997

Birk, Dieter: Handbuch des Europäischen Steuer- und Abgabenrechts, Herne, Berlin 1995 (zitiert: *Verf.*, in: Birk, Handbuch des Europäischen Steuer- und Abgabenrechts)

Birk, Dieter: Steuerrecht I – Allgemeines Steuerrecht, 2. Auflage, München 1994

Birk, Dieter: Zur Besteuerung „nach Wahl" als verfassungsrechtliches Problem, NJW 1984, S. 1325

Birk, Dieter: Besteuerungsgleichheit in der Europäischen Union, in: Lehner, Steuerrecht im Europäischen Binnenmarkt, DStJG 1996, S. 63

Birk, Dieter: Gleichheit und Gesetzmäßigkeit der Besteuerung, StuW 1989, S. 212

Birk, Dieter: Grundzüge der Finanzverfassung der Bundesrepublik Deutschland, SteuerStud 1987, S. 290

Birkenfeld, Wolfram: Einfluss des Gemeinschaftsrechts auf die Rechtsentwicklung im Steuerrecht, StuW 1998, S. 55

Blanke, Hermann-Josef: Föderalismus und Integrationsgewalt, Berlin 1991

Bleckmann, Albert: Europarecht – Das Recht der Europäischen Union und der Europäischen Gemeinschaften, 6. Auflage, München 1997 (zitiert: *Verf.*, in: Bleckmann, Europarecht)

Bleckmann, Albert: Völkerrecht – Europarecht – Staatsrecht, Band 14, Köln, Berlin, Bonn, München 1994

Bleckmann, Albert: Die Grundrechte im europäischen Gemeinschaftsrecht, EuGRZ 1981, S. 257

von Borries, Reimer: Das Subsidiaritätsprinzip im Recht der Europäischen Union, EuR 1994, S. 263

Bull, Hans Peter: Vom Eigentums- zum Vermögensschutz – ein Irrweg, NJW 1996, S. 281

Bultmann, Stephan J.: Das Gleichartigkeitsverbot des Art. 105 Abs. 2 und Abs. 2a GG, DStZ 1996, S. 760

Carstens, Karl / *Peters*, Hans: Festschrift für Hermann Jahrreiß, Köln 1974 (zitiert: *Verf.*, in: Festschrift für Jahrreiß)

Classen, Claus Dieter: Auf dem Weg zu einer einheitlichen Dogmatik der EG-Grundfreiheiten?, EWS 1995, S. 97

Clausnitzer, Martin: Niederlassungs- und Dienstleistungsfreiheit der Selbständigen, in: Lenz, EG-Handbuch Recht im Binnenmarkt, S. 239

Constantinesco, Léontin-Jean: Das Recht der Europäischen Gemeinschaften, Band 1, Baden-Baden 1977

Dauses, Manfred: Die rechtliche Dimension des Binnenmarktes, EuZW 1990, S. 8

Dautzenberg, Norbert: Der Vertrag von Maastricht, das neue Grundrecht auf allgemeine Freizügigkeit und die beschränkte Steuerpflicht der natürlichen Personen, BB 1993, S. 1563

Dautzenberg, Norbert: Doppelbesteuerung und EG-Vertrag: Die Anrechnungsmethode als gemeinschaftsrechtlicher Mindeststandard?, DB 1994, S. 1542

Dautzenberg, Norbert: Verpflichtung der Mitgliedstaaten zur Beseitigung der Doppelbesteuerung nach den EG-Grundfreiheiten und Art. 220 EGV, IWB Fach 11, Gruppe 2, S. 255

Dautzenberg, Norbert: Der Europäische Gerichtshof und die direkten Steuern, BB 1992, S. 2400

Degenhart, Christoph: Staatsrecht I, 8. Auflage, Heidelberg 1992

Dolzer, Rudolf / *Vogel*, Klaus: Bonner Kommentar zum Grundgesetz, Band 4, Loseblattsammlung, Stand: Dezember 1999, Heidelberg (zitiert: *Verf.*, in: Bonner Kommentar, Bd. 4)

Dolzer, Rudolf / *Vogel*, Klaus: Bonner Kommentar zum Grundgesetz, Band 9, Loseblattsammlung, Stand: Dezember 1999, Heidelberg (zitiert: *Verf.*, in: Bonner Kommentar, Bd. 9)

Ehlers, Dirk: Die Einwirkungen des Rechts der Europäischen Gemeinschaften auf das Verwaltungsrecht, DVBl. 1991, S. 605

Eicker, Klaus: Kriterien für die Rückstellung im Jahresabschluss nach der Vierten EG-Richtlinie – Anmerkungen zum EuGH-Urteil vom 14.09.1999, IWB Fach 11a, S. 379

Eilers, Stephan / *Schmidt*, Richard: Diskriminierungsverbot gegenüber ausländischen EU-Kapitalgesellschaften nach dem EuGH-Urteil Saint Gobain vom 21.9.1999, DStR 1999, S. 1977

Eschenbach, Jürgen: Steuerrecht und Eigentumsschutz, DStZ 1997, S. 413

Everling, Ulrich: Das Niederlassungsrecht in der Europäischen Gemeinschaft, DB 1990, S. 1853

Everling, Ulrich: Niederlassungsrecht und Dienstleistungsfreiheit der Rechtsanwälte in der Europäischen Gemeinschaft, EuR 1989, S. 338

Everling, Ulrich: Überlegungen zur Struktur der Europäischen Union und zum neuen Europa-Artikel des Grundgesetzes, DVBl. 1993, S. 941

Färber, Gisela: Regionen in der Finanzverfassung der Europäischen Union, StuW 1996, S. 379

Fischer, Peter / *Köck*, Heribert Franz: Europarecht, 3. Auflage, Wien 1997

Fleischer, Lothar: Das Steuersystem der Abgaben, SteuerStud 1997, S. 113

Flume, Werner: Die Beschlüsse des BVerfG zu den Einheitswerten in Hinsicht auf die Vermögen- und Erbschaftsteuer, DB 1995, S. 1779

Friauf, Karl Heinrich: Verfassungsrechtliche Anforderungen an die Gesetzgebung über die Steuern vom Einkommen und vom Ertrag, in: ders., Steuerrecht und Verfassungsrecht, DStJG 1986, S. 1

Friauf, Karl Heinrich: Steuerrecht und Verfassungsrecht, Köln 1986 (zitiert: *Verf.*, in: Steuerrecht und Verfassungsrecht, DStJG 1986)

Friauf, Karl Heinrich: Öffentliche Sonderlasten und Gleichheit der Steuerbürger, in: Festschrift für Jahrreiß, S. 45

Fürst, Walther / *Herzog*, Roman / *Limbach*, Dieter C.: Festschrift für Wolfgang Zeidler, Band 1, Berlin, New York 1987 (zitiert: *Verf.*, in: Festschrift für Zeidler)

Geiger, Rudolf: Grundgesetz und Völkerrecht, 2. Auflage, München 1994

Geiger, Rudolf: EG-Vertrag – Kommentar zu dem Vertrag zur Gründung der Europäischen Gemeinschaft, München 1993 (zitiert: *Geiger*, EG-Vertrag)

Grabitz, Eberhard / *Hilf*, Meinhard: Kommentar zur Europäischen Union, Band 1, Loseblattsammlung, Stand: Januar 2000, München (zitiert: *Verf.*, in: Grabitz/Hilf, KommEU, Bd. I)

Grabitz, Eberhard / *Hilf*, Meinhard: Kommentar zur Europäischen Union, Band. 2, Loseblattsammlung, Stand: Januar 2000, München (zitiert: *Verf.*, in: Grabitz/Hilf, KommEU, Bd. II)

Grabitz, Eberhard: Die Rechtsetzungsbefugnis von Bund und Ländern bei der Durchführung von Gemeinschaftsrecht, AöR 1986, S. 1

von der Groeben, Hans / *Thiesing*, Jochen / *Ehlermann*, Claus-Dieter: Kommentar zum EU-/EG-Vertrag, Band 1, 5. Auflage, Baden-Baden 1997 (zitiert: *Verf.*, in: Groeben/Thiesing/Ehlermann, EUV/EGV, Bd. 1)

von der Groeben, Hans / *Thiesing*, Jochen / *Ehlermann*, Claus-Dieter: Kommentar zum EU-/EG-Vertrag, Band 2, 5. Auflage, Baden-Baden 1999 (zitiert: *Verf.*, in: Groeben/Thiesing/Ehlermann, EUV/EGV, Bd. 2)

von der Groeben, Hans / *Thiesing*, Jochen / *Ehlermann*, Claus-Dieter: Kommentar zum EU-/EG-Vertrag, Band 4, 5. Auflage, Baden-Baden 1997 (zitiert: *Verf.*, in: Groeben/Thiesing/Ehlermann, EUV/EGV, Bd. 4)

von der Groeben, Hans / *Thiesing*, Jochen / *Ehlermann*, Claus-Dieter: Kommentar zum EU-/EG-Vertrag, Band 5, 5. Auflage, Baden-Baden 1997 (zitiert: *Verf.*, in: Groeben/Thiesing/Ehlermann, EUV/EGV, Bd. 5)

Großfeld, Bernhard / *König*, Thomas: Das Internationale Gesellschaftsrecht in der Europäischen Gemeinschaft, RIW 1992, S. 433

Häde, Ulrich: Die Finanzverfassung der Europäischen Gemeinschaften – ein Überblick, EuZW 1993, S. 401

Hahn, Hartmut: Berührungspunkte zwischen europäischem Recht und dem innerstaatlichen Recht der direkten Steuern, DStZ 1992, S. 663

Hailbronner, Kay / *Nachbaur*, Andreas: Die Dienstleistungsfreiheit in der Rechtsprechung des EuGH, EuZW 1992, S. 105

Hein, Werner: Steuererstattungsanspruch und Freizügigkeit, EuZW 1990, S. 346

Herdegen, Matthias: Die Belastbarkeit des Verfassungsgefüges auf dem Weg zur Europäischen Union, EuGRZ 1992, S. 589

Herdegen, Matthias: Europarecht, 2. Auflage, München 1999

Herzig, Norbert / *Dautzenberg*, Norbert: Der EWG-Vertrag und die Doppelbesteuerungsabkommen, DB 1992, S. 2519

Hirsch, Günther: Der EuGH im Spannungsverhältnis zwischen Gemeinschaftsrecht und nationalem Recht, NJW 2000, S. 1817

Hirsch, Günther: Wichtige Einflüsse der EuGH-Rechtsprechung auf das deutsche Steuerrecht, DStZ 1998, S. 489

Iglesias, Gil Carlos Rodríges: Der EuGH und die Gerichte der Mitgliedstaaten – Komponenten der richterlichen Gewalt in der Europäischen Union, NJW 2000, S. 1889

Ipsen, Hans Peter: Europäisches Gemeinschaftsrecht, Tübingen 1972

Ipsen, Jörn: Staatsrecht I (Staatsorganisationsrecht), 6. Auflage, Neuwied, Kriftel, Berlin 1994

Isensee, Josef / *Kirchhof*, Paul: Handbuch des Staatsrechts der Bundesrepublik Deutschland, Band 1, Heidelberg 1987 (zitiert: *Verf.*, in: Isensee/Kirchhof, Handbuch des Staatsrechts, Bd. I)

Isensee, Josef / *Kirchhof*, Paul: Handbuch des Staatsrechts der Bundesrepublik Deutschland, Band 4, Heidelberg 1990 (zitiert: *Verf.*, in: Isensee/Kirchhof, Handbuch des Staatsrechts, Bd. IV)

Isensee, Josef / *Kirchhof*, Paul: Handbuch des Staatsrechts der Bundesrepublik Deutschland, Band 5, Heidelberg 1992 (zitiert: *Verf.*, in: Isensee/Kirchhof, Handbuch des Staatsrechts, Bd. V)

Isensee, Josef: Steuerstaat als Staatsform, in: Festschrift für Ipsen, S. 409

Jachmann, Monika: Ökologie versus Leistungsfähigkeit – Gilt es neue Wege in der Steuerrechtfertigung zu gehen?, StuW 2000, S. 239

Jachmann, Monika: Belastungsgrenzen im Steuerrecht, StuW 1996, S. 97

Jacobs, Otto H.: Internationale Unternehmensbesteuerung, 2. Auflage, München 1991

Jakob, Wolfgang: Die Zulässigkeit kommunaler „Bagatellsteuern“ nach der neuen Finanzverfassung, BayVBl. 1971, S. 242, 295

Jakob, Wolfgang: Abgabenordnung, 2. Auflage, München 1996

Jakob, Wolfgang: Einkommensteuer, 2. Auflage, München 1996

Jakob, Wolfgang: Umsatzsteuer, 2. Auflage, München 1998

Jakob, Wolfgang / *Zugmaier*, Oliver: Rechtliche Probleme von Umweltabgaben, Augsburg 1996 (zitiert: *Verf.*, in: Jakob/Zugmaier, Rechtliche Probleme von Umweltabgaben)

Jarass, Hans D. / *Pieroth*, Bodo: Grundgesetz für die Bundesrepublik Deutschland, 4. Auflage, München 1997 (zitiert: *Verf.*, in: Jarass/Pieroth, GG)

Jarass, Hans D.: Die Niederlassungsfreiheit in der Europäischen Gemeinschaft, RIW 1993, S. 1

Jarass, Hans D.: EG-Kompetenzen und das Prinzip der Subsidiarität nach Schaffung der EU, EuGRZ 1994, S. 209

Jarass, Hans D.: Bausteine einer umfassenden Grundrechtsdogmatik, AöR 1995, S. 345

Jarass, Hans D.: Die Kompetenzverteilung zwischen der EG und den Mitgliedstaaten, AöR 1996, S. 173

Jarass, Hans D.: Elemente einer Dogmatik der Grundfreiheiten, EuR 1995, S. 202

Jarass, Hans D.: Grundfragen der innerstaatlichen Bedeutung des EG-Rechts, in: Bleckmann, Völkerrecht – Europarecht – Staatsrecht, S. 51

Jarass, Hans D.: Haftung für die Verletzung von EU-Recht durch nationale Organe und Amtsträger, NJW 1994, S. 881

Kaefer, Wolfgang: Neuregelung der Besteuerung Nichtansässiger im Grenzpendlergesetz II, BB 1995, S. 1615

Kaefer, Wolfgang: Steuernachteile für beschränkt Steuerpflichtige EG-Bürger nach der Rechtsprechung des Europäischen Gerichtshofs verfassungswidrig, DStR 1991, S. 671

Kaefer, Wolfgang: Verweigerung des Splittingtarifs für verheiratete Grenzpendler mit EG-Recht vereinbar?, IWB Fach 11a, S. 343

Kaefer, Wolfgang: Regierungsentwurf Grenzpendlergesetz, BB 1995, S. 613

Kanzler, Hans-Joachim: Die Umsetzung verfassungsgerichtlicher Entscheidungen durch den Steuergesetzgeber, StuW 1996, S. 215

Kewenig, Wilhelm A.: Die Europäischen Gemeinschaften und die bundesstaatliche Ordnung der BRD, JZ 1990, S. 458

Kingreen, Thorsten: Die Struktur der Grundfreiheiten des Europäischen Gemeinschaftsrechts, Berlin 1999

Kirchhof, Paul: Die Finanzierung des Leistungsstaates, Jura 1983, S. 505

Kirchhof, Paul: Steuergleichheit, StuW 1984, S. 279

Kirchhof, Paul / *Jakob*, Wolfgang / *Beermann*, Albert: Steuerrechtsordnung, Steuergesetz, Steuerreform: Festschrift für Klaus Offerhaus zum 65. Geburtstag, Köln 1999 (zitiert: *Verf.*, in: Festschrift für Offerhaus)

Kirchhof, Paul / *Offerhaus*, Klaus / *Schöberle*, Horst: Steuerrecht, Verfassungsrecht, Finanzpolitik – Festschrift für Franz Klein, Köln 1994

Kirchner, Christian / *Haas*, Joachim: Rechtliche Grenzen für die Kompetenzübertragung auf die EG, JZ 1993, S. 760

Kischel, Dieter: EG-rechtliche Vereinbarkeit der sog. 90%-Grenze in § 1 Abs. 1 EStG, IWB Fach 11a, S. 385

Kischel, Dieter: Vereinbarkeit der Besteuerung von Angehörigen des öffentlichen Dienstes nach dem DBA-Frankreich mit dem EG-Recht, IWB Fach 11, Gruppe 2, S. 289

Klein, Eckhardt: Das neue Steuerverfassungsrecht, BB 1996, S. 1807

Klein, Eckhardt: Der Einfluss des Europarechts auf das deutsche Steuerrecht, in: Lehner, Steuerrecht im Europäischen Binnenmarkt, DStJG 1996, S. 7

Kluge, Volker: Das deutsche Internationale Steuerrecht, 3. Auflage, München 1992

Knobbe-Keuk, Brigitte: Niederlassungsfreiheit: Diskriminierungs- oder Beschränkungsverbot?, DB 1990, S. 2579

Knobbe-Keuk, Brigitte: Restrictions on the Fundamental Freedoms enshrined in the EC-Treaty by Discriminatory Tax Provisions – Ban and Justifikation, EC Tax Review 1994, S. 74

Knobbe-Keuk, Brigitte: Grenzgängerurteile des EuGH, DStR 1992, S. 425

Kokott, Juliane: Die Bedeutung der europarechtlichen Diskriminierungsverbote und Grundfreiheiten für das Steuerrecht der EU-Mitgliedstaaten, in: Lehner, Grundfreiheiten im Steuerrecht der EU-Staaten, S. 1

Kommission der Europäischen Gemeinschaften: Bericht des unabhängigen Sachverständigenausschusses zur Unternehmensbesteuerung, Brüssel/Luxemburg 1992 (zitiert: Ruding-Bericht)

Krabbe, Helmut, Das Grenzpendlergesetz, IStR 1994, S. 377

Kramer, Jörg-Dietrich: Beschränkte Steuerpflicht und Europarecht, RIW 1996, S. 951

Kruse, Heinrich Wilhelm: Über die Gleichmäßigkeit der Besteuerung, StuW 1990, S. 322

Lambers, Hans-Jürgen: Subsidiarität in Europa – Allheilmittel oder juristische Leerformel?, EuR 1993, S. 229

Lehner, Moris: Steuerrecht im Europäischen Binnenmarkt, Köln 1996 (zitiert: *Verf.*, in: Lehner: Steuerrecht im Europäischen Binnenmarkt, DStJG 1996)

Lehner, Moris, Grundfreiheiten im Steuerrecht der EU-Staaten, Münchener Schriften zum Internationalen Steuerrecht, Heft 23, München 2000 (zitiert: *Verf.*, in: Lehner, Grundfreiheiten im Steuerrecht der EU-Staaten)

Lehner, Moris: Begrenzung der nationalen Besteuerungsgewalt durch die Grundfreiheiten und Diskriminierungsverbote des EG-Vertrages, in: Pelka, Europa- und verfassungsrechtliche Grenzen der Unternehmensbesteuerung, DStJG 2000, S. 263

Lehner, Moris / *Thömmes*, Otmar / u.a.: Europarecht und Internationales Steuerrecht, Münchener Schriften zum Internationalen Steuerrecht, Heft 19, München 1994 (zitiert: *Verf.*, in: Lehner/Thömmes u.a., Europarecht und Internationales Steuerrecht)

Leibholz, Gerhard / *Rupprecht*, Reinhard: Bundesverfassungsgerichtsgesetz – Rechtsprechungskommentar, Köln-Marienburg 1968

Leisner, Walter: Ertragswertverfahren – sachgerechte Bewertung des Grundbesitzes, DB 1996, S. 595

Lenz, Carl-Otto: EG-Handbuch Recht im Binnenmarkt, 2. Auflage, Herne, Berlin 1994

Lenz, Carl-Otto: Der europäische Grundrechtsstandard in der Rechtsprechung des EuGH, EuGRZ 1993, S. 585

Lenz, Carl-Otto: EG-Vertrag, 2. Auflage, Basel, Köln, Wien 1999

Lenz, Carl-Otto / *Erhard*, Rita: Das Gemeinschaftsrecht – System, Entstehung, Anwendung, in: Lenz, EG-Handbuch Recht im Binnenmarkt, S. 55

Magiera, Siegfried: Die Grundgesetzänderung von 1992 und die Europäische Union, Jura 1994, S. 1

Maunz, Theodor / *Dürig*, Günter: Grundgesetz, Band 3, Loseblattsammlung, Stand: Oktober 1999, München (zitiert: *Verf.*, in: Maunz/Dürig, Komm. z. GG, Bd. III)

Maunz, Theodor / *Dürig*, Günter: Grundgesetz, Band 4, Loseblattsammlung, Stand: Oktober 1999, München (zitiert: *Verf.*, in: Maunz/Dürig, Komm. z. GG, Bd. V)

Meilicke, Wienand: Unzulässige Diskriminierungen ausländischer Leasinggeber durch § 8 Nr. 7 GewStG, RIW 1985, S. 801

Mick, Marcus: Die Steuerkonzeption der Europäischen Union, Münster, New York 1995

Müller-Graff, Peter-Christian: Binnenmarktauftrag und Subsidiaritätsprinzip, ZHR 1995, S. 34

von Münch, Ingo / *Kunig*, Philip: Grundgesetz-Kommentar, Band 1, 4. Auflage, München 1992 (zitiert: *Verf.*, in: v. Münch/Kunig, Grundgesetz, Bd. 1)

von Münch, Ingo / *Kunig*, Philip: Grundgesetz-Kommentar, Band 2, 3. Auflage, München 1995 (zitiert: *Verf.*, in: v. Münch/Kunig, Grundgesetz, Bd. 2)

von Münch, Ingo / *Kunig*, Philip: Grundgesetz-Kommentar, Band 3, 3. Auflage, München 1996 (zitiert: *Verf.*, in: v. Münch/Kunig, Grundgesetz, Bd. 3)

Nachbaur, Andreas: Art. 52 EWGV – Mehr als nur ein Diskriminierungsverbot?, EuZW 1991, S. 470

Neßler, Volker: Die „neue Ländermitwirkung" nach Maastricht, EuR 1994, S. 216

Offerhaus, Klaus: Das Verhältnis zwischen dem Bundesfinanzhof, dem Bundesverfassungsgericht und dem Gerichtshof der Europäischen Gemeinschaften, DStZ 1997, S. 501

Ohler, Christoph: Mehr Mut zur Steuerpolitik in Europa, EuZW 1997, S. 370

Oppermann, Thomas: Europarecht, München 1991

Pelka, Jürgen: Europa- und verfassungsrechtliche Grenzen der Unternehmensbesteuerung, Köln 2000 (zitiert: *Verf.*, in: Pelka, Europa- und verfassungsrechtliche Grenzen der Unternehmensbesteuerung, DStJG 2000)

Pelka, Jürgen: Die Verletzung des Grundrechts der freien Entfaltung der Persönlichkeit (Art. 2 Abs. 1 GG) durch einen rechtswidrigen Steuerbescheid, DVBl. 1970, S. 887

Pernice, Ingolf: Europäische Union: Gefahr oder Chancen für den Föderalismus in Deutschland, Österreich und der Schweiz?, DVBl. 1993, S. 909

Pipkorn, Jörn: Das Subsidiaritätsprinzip im Vertrag über die Europäische Union – rechtliche Bedeutung und gerichtliche Überprüfbarkeit, EuZW 1992, S. 697

Pieroth, Bodo / *Schlink*, Bernhard: Grundrechte – Staatsrecht II, 14. Auflage, Heidelberg 1998 (zitiert: *Pieroth/Schlink*, Grundrechte (Staatsrecht II))

Pieroth, Bodo: Missachtung gesetzter Maßstäbe durch das Maßstäbegesetz, NJW 2000, S. 1086

Rainer, Anno: Anmerkung zum „Biehl II"-Urteil, IStR 1995, S. 533

Rainer, Anno: Anmerkungen zur Entscheidung „Safir", IStR 1998, S. 300

Rainer, Anno: Doppelbesteuerungsabkommen und die EuGH-Rechtsprechung zu den direkten Steuern, IStR 1995, S. 474

Reimer, Ekkehard: Die Auswirkungen der Grundfreiheiten auf das Ertragsrecht der Bundesrepublik Deutschland, in: Lehner, Grundfreiheiten im Steuerrecht der EU-Staaten, S. 39

Ress, Georg: Die Europäischen Gemeinschaften und der deutsche Föderalismus, EuGRZ 1986, S. 549

Rhode, Andreas: Wirtschafts- und Währungsunion und freier Kapitalverkehr, EWS 1999, S. 453

Saß, Gert / *Tillmann*, Winfried: Gewerbesteuerliche Hinzurechnung nach § 8 Nr. 7 und § 12 Abs. 2 Nr. 2 GewStG EU-verträglich? Schadensersatz?, DB 1996, S. 744

Saß, Gert: Anmerkungen zum Asscher-Urteil, DB 1996, S. 1604

Saß, Gert: Einfluss der Dienstleistungsfreiheit in der EU auf die direkten Steuern, DB 2000, S. 176

Saß, Gert: Verstösst die Versagung des Schachtelprivilegs bei inländischen Betriebsstätten von Unternehmen anderer Mitgliedstaaten gegen das Prinzip der Niederlassungsfreiheit des EG-Vertrages?, FR 1991, S. 705

Saß, Gert: Zum Einfluss der Rechtsprechung des EuGH auf die beschränkte Einkommen- und Körperschaftsteuerpflicht, DB 1992, S. 857

Saß, Gert: Der Einfluss der Dienstleistungsfreiheit in der EU auf die direkten Steuern, DB 2000, S. 176

Schaumburg, Harald: Internationales Steuerrecht – Außensteuerrecht, Doppelbesteuerungsrecht, 2. Auflage, Köln 1998 (zitiert: *Schaumburg*, Internationales Steuerrecht)

Schlaich, Klaus: Das Bundesverfassungsgericht, 3. Auflage, München 1994

Schneider, Hans-Peter / *Berlit*, Uwe: Die bundesstaatliche Finanzverteilung zwischen Rationalität, Transparenz und Politik, NVwZ 2000, S. 841

Scholz, Rupert: Europäische Union und deutscher Bundesstaat, NVwZ 1993, S. 817

Schön, Wolfgang: Die beschränkte Steuerpflicht zwischen europäischem Gemeinschaftsrecht und deutschem Verfassungsrecht, IStR 1995, S. 119

Schön, Wolfgang: Gedächtnisschrift für Brigitte Knobbe-Keuk, Köln 1997 (zitiert: *Verf.*, in: Gedächtnisschrift für Knobbe-Keuk)

Schümann, Matthias: Die Vereinbarkeit der Sitztheorie mit dem europäischen Recht, EuZW 1994, S. 269

Schuppert, Gunnar-Folke: Verfassungsrechtliche Prüfungsmaßstäbe bei der verfassungsrechtlichen Überprüfung von Steuergesetzen, in: Festschrift für Zeidler, S. 691

Schweitzer, Michael / *Hummer*, Waldemar: Europarecht, 5. Auflage, Neuwied, Kriftel, Berlin 1996

Selling, Heinz-Jürgen: Steuerharmonisierung im europäischen Binnenmarkt – Ein Überblick, IStR 2000, S. 417

Stern, Klaus, Das Staatsrecht der Bundesrepublik Deutschland, Band 1, 2. Auflage, München 1984 (zitiert: *Stern*, Das Staatsrecht der BRD, Bd. I)

Stern, Klaus: Das Staatsrecht der Bundesrepublik Deutschland, Band 2, München 1980 (zitiert: *Stern*, Das Staatsrecht der BRD, Bd. II)

Stödter, Rolf / *Thieme*, Werner: Hamburg, Deutschland, Europa – Festschrift für Hans Peter Ipsen zum 70. Geburtstag, Tübingen 1997 (zitiert: *Verf.*, in: Festschrift für Ipsen)

Streck, Michael / *Olgemöller*, Herbert: Das Recht der Europäischen Gemeinschaft und seine Durchsetzung in der Steuerberaterpraxis, DStR 1993, S. 417

Streinz, Rudolf: Europarecht, 4. Auflage, Heidelberg 1999

Streu, Volker: Gewerbesteuerliche Hinzurechnungen bei ausländischen Leasinggebern verstoßen (nicht nur) gegen EU-Recht, IStR 1997, S. 555

Thömmes, Otmar: Behandlung beschränkt Steuerpflichtiger nach der Entscheidung des EuGH in der Rechtssache Schumacker, IWB Fach 11, Gruppe 2, S. 293

Thömmes, Otmar: Das EuGH-Urteil in der Rechtssache Eurowings – nun ist der Gesetzgeber gefordert, IStR 1999, S. 753

Thömmes, Otmar: Das EuGH-Urteil in der Rechtssache Wielockx – Abschied vom Rechtfertigungsgrund der „steuerlichen Kohärenz“?, IWB Fach 11, Gruppe 2, S. 41

Thömmes, Otmar: Identitätswahrende Sitzverlegung von Gesellschaften in Europa, DB 1993, S. 1021

Thömmes, Otmar: Stand und Entwicklungstendenzen der EuGH-Rechtsprechung zu den direkten Steuern, StbJb 1998/1999, S. 173

Thömmes, Otmar: Tatbestandsmäßigkeit und Rechtfertigung steuerlicher Diskriminierungen nach EG-Recht, in: Schön, Gedächtnisschrift für Knobbe-Keuk, S. 795

Thömmes, Otmar: Verbote der Diskriminierung von Steuerausländern und Steuerinländern, in: Lehner, Steuerrecht im Europäischen Binnenmarkt, DStJG 1996, S. 81

Tipke, Klaus / *Kruse*, Heinrich Wilhelm: Abgabenordnung, Finanzgerichtsordnung – Kommentar, Band 1, Loseblattsammlung, Stand: November 1998, Köln (zitiert: *Tipke/Kruse*, AO/FGO, Bd. I)

Tipke, Klaus / *Lang*, Joachim: Steuerrecht, 16. Auflage, Köln 1998

Tipke, Klaus: Die Steuerrechtsordnung, Band 1, 2 und 3, Köln 1993 (zitiert: *Tipke*, Die Steuerrechtsordnung, Bd. I, II bzw. III)

Tipke, Klaus: Über die Gleichartigkeit von Steuern, StuW 1975, S. 242

Vedder, Christoph: Einwirkungen des Europarechts auf das innerstaatliche Recht und auf internationale Verträge der Mitgliedstaaten: die Regelungen der Doppelbesteuerung, in: Lehner/Thömmes u.a., Europarecht und Internationales Steuerrecht, Münchener Schriften zum Internationalen Steuerrecht, S. 1

Vogel, Klaus: Harmonisierung des internationalen Steuerrechts in Europa, StuW 1993, S. 380

Vogel, Klaus: Über Besteuerungsrechte und über das Leistungsfähigkeitsprinzip im Internationalen Steuerrecht, in: Festschrift für Klein, S. 361

Voss, Reimer: Europäisches und Internationales Steuerrecht, StuW 1993, S. 155

Wachter, Thomas: Finanzierungsfreiheit im Europäischen Binnenmarkt, IStR 1999, S. 689

Wassermann, Rudolf: Kommentar zum Grundgesetz für die Bundesrepublik Deutschland – Reihe Alternativkommentare, Band 1, 2. Auflage, Luchterhand 1989 (zitiert: *Verf.*, in: Wassermann, AK-GG, Bd. 1)

Wassermann, Rudolf: Kommentar zum Grundgesetz für die Bundesrepublik Deutschland – Reihe Alternativkommentare, Band 2, 2. Auflage, Luchterhand 1989 (zitiert: *Verf.*, in: Wassermann, AK-GG, Bd. 2)

Wassermeyer, Franz: Die Vermeidung der Doppelbesteuerung im Europäischen Binnenmarkt, in: Lehner, Steuerrecht im Europäischen Binnenmarkt, DStJG 1996, S. 151

Weber-Grellet, Heinrich: Anmerkung zum EuGH-Urteil vom 14.9.1999, DStR 1999, S. 1645

de Weerth, Jan: Anmerkung zum BMF-Schreiben vom 31.5.1999, RIW 1999, S. 638

de Weerth, Jan: Das EuGH-Urteil in der Rs. C-307/97 – „Saint Gobain", IStR 1999, S. 628

de Weerth, Jan: EG-Recht und direkte Steuern – Jahresüberblick 1999, RIW 2000, S. 509

de Weerth, Jan: Neues zum aufgehobenen § 50a Abs. 7 EStG: Erstattung der Abzugssteuer, IStR 2000, S. 210

Wilmowsky, Peter: Einführung in das Recht der Europäischen Gemeinschaften, Jura 1992, S. 337

Wittmann, Rolf: Die „Einheitswert"-Entscheidungen des BVerfG vom 22.06.1995, BB 1995, S. 1933

Wouters, Jan: The Case-Law of the European Court of Justice on direct Taxes: Variations upon a Theme, MJ 1994, S. 179

Zeitler, Franz-Christoph: Verantwortung für Stabilität – auf dem Wege zur Europäischen Währungsunion, DStZ 1996, S. 289

Zeitler, Franz-Christoph / *Jüptner*, Roland: Europäische Steuerharmonisierung und direkte Steuern, BB 1988, Beilage 17